falstaff

RESTAURANT & GASTHAUS GUIDE

DEUTSCHLAND

2026

Die besten 2050 Restaurants und
Gasthäuser Deutschlands.

IMPRESSUM

HERAUSGEBER
Wolfgang M. Rosam
Dr. Ulrich Sautter

MEDIENINHABER
Falstaff Deutschland GmbH
Cecilienallee 45, 40474 Düsseldorf
www.falstaff.com

GESCHÄFTSFÜHRUNG
Wolfgang M. Rosam, Sandra May

CHEFREDAKTION
Ingo Swoboda

REDAKTION
Julia Hamester, Lisa Ladstätter, Johannes Pasler, Natalia Rebow (Chefs vom Dienst)
Elisa Eckold, Marie Sophie Mende, Sophie Piff, Kara Wilding, Tristan Ziegler (Redaktionsassistenz)
Georg Morawitz-Holeschofsky, Robert Pleniger (Daten)
Michael André Ankermüller, Elena Berchermeier, Detlef Berg, Nina Deutschmann, Wolfgang Faßbender, Hannes Finkbeiner, Heike Gläser, Moritz Hackl, Joachim Heidersdorf, Matthias Neske, Michael Pöppl, Sabine Rumrich, Annette Sandner, Sophia Schillik, Hilmar Schulz, Sebastian Späth, Melanie Strobl, Maria Wollburg (Autoren)
Sandra Bak, Petra Schwaiger (Lektorat)
Florence Wibowo (Fotoredaktion)

GESTALTUNG & PRODUKTION
Maximilian Kamper, Christoph Luger (Grafik)
Michael Lenhart (Produktion/Litho)

VERTRIEB & MARKETING
Dagmar Sebold

ANZEIGENLEITUNG
Susanne Förster

DRUCK
ppm Fulda GmbH & Co. KG, Fulda

ISBN: 978-3-9827909-1-6
GTIN: 419 35622 1990 7 04
Preis: 19,90 €

PEFC
PEFC/04-31-1308

Gabeln hoch
für kulinarische
Spitzenleistungen!
Wir gratulieren
allen Gewinnern.
METRO
Nur für Gewerbetreibende
METRO Deutschland GmbH · Metro-Straße 8 · 40235 Düsseldorf | metro.de

INHALT

DIE BESTEN RESTAURANTS & GASTHÄUSER DEUTSCHLANDS

SYMBOLE/ BEWERTUNG

SYMBOLE

- GASTGARTEN
- NAH AM WASSER
- HAUSEIGENE PARKPLÄTZE
- KINDERFREUNDLICH
- BARRIEREFREI
- HUNDE NICHT ERWÜNSCHT
- ÜBERNACHTUNGSMÖGLICHKEIT
- GUTES VEGETARISCHES ANGEBOT
- BIERFOKUS
- ELEKTRONISCHE ZAHLUNGSMÖGLICHKEIT
- E-TANKSTELLE VORHANDEN
- ALMDUDLER

BEWERTUNG

ESSEN	maximal 50 PUNKTE
SERVICE	maximal 20 PUNKTE
WEINKARTE	maximal 20 PUNKTE
AMBIENTE	maximal 10 PUNKTE
GESAMT	maximal 100 PUNKTE

DIE GABEL-SYMBOLE

- 95–100 PUNKTE
- 90–94 PUNKTE
- 85–89 PUNKTE
- 80–84 PUNKTE

* © Modell «Vienna» von Berndorf Besteck

EDITORIAL

Liebe Genießerinnen und Genießer,

wann waren Sie das letzte Mal gut essen? So richtig gut! Wie früher zu Hause bei der Mama oder im heimatlichen Gasthaus mit seiner bodenständigen Küche. Beim Italiener mit der weltbesten hausgemachten Pasta, beim japanischen Sushi-Meister oder im schicken Gourmetrestaurant, das Sie in Aromenwelten entführt, die immer eine kulinarische Reise wert sind. Erinnern Sie sich noch?
Im neuen Falstaff Restaurant- & Gasthausguide haben wir diese Erinnerungen zusammengefasst und bieten Ihnen eine Auswahl der guten, sehr guten, besten und allerbesten gastronomischen Betriebe in Deutschland. Viele davon sind Klassiker, andere mutige Newcomer in der kulinarischen Szene, die wie kaum eine andere ständig in Bewegung ist. Denn Hunger und Appetit sind keine Schikane der Natur, sondern die Steilvorlage für die Kochkunst, die mit handwerklicher Präzision und Inspiration Können und Kreativität auslebt, dabei Neues schafft, verändert, modernisiert oder einfach bewahrt. Probieren Sie es aus und schaffen Sie mithilfe unseres Guides neue, schöne Erinnerungen.

INGO SWOBODA
Chefredakteur
Falstaff Restaurant- & Gasthausguide

ÜBERBLICK

DIE BEWERTUNG

Die Bewertungen im Falstaff Restaurant- & Gasthausguide beruhen auf dem Falstaff Gourmetclub. Die registrierten Gourmetclubmitglieder besuchen das ganze Jahr über Restaurants im gesamten Land und stellen Falstaff ihre Votings, optional auch mit Kommentar, zur Verfügung. Die Gästebewertungen werden anschließend von einer Fachjury ausgewertet und einmal pro Jahr im Falstaff Restaurant- & Gasthausguide veröffentlicht.

Jedes Voting erfolgt in den vier Einzelbereichen
- Essen (max. 50 Punkte),
- Service (max. 20 Punkte),
- Weinkarte (max. 20 Punkte),
- Ambiente (max. 10 Punkte).

Die höchstmögliche Gesamtzahl beträgt 100 Punkte.

SO LESEN SIE DIESEN GUIDE

Rund 2050 Lokale in ganz Deutschland sind im Falstaff Restaurant- & Gasthausguide bewertet und beschrieben. Die Listung erfolgt nach Regionen, innerhalb der Region nach Bundesland, und im jeweiligen Bundesland sind die Restaurants alphabetisch nach Ortsnamen und anschließend alphabetisch nach Betriebsnamen sortiert.

Jedes Restaurant wurde von der Redaktion mit aussagekräftigen Attributen versehen, die die jeweils individuellen Besonderheiten hervorheben und das Konzept treffend beschreiben. Die angegebenen Daten wurden von den Betrieben an Falstaff übermittelt. Die aktuellsten Informationen und Öffnungszeiten finden Sie immer in der Falstaff Guide App, auf www.falstaff.com sowie auf der Webseite des jeweiligen Betriebs.

Made in Germany
Since 1845
Fissler
Fissler PrimeCut Collection by Alexander Herrmann
Es beginnt
mit einem
Schnitt
#fürdaswaszählt

NORDEN

**BREMEN
HAMBURG
MECKLENBURG-
VORPOMMERN
NIEDERSACHSEN
SCHLESWIG-
HOLSTEIN**

SEITE 42

WESTEN

**HESSEN
NORDRHEIN-
WESTFALEN
RHEINLAND-
PFALZ
SAARLAND**

SEITE 180

OSTEN

BERLIN
BRANDENBURG
SACHSEN
SACHSEN-ANHALT
THÜRINGEN

SEITE 118

SÜDEN

BADEN-WÜRTTEMBERG
BAYERN

SEITE 326

frankl 24
der eventausstatter
www.frankl24.com

TOP LOKALE

DEUTSCHLAND

Rutz Restaurant

Foto: Stefan Josef Mueller

100 PUNKTE **AQUA**
38440 WOLFSBURG | S. 102

100 PUNKTE **BAREISS**
72270 BAIERSBRONN | S. 339

100 PUNKTE **ES:SENZ**
83224 GRASSAU | S. 446

100 PUNKTE **HAERLIN**
20354 HAMBURG | S. 59

100 PUNKTE **JAN**
80333 MÜNCHEN | S. 471

100 PUNKTE
RUTZ RESTAURANT
10115 BERLIN | S. 149

100 PUNKTE
SCHWARZWALDSTUBE
72270 BAIERSBRONN | S. 342

99 PUNKTE
SCHANZ
54498 PIESPORT | S. 308

99 PUNKTE
SONNORA
54518 DREIS | S. 294

99 PUNKTE
THE TABLE – KEVIN FEHLING
20457 HAMBURG | S. 71

99 PUNKTE
TOHRU
80331 MÜNCHEN | S. 483

99 PUNKTE
VICTOR'S FINE DINING BY CHRISTIAN BAU
66706 PERL | S. 320

97 PUNKTE
LAFLEUR
60325 FRANKFURT AM MAIN | S. 196

97 PUNKTE
OX&KLEE
50678 KÖLN | S. 265

97 PUNKTE
DOLLENBERG | LE PAVILLON
77740 BAD PETERSTAL-GRIESBACH | S. 334

97 PUNKTE
JANTE
30171 HANNOVER | S. 92

97 PUNKTE
LOUIS
66740 SAARLOUIS | S. 323

97 PUNKTE
TANTRIS
80805 MÜNCHEN | S. 482

97 PUNKTE
SCHWARZER ADLER
79235 VOGTSBURG | S. 413

97 PUNKTE
TIM RAUE
10969 BERLIN | S. 153

96 PUNKTE
ESSIGBRÄTLEIN
90403 NÜRNBERG | S. 489

96 PUNKTE
100/200
20539 HAMBURG | S. 49

96 PUNKTE
AURA
95339 WIRSBERG | S. 521

96 PUNKTE
DICHTER
83700 ROTTACH-EGERN | S. 507

96 PUNKTE
ESPLANADE
66111 SAARBRÜCKEN | S. 321

Die Reihung ergibt sich aus der Gesamtpunktzahl und der Essensbewertung.

Foto: Michael Gueth

GASTRO-LEGENDE

WALTER STEMBERG
HAUS STEMBERG, VELBERT

Walter Stemberg ist ein freundlicher älterer Herr mit grauem Haar, einem nach oben gezwirbelten Schnurrbart und verschmitzten Augen, die begeistert aufblitzen, wenn die Rede auf Essen und Trinken kommt. Denn Walter Stemberg ist Koch – und das mit Leib und Seele. Etwas anderes wäre für ihn auch nicht infrage gekommen, schließlich entstammt er einer traditionsreichen Gastronomenfamilie, deren Geschichte vor rund 160 Jahren mit einer Schmiede und einem Fuhrmannsgasthof in Velbert-Neviges beginnt. Walter Stemberg ist hier geboren, mitten hinein in das elterliche Gasthaus. Nach der Kochlehre und Stationen in Düsseldorf zog es ihn nach Sylt – ein gastronomischer Sehnsuchtsort für einen jungen Koch aus dem Bergischen Land. Zurück in Velbert, übernahm er 1975 zusammen mit seiner Frau Petra das Gasthaus, machte mit Talent und Fleiß daraus ein Gourmetrestaurant und eine kulinarische Institution, die heute sein Sohn Sascha weiterführt.
Neben der Arbeit am Herd ist Walter Stemberg als Fernsehkoch aktiv und veröffentlichte über 30 Kochbücher. Ein wahrer Meister seines Fachs!

Foto: Lukas Kirchgasser

INTERNATIONALER BOTSCHAFTER

CHRISTIAN BAU
VICTOR'S FINE DINING, PERL

Seit 30 Jahren kocht er auf Schloss Berg – einem weißen Renaissanceschloss über den Reben der Mosel, im Dreiländereck zwischen Deutschland, Frankreich und Luxemburg. Der perfekte Ort für eine Küche, die keine Grenzen kennt. Sein Menü heißt »Paris–Tokio« – und steckt damit die Koordinaten ab, zwischen denen sich eine ganz eigene Philosophie entfaltet. Was man bei ihm erlebt, ist nichts Geringeres als die kulinarische Liebeshochzeit zwischen japanischer Präzision und französischer Eleganz. Keine gefällige Fusionsküche, sondern eine neue Art zu kochen, Lebensmittel zu betrachten – überhaupt zu denken. Christian Bau war der erste deutsche Koch, der vom japanischen Landwirtschaftsministerium zum »Japanese Cuisine Goodwill Ambassador« ernannt wurde. Er kocht mit Kollegen aus Bangkok, Antwerpen oder Kopenhagen bei gemeinsamen »Four Hands Dinners«, pflegt den internationalen Dialog – ohne dabei seine Wurzeln zu verlieren. Und auch nach 20 Jahren mit drei Michelin-Sternen gibt es bei Bau keine Routine. Kein »Weiter so«. Als einer ihrer authentischsten Botschafter präsentiert Bau die moderne deutsche Küche sehr sympathisch auf der kulinarischen Weltbühne.

Foto: PR

KÖCHIN DES JAHRES

MARIA GROSS
BACHSTELZE, ERFURT

Maria Groß hat ihren eigenen Stil. Ihr Restaurant Bachstelze in Erfurt nennt sie Speisewirtschaft, ihr Label heißt Maria Ostzone. Dahinter verbergen sich ihr positives Lebensgefühl, ein gutes Stück Selbstbewusstsein und die heimatliche Verbundenheit, schließlich ist sie in Sömmerda in Thüringen geboren.
Köchin zu werden, stand zunächst nicht auf ihrer Agenda, nach dem Abitur begann Maria Groß ein Studium der Philosophie und Germanistik in Leipzig und Berlin. Mit 25 Jahren gab sie ihrem Leben eine persönliche Wende, verabschiedete sich von akademischen Weihen und absolvierte im Berliner Gourmetrestaurant Guy eine Kochlehre. Das war ihr Ding und ist es bis heute. Nach der Ausbildung ging es zunächst in die Schweiz, dann nach Erfurt, wo sie 2015 im Stadtteil Bischleben in einem traditionellen Ausflugslokal ihr eigenes Restaurant eröffnete. Hier zelebriert Maria Groß im spürbaren Wohlfühlambiente ihre unaufgeregte Küche, eine gelungene Melange aus Regionalität, natürlichen Produkten und Nachhaltigkeit. Eine Köchin, die nicht nur Groß heißt, sondern auch großartig kocht.

Foto: Ira Hendricks

KOCH DES JAHRES

DANIEL GOTTSCHLICH
OX&KLEE, KÖLN

Wer in Köln prominent werden möchte, muss entweder im Karneval als Jeck auftreten, bis dann am Aschermittwoch alles vorbei ist. Oder er muss in der Domstadt kochen können wie der Teufel. Daniel Gottschlich hat sich für Letzteres entschieden und 2010 das Restaurant Ox&Klee eröffnet, das nach Anfängen im Belgischen Viertel heute im mittleren Kranhaus im Rheinauhafen ansässig und längst eine Kölner Institution in Sachen »Experience Taste« ist. Dabei hätte alles auch ganz anders kommen können. Daniel Gottschlich lernte zunächst den Beruf des Energieanlagenelektronikers, bevor er sich seinen Kindheitstraum erfüllte, im Steigenberger Grandhotel Petersberg in Königswinter seine zweite Lehre absolvierte und Koch wurde. Gott sei Dank, sagen nicht nur die Kölner. Denn Gottschlichs Stil ist außergewöhnlich kreativ und vielseitig sowie durchdacht experimentell. Die vegetarischen und omnivoren Gerichte seiner Menüs wandeln traumsicher in den sechs Geschmacksrichtungen zwischen Bodenständigkeit, internationalen Einflüssen und überraschenden aromatischen Akzenten. Küche zum Niederknien, fast ein bisschen göttlich.

Foto: PR

GASTRONOMEN DES JAHRES

CHRISTOPH VON PREYSING, THOMAS BAYER & SIMPERT ERNST MAI LIABBA, BAD WIESSEE

Christoph von Preysing, Simpert Ernst und Thomas Bayer stehen für eine neue Generation von Gastgebern. Sie begannen als Lehrlinge der Fischerei – heute führen sie nicht nur einen der traditionsreichsten Betriebe am Tegernsee, sondern auch ein Bistro, das weit über die Grenzen Bayerns hinaus schillert: das Mai Liabba. Kein anderer Gastronomiebetrieb in Deutschland entkorkt mehr Großflaschen Champagner. Ihre Partys sind legendär, ebenso ihr Auftritt in den sozialen Medien.
Und doch beginnt ihr Tag am frühen Morgen – auf dem Wasser, zwischen Nebelschwaden und Saiblingsnetzen. Was wie ein Widerspruch klingt, ist bei ihnen ein Konzept mit Haltung. Denn sie sind nicht bloß Szenegastronomen und Partylöwen – sondern ausgebildete Fischer, die ihr Handwerk nie aufgegeben haben. Sie fahren jeden Morgen hinaus auf den See. Fangen Saibling. Räuchern ihren Fang selbst. Vielleicht macht genau das ihre Gastgeberkunst so besonders: dass hier Menschen am Werk sind, die wissen, woher ihr Produkt kommt – und was es braucht, damit aus einem einfachen Fisch ein echtes Erlebnis wird.

Foto: PR

BESTER SERVICE DES JAHRES

FRANZISKA DUFNER
SEIN, KARLSRUHE

Kaum jemand schafft es, die feine Kunst des Gastgebens so unangestrengt und charmant zu verkörpern wie Franziska Dufner. Wer einmal im Restaurant Sein in Karlsruhe Platz genommen hat, weiß sofort, warum sie in diesem Jahr mit dem Preis für den besten Service ausgezeichnet wird. Die 31-jährige Badenerin absolvierte ihre Ausbildung zur Restaurantfachfrau im Atlantic Hotel in Baden-Baden, bevor sie zur Cantina Majolika wechselte. Dort kreuzte sich ihr Weg mit dem heutigen Zwei-Sterne-Koch Thorsten Bender. Als dieser sich mit dem Sein selbstständig machte, war es für Dufner keine Frage mitzugehen. So wurde sie mit nur 23 Jahren Restaurantleiterin. Acht Jahre ist das nun her. Seither prägt sie das Sein mit ihrem außergewöhnlichen Feingefühl für Atmosphäre. Besonders bemerkenswert: die alkoholfreie Menübegleitung, die sie seit der Pandemie zusätzlich betreut. Nun steht für Franziska Dufner ein neues Kapitel an: Im März erwartet sie ihr erstes Kind – und wird dem Restaurantbetrieb vorübergehend den Rücken kehren. In Karlsruhe wird man ihre Herzlichkeit, ihre Eleganz und ihre stille Autorität vermissen.

Foto: MARVIN SCHWIENHEER

ERÖFFNUNG DES JAHRES

LA VIE BY THOMAS BÜHNER DÜSSELDORF

Schaut man auf die Vita von Thomas Bühner, dann ist alles dabei, was einen Koch national und international auszeichnet. Lehr- und Wanderjahre in den besten deutschen Restaurants, Aufsteiger des Jahres, Höchstbewertungen in allen Restaurant-Guides, Koch des Jahres, Auszeichnung als Grand Chef und nach dem La Vie in Osnabrück gastronomische Stationen in Taiwan, Hongkong und Peking. Jetzt hat Thomas Bühner in Düsseldorf mit dem neuen La Vie ein Gourmetrestaurant eröffnet, in das seine vielfältigen Erfahrungen einfließen und in dem sich eine weltoffene Kochkunst, ein modern gestyltes Interieur, das damit verbundene angenehme Ambiente und die kultiviert-lockere Atmosphäre zu einem emotionalen kulinarischen Gesamterlebnis verbinden. La Vie ist das Leben von seiner genussvollsten Seite, ein Restaurant, das geschaffen wurde, um der Vision von Thomas Bühner, nämlich der Vielfalt an Produkten und den daraus entstandenen ideenreichen Gerichten, entspannt zu begegnen.

Foto: Sinah Osner

GASTHAUS DES JAHRES

BORNHEIMER RATSKELLER FRANKFURT AM MAIN

1871 eröffnet, ist der Bornheimer Ratskeller heute ein modernes Gasthaus mit langen Bänken und Holztischen, über denen große Designerlampen hängen. Chef des Hauses ist Mario Furlanello, ein Tausendsassa, der sich mit Leib und Seele der hausgemachten Küche verschrieben hat. Im Ratskeller wird tagesfrisch gekocht, hier werden tagelang Fonds und Saucen angesetzt und Brote gebacken. Auch das Fleisch wird selbst verarbeitet und eigene Wurstwaren werden produziert. Mario Furlanello weiß, wie das geht, denn er hat als Jahrgangsbester seine Gesellenprüfung als Fleischer und Metzger abgelegt. Und nicht nur das: Auch seine Kochprüfung hat er mit Bravour bestanden und dazu ein Architekturstudium als Diplomingenieur abgeschlossen. Was nicht selbst produziert werden kann, kauft Furlanello in der unmittelbaren Umgebung ein. Denn er möchte die Menschen kennenlernen, die hinter den Produkten stehen. Die daumendicke Scheibe von der hausgemachten Blutwurst, serviert mit Kartoffelpüree, karamellisiertem Apfel, Apfelweinsauce und geschmorten Zwiebeln ist nur ein Klassiker im Bornheimer Ratskeller.

Foto: PR

ENTDECKUNG DES JAHRES

CRISS STUDIO HAMBURG

So viel Mut muss man erst einmal haben. Gepaart mit visionärer Kreativkraft. Genau das zeichnet das Kochkunstduo Mateusz A. Żurek und Jahmarley Grant aus. Die meisten hätten sich wohl nicht einmal vorstellen können, wie sensationell sich jamaikanische und polnische Küche ergänzen können. Doch seit letztem Jahr begeistern die beiden mit einem Crossover aus erdig-schweren und luftig-fruchtigen Aromen ihr Publikum – und fordern es zugleich heraus, sich auf unbekanntes Terrain zu wagen, ohne vorher genau zu wissen, was es erwartet. Die Speisekarte verrät wenig. Und doch sollte man sich unbedingt auf das Zwölf-Gänge-Menü einlassen. Denn Żurek, der aus Polen stammt, und Grant, der hier seine jamaikanischen Wurzeln zelebriert, wissen ganz genau, was sie tun. Seit 2018 arbeiten sie zusammen – und loten seither auf verschiedenen Kontinenten die Möglichkeiten grenzenloser Geschmackswelten aus. »Criss« ist jamaikanischer Slang für chic, cool oder nagelneu – wie Kinder mit neuen Outfits am ersten Schultag, verrät ihre Website. Und tatsächlich: Criss ist überwältigend neu.

Foto: TressBrüder

NACHHALTIGKEIT & INNOVATION

1950
HAYINGEN

Wo einst Schweine grunzten, wird heute Zukunft gekocht. Im ehemaligen Stall seines Elternhauses auf der Schwäbischen Alb hat Simon Tress ein Restaurant geschaffen, das nicht weniger als ein Modell für nachhaltige Hochküche ist. Das 1950 – benannt nach dem Jahr, in dem sein Großvater den biodynamischen Gedanken aus dem Elsass auf die Alb brachte – steht für ein radikal lokales Konzept: Sämtliche Zutaten stammen aus einem Umkreis von höchstens 25 Kilometern, alle sind Demeter- oder Bioland-zertifiziert. Hier geht es nicht um Verzicht, sondern um Bewusstsein. Um Geschmack, der aus Herkunft entsteht. Tress nennt das 1950 sein Wohnzimmer und serviert auch selbst mit. Auf den Tellern: ein vegetarisches Menü, das auf Wunsch um eine Fleischkomponente ergänzt werden kann. Zu jedem Gericht gibt es kleine Kärtchen, die Auskunft geben, woher die Zutaten stammen – vom Getreide bis zum Karottenblatt. Diese Haltung hat Tradition: Seine Eltern gründeten das erste Biohotel Deutschlands, die Rose in Hayingen-Ehestetten. Simon Tress führt dieses Erbe fort – konsequent, kreativ und zeitgemäß.

Foto: Annette Sandner

WEINKARTE DES JAHRES

SCHWARZER ADLER VOGTSBURG

Eine gute Weinkarte zeichnet sich durch die Vielfalt der angebotenen Gewächse aus. Eine erstklassige Karte zeigt im Angebot Jahrgangstiefe, nicht nur bei den Raritäten. Eine solche exzellente und außergewöhnliche Weinkarte gehört zum traditionsreichen Restaurant Schwarzer Adler der Familie Keller in Oberbergen, seit Jahrzehnten eine kulinarische Institution für badisch-französische Küche und die dazu passenden Weine. Denn die gehören zum guten Essen dazu. Das war schon immer das kulinarische Credo der Kellers, bis heute ist der Adler-Keller in Sachen Wein eine wahre Fundgrube. Hier schlummern rund 4000 mit Bedacht und viel Erfahrung ausgesuchte Gewächse, die besten und allerbesten aus Frankreich. Dazu deutsche und internationale Klassiker aus vielen Jahrgängen, nicht zu vergessen die Weine aus dem eigenen Weingut. Schließlich sind die Kellers nicht nur leidenschaftliche Gastronomen, sondern seit Generationen auch ambitionierte Winzer. Die Weinkarte des Schwarzer Adler ist die erstklassige Visitenkarte ihres Hauses.

Foto: Katharina Dubno Photography

PLANT-BASED-RESTAURANT DES JAHRES

SEVEN SWANS FRANKFURT AM MAIN

Eingeklemmt zwischen stattlichen Bürgerhäusern am Mainkai, wirkt das schmalste Haus Frankfurts mit seinen über die ganze Breite gehenden großen Fenstern fast ein wenig futuristisch. Es ist seit 2018 das gastronomische Refugium von Ricky Saward, einem der wenigen Spitzenköche, der für seine finessenreiche Gerichte komplett auf tierische Produkte verzichtet. Seit 2019 wird im Restaurant Seven Swans ausschließlich vegan gekocht. Ricky Saward, der seine Ausbildung in seiner Heimat im Münsterland machte, danach in Wien, Auckland und Sydney arbeitete, bevor es ihn nach Frankfurt verschlug, setzt in seiner Küche ausschließlich auf saisonale und regionale Bioprodukten und Zutaten, die nachweislich im Einklang mit der Natur erzeugt werden. Verpackt in ein einziges, für alle Gäste gleichzeitig serviertes Menü, werden Gemüse, Blüten, Obst und Kräuter fermentiert, gegrillt, gedämpft oder pulverisiert und zu sehenswert-aufwendigen und kunstvollen Kreationen angerichtet.

Foto: Dieter Sieg

TEAM DES JAHRES

JANTE HANNOVER

Die Frage, was ein Restaurant am Ende auszeichnet und in höhere Sphären katapultiert, ist die Gretchenfrage der Gastronomie. Natürlich ist es zunächst das Ambiente, in das der Gast eintaucht und das über das erste Wohlfühlen entscheidet. Danach wird es menschlich: Küche und Service entscheiden mit ihrem Können, das idealerweise reibungslos zusammenspielt, über die letztendliche Beurteilung eines Restaurants. Das Team kann nur gemeinsam und zusammen gewinnen. Im Restaurant Jante ist dieser besondere Spirit spürbar, jenes Ineinandergreifen von fachlicher Kompetenz, Talent, Gastlichkeit und der sichtbaren Freude an dem, was man tut. Küchenchef Tony Hohlfeld und sein engagiertes Team leben diesen Spirit in ihren vielfältigen, kreativen und raffiniert zubereiteten Gerichten aus. Präzises Handwerk vom Feinsten. Chef-Sommelière und Gastgeberin Mona Schrader inszeniert dazu die passenden Weine aus aller Welt und führt charmant den Service, der mit liebeswerter Freundlichkeit und Kompetenz gleichermaßen überzeugt. Das nennt man Teamgeist!

Foto: TOM MAURER PHOTOGRAPHY

TOP 10

NEUEINSTEIGER

95 PUNKTE		**ATAMA BY MARTIN STOPP** 66386 ST. INGBERT I S. 324
94 PUNKTE		**THE CLOUD** 80809 MÜNCHEN I S. 483
93 PUNKTE		**LA VIE BY THOMAS BÜHNER** 40235 DÜSSELDORF I S. 243
91 PUNKTE		**SCHWARZGOLD** 44369 DORTMUND I S. 236
91 PUNKTE		**ZWEITRAUM MIT WEBERSTUBE** 02681 SCHIRGISWALDE-KIRSCHAU I S. 171
90 PUNKTE		**RARO IM MÜHLENHOF** 69198 SCHRIESHEIM I S. 396
90 PUNKTE		**CHEFS ATELIER** 45239 ESSEN I S. 252
90 PUNKTE		**EDL.EINS** 94469 DEGGENDORF I S. 435
90 PUNKTE		**KETTNER'S KAMOTA** 45239 ESSEN I S. 253
90 PUNKTE		**KUULTIVO** 04229 LEIPZIG I S. 166

Redaktionelle Auswahl. Die Reihung ergibt sich aus der Gesamtpunktzahl und der Essensbewertung.

Foto: Roman Knie

TOP 10

GASTHÄUSER

92 PUNKTE	3 Gabeln	**DAS GOLDSTEIN BY GOLLNER'S** 65207 WIESBADEN I S. 221
91 PUNKTE	3 Gabeln	**KRONE** 71111 WALDENBUCH I S. 414
91 PUNKTE	3 Gabeln	**WAIDWERK** 90431 NÜRNBERG I S. 493
90 PUNKTE	3 Gabeln	**ZUM KRUG** 65347 HATTENHEIM I S. 208
90 PUNKTE	3 Gabeln	**RÜSSELS HASENPFEFFER** 54426 NAURATH (WALD) I S. 305
89 PUNKTE	2 Gabeln	**STEINHEUERS POSTSTUBEN** 53474 BAD NEUENAHR-AHRWEILER I S. 289
89 PUNKTE	2 Gabeln	**ADLER WIRTSCHAFT** 65347 HATTENHEIM I S. 208
89 PUNKTE	2 Gabeln	**PFÄLZER STUBEN** 76863 HERXHEIM I S. 297
89 PUNKTE	2 Gabeln	**BORNHEIMER RATSKELLER** 60385 FRANKFURT AM MAIN I S. 190
88 PUNKTE	2 Gabeln	**REBSTOCK** 79235 VOGTSBURG I S. 412

Redaktionelle Auswahl. Die Reihung ergibt sich aus der Gesamtpunktzahl und der Essensbewertung.

Tohru

Foto: Ramon Haindl

TOP 10

ASIATISCHE KÜCHE

99 PUNKTE		**TOHRU** 80331 MÜNCHEN I S. 483
99 PUNKTE		**VICTOR'S FINE DINING BY CHRISTIAN BAU** 66706 PERL I S. 320
96 PUNKTE		**IKIGAI** 82493 KRÜN I S. 438
92 PUNKTE		**NIKKEI NINE** 20354 HAMBURG I S. 66
91 PUNKTE		**MASA** 60314 FRANKFURT AM MAIN I S. 197
91 PUNKTE		**NAGAYA** 40211 DÜSSELDORF I S. 244
91 PUNKTE		**JAE** 40215 DÜSSELDORF I S. 242
90 PUNKTE		**YUNICO** 53227 BONN I S. 232
90 PUNKTE		**ROKU** 40477 DÜSSELDORF I S. 246
90 PUNKTE		**TAKU** 50667 KÖLN I S. 267

Redaktionelle Auswahl. Die Reihung ergibt sich aus der Gesamtpunktzahl und der Essensbewertung.

Foto: Stefan Eberhardt - medien-partner.net

TOP 10

ITALIENISCHE KÜCHE

91 PUNKTE — **ACQUARELLO**
81677 MÜNCHEN | S. 460

91 PUNKTE — **CARMELO GRECO**
60598 FRANKFURT AM MAIN | S. 191

90 PUNKTE — **THE FIRST**
99444 BLANKENHAIN | S. 176

90 PUNKTE — **5 SEN:SES**
76133 KARLSRUHE | S. 369

89 PUNKTE — **ALFREDO**
50667 KÖLN | S. 259

89 PUNKTE — **CORNELIA POLETTO**
20249 HAMBURG | S. 55

89 PUNKTE — **GALLO NERO**
22301 HAMBURG | S. 58

88 PUNKTE — **ALTER HAFERKASTEN**
63263 NEU-ISENBURG | S. 216

88 PUNKTE — **OCCHIO D'ORO**
60318 FRANKFURT AM MAIN | S. 199

87 PUNKTE — **AI PERO**
56626 ANDERNACH | S. 286

Redaktionelle Auswahl. Die Reihung ergibt sich aus der Gesamtpunktzahl und der Essensbewertung.

Foto: Bernhard Kahrmann

TOP 10

WEINKARTEN

100 PUNKTE — **AQUA**
38440 WOLFSBURG | S. 102

100 PUNKTE — **BAREISS**
72270 BAIERSBRONN | S. 339

100 PUNKTE — **SCHWARZWALDSTUBE**
72270 BAIERSBRONN | S. 342

99 PUNKTE — **SONNORA**
54518 DREIS | S. 294

99 PUNKTE — **VICTOR'S FINE DINING BY CHRISTIAN BAU**
66706 PERL | S. 320

97 PUNKTE — **LAFLEUR**
60325 FRANKFURT AM MAIN | S. 196

97 PUNKTE — **DOLLENBERG | LE PAVILLON**
77740 BAD PETERSTAL-GRIESBACH | S. 334

97 PUNKTE — **SCHWARZER ADLER**
79235 VOGTSBURG | S. 413

94 PUNKTE — **KRONENSCHLÖSSCHEN**
65347 ELTVILLE | S. 188

90 PUNKTE — **ZUM KRUG**
65347 HATTENHEIM | S. 208

Redaktionelle Auswahl. Die Reihung ergibt sich aus der Gesamtpunktzahl und der Essensbewertung.

WÜSTHOF
PERFORMER
Made in Solingen
MAXIMUM
PERFORMANCE
Klinge mit ultraharter Diamond-like Carbon (DLC) Beschichtung. Rutschfester Griff mit einzigartiger Hexagon-Power-Grip© Struktur. Rasantes, tiefschwarzes Design. Fühle die Power und erlebe ultimative Spitzenleistung: WÜSTHOF Performer.
ROTOKU 17 CM – Pole Position für den perfekten Schnitt.
WUSTHOF.COM

Foto: Matthias Plander

TOP 10

MIT ÜBERNACHTUNG

100 PUNKTE		**AQUA** 38440 WOLFSBURG I S. 102
100 PUNKTE		**BAREISS** 72270 BAIERSBRONN I S. 339
100 PUNKTE		**ES:SENZ** 83224 GRASSAU I S. 446
100 PUNKTE		**HAERLIN** 20354 HAMBURG I S. 59
100 PUNKTE		**SCHWARZWALDSTUBE** 72270 BAIERSBRONN I S. 342
99 PUNKTE		**SONNORA** 54518 DREIS I S. 294
97 PUNKTE		**DOLLENBERG I LE PAVILLON** 77740 BAD PETERSTAL-GRIESBACH I S. 334
97 PUNKTE		**LOUIS** 66740 SAARLOUIS I S. 323
96 PUNKTE		**DICHTER** 83700 ROTTACH-EGERN I S. 507
96 PUNKTE		**SÖL'RING HOF** 25980 SYLT (RANTUM) I S. 114

Redaktionelle Auswahl. Die Reihung ergibt sich aus der Gesamtpunktzahl und der Essensbewertung.

Foto: Yassen Hristov

TOP 10

SCHÖNSTE TERRASSEN

88 PUNKTE	2 Gabeln	**VILLA CONTESSA** 15526 BAD SAAROW I S. 155
92 PUNKTE	3 Gabeln	**RÜSSELS GOURMETRESTAURANT** 54426 NAURATH (WALD) I S. 305
96 PUNKTE	4 Gabeln	**MEIEREI DIRK LUTHER** 24960 GLÜCKSBURG I S. 107
88 PUNKTE	2 Gabeln	**KURT I GUTSHAUS STOLPE** 17391 STOLPE I S. 82
90 PUNKTE	3 Gabeln	**GUT LÄRCHENHOF** 50259 PULHEIM I S. 277
89 PUNKTE	2 Gabeln	**VILLA ROTHSCHILD** 61462 KÖNIGSTEIN IM TAUNUS I S. 212
93 PUNKTE	3 Gabeln	**ATELIER SANSSOUCI** 01445 RADEBEUL I S. 170
86 PUNKTE	2 Gabeln	**FREIHAUS BRENNER** 83707 BAD WIESSEE I S. 427
85 PUNKTE	2 Gabeln	**GUTSHOF ANDRES** 96166 KIRCHLAUTER I S. 452
87 PUNKTE	2 Gabeln	**BRENTANOHAUS** 65375 OESTRICH-WINKEL I S. 217

Redaktionelle Auswahl.

DIE BESTEN RESTAURANTS & GASTHÄUSER

BREMEN
HAMBURG
MECKLENBURG-
VORPOMMERN
NIEDERSACHSEN
SCHLESWIG-HOLSTEIN

NORDEN

Meierei Dirk Luther
24960 Glücksburg
Seite 107

Söl'ring Hof
25980 Sylt (Rantum)
Seite 114

Bianc
20457 Hamburg
Seite 51

Haerlin
20354 Hamburg
Seite 59

Lakeside
20354 Hamburg
Seite 63

100/200
20539 Hamburg
Seite 49

The Table – Kevin Fehling
20457 Hamburg
Seite 71

Jante
30171 Hannover
Seite 92

Votum
30159 Hannover
Seite 95

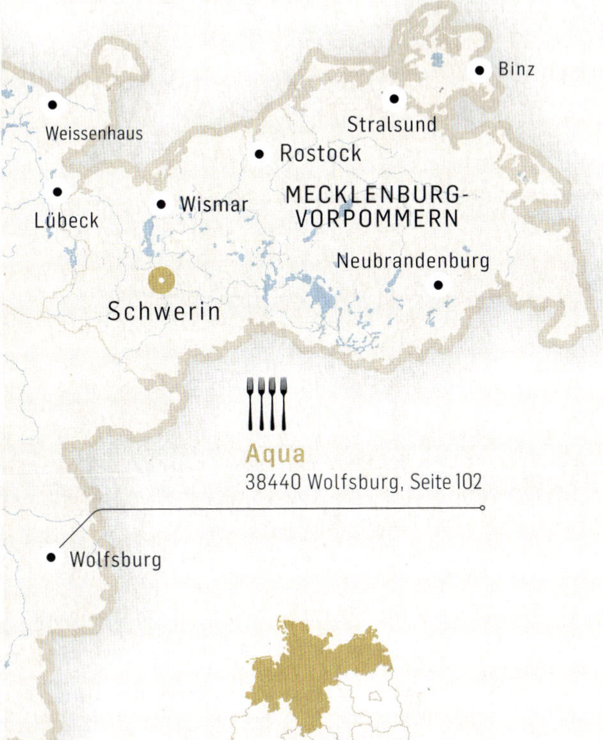

Aqua
38440 Wolfsburg, Seite 102

NORDEN

TOPLOKALE IM ÜBERBLICK

BREMEN

Al Pappagallo 28203 Bremen

Italienische Spitzenküche in elegantem Ambiente. Hausgemachte Pasta wie Lasagnette mit Steinpilzen oder Tagliolini mit Languste, hochgelobte Risottos und exzellente Secondi, Cannoli siciliani als süßer Abschluss.

Außer der Schleifmühle 73
+49 421 327963
al-pappagallo.de
Familienbetrieb • italienisch • Terrasse

Essen:	43	50
Service:	18	20
Weinkarte:	17	20
Ambiente:	8	10
Gesamt:	86	100

alto 28195 Bremen

Französisch-deutsche Brasserie-Küche mit saisonalen Zutaten. Klassiker treffen auf raffinierte Kreationen, die durch klare Aromen und feine Balance überzeugen. Kochkunst mit Präzision und Stil.

Bredenstraße 2
+49 421 62062599
alto-bremen.de
französisch • deutsche Küche • klassisch

Essen:	42	50
Service:	18	20
Weinkarte:	17	20
Ambiente:	8	10
Gesamt:	85	100

Blixx 28199 Bremen

Mit Blick aufs Rollfeld international durchstarten: Italien mit Vitello tonnato und Pasta, Asien mit Curry und Teriyaki, Amerika bei BBQ-Wings, Burgern und NY Cheesecake. Essen als besonderes Erlebnis.

Flughafenallee 26
+49 421 5571444
atlantic-hotels.de
Hotelrestaurant • Frühstück • klassisch

Essen:	42	50
Service:	17	20
Weinkarte:	17	20
Ambiente:	7	10
Gesamt:	83	100

Bremer Ratskeller 28195 Bremen

Historie pur im urigen Gewölbekeller. Norddeutsches wie Matjesfilet »sööt un suur«, Seemannslabskaus und Grützwurst Bremer Knipp. Entertainment mit Musical-Dinner und Kohlpartys in der kalten Jahreszeit.

Am Markt
+49 421 321676
ratskeller-bremen.de
deutsche Küche • regional • Gewölbe • traditionell

Essen:	43	50
Service:	17	20
Weinkarte:	19	20
Ambiente:	8	10
Gesamt:	87	100

Foto: Sigrun Strangmann

Chapeau la Vache

28209 Bremen

Französisch inspirierte Brasserie mit Vielfalt: von Foie gras, Austern und Bouillabaisse über Ceviche, Tom-Yam-Suppe, Steak frites und Thunfisch gegrillt bis Wiener Schnitzel. Minidessert-Surprise.

Hollerallee 77
+49 421 33111777
chapeau-la-vache.de
französisch • modern • entspannt

Essen:	**42** | 50
Service:	**18** | 20
Weinkarte:	**17** | 20
Ambiente:	**8** | 10
Gesamt:	**85** | 100

Das Kleine Lokal

28203 Bremen

34 Plätze und konsequente, experimentierfreudige Frischeküche von Stefan Ladenberger. Die Menüs sind optisch eine Augenweide. Konzentration auf Menüabende mit saisonalen und thematischen Schwerpunkten.

Besselstraße 40
+49 421 7949084
das-kleine-lokal.de
Fine Dining • Terrasse • elegant

Essen:	**44** | 50
Service:	**18** | 20
Weinkarte:	**18** | 20
Ambiente:	**8** | 10
Gesamt:	**88** | 100

Due Fratelli

28195 Bremen

Hausgemachte Pasta, exzellente Antipasti und köstliche Fleisch- und Fischgerichte tragen die Handschrift von Elvis und Denis Behljuljevic, die mit Leidenschaft italienische Tradition neu interpretieren.

Am Markt 13
+49 421 67352817
due-fratelli-bremen.de
Fine Dining • italienisch • klassisch

Essen:	**43** | 50
Service:	**18** | 20
Weinkarte:	**17** | 20
Ambiente:	**8** | 10
Gesamt:	**86** | 100

Küche 13

28203 Bremen

Offene Küche, lebendig-familiäre Atmosphäre. Jan-Philipp Iwersen begeistert mit Raffiniertem: Tuna Tataki mit Orangenpfeffer und Matjes, Gorgonzolarisotto mit Birne oder Fisch mit Estragon-Senf-Rahm.

Beim Steinernen Kreuz 13
+49 421 20824721
kueche13.de
regionale Produkte • bio • offene Küche • gemütlich

Essen:	**42** | 50
Service:	**18** | 20
Weinkarte:	**17** | 20
Ambiente:	**7** | 10
Gesamt:	**84** | 100

Wels

28213 Bremen

Christina Bolt überrascht mit spannenden Kreationen: feine Fischgerichte, edles Wild und regionale Zutaten. Eine leichte, kreative Küche, die den nahen Wald, den Fluss und das Meer geschmacklich erlebbar macht.

Parkallee 299
+49 421 22020
hotel-munte.de
Hotelrestaurant • Bar • Fisch • im Grünen

Essen:	**43**	50
Service:	**17**	20
Weinkarte:	**17**	20
Ambiente:	**8**	10
Gesamt:	85	100

Foto: STEPH STUDIO

Fine Dining by Phillip Probst

27568 Bremerhaven

Phillip Probst zaubert nordisches Fine Dining aus edlen Zutaten: vier bis acht kunstvoll komponierte Gänge, etwa Helgoländer Hummer mit Ingwer, Gelbschwanzmakrele mit Nashi-Birne und Rehrücken mit Fichte.

Columbusstraße 67
+49 471 902240
liberty-bremerhaven.com
Fine Dining • Hotelrestaurant • modern

Essen:	**45**	50
Service:	**18**	20
Weinkarte:	**17**	20
Ambiente:	**8**	10
Gesamt:	88	100

Foto: STEPH STUDIO

Mulberry St

27568 Bremerhaven

Vielseitigkeit ist bei Phillip Probst Programm, Low Waste maßgebliches Prinzip und die Karte wechselt nach Marktlage. Gebeizter Rotbarsch oder Onsen-Ei als Vorspeise, danach munden Ikarimi-Lachs und Ente vom Grill.

Columbusstraße 67
+49 471 902240
liberty-bremerhaven.com
Hotelrestaurant • Casual Dining • elegant

Essen:	**44**	50
Service:	**17**	20
Weinkarte:	**16**	20
Ambiente:	**8**	10
Gesamt:	85	100

Natusch

27572 Bremerhaven

Natusch ist ein Synonym für frischesten Fisch. Gekonnt zubereitet von Küchenchef Thomas Wiese. Im Jacht-Interieur von Hollywood-Star Errol Flynn genießt man Filets vom Tiefsee-Rotbarsch, Lachs und Steinbutt.

Am Fischbahnhof 1	Essen: 43 | 50
+49 471 71021	Service: 18 | 20
natusch.de	Weinkarte: 17 | 20
Fisch • Meeresfrüchte • gemütlich • Terrasse	Ambiente: 8 | 10
	Gesamt: 86 | 100

Pier 6

27568 Bremerhaven

Am Wasser mit Blick auf den Jachthafen genießt man fangfrischen Fisch, feine Fleischgerichte oder kreatives Veganes. Saisonale Küche, große Weinauswahl, schönes Mittagsmenü und legendäre Küchenparty.

Barkhausenstraße 6	Essen: 43 | 50
+49 471 48364080	Service: 17 | 20
pier6.de	Weinkarte: 17 | 20
Fisch • regionale Produkte • Essen mit Aussicht • Terrasse	Ambiente: 8 | 10
	Gesamt: 85 | 100

HAMBURG

100/200

20539 Hamburg

Menükreislauf durch die Jahreszeiten in allerbester Qualität. Aufgetischt im Industrial Chic eines Fabrikgebäudes in Rothenburgsort. Kreative Speisekarte und tadelloser Service. Hochpreisig.

Brandshofer Deich 68	Essen: 48 | 50
+49 40 30925191	Service: 20 | 20
100200.kitchen	Weinkarte: 19 | 20
Fine Dining • nachhaltig • regionale Produkte	Ambiente: 9 | 10
	Gesamt: 96 | 100

am kai

22767 Hamburg

Direkt an der Elbe mit Hafenblick. Fast alles dreht sich um frische Meeresfrüchte und Fisch und ist erstklassig zubereitet. Einige Gerichte sind zum Teilen gedacht. Fleisch und Vegetarisches gibt es auch.

Große Elbstraße 145b–d	Essen: 43 | 50
+49 40 38037730	Service: 18 | 20
amkai.hamburg	Weinkarte: 17 | 20
Fisch • Terrasse • unkonventionell	Ambiente: 8 | 10
	Gesamt: 86 | 100

Anleger 1870

22087 Hamburg

Schön an der Außenalster mit großer Sommerterrasse gelegenes Lokal mit solider mediterraner Küche. Bei Schietwetter sitzt man gemütlich in den beheizten Glashäusern.

Hartwicusstraße 7
+49 40 41346991
anleger1870.com
am Wasser • gemütlich • Terrasse

Essen:	**42**	50
Service:	**17**	20
Weinkarte:	**17**	20
Ambiente:	**8**	10
Gesamt:	84	100

arc

20259 Hamburg

Ein Zehn-Gänge-Menü, auch als vegetarische Variante, verbindet regionale Produkte mit handwerklich perfekter Kochkunst. Gute Weinkarte und professioneller Service.

Eppendorfer Weg 58

arcrestaurant.de
Casual Dining • regionale Produkte • nachhaltig

Essen:	**45**	50
Service:	**18**	20
Weinkarte:	**17**	20
Ambiente:	**9**	10
Gesamt:	89	100

Atlantic Grill & Health

20099 Hamburg

Stilvolles Restaurant in vielen Blautönen im ehrwürdigen Atlantic Hotel an der Binnenalster. Daniel Thompson bringt gesundes Essen, perfekt aus saisonalen Frischeprodukten zubereitet, auf den Tisch.

An der Alster 72–79
+49 40 2888300
brhhh.com
Hotelrestaurant • elegant • Essen mit Aussicht

Essen:	**43**	50
Service:	**18**	20
Weinkarte:	**18**	20
Ambiente:	**8**	10
Gesamt:	87	100

Foto: Oliver Helbig

Atlantic Restaurant

20099 Hamburg

Küchenchef Focke Mick kocht im Gourmetrestaurant des Traditionshotels auf Sterneniveau. Zwei Menüfolgen, davon eine vegetarische Variante. Klassiker sind Hummersuppe und ganze Seezunge.

An der Alster 72–79
+49 40 2888860
brhhh.com
Fine Dining • Hotelrestaurant • französisch

Essen:	**46** | 50
Service:	**19** | 20
Weinkarte:	**18** | 20
Ambiente:	**8** | 10
Gesamt:	91 | 100

Authentikka

20357 Hamburg

An drei Standorten nehmen Sonja und Tarun Rana ihre Gäste mit auf eine kulinarische Geschmacksreise nach Indien. Das Küchenteam, oft mit indischen Wurzeln, greift dabei immer wieder alte indische Rezepte auf.

Schäferkampsallee 41
+49 40 44191222
authentikka.de
indisch • vegetarisch • nachhaltig • entspannt

Essen:	**42** | 50
Service:	**18** | 20
Weinkarte:	**16** | 20
Ambiente:	**8** | 10
Gesamt:	84 | 100

Berliner Bahnhof

20095 Hamburg

Schickes Lokal mit retromodernem Charme und spannender europäisch-japanischer Fusionsküche. Mittags Crossover-Lieblinge wie »Japanese Frikassee«, abends Tapas von »Bruschetta Yomeshi« bis »Gado-Gado«.

Deichtorstraße 1–2
+49 40 20982392
berlinerbahnhof.com
Crossover-Küche • entspannt • modern

Essen:	**42** | 50
Service:	**18** | 20
Weinkarte:	**16** | 20
Ambiente:	**8** | 10
Gesamt:	84 | 100

Bianc

20457 Hamburg

Eine Adresse für Feinschmecker in der HafenCity. Matteo Ferrantino zelebriert mediterrane Küche vom Feinsten. Zwei Menüs: »Mare« mit den Aromen des Meeres und »Monti« mit dem Besten, was die Erde bietet.

Am Sandtorkai 50
+49 40 18119797
bianc.de
mediterran • Fine Dining • modern

Essen:	**48** | 50
Service:	**19** | 20
Weinkarte:	**18** | 20
Ambiente:	**10** | 10
Gesamt:	95 | 100

Blue Mare

22419 Hamburg

Kreatives Fine Dining mit Fischschwerpunkt, Pasta und Fleischgerichte sind aber ebenso köstlich. Vorweg Tuna Tataki oder Hamburger Fischsuppe, dann Heilbutt mit Sesamkruste oder Seeteufel mit Karottenpüree.

Tarpen 40, Gebäude 11	Essen: **42** I 50
+49 40 50091902	Service: **18** I 20
bluemare-hamburg.de	Weinkarte: **17** I 20
Fisch • Sushi • modern	Ambiente: **8** I 10
	Gesamt: **85** I 100

Bootshaus

20457 Hamburg

Das puristische Restaurant liegt in der HafenCity mit Blick auf den Grasbrookhafen. Schöne Terrasse im Sommer. Fleischgerichte vom Josper-Grill oder Seafood Specials überzeugen. Gute Weinauswahl.

Am Kaiserkai 19	Essen: **42** I 50
+49 40 33473744	Service: **17** I 20
bootshaus-hafencity.de	Weinkarte: **18** I 20
Steak • Fisch • Essen mit Aussicht • modern	Ambiente: **8** I 10
	Gesamt: **85** I 100

Brechtmanns Bistro

20251 Hamburg

Norddeutsch oder fernöstlich, das ist das Motto des puristisch eingerichteten Lokals. Das Angebot reicht vom delikaten Thai-Curry über Cordon bleu vom Kalb bis hin zum Wiener Schnitzel.

Erikastraße 43	Essen: **43** I 50
+49 40 41305888	Service: **17** I 20
brechtmann-bistro.de	Weinkarte: **18** I 20
Bistro • Thai • regionale Produkte • entspannt	Ambiente: **8** I 10
	Gesamt: **86** I 100

Brook

20457 Hamburg

Schickes Restaurant mit Traumblick auf die historische Speicherstadt. Mehrgängige Überraschungsmenüs und À-la-carte-Gerichte wie Doradenfilet, geschmorte Rindsbäckchen oder Entrecôte.

Bei den Mühren 91	Essen: **42** I 50
+49 40 37503128	Service: **17** I 20
restaurant-brook.de	Weinkarte: **17** I 20
deutsche Küche • regionale Produkte • Terrasse	Ambiente: **8** I 10
	Gesamt: **84** I 100

Brüdigams

20259 Hamburg

Moderne europäische Küche im Wohlfühlambiente. Übersichtliche Speisekarte mit innovativen vegetarischen Gerichten sowie feinen Filets vom Coho-Lachs oder Wiener Schnitzel. Gute Weinkarte.

Eppendorfer Weg 98	Essen: **42** I 50
+49 40 57012999	Service: **17** I 20
bruedigams.de	Weinkarte: **17** I 20
Bistro • regionale Produkte • gemütlich	Ambiente: **8** I 10
	Gesamt: **84** I 100

BUDDELS

20459 Hamburg

Raffinierte Heimatküche im aufgeräumt-gemütlichen Ambiente. Miesmuscheln in zwei Gängen mit Weißwein und Fritten, dann Tomate und Mühlenbrot. Schöne Auswahl an Flaschen – von Bubbles bis Weiß und Rot.

Deichstraße 37
+49 40 31171222
buddels.de
regionale Produkte • saisonal • entspannt

Essen:	**43** I 50
Service:	**19** I 20
Weinkarte:	**17** I 20
Ambiente:	**8** I 10
Gesamt:	87 I 100

Bullerei

20357 Hamburg

Die Bullerei ist ein lebhaftes Szenelokal von TV-Koch Tim Mälzer im angesagten Schanzenviertel. Wenn die Wahl der Speisen schwerfällt, empfiehlt sich das Überraschungsmenü in vier Gängen.

Lagerstraße 34b
+49 40 33442110
bullerei.com
Steak • deutsche Küche • unkonventionell • vegetarisch

Essen:	**43** I 50
Service:	**17** I 20
Weinkarte:	**17** I 20
Ambiente:	**8** I 10
Gesamt:	85 I 100

Butcher's

20148 Hamburg

Ein Paradies für Steakliebhaber. Das amerikanische Steakhouse bereitet feinstes US-Beef aus Nebraska perfekt gegrillt zu. Dazu Beilagen wie Grillgemüse oder Blattspinat. Überzeugender Service.

Milchstraße 19
+49 40 446082
butchers-steakhouse.de
amerikanisch • Steak • modern

Essen:	**43** I 50
Service:	**18** I 20
Weinkarte:	**18** I 20
Ambiente:	**8** I 10
Gesamt:	87 I 100

Cantinetta

20457 Hamburg

Modern-italienisches Fine Dining in elegantem Ambiente, das Konzertmenü perfekt für Elbphi-Besuche. Auf der Karte: Blumenkohlrisotto, livornesisches Ragout, geschmorte Lammhaxe, Lachsfilet mit Krustentierjus.

Pickhuben 3
+49 40 638589900
ameroncollection.com
Hotelrestaurant • italienisch • klassisch

Essen:	**43** I 50
Service:	**18** I 20
Weinkarte:	**17** I 20
Ambiente:	**8** I 10
Gesamt:	86 I 100

Carls

20457 Hamburg

Französische Genussküche in unmittelbarer Nachbarschaft zur Elbphilharmonie. Thomas Martin zeichnet für Klassiker wie Bouillabaisse, Bœuf bourguignon oder Kabeljaufilet verantwortlich. Erlesene Weine.

Am Kaiserkai 69
+49 40 300322400
carls-brasserie.de
Bistro • französisch • modern

Essen:	**42** I 50
Service:	**17** I 20
Weinkarte:	**17** I 20
Ambiente:	**8** I 10
Gesamt:	84 I 100

Carmagnole

22769 Hamburg

Klassisches, von der französischen Küche geprägtes Bistro im schicken, nostalgischen Ambiente. Moules frites, Steak Tatar und Artischocken zählen zu den Klassikern. Gute Weine und Cocktails.

Juliusstraße 18	Essen: **42** I 50
+49 40 40186115	Service: **17** I 20
carmagnole.de	Weinkarte: **18** I 20
Bistro • französisch • Terrasse	Ambiente: **7** I 10
	Gesamt: 84 I 100

Casse-Croûte

20354 Hamburg

Eine Hamburger Institution am Gänsemarkt. Deutsche Hausmannskost, frisch interpretiert, und französische Küche verbinden sich. Kalbsleber, Roastbeef oder Cordon bleu – es schmeckt. Gute Weinkarte.

ABC-Straße 44–46	Essen: **43** I 50
+49 40 343373	Service: **17** I 20
casse-croute.de	Weinkarte: **17** I 20
deutsche Küche • Geschäftsessen • gemütlich	Ambiente: **8** I 10
	Gesamt: 85 I 100

CLAAS

20457 Hamburg

Hohe Decken, mosaikverkleidete Säulen und die große offene Küche dominieren das Interieur des Lokals. Claas-Henrik Anklam serviert vor allem erstklassige Meeresfrüchte und Fischgerichte.

Am Lohsepark 8	Essen: **42** I 50
+49 40 63299144	Service: **17** I 20
claas-restaurant.cc	Weinkarte: **18** I 20
Fisch • Meeresfrüchte • modern • gehoben	Ambiente: **9** I 10
	Gesamt: 86 I 100

Foto: Matthias Emminger

Coast by East

20457 Hamburg

Crispy Duck Salad oder Tuna Tatar, dann Sushi und Sashimi. Küchenchef Thilo Haberlad und Sushi-Meister Sangay Sherpa schwingen sich zu köstlichen Höhenflügen auf. Grandiose Drinks und herrlicher Kaiserkai-Blick.

Großer Grasbrook 14	Essen: **42** I 50
+49 40 30993230	Service: **18** I 20
coast-hamburg.de	Weinkarte: **17** I 20
Sushi • modern • Fisch	Ambiente: **9** I 10
	Gesamt: 86 I 100

Cornelia Poletto

20249 Hamburg

Die TV-Köchin überzeugt mit Mittelmeer-Italo-Küche und Prisen von Shanghai bis Norden. Qualität in Produkten und Handwerk, exzellente Menüs – von Antipasti über hausgemachte Pasta bis Dolci – und grandiose Weine.

Eppendorfer Landstraße 80
+49 40 4802159
cornelia-poletto.de
Bistro • italienisch • elegant • Delikatessenverkauf

Essen:	44 I 50
Service:	18 I 20
Weinkarte:	19 I 20
Ambiente:	8 I 10
Gesamt:	89 I 100

Cox

20099 Hamburg

Brasserie-Klassiker mit abwechslungsreicher Karte: Pulpo mit Quinoa-Mango-Salat, Ibérico-Rücken mit Macadamiakruste, Zander mit Kapern-Zitronen-Butter. Auch Vegetarisches wie Panko-Aubergine mundet.

Lange Reihe 68
+49 40 249422
restaurant-cox.de
Bistro • französisch • regionale Produkte • elegant

Essen:	43 I 50
Service:	19 I 20
Weinkarte:	17 I 20
Ambiente:	8 I 10
Gesamt:	87 I 100

Criss Studio

20357 Hamburg

Polnisch-jamaikanische Fusion, die hervorragend funktioniert. Jahmarley Grant und Mateusz A. Żurek entwickeln aus ihren Wurzeln innovative, neue Kreationen wie Tatar von der Ente oder Bigos-Croquette.

Moorkamp 6
+49 40 36886014
criss.studio
Crossover-Küche • modern • Cocktails

Essen:	44 I 50
Service:	18 I 20
Weinkarte:	17 I 20
Ambiente:	8 I 10
Gesamt:	87 I 100

Das Dorf

20099 Hamburg

Bei Axel Strehlitz gibt's deutsche Spezialitäten und österreichische Klassiker: Zwiebelrostbraten mit knusprigen Bratkartoffeln, Wiener Schnitzel oder Kaiserschmarren. Herzliches Kultlokal in St. Georg.

Lange Reihe 39
+49 40 245614
restaurant-dorf.de
deutsche Küche • gemütlich • regionale Produkte

Essen:	42 I 50
Service:	18 I 20
Weinkarte:	17 I 20
Ambiente:	8 I 10
Gesamt:	85 I 100

Das Pfeiffers

22399 Hamburg

Unter dem traditionellen Reetdach sorgt Thomas Schnabel für herzliche Kulinarik auf konstant leckerem Niveau. Fisch, Fleisch und Sushi sowie der Backfisch sind gelungen, herrlich auch die Hummersuppe.

An der Alsterschleife 3
+49 40 6113620
das-pfeiffers.de
regionale Produkte • modern • gemütlich

P

Essen:	44 I 50
Service:	17 I 20
Weinkarte:	18 I 20
Ambiente:	8 I 10
Gesamt:	87 I 100

Delta Bistro

20357 Hamburg

Fleisch zum Mitnehmen im Abholmarkt, im Bistro Dry-Aged, Prime Rib vom Kalb und 800-Gramm-Tomahawk-Steak. Jakobsmuscheln und Hummersuppe runden den Genuss ab. Stilvolles Ambiente mit Kultfaktor.

Lagerstraße 11	Essen: **43** I 50
+49 40 431610	Service: **17** I 20
delta-hamburg.de	Weinkarte: **18** I 20
Bistro • Steak • klassisch	Ambiente: **7** I 10
	Gesamt: 85 I 100

Der erdbeerfressende Drache

20354 Hamburg

Die feinen Speisen wechseln ständig, sind nach den zwei Hauptzutaten benannt und ideal zum Sharen. Wer sich entspannt zurücklehnen mag, bestellt nach Omakase-Prinzip und erlebt fünf spannende Gänge, auch vegetarisch.

Alsterufer 3	Essen: **43** I 50
+49 40 69657299	Service: **18** I 20
dererdbeerfressendedrache.de	Weinkarte: **17** I 20
vegetarisch • vegan • offene Küche • entspannt	Ambiente: **8** I 10
	Gesamt: 86 I 100

Der Player

22765 Hamburg

Jonas Straube und Team begeistern mit Streetfood auf hohem Niveau: glasierter Pulpo, Tacos mit Pulled Pork, Short Ribs oder Tandoori-Blumenkohl. Dazu Drinks, DJ-Sets, Rooftop-Bar und Spieleparadies.

Bahrenfelder Straße 322	Essen: **42** I 50
+49 40 537996250	Service: **18** I 20
player-hamburg.de	Weinkarte: **17** I 20
Casual Dining • Cocktails • modern	Ambiente: **8** I 10
P	Gesamt: 85 I 100

Die Tagesbar

20457 Hamburg

Neues Highlight von Nina Falco aus der Gallo-Nero-Familie. Bildschönes Design, ausgezeichnete Drinks von Viktoria Mirow (zuvor Puzzle Bar) und köstliches Barfood – von Austern über Kaviar bis zu Mediterranem.

Hahntrapp 1	Essen: **44** I 50
+49 40 46993776	Service: **18** I 20
die-tagesbar.com	Weinkarte: **17** I 20
Bar • mediterrane Küche • entspannt	Ambiente: **9** I 10
	Gesamt: 88 I 100

Dorfkrug Volksdorf

22359 Hamburg

Unter dem Reetdach mit Sylter Flair warten Fein-Rustikales wie Kalbsgeschnetzeltes oder Zwiebelrostbraten, versiert zubereitete Sushi-Spezialitäten und hausgemachte Pasta aus dem Parmesanlaib.

Im Alten Dorfe 44	Essen: **43** I 50
+49 40 6039294	Service: **17** I 20
dorfkrug-volksdorf.de	Weinkarte: **17** I 20
Gasthaus • Gastgarten • gemütlich	Ambiente: **8** I 10
P	Gesamt: 85 I 100

Foto: Matthias Emminger

east

20359 Hamburg

In der ehemaligen Eisengießerei zaubert das Küchenteam Vielfalt mit Sushi, Sashimi, Salaten, Fischkreationen und Fleischgerichten vom japanischen Robata-Grill. Feine Desserts aus der hauseigenen Patisserie.

Simon-von-Utrecht-Straße 31
+49 40 309933
east-hamburg.de
Hotelrestaurant • japanisch • entspannt • modern

Essen:	43 I 50
Service:	18 I 20
Weinkarte:	17 I 20
Ambiente:	9 I 10
Gesamt:	87 I 100

Edmondo

20354 Hamburg

Opulentes Ambiente, perfekt für Insta & Co. Gäste schwelgen in Trüffelpasta, neapolitanischer Pizza, Tagliata di Manzo und köstlichen Dolci wie Pistazien-Profiteroles. Raffinierte Cocktails in origineller Keramik.

Hohe Bleichen 17

bigsquadra.com
italienisch • Pizza • vegetarisch • entspannt

Essen:	43 I 50
Service:	18 I 20
Weinkarte:	18 I 20
Ambiente:	9 I 10
Gesamt:	88 I 100

Estancia Steaks

20457 Hamburg

Fleischliebe bei Philipp Berg: perfekt gereifte Steaks aus aller Welt – vom Rinderfilet aus Südamerika über Rib-Eye aus Australien bis Rumpsteak aus Irland. Besonderes vorweg, etwa geröstete Kalbsmarkknochen.

Große Reichenstraße 27
+49 40 30384280
estancia-steaks.de
Steak • klassisch • entspannt

Essen:	43 I 50
Service:	17 I 20
Weinkarte:	17 I 20
Ambiente:	8 I 10
Gesamt:	85 I 100

Félix

22609 Hamburg

Bienvenue! Hier warten fantastische französische Küche, dunkle Metrofliesen und urbaner Chic mit Paris-Flair. Feine Gänseleber-Terrine, zartes Sashi, perfekt komponierte Bouillabaisse und Steak frites auf den Punkt.

Rupertistraße 26
+49 40 53751921
felix-restaurant.com
französisch • traditionell • klassisch

Essen:	44 I 50
Service:	19 I 20
Weinkarte:	17 I 20
Ambiente:	8 I 10
Gesamt:	88 I 100

Fischereihafen Restaurant — 22767 Hamburg

Eine Institution in Sachen Fisch, herzlich geführt von Dirk Kowalke und Benjamin Kast. Köstliches wie Nordsee-Steinbutt mit Krustentier-Ragout oder Labskaus. Exzellente Austern, Hummer, Kaviar, Sushi und Sashimi.

Große Elbstraße 143
+49 40 381816
fischereihafenrestaurant.de
Fine Dining • Fisch • traditionell

Essen:	44 | 50
Service:	19 | 20
Weinkarte:	18 | 20
Ambiente:	9 | 10
Gesamt:	90 | 100

Gallo Nero — 22301 Hamburg

Die exzellente italienische Küche von Gastgeber Corrado Falco ist ein Dauerbrenner. Herausragende Produkte direkt aus Italien, raffiniert zubereitet mit japanischer Akkuratesse von Chef Taku Tabucchi und Team.

Sierichstraße 46
+49 40 27092229
gallo-nero.net
italienisch • klassisch • Gastgarten

Essen:	44 | 50
Service:	19 | 20
Weinkarte:	18 | 20
Ambiente:	8 | 10
Gesamt:	89 | 100

GLORIE — 20539 Hamburg

Thomas Imbusch begeistert im À-la-carte-Restaurant mit neu interpretierten Klassikern von Hummer Thermidor über Steak Cuts bis zu raffinierten vegetarischen Kompositionen. Großes Handwerk, großer Genuss.

Brandshofer Deich 68
+49 40 30925191
100200.kitchen
Casual Dining • französisch • Steak • modern

Essen:	46 | 50
Service:	20 | 20
Weinkarte:	19 | 20
Ambiente:	9 | 10
Gesamt:	94 | 100

Grill Royal — 20095 Hamburg

Royaler Fleischgenuss, auch Fisch und Geflügel vom Grill und Veggie-Gerichte wie der legendäre ganze Kopfsalat munden. Exzellente Weinkarte von Winzer Fritz Keller. Sensationsblick auf die Binnenalster.

Ballindamm 17
+49 40 22899777
grillroyal-hamburg.com
Steak • modern • Meeresfrüchte

Essen:	44 | 50
Service:	19 | 20
Weinkarte:	20 | 20
Ambiente:	9 | 10
Gesamt:	92 | 100

Grill | Vier Jahreszeiten

20354 Hamburg

Atemberaubende Kulisse in modernem Art-déco-Stil, Küche und Service halten problemlos mit. Austern, Kaviar und Seafood-Etagere zum Start, dann exzellente Cuts vom Grill. Krönender Abschluss: Beeren-Pavlova.

Neuer Jungfernstieg 9–14 +49 40 34940 hvj.de **Hotelrestaurant • klassisch • elegant • Essen mit Aussicht**	Essen: **44** | 50 Service: **19** | 20 Weinkarte: **18** | 20 Ambiente: **9** | 10
	Gesamt: **90** | 100

Haerlin

20354 Hamburg

Absolute Spitzenklasse von Christoph Rüffer. Herausragende Produkte werden meisterhaft zu raffinierten Kompositionen veredelt: filigran, aromenstark, ausbalanciert oder mit einem Kick. Immer wieder besonders.

Neuer Jungfernstieg 9–14 +49 40 34940 restaurant-haerlin.de **Hotelrestaurant • Fine Dining • elegant**	Essen: **50** | 50 Service: **20** | 20 Weinkarte: **20** | 20 Ambiente: **10** | 10
	Gesamt: **100** | 100

Heimatjuwel

20255 Hamburg

Marcel Görke richtet den Blick auf Gemüse: Heuzwiebel mit Steinpilzen, Wirsing mit Topinambur, fein nuancierte Beurre blanc, Fisch und Fleisch können dazu ergänzt werden. Regionale Produkte geben den Ton an.

Stellinger Weg 47 +49 40 42106989 heimatjuwel.de **Bistro • modern • regionale Produkte**	Essen: **46** | 50 Service: **18** | 20 Weinkarte: **18** | 20 Ambiente: **8** | 10
	Gesamt: **90** | 100

Henriks

20148 Hamburg

Claas-Henrik Anklam verwöhnt mit seinem Team in edel-stilvollem Ambiente mit feinen Leckereien: Bestes Fleisch, gern vom Grill, und Fischköstlichkeiten treffen auf mediterrane und asiatische Akzente.

Tesdorpfstraße 8 +49 40 288084280 henriks.cc **Casual Dining • Terrasse • modern**	Essen: **43** | 50 Service: **18** | 20 Weinkarte: **18** | 20 Ambiente: **8** | 10
	Gesamt: **87** | 100

Henssler & Henssler
22767 Hamburg

Familie Henssler zelebriert Sushi-Glück zwischen Japan und Kalifornien. Immer frisch, immer gut: vorweg Oyster Shot, dann zwischen Sashimi, Nigiri und Rolls wählen oder der Selektion der Hensslers folgen.

Große Elbstraße 160
+49 40 38699000
hensslerhenssler.de
Fisch • modern • Terrasse • Meeresfrüchte

Essen:	43 | 50
Service:	17 | 20
Weinkarte:	17 | 20
Ambiente:	8 | 10
Gesamt:	85 | 100

Heritage
20099 Hamburg

Mit Traumblick auf die Außenalster genießt man im edel-stilvollen Ambiente modern inszenierte Lieblingsgerichte. Exzellente Steaks, erstklassige Weinkarte und phänomenale Drinks an der Rooftop-Bar.

An der Alster 52–56
+49 40 21001090
heritage-restaurants.com
Hotelrestaurant • Essen mit Aussicht • regionale Produkte

Essen:	43 | 50
Service:	18 | 20
Weinkarte:	18 | 20
Ambiente:	9 | 10
Gesamt:	88 | 100

Hobenköök
20457 Hamburg

Fantastisches Restaurant für saisonal-regionalen Genuss und Markthalle in großartigem Industrieambiente. Küchenchef Thomas Sampl und Team zaubern in der offenen Küche Köstlichkeiten von Frühstück bis Dinner.

Stockmeyerstraße 43
+49 40 22865538
hobenkoeoek.de
nachhaltig • regionale Produkte • unkonventionell

Essen:	42 | 50
Service:	17 | 20
Weinkarte:	16 | 20
Ambiente:	8 | 10
Gesamt:	83 | 100

Hummer Pedersen
22767 Hamburg

Man wünscht »Guten Hummer« – und serviert besten Fisch und Meeresfrüchte satt an der Elbe. Austern, Kaviar, Garnelen und natürlich Hummer, Fisch – von Kabeljau über Lachs bis Seezunge – auf den Punkt!

Große Elbstraße 152
+49 40 522993926
hummer-hamburg.com
Bistro • Fisch • Terrasse • unkonventionell

Essen:	43 | 50
Service:	17 | 20
Weinkarte:	17 | 20
Ambiente:	7 | 10
Gesamt:	84 | 100

Hygge
22607 Hamburg

Stilvolle Brasserie mit Kamin und nordischem Flair: Thomas Nerlich setzt auf regionale Zutaten und serviert Rindertatar, Kräuterrisotto oder Steinbutt mit Erbspüree. Im Sommer lockt der verwunschene Garten.

Baron-Voght-Straße 179
+49 40 82274160
hygge-hamburg.de
Hotelrestaurant • Bistro • regionale Produkte • gemütlich

Essen:	43 | 50
Service:	18 | 20
Weinkarte:	18 | 20
Ambiente:	9 | 10
Gesamt:	88 | 100

Hæbel

22767 Hamburg

Küchenchef Kevin Bürmann zaubert in der offenen Küche in St. Pauli zwei raffinierte Menüs: »Fauna« und – vegetarisch – »Flora«. Feine Weine und Genuss pur in Wohnzimmeratmosphäre mit nur 16 Plätzen.

Paul-Roosen-Straße 31	Essen: **46** | 50
+49 1578 6864585	Service: **18** | 20
haebel.hamburg	Weinkarte: **18** | 20
Fine Dining • regionale Produkte • modern	Ambiente: **8** | 10
	Gesamt: **90** | 100

I Vigneri

20095 Hamburg

Mit Leidenschaft kreiert Küchenchef Fabio Fini authentische italienische Gerichte aus frischen Spitzenprodukten aus Sizilien, Apulien und dem Piemont – von Pasta bis zu feinen Fisch- und Fleischgerichten.

Große Bäckerstraße 13	Essen: **43** | 50
+49 40 38670850	Service: **17** | 20
ivigneri.de	Weinkarte: **18** | 20
italienisch • entspannt • Pasta	Ambiente: **8** | 10
	Gesamt: **86** | 100

Jacobs Restaurant

22609 Hamburg

Mit feinsinnigem Gespür interpretiert Küchenchef Thomas Martin französische Kochkunst neu. Gäste wählen zwischen Menü oder à la carte – begleitet von einem traumhaften Elbblick und eleganter Atmosphäre.

Elbchaussee 401–403	Essen: **45** | 50
+49 40 82255406	Service: **19** | 20
hotel-jacob.de	Weinkarte: **19** | 20
Hotelrestaurant • Terrasse • regionale Produkte • elegant	Ambiente: **9** | 10
P	Gesamt: **92** | 100

Jellyfish

20357 Hamburg

Kulinarisch und atmosphärisch hervorragend. Stefan Fäth kann kreative Meeresküche auf höchstem Niveau. Vorweg Aalsuppe, dann Nordseescholle nach Grenobler Art. Auch köstlich: die Fleischgerichte.

Weidenallee 12	Essen: **46** | 50
+49 40 4105414	Service: **18** | 20
jellyfish-restaurant.de	Weinkarte: **18** | 20
Fine Dining • Fisch • modern	Ambiente: **8** | 10
	Gesamt: **90** | 100

Kasa
20259 Hamburg

Claudio Sambito bietet moderne sizilianische Küche in urbanem Ambiente. Arancine, Caponata und Fenchelsalat schmecken raffiniert nach der Sonneninsel, Gelbschwanzmakrele und Lammkeule begeistern ebenso.

Bellealliancestraße 32 +49 40 41927144 kasahamburg.de **italienisch • modern • Chef's Table**	Essen: **43** I 50 Service: **19** I 20 Weinkarte: **17** I 20 Ambiente: **8** I 10
	Gesamt: 87 I 100

Kinfelts
20457 Hamburg

Kirill Kinfelt verwöhnt in edlem Ambiente mit raffinierten Leckereien: von Jakobsmuschel mit Cognac über Muschelsuppe mit Koriander bis Hirschrücken. Große Weinkarte, kuratiert von Sommelier Maximilian Wilm.

Am Kaiserkai 56 +49 40 30068369 kinfelts.de **Bistro • modern • regionale Produkte • entspannt**	Essen: **43** I 50 Service: **18** I 20 Weinkarte: **19** I 20 Ambiente: **8** I 10
	Gesamt: 88 I 100

Kleine Brunnenstrasse 1
22765 Hamburg

Saisonale Heimatküche in moderner Handschrift: Tagliatelle mit Pilzen, Lamm mit Aubergine und eine Auswahl feiner Desserts. Hochwertige Produkte, klare Aromen und eine präzise abgestimmte Weinkarte.

Kleine Brunnenstraße 1 +49 40 39907772 kleine-brunnenstrasse.de **Bistro • regionale Produkte • unkonventionell**	Essen: **43** I 50 Service: **17** I 20 Weinkarte: **18** I 20 Ambiente: **8** I 10
	Gesamt: 86 I 100

Kleines Jacob
22609 Hamburg

Alpin-uriger Genuss an der Elbe: Wiener Schnitzel, Steinofen-Flammkuchen, Kaiserschmarren und das herzhafte »Schmankerlbrett«. Österreichisches mit authentischem Geschmack und herrlichem Flussblick.

Elbchaussee 404 +49 40 82255510 hotel-jacob.de **österreichisch • traditionell • gemütlich**	Essen: **42** I 50 Service: **18** I 20 Weinkarte: **18** I 20 Ambiente: **7** I 10
P	Gesamt: 85 I 100

Klinker
20144 Hamburg

Innovative Gourmetküche von Marianus von Hörsten mit viel Vegetarischem. Die Karte listet die Produktdetails wie Bohne, Kirsche, Liebstöckel und Mandel – was dann auf dem Teller betört, bleibt eine Überraschung.

Schlankreye 73 +49 40 35701435 restaurant-klinker.de **modern • Sharing Menu • regionale Produkte**	Essen: **43** I 50 Service: **17** I 20 Weinkarte: **18** I 20 Ambiente: **8** I 10
	Gesamt: 86 I 100

Koer

22301 Hamburg

Bistro oder Spitzenrestaurant? Beides! Paul Decker verantwortet die feinen Kompositionen – von Jakobsmuschel mit fermentierter Traube bis Rehrücken mit Kirsche. Kompagnon Joshua Stagraczynski begeistert mit Wein.

Maria-Louisen-Straße 3
+49 151 68503238
koer-hamburg.de
Casual Dining • regionale Produkte • entspannt

Essen:	**45** I 50
Service:	**19** I 20
Weinkarte:	**18** I 20
Ambiente:	**8** I 10
Gesamt:	90 I 100

Küchenfreunde

20251 Hamburg

Hannes Schröders Team verwandelt Produkte vom Familienhof in kleine Meisterwerke: Tatar vom Lüneburger Heiderind, sämige Kürbissuppe mit Garnele oder Hirschrücken mit Macaire-Kartoffeln. Ein Genuss!

Lehmweg 30
+49 40 49021965
kuechenfreunde.net
Bistro • Terrasse • regionale Produkte • entspannt

Essen:	**42** I 50
Service:	**17** I 20
Weinkarte:	**17** I 20
Ambiente:	**8** I 10
Gesamt:	84 I 100

La Maison d'Avignon

22765 Hamburg

Patron Mathias Mercier verbindet als Sommelier und Küchenchef südfranzösische Wurzeln mit kreativer Moderne, serviert monatlich wechselnde Menüs und bringt Wein und Küche in perfekte Harmonie.

Arnoldstraße 2
+49 40 28806512
lamaisonavignon.de
Bistro • französisch • gemütlich

Essen:	**44** I 50
Service:	**18** I 20
Weinkarte:	**17** I 20
Ambiente:	**7** I 10
Gesamt:	86 I 100

La Sala

20359 Hamburg

Highlight im grünen Bunker über den Dächern der Stadt. Auf der Karte: Lamb Chops mit Gochujang, Flanksteak mit Chimichurri oder Cheesy Polenta. Urbanes Ambiente trifft auf Kosmopolitisch-Kreatives.

Feldstraße 66
lasalahamburg.com
Allrounder • Frühstück • entspannt

Essen:	**42** I 50
Service:	**18** I 20
Weinkarte:	**16** I 20
Ambiente:	**8** I 10
Gesamt:	84 I 100

Lakeside

20354 Hamburg

Julian Stowasser ist ein Meister der Hochküche und Marco D'Andrea ist sein Counterpart bei den Süßspeisen. Hechtnockerl mit Kaviar oder Ike-Jime-Lachs mit Chicken-Dashi zeigen Raffinesse. Traumblick auf die Alster.

Fontenay 10
+49 40 60566050
thefontenay.de
Hotelrestaurant • Fine Dining • Essen mit Aussicht

P

Essen:	**47** I 50
Service:	**20** I 20
Weinkarte:	**19** I 20
Ambiente:	**10** I 10
Gesamt:	96 I 100

Landhaus Scherrer

22763 Hamburg

Heinz Wehmann ist ein Gourmetfels in der Brandung, moderne, norddeutsche Hochküche sein Revier. Hummer-Ravioli, Pannfisch, Oevelgönner Fischsuppe, Holsteiner Rehrücken oder vegane Kreationen sind exzellent.

Elbchaussee 130
+49 1579 2352009
landhausscherrer.de
Gasthaus • Fine Dining • deutsche Küche • traditionell

Essen: 46 | 50
Service: 19 | 20
Weinkarte: 20 | 20
Ambiente: 9 | 10
Gesamt: 94 | 100

Le Canard

22763 Hamburg

Modernes Fine Dining in edlem Ambiente mit Elbblick und toller Terrasse. Gastgeber Jakob Luis Hielscher und Küchenchef Patrick Held servieren modern-französische Küche mit österreichischen Einflüssen.

Elbchaussee 139
+49 40 88129531
lecanard-hamburg.eatbu.com
Essen mit Aussicht • klassisch • gehoben

Essen: 43 | 50
Service: 18 | 20
Weinkarte: 17 | 20
Ambiente: 9 | 10
Gesamt: 87 | 100

Le Plat du Jour

20095 Hamburg

Bistroküche wie in Frankreich ums Eck vom Rathaus, und das seit rund 30 Jahren. Geliebte Klassiker: von Fischsuppe mit Sauce rouille, Weinbergschnecken und hausgemachten Pasteten bis Lyoner Saucisson.

Dornbusch 4
+49 40 321414
le-plat-du-jour.de
Bistro • französisch • entspannt • traditionell

Essen: 42 | 50
Service: 18 | 20
Weinkarte: 17 | 20
Ambiente: 8 | 10
Gesamt: 85 | 100

Legler's

22765 Hamburg

Max Legler kombiniert, was einfach gut zusammenpasst: etwa Labskauskrapfen mit Roter Bete oder weißen Heilbutt mit Kürbis und Blumenkohl-Couscous. Dazu gibt's gute Weine. Ein Bistro, das Spaß macht!

Hohenesch 55
+49 40 75693846
leglers.de
Bistro • entspannt • charmant • modern

Essen: 43 | 50
Service: 19 | 20
Weinkarte: 17 | 20
Ambiente: 8 | 10
Gesamt: 87 | 100

Lenz

22397 Hamburg

Kreative deutsche Küche von Leslie Himmelheber und feste Größe in den Walddörfern. Wechselnde Monatsmenüs und beliebte Traditionsgerichte wie die Vierländer Ente, am Tisch tranchiert. Exzellente Steak frites.

Poppenbütteler Chaussee 3
+49 40 60558887
restaurant-lenz.de
Gasthaus • deutsche Küche • gemütlich • traditionell

Essen: 43 | 50
Service: 17 | 20
Weinkarte: 18 | 20
Ambiente: 8 | 10
Gesamt: 86 | 100

Liman

22303 Hamburg

Bei Gürcan Aksoy genießt man am lebhaften Mühlenkamp in Wohnzimmeratmosphäre Feines aus dem Meer – von Austern und Hummer über Bouillabaisse bis Tuna, Zander und Pulpo. Leckere Pasta, gute Drinks.

Mühlenkamp 16	Essen:	44 | 50
+49 40 37085653	Service:	18 | 20
liman-fisch.com	Weinkarte:	17 | 20
Fisch • modern • entspannt	Ambiente:	8 | 10
	Gesamt:	87 | 100

Loewen

20251 Hamburg

Saisonale, regionale Küche mitten in Eppendorf: Tatar, auch vegan, wilde Austern, Kalbsbacke in Jus, Skrei mit Eigelb-Kartoffelpüree. Herzliches Team, gemütliches Ambiente, Terrasse und feine Weine.

Eppendorfer Weg 264	Essen:	42 | 50
+49 40 44465166	Service:	18 | 20
edelsatt.de	Weinkarte:	17 | 20
Wild • Brunch • nachhaltig • regionale Produkte	Ambiente:	8 | 10
	Gesamt:	85 | 100

Mash

22767 Hamburg

Fleischlust pur am Hafen im stylishen Steaktempel. Premium Cuts von Rindern rund um den Globus, auf den Punkt gegrillt und serviert mit Fries, Püree, Gemüse und Salat. Für Vegetarier gibt es Fisch oder Veggie-Burger.

Große Elbstraße 148	Essen:	42 | 50
+49 40 809008111	Service:	19 | 20
steakhouse-mash.de	Weinkarte:	17 | 20
Steak • Fleisch • modern	Ambiente:	8 | 10
	Gesamt:	86 | 100

Matsumi

20354 Hamburg

Traditioneller Japaner mit authentischer Küche. Exzellentes Sashimi und Sushi, mal etwas anderes sind die Nabemono-Gerichte, Sukiyaki wird im Wok am Tisch zubereitet. Frisch und köstlich.

Colonnaden 96	Essen:	42 | 50
+49 40 343125	Service:	18 | 20
matsumi.de	Weinkarte:	17 | 20
japanisch • Ramen • entspannt	Ambiente:	8 | 10
	Gesamt:	85 | 100

[m]eatery

20354 Hamburg

Im SIDE Hotel gelegenes Restaurant mit erstklassigen Fleischspezialitäten. Die Steaks kommen vom 800 Grad heißen Southbend-Grill. Köstliche Tatargerichte als Starter und auch die Beilagen munden.

Drehbahn 49	Essen:	43 | 50
+49 40 30999595	Service:	18 | 20
meatery.de	Weinkarte:	17 | 20
Hotelrestaurant • Steak • modern	Ambiente:	8 | 10
	Gesamt:	86 | 100

Memory
22589 Hamburg

Ambitionierte Küche mit wechselnden Menüs, genossen wird ab drei Gängen. Marinierter Tafelspitz, Vierländer-Tomatensuppe, Lachsforelle mit Linsen und Gurke oder Ochsenbäckchen. Schöne Weinbegleitung.

Sülldorfer Landstraße 222
+49 40 86626938
memory.metro.bar
Gasthaus • deutsche Küche • regionale Produkte

Essen:	**42** / 50
Service:	**17** / 20
Weinkarte:	**17** / 20
Ambiente:	**8** / 10
Gesamt:	84 / 100

NENI
20457 Hamburg

Orientalische Aromen à la Molcho: Popcorn-Falafel, Freekeh-Risotto und Hamshuka mit Lammhack und Hummus. Zum Schluss das Dessert »Sesam«, raffiniert ausbalanciert mit Muscovado-Eis, Halva und Dattelsirup.

Osakaallee 12
+49 40 555575442
nenifood.com
Hotelrestaurant • Levante • modern

Essen:	**43** / 50
Service:	**18** / 20
Weinkarte:	**16** / 20
Ambiente:	**8** / 10
Gesamt:	85 / 100

Nikkei Nine
20354 Hamburg

Hier fusioniert Japan mit Peru. Stylishes Ambiente und schicke Köstlichkeiten auf dem Teller. Frisch und aromenstark, von scharf bis umami. Roher Fisch bei Ceviche und Sushi – und alles auf den Punkt.

Neuer Jungfernstieg 9–14
+49 40 34943399
nikkei-nine.de
japanisch • peruanisch • unkonventionell • elegant

Essen:	**45** / 50
Service:	**19** / 20
Weinkarte:	**18** / 20
Ambiente:	**10** / 10
Gesamt:	92 / 100

Nil
20359 Hamburg

Institution, die »à la française« Spaß macht. Start mit Austern, Artischocke oder Ziegenkäse mit Rucolakruste, dann weiter mit Welsfilet mit Räucherfisch-Beurre-blanc oder Saltimbocca mit Caponata. Bon appétit.

Neuer Pferdemarkt 5
+49 40 4397823
restaurant-nil.de
Bistro • regionale Produkte • mediterran • modern

Essen:	**43** / 50
Service:	**18** / 20
Weinkarte:	**18** / 20
Ambiente:	**8** / 10
Gesamt:	87 / 100

Oechsle

20146 Hamburg

Wohlfühlort mit hervorragender Küche. Gastgeber Christian Planko steht selbst am Herd und zaubert feine Küche mit mediterranen Akzenten, etwa Garnelen mit Spinatcreme, Steinbutt mit Artischocken und Kapern.

Bundesstraße 15
+49 40 4107585
oechsle-restaurant.de
Allrounder • deutsche Küche • modern • Terrasse

Essen:	42 / 50
Service:	17 / 20
Weinkarte:	18 / 20
Ambiente:	8 / 10
Gesamt:	85 / 100

Ono by Steffen Henssler

20251 Hamburg

Japanische Fusion Kitchen in Eppendorf: Gastgeber Steffen Henssler entführt in eine Welt erstklassiger Sushi- und Sashimi-Variationen. Entspannte Atmosphäre, kreative Rolls und schöne Weinbegleitung.

Lehmweg 17
+49 40 88171842
onobysh.de
japanisch • Fisch • Sushi • Sake

Essen:	43 / 50
Service:	17 / 20
Weinkarte:	17 / 20
Ambiente:	7 / 10
Gesamt:	84 / 100

Osteria due

20354 Hamburg

Francesco Delvecchio und Jochen Kempf sind ins Luxushotel gezogen. Dort präsentieren sie feinste italienische Küche: Das Carpaccio ist exzellent, die Ravioli sind handgefertigt und die Calamaretti perfekt gegrillt.

Fontenay 10
+49 151 10626198
thefontenay.com
Hotelrestaurant • italienisch • elegant

Essen:	42 / 50
Service:	19 / 20
Weinkarte:	17 / 20
Ambiente:	8 / 10
Gesamt:	86 / 100

pan con tomate

20457 Hamburg

Bistro von Spitzenkoch Matteo Ferrantino. Das Pan flaumig-aromatisch, dazu luftgetrockneter Pata Negra, marinierter Pulpo mit Paprika, zartes Kalbsragout mit Pilzen – mediterrane Aromen auf ihre Essenz gebracht.

Am Sandtorkai 50
+49 173 4514075
pancontomate.de
mediterran • entspannt • modern

Essen:	42 / 50
Service:	19 / 20
Weinkarte:	17 / 20
Ambiente:	8 / 10
Gesamt:	86 / 100

Petit Amour

22765 Hamburg

Küchenchef Eike Iken überrascht mit raffinierten französisch-nordischen Kompositionen in vier bis sechs Gängen: von Sauerkrauteis über Schwarzfederhuhn bis zu Heidelbeersorbet mit Fichtensprossen und Speck.

Spritzenplatz 11	Essen:	46 | 50
+49 40 30746556	Service:	19 | 20
petitamour-hh.com	Weinkarte:	18 | 20
Fine Dining • französisch • Terrasse	Ambiente:	8 | 10
	Gesamt:	91 | 100

Petit Bonheur

20355 Hamburg

Großes Frankreich-Glück im Petit Bonheur. Jakobsmuschel mit Blumenkohlpüree, Saucisson de Lyon, Hummer-Bisque, Filet »Café de Paris«, Crêpe Suzette und Île flottante – so machen die Klassiker Spaß.

Hütten 85–86	Essen:	42 | 50
+49 40 33441526	Service:	18 | 20
petitbonheur-restaurant.de	Weinkarte:	18 | 20
Bistro • französisch • gemütlich • traditionell	Ambiente:	8 | 10
P	Gesamt:	86 | 100

Philipps Restaurant

20357 Hamburg

Fine Dining im Karoviertel. Küchenchef Philipp Johann verführt mit nordischer Feinfühligkeit: Waldpilz-Chawanmushi, Thunfisch oder Medaillon vom Lüneburger Hirschkalbsrücken glänzen in lässigem Ambiente.

Turnerstraße 9	Essen:	44 | 50
+49 40 63735108	Service:	18 | 20
philipps-restaurant.de	Weinkarte:	17 | 20
Bistro • regionale Produkte • gemütlich	Ambiente:	8 | 10
	Gesamt:	87 | 100

Piccobello

22085 Hamburg

Seit über 30 Jahren pflegt Familie Pinsone italienische Gastfreundschaft: dünne Pizza, hausgemachte Pasta, feine Fisch- und Fleischgerichte, dazu edle Weine und als süßer Abschluss Tiramisu und Panna cotta.

Schenkendorfstraße 30	Essen:	43 | 50
+49 40 222536	Service:	19 | 20
ristorante-piccobello.com	Weinkarte:	17 | 20
italienisch • elegant • gemütlich	Ambiente:	8 | 10
	Gesamt:	87 | 100

Piment

20251 Hamburg

Feine französische Technik trifft auf orientalische Aromen bei Wahabi Nouri. Gänseleber, Gemüsetarte und Kabeljau zeigen seine Handschrift, bevor ein Überraschungsfleischgericht das Menü abrundet.

Lehmweg 29	Essen:	46 | 50
+49 40 42937788	Service:	18 | 20
restaurant-piment.de	Weinkarte:	18 | 20
Bistro • französisch • marokkanisch • mediterran	Ambiente:	8 | 10
	Gesamt:	90 | 100

Portomarin
22299 Hamburg

Feine spanische Kulinarik und Weinkultur der Gastgeber Patricia Pérez und Jesús A. Diaz Sindin. Fangfrischer Fisch auf den Punkt und exzellentes Fleisch. Zum Durchschlemmen: das Sieben-Momente-Menü.

Dorotheenstraße 180	Essen: **42** / 50
+49 40 46961547	Service: **17** / 20
portomarin.de	Weinkarte: **18** / 20
Bistro • spanisch • Fisch • Terrasse	Ambiente: **8** / 10
	Gesamt: 85 / 100

Portonovo
20148 Hamburg

Ein Hauch Italien im Fachwerkhaus: Tagliatelle mit Trüffeln, Spaghettini mit Garnelen und Hummersauce, Kabeljau mit Basilikumschaum, Kalbsfilet mit Steinpilzen. Claudio Spinsanti kocht authentisch und köstlich.

Milchstraße 7	Essen: **42** / 50
+49 40 41356616	Service: **19** / 20
ristorante-portonovo.de	Weinkarte: **17** / 20
italienisch • klassisch • gehoben	Ambiente: **8** / 10
	Gesamt: 86 / 100

Quellental
22609 Hamburg

Modern interpretierte Heimatküche im gemütlichen Fachwerkhaus mit Wintergarten, Kaminzimmer und Bauerngarten. Klassiker wie Wiener Schnitzel und Besonderes wie ligurischer Fischeintopf stehen auf der Karte.

Quellental 36	Essen: **43** / 50
+49 40 82242270	Service: **17** / 20
quellental-restaurant.de	Weinkarte: **17** / 20
Bistro • deutsche Küche • italienisch • im Grünen	Ambiente: **8** / 10
P	Gesamt: 85 / 100

Reichlich
20144 Hamburg

Herzhaft, charmant und alpin. Clemens und Sophia Reich bringen ihr Tiroler Heimatgefühl auf den Teller: Wiener Schnitzel, Kasspatzln, Kaninchen-Ravioli oder zart schmelzendes Cordon bleu. Dazu feine Weine.

Oberstraße 3	Essen: **44** / 50
+49 40 72005349	Service: **18** / 20
reichlich.restaurant	Weinkarte: **18** / 20
österreichisch • gemütlich • modern	Ambiente: **8** / 10
	Gesamt: 88 / 100

Rive
22767 Hamburg

Genuss mit Elbe und Hafen im Blick und dem Flair eines Luxuskreuzers. Nachhaltiger Fang und Seafood-Kreationen wie Spicy Tuna Sashimi, Kabeljau mit Zitruskruste oder Calamaretti. Sensationelle Terrasse.

Van-der-Smissen-Straße 1	Essen: **44** / 50
+49 40 3805919	Service: **18** / 20
rive.de	Weinkarte: **18** / 20
Bistro • Terrasse • Fisch • elegant	Ambiente: **9** / 10
P	Gesamt: 89 / 100

Röperhof

22605 Hamburg

Im reetgedeckten Bauernhaus verschmelzen ländliche Idylle und Gaumenfreuden – im Sommer auch im Garten. Von Färöer-Lachs über Rinderfilet bis Kaiserschmarren wartet Landgenuss mit urbanem Anspruch.

Agathe-Lasch-Weg 2
+49 40 8811200
roeperhof-restaurant.de
Gasthaus • Terrasse • gemütlich

Essen:	**42**	50
Service:	**17**	20
Weinkarte:	**17**	20
Ambiente:	**8**	10
Gesamt:	84	100

Salt & Silver

20359 Hamburg

Weltoffen und kreativ durch die Levante für Aromengenuss ohne Grenzen. Eismeerforelle, Wan Tan mit Lamm, Bärlauchpasta und spannende Desserts aus Rhabarber und Sauerampfer begeistern Genießer.

Sankt Pauli Hafenstraße 140
+49 176 87991497
saltandsilver.de
Allrounder • Cocktails • modern

Essen:	**43**	50
Service:	**18**	20
Weinkarte:	**16**	20
Ambiente:	**8**	10
Gesamt:	85	100

Strauchs Falco

20457 Hamburg

Elegantes Fine Dining in der HafenCity. Bei Tobias Strauch trifft Mediterranes auf deutsche Klassiker und Feines vom Grill. Tatarvielfalt, Austern und Ceviches zum Start, Seeteufel und Rib-Eye-Steak folgen.

Koreastraße 2
+49 40 226161511
falco-hamburg.de
Fisch • am Wasser • modern

Essen:	**43**	50
Service:	**17**	20
Weinkarte:	**18**	20
Ambiente:	**8**	10
Gesamt:	86	100

Stüffel

20249 Hamburg

Küchenchef Hanno Hoffmann zaubert Feines und Gastgeber Ondrej Kovar begeistert mit herzlichem Weinwissen. Schickes Ambiente am Isekai. Köstlich: Steinbeißer, gegrillter Pulpo und Trüffel-Tagliatelle.

Isekai 1
+49 40 60902050
restaurantstueffel.de
Bistro • Fisch • Terrasse • elegant

Essen:	**43**	50
Service:	**18**	20
Weinkarte:	**19**	20
Ambiente:	**8**	10
Gesamt:	88	100

The Lisbeth

20459 Hamburg

André Stolle vereint kreative Technik mit Norddeutschem: Kabeljau mit Austern und Stachelbeeren, Makrele mit Sake und Pumpernickel. Highlight: das Fischbrötchen »Marie-Louise« mit Rauchaal und Kaviar.

Deichstraße 32
+49 40 36096767
cantinepapalisbeth.de
regionale Küche • modern • entspannt

Essen:	**45**	50
Service:	**19**	20
Weinkarte:	**18**	20
Ambiente:	**8**	10
Gesamt:	90	100

The Table – Kevin Fehling

20457 Hamburg

Kevin Fehling interpretiert Klassiker auf höchstem Niveau, nuanciert durch Einflüsse aus allen Kontinenten. Das Menü »Tor zur Welt« verwöhnt und überrascht mit weltoffenen Aromen und außergewöhnlichen Texturen.

Shanghaiallee 15	Essen: **50** I 50
+49 40 22867422	Service: **20** I 20
the-table-hamburg.de	Weinkarte: **19** I 20
Fine Dining • elegant • modern	Ambiente: **10** I 10
	Gesamt: 99 I 100

Theo's

20148 Hamburg

Steakhouse-Feeling mit Prime Beef, Angus und Dry-Aged Cuts. Im 800-Grad-Ofen entstehen intensive Aromen. Beilagen wie Thymianmöhren, Blattspinat mit Erdnuss, Pommes und Püree runden den Genuss ab.

Rothenbaumchaussee 10	Essen: **44** I 50
+49 40 41412855	Service: **18** I 20
grand-elysee.com	Weinkarte: **17** I 20
Steak • klassisch • elegant • eigene Fleischerei	Ambiente: **9** I 10
	Gesamt: 88 I 100

Tim's

22767 Hamburg

Tim Lang begeistert im Sommer mit Fisch und Meeresfrüchten, im Winter mit Wild und Schmorgerichten mit norddeutscher Raffinesse. Terrasse mit Hafen- und Elbphi-Blick, schönes Interieur bei Schmuddelwetter.

Große Elbstraße 27	Essen: **43** I 50
+49 40 31171007	Service: **17** I 20
tims-restaurant.de	Weinkarte: **17** I 20
Fisch • Meeresfrüchte • elegant • unkonventionell	Ambiente: **9** I 10
	Gesamt: 86 I 100

Tortue | Brasserie

20355 Hamburg

Edle französische Küche in stilvollem Ambiente. Frühstück, Mittagstisch und Abendmenü. Feine Hummergerichte, Kaviar und exzellente Steaks. Tournedos Rossini zählen zu den Klassikern.

Stadthausbrücke 10	Essen: **43** I 50
+49 40 334414023	Service: **18** I 20
tortue.de	Weinkarte: **17** I 20
Hotelrestaurant • französisch • Terrasse	Ambiente: **8** I 10
P	Gesamt: 86 I 100

Tortue | Chez l'ami

20355 Hamburg

Im gediegenen Ambiente mit privatem Charakter kommen vor allem Genießer auf ihre Kosten, die erstklassig zubereitete Fleischgerichte und Meeresfrüchte schätzen und lieben. Einfach délicieux.

Stadthausbrücke 10
+49 40 33441400
tortue.de
Hotelrestaurant • französisch • gehoben

Essen:	**42** | 50
Service:	**19** | 20
Weinkarte:	**18** | 20
Ambiente:	**9** | 10
Gesamt:	88 | 100

Tortue | Jin Gui

20355 Hamburg

Hamburg mal fernöstlich. Im chic-gemütlich ausstaffierten Restaurant steht die asiatische Küche im Vordergrund. Neben frischem Sushi stehen vor allem klassische Traditionsgerichte auf der Karte.

Stadthausbrücke 10
+49 40 334414024
tortue.de
Hotelrestaurant • Sushi • offene Küche

Essen:	**43** | 50
Service:	**18** | 20
Weinkarte:	**17** | 20
Ambiente:	**8** | 10
Gesamt:	86 | 100

Wallter's Bistro & Kontor

20457 Hamburg

Dunkles Holz, Bistro-Charme und pure Fleischlust in exzellenter Qualität: Ibérico-Schinken als Auftakt, Beef Tatar, Entrecôte oder Filet als Main Act. Perfekte Beilage: knusprige Pommes, gern getrüffelt.

Alter Wall 12
+49 40 38037831
wallters.de
regionale Produkte • Steak • klassisch

Essen:	**42** | 50
Service:	**18** | 20
Weinkarte:	**17** | 20
Ambiente:	**7** | 10
Gesamt:	84 | 100

Weinstube zur Traube

22765 Hamburg

Theres Neuhaus und Kristian Haas zelebrieren gekonnt deutsch-französische Küche: Kaninchenterrine, Coq au Riesling, Alster-Wagyu-Zunge und zum Abschluss Rotweineis. Dazu eine Weinkarte mit 400 Positionen.

Karl-Theodor-Straße 4
+49 40 66977172
traube-hamburg.com
französisch • Innereien • traditionell • gemütlich

Essen:	**43** / 50
Service:	**17** / 20
Weinkarte:	**18** / 20
Ambiente:	**7** / 10
Gesamt:	85 / 100

Foto: Matthias Stoewer

Witwenball

20357 Hamburg

Küchenchef Jesco Gebert zaubert saisonale Gerichte mit internationalen Einflüssen, à la carte oder in vier Gängen. Dazu über 500 Weine, kreative Cocktails, charmante Terrasse und sonntags Schnitzel.

Weidenallee 20
+49 40 53630085
witwenball.com
Bistro • Fine Dining • elegant

Essen:	**42** / 50
Service:	**18** / 20
Weinkarte:	**18** / 20
Ambiente:	**8** / 10
Gesamt:	86 / 100

XO Seafoodbar

22767 Hamburg

Exzellente Meeresfrüchte und Fisch auf dem Kiez aus dem Fabio-Haebel-Kosmos mit einem Sinn für Nachhaltigkeit. Vorweg Sauerteigbrot mit Algenkaviar und dann in Austern, Sashimi und Makrele schwelgen.

Paul-Roosen-Straße 22
+49 1517 2423046
thisisxo.de
Bistro • Meeresfrüchte • Fisch • vegan

Essen:	**44** / 50
Service:	**18** / 20
Weinkarte:	**18** / 20
Ambiente:	**8** / 10
Gesamt:	88 / 100

Yoshi im Alsterhaus

20354 Hamburg

Food-Sharing à la Kaiseki im Alsterhaus mit Spicy-Sashimi-Salat, Blaukrabben-Tempura, Sushi und Nabeyaki Udon. Mittags Lunch-Deal für die City-Pause. Fein zubereitete Gerichte in entspannter Atmosphäre.

Jungfernstieg 16–20
+49 40 36099999
yoshi-hamburg.de
Bistro • japanisch • Fisch • unkonventionell

Essen:	**42** / 50
Service:	**18** / 20
Weinkarte:	**17** / 20
Ambiente:	**8** / 10
Gesamt:	85 / 100

Zeik

22299 Hamburg

Zander mit Räucheraal, Pilzragout, knusprige Entenbrust und Sanddorn-Sorbet mit Nougat-Ganache. Maurizio Oster veredelt norddeutsche Küche gekonnt zu Gerichten voller Finesse und kulinarischer Tiefe.

Sierichstraße 112
+49 40 46653531
zeik.de
Fine Dining • Bistro • Terrasse • regionale Produkte

Essen:	**46**	50
Service:	**19**	20
Weinkarte:	**18**	20
Ambiente:	**8**	10
Gesamt:	91	100

Zipang

20253 Hamburg

Japanisch-französische Fusionsküche: Loup de Mer mit Tofu-Seidencreme, Misosuppe mit Kürbis – fein komponierte Aromen, elegantes Crossover und die kreative Handschrift von Küchenchef Toshiharu Minami.

Eppendorfer Weg 171
+49 40 43280032
zipang.de
Bistro • japanisch • Fisch • modern

Essen:	**43**	50
Service:	**17**	20
Weinkarte:	**17**	20
Ambiente:	**8**	10
Gesamt:	85	100

Zum alten Lotsenhaus

22605 Hamburg

Traumlage an der Elbe, herrliche Terrasse mit Blick auf dicke Pötte und romantische Atmosphäre. Fisch auf den Punkt: Ceviche, Bouillabaisse, Steinbeißer, Pannfisch und Scholle, dazu kundige Weinbegleitung.

Övelgönne 13
+49 40 8800196
zum-alten-lotsenhaus.de
traditionell • am Wasser • Terrasse

Essen:	**42**	50
Service:	**17**	20
Weinkarte:	**18**	20
Ambiente:	**8**	10
Gesamt:	85	100

Zur Flottbeker Schmiede

22609 Hamburg

In der denkmalgeschützten Schmiede treffen portugiesische Kreativ-Tapas auf Grillklassiker: gratinierter Ziegenkäse, Fritto misto und hervorragendes Entrecôte. Dazu Wein aus Portugal in herzlicher Atmosphäre.

Baron-Voght-Straße 79
+49 40 20918236
zurflottbekerschmiede.de
Bistro • mediterran • portugiesisch • entspannt

Essen:	**42**	50
Service:	**18**	20
Weinkarte:	**17**	20
Ambiente:	**8**	10
Gesamt:	85	100

MECKLENBURG-VORPOMMERN

Friedrich Franz

18209 Bad Doberan

Sterneküche am Meer: Chefkoch Ronny Siewert spielt mit Süße und Säure, insbesondere bei Fisch und Krustentieren. Er lässt sich dabei saisonal inspirieren und kombiniert gern edle mit regionalen Produkten.

Prof.-Dr.-Vogel-Straße 6
+49 38203 7406210
grandhotel-heiligendamm.de
Fine Dining • französisch • Essen mit Aussicht

Essen:	**46**	50
Service:	**19**	20
Weinkarte:	**19**	20
Ambiente:	**8**	10
Gesamt:	92	100

Jagdhaus Heiligendamm

18209 Bad Doberan

Ob Hirschroulade oder Zanderfilet, im familiengeführten Restaurant wird großer Wert auf die Qualität der regionalen Produkte gelegt. Das Ergebnis: eine ideenreiche, wilde, nuancenreiche Kräuterküche.

Seedeichstraße 18b
+49 38203 735775
jagdhaus-heiligendamm.de
Familienbetrieb • deutsche Küche • eigener Kräutergarten

Essen:	**43**	50
Service:	**18**	20
Weinkarte:	**17**	20
Ambiente:	**8**	10
Gesamt:	86	100

Medinis

18209 Bad Doberan

Das internationale Küchenteam überzeugt mit authentischer italienischer Hochküche, zubereitet mit handwerklicher Perfektion und aus vorwiegend regionalen Biospitzenprodukten. Exzellente Weinauswahl.

Prof.-Dr.-Vogel-Straße 14
+49 38203 400647
medinis-restaurant.com
italienisch • Terrasse • Essen mit Aussicht

Essen:	**42**	50
Service:	**18**	20
Weinkarte:	**18**	20
Ambiente:	**8**	10
Gesamt:	86	100

Freustil

18609 Binz

Seit mehr als einem Jahrzehnt verbindet Küchenchef Ralf Haug die skandinavische Küche mit Produkten aus der Region zu »natürlich feiner Kost«. Die Gäste speisen in angenehm nordisch-legerem Ambiente.

Zeppelinstraße 8
+49 38393 50444
freustil.de
Hotelrestaurant • Fine Dining • regionale Produkte

Essen:	**45**	50
Service:	**18**	20
Weinkarte:	**18**	20
Ambiente:	**9**	10
Gesamt:	90	100

Ostseelounge

18347 Dierhagen

Im neu gestalteten Gourmetrestaurant offeriert Chefkoch Christopher Huhnstock-Kerber ein exklusives Sieben-Gänge-Menü mit abgestimmter Weinbegleitung, während es im Fine-Dining-Bereich etwas legerer zugeht.

Ernst-Moritz-Arndt-Straße 6
+49 38226 520
strandhotel-duenenmeer.de
Fine Dining • modern • Terrasse • Essen mit Aussicht

Essen:	**44** | 50
Service:	**18** | 20
Weinkarte:	**18** | 20
Ambiente:	**9** | 10
Gesamt:	89 | 100

Alte Schule | Klassenzimmer

17258 Fürstenhagen

Die kulinarische Reise durch die Feldberger Seenlandschaft führt direkt ins ehemalige Klassenzimmer. Chefkoch Daniel Schmidthaler kommt aus Österreich, fand aber in Mecklenburg-Vorpommern seine zweite Heimat.

Zur Alten Schule 5
+49 39831 22023
hotelalteschule.de
Hotelrestaurant • Fine Dining • im Grünen

Essen:	**46** | 50
Service:	**18** | 20
Weinkarte:	**18** | 20
Ambiente:	**8** | 10
Gesamt:	90 | 100

Blüchers

17213 Göhren-Lebbin

Das Restaurant befindet sich in der früheren Schlosskapelle. Die Gerichte vereinen traditionelle Rezepte mit der Raffinesse der gehobenen Küche aus regionalen Zutaten – teils aus schlosseigenem Anbau.

Schlossstraße 1
+49 39932 80100
schlosshotel-fleesensee.com
Hotelrestaurant • regionale Produkte • Terrasse

Essen:	**42** | 50
Service:	**17** | 20
Weinkarte:	**18** | 20
Ambiente:	**8** | 10
Gesamt:	85 | 100

Natürlich Büttner's

17489 Greifswald

Das kleine Bistro steht für nachhaltige, regional verwurzelte Frischeküche. Viele Köstlichkeiten lassen sich auch für zu Hause mitnehmen. Hausgemachte Feinkostprodukte wie Eingewecktes, Pralinen oder Wurst.

Rakower Straße 9
+49 3834 8870737
natuerlich-buettners.de
regionale Produkte • Delikatessenverkauf • Terrasse

Essen:	**42** | 50
Service:	**17** | 20
Weinkarte:	**17** | 20
Ambiente:	**8** | 10
Gesamt:	84 | 100

Tischlerei

17489 Greifswald

Das kleine, inhabergeführte Restaurant auf dem Gelände der Marina ist in einer ehemaligen Tischlerei untergebracht. Drinnen ist es urig-gemütlich, draußen hat man einen sehr schönen Blick aufs Wasser.

Salinenstraße 22
+49 3834 884848

Bistro • deutsche Küche • unkonventionell • entspannt

Essen:	**42** | 50
Service:	**18** | 20
Weinkarte:	**17** | 20
Ambiente:	**7** | 10
Gesamt:	84 | 100

The View
17094 Groß Nemerow

Das Hotelrestaurant bietet nicht nur eine erstklassige Landhausküche, die Heim- und Fernweh kulinarisch gekonnt miteinander verbindet, sondern auch einen sensationellen Ausblick auf den Tollensesee.

Bornmühle 35
+49 39605 60359
bornmuehle.de
regionale Produkte • Essen mit Aussicht • modern

Essen:	42	50
Service:	17	20
Weinkarte:	17	20
Ambiente:	8	10
Gesamt:	84	100

Bernstein
17424 Heringsdorf

Wer mag, lässt sich von Küchenchef Arjan Mensies und seinem Küchenteam ein Überraschungsmenü kredenzen. Er verbindet kulinarische Kreativität mit klassischem Handwerk und frischen, regionalen Zutaten.

Kulmstraße 28
+49 38378 54297
strandhotel-ostseeblick.de
Hotelrestaurant • Essen mit Aussicht • Terrasse

Essen:	43	50
Service:	17	20
Weinkarte:	18	20
Ambiente:	8	10
Gesamt:	86	100

Blauer Salon
17419 Heringsdorf

Ein besonderer Luxus im legendären Grandhotel an der Strandpromenade: Das Gourmetrestaurant bietet 20 Gästen ein exklusives Ambiente für die klassische französische Hochküche von Chefkoch Maik Gehrke.

Dünenstraße 47
+49 38378 620
seetel.de
Hotelrestaurant • Fine Dining • französisch • klassisch

Essen:	43	50
Service:	18	20
Weinkarte:	18	20
Ambiente:	8	10
Gesamt:	87	100

Heinrich's
17424 Heringsdorf

Küchenchef Robert Kellner verwöhnt seine Gäste mit erstklassiger Regionalküche: frischer Ostseefisch, Wild aus hauseigener Jagd und Kräuter aus eigenem Garten. Schöne Terrasse an der Strandpromenade.

Liehrstraße 10
+49 38378 2320
strandhotel-heringsdorf.de
Essen mit Aussicht • Terrasse • eigener Kräutergarten

Essen:	42	50
Service:	18	20
Weinkarte:	17	20
Ambiente:	8	10
Gesamt:	85	100

Kaisers Eck

17419 Heringsdorf

Das kleine, feine Restaurant direkt an der Ahlbecker Kirche ist bekannt für seine raffinierte Regionalküche. Wer einmal den Königsberger Klops von Dorsch und Zander probiert hat, wird wiederkommen.

Kaiserstraße 1
+49 38378 30058
kaiserseck.de
Fine Dining • Fisch • mediterran • regionale Produkte

Essen:	**43** I 50
Service:	**18** I 20
Weinkarte:	**18** I 20
Ambiente:	**8** I 10
Gesamt:	87 I 100

Kulmeck

17424 Heringsdorf

Legendäres Traditionslokal in Heringsdorf: Küchenchef Tom Wickboldt serviert ein Sieben-Gänge-Menü in angenehm legerer Atmosphäre. Die Gäste schätzen seine Kreationen aus hochwertigen, regionalen Produkten.

Kulmstraße 17
+49 38378 488040
Fine Dining • modern • klassisch • elegant

P

Essen:	**46** I 50
Service:	**19** I 20
Weinkarte:	**18** I 20
Ambiente:	**8** I 10
Gesamt:	91 I 100

The O'Room

17424 Heringsdorf

Fine Dining an ungewöhnlichem Ort: In der ersten Etage des Marc O'Polo Strandcasinos schickt Küchenchef André Kähler die Gäste auf eine kulinarische Reise entlang der Ostsee. Purer nordischer Genuss!

Kulmstraße 33
+49 38378 183912
strandcasino-marc-o-polo.com
Fine Dining • unkonventionell • modern

Essen:	**45** I 50
Service:	**18** I 20
Weinkarte:	**18** I 20
Ambiente:	**9** I 10
Gesamt:	90 I 100

Burg Schlitz I Wappensaal

17166 Hohen Demzin

Stilvolles Ambiente im Schlosshotel: Küchenchef Maik Albrecht serviert im historischen Wappensaal saisonale Menüs, inspiriert von exotischen Aromen aus aller Welt. Eine kulinarische Entdeckungsreise.

Burg Schlitz 2
+49 3996 12700
burg-schlitz.de
Hotelrestaurant • französisch • klassisch • elegant

P

Essen:	**44** I 50
Service:	**19** I 20
Weinkarte:	**18** I 20
Ambiente:	**9** I 10
Gesamt:	90 I 100

Minimanufaktur Parow

18445 Kramerhof

Eine gelungene Mischung aus hochwertiger Landküche, charmantem Ambiente und ländlicher Lage etwas außerhalb von Stralsund. Das Restaurant mit Café ist eine Initiative des Jugendhauses Storchennest e. V.

Dorfstraße 22
+49 3831 3559646
minimanufaktur-parow.de
Allrounder • klassisch • regionale Produkte

Essen:	**42** I 50
Service:	**18** I 20
Weinkarte:	**16** I 20
Ambiente:	**8** I 10
Gesamt:	84 I 100

Ich weiß ein Haus am See

18292 Kuchelmiß

Gut etabliert auf hohem Niveau – und das seit gut 30 Jahren. Das Haus am See mit seiner hervorragenden klassisch-französischen Küche unter der Leitung von Raik Zeigner ist längst kein Geheimtipp mehr.

Paradiesweg 3
+49 38457 23273
hausamsee.de
Hotelrestaurant • französisch • Seeterrasse

Essen:	**45** / 50
Service:	**18** / 20
Weinkarte:	**19** / 20
Ambiente:	**8** / 10
Gesamt:	**90** / 100

Hotel de Weimar | Landküche

19288 Ludwigslust

Gehlsbacher Saiblingsfilet, Ludwigsluster Kalbsbratwurst oder Mecklenburger Spanferkelsülze. So schmeckt die regionale Landküche im Hotelrestaurant. Dazu eine große Weinauswahl mit 150 Positionen.

Schloßstraße 15
+49 3874 4180
hotel-de-weimar.de
Hotelrestaurant • Casual Dining • deutsche Küche

Essen:	**42** / 50
Service:	**18** / 20
Weinkarte:	**18** / 20
Ambiente:	**8** / 10
Gesamt:	**86** / 100

Morgenitz

17429 Morgenitz

Wer einen perfekt zubereiteten frischen Fisch genießen will, besucht René Bobzin in seiner freundlichen Bauernstube. Hier kommt die Fischpfanne heiß auf den Tisch samt pommerschen Kartoffelbeilagen.

Dewichower Straße 5
+49 38372 70924
bauernstube-morgenitz.de
Gasthaus • Fisch • gemütlich • traditionell

Essen:	**42** / 50
Service:	**18** / 20
Weinkarte:	**17** / 20
Ambiente:	**8** / 10
Gesamt:	**85** / 100

Strelitz

17235 Neustrelitz

Autark, wild und radikal: Küchenchef Wenzel Pankratz kocht ohne Show und Dogma. Er verarbeitet vornehmlich selbst erzeugte Produkte aus dem eigenen Garten sowie Fisch und Wild aus nächster Umgebung.

Berliner Chaussee 1
+49 3981 447135
forsthaus-strelitz.de
Gasthaus • eigene Landwirtschaft • unkonventionell

Essen:	**43** / 50
Service:	**18** / 20
Weinkarte:	**17** / 20
Ambiente:	**8** / 10
Gesamt:	**86** / 100

Seeblick

18375 Ostseebad Prerow

Das familiengeführte Fischrestaurant an der Prerower Seebrücke setzt auf ehrliche Regionalküche. Steinbutt, Scholle, Zander & Co kommen fangfrisch aus Ostsee und Bodden, das Wildbret vom Darß.

Hauptübergang zum Strand 28a
+49 38233 348
wolff-prerow.de
Familienbetrieb • Fisch • Wild • regionale Produkte

Essen:	**42** / 50
Service:	**17** / 20
Weinkarte:	**17** / 20
Ambiente:	**8** / 10
Gesamt:	**84** / 100

Der Butt

18119 Rostock

Küchenchef André Münch zaubert aus frischen Produkten dank seines präzisen Handwerks herausragende Menüs, die man im stilvollen Ambiente mit Ostseeblick genießen kann. Dazu warten exquisite Weine.

Am Yachthafen 1	Essen: **46** | 50
+49 381 50400	Service: **19** | 20
hohe-duene.de	Weinkarte: **19** | 20
Hotelrestaurant • Fine Dining • elegant • international	Ambiente: **9** | 10
	Gesamt: 93 | 100

Grützmann's

18573 Samtens

Ob Carpaccio vom Hirsch, herzhafte Wildsülze oder Wildschweinbraten, Familie Grützmann und ihr Team mögen es wild und regional, denn sie beziehen ihr Fleisch ausschließlich aus den Wäldern von Rügen.

Gingster Straße 1	Essen: **42** | 50
+49 38306 1487	Service: **18** | 20
restaurant-samtens.de	Weinkarte: **17** | 20
Gasthaus • eigener Kräutergarten • Wild • gemütlich	Ambiente: **7** | 10
P	Gesamt: 84 | 100

Cube by Mika

19055 Schwerin

Küchenchef Mika Drouin kocht aromatisch, intensiv und minimalistisch. Beim Izakaya-Menü serviert er viele kleine, frisch zubereitete Gerichte ohne klassische Abfolge – für ein gemeinsames Esserlebnis.

Domhof 6	Essen: **44** | 50
+49 385 77887706	Service: **18** | 20
cube-bymika.de	Weinkarte: **17** | 20
Crossover-Küche • modern • gehoben	Ambiente: **8** | 10
	Gesamt: 87 | 100

Gourmetfabrik

19055 Schwerin

Traditionelles Kochhandwerk trifft auf moderne Regionalküche: Hier werden fast vergessene Rezeptklassiker zeitgemäß interpretiert. Sehr schöne Sommerterrasse mit Blick auf See und Schweriner Schloss.

Werderstraße 74B	Essen: **42** | 50
+49 385 76098570	Service: **18** | 20
gourmetfabrik.de	Weinkarte: **17** | 20
Casual Dining • regionale Produkte • nachhaltig • modern	Ambiente: **8** | 10
	Gesamt: 85 | 100

La Bouche et El Pato

19053 Schwerin

Japanisches Huhn, französische Blutwurst und italienische Tagliatelle – das sympathische Lokal in der Schweriner Innenstadt bietet auf zwei Etagen internationale Gerichte sowie französische Klassiker.

Buschstraße 9	Essen: **42** | 50
+49 385 39456092	Service: **18** | 20
bistrolabouche.de	Weinkarte: **17** | 20
Bistro • mediterran • gemütlich • Terrasse	Ambiente: **8** | 10
	Gesamt: 85 | 100

Foto: Gerrit Meier

Weinhaus Uhle | George

19055 Schwerin

Vom Müritz-Zander bis zum Uhlschen Klops: Das Bistro im Weinhaus Uhle vereint die Liebe zu gutem Wein mit einer modernen, produktfokussierten Küche, für die Chefkoch Marcel Kube verantwortlich ist.

Schusterstraße 13–15
+49 385 48939430
weinhaus-uhle.de
Bistro • regionale Produkte • gemütlich

Essen:	**42**	50
Service:	**18**	20
Weinkarte:	**18**	20
Ambiente:	**8**	10
Gesamt:	86	100

Foto: Gerrit Meier

Weinhaus Uhle | 1751

19055 Schwerin

Mehrfach ausgezeichnetes Gourmetrestaurant: Küchenchef Marcel Kube wählt regionale Zutaten als Basis für seine filigranen, aromatisch präzisen Kompositionen. Mit passender Weinbegleitung ein Genuss!

Schusterstraße 13–15
+49 385 48939430
weinhaus-uhle.de
Hotelrestaurant • regionale Produkte • nachhaltig

Essen:	**44**	50
Service:	**18**	20
Weinkarte:	**18**	20
Ambiente:	**8**	10
Gesamt:	88	100

Belvedere

17424 Seebad Heringsdorf

Im Fine-Dining-Restaurant sorgt der neue, junge Küchenchef Jan Kruse mit seinem Team dafür, dass die Gäste die »Ostsee spüren, sehen und schmecken« – und das vor atemberaubender Kulisse.

Delbrückstraße 10
+49 38378 476547
belvedere-heringsdorf.de
Hotelrestaurant • Fine Dining • Essen mit Aussicht

Essen:	**44**	50
Service:	**18**	20
Weinkarte:	**17**	20
Ambiente:	**8**	10
Gesamt:	87	100

Gutshaus Kubbelkow
18528 Sehlen

Handverlesene Produkte der vorpommerschen Fischer, Jäger, Schlachter, Käsereien sowie Obst- und Gemüsebauern bilden die Basis für die regionale Landhausküche mit mediterranem und französischem Akzent.

Dorfstraße 8
+49 3838 8227777
kubbelkow.de
mediterran • französisch • regionale Produkte

Essen:	43 | 50
Service:	18 | 20
Weinkarte:	17 | 20
Ambiente:	8 | 10
Gesamt:	86 | 100

Ambiance
18586 Sellin

Das stilvolle Hotelrestaurant im Ostseebad Sellin bietet unter der Leitung von Chefkoch Dirk Bretschneider Feinschmeckern exquisite Speisen und Menüs mit innovativen Einflüssen. Dazu erlesene Weine.

Wilhelmstraße 34
+49 38303 122150
roewers.de
regionale Produkte • Terrasse • Essen mit Aussicht

Essen:	42 | 50
Service:	18 | 20
Weinkarte:	18 | 20
Ambiente:	8 | 10
Gesamt:	86 | 100

Fährkrug | Gutshaus Stolpe
17391 Stolpe

Kontrastprogramm zum Gourmetrestaurant Kurt nebenan: Im ältesten Wirtshaus Vorpommerns werden deftige pommersche Genussküche, knuspriger Flammkuchen und hausgemachte Pasta serviert. Schöner Biergarten.

Peenstraße 33
+49 39721 5500
gutshaus-stolpe.de
Gasthaus • im Grünen • Terrasse • gemütlich

Essen:	43 | 50
Service:	18 | 20
Weinkarte:	18 | 20
Ambiente:	8 | 10
Gesamt:	87 | 100

Kurt | Gutshaus Stolpe
17391 Stolpe

Ein besonderer Ort für Feinschmecker an der Peene: Das Gourmetrestaurant Kurt begeistert mit kreativer Spitzenküche aus sorgfältig ausgewählten Produkten, die aus der unmittelbaren Umgebung kommen.

Peenstraße 33
+49 39721 5500
gutshaus-stolpe.de
Fine Dining • regionale Produkte • im Grünen

Essen:	43 | 50
Service:	18 | 20
Weinkarte:	18 | 20
Ambiente:	9 | 10
Gesamt:	88 | 100

Lara
18439 Stralsund

Das sympathische Lokal gegenüber des Ozeaneums im Herzen Stralsunds überzeugt mit abwechslungsreicher saisonaler Frischeküche. Ein Ort für Lieblingsgerichte aus regionalen und internationalen Zutaten.

Am Fischmarkt 4–6
+49 3831 666339
das-restaurant-lara.de
Bistro • deutsche Küche • mediterran • entspannt

Essen:	42 | 50
Service:	18 | 20
Weinkarte:	17 | 20
Ambiente:	7 | 10
Gesamt:	84 | 100

Zum Scheele

18439 Stralsund

Norddeutsche Küche im Herzen der Altstadt Stralsunds. Das Restaurant im Romantik Hotel zeigt sich regional-genial und zugleich kreativ-weltoffen. Schöner Innenhof sowie eigene Kaffeerösterei im Haus.

Fährstraße 23–25
+49 3831 2833017
scheelehof.de
Hotelrestaurant • nordisch • gemütlich

Essen: **42** | 50
Service: **18** | 20
Weinkarte: **17** | 20
Ambiente: **8** | 10
Gesamt: 85 | 100

Morizaner

17207 Südmüritz

Das feine Restaurant im Romantikhotel steht für ländlich-frische Regionalküche, die sich dem Slow-Food-Gedanken verpflichtet fühlt. Die Morizaner waren übrigens slawische Stämme, die der Müritz ihren Namen gaben.

Rondell 7–8
+49 39931 8400
gutshaus-ludorf.de
Hotelrestaurant • regionale Produkte • vegetarisch

Essen: **43** | 50
Service: **18** | 20
Weinkarte: **17** | 20
Ambiente: **8** | 10
Gesamt: 86 | 100

Roter Butt

17373 Ueckermünde

Hotelier Martin Wünscher steht auch als Küchenchef am Herd und zaubert modern-kreative Menüs aus regionalen Produkten in Topqualität, etwa fangfrischen Haff-Zander oder Wild aus der Ueckermünder Heide.

Altes Bollwerk 1B
+49 39771 2150
pommernyacht.de
Fisch • klassisch • am Wasser

Essen: **43** | 50
Service: **18** | 20
Weinkarte: **17** | 20
Ambiente: **8** | 10
Gesamt: 86 | 100

Kleines Meer

17192 Waren (Müritz)

Schönes Hotelrestaurant mit Seeterrasse. Das Küchenteam verwendet vorwiegend Produkte von regionalen Produzenten: Wild aus den umliegenden Wäldern, Fisch von den Müritzfischern und einheimischen Käse.

Alter Markt 7
+49 3991 6480
restaurant-kleinesmeer.de
Hotelrestaurant • Seeterrasse • klassisch

Essen: **43** | 50
Service: **17** | 20
Weinkarte: **17** | 20
Ambiente: **8** | 10
Gesamt: 85 | 100

Tafelhuus

23966 Wismar

Hier werden regionale und saisonale Spezialitäten der Ostseeregion frisch zubereitet – und jeder Gast kann dabei zuschauen. Möglich macht das der Blick vom edlen Restaurant direkt in die offene Küche.

Bürgermeister-Haupt-Straße 36
+49 3841 3742420
tafelhuus-restaurant.de
Casual Dining • Gastgarten • modern • elegant

Essen: **42** | 50
Service: **17** | 20
Weinkarte: **17** | 20
Ambiente: **8** | 10
Gesamt: 84 | 100

Schimmel's

18347 Wustrow

Die Pension mit roter Fassade bietet ein Restaurant mit Wohlfühlfaktor. Serviert wird feine, regionale Landhausküche mit internationalem Einschlag. Besonders empfehlenswert sind die Fischgerichte.

Parkstraße 1
+49 38220 66500
schimmels.de
Gasthaus • traditionell • klassisch • gemütlich

Essen:	**43** | 50
Service:	**17** | 20
Weinkarte:	**17** | 20
Ambiente:	**8** | 10
Gesamt:	85 | 100

Allesisstgut

23992 Zurow

Die Landhausküche mit österreichischem Einschlag setzt auf Slow Food. Im schön gelegenen Hotelrestaurant serviert man fangfrischen Fisch aus dem Neuklostersee und der Ostsee sowie Wild aus der Region.

Seestraße 1
+49 38422 4570
seehotel-neuklostersee.de
Hotelrestaurant • im Grünen • Seeterrasse

Essen:	**42** | 50
Service:	**17** | 20
Weinkarte:	**16** | 20
Ambiente:	**8** | 10
Gesamt:	83 | 100

NIEDERSACHSEN

Hilmar

31855 Aerzen

Im prächtigen Ambiente des jahrhundertealten Schlosses Schwöbber erwartet die Gäste auch unter der neuen Küchenchefin Anna Köpke Fine Dining, doch mit Betonung auf Abwechslung und moderne Leichtigkeit.

Schwöbber 9
+49 5154 70600
schlosshotel-muenchhausen.com
Fine Dining • französisch • im Schloss

Essen:	**46** | 50
Service:	**19** | 20
Weinkarte:	**18** | 20
Ambiente:	**8** | 10
Gesamt:	91 | 100

Behnecke

38667 Bad Harzburg

Das romantische Haus am Harz-Rand empfängt seit 130 Jahren Gäste. Seine saisonale À-la-carte-Küche bietet heimische Wildgerichte mit südländischen Noten. Im Sommer wird donnerstags im Garten gegrillt.

Herzog-Wilhelm-Straße 54
+49 5322 7880
hotel-braunschweiger-hof.de
Hotelrestaurant • deutsche Küche • Wild • Terrasse

Essen:	**43** | 50
Service:	**18** | 20
Weinkarte:	**17** | 20
Ambiente:	**8** | 10
Gesamt:	86 | 100

Das August

31542 Bad Nenndorf

Mit gut gemachten Bowls, Hawaii-Schnitzel, Vitello tonnato von der Rehkeule oder Schweinemedaillons in Estragon-Béarnaise werden in dem Lokal einem bunten Publikum aus Genießern die Türen geöffnet.

Riepener Straße 21
+49 5725 94410
schmiedegasthaus.de
Hotelrestaurant • deutsche Küche • Gastgarten

Essen:	43	50
Service:	17	20
Weinkarte:	19	20
Ambiente:	7	10
Gesamt:	86	100

Joseph's Fine Dining

37441 Bad Sachsa

Exklusive Küche im familiengeführten Wellnesshotel. Hier treffen regionale Klassiker auf internationale Gerichte; Ralph Hollokoi hat eine durchdachte Melange des guten Geschmacks zusammengestellt.

Bismarckstraße 23
+49 5523 3040
romantischer-winkel.de
Hotelrestaurant • Fine Dining • saisonal

Essen:	44	50
Service:	19	20
Weinkarte:	18	20
Ambiente:	8	10
Gesamt:	89	100

Eiden Restaurant

26160 Bad Zwischenahn

Am Zwischenahner Meer kreieren Thomas Eilers und Stefan Karger regionaltypische, moderne Spezialitäten mit Wild und Fisch. Gäste haben die Wahl zwischen drei stilvollen Stuben und vielen guten Weinen.

Eiden 9
+49 4403 698433
jagdhaus-eiden.de
deutsche Küche • Fisch • Essen mit Aussicht • gemütlich

Essen:	44	50
Service:	17	20
Weinkarte:	17	20
Ambiente:	8	10
Gesamt:	86	100

Müller

30890 Barsinghausen

Das Genussdomizil lockt viele Feinschmecker aus Hannover und dem Umland an. Verständlicherweise, denn einwandfreie Handwerksküche wie die der Gebrüder Müller ist in dieser Ecke nicht überall zu finden.

Golterner Straße 2
+49 5108 2163
gasthausmueller.de
Gasthaus • regionale Produkte • gemütlich

Essen:	42	50
Service:	17	20
Weinkarte:	18	20
Ambiente:	7	10
Gesamt:	84	100

Stiller's Restaurant

30890 Barsinghausen

Alle vier Wochen bietet Mauro Stiller eine neue Speisekarte – gute kulinarische Ideen hat der talentierte Koch ausreichend. Dazu passt die Weinkarte, auf der viele spannende Gewächse stehen.

Egestorfer Straße 36A
+49 5105 61818
stiller-geniessen.de
Biervielfalt • Terrasse • gemütlich

Essen:	42	50
Service:	18	20
Weinkarte:	18	20
Ambiente:	8	10
Gesamt:	86	100

Das Alte Haus

38100 Braunschweig

In Braunschweig hält Enrico Dunkel seit vielen Jahren die Feinschmeckerfahne hoch. Seine handwerklich hervorragende Genussküche ist spannend, kreativ und setzt auf gute Produkte.

Alte Knochenhauerstraße 11
+49 531 6180100
altehaus.de
Fine Dining • Terrasse • elegant

Essen:	**45**	50
Service:	**18**	20
Weinkarte:	**18**	20
Ambiente:	**8**	10
Gesamt:	89	100

die kleine Linde

38106 Braunschweig

Viel zu lange herrschte in dem herrlichen Lokal mit Altbaucharme kulinarischer Stillstand. Jetzt wird gleich mit zwei Feinschmeckermenüs (klassisch und vegetarisch) in legerem Rahmen aufgekocht.

Humboldtraße 27
+49 176 62264460
diekleinelinde.de
Casual Dining • modern • charmant

Essen:	**44**	50
Service:	**18**	20
Weinkarte:	**17**	20
Ambiente:	**8**	10
Gesamt:	87	100

Mono

38100 Braunschweig

Wer hochwertiges Sushi schätzt, kommt in dieser Landesecke nicht um das Mono herum, aber auch die Steaks und Suppentöpfe können sich sehen lassen. Klasse sind auch die Snacks wie der buttersatte Mais.

Papenstieg 4
+49 531 61491457
mono-restaurant.com
japanisch • Fisch • elegant

Essen:	**43**	50
Service:	**17**	20
Weinkarte:	**17**	20
Ambiente:	**8**	10
Gesamt:	85	100

Überland

38102 Braunschweig

Das Konzept setzte einst Tim Mälzer mit auf. Wer auf die Speisekarte schaut, meint immer noch, die typisch Mälzer'sche Wohlfühlküche zu erkennen, etwa Burrata mit Kürbiskompott und Pinienkernen.

Willy-Brandt-Platz 18
+49 531 18053410
ueberland-bs.de
Bar • deutsche Küche • Essen mit Aussicht

P

Essen:	**43**	50
Service:	**17**	20
Weinkarte:	**17**	20
Ambiente:	**9**	10
Gesamt:	86	100

Vielharmonie

38100 Braunschweig

In entspannter und freundlicher Atmosphäre werden die Gäste mit einem breiten Angebot an fein gemachten Speisen verwöhnt. Dazu bestellt man einen Drink oder einen Wein aus der gut sortierten Karte.

Bankplatz 7
+49 531 41611
vielharmonie-bs.de
Bar • deutsche Küche • Terrasse • elegant

Essen:	**43**	50
Service:	**19**	20
Weinkarte:	**18**	20
Ambiente:	**8**	10
Gesamt:	88	100

Zucker

38122 Braunschweig

In einer ehemaligen Zuckerraffinerie bereitet Koch Alexander Riehl eine solide, fein ausbalancierte Genussküche zu, die von Kalbsfrikadellen mit Kartoffelpüree bis Steinbutt in Champagnersauce reicht.

Frankfurter Straße 2
+49 531 281980
zucker-restaurant.de
deutsche Küche • Terrasse • traditionell

Essen:	43 | 50
Service:	17 | 20
Weinkarte:	17 | 20
Ambiente:	8 | 10
Gesamt:	85 | 100

Henry's

21244 Buchholz in der Nordheide

Landentenpraline mit Pak Choi und Popcorn: Seine Landhausküche verschmilzt Jan Philip Stöver ebenso mutig wie gekonnt mit Anleihen bei der Haute Cuisine. Dabei legt er großen Wert auf Nachhaltigkeit.

Steinbecker Straße 111
+49 4181 20000
zur-eiche.de
deutsche Küche • regionale Produkte • Terrasse

Essen:	43 | 50
Service:	17 | 20
Weinkarte:	16 | 20
Ambiente:	8 | 10
Gesamt:	84 | 100

Lege

30938 Burgwedel

Die Landpartie ins Dorf Thönse bei Hannover lohnt: Ein Besuch beim Ehepaar Schulze verspricht Hochgenuss. Hinzu kommt die herzliche Gastfreundschaft, die man in Norddeutschland nicht überall findet.

Engenser Straße 2
+49 5139 8233
gasthaus-lege.de
Gasthaus • deutsche Küche • Terrasse • gemütlich

Essen:	44 | 50
Service:	18 | 20
Weinkarte:	17 | 20
Ambiente:	8 | 10
Gesamt:	87 | 100

Allerkrug

29227 Celle

Herrliche Wohlfühlküche, wo klassische Geschmacksbilder auch mal mit kreativen Akzenten aufgepeppt werden: Lust auf Kalbshaxe à la Gremolata oder Seeteufel-Oktopus-Ragout mit Kartoffelkuchen?

Alte Dorfstraße 14
+49 5141 84894
allerkrug.de
deutsche Küche • französisch • Gastgarten

Essen:	43 | 50
Service:	18 | 20
Weinkarte:	17 | 20
Ambiente:	7 | 10
Gesamt:	85 | 100

Das Esszimmer

29221 Celle

Französisch, nordisch oder italienisch, klassisch oder modern – David Hovens Küche ist ein Potpourri aus Techniken und Stilen. Und auch die Weinauswahl von Maître Patrick Berger macht Spaß.

Hostmannstraße 37
+49 5141 9777536
dasesszimmer-celle.de
Fine Dining • Terrasse • entspannt

Essen:	43 | 50
Service:	18 | 20
Weinkarte:	17 | 20
Ambiente:	7 | 10
Gesamt:	85 | 100

Köllners Landhaus

29223 Celle

Allein das uralte, reetgedeckte Fachwerkhaus im Grünen lädt zu einem Besuch ein. Doch es ist Andreas Köllners superbe Regionalküche mit ihren weltoffenen Akzenten, deretwegen sich auch ein Umweg lohnt.

Im Dorfe 1
+49 5141 951950
koellners-landhaus.de
Hotelrestaurant • Vinothek • im Grünen • Terrasse

Essen:	**43** | 50
Service:	**17** | 20
Weinkarte:	**17** | 20
Ambiente:	**8** | 10
Gesamt:	85 | 100

Palio

29221 Celle

»Bester Italiener im Norden« schreibt sich das Lokal auf die Fahne. Das mag vielleicht etwas zu hoch gegriffen sein. Das Palio gehört aber sicher zu den profiliertesten gehobenen Italienrestaurants in dieser Ecke.

Hannoversche Straße 55–56
+49 5141 2010
althoffcollection.com
Hotelrestaurant • italienisch • mediterran • Gastgarten

Essen:	**44** | 50
Service:	**17** | 20
Weinkarte:	**18** | 20
Ambiente:	**8** | 10
Gesamt:	87 | 100

Postmeister von Hinüber

29221 Celle

Im gemütlichen Ambiente eines alten Gewölbes servieren Corinna Räker und Thomas Krafthöfer eine international inspirierte Küche – vom Tafelspitz übers Risotto bis zur rosa gebratenen Lammhüfte.

Zöllnerstraße 25
+49 5141 28444
weinkeller-celle.de
Gewölbe • urig • entspannt

Essen:	**42** | 50
Service:	**19** | 20
Weinkarte:	**17** | 20
Ambiente:	**8** | 10
Gesamt:	86 | 100

Schapers Restaurant

29225 Celle

Man besinnt sich hier auf klassische Kombinationen, die beliebt sind und gut funktionieren: etwa Carpaccio und Pinienkerne, Garnelen und Pesto oder Bœuf bourguignon und Kartoffelpüree. Schmeckt.

Heese 6–7
+49 5141 94880
hotel-schaper.de
Familienbetrieb • deutsche Küche • Terrasse

Essen:	**43** | 50
Service:	**17** | 20
Weinkarte:	**17** | 20
Ambiente:	**7** | 10
Gesamt:	84 | 100

Ratsstube

38709 Clausthal-Zellerfeld

Eine so feine, raffinierte Regionalküche würde man in dem lauschigen Harzer Örtchen nicht erwarten. Wer nach der Mahlzeit nicht mehr durchs Gebirge kurven will, kann im hauseigenen Hotel übernachten.

Bohlweg 37
+49 5323 6261
hotel-rathaus-wildemann.de
Hotelrestaurant • deutsche Küche • regionale Produkte

Essen:	**43** | 50
Service:	**18** | 20
Weinkarte:	**16** | 20
Ambiente:	**8** | 10
Gesamt:	85 | 100

La Fenice

27472 Cuxhaven

Im La Fenice hat man verstanden, dass sich die Höhen italienischer Kulinarik nur mit besten Produkten und Handwerksaufwand erklimmen lassen. Charmante Kreativität rundet diesen Ansatz ab.

Nordersteinstraße 6	Essen: **43** | 50
+49 4721 6984151	Service: **18** | 20
osterialafenice-cuxhaven.de	Weinkarte: **17** | 20
italienisch • Pasta • gehoben	Ambiente: **8** | 10
	Gesamt: 86 | 100

Sterneck

27476 Cuxhaven

Haute Cuisine mit Nordsee-Panorama: Die spektakuläre Kochkunst Marc Rennhacks, die saisonalen Menüs und die exzellente Weinkarte garantieren großen Genuss; die grandiose Meereskulisse tut das Übrige.

Cuxhavener Straße 86	Essen: **45** | 50
+49 4721 4340	Service: **18** | 20
badhotel-sternhagen.de	Weinkarte: **19** | 20
Hotelrestaurant • Fine Dining • Essen mit Aussicht	Ambiente: **8** | 10
	Gesamt: 90 | 100

Fährhaus Neßmersiel

26553 Dornum

Wer regionale Nordseeküche mit frischen Produkten von der Salzwiese und aus dem Meer sucht, ist hier richtig: Im Haus hinter dem alten Deich wird mit Geschick gekocht, die Speisekarte wechselt täglich.

Dorfstraße 42	Essen: **44** | 50
+49 4933 303	Service: **18** | 20
faehrhaus-nessmersiel.de	Weinkarte: **17** | 20
Hotelrestaurant • Fisch • regionale Produkte	Ambiente: **9** | 10
	Gesamt: 88 | 100

Schäferstuben

29328 Faßberg

Im urigen Ambiente des Fachwerkhauses mit seiner verwinkelten Stube lässt es sich gut speisen, denn Alexander Niemeyer gelingt es höchst stimmig, Landhausküche und klassische Haute Cuisine zu vereinen.

Hauptstraße 7	Essen: **44** | 50
+49 5053 98900	Service: **17** | 20
niemeyers-posthotel.de	Weinkarte: **17** | 20
Hotelrestaurant • Familienbetrieb • Terrasse • romantisch	Ambiente: **8** | 10
	Gesamt: 86 | 100

Genießer Stube – Daniel Raub

37133 Friedland

Daniel Raubs Küche zeigt eine klare Sprache: Sie vereint hohe französische Kochkunst mit saisonalen Kostbarkeiten und konzentriert sich aufs Wesentliche. Genuss ist in dem behaglichen Haus garantiert.

Weghausstraße 20	Essen: **45** | 50
+49 5504 93500	Service: **18** | 20
landhaus-biewald.de	Weinkarte: **18** | 20
Hotelrestaurant • Fine Dining • elegant	Ambiente: **9** | 10
	Gesamt: 90 | 100

Schillingshof

37133 Friedland

Seit vielen Generationen empfängt die Familie Gäste in ihrem historischen Fachwerkhaus – heutzutage mit einer hervorragenden Slow-Food-Küche, überwiegend bio und mit Köstlichkeiten direkt aus der Region.

Lappstraße 14
+49 5504 228
schillingshof.de
Hotelrestaurant • deutsche Küche • regionale Produkte

Essen:	**43** I 50
Service:	**17** I 20
Weinkarte:	**17** I 20
Ambiente:	**8** I 10
Gesamt:	85 I 100

Foto: Timo Plenter

Regional

26169 Friesoythe

Serviert wird frische Handwerksküche aus regionalen Zutaten – 98 Prozent davon stammen direkt aus Niedersachsen. Brot und Saucen entstehen in eigener Herstellung. Leidenschaft auf dem Teller, die man schmeckt!

Gerichtsstraße 14
+49 4491 2989487
regional-friesoythe.de
regionale Produkte • saisonal • gehoben

Essen:	**44** I 50
Service:	**18** I 20
Weinkarte:	**17** I 20
Ambiente:	**8** I 10
Gesamt:	87 I 100

Landhaus am See

30827 Garbsen

In und um Hannover gilt das Landhaus am See mit seiner klassischen Küche mit modernen Elementen immer noch als Geheimtipp. Gute Weine und prächtige Lage – der Name des Hauses ist Programm.

Seeweg 27–29
+49 5131 46860
landhausamsee.de
Hotelrestaurant • deutsche Küche • Terrasse • gemütlich

Essen:	**44** I 50
Service:	**18** I 20
Weinkarte:	**17** I 20
Ambiente:	**8** I 10
Gesamt:	87 I 100

Trüffel

38640 Goslar

Bistro oder Restaurant? Egal! Mediterrane Gerichte dominieren und natürlich spielt der Trüffel eine herausragende Rolle. Man speist im lichten Gastraum oder vor dem Fachwerkhaus in der Fußgängerzone.

Bäckerstraße 106
+49 5321 29677
restaurant-trueffel.de
Bistro • mediterran • Terrasse • modern

Essen:	**42** I 50
Service:	**18** I 20
Weinkarte:	**16** I 20
Ambiente:	**8** I 10
Gesamt:	84 I 100

Intuu

37073 Göttingen

Das Sushi-Restaurant der besonderen Art: Dennis Düvel und Stefan Wiede bereichern japanische mit südamerikanischen Traditionen und bringen ihre Aromakreationen in spontaner Gangfolge auf den Tisch.

Berliner Straße 30
+49 551 999530
freigeist-hotels.de
Hotelrestaurant • Sushi • Sharing Menu

Essen:	43 | 50
Service:	18 | 20
Weinkarte:	17 | 20
Ambiente:	8 | 10
Gesamt:	86 | 100

Albertz.

30175 Hannover

Die »typisch deutsche Küche«, die im Albertz. (»The German Eatery«) nach eigenen Angaben »neu gedacht« wird, versteckt sich auf dem Menü zwischen guten mediterran-kosmopolitischen Speisen.

Hinüberstraße 6
+49 511 34950
schweizerhof-hannover.de
Hotelrestaurant • deutsche Küche • Terrasse

Essen:	43 | 50
Service:	17 | 20
Weinkarte:	17 | 20
Ambiente:	8 | 10
Gesamt:	85 | 100

Beckers

30161 Hannover

Das schicke Fachwerkflair nimmt hier ebenso in Beschlag wie die hervorragende Handwerksküche, die das Publikum mit Saisonalem und Altbewährtem wie Austern, Tatar oder Steaks lockt. Gute Weine.

Bödekerstraße 43
+49 511 3364006
beckers-hannover.de
deutsche Küche • Steak • klassisch • entspannt

Essen:	42 | 50
Service:	17 | 20
Weinkarte:	17 | 20
Ambiente:	8 | 10
Gesamt:	84 | 100

Botticelli

30659 Hannover

Im familiären Ambiente des Ristorante erleben die Gäste italienische Küche vom Feinsten. Immer hausgemacht und frisch zubereitet, kommen hier die beliebten Klassiker Italiens auf die Teller.

Sutelstraße 70
+49 511 27018360
botticelli-hannover.de
italienisch • klassisch • elegant

Essen:	42 | 50
Service:	19 | 20
Weinkarte:	18 | 20
Ambiente:	8 | 10
Gesamt:	87 | 100

EssKultur

30163 Hannover

Sascha Werhahns Küche entfaltet die meiste Kraft, wenn er das Arrangement der Zutaten einer Geschmacksidee folgen lässt, manchmal nimmt sein Faible für Handwerk und Präsentation allerdings überhand.

Voßstraße 51
+49 511 98425158
esskultur-hannover.de
regionale Produkte • modern • gehoben

Essen:	**42** I 50
Service:	**18** I 20
Weinkarte:	**17** I 20
Ambiente:	**8** I 10
Gesamt:	85 I 100

Gianni

30559 Hannover

Der Insalata di mare, die hausgemachten Ravioli und das Kalbschnitzel mit Parmaschinken sind nur drei der vielen Spezialitäten, die im chic-gemütlichen Restaurant mit Grandezza serviert werden.

Großer Hillen 12
+49 511 5700042
ristorante-gianni.com
italienisch • klassisch • elegant

Essen:	**42** I 50
Service:	**19** I 20
Weinkarte:	**17** I 20
Ambiente:	**8** I 10
Gesamt:	86 I 100

Handwerk

30173 Hannover

Mit seiner gleichermaßen unaufgeregten wie kreativen Hochküche ergänzt Thomas Wohlfeld gut das übrige Angebot der Stadt. Der Name ist Programm: Die Handwerksqualität lässt Gourmets zufrieden seufzen.

Altenbekener Damm 17
+49 511 26267588
handwerk-hannover.com
Casual Dining • Terrasse • modern

Essen:	**45** I 50
Service:	**18** I 20
Weinkarte:	**18** I 20
Ambiente:	**9** I 10
Gesamt:	90 I 100

Jante

30171 Hannover

Tony Hohlfeld kreiert Genussmomente abseits vom Mainstream. Seine Gerichte sind schillernd, bisweilen gewagt, aber niemals provokant. Die Weine von Mona Schrader setzen der Küche die Krone auf.

Marienstraße 116
+49 511 54555606
jante-restaurant.de
Fine Dining • deutsche Küche • unkonventionell

Essen:	**48** I 50
Service:	**20** I 20
Weinkarte:	**19** I 20
Ambiente:	**10** I 10
Gesamt:	97 I 100

Lindenblatt 800 Grad

30159 Hannover

Tataki vom Bürgermeisterstück oder Pho vom Wagyu, dazu allerhand Cuts von namhaften Züchtern in Deutschland oder Australien: Mit seinen Kreationen lockt Koch Benjamin Busmann Fleischfans an.

Schuhstraße 11
+49 511 12367734
lindenblatt-hannover.de
Steak • entspannt • Geschäftsessen

Essen:	43 | 50
Service:	18 | 20
Weinkarte:	18 | 20
Ambiente:	8 | 10
Gesamt:	87 | 100

Marie

30161 Hannover

Mit viel Einsatz und Leidenschaft hat sich Sven Holthaus mit seinem Marie an die Stadtspitze Hannovers gekocht. Sein Stil: frisch, saisonal, modern, kreativ – und gern auch mal pflanzlich.

Wedekindplatz 1
+49 511 65399074
restaurantmarie.de
französisch • modern • gemütlich

Essen:	45 | 50
Service:	19 | 20
Weinkarte:	18 | 20
Ambiente:	8 | 10
Gesamt:	90 | 100

Mary's

30159 Hannover

Raffinierte Haute Cuisine im Herzen von Hannover: Im eleganten Mary's wechseln die mehrgängigen Menüs ständig, so können Feinschmecker immer wieder aufs Neue verblüffende Geschmackreisen unternehmen.

Luisenstraße 1–3
+49 511 3044816
marys-hannover.de
Hotelrestaurant • regionale Produkte • klassisch

Essen:	43 | 50
Service:	17 | 20
Weinkarte:	18 | 20
Ambiente:	8 | 10
Gesamt:	86 | 100

Raj

30519 Hannover

Raj Dass ist ein Meister der indischen Küche, seine Gerichte strotzen vor Würze und Aromatik. Spezialität des Hauses ist das Thali, ein Menü, das eine ganze Reihe traditioneller Gerichte umfasst.

Helenenstraße 37
+49 511 8991213
raj-hannover.de
indisch • klassisch • traditionell

Essen:	43 | 50
Service:	18 | 20
Weinkarte:	17 | 20
Ambiente:	8 | 10
Gesamt:	86 | 100

Roy's

30175 Hannover

Roy Stache lebt seine Leidenschaft für die Gastronomie, seine Küche ist ausgesprochen kreativ und immer mit einem Hauch internationaler Raffinesse. Genussmomente, die in Erinnerung bleiben.

Volgersweg 50
+49 511 89767671
roys-hannover.de
italienisch • klassisch • entspannt

Essen:	42 | 50
Service:	19 | 20
Weinkarte:	17 | 20
Ambiente:	8 | 10
Gesamt:	86 | 100

Schorse

30159 Hannover

Mit seiner souveränen französischen Handwerksküche hat Küchenchef Maik Neumann eine Nische in Hannover besetzt: Fischsuppe, Tatar, Wildpastete, Kalbsnierchen oder Steak frites at their best.

Hannah-Arendt-Platz 1
+49 511 30302411
schorse-im-leineschloss.de
deutsche Küche • im Schloss • Terrasse

Essen:	**43**	50
Service:	**18**	20
Weinkarte:	**17**	20
Ambiente:	**8**	10
Gesamt:	86	100

Foto: Luis Budow Medienproduktion

Shin Ramen

30159 Hannover

Hier werden nicht nur die Ramen-Nudeln frisch zubereitet, sondern – ganz traditionell – auch alle weiteren Bestandteile der heißen Brühe. Als süßer Abschluss empfiehlt sich das köstliche Rotebohneneis.

Thielenplatz 3
+49 511 5474240
shin-foods.com
japanisch • Ramen • modern

Essen:	**43**	50
Service:	**18**	20
Weinkarte:	**14**	20
Ambiente:	**7**	10
Gesamt:	82	100

THE LIVING – room –

30161 Hannover

In kleinem Rahmen tischt Inhaber und Koch Benjamin Meusel unkomplizierte Feinschmeckerküche auf, seien es Parmesanravioli mit Trüffeln, Hummer mit Tomatenkompott oder Seeteufel im Bouillabaisse-Sud.

Weißekreuzstraße 31
+49 511 6003981
theliving.eu
mediterran • modern • entspannt

Essen:	**43**	50
Service:	**17**	20
Weinkarte:	**17**	20
Ambiente:	**8**	10
Gesamt:	85	100

The Wild Duck

30177 Hannover

Seit dem Abgang von Nico Kuckenburg, ehemaliger Souschef im Votum, ist man im Wild Duck zu unkomplizierter, kreativer Genussküche zurückgekehrt. Es bleibt dennoch eines der besseren Lokale der Stadt.

Podbielskistraße 167
+49 511 84868464
thewildduck.de
Casual Dining • regionale Produkte • entspannt

Essen:	**44**	50
Service:	**18**	20
Weinkarte:	**17**	20
Ambiente:	**9**	10
Gesamt:	88	100

Titus

30159 Hannover

Kein lautes Lokal, aber einheimische Feinschmecker schwören auf die konstant gute Genussküche von Dieter Grubert, der allein am Herd steht, aber kocht, wie es sonst nur ein ganzes Küchenteam kann.

Joachimstraße 6	Essen: **44** | 50
+49 511 835524	Service: **19** | 20
restaurant-titus.com	Weinkarte: **17** | 20
deutsche Küche • Fisch • gemütlich	Ambiente: **8** | 10
	Gesamt: 88 | 100

Votum

30159 Hannover

Trocken gereifter Saibling mit Wassermelone, Olive und Joghurt oder Garnele mit Tomate und Kräuterspeck – Benjamin Gallein sprüht vor Taten- und Entdeckungsdrang. Ein Besuch im Votum ist einfach ein Erlebnis.

Hannah-Arendt-Platz 1	Essen: **48** | 50
+49 511 30302412	Service: **20** | 20
vo-tum.de	Weinkarte: **19** | 20
Fine Dining • französisch • im Schloss	Ambiente: **9** | 10
	Gesamt: 96 | 100

Flux

34346 Hannoversch Münden

Küchenchef Marius Mirchel vertritt eine ethische Küche mit saisonalen Bioprodukten aus der Region. Seine vorwiegend vegetarischen Kreationen verblüffen ebenso sehr durch Einfachheit wie Raffinesse.

Buschweg 40	Essen: **44** | 50
+49 5541 9980	Service: **17** | 20
flux-biohotel.de	Weinkarte: **17** | 20
Hotelrestaurant • bio • nachhaltig • gemütlich	Ambiente: **7** | 10
P	Gesamt: 85 | 100

Mohn

31559 Hohnhorst

In der Region Hannover lockt eine neue Fine-Dining-Stätte in Fachwerkkulisse: Die kurzweilige Genussküche von Joris Hogervorst wird garniert mit der sympathischen Gastfreundlichkeit von Laura Überschär.

Hauptstraße 25	Essen: **44** | 50
+49 1514 4995177	Service: **18** | 20
restaurantmohn.de	Weinkarte: **17** | 20
regionale Produkte • saisonal • gehoben	Ambiente: **8** | 10
	Gesamt: 87 | 100

Danzer's

26571 Juist

Kreativ, doch immer mit Bodenhaftung: Mit seiner frischen, regionalen Slow-Food-Küche hat sich Stefan Danzer einen Namen gemacht. Der lichte Gastraum bietet einen erholsamen Ausblick auf den Inseldeich.

Wilhelmstraße 36	Essen: **43** | 50
+49 4935 8040	Service: **17** | 20
hotel-achterdiek.de	Weinkarte: **16** | 20
Hotelrestaurant • Fisch • Meeresfrüchte	Ambiente: **8** | 10
	Gesamt: 84 | 100

Max'es

30851 Langenhagen

Vom Casual-Fine-Dining-Konzept hat man sich jüngst wieder etwas entfernt und setzt nun vermehrt auf legeres Soulfood wie Burger, Schnitzel und Steaks. Auf Vorbestellung gibt es auch Beef Wellington.

Walsroder Straße 39	Essen: **42** | 50
+49 511 726910	Service: **18** | 20
restaurant-maxes.de	Weinkarte: **17** | 20
Fine Dining • regionale Produkte • Cocktails	Ambiente: **8** | 10
	Gesamt: 85 | 100

Field

29439 Lüchow

Es sind die Traditionen seiner Heimat Sizilien, die Salvatore Fontanazza höchst gelungen mit Einflüssen aus aller Welt verschmilzt. Dabei zeigt sich deutlich seine Vorliebe für Meeresspezialitäten.

Bergstraße 6	Essen: **44** | 50
+49 5841 97760	Service: **18** | 20
hotel-katerberg.de	Weinkarte: **18** | 20
Hotelrestaurant • Fine Dining • italienisch • gemütlich	Ambiente: **8** | 10
P	Gesamt: 88 | 100

Röhms Deli

21335 Lüneburg

Der Name legt es nahe: Hier geht es um Köstlichkeiten in allen Varianten. So ist das Haus in der Lüneburger Altstadt nicht nur Café und Delikatessenshop, sondern bietet auch eine gute Bistroküche.

Heiligengeiststraße 30	Essen: **43** | 50
+49 4131 24160	Service: **17** | 20
roehmsdeli.de	Weinkarte: **17** | 20
deutsche Küche • Delikatessenverkauf • Terrasse	Ambiente: **8** | 10
	Gesamt: 85 | 100

LindenHof

21439 Marxen

Das Gasthaus im Norden der Lüneburger Heide befindet sich seit dem 18. Jahrhundert in Familienbesitz. Besucher dürfen sich heute auf Klassiker der Region in frischem Gewand und einige vegetarische Gerichte freuen.

Hauptstraße 18	Essen: **43** | 50
+49 4185 4182	Service: **18** | 20
landhaus-zum-lindenhof.de	Weinkarte: **16** | 20
Familienbetrieb • deutsche Küche • regionale Produkte	Ambiente: **8** | 10
P	Gesamt: 85 | 100

Waldschänke

49326 Melle

Alexander Bachmanns Leitgedanke ist die Wertschätzung der Ressourcen der Natur: Für seine bodenständige Küche – etwa traditionelle Schmorgerichte – verwendet er bevorzugt frische Produkte aus der Region.

Dissener Straße 73
+49 5429 2683
steinreich-alexanderbachmann.eu
deutsche Küche • Steak • Terrasse • urig

Essen:	**43** I 50
Service:	**17** I 20
Weinkarte:	**15** I 20
Ambiente:	**7** I 10
Gesamt:	82 I 100

Sülbecker Krug

31688 Nienstädt

In entspanntem Ambiente kommen Gerichte aus aller Welt sowie Hausmannskost auf den Tisch. Signature Dish ist Steak mit enormem Röstaroma, denn die üppigen Fleischportionen kommen aus dem 800-Grad-Ofen.

Mindener Straße 6
+49 5724 3992550
suelbeckerkrug.de
Hotelrestaurant • Steak • Terrasse • gemütlich

Essen:	**43** I 50
Service:	**17** I 20
Weinkarte:	**17** I 20
Ambiente:	**7** I 10
Gesamt:	84 I 100

Heimisch

26506 Norden

Der Name ist Programm: Das Heimisch verbindet eine gemütliche und entspannte Atmosphäre mit stimmigem Slow Food. Die abwechslungsreiche Karte präsentiert ostfriesische Klassiker und moderne Gerichte.

Neuer Weg 53
+49 4931 175287
reichshof-norden.de
Hotelrestaurant • regionale Küche • Terrasse • gemütlich

Essen:	**42** I 50
Service:	**18** I 20
Weinkarte:	**16** I 20
Ambiente:	**8** I 10
Gesamt:	84 I 100

Inselloft | Esszimmer

26548 Norderney

Französisch basierte, frische Küche und eine bemerkenswerte Weinauswahl: Man bereitet kulinarische Freuden ohne Brimborium, Gäste können von der langen Tafel aus den Köchen beim Zaubern zusehen.

Damenpfad 37
+49 4932 893800
inselloft-norderney.de
deutsche Küche • regionale Produkte • gemütlich

Essen:	**42** I 50
Service:	**17** I 20
Weinkarte:	**16** I 20
Ambiente:	**8** I 10
Gesamt:	83 I 100

La Mer

26548 Norderney

Gleichermaßen »fine« wie »casual« geht es in dem Lokal auf Norderney zu. Allein der Ort verpflichtet zu allerhand Fisch- und Krustentiergerichten, die vom Team aber gern weltoffen inszeniert werden.

Bülowallee 5	Essen:	43	50
+49 4932 883333	Service:	18	20
la-mer-norderney.de	Weinkarte:	17	20
französisch • modern • gehoben	Ambiente:	8	10
	Gesamt:	86	100

Müllers

26548 Norderney

Vom klassischen Streetfood über kleine Snacks bis zum saftigen Metzger-Steak bietet das schicke Restaurant eine breite kulinarische Palette. Fangfrischer Fisch wird hier natürlich auch serviert.

Am Weststrand 3–4	Essen:	43	50
+49 4932 5219909	Service:	18	20
nelson-mueller.de	Weinkarte:	17	20
Essen mit Aussicht • entspannt • modern	Ambiente:	8	10
	Gesamt:	86	100

Oktopussy

26548 Norderney

Küchenchef Alexander Günther legt Wert auf beste Zutaten; die Gerichte sollen überraschen. Bei deren Zubereitung in der offenen Küche können die Gäste zusehen oder einfach das »Aquarium-Interieur« genießen.

Luisenstraße 13–15	Essen:	43	50
+49 4932 9342050	Service:	18	20
oktopussy-norderney.de	Weinkarte:	16	20
Fisch • eigener Kräutergarten • Terrasse • entspannt	Ambiente:	8	10
	Gesamt:	85	100

Seesteg

26548 Norderney

Mit seiner extravaganten Haute Cuisine hat Markus Kebschull höchste Anerkennung erworben. In seinem eleganten, hellen Restaurant mit direkter Sicht auf die Nordsee werden auch Vegetarier glücklich.

Damenpfad 36a	Essen:	45	50
+49 4932 893600	Service:	19	20
seesteg-norderney.de	Weinkarte:	18	20
Hotelrestaurant • Fine Dining • Seeterrasse • romantisch	Ambiente:	8	10
	Gesamt:	90	100

Weisse Düne

26548 Norderney

Der Name sagt es bereits: Viel Sand umgibt die quirlige Strandgaststätte. Aus deren Küche kommen leckere, unkomplizierte Nordseegerichte, aber auch italienische Speisen. Wochenends bilden sich lange Schlangen.

Weiße Düne 1
+49 4932 935717
weisseduene.com
Bar • Meeresfrüchte • Essen mit Aussicht

Essen:	**42** I 50
Service:	**16** I 20
Weinkarte:	**16** I 20
Ambiente:	**8** I 10
Gesamt:	82 I 100

Novalis

37176 Nörten-Hardenberg

Das romantische Restaurant unter der Burgruine ist nach einem Vorfahren des heutigen Besitzers benannt und verspricht legeres Fine Dining mit Wildspezialitäten, Nordseefisch und vegetarischen Kreationen.

Hinterhaus 11a
+49 5503 9810
burghotel-hardenberg.de
vegetarisch • Terrasse • Essen mit Aussicht

Essen:	**43** I 50
Service:	**17** I 20
Weinkarte:	**17** I 20
Ambiente:	**8** I 10
Gesamt:	85 I 100

Waldwerk

37154 Northeim

Rüdiger Mehlgarten verspricht kulinarische Kunstwerke. Dazu verwendet der Küchenchef sowohl regionale Bioprodukte als auch – je nach Saison – Kräuter, Tannennadeln und Pilze aus dem Wald vor der Tür.

Am Gesundbrunnen
+49 5551 6070
freigeist-hotels.de
regionale Küche • im Grünen • Terrasse • gemütlich

Essen:	**44** I 50
Service:	**18** I 20
Weinkarte:	**17** I 20
Ambiente:	**8** I 10
Gesamt:	87 I 100

Kaiserküche

26122 Oldenburg

Gastgeberin Clarissa und Koch Malte Ibbeken achten beim Einkauf auf Saison und Region. Zusammen mit der Kreativität des Küchenteams entsteht so eine leichtfüßige, beschwingte Genussküche.

Kaiserstraße 18
+49 441 24928860
kaiserkueche-ol.de
regionale Produkte • nachhaltig • entspannt

Essen:	**44** I 50
Service:	**18** I 20
Weinkarte:	**17** I 20
Ambiente:	**9** I 10
Gesamt:	88 I 100

Kevin Gideon

26123 Oldenburg

Kevin Gideon ist ein Koch mit Mission: Er will mit überraschenden Geschmackskombinationen Erlebnisse ermöglichen. Seine außergewöhnlichen Menüs offenbaren eine Küche, die gekonnt mit Aromen jongliert.

Donnerschweer Straße 325
+49 441 18005066
kevingideon.de
Fine Dining • modern • regionale Produkte

Essen:	**45** I 50
Service:	**18** I 20
Weinkarte:	**17** I 20
Ambiente:	**8** I 10
Gesamt:	88 I 100

Iko

49086 Osnabrück

Mit Herzblut kreierte Feinschmeckerküche aus saisonal-regionalen Zutaten, selbst das Geschirr wird selbst hergestellt! Wer will, kann sogar einen Töpferkurs mit Küchenchef Tom Elstermeyer dazubuchen.

Stadtweg 38a	Essen: **45** | 50
+49 541 44018030	Service: **19** | 20
iko-restaurant.de	Weinkarte: **18** | 20
regionale Küche • Terrasse • unkonventionell	Ambiente: **8** | 10
P	Gesamt: 90 | 100

Kesselhaus

49084 Osnabrück

Saibling trifft auf Rotkohl und Kumquat, Kalb auf Pfifferlinge und Banane: Im Kesselhaus kocht Randy de Jong nicht um der Kreativität willen, sondern im Streben nach spannenden Geschmacksbildern.

Neulandstraße 12	Essen: **46** | 50
+49 541 97000072	Service: **19** | 20
kesselhaus-os.de	Weinkarte: **18** | 20
Fine Dining • Terrasse • unkonventionell	Ambiente: **9** | 10
P	Gesamt: 92 | 100

Walhalla

49074 Osnabrück

Unkomplizierte Küche, teils mit kreativen Akzenten versetzt – etwa, wenn rosa gebratene Schweinemedaillons eine Espresso-Chili-Würze bekommen oder Heilbutt in einem Brombeer-Speck-Fond serviert wird. Gute Weine.

Bierstraße 24	Essen: **43** | 50
+49 541 34910	Service: **17** | 20
hotel-walhalla.de	Weinkarte: **17** | 20
Hotelrestaurant • deutsche Küche • elegant	Ambiente: **8** | 10
P	Gesamt: 85 | 100

Wilde Triebe

49082 Osnabrück

Doraden-Ceviche mit Buttermilch-Dashi oder Wasserbüffelwürstchen mit Fenchel-Spitzkohl-Salat: Im Wilde Triebe wird sehr gute Handwerksküche in modern-charmantem Backsteinambiente serviert.

Am Sutthauser Bahnhof 5	Essen: **43** | 50
+49 541 60079033	Service: **17** | 20
wilde-triebe.de	Weinkarte: **17** | 20
regionale Produkte • Terrasse • modern	Ambiente: **8** | 10
	Gesamt: 85 | 100

Graf Everstein

37647 Polle

Die Küche der Multhoffs ist regional geprägt, frisch und ehrlich – bei fairem Preis. Dazu genießen die Gäste die fantastische Lage an der Burgruine über der Weser mit weiter Sicht aufs Mittelgebirge.

Amtsstraße 6	Essen: **43** | 50
+49 5535 999780	Service: **17** | 20
	Weinkarte: **15** | 20
Hotelrestaurant • deutsche Küche • Essen mit Aussicht	Ambiente: **8** | 10
P	Gesamt: 83 | 100

Fachwerk

31737 Rinteln

Das Restaurant Fachwerk dürfte bald über die Grenzen Niedersachsens hinaus Bekanntheit erlangen mit seiner profilierten Küche und der herausragenden Weinauswahl mit respektabler Jahrgangstiefe. Nix wie hin!

Klosterstraße 42
+49 5751 95040
hotel-stadtkassel.de
Hotelrestaurant • deutsche Küche • Terrasse • urig

Essen:	43 | 50
Service:	18 | 20
Weinkarte:	18 | 20
Ambiente:	8 | 10
Gesamt:	87 | 100

Schaumburger Ritter

31737 Rinteln

Das Gasthaus steht seit dem 15. Jahrhundert und noch heute kann man in der Ritterstube wie anno dazumal tafeln. Das Restaurant bietet internationale Küche mit Schwerpunkt auf Fleisch- und Fischgerichten.

Burgstraße 2–4
+49 5152 947460
schaumburger-ritter.de
deutsche Küche • Steak • urig

Essen:	43 | 50
Service:	17 | 20
Weinkarte:	17 | 20
Ambiente:	8 | 10
Gesamt:	85 | 100

Harzfenster

38723 Seesen

Regionales Fine Dining bedeutet hier natürlich Harzer Gerichte von Schwein und Reh. Für das gewisse Etwas bereichert Johannes Steingrüber seine Spezialitäten mit asiatischen und südamerikanischen Noten.

Bulkstraße 1
+49 5381 78877
restaurant-harzfenster.de
Hotelrestaurant • regionale Produkte • nachhaltig

Essen:	44 | 50
Service:	18 | 20
Weinkarte:	17 | 20
Ambiente:	8 | 10
Gesamt:	87 | 100

Lieblingsplatz

21218 Seevetal

In schöner Atmosphäre, bei Eichen und Forellenteichen, genießen die Gäste im stilvollen Restaurant die frische, französisch inspirierte Küche Markus Schuberts, der gern Fisch vom Nachbarn auftischt.

Moorstraße 41
+49 4105 6766966
restaurant-lieblingsplatz.de
deutsche Küche • Steak • Fisch • Seeterrasse

Essen:	43 | 50
Service:	17 | 20
Weinkarte:	16 | 20
Ambiente:	8 | 10
Gesamt:	84 | 100

Backers

49767 Twist

Das traditionsreiche Gasthaus setzt als Mitglied der Slow-Food-Bewegung auf beste saisonale Produkte, wenn möglich aus der Umgebung. Die anspruchsvolle Küche zeigt aber auch mediterrane Leichtigkeit.

Kirchstraße 25
+49 5936 904770
gasthof-backers.de
Gasthaus • regionale Küche • nachhaltig • im Grünen

Essen:	44	50
Service:	18	20
Weinkarte:	16	20
Ambiente:	8	10
Gesamt:	86	100

Pades

27283 Verden

Er ist ein neugieriger Weltreisender in Sachen Kulinarik: Wolfgang Pade ist immer auf der Suche nach Rezepturen und Kochtechniken aus nah und fern, um seine faszinierende Frischeküche zu bereichern.

Grüne Straße 15
+49 4231 3060
pades.de
regionale Produkte • Terrasse • entspannt

Essen:	44	50
Service:	17	20
Weinkarte:	17	20
Ambiente:	8	10
Gesamt:	86	100

Artischocke

26382 Wilhelmshaven

Seit 40 Jahren ist das Haus am Stadttheater ein zuverlässiger Anker für feine französische Küche, die durch frische, regionale Produkte und ebenso gekonnt wie ungekünstelt zubereitete Klassiker glänzt.

Peterstraße 19
+49 4421 34305
artischocke-whv.de
französisch • regionale Produkte • gemütlich

Essen:	42	50
Service:	17	20
Weinkarte:	16	20
Ambiente:	8	10
Gesamt:	83	100

Aqua

38440 Wolfsburg

25 Jahre verantwortet Sven Elverfeld schon das Aqua. In ausgetretenen Pfaden wandelt der Meister trotzdem keineswegs. Spitzenprodukte wie Forelle, Gänseleber oder Taube inszeniert er stets in neuem Gewand.

Parkstraße 1
+49 5361 606056
restaurant-aqua.com
Hotelrestaurant • Fine Dining • elegant

Essen:	50	50
Service:	20	20
Weinkarte:	20	20
Ambiente:	10	10
Gesamt:	100	100

Terra

38440 Wolfsburg

Es ist die Gesamtkomposition, die so beeindruckt: Die exklusive Atmosphäre und die superbe saisonale Küche Fabian Schröters werden durch die freie Sicht auf den Industriehafen effektvoll kontrastiert.

Parkstraße 1
+49 5361 607091
ritzcarlton.com
Hotelrestaurant • Steak • elegant

Essen:	**43** | 50
Service:	**18** | 20
Weinkarte:	**18** | 20
Ambiente:	**8** | 10
Gesamt:	87 | 100

wildfrisch Gutsküche X fritz

38446 Wolfsburg

Neues Konzept im alten Rittergut: Christian Heymer und sein Team verbinden Handwerk und Aromen aus aller Welt mit lokalen Produkten. Die Gäste erleben die Zubereitung mitten in der Küche hautnah mit.

Schulenburgstraße 16
+49 5363 8108810
wildfrisch-gutskueche.de
deutsche Küche • regionale Produkte • unkonventionell

Essen:	**43** | 50
Service:	**17** | 20
Weinkarte:	**17** | 20
Ambiente:	**8** | 10
Gesamt:	85 | 100

Zur Börse

27639 Wurster Nordseeküste

Krabben auf Rührei, Röhrkohl von den Salzwiesen, Rehragout: Mitten im alten Fischerort kocht Björn Wolters im seit 300 Jahren bestehenden Gasthaus auf hohem Niveau traditionelle Gerichte, wie man sie hier liebt.

In der Langen Straße 22
+49 4705 1277
zur-boerse.de
Familienbetrieb • Fisch • regionale Produkte • gemütlich

Essen:	**43** | 50
Service:	**17** | 20
Weinkarte:	**16** | 20
Ambiente:	**7** | 10
Gesamt:	83 | 100

SCHLESWIG-HOLSTEIN

Gambero

23611 Bad Schwartau

Schönster Kontrast aus moderner, innovativ-mediterraner Küche und altem Fachwerkhaus. Schweinebauch und gegrillter Pulpo, Lachs-Sashimi, Foie gras, Tagliata und spanischer Fischeintopf machen Appetit.

Geibelstraße 3
+49 451 2900050
gambero-weinbar.de
mediterran • gemütlich • klassisch

Essen:	**42** | 50
Service:	**18** | 20
Weinkarte:	**18** | 20
Ambiente:	**8** | 10
Gesamt:	86 | 100

Jagdhaus Waldfrieden

25485 Bilsen

Märchenwald-Idylle im Grünen: regionale, saisonale Köstlichkeiten von Küchenchef Thomas Lubig – von Nordseescholle mit Speck und Tomate bis Holsteiner Bauernente oder Keule vom Maibock mit Wacholderjus.

Kieler Straße 1
+49 4106 61020
waldfrieden.com
Hotelrestaurant • traditionell • regionale Produkte

Essen:	42 | 50
Service:	18 | 20
Weinkarte:	17 | 20
Ambiente:	8 | 10
Gesamt:	85 | 100

Odins Haithabu

24866 Busdorf

Schlei-Gasthof von Oliver Firla in Traumlage. Von Kuchen bis Wurstwaren ist alles hausgemacht. Bei Thomas Otte stehen Kartoffel-Bärlauch-Klöße, Galloway-Gulasch und die legendäre Wikingerpizza auf der Karte.

Haddebyer Chaussee 13
+49 4621 850500
odins-haddeby.de
Gasthaus • regionale Produkte • Fisch • Terrasse

Essen:	42 | 50
Service:	18 | 20
Weinkarte:	15 | 20
Ambiente:	8 | 10
Gesamt:	83 | 100

Schnüsch

25761 Büsum

In Busums bester Lage serviert Florian Prelog nordisches Fine Dining. Makrele, Dithmarscher Wagyu oder Holunder-Hibiskus-Dessert zeugen von Kreativität und Tophandwerk. Saisonal gedacht, regional verwurzelt.

Am Museumshafen 11
+49 4834 98420
schnuesch.de
Hotelrestaurant • nordisch • modern

Essen:	43 | 50
Service:	18 | 20
Weinkarte:	17 | 20
Ambiente:	8 | 10
Gesamt:	86 | 100

Sette Feinbistro

25335 Elmshorn

Feinkost und Restaurant in einem: Bei Familie Tegge gibt's mediterran-regionale Küche. Ravioli mit Steinpilz, Blumenkohl in verschiedenen Variationen oder Entenleber mit Zwetschgenchutney überzeugen.

Marktstraße 7
+49 4121 262939
sette-feinbistro.de
Bistro • deutsche Küche • italienisch • modern

Essen:	43 | 50
Service:	18 | 20
Weinkarte:	17 | 20
Ambiente:	7 | 10
Gesamt:	85 | 100

Columbus

24939 Flensburg

Küchenchef Bodo Lööck versteht sein Handwerk hervorragend und verleiht norddeutschen Klassikern neuen Schwung. Labskaus als raffinierte Vorspeise, spannende kulinarische Flensburg-Tour mit dem Rum-Menü.

Schiffbrücke 33
+49 461 16068200
hotel-hafen-flensburg.de
Hotelrestaurant • Allrounder • gemütlich

Essen:	42	50
Service:	18	20
Weinkarte:	17	20
Ambiente:	8	10
Gesamt:	85	100

Das Grace

24944 Flensburg

Küchenchef Quirin Brundobler begeistert mit filigranen Genüssen von Farm und Förde. Fünf bis sieben Gänge mit Roter Bete im Salzteig, Hummer und Höruper Wagyu. Feine Weine, elegantes Ambiente und Jachthafenblick.

Fördepromenade 30
+49 461 1672360
dasjames.com
Hotelrestaurant • Fine Dining • eigene Landwirtschaft

Essen:	46	50
Service:	19	20
Weinkarte:	18	20
Ambiente:	8	10
Gesamt:	91	100

James Farmhouse

24944 Flensburg

Köstlichkeiten mit Produkten von der hauseigenen Farm begeistern in stilvollem Industrial-Retro-Ambiente. Hausgemachte Pasta, Fish and Chips und zartes Husumer Rumpsteak. Herrlich britisch: der High Tea.

Fördepromenade 30
+49 461 1672360
dasjames.com
eigene Landwirtschaft • nachhaltig • entspannt

Essen:	43	50
Service:	19	20
Weinkarte:	18	20
Ambiente:	8	10
Gesamt:	88	100

Minato

24944 Flensburg

Mit Omakase – wörtlich »Ich überlasse es dir/Ihnen« – begibt man sich in die Hände von Hiro Suzuki und genießt fein komponiertes Sushi und authentische Menüs. Dazu japanische Cocktails, Sake oder feine Weine.

Fördepromenade 30
+49 461 1672360
dasjames.com
japanisch • Sushi • Sake • Omakase

Essen:	**43** I 50
Service:	**18** I 20
Weinkarte:	**16** I 20
Ambiente:	**8** I 10
Gesamt:	85 I 100

Port Culinar

24937 Flensburg

Zwischen Jachthistorie und französischer Finesse kreiert Mario Laabs Kalbsbäckchen, Seeteufel oder Vanille-Crème-brulée. Klassische Haute Cuisine trifft regionale Frische – elegant, aromatisch, präzise.

Harniskai 13
+49 461 40681563
port-culinar.de
französisch • regionale Produkte • klassisch

Essen:	**42** I 50
Service:	**19** I 20
Weinkarte:	**17** I 20
Ambiente:	**8** I 10
Gesamt:	86 I 100

Ursprung

25840 Friedrichstadt

Jan Boddenberg mag's ursprünglich mit regionalen Klassikern, ergänzt um Modernes: Zander mit Pfifferlingen, Pulled Pork Roll oder Ursprungsburger mit Trüffel. Vielfalt lockt beim Überraschungsmenü in fünf Gängen.

Am Mittelburgwall 4
+49 4881 93050
hotel-aquarium.de
Hotelrestaurant • Casual Dining • Steak • Fisch

Essen:	**44** I 50
Service:	**18** I 20
Weinkarte:	**17** I 20
Ambiente:	**9** I 10
Gesamt:	88 I 100

Alter Meierhof | Brasserie

24960 Glücksburg

Elegant mit Traumterrasse und Fördeblick. Abwechslungsreiche Karte mit internationalen Lieblingen aus der offenen Küche: von Caprese Crema und hausgemachter Pasta bis Färöer Lachs mit Kaviar-Beurre-blanc.

Uferstraße 1
+49 4631 61990
alter-meierhof.de
Hotelrestaurant • französisch • Terrasse

Essen:	**43** I 50
Service:	**18** I 20
Weinkarte:	**18** I 20
Ambiente:	**9** I 10
Gesamt:	88 I 100

Felix

24960 Glücksburg

Küchenchef André Schneider zaubert großartige Menüs mit Wolfsbarsch-Ceviche, Kikok-Huhn-Roulade und auf Lavastein gegrilltem Filet. Spannend skandinavisch inspiriert, purer Genuss an der Flensburger Förde.

Kirstenstraße 6
+49 4631 6141500
strandhotelgluecksburg.de
Hotelrestaurant • mediterran • Fisch • Terrasse

Essen:	**43** I 50
Service:	**18** I 20
Weinkarte:	**17** I 20
Ambiente:	**8** I 10
Gesamt:	86 I 100

Foto: Alter Meierhof Vitalhotel GmbH & Co. KG

Meierei Dirk Luther

24960 Glücksburg

Gourmetexzellenz im Norden, klassisch frankophil. Dirk Luther strahlt seit vielen Jahren mit raffinierten Kreationen auf handwerklich höchstem Niveau. Elegantes Ambiente mit allgegenwärtigem Meerblick.

Uferstraße 1
+49 4631 6199433
alter-meierhof.de
Hotelrestaurant • Fine Dining • französisch • modern

P

Essen:	**48** I 50
Service:	**19** I 20
Weinkarte:	**19** I 20
Ambiente:	**10** I 10
Gesamt:	96 I 100

Strandlächeln

24257 Hohenfelde

Mehr Meer geht nicht, da strahlt der Gernesser über das ganze Gesicht. Köstliches aus dem Meer, mal Tapas, mal Schwerpunkt Spargel oder Oktoberfest. Muscheln in Weißwein, Fisch mit Senfsauce oder regionales Fleisch.

Strandstraße 23
+49 2160 070
strandlächeln.de
regionale Küche • Fisch • entspannt

P

Essen:	**42** I 50
Service:	**17** I 20
Weinkarte:	**17** I 20
Ambiente:	**8** I 10
Gesamt:	84 I 100

Das Eucken

25813 Husum

»Alte Schule« im besten Sinne. Warm-elegante Atmosphäre und klassische Tafelkultur bei Ziegenkäse mit Linsensalat und Bacon, Lachs-Tranche auf Reis und Mousse-au-Chocolat-Schnitte. Schöner Garten.

Süderstraße 2
+49 4841 8330
altes-gymnasium.de
Hotelrestaurant • regionale Küche • gemütlich

Essen:	**42** I 50
Service:	**18** I 20
Weinkarte:	**17** I 20
Ambiente:	**8** I 10
Gesamt:	85 I 100

Brüdigams Wildwechsel

25582 Kaaks

Wunderschöner Landgasthof und die besondere Handschrift von Frank Brüdigam begeistern: Fein-Rustikales bei Ziegenkäse-Apfel-Burger, Wildragout, Oldenburger Flugente und Blumenkohl auf Curry-Hummus.

Waidmannsweg 2
+49 4893 9373128
bruedigams-wildwechsel.de
Gasthaus • Wild • Terrasse

Essen:	43 I 50
Service:	18 I 20
Weinkarte:	17 I 20
Ambiente:	8 I 10
Gesamt:	86 I 100

Ahlmanns

24105 Kiel

Stilvolle Bankiersvilla mit Traumblick auf die Förde, elegante Präzision mit Norddeutsch-Bodenständigem in den Menüs von Lasse Knickrehm. Artischocken aus Plön, Nordsee-Rotbarbe, Bresse-Huhn von Odefey.

Niemannsweg 102
+49 431 88110
kieler-kaufmann.de
Hotelrestaurant • elegant • Terrasse • regionale Produkte

Essen:	45 I 50
Service:	19 I 20
Weinkarte:	18 I 20
Ambiente:	8 I 10
Gesamt:	90 I 100

Claudio's Ristorante alla Scala

24114 Kiel

Bei Claudio Berlese ist der Empfang herzlich, der Service persönlich, das Ambiente gemütlich und die authentisch italienische Küche ganz nach marktfrischem Angebot mit Kräutern aus dem Garten ausgerichtet.

Königsweg 47
+49 431 676867
italienisch • Bistro • gemütlich

Essen:	42 I 50
Service:	17 I 20
Weinkarte:	18 I 20
Ambiente:	8 I 10
Gesamt:	85 I 100

Fischers Fritz

24109 Kiel

Küchenchef Pierre Binder kombiniert frische, regionale Zutaten mit kreativer Handwerkskunst zu raffinierten Kompositionen. Fangfrischer Fisch, Deichwiesenlamm und saisonales Gemüse schmecken nach Norden.

Martenshofweg 2–8
+49 431 5331300
hotel-birke.de
Hotelrestaurant • Fisch • eigener Kräutergarten

Essen:	43 I 50
Service:	18 I 20
Weinkarte:	18 I 20
Ambiente:	8 I 10
Gesamt:	87 I 100

Flygge

24105 Kiel

Aus der offenen Küche von Küchenchef Mathias Apelt kommt nordisch inspiriertes und regional basiertes Soulfood. Mit Traumblick auf die Kieler Förde genießt man feinste Zutaten von kleinen Produzenten.

Düsternbrooker Weg 46
+49 431 566002
flygge-kiel.de
Fine Dining • regionale Produkte • Essen mit Aussicht

Essen:	44 I 50
Service:	18 I 20
Weinkarte:	17 I 20
Ambiente:	8 I 10
Gesamt:	87 I 100

Friederikenhof | 1857

23560 Lübeck

Im schmucken Hotel im Grünen kommen regionale Klassiker auf den Tisch – als Menü oder à la carte mit Schnitzel, Zanderfilet und Pasta. Nachmittags hausgemachte Kuchen am Kamin oder im schönen Gutsgarten.

Langjohrd 15–19
+49 451 800880
friederikenhof.de
Hotelrestaurant • klassisch • gemütlich

Essen:	43 | 50
Service:	18 | 20
Weinkarte:	17 | 20
Ambiente:	8 | 10
Gesamt:	86 | 100

Johanna Berger – das Restaurant

23552 Lübeck

Hervorragende Küche von Patronin Johanna Berger und Küchenchef Jamel Jerome Poerschke. Sie begeistern mit dem vegetarischen »Waldspaziergang« ebenso wie mit Rinderfilet mit Blumenkohl und Popcorn.

Doktor-Julius-Leber-Straße 69
+49 451 58696890
restaurant-johanna-berger.de
Fine Dining • traditionell • Terrasse

Essen:	43 | 50
Service:	18 | 20
Weinkarte:	18 | 20
Ambiente:	8 | 10
Gesamt:	87 | 100

Schiffergesellschaft

23552 Lübeck

Historisches Flair trifft moderne Küche: Unter schwebenden Schiffsmodellen genießt man fangfrischen Fisch, feine Fleischgerichte oder überraschende vegane Kreationen wie geräuchertes Lübecker Tempeh.

Breite Straße 2
+49 451 76776
schiffergesellschaft.de
Gasthaus • Casual Dining • Fisch • vegan

Essen:	42 | 50
Service:	17 | 20
Weinkarte:	16 | 20
Ambiente:	8 | 10
Gesamt:	83 | 100

Schlumachers

23552 Lübeck

Französische Kochkunst trifft auf norddeutsche Produkte. Im denkmalgeschützten Haus stehen Schweinekotelett mit Brezenknödel, Kräuterrisotto mit dem Fang des Tages oder Tagliatelle mit Garnelen auf der Karte.

Schlumacherstraße 4
+49 451 7075566
schlumachers.de
Casual Dining • französisch • entspannt

Essen:	43 | 50
Service:	18 | 20
Weinkarte:	17 | 20
Ambiente:	8 | 10
Gesamt:	86 | 100

The Newport

23554 Lübeck

Purer Genuss am Jachthafen. Auf der Karte Regionales wie Salzwiesenlamm und Internationales wie Texturen von wildem Blumenkohl mit Papadam, Granatapfel und Radicchio. Ebenso köstlich die Dry-Aged-Steaks.

Willy-Brandt-Allee 31b
+49 451 16085350
the-newport.de
regionale Produkte • offene Küche • entspannt

Essen:	42 | 50
Service:	18 | 20
Weinkarte:	17 | 20
Ambiente:	8 | 10
Gesamt:	85 | 100

Wullenwever

23552 Lübeck

Leichte, moderne Küche mit mediterran-maritimen Einflüssen und Saisonschwerpunkten im historischen Kaufmannshaus. Roy Petermann kreiert alle drei Wochen ein neues Menü mit präziser Handschrift.

Beckergrube 71	Essen:	46 | 50
+49 451 704333	Service:	19 | 20
wullenwever.de	Weinkarte:	18 | 20
Fine Dining • moderne Küche • mediterran • elegant	Ambiente:	8 | 10
	Gesamt:	91 | 100

Lindenhof 1887

25774 Lunden

Tjark-Peter Maaß verwandelt regionale Produkte aus Dithmarschen und Nordsee in modern-norddeutsche Gerichte. Köstlicher Klassiker ist die gebratene Nordseescholle mit Bratkartoffeln und Gurkensalat.

Friedrichstraße 39	Essen:	42 | 50
+49 4882 407	Service:	17 | 20
lindenhof1887.de	Weinkarte:	17 | 20
Gasthaus • Casual Dining • regionale Produkte • modern	Ambiente:	8 | 10
P	Gesamt:	84 | 100

Melkhus

23714 Malente

Am Kellersee überzeugt die Immenhofküche mit regionalen Köstlichkeiten: Roastbeef vom Holsteiner Rind, frische Pasta und norddeutsche Fischgerichte. Kuchen genießt man am Kamin oder auf der Seeterrasse.

Rothensande 1	Essen:	42 | 50
+49 4523 88280	Service:	18 | 20
gut-immenhof.de	Weinkarte:	16 | 20
deutsche Küche • eigene Landwirtschaft • Seeterrasse	Ambiente:	8 | 10
	Gesamt:	84 | 100

Rodesand

23714 Malente

Ins weiße Herrenhaus lockt feine Küche mit Blick auf Ponys und See: Jakobsmuscheln mit Trüffel, Ziegenquark-Tortellini mit Rote-Bete-Creme oder Grillfisch. Saisonale Vielfalt auf höchstem Niveau.

Rothensande 1	Essen:	45 | 50
+49 4523 88280	Service:	19 | 20
gut-immenhof.de	Weinkarte:	19 | 20
Hotelrestaurant • regionale Produkte • Fisch • vegetarisch	Ambiente:	9 | 10
P	Gesamt:	92 | 100

Bärenkrug

24113 Molfsee

Ulf Sierks und Anna Bandholt verwöhnen mit Regionalem in gemütlicher Friesenstube: Roastbeef von Holstein-Färsen, Rehschnitzel oder hausgemachte Wildbratwürstchen. Lauschig am Kamin, herrlicher Garten.

Hamburger Chaussee 10	Essen:	43 | 50
+49 4347 71200	Service:	18 | 20
baerenkrug.de	Weinkarte:	17 | 20
Hotelrestaurant • regionale Produkte • gemütlich	Ambiente:	8 | 10
P	Gesamt:	86 | 100

Zum Dückerstieg

25554 Neuendorf-Sachsenbande

Kabeljau auf Schmorgurken, Kikok-Hähnchen mit Kräuterstampf, Lavendel-Crème-brulée mit Blaubeereis. Traditionell norddeutsche Gerichte werden im charmanten Landhotel neu interpretiert und elegant verfeinert.

Dückerstieg 7
+49 4823 92929
dueckerstieg.de
Hotelrestaurant • Gasthaus • deutsche Küche • klassisch

Essen:	**43** | 50
Service:	**17** | 20
Weinkarte:	**16** | 20
Ambiente:	**9** | 10
Gesamt:	85 | 100

Ole Liese

24321 Panker

Wirtschaft und Gourmetrestaurant sind aufs Beste verschmolzen. Eiskrautsalat mit Moosbeeren, geschmorter Kürbis mit Safranpolenta, gesottene Rinderzunge mit Schmor-Chicorée – bodenständig und fein zugleich.

Gut Panker
+49 4381 90690
ole-liese.de
Gasthaus • regionale Produkte • gemütlich

Essen:	**44** | 50
Service:	**18** | 20
Weinkarte:	**18** | 20
Ambiente:	**9** | 10
Gesamt:	89 | 100

Rolin

25421 Pinneberg

Genussreise wie in der ersten Klasse des Hamburger Dreischrauben-Luxuskreuzers Cap Polonio. Im elegant-maritimen Ambiente locken Kalbsbäckchen in Madeirasauce, Schellfisch mit Senf oder cremiges Risotto.

Fahltskamp 48
+49 4101 5330
cap-polonio.de
Hotelrestaurant • Fisch • vegetarisch

Essen:	**43** | 50
Service:	**17** | 20
Weinkarte:	**17** | 20
Ambiente:	**7** | 10
Gesamt:	84 | 100

Eat.Share.Live

24306 Plön

Im privaten Esszimmer am Plöner See kreiert Robert Stolz naturnahes Fine Dining voller Raffinesse und Perfektion mit Produkten aus dem eigenen Garten. Der Gang in die offene Küche ist ausdrücklich erwünscht.

Markt 24
+49 4522 7895295
robertstolz.de
Fine Dining • regionale Produkte • deutsche Küche

Essen:	**44** | 50
Service:	**18** | 20
Weinkarte:	**17** | 20
Ambiente:	**8** | 10
Gesamt:	87 | 100

Salt & Silver am Meer

25826 St. Peter-Ording

Nordseefisch, Salzwiesenlamm und bestes Weiderindfleisch, über offenem Feuer gegrillt. Im luftigen Pfahlbau speist man rustikal-modern. Ein Erlebnis zwischen Himmel und Wasser. Tipp: Softeis als Dessert.

Zum Böhler Strand
+49 176 87991497
saltandsilver.de
Casual Dining • regionale Küche • Fisch • Meeresfrüchte

Essen:	**43** | 50
Service:	**17** | 20
Weinkarte:	**17** | 20
Ambiente:	**8** | 10
Gesamt:	85 | 100

DiVa

23683 Scharbeutz

Küchenchef Gunter Ehinger verbindet Kreativität und Präzision zu inspirierenden Menüs. Gäste wählen zwischen Menüfolgen oder à la carte und genießen stilvolles Fine Dining im Wellnesshotel am Ostseestrand.

Strandallee 146
+49 4503 3526707
hotel-belveder.de
Hotelrestaurant • Fine Dining • mediterran • Terrasse

Essen:	**46** | 50
Service:	**18** | 20
Weinkarte:	**18** | 20
Ambiente:	**8** | 10
Gesamt:	90 | 100

Alte Schule

22962 Siek

In der ehemaligen Dorfschule führt Familie Franke mit Herz und Hand Regie. Menüs heißen hier »Erdkunde«, »Meeresbiologie« und »Schulgarten«. Steaks aus dem 800-Grad-Beefer, Genuss mit Konzept und Geschichte.

Hauptstraße 44
+49 4107 877310
alte-schule-siek.de
Hotelrestaurant • modern • gehoben

Essen:	**43** | 50
Service:	**18** | 20
Weinkarte:	**17** | 20
Ambiente:	**8** | 10
Gesamt:	86 | 100

Kai3

25997 Sylt (Hörnum)

Felix Gabel präsentiert nordische Produkte im skandinavischen Gewand. Menüs wie »Pirates of the Nordfriesen« oder »Auf Amrum steht ein Lamm rum« verbinden Leichtigkeit mit Experimentierfreude.

Am Kai 3
+49 4651 46070
budersand.de
Fine Dining • regionale Produkte • Fisch

Essen:	**45** | 50
Service:	**18** | 20
Weinkarte:	**19** | 20
Ambiente:	**10** | 10
Gesamt:	92 | 100

Strönholt

25997 Sylt (Hörnum)

Nordseeblick und Dünenkulisse begleiten die Küche. Fangfrische Scholle mit Krabben, edle Muscheln oder zartes Lammfilet treffen auf Vegetarisches wie knusprigen Blumenkohl – puristisch und klar wie das Meer.

Fernsicht 1
+49 4651 4492727
stroenholt.de
regionale Produkte • entspannt • Essen mit Aussicht

Essen:	**42** | 50
Service:	**19** | 20
Weinkarte:	**17** | 20
Ambiente:	**8** | 10
Gesamt:	86 | 100

Gogärtchen

25999 Sylt (Kampen)

Stilvolles Ambiente, raffiniertes Menü mit nordischen Klassikern und internationalen Favoriten von Wiener Schnitzel bis Seeteufelbäckchen. Champagnerbar auf der herrlichen Außenterrasse. Kampen-Feeling pur.

Strönwai 12
+49 4651 41242
gogaertchen.com
Casual Dining • Allrounder • Meeresfrüchte • Bar

Essen:	**43** | 50
Service:	**17** | 20
Weinkarte:	**17** | 20
Ambiente:	**8** | 10
Gesamt:	85 | 100

Tipken's by Nils Henkel

25980 Sylt (Keitum)

René Verse serviert Gourmetküche auf den Spuren von Nils Henkel. Tipken's Menü »Flora und Fauna« vereint Fleisch und Fisch mit feiner Gemüseküche. Kräuter und Gewürze sorgen für aromatische Tiefe.

Am Tipkenhoog 18
+49 4651 46066533
severins-sylt.de
Fine Dining • im Grünen • elegant

Essen:	45	50
Service:	19	20
Weinkarte:	18	20
Ambiente:	9	10
Gesamt:	91	100

Austernstube

25992 Sylt (List auf Sylt)

Gemütlich-modernes Ambiente und die perfekte Bühne für die Sylter Royal frisch aus der eigenen Austernzucht. Klassisch genossen oder gratiniert, als Bloody Mary Shot, Tatar und mit vielfältigen Toppings.

Hafenstraße 10–12
+49 4651 877525
sylter-royal.de
Meeresfrüchte • gemütlich • klassisch

Essen:	42	50
Service:	18	20
Weinkarte:	17	20
Ambiente:	8	10
Gesamt:	85	100

Königshafen

25992 Sylt (List auf Sylt)

In fünfter Generation bringt Familie Hansen in der gemütlichen Gaststube nordische Klassiker und Bodenständiges auf den Teller. Im Hauptgang wählt man zwischen Spezialitäten »von der Waterkant« oder »vom Lande«.

Alte Dorfstraße 1
+49 4651 870446
koenigshafen.de
Gasthaus • Fisch • Gastgarten • klassisch

Essen:	43	50
Service:	18	20
Weinkarte:	17	20
Ambiente:	8	10
Gesamt:	86	100

Landhaus Severin's

25980 Sylt (Morsum)

Nordisch inspirierte Küche unter Reet und mit großartiger Aussicht im Naturschutzgebiet Morsum Kliff. Vorweg Sylter-Royal-Austern oder Nordseekrabbensuppe, dann gratinierter Kabeljau oder Wiener Schnitzel.

Nösistig 13
+49 4651 4606880
landhaus-severins.de
Gasthaus • regionale Produkte • Fisch • Terrasse

Essen:	43	50
Service:	18	20
Weinkarte:	16	20
Ambiente:	8	10
Gesamt:	85	100

Fährhaus Restaurant

25980 Sylt (Munkmarsch)

Direkt am Munkmarscher Jachthafen werden Spezialitäten aus Meer und Land vereint. Spanferkelkrone mit Spargel und Kapern-Kartoffel-Mousseline oder Skrei mit Spitzkohl und Jakobsmuschel zeigen feine Küche.

Bi Heef 1
+49 4651 93970
faehrhaus-sylt.de
Casual Dining • Allrounder • Fisch • Essen mit Aussicht

Essen:	43	50
Service:	18	20
Weinkarte:	18	20
Ambiente:	8	10
Gesamt:	87	100

Samoa Seepferdchen — 25980 Sylt (Rantum)

Mit Blick aufs Meer einfach pures Syltfeeling. Lieblingsgerichte – vom legendären Labskaus bis Hering, rosa Lammfilet und Dorschfilet mit Vanille-Karotten. Genießerterrasse und urig-gemütlicher Gastraum.

Hörnumer Straße 70
+49 4651 5579
samoa-seepferdchen.com
Casual Dining • Fisch • Essen mit Aussicht

Essen:	42 | 50
Service:	17 | 20
Weinkarte:	16 | 20
Ambiente:	7 | 10
Gesamt:	82 | 100

Sansibar — 25980 Sylt (Rantum)

Legendärer Kultort mit Strandromantik und Flair: Hier warten Gambas in Knoblauchbutter, Ibérico-Schwein, Nordseesteinbutt aus dem Ofen und eine legendäre Weinkarte. Kulinarisches Erlebnis in den Dünen.

Hörnumer Straße 80
+49 4651 964646
sansibar.de
Casual Dining • Delikatessenverkauf • Essen mit Aussicht

P

Essen:	44 | 50
Service:	19 | 20
Weinkarte:	20 | 20
Ambiente:	9 | 10
Gesamt:	92 | 100

Söl'ring Hof — 25980 Sylt (Rantum)

Zwischen Dünen bringen Patron Jan-Philipp Berner und Küchenchef Jan Fehling das Beste der Region auf den Teller. Frischer Fang und handverlesene Produkte in kreativer, nordisch inspirierter Hochgenussküche.

Am Sandwall 1
+49 4651 836200
soelring-hof.de
Fine Dining • Fisch • Meeresfrüchte • elegant

P

Essen:	48 | 50
Service:	19 | 20
Weinkarte:	19 | 20
Ambiente:	10 | 10
Gesamt:	96 | 100

Foto: Ydo Sol

Bodendorf's — 25980 Sylt (Tinnum)

Holger Bodendorf und Denis Brühl kreieren im Gourmethimmel Raffiniertes aus edlen Zutaten: Helgoländer Hummer, lauwarmes Stubenküken mit Pfifferlingen oder glacierte Seezunge mit Trüffel. Große Weinauswahl.

Boy-Nielsen-Straße 10
+49 4651 88990
landhaus-stricker.com
Fine Dining • Allrounder • entspannt • modern

P

Essen:	46 | 50
Service:	19 | 20
Weinkarte:	19 | 20
Ambiente:	9 | 10
Gesamt:	93 | 100

Foto: Ydo Sol

Siebzehn84

25980 Sylt (Tinnum)

Inspiriert von der Haute Cuisine von Holger Bodendorf kommen beste Produkte als aromenstarke Kompositionen auf den Teller: bretonischer Kabeljau mit Nussbutterschaum oder Onglet vom US Prime Beef.

Boy-Nielsen-Straße 10
+49 4651 88990
landhaus-stricker.com
Casual Dining • Allrounder • gemütlich

Essen: **44** | 50
Service: **18** | 20
Weinkarte: **18** | 20
Ambiente: **8** | 10
Gesamt: **88** | 100

Hummerkoje

25980 Sylt (Westerland)

Fangfrischer Fisch, edles Fleisch und natürlich Hummer in vielen Varianten. Das Team von Gastgeber Torsten Steinmetz veredelt kreatives Handwerk zu Bouillabaisse, Surf & Turf oder Hummerpasta. Syltastisch!

Elisabethstraße 15
+49 4651 9959257
ilovesylt.de
Casual Dining • Fisch • Steak

Essen: **43** | 50
Service: **18** | 20
Weinkarte: **16** | 20
Ambiente: **8** | 10
Gesamt: **85** | 100

JM Jörg Müller

25980 Sylt (Westerland)

In der Friesenstube der Gourmetinstitution ist guter Geschmack zu Hause. Außergewöhnliches, Klassiker und berühmte Müller-Kreationen wie »Pot au feu vom Hummer« oder gratinierte Seezungenfilets.

Süderstraße 8
+49 4651 27788
jmsylt.de
Casual Dining • Fisch • französisch

Essen: **45** | 50
Service: **18** | 20
Weinkarte: **20** | 20
Ambiente: **8** | 10
Gesamt: **91** | 100

Oma Wilma

25980 Sylt (Westerland)

Nicolas Rathge zaubert Heimatküche mit Pfiff: hausgebeizte Meerforelle, Ziegenkäse-Müsli, Wild aus Hamburger Umland. Unter Reet oder im Garten genießt man monatlich wechselnde, regional-saisonale Klassiker.

Gurtstig 32
+49 4651 8860066
omawilma.de
regionale Küche • gemütlich • entspannt

Essen: **42** | 50
Service: **18** | 20
Weinkarte: **17** | 20
Ambiente: **8** | 10
Gesamt: **85** | 100

Stadt Hamburg | Bistro

25980 Sylt (Westerland)

Raffinierte Hausmannskost mit nordischer Note, von Holsteiner Kartoffelsuppe bis Lachstatar mit Senf-Dill-Sauce. Ob kleiner Lunch, Tea Time oder Dinner auf der schönen Sonnenterrasse – alles Genuss pur!

Strandstraße 2
+49 4651 8580
hotelstadthamburg.com
regionale Küche • klassisch • gemütlich

Essen:	**42** | 50
Service:	**18** | 20
Weinkarte:	**17** | 20
Ambiente:	**9** | 10
Gesamt:	86 | 100

Stadt Hamburg | Hardy's

25980 Sylt (Westerland)

Gourmetküche mit täglich wechselndem Menü. Kabeljau-Langustinen-Bouillabaisse, Tournedos mit Sommertrüffel-Polenta, Hummus mit Pimientos, Balsamico-Himbeeren – wer da nicht Appetit bekommt!

Strandstraße 2
+49 4651 8580
hotelstadthamburg.com
Casual Dining • Fisch • elegant

Essen:	**44** | 50
Service:	**17** | 20
Weinkarte:	**18** | 20
Ambiente:	**8** | 10
Gesamt:	87 | 100

Web Christel

25980 Sylt (Westerland)

Unterm Reetdach begeistert Marc Ullrich mit Trüffel-Spaghettini, Lammkarree und Krabben mit Avocado. Das »Sylt Menü« überzeugt mit Jakobsmuschel-Carpaccio, Zander auf Champagnerkraut und Tonkaparfait.

Süderstraße 11
+49 4651 22900
webchristel.de
Gasthaus • Meeresfrüchte • Fisch

Essen:	**43** | 50
Service:	**17** | 20
Weinkarte:	**17** | 20
Ambiente:	**8** | 10
Gesamt:	85 | 100

Gutsküche Wulksfelde

22889 Tangstedt

Saisonal-regionale, aromenreiche Landhausküche, Matthias Gförer setzt konsequent auf Nachhaltigkeit und Genuss. Gemüse aus dem Gutsgarten spielt die Hauptrolle, Fleisch als Option. (Ein) Gut für Genießer.

Wulksfelder Damm 15–17
+49 40 64419441
gutskueche.de
Gasthaus • traditionell • bio • regionale Produkte

Essen:	**44** | 50
Service:	**18** | 20
Weinkarte:	**18** | 20
Ambiente:	**8** | 10
Gesamt:	88 | 100

Café Wichtig

23669 Timmendorfer Strand

Sehen und gesehen werden aufs Schönste, und zwar vom Frühstück über Kaffee und Kuchen aus der hauseigenen Konditorei bis zum Dinner. Vielfältiges Menü: von Carpaccio über Bowls und Burger bis Fisch und Fleisch.

Timmendorfer Platz 3
+49 4503 2058
cafewichtig.de
Bistro • Allrounder • Terrasse

Essen:	**43** | 50
Service:	**17** | 20
Weinkarte:	**17** | 20
Ambiente:	**8** | 10
Gesamt:	85 | 100

Horizont

23669 Timmendorfer Strand

Purer Genuss an der Ostsee. Im eleganten Hotel verwöhnt Küchenchef Sebastian Hamester mit wechselnden, saisonalen Köstlichkeiten, fangfrischem Fisch, ausgewähltem Fleisch und feinen Sushi-Kreationen.

Strandallee 47–49
+49 4503 870414
strandhotel-fontana.de
Sushi • elegant • Terrasse

Essen:	**44** | 50
Service:	**17** | 20
Weinkarte:	**18** | 20
Ambiente:	**9** | 10
Gesamt:	88 | 100

Orangerie

23669 Timmendorfer Strand

Elegantes Gourmetrestaurant seit 1990. Mit frischem Wind begeistern Thomas Lemke und Simone Melis mit raffinierten Menüfolgen auf höchstem Niveau. Edle Tropfen dazu empfiehlt Sommelier Ralf Brönner.

Strandallee 73b
+49 4503 6050
orangerie-timmendorfer-strand.de
Hotelrestaurant • Fine Dining • französisch • klassisch

P

Essen:	**46** | 50
Service:	**18** | 20
Weinkarte:	**18** | 20
Ambiente:	**8** | 10
Gesamt:	90 | 100

Bootshaus

23758 Weissenhaus

Der schönste Ostseeblick weit und breit! Feines Ambiente und mediterranes Feeling, die Karte raffiniert mit Knuspercannelloni und Kopfsalatcreme, Steinbutt mit Wassermelone sowie Kingklip mit Artischocke.

Parkallee 1
+49 4382 92620
weissenhaus.de
italienisch • Essen mit Aussicht • regionale Produkte

P

Essen:	**43** | 50
Service:	**18** | 20
Weinkarte:	**17** | 20
Ambiente:	**8** | 10
Gesamt:	86 | 100

Alt Wyk

25938 Wyk auf Föhr

Feine Küche auf Friesisch. René und Daniela Dittrich zaubern Aromatisches in der Küche und der herzliche Service offeriert dazu passende Weine. Weltläufige Aromen, nordische Akzente, handgemacht bis ins Detail.

Große Straße 4
+49 4681 3212
alt-wyk.de
Fine Dining • regionale Produkte • gemütlich

Essen:	**46** | 50
Service:	**18** | 20
Weinkarte:	**18** | 20
Ambiente:	**8** | 10
Gesamt:	90 | 100

DIE BESTEN RESTAURANTS & GASTHÄUSER

BERLIN
BRANDENBURG
SACHSEN
SACHSEN-ANHALT
THÜRINGEN

OSTEN

Rutz Restaurant
10115 Berlin
Seite 149

Tim Raue
10969 Berlin
Seite 153

Horváth
10999 Berlin
Seite 135

Nobelhart & Schmutzig
10969 Berlin
Seite 144

CODA
12047 Berlin
Seite 129

Facil
10785 Berlin
Seite 131

Lorenz Adlon Esszimmer
10117 Berlin
Seite 140

OSTEN

TOPLOKALE IM ÜBERBLICK

Zeitwerk
38855 Wernigerode
Seite 175

Pietsch
38855 Wernigerode
Seite 175

Atelier Sanssouci
01445 Radebeul
Seite 170

136

10115 Berlin

Außen schlicht, innen oho: Die italienisch-peruanische Fusionsküche von Chefkoch Mathias Diaz ist geprägt von aufregenden Köstlichkeiten wie Adlerfisch-Involtini mit Rocoto und Amalfi-Zitrone.

Linienstraße 136
+49 30 27909683
136-berlin.com
Casual Dining • italienisch • peruanisch • unkonventionell

Essen:	44 | 50
Service:	18 | 20
Weinkarte:	18 | 20
Ambiente:	8 | 10
Gesamt:	88 | 100

1811

10629 Berlin

Das gemütliche Ambiente eines Landgasthofs trifft auf feine, deutsche Küche mit mediterranen Einflüssen. Abgerundet werden die Gerichte aus regionalen Zutaten von Weinen in Bioqualität.

Schlüterstraße 55
+49 30 8813440
1811.berlin
Gasthaus • deutsche Küche • regionale Produkte • elegant

Essen:	43 | 50
Service:	18 | 20
Weinkarte:	18 | 20
Ambiente:	8 | 10
Gesamt:	87 | 100

3 Schwestern

10997 Berlin

Bei den 3 Schwestern isst man im altehrwürdigen Kreuzgewölbesaal feine Marktküche oder rustikale Klassiker wie Braten und Schnitzel. Im Sommer bietet sich der herrliche Biergarten zum Verweilen an.

Mariannenplatz 2
+49 30 600318600
3schwestern.com
Bistro • nachhaltig • bio • Gastgarten

Essen:	42 | 50
Service:	18 | 20
Weinkarte:	16 | 20
Ambiente:	8 | 10
Gesamt:	84 | 100

893 Ryōtei

10625 Berlin

Das schicke japanische Restaurant gehört zu den hipsten Adressen auf der Kantstraße, Berlins Fressmeile Nummer eins. Egal, ob im Menü oder à la carte, Sushi und Sashimi sind von ausgezeichneter Qualität.

Kantstraße 135
+49 176 56754107
893ryotei.de
Casual Dining • japanisch • unkonventionell

Essen:	45 | 50
Service:	18 | 20
Weinkarte:	18 | 20
Ambiente:	9 | 10
Gesamt:	90 | 100

aerde

10965 Berlin

In malerischem Rot erstrahlt das Restaurant, in dem Küchenchef Igor Kazakov raffinierte Gerichte aus lokalen Zutaten serviert. Fermentiertes aus eigener Herstellung liefert dabei den letzten Schliff.

Am Lokdepot 6
+49 30 76909980
aerde.de
regionale Produkte • modern • saisonal

Essen:	**44** | 50
Service:	**18** | 20
Weinkarte:	**17** | 20
Ambiente:	**8** | 10
Gesamt:	87 | 100

Al Contadino Sotto Le Stelle

10119 Berlin

Im gemütlichen, familiengeführten Restaurant in Mitte stehen typisch italienische Speisen wie hausgemachte Pasta, klassische Fisch- und Fleischgerichte und leckeres Tiramisu auf der Karte.

Auguststraße 34
+49 30 97894140
alcontadino.eu
italienisch • Pasta • entspannt

Essen:	**43** | 50
Service:	**19** | 20
Weinkarte:	**17** | 20
Ambiente:	**8** | 10
Gesamt:	87 | 100

Alter Dorfkrug

13469 Berlin

Idyllisch unweit der Dorfkirche von Lübars gelegen, serviert der Dorfkrug französische Spezialitäten wie Weinbergschnecken und Flammkuchen sowie Klassiker der Wirtshausküche wie Schnitzel und Matjes.

Alt-Lübars 8
+49 30 92210230
gasthof-alter-dorfkrug.de
deutsche Küche • französisch • Gastgarten

Essen:	**41** | 50
Service:	**18** | 20
Weinkarte:	**17** | 20
Ambiente:	**7** | 10
Gesamt:	83 | 100

Foto: Mika J. Wisskirchen

Anna & Paul

10117 Berlin

Das Anna & Paul bietet ein »Best of Modern European Cuisine«. Konkret bedeutet das eine Speisekarte, die von Wiener Schnitzel über Warenyky, gefüllt mit Caponata, bis Moules frites reicht.

Oranienburger Straße 39
+49 30 25091417
anna-paul.berlin
Allrounder • modern • Terrasse

Essen:	**42** | 50
Service:	**18** | 20
Weinkarte:	**17** | 20
Ambiente:	**8** | 10
Gesamt:	85 | 100

AVIV 030

12043 Berlin

Herausragende levantinische Küche fürs schnelle Mittag- oder ausgedehnte Abendessen. Mittags gibt es vor allem Klassiker wie Sabich, abends kreative Gerichte wie Aubergine »Asia Style«.

Richardstraße 76
+49 30 98449993
aviv030.com
Levante • modern • entspannt

Essen:	42	50
Service:	18	20
Weinkarte:	15	20
Ambiente:	7	10
Gesamt:	82	100

Bandol sur mer

10115 Berlin

Andreas Sauls Acht-Gänge-Menü entführt auf eine Entdeckungsreise durch die moderne französische Fine-Dining-Küche. Dabei bleibt das Bandol aber stets zugänglich und setzt auf eine entspannte Atmosphäre.

Torstraße 167
+49 30 67302051
bandolsurmer.de
Casual Dining • regionale Produkte • unkonventionell

Essen:	45	50
Service:	18	20
Weinkarte:	19	20
Ambiente:	8	10
Gesamt:	90	100

Bar Brass

10589 Berlin

Direkt am Spreeufer in Charlottenburg trifft in der Bar Brass französische Kulinarik auf ein modernes Ambiente. Küchenchef und Inhaber Reza Dainabi interpretiert französische Klassiker neu.

Am Spreebord 9
+49 30 38303200
barbrass.de
Bistro • französisch • entspannt

Essen:	42	50
Service:	18	20
Weinkarte:	18	20
Ambiente:	8	10
Gesamt:	86	100

Bardele

10119 Berlin

Im lebendigen Restaurant Bardele liegt der Fokus auf italienischen Gerichten und feiner, handgemachter Pasta. Speisen wie Polpette al sugo oder Ricotta-Gnocchi werden von Küchenchef Tyler Hanse perfektioniert.

Auguststraße 36
+49 30 44013678
bardeleberlin.com
italienisch • klassisch • entspannt

Essen:	42	50
Service:	18	20
Weinkarte:	17	20
Ambiente:	8	10
Gesamt:	85	100

Baret

10178 Berlin

Über den Dächern der Museumsinsel wird im Baret eine kreative Palette an Snacks sowie eine kleine, aber feine Auswahl an modernen Gerichten wie geräucherter Aal auf Toast serviert.

Schloßplatz
+49 176 72894500
baret.berlin
Allrounder • regionale Produkte • Essen mit Aussicht • Bar

Essen:	**41**	50
Service:	**17**	20
Weinkarte:	**17**	20
Ambiente:	**9**	10
Gesamt:	84	100

Barra

12049 Berlin

Im Barra wird außergewöhnliche Produktküche zum Teilen angeboten. Dabei kommen pflanzliche Zutaten wie Pfifferlinge oder Shiso genauso zur Geltung wie Wolfsbarsch und Schweinebauch.

Okerstraße 2
+49 30 81860757
barraberlin.com
Casual Dining • nachhaltig • Sharing Menu

Essen:	**42**	50
Service:	**18**	20
Weinkarte:	**17**	20
Ambiente:	**8**	10
Gesamt:	85	100

Bieberbau

10715 Berlin

Die Stuckwand von Bildhauer Richard Bieber ist das visuelle Herzstück des Restaurants in Wilmersdorf. Kulinarisch wartet Chef Stephan Garkisch mit drei verschiedenen, sterneprämierten Menüs auf.

Durlacher Straße 15
+49 30 8532390
bieberbau-berlin.de
Fine Dining • deutsche Küche • regionale Produkte

Essen:	**46**	50
Service:	**19**	20
Weinkarte:	**18**	20
Ambiente:	**9**	10
Gesamt:	92	100

Blend

10787 Berlin

Mit aufregender Fusionsküche will das Blend die Vielseitigkeit Berlins widerspiegeln. Vor allem südamerikanische und japanische Einflüsse werden in den Gerichten kombiniert. Wochentags Businesslunch.

Budapester Straße 25
+49 30 26962696
restaurant-blend.com
Allrounder • Bistro • modern

Essen:	**41**	50
Service:	**17**	20
Weinkarte:	**15**	20
Ambiente:	**8**	10
Gesamt:	81	100

Bocca di Bacco

10117 Berlin

Das Lokal serviert das Beste aus den verschiedenen Regionalküchen Italiens in höchster Qualität. Besonders zu empfehlen sind das preiswerte Mittagsmenü sowie die großzügige Abendkarte.

Friedrichstraße 167–168
+49 30 20672828
boccadibacco.de
Casual Dining • italienisch • traditionell

Essen:	**43**	50
Service:	**17**	20
Weinkarte:	**17**	20
Ambiente:	**8**	10
Gesamt:	85	100

Bonvivant

10781 Berlin

Überraschend ist an Nikodemus Bergers Restaurant gleich mehreres: Nicht nur, dass hier ausschließlich vegetarisch gekocht wird, das mit einem Stern ausgezeichnete Lokal bietet auch ein Brunch-Menü an.

Goltzstraße 32
+49 176 61722602
bonvivant.berlin
vegetarisch • vegan • gemütlich • Bar

Essen:	45 | 50
Service:	19 | 20
Weinkarte:	18 | 20
Ambiente:	8 | 10
Gesamt:	90 | 100

Borchardt

10117 Berlin

Auch wenn sich hier die Schönen und Reichen tummeln, heißt das Borchardt alle willkommen, die gute Küche lieben und ein exzellentes Schnitzel und Gastfreundschaft zu schätzen wissen.

Französische Straße 47
+49 30 81886262
borchardt-restaurant.de
Gasthaus • österreichisch • französisch • traditionell

Essen:	42 | 50
Service:	18 | 20
Weinkarte:	19 | 20
Ambiente:	9 | 10
Gesamt:	88 | 100

Bostich

10719 Berlin

Wie in einem Pariser Bistro fühlt man sich im Restaurant Bostich im Berliner Westen. Dazu passen französische Klassiker wie Miesmuscheln, confierte Ente, Tatar und natürlich Champagner.

Ludwigkirchstraße 10A
+49 30 88625614
bostich.berlin
Bistro • französisch • modern

Essen:	43 | 50
Service:	18 | 20
Weinkarte:	17 | 20
Ambiente:	8 | 10
Gesamt:	86 | 100

Brasserie Colette

10789 Berlin

Die Brasserie ist Tim Raues Liebeserklärung an simple französische Küche. Neben diversen Mittagsmenüs voller Klassiker wie Bouillabaisse gibt es hier außerdem ein Beef Wellington der Extraklasse.

Passauer Straße 5–7
+49 30 21992174
brasseriecolette.de
Casual Dining • Bistro • französisch • Geschäftsessen

Essen:	42 | 50
Service:	18 | 20
Weinkarte:	17 | 20
Ambiente:	8 | 10
Gesamt:	85 | 100

Brechts

10117 Berlin

Ganzwöchig gibt es hier alles für Fleischliebhaber: Dry-Aged-Steak, irisches Rinderfilet, Tomahawk. Auch Vegetarier kommen dank einer kleinen, aber feinen Auswahl pflanzlicher Gerichte auf ihre Kosten.

Schiffbauerdamm 6/7
+49 30 27572037
brechts.de
Steak • Essen mit Aussicht • klassisch

Essen:	42 | 50
Service:	18 | 20
Weinkarte:	17 | 20
Ambiente:	8 | 10
Gesamt:	85 | 100

Bricole

10437 Berlin

Modern-französische Sterneküche mit asiatischen Einflüssen trifft hier auf nachbarschaftliche Atmosphäre. Die Weinkarte listet über 300 Spitzenweine aus Frankreich und Deutschland.

Senefelderstraße 30
+49 30 84421362
bricole.de
Casual Dining • regionale Produkte • vegetarisch

Essen:	**45** I 50
Service:	**19** I 20
Weinkarte:	**19** I 20
Ambiente:	**8** I 10
Gesamt:	91 I 100

Brikz

10623 Berlin

Küchenchef und Inhaber Arne Anker präsentiert in seinem Gourmetrestaurant eine saisonale Küche mit Topprodukten aus der Region und dem gekonnten Einsatz erfrischender Säure und ausgesuchter Kräuter.

Grolmanstraße 53/54
+49 30 31803780
restaurantbrikz.com
Fine Dining • regionale Produkte • nachhaltig

Essen:	**44** I 50
Service:	**19** I 20
Weinkarte:	**18** I 20
Ambiente:	**8** I 10
Gesamt:	89 I 100

Buchholz

12359 Berlin

Im idyllischen Britz liegt der wunderschöne Gutshof, in dem Chef Matthias Buchholz eine feine Landhausküche zubereitet. Neben Klassikern wie Schnitzel gehört hier auch ein veganes Menü zum Angebot.

Alt-Britz 81
+49 30 60034607
matthias-buchholz.de
Gasthaus • eigener Kräutergarten • gemütlich

Essen:	**43** I 50
Service:	**18** I 20
Weinkarte:	**17** I 20
Ambiente:	**8** I 10
Gesamt:	86 I 100

Foto: CONTENTLEY MEDIA

Bundesbüdchen

10115 Berlin

Bodenständige und traditionelle deutsche Speisen zaubert Küchenchef Johann Maier im Bundesbüdchen in Mitte, das eine Hommage an den Kiosk im ehemaligen Regierungsviertel in Bonn ist.

Hannoversche Straße 2
+49 30 34099979
bundesbuedchenberlin.de
regionale Produkte • offene Küche • modern

Essen:	**44** I 50
Service:	**18** I 20
Weinkarte:	**17** I 20
Ambiente:	**8** I 10
Gesamt:	87 I 100

Capital Grill
10117 Berlin

Seit 2001 gibt es im Capital Grill direkt am Gendarmenmarkt gehoben-klassische Küche in geschmackvollem Ambiente. Abgerundet wird das Angebot von einer spannenden Auswahl an internationalen Weinen.

Mohrenstraße 30
+49 30 2062976
berlincapitalclub.de
Steak • klassisch • Geschäftsessen

Essen:	41 | 50
Service:	18 | 20
Weinkarte:	18 | 20
Ambiente:	8 | 10
Gesamt:	85 | 100

Carl & Sophie
10559 Berlin

Allein für die fantastische Auswahl an Spitzenweinen lohnt sich der Besuch. Das Restaurant bietet aber auch eine Terrasse mit Spreeblick und köstliche, traditionelle Küche von Chef Martin Höse.

Alt-Moabit 99
+49 30 39920798
carlundsophie.de
Allrounder • regionale Küche • modern

Essen:	42 | 50
Service:	18 | 20
Weinkarte:	19 | 20
Ambiente:	9 | 10
Gesamt:	88 | 100

Carte Blanche
10787 Berlin

Französische Brasserie-Küche im Hotel Das Stue. In gehoben-gemütlichem Ambiente können Gäste zum Beispiel handgeschnittenes Rindertatar genießen. Im Sommer auch auf der Terrasse mit Blick in den Tiergarten.

Drakestraße 1
+49 30 3117220
so-berlin-das-stue.com
Hotelrestaurant • französisch • elegant

Essen:	44 | 50
Service:	18 | 20
Weinkarte:	17 | 20
Ambiente:	8 | 10
Gesamt:	87 | 100

Cassambalis
10623 Berlin

Hochwertige griechisch-mediterrane Speisen serviert Costa Cassambalis in seinem Restaurant in der City West. Serviert werden mehrgängige Menüs mit Weinbegleitung sowie kleinere Speisen zum Teilen.

Grolmanstraße 35
+49 30 8854747
cassambalis.de
mediterran • gemütlich • klassisch

Essen:	43 | 50
Service:	18 | 20
Weinkarte:	18 | 20
Ambiente:	9 | 10
Gesamt:	88 | 100

Choi
10119 Berlin

Beim Genuss eines der drei authentisch-koreanischen Menüs mit Fisch, Fleisch oder Gemüse sitzen Gäste an der schicken Theke inmitten des Restaurants. Dazu wird Tee oder Wein gereicht.

Fehrbelliner Straße 4
+49 176 61941932
choiberlin.de
Casual Dining • koreanisch • modern • unkonventionell

Essen:	43 | 50
Service:	18 | 20
Weinkarte:	17 | 20
Ambiente:	8 | 10
Gesamt:	86 | 100

Château Royal

10117 Berlin

Im stylishen Ambiente wird hier eine tolle Auswahl an mediterranen Gerichten geboten. Nicht zu vernachlässigen sind außerdem die ausgezeichneten Drinks und die Weinkarte mit Burgunder-Fokus.

Neustädtische Kirchstraße 3
+49 30 23456770
chateauroyalberlin.com
mediterran • modern • entspannt

Essen: **43** | 50
Service: **18** | 20
Weinkarte: **18** | 20
Ambiente: **7** | 10
Gesamt: 86 | 100

Clärchens Ballhaus – Luna D'Oro

10117 Berlin

Anders als man vom Namen her erwarten würde, dreht sich im Luna D'Oro alles um gehobene deutsche Klassiker. Da wird schon mal ein herrliches Rindertatar in Form eines Mettigels serviert.

Auguststraße 24
+49 30 400698100
claerchensball.haus
deutsche Küche • klassisch • traditionell

Essen: **42** | 50
Service: **18** | 20
Weinkarte: **17** | 20
Ambiente: **8** | 10
Gesamt: 85 | 100

CODA

12047 Berlin

Die Küche von Patissier René Frank lädt Gäste dazu ein, außerhalb traditioneller Kategorien wie »süß« oder »salzig« zu denken. Getränke sind dabei keine Begleitung, sondern Teil des Menüs.

Friedelstraße 47
+49 30 91496396
coda-berlin.com
Fine Dining • regionale Produkte • nachhaltig

Essen: **48** | 50
Service: **19** | 20
Weinkarte: **19** | 20
Ambiente: **9** | 10
Gesamt: 95 | 100

Comedor

10627 Berlin

Gehobene mexikanische Küche, umgesetzt mit regionalen Produkten. An der Taquería kann man zudem Tacos to go oder für den schnellen Genuss an der Theke bestellen. Dazu köstliche Drinks!

Kantstraße 74
+49 30 74074549
comedor.berlin
mexikanisch • modern • entspannt

Essen: **42** | 50
Service: **18** | 20
Weinkarte: **16** | 20
Ambiente: **8** | 10
Gesamt: 84 | 100

Cookies Cream

10117 Berlin

In einem Berliner Hinterhof befindet sich eine Institution des vegetarischen und veganen Fine Dinings. Für pflanzliche Kreationen der Extraklasse ist das Cookies immer einen Besuch wert.

Behrenstraße 55
+49 30 680730448
cookiescream.com
Casual Dining • vegetarisch • unkonventionell • vegan

Essen: **45** | 50
Service: **19** | 20
Weinkarte: **18** | 20
Ambiente: **8** | 10
Gesamt: 90 | 100

Crackers

10117 Berlin

Wo früher getanzt wurde, wird heute geschlemmt: In einem ehemaligen Club serviert die Crew des Crackers heute sexy Klassiker wie Rindertatar und aufregende Kreationen aus der vegetarischen Küche.

Friedrichstraße 158
+49 30 680730488
crackersberlin.com
Casual Dining • nachhaltig • unkonventionell • Bar

Essen:	**43** I 50
Service:	**18** I 20
Weinkarte:	**17** I 20
Ambiente:	**9** I 10
Gesamt:	87 I 100

Dae Mon

10178 Berlin

»Asian Fine Dining« hat sich das Restaurant auf die Fahnen geschrieben. Zusammen kommen hier vor allem japanische und koreanische Geschmäcker, gelegentlich kombiniert mit europäischen Einschlägen.

Monbijouplatz 11
+49 30 26304811
dae-mon.com
Fine Dining • koreanisch • japanisch

Essen:	**43** I 50
Service:	**18** I 20
Weinkarte:	**18** I 20
Ambiente:	**8** I 10
Gesamt:	87 I 100

Dicke Wirtin

10623 Berlin

Die erste Adresse für Alt-Berliner Klassiker, die vom Aussterben bedroht sind. In Zusammenarbeit mit der Metzgerei Pirsch aus Potsdam entstehen hier Kreationen wie die Fleischwurst Berliner Ring.

Carmer Straße 9
+49 30 3124952
dicke-wirtin.de
deutsche Küche • traditionell • urig

Essen:	**41** I 50
Service:	**18** I 20
Weinkarte:	**18** I 20
Ambiente:	**8** I 10
Gesamt:	85 I 100

Diekmann

10719 Berlin

Austernbar trifft deutsch-französische Bistroküche der Extraklasse. Mittags lockt ein dekadenter Businesslunch, während abends ein Vier-Gänge-Menü oder eine spannende Austern-Auswahl verführen.

Meinekestraße 7
+49 30 8833321
diekmann-restaurant.de
Bistro • Meeresfrüchte • französisch • Geschäftsessen

Essen:	**43** I 50
Service:	**18** I 20
Weinkarte:	**18** I 20
Ambiente:	**9** I 10
Gesamt:	88 I 100

Dotori

13086 Berlin

Bei Dotori in Berlin-Weißensee kommen Gerichte wie Pfannkuchen mit Kimchi und »Dotori Jelly« zum Teilen auf den Tisch. In traditioneller Anju-Manier trinkt man dazu koreanische und europäische Alkoholika.

Gustav-Adolf-Straße 159
+49 30 47375630
dotori.berlin
koreanisch • modern • entspannt

Essen:	**43** I 50
Service:	**18** I 20
Weinkarte:	**17** I 20
Ambiente:	**8** I 10
Gesamt:	86 I 100

Ei-12437-B

12437 Berlin

Im sogenannten Eierhäuschen im idyllischen Plänterwald wird Wirtshausküche mit modernen Twists serviert. Im Sommer lockt der Biergarten mit einem eigenen kleinen Menü voller Köstlichkeiten.

Kiehnwerderallee 2
ei-12437.berlin
deutsche Küche • französisch • Terrasse

Essen:	42 | 50
Service:	18 | 20
Weinkarte:	17 | 20
Ambiente:	8 | 10
Gesamt:	85 | 100

Eins44

12045 Berlin

In einem wunderschönen Lokal mit hohen, gefliesten Decken servieren Sebastian Leyer und Tim Tanneberger Marktküche, die einfach Spaß macht. Gemüse ist ebenso wie Fisch oder Fleisch »Star of the Show«.

Elbestraße 28/29
+49 30 62981212
eins44.com
Fine Dining • regionale Produkte • unkonventionell

Essen:	45 | 50
Service:	19 | 20
Weinkarte:	18 | 20
Ambiente:	8 | 10
Gesamt:	90 | 100

Engelbecken

14057 Berlin

Der Name stammt noch vom ursprünglichen Standort am Engelbecken in Kreuzberg, doch die Speisewirtschaft mit alpenländischer Küche ist bereits seit 1999 im gediegenen Kiez um den Lietzensee zu Hause.

Witzlebenstraße 31
+49 30 6152810
engelbecken.de
deutsche Küche • klassisch • gemütlich

Essen:	42 | 50
Service:	18 | 20
Weinkarte:	18 | 20
Ambiente:	8 | 10
Gesamt:	86 | 100

Entrecôte

10117 Berlin

Ein Franzose comme il faut: Von Foie gras bis Sole à la meunière wartet das Menü mit sämtlichen Klassikern der französischen Küche auf. Wochentags gibt es ein Plat du jour zum fairen Preis.

Schützenstraße 5
+49 30 20165496
entrecote.de
französisch • klassisch • gemütlich

Essen:	42 | 50
Service:	18 | 20
Weinkarte:	19 | 20
Ambiente:	8 | 10
Gesamt:	87 | 100

Facil

10785 Berlin

Ein Besuch im Facil ist ein Komplettpaket: Der Gastraum strahlt durch den Blick auf die grüne Terrasse Ruhe aus, die Küche von Michael Kempf entführt auf eine kulinarische Reise der Extraklasse.

Potsdamer Straße 3, 5. Etage
+49 30 590051234
facil.de
Fine Dining • elegant • vegetarisch

Essen:	48 | 50
Service:	19 | 20
Weinkarte:	19 | 20
Ambiente:	9 | 10
Gesamt:	95 | 100

'Fa:me

12047 Berlin

In der GastroBar in Neukölln wird die Leidenschaft für gutes Essen zelebriert. In nachbarschaftlicher Atmosphäre werden moderne Gerichte und Tasting-Menüs mit Weinen und Cocktailkreationen serviert.

Lenaustraße 21
+49 30 12108260
famegastrobar.com
Casual Dining • mediterran • modern

Essen:	**44** I 50
Service:	**18** I 20
Weinkarte:	**17** I 20
Ambiente:	**8** I 10
Gesamt:	87 I 100

Fischer & Lustig

10178 Berlin

Das Fischer & Lustig punktet mit Klassikern der Heimatküche wie Forelle Müllerin und gemütlichem Ambiente. Vegetarier kommen dank Senfeiern auf ihre Kosten. Sonntags wird hier Braten serviert.

Poststraße 26
+49 30 56829990
fischerundlustig.de
Fisch • regionale Küche • gemütlich

Essen:	**42** I 50
Service:	**18** I 20
Weinkarte:	**17** I 20
Ambiente:	**8** I 10
Gesamt:	85 I 100

Fjord by Munch's Hus

10781 Berlin

Nordische Tapas mit einem Twist, das ist die Küchenphilosophie des Norwegers Kenneth Gjerrud. In seinem Restaurant stehen typisch norwegische Spezialitäten wie Elchbraten und Fisch auf der Karte.

Eisenacher Straße 86
+49 30 23005220
fjord-nordicrestaurant.de
nordisch • modern • gemütlich

Essen:	**42** I 50
Service:	**19** I 20
Weinkarte:	**17** I 20
Ambiente:	**8** I 10
Gesamt:	86 I 100

Fleischerei

10119 Berlin

In der hell gefliesten ehemaligen Fleischerei in Mitte dreht sich alles um köstliche Fleischspezialitäten. Die Karte bietet eine große Auswahl an Klassikern wie Filet, Schnitzel und Steak.

Schönhauser Allee 8
+49 30 50182117
fleischerei-berlin.com
Steak • Grill • modern

Essen:	**42** I 50
Service:	**18** I 20
Weinkarte:	**18** I 20
Ambiente:	**8** I 10
Gesamt:	86 I 100

Funky Fisch

10625 Berlin

Für Fisch und Meeresfrüchte in jeglicher Ausführung ist man im Funky Fisch genau richtig: Als Ceviche, Carpaccio, Tatar oder Taco gibt es hier alles, was der Fischliebhaber begehrt.

Kantstraße 135–136
+49 163 9382215
neu.funky-fisch.de
Casual Dining • Fisch • unkonventionell

Essen:	**43** I 50
Service:	**17** I 20
Weinkarte:	**18** I 20
Ambiente:	**8** I 10
Gesamt:	86 I 100

Gärtnerei

10115 Berlin

Im schicken Ambiente der Torstraße gibt es hier alles, was man an der österreichischen Küche liebt: Schnitzel, Knödel, Tafelspitz, Kaiserschmarren und sogar ein Sorbet vom Almdudler.

Torstraße 179
+49 30 24631450
gaertnerei-berlin.com
mediterran • österreichische Küche • entspannt

Essen:	**42** | 50
Service:	**18** | 20
Weinkarte:	**18** | 20
Ambiente:	**8** | 10
Gesamt:	86 | 100

Glaserei

10961 Berlin

Bei einem Glas Wein und Tapas vom offenen Grill kann man ganz in Ruhe das Treiben auf dem Mehringdamm an sich vorbeiziehen lassen. Dabei wird es dank täglich wechselnder Gerichte nie langweilig.

Mehringdamm 49
+49 30 44013987
glaserei-barundgrill.de
Grill • entspannt • modern

Essen:	**41** | 50
Service:	**18** | 20
Weinkarte:	**17** | 20
Ambiente:	**7** | 10
Gesamt:	83 | 100

Golden Phoenix

10707 Berlin

The Duc Ngo, Urheber zahlreicher erfolgreicher Gastronomiekonzepte in Berlin und anderswo, brilliert hier mit Klassikern der chinesischen Küche, denen er einen französischen Twist verleiht.

Brandenburgische Straße 21
+49 151 64625945
goldenphoenix.berlin
Casual Dining • chinesisch • französisch • elegant

Essen:	**42** | 50
Service:	**18** | 20
Weinkarte:	**18** | 20
Ambiente:	**9** | 10
Gesamt:	87 | 100

Golvet Restaurant

10785 Berlin

Chefkoch im Restaurant über den Dächern der Potsdamer Straße ist seit Ende 2024 Peter Maria Schnurr, der klassische Zutaten der Sterneküche wie Langoustine und Wagyu aufregend inszeniert.

Potsdamer Straße 58
+49 30 89064222
golvet.de
Fine Dining • regionale Produkte • Essen mit Aussicht

Essen:	**45** | 50
Service:	**18** | 20
Weinkarte:	**20** | 20
Ambiente:	**8** | 10
Gesamt:	91 | 100

Grace

10719 Berlin

Asiatisch-kalifornische Fusionsküche wird im Grace im Hotel Zoo am Ku'damm serviert. Die Sharing Plates genießt man in glamourösem und elegantem Ambiente, das New-York-Vibes versprüht.

Kurfürstendamm 25
+49 30 88437884
grace-berlin.com
Fine Dining • amerikanisch • asiatisch

Essen:	**44** | 50
Service:	**18** | 20
Weinkarte:	**18** | 20
Ambiente:	**9** | 10
Gesamt:	89 | 100

Grill Royal

10117 Berlin

Das Grill Royal ist eine Berliner Institution für erstklassig zubereitete Steaks, Edelfische und andere Köstlichkeiten. Dazu gibt es selbst gemachte Saucen und eine hervorragende Weinkarte.

Friedrichstraße 105b
+49 30 28879288
grillroyal.com
Steak • gehoben • modern

Essen:	44	50
Service:	19	20
Weinkarte:	20	20
Ambiente:	9	10
Gesamt:	92	100

Hafenküche

10317 Berlin

Im Restaurant Hafenküche mit Biergarten sitzt man direkt am Ufer der Spree. Küchenchef Frederik Grieb kocht regionale und saisonale Speisen, die von kuratierten Weinen begleitet werden.

Zur Alten Flussbadeanstalt 5
+49 30 42219926
hafenkueche.de
regionale Produkte • modern • entspannt

Essen:	42	50
Service:	19	20
Weinkarte:	17	20
Ambiente:	8	10
Gesamt:	86	100

Hallmann & Klee

12055 Berlin

Eine reduzierte, moderne Küche ist die Handschrift von Chefköchin Sarah Hallmann. In ihrem minimalistisch eingerichteten Restaurant in Neukölln kocht sie einfache Gerichte mit kräftigen Aromen.

Böhmische Straße 13
+49 30 23938186
hallmann-klee.de
Casual Dining • regionale Produkte • entspannt

Essen:	46	50
Service:	18	20
Weinkarte:	18	20
Ambiente:	8	10
Gesamt:	90	100

Foto: Emil Levy Z Schramm

heimlichTreu

10115 Berlin

Versteckt in einem zweiten Hinterhof in Prenzlauer Berg verbirgt sich dieses Fine-Dining-Restaurant. Großer Wert wird auf regionale und saisonale Küche mit kreativem Ansatz gelegt.

Anklamer Straße 38
+49 30 48494599
heimlichtreu.de
mediterran • Sharing Menu • Gastgarten

Essen:	42	50
Service:	17	20
Weinkarte:	18	20
Ambiente:	8	10
Gesamt:	85	100

Heritage

10117 Berlin

Direkt am Gendarmenmarkt kocht Küchendirektor Florian Glauert Fine-Dining-Gerichte ebenso wie einfachere Speisen. Das Heritage erinnert an eine moderne Brasserie mit guter, ungezwungener Atmosphäre.

Charlottenstraße 52
+49 30 58709771910
heritage-restaurants.com
Fine Dining • Geschäftsessen • elegant

Essen:	**43**	50
Service:	**18**	20
Weinkarte:	**18**	20
Ambiente:	**8**	10
Gesamt:	87	100

Hoa Rong

10117 Berlin

Das Hoa Rong in Mitte verbindet die Küchen Thailands, Vietnams und Laos miteinander. Die Gerichte sind von der vietnamesischen Bergregion Sapa inspiriert und überwiegend vegan und vegetarisch.

Georgenstraße 25
+49 30 43666683
hoa-rong.com
Casual Dining • vietnamesisch • gemütlich

Essen:	**42**	50
Service:	**18**	20
Weinkarte:	**16**	20
Ambiente:	**8**	10
Gesamt:	84	100

Horváth

10999 Berlin

Sebastian Frank verbindet im Horváth in Kreuzberg seine österreichische Heimat mit einer Portion Kreativität. Regionale Zutaten stehen im Vordergrund, die meisten Gerichte sind vegetarisch.

Paul-Lincke-Ufer 44a
+49 30 61289992
restaurant-horvath.de
Fine Dining • österreichisch • vegetarisch • entspannt

Essen:	**48**	50
Service:	**20**	20
Weinkarte:	**19**	20
Ambiente:	**8**	10
Gesamt:	95	100

Hot Spot

10709 Berlin

Im Hot Spot in Charlottenburg setzt Jianhu Wu auf Rezepte aus den Provinzen Szechuan, Jiangsu und Shanghai. Die Speisen verbinden Schärfe und Milde perfekt. Dazu gibt es eine herausragende Weinkarte.

Eisenzahnstraße 66
+49 30 89006878
restaurant-hotspot.de
Casual Dining • chinesisch • entspannt • unkonventionell

Essen:	**43**	50
Service:	**18**	20
Weinkarte:	**19**	20
Ambiente:	**7**	10
Gesamt:	87	100

Hugos

10787 Berlin

Im 14. Stock des Hotel InterContinental verbirgt sich diese Anlaufstelle für gehobene, moderne Speisen. Küchenchef Eberhard Lange sorgt mit seiner französischen Küche für kulinarische Erlebnisse.

Budapester Straße 2
+49 30 26021263
berlin.intercontinental.com
Fine Dining • Essen mit Aussicht • Geschäftsessen

P

Essen:	**46**	50
Service:	**18**	20
Weinkarte:	**19**	20
Ambiente:	**8**	10
Gesamt:	91	100

India Club

10117 Berlin

Im India Club wird nordindische Küche auf Spitzenniveau serviert. Im bunten und gemütlichen Restaurant im Hotel Adlon kocht Küchenchef Manish Bahukhandi rustikale und raffinierte Gerichte.

Behrenstraße 72	Essen: **43** | 50
+49 30 20628610	Service: **18** | 20
india-club-berlin.com	Weinkarte: **18** | 20
Casual Dining • indisch • Meeresfrüchte • vegetarisch	Ambiente: **8** | 10
	Gesamt: **87** | 100

Irma la Douce

10785 Berlin

Französische Klassiker wie Tatar, Bœuf bourguignon oder Entenleberterrine interpretiert Chefkoch Francesco Contiero mit einem Twist. Sommelier Sascha Hammer serviert dazu die passenden Weine.

Potsdamer Straße 102	Essen: **45** | 50
+49 30 23000555	Service: **19** | 20
irmaladouce.de	Weinkarte: **18** | 20
Fine Dining • französisch • entspannt	Ambiente: **8** | 10
	Gesamt: **90** | 100

Jolesch

10997 Berlin

Österreichische Küche mit modernem Twist. Tobias Janzen und sein Team verstehen sich nicht nur auf Wiener Schnitzel, sondern bieten gekonnt gestylt die ganze Bandbreite der klassischen Alpenküche.

Muskauer Straße 1	Essen: **44** | 50
+49 30 6123581	Service: **18** | 20
jolesch.de	Weinkarte: **18** | 20
österreichisch • regionale Produkte • charmant	Ambiente: **9** | 10
	Gesamt: **89** | 100

Jolie Bistrot

10435 Berlin

Französische Küche in schickem Interieur: Im Jolie Bistrot am Kollwitzplatz werden frische Austern, Tatar, Blauflossen-Thunfisch und Garnelen-Carpaccio kredenzt. Am Wochenende gibt es auch Frühstück.

Wörther Straße 35	Essen: **42** | 50
+49 173 1444588	Service: **19** | 20
jolie-berlin.com	Weinkarte: **17** | 20
Bistro • französisch • entspannt	Ambiente: **8** | 10
	Gesamt: **86** | 100

Julius Ernst

13347 Berlin

Saisonale Bistroküche im angesagten Ambiente: Das Julius Ernst in Wedding ist ein hipper Treffpunkt, wo gehobene Speisen mit japanischer Note und aus besten Zutaten serviert werden.

Gerichtstraße 31
juliusernstberlin.de
Allrounder • entspannt • modern

Essen:	**43** I 50
Service:	**17** I 20
Weinkarte:	**17** I 20
Ambiente:	**8** I 10
Gesamt:	85 I 100

Jungbluth

12163 Berlin

Im Einklang mit den Jahreszeiten stehen die Menüs im Restaurant Jungbluth. Koch und Inhaber André Sawahn legt den Fokus bei ihren leckeren Gerichten auf marktfrisches Gemüse.

Lepsiusstraße 63
+49 30 79789605
jungbluth-restaurant.de
Casual Dining • vegetarisch • regionale Produkte

Essen:	**43** I 50
Service:	**19** I 20
Weinkarte:	**17** I 20
Ambiente:	**8** I 10
Gesamt:	87 I 100

Jómo Restaurant

10405 Berlin

Im ukrainisch-deutschen Kiez-Restaurant in Prenzlauer Berg stehen Austern, Oktopus und Trüffel-Pasta auf der Abendkarte. Am Wochenende locken Gerichte wie Croque Monsieur und Poké-Bowls zum Brunch.

Rykestraße 14
+49 30 31489028
jomo.berlin
Crossover-Küche • modern • entspannt

Essen:	**42** I 50
Service:	**18** I 20
Weinkarte:	**17** I 20
Ambiente:	**8** I 10
Gesamt:	85 I 100

Käfer Dachgarten

11011 Berlin

Hoch oben über den Dächern Berlins, im Reichstagsgebäude, genießt man im Restaurant Käfer Dachgarten neben dem spektakulären Ausblick moderne deutsche Gerichte aus regionalen und saisonalen Zutaten.

Platz der Republik
+49 30 2279220
dachgarten-restaurant.feinkost-kaefer.de
Allrounder • regionale Produkte • Essen mit Aussicht

Essen:	**42** I 50
Service:	**17** I 20
Weinkarte:	**17** I 20
Ambiente:	**8** I 10
Gesamt:	84 I 100

Kanal61

10999 Berlin

Bei Kanal61 kommen nur hochwertige Produkte auf den Teller. David Eckman und Jacques Voß setzen in ihrem Restaurant auf moderne Speisen wie den Escabeche-Muschel-Toast, den man probieren muss.

Erkelenzdamm 61

kanal61berlin.de

Allrounder • entspannt • modern

Essen:	43	50
Service:	19	20
Weinkarte:	17	20
Ambiente:	9	10
Gesamt:	88	100

Kink

10119 Berlin

Das Kink ist ein lässig-cooles Restaurant mit Bar in einem ehemaligen Ballsaal. Beeindruckend ist nicht nur das Ambiente, sondern auch die Menüs, die immer ein Spiel verschiedener Aromen sind.

Schönhauser Allee 176
+49 30 41207344
kink-berlin.de

Casual Dining • Gastgarten • modern

Essen:	41	50
Service:	17	20
Weinkarte:	16	20
Ambiente:	9	10
Gesamt:	83	100

Kitchen Library

10623 Berlin

Daniela und Udo Knörlein stecken viel Liebe in ihre innovativen deutsch-französischen Gourmetspeisen. In ihrem Restaurant in Charlottenburg servieren sie gehobene Tasting-Menüs.

Bleibtreustraße 55
+49 30 3125449
kitchen-library.de

deutsche Küche • französisch • gemütlich • entspannt

Essen:	44	50
Service:	18	20
Weinkarte:	18	20
Ambiente:	8	10
Gesamt:	88	100

Kramer

12047 Berlin

Japanische Aromen treffen auf lateinamerikanische Gewürze. Die Gerichte im Restaurant Kramer werden auf dem offenen Feuer zubereitet. Die tropischen Pflanzen sorgen für Dschungelambiente.

Pannierstraße 41
+49 30 50565738
kramerberlin.com

offene Küche • modern • Cocktails • unkonventionell

Essen:	43	50
Service:	18	20
Weinkarte:	17	20
Ambiente:	8	10
Gesamt:	86	100

Kuchi Kant

10625 Berlin

Feinstes Sushi bekommt man seit 25 Jahren bei Kuchi Kant. Das Restaurant auf der Kantstraße zählt zu den besten Adressen der Stadt für authentische und innovative japanische Speisen.

Kantstraße 30
+49 30 31507815
kuchi.de

Sushi • japanisch • modern

Essen:	43	50
Service:	17	20
Weinkarte:	17	20
Ambiente:	9	10
Gesamt:	86	100

Kurpfalz Weinstuben

10629 Berlin

Pfälzer Gastlichkeit erwartet den Gast in den Kurpfalz Weinstuben. Auf der Karte findet man eine große Auswahl an Weinen und bodenständige deutsche Gerichte, die modern interpretiert sind.

Wilmersdorfer Straße 93
+49 30 8836664
kurpfalz-weinstuben.de
Gasthaus • deutsche Küche • Gastgarten • unkonventionell

Essen:	**42** | 50
Service:	**18** | 20
Weinkarte:	**19** | 20
Ambiente:	**8** | 10
Gesamt:	87 | 100

Lamazère

10627 Berlin

Das Lamazère ist ein typisch französisches Bistro in Charlottenburg, in dem neu interpretierte Klassiker auf der Karte stehen. Ausgewählte Tropfen aus Frankreich begleiten die feinen Gerichte.

Stuttgarter Platz 18
+49 30 31800712
lamazere.de
Bistro • Casual Dining • französisch • entspannt

Essen:	**42** | 50
Service:	**17** | 20
Weinkarte:	**18** | 20
Ambiente:	**8** | 10
Gesamt:	85 | 100

Le Consulat

10629 Berlin

Deutsch-französische Bistroküche wie etwa Parfait aus Geflügelleber, Schnecken oder Ochsenbäckchen kredenzt Küchenchef Bennie Fischer im schicken Restaurant Le Consulat in Charlottenburg.

Leibnizstraße 46
+49 30 28645269
le-consulat.de
Bistro • französisch • entspannt

Essen:	**43** | 50
Service:	**18** | 20
Weinkarte:	**17** | 20
Ambiente:	**8** | 10
Gesamt:	86 | 100

Le Faubourg

10789 Berlin

Französische Fine-Dining-Küche in Berlin: Im glamourösen Restaurant im Dorint Hotel kocht Lukas Hackenberg traditionelle französische Küche. Die umfangreiche Weinkarte ergänzt die Gerichte.

Augsburger Straße 41
+49 30 8009997700
lefaubourg.berlin
Hotelrestaurant • französisch • modern

Essen:	**43** | 50
Service:	**18** | 20
Weinkarte:	**18** | 20
Ambiente:	**8** | 10
Gesamt:	87 | 100

Le Petit Royal

10623 Berlin

Als französischer Ableger des Grill Royal werden im Le Petit Royal klassische Grill-Royal-Spezialitäten mit der französischen Küche kombiniert. Das Restaurant präsentiert sich ebenso gemütlich wie elegant.

Goethestraße 78
+49 30 330060750
lepetitroyal.de
Casual Dining • Steak • Fisch • Meeresfrüchte

Essen:	**42** | 50
Service:	**18** | 20
Weinkarte:	**17** | 20
Ambiente:	**8** | 10
Gesamt:	85 | 100

Lo Fūfu

10623 Berlin

Italienische Küche trifft auf japanische Feinheit im Lo Fūfu in Charlottenburg. Serviert werden Fisch, Fleisch und Gemüse mit den Aromen der italienischen Küche im Omakase-Stil.

Kantstraße 144
+49 30 23185358
lofufu.com
italienisch • japanisch • Omakase • entspannt

Essen:	42 | 50
Service:	17 | 20
Weinkarte:	17 | 20
Ambiente:	8 | 10
Gesamt:	84 | 100

Lokal

10115 Berlin

Im schlichten Ambiente mit Liebe für Details dreht sich im Lokal in Mitte alles um lokale und saisonale Produkte. Daraus entstehen Gerichte, die unterschiedliche kulinarische Einflüsse verbinden.

Linienstraße 160
+49 30 28449500
lokal-berlinmitte.de
Casual Dining • Geschäftsessen • vegetarisch

Essen:	42 | 50
Service:	18 | 20
Weinkarte:	17 | 20
Ambiente:	8 | 10
Gesamt:	85 | 100

Long March Canteen

10997 Berlin

Die Long March Canteen ist ein Kreuzberger Szenerestaurant, das sich traut, mit verschiedenen Aromen der chinesischen Küche zu spielen. Die Dim-Sum und Dumplings sind zum Teilen gedacht.

Wrangelstraße 20
+49 175 8889221
longmarchcanteen.com
chinesisch • modern • unkonventionell

Essen:	42 | 50
Service:	17 | 20
Weinkarte:	17 | 20
Ambiente:	8 | 10
Gesamt:	84 | 100

Lorenz Adlon Esszimmer

10117 Berlin

Mit Blick aufs Brandenburger Tor speist man im Lorenz Adlon Esszimmer raffinierte Gerichte, die Küchenchef Jonas Zörner kreiert. Im Mittelpunkt seiner Menüs stehen herausragende Produkte.

Unter den Linden 77
+49 30 22611960
lorenzadlon-esszimmer.de
Fine Dining • Hotelrestaurant • elegant

P

Essen:	47 | 50
Service:	20 | 20
Weinkarte:	19 | 20
Ambiente:	10 | 10
Gesamt:	96 | 100

Loumi

10969 Berlin

Verschiedene Stile finden sich in den Gerichten bei Loumi wieder. Französische, japanische und nordische Einflüsse sorgen für herausragende Menüs, die im kleinen, intimen Restaurant serviert werden.

Ritterstraße 2

loumi-dining.com
saisonal • französisch • gehoben

Essen:	45 | 50
Service:	19 | 20
Weinkarte:	18 | 20
Ambiente:	8 | 10
Gesamt:	90 | 100

Lovis

10627 Berlin

Im schönen, begrünten Innenhof des Wilmina Hotels befindet sich dieses Restaurantjuwel. Chefköchin Sophia Rudolph serviert hier eine gehobene und moderne Casual-Fine-Dining-Küche.

Kantstraße 79
+49 30 201805160
lovisrestaurant.com
Casual Dining • regionale Produkte • modern • Bar

Essen:	**44** | 50
Service:	**17** | 20
Weinkarte:	**18** | 20
Ambiente:	**10** | 10
Gesamt:	89 | 100

Lucky Leek

10405 Berlin

Für ein pflanzenbasiertes Fine-Dining-Erlebnis sorgen Josita Hartanto und ihr Küchenteam im Lucky Leek. Auf der Speisekarte stehen moderne, vegane Gerichte. Das Ambiente ist schlicht, aber gemütlich.

Kollwitzstraße 54
+49 30 66408710
lucky-leek.com
Casual Dining • vegan • nachhaltig • entspannt

Essen:	**43** | 50
Service:	**18** | 20
Weinkarte:	**17** | 20
Ambiente:	**8** | 10
Gesamt:	86 | 100

Lutter & Wegner

10117 Berlin

Deutsch-österreichische Klassiker wie Schnitzel, Kaiserschmarren und Tafelspitz isst man in der Berliner Institution Lutter & Wegner am Gendarmenmarkt. Hervorragend dazu passen die ausgewählten Weine.

Charlottenstraße 56
+49 30 20295415
l-w-berlin.de
Vinothek • österreichisch • deutsche Küche • traditionell

Essen:	**42** | 50
Service:	**18** | 20
Weinkarte:	**18** | 20
Ambiente:	**8** | 10
Gesamt:	86 | 100

Macionga

10707 Berlin

Dem Küchenteam gelingt die Transformation von feinen, zumeist regionalen Produkten zu aromenreichen Gerichten. Die »Urkraftküche« trifft auf ausgewählte Begleiter von der Weinkarte mit rund 750 Positionen.

Xantener Straße 9
+49 179 1134673
restaurantmacionga.com
regionale Produkte • Vinothek • entspannt

Essen:	**44** | 50
Service:	**18** | 20
Weinkarte:	**19** | 20
Ambiente:	**8** | 10
Gesamt:	89 | 100

MaMi's

10435 Berlin

Im kleinen, ungezwungenen Restaurant auf der Oderberger Straße kocht Marcel Hertrampf eine moderne Fusionsküche, während seine Schwester Miriam als Gastgeberin für gute Atmosphäre sorgt.

Oderberger Straße 13
+49 176 70293503
mamis-berlin.de
Crossover-Küche • modern • entspannt

Essen:	**43** | 50
Service:	**18** | 20
Weinkarte:	**18** | 20
Ambiente:	**8** | 10
Gesamt:	87 | 100

Manon

10623 Berlin

Das neueste kulinarische Highlight von Kantstraßenmafiaboss The Duc Ngo führt uns in die entspannte Welt der Brasserie: exzellente französische Küche in bester handwerklicher Qualität ohne Chichi.

Steinplatz 4
+49 176 52692726
manon-berlin.de
Hotelrestaurant • französisch • modern

Essen:	44 | 50
Service:	18 | 20
Weinkarte:	17 | 20
Ambiente:	8 | 10
Gesamt:	87 | 100

Mastan

10961 Berlin

Marseille in Kreuzberg: Küchenchef Yann Mastantuono kredenzt in seinem Lokal Mastan zeitgenössische Bistroküche aus Südfrankreich mit perfekt darauf abgestimmten Bio- und Naturweinen.

Gneisenaustraße 67
+49 30 49924844
restaurantmastan.com
Bistro • französisch • gemütlich

Essen:	45 | 50
Service:	18 | 20
Weinkarte:	17 | 20
Ambiente:	8 | 10
Gesamt:	88 | 100

Matthias

10435 Berlin

Reduziert und klar, aber gleichzeitig gemütlich und einladend ist das Restaurant Matthias auf der Kollwitzstraße. Gekocht wird moderne französische Küche mit einer internationalen Aromenvielfalt.

Kollwitzstraße 87
+49 30 27692537
matthiasrestaurant.com
Casual Dining • Crossover-Küche • Gastgarten

Essen:	45 | 50
Service:	19 | 20
Weinkarte:	18 | 20
Ambiente:	8 | 10
Gesamt:	90 | 100

Mausi.

12055 Berlin

Ob zum Kaffee, Cocktail oder Abendessen, das Mausi. in Neukölln ist ein Treffpunkt für jede Tageszeit. Die Speisekarte umfasst überwiegend vegetarische und vegane Gerichte mit einem Twist.

Richardplatz 1
Allrounder • vegetarisch • entspannt

Essen:	42 | 50
Service:	17 | 20
Weinkarte:	16 | 20
Ambiente:	8 | 10
Gesamt:	83 | 100

Max & Moritz

10969 Berlin

Als eines der ältesten Wirtshäuser Berlins hat das Max & Moritz Kultstatus erreicht. Rustikal und zünftig ist auch die Speisekarte. Eisbein, Bierhähnchen und Rinderroulade sind Berliner Klassiker.

Oranienstraße 162
+49 30 69515911
maxundmoritzberlin.de
Gasthaus • deutsche Küche • entspannt

Essen:	41 | 50
Service:	18 | 20
Weinkarte:	16 | 20
Ambiente:	8 | 10
Gesamt:	83 | 100

Foto: Nailya Bikmurzina

merold

12047 Berlin

Die deutsche Küche zu revolutionieren, ist das Credo von Küchenchef und Gastgeber Jonas Merold. In seinem Restaurant in Neukölln setzt er auf regionale und überwiegend vegetarische Zutaten.

Pannierstraße 24
+49 30 92733210
restaurant-merold.de
deutsche Küche • regionale Produkte • modern

Essen:	**44**	50
Service:	**18**	20
Weinkarte:	**17**	20
Ambiente:	**8**	10
Gesamt:	87	100

Michelberger

10243 Berlin

Lokale Bioprodukte verbinden sich mit bodenständiger Berliner Küche im Restaurant Michelberger. Auf den Tisch kommen frische Zutaten, die von der eigenen Farm im Spreewald stammen.

Warschauer Straße 39–40
+49 30 29778590
michelbergerhotel.com
Casual Dining • modern • eigene Landwirtschaft

Essen:	**41**	50
Service:	**18**	20
Weinkarte:	**17**	20
Ambiente:	**8**	10
Gesamt:	84	100

Mine

10719 Berlin

Italienische Küche mit Twist: In der Nähe des Ku'damms kocht Mikhail Mnatsakanov Klassiker wie Vitello tonnato oder Lammkoteletts alla griglia in seinem eleganten Restaurant Mine.

Meinekestraße 10
+49 30 88926363
minerestaurant.de
Casual Dining • italienisch • modern

Essen:	**43**	50
Service:	**18**	20
Weinkarte:	**18**	20
Ambiente:	**8**	10
Gesamt:	87	100

NaNum

10969 Berlin

In der offenen Küche im Restaurant NaNum in Kreuzberg kocht Jinok Kim koreanische Spezialitäten aus ihrer Heimat. Im Fokus stehen Fermentiertes und die Neuinterpretation von Klassikern.

Lindenstraße 90
+49 177 2084785
nanumberlin.com
koreanisch • modern • gehoben

Essen:	**43**	50
Service:	**18**	20
Weinkarte:	**17**	20
Ambiente:	**8**	10
Gesamt:	86	100

Nobelhart & Schmutzig 10969 Berlin

Seit zehn Jahren legen Küchenchef Micha Schäfer und Patron Billy Wagner den Fokus auf hervorragende Lebensmittel und ihre Produzenten. Nur die erlesensten Produkte werden für die Menüs verwendet.

Friedrichstraße 218
+49 30 25940610
nobelhartundschmutzig.com
Fine Dining • regionale Produkte • nachhaltig

Essen:	**46** I 50
Service:	**20** I 20
Weinkarte:	**20** I 20
Ambiente:	**9** I 10
Gesamt:	95 I 100

November 10435 Berlin

Zeitloses Design und eine moderne Ästhetik machen die November Brasserie zum Hotspot in Prenzlauer Berg. Als japanische Brasserie stehen hier überwiegend Fisch und Meeresfrüchte auf der Karte.

Husemannstraße 15
+49 162 3332135
november-brasserie.com
Casual Dining • japanisch • Fisch • Meeresfrüchte

Essen:	**44** I 50
Service:	**17** I 20
Weinkarte:	**16** I 20
Ambiente:	**9** I 10
Gesamt:	86 I 100

Nußbaumerin 10629 Berlin

Tafelspitz, Kasnockerl und Wiener Schnitzel serviert Johanna Nußbaumer im urigen Restaurant in Charlottenburg. Die Salzburgerin setzt auf Klassiker ihrer Heimat, die sie teilweise neu interpretiert.

Leibnizstraße 55
+49 30 50178033
nussbaumerin.de
Gasthaus • österreichisch • traditionell • Geschäftsessen

Essen:	**43** I 50
Service:	**18** I 20
Weinkarte:	**18** I 20
Ambiente:	**9** I 10
Gesamt:	88 I 100

ORA 10999 Berlin

In ehemaligen Apothekenräumen am Oranienplatz ist das gemütliche Restaurant mit Weinbar untergebracht. Die europäischen Speisen sind saisonal und unkompliziert und eignen sich bestens zum Teilen.

Oranienplatz 14
+49 30 50955989
ora.berlin
nachhaltig • gemütlich • unkonventionell

Essen:	**43** I 50
Service:	**18** I 20
Weinkarte:	**17** I 20
Ambiente:	**9** I 10
Gesamt:	87 I 100

Orania.Berlin 10999 Berlin

Für die Neuinterpretation der Pekingente ist das Restaurant Orania.Berlin im gleichnamigen Hotel bekannt. Auch die À-la-carte-Gerichte, die verschiedene Landesküchen vereinen, überzeugen kulinarisch.

Oranienplatz 17
+49 30 69539680
orania.berlin
Hotelrestaurant • Casual Dining • modern

P

Essen:	**44** I 50
Service:	**18** I 20
Weinkarte:	**18** I 20
Ambiente:	**9** I 10
Gesamt:	89 I 100

Osteria Centrale

10623 Berlin

Die Osteria Centrale ist ein klassischer Kiez-Italiener in Charlottenburg. Im Familienbetrieb werden Klassiker der südländischen Küche aus hochwertigen Zutaten simpel zubereitet.

Bleibtreustraße 51	Essen: **43** | 50
+49 30 31013263	Service: **18** | 20
	Weinkarte: **18** | 20
italienisch • mediterran • traditionell	Ambiente: **8** | 10
	Gesamt: 87 | 100

Ottenthal

10623 Berlin

Österreichisches Wohlfühlessen wie Wiener Schnitzel, Kürbissuppe oder Cordon bleu bekommt man in Spitzenqualität bei Ottenthal. Dazu darf ein Glas Grüner Veltliner aus der Wachau nicht fehlen.

Kantstraße 153	Essen: **43** | 50
+49 30 3133162	Service: **18** | 20
ottenthal.com	Weinkarte: **19** | 20
österreichisch • gemütlich • Vinothek	Ambiente: **8** | 10
	Gesamt: 88 | 100

Otto

10435 Berlin

Im Szenerestaurant in Prenzlauer Berg wird eine nordisch angehauchte Küche mit Fokus auf modern-reduzierten Speisen kredenzt. Ergänzt werden die saisonalen Gerichte mit Natur- und Orangeweinen.

Oderberger Straße 56	Essen: **44** | 50
+49 30 58705176	Service: **18** | 20
otto-berlin.net	Weinkarte: **17** | 20
Sharing Menu • regionale Produkte • nachhaltig	Ambiente: **8** | 10
	Gesamt: 87 | 100

Oukan

10115 Berlin

Veganes Fine Dining auf Spitzenniveau: Im minimalistischen Design mit fernöstlichem Einschlag werden bei Oukan hochwertige, japanisch inspirierte Speisen auf Pflanzenbasis zubereitet.

Ackerstraße 144	Essen: **44** | 50
+49 30 54774716	Service: **18** | 20
oukan.de	Weinkarte: **17** | 20
vegetarisch • japanisch • modern	Ambiente: **8** | 10
	Gesamt: 87 | 100

Papillon

10623 Berlin

»Dinner & Dance« ist das Motto bei Papillon. Im schicken und glamourösen Restaurant am Bahnhof Zoo gibt es Champagner, Austern und Krustentiere. Im Anschluss wird bis in die Nacht hinein getanzt.

Hardenbergplatz 15	Essen: **42** | 50
+49 30 555792829	Service: **18** | 20
papillon-berlin.com	Weinkarte: **17** | 20
mediterran • modern • Meeresfrüchte	Ambiente: **9** | 10
	Gesamt: 86 | 100

Paris Bar

10623 Berlin

In der Paris Bar treffen sich schon seit 1962 Künstler, Prominente und alle, die etwas auf sich halten. Es ist das ideale Restaurant, um sehen und gesehen zu werden. Die Küche ist klassisch französisch.

Kantstraße 152
+49 30 3138052
parisbar.net
französisch • gemütlich • unkonventionell

Essen:	41 | 50
Service:	18 | 20
Weinkarte:	16 | 20
Ambiente:	9 | 10
Gesamt:	84 | 100

pars

10623 Berlin

Gastgeberin Kristiane Kegelmann sorgt im pars für eine intime und persönliche Atmosphäre, während Küchenchef Florian Sperlhofer modern-saisonale Speisen in der offenen Küche zubereitet.

Grolmanstraße 53
+49 30 49919786
pars.berlin
Fine Dining • modern • nachhaltig

Essen:	45 | 50
Service:	18 | 20
Weinkarte:	18 | 20
Ambiente:	9 | 10
Gesamt:	90 | 100

Pastis

14197 Berlin

Ein Klassiker: Seit 2010 serviert Gastgeber Vincent Garcia auf konstant hohem Niveau feinste französische Küche. Die Atmosphäre in der kleinen, charmanten Brasserie schätzen nicht nur die Stammgäste.

Rüdesheimer Straße 9
+49 30 81055769
restaurant-pastis.de
Bistro • französisch • klassisch • traditionell

Essen:	42 | 50
Service:	18 | 20
Weinkarte:	17 | 20
Ambiente:	8 | 10
Gesamt:	85 | 100

Patio

10557 Berlin

Fine Dining mit Spreeblick: Auf dem Restaurantschiff Patio sitzt man in entspannter Atmosphäre am offenen Kamin und genießt dabei ein Casual-Fine-Dining-Menü aus regionalen Zutaten.

Kirchstraße 13A
+49 30 40301700
patio-berlin.de
saisonal • Essen mit Aussicht • modern

Essen:	42 | 50
Service:	18 | 20
Weinkarte:	17 | 20
Ambiente:	9 | 10
Gesamt:	86 | 100

Pinci

10115 Berlin

In der italienischen Tagesbar sitzt man an kleinen Tischen und genießt einfaches, leckeres Essen wie etwa hausgemachte Focaccia-Sandwiches und wechselnde Nudelgerichte. Dazu gibt es tolle Drink-Kreationen.

Große Hamburger Straße 42

italienisch • entspannt • Cocktails

Essen:	**41** I 50
Service:	**18** I 20
Weinkarte:	**16** I 20
Ambiente:	**7** I 10
Gesamt:	82 I 100

POTS

10785 Berlin

Deutsche Gerichte wie Königsberger Klopse oder Schweinebraten werden bei POTS durch einen kreativen Ansatz neu interpretiert. Das Restaurant im The Ritz-Carlton, Berlin ist stylish-chic.

Potsdamer Platz 3
+49 30 337775402
potsrestaurant.com
Sharing Menu • deutsche Küche • Terrasse • modern

Essen:	**43** I 50
Service:	**18** I 20
Weinkarte:	**18** I 20
Ambiente:	**8** I 10
Gesamt:	87 I 100

Qui 31

14057 Berlin

Fine Dining am Lietzensee: In dem schönen Lokal wird mit Leidenschaft, Liebe und Enthusiasmus gekocht. Gastgeber Alessandro Francioso und sein Chefkoch Kelly Windmeier wissen, wie es geht. Köstlich!

Suarezstraße 31
+49 157 57769604
qui31.de
italienisch • modern • entspannt

Essen:	**42** I 50
Service:	**18** I 20
Weinkarte:	**16** I 20
Ambiente:	**8** I 10
Gesamt:	84 I 100

Remi

10119 Berlin

Geschmortes Zicklein, Bitterballen vom Rind oder Crudo vom Zander – die Handschrift der früheren Betreiber des Lode & Stijn bleibt auch im trendig-urbanen Restaurant im Verlagshaus weiterhin spürbar.

Torstraße 48
+49 30 27593090
remi-berlin.de
modern • entspannt • Geschäftsessen

Essen:	**42** I 50
Service:	**17** I 20
Weinkarte:	**17** I 20
Ambiente:	**9** I 10
Gesamt:	85 I 100

Renger-Patzsch

10823 Berlin

Das Gasthaus ist nach dem Pionier der deutschen Landschaftsfotografie Albert Renger-Patzsch benannt. Man genießt bodenständige deutsch-französische Küche mit regionalem Twist und elsässischen Wurzeln.

Wartburgstraße 54
+49 30 7842059
renger-patzsch.com
Gasthaus • französisch • deutsche Küche • traditionell

Essen:	**42** I 50
Service:	**18** I 20
Weinkarte:	**18** I 20
Ambiente:	**8** I 10
Gesamt:	86 I 100

Restauration 1840

10178 Berlin

Berliner Gastlichkeit unter den S-Bahn-Bögen: In diesem alteingesessenen Lokal mit Kultstatus kommen traditionelle Klassiker wie Currywurst, Boulette, Schweinshaxe oder Königsberger Klopse auf den Tisch.

Am Zwirngraben 8–10
+49 30 24727401
berlin-1840.de
Allrounder • urig • entspannt

Essen:	**41** I 50
Service:	**17** I 20
Weinkarte:	**15** I 20
Ambiente:	**7** I 10
Gesamt:	80 I 100

Richard Bistro

10997 Berlin

Die Bistro-Atmosphäre im historischen Gastraum mit moderner Kunst ist angenehm unkompliziert. Die Küche überzeugt mit zeitgemäß zubereiteten Gerichten aus besten Produkten und mit mediterranem Einschlag.

Köpenicker Straße 174
+49 30 49207244
richard-bistro.com
Bistro • mediterran • entspannt

Essen:	**44** I 50
Service:	**18** I 20
Weinkarte:	**18** I 20
Ambiente:	**8** I 10
Gesamt:	88 I 100

Rotisserie Weingrün

10178 Berlin

Die Jolesch-Betreiber bringen seit dem Sommer frischen Wind in das Traditionslokal. Es gibt aber weiterhin Gerichte vom Grill wie Flammlachs, Huhn oder BBQ-Spareribs vom Havelländer Apfelschwein.

Gertraudenstraße 10–12
+49 30 20621900
rotisserie-weingruen.de
Steak • Fisch • entspannt

Essen:	**42** I 50
Service:	**18** I 20
Weinkarte:	**18** I 20
Ambiente:	**8** I 10
Gesamt:	86 I 100

Rüdiger's

10777 Berlin

Tiroler Speckknödel, steirisches Backhendl oder Wiener Schnitzel – die österreichischen Küchenklassiker werden hier gefeiert und von Gastgeber Daniel Rüdiger hervorragend umgesetzt. Dazu schöne Weine.

Motzstraße 63
+49 30 25797597
ruedigers-berlin.de
österreichisch • traditionell • klassisch • Terrasse

Essen:	**43** I 50
Service:	**18** I 20
Weinkarte:	**17** I 20
Ambiente:	**8** I 10
Gesamt:	86 I 100

Foto: Stefan Josef Mueller

Rutz Restaurant

10115 Berlin

Mehr geht nicht: Sternekoch Marco Müller versteht es, aus den besten Lebensmitteln inspirierendes Essen zu erschaffen, »das den Kopf füttert, das Herz berührt und den Bauch wärmend glücklich macht«.

Chausseestraße 8
+49 30 24628760
rutz-restaurant.de
Fine Dining • nachhaltig • elegant • modern

Essen:	**50**	50
Service:	**20**	20
Weinkarte:	**20**	20
Ambiente:	**10**	10
Gesamt:	**100**	100

Rutz Zollhaus

10961 Berlin

Bodenständige, deutsche Küche und kulinarische Kindheitserinnerungen treffen auf regionale Produktverliebtheit, Sterneexpertise aus dem Rutz und Gastlichkeit mit Weinbar-Anspruch im alten Fachwerkhaus.

Carl-Herz-Ufer 30
+49 30 233276670
rutz-zollhaus.de
regionale Produkte • Gastgarten • im Grünen

P

Essen:	**44**	50
Service:	**19**	20
Weinkarte:	**20**	20
Ambiente:	**8**	10
Gesamt:	**91**	100

Sagrantino

10117 Berlin

Ob zum Lunch oder abends zum Dinner, hier werden die drei großen Exportschlager Italiens gefeiert: authentische Spezialitäten aus Umbrien, eine große Auswahl an Weinen und eine Portion Lebensfreude.

Behrenstraße 47
+49 30 20646895
sagrantino-winebar.de
Vinothek • italienisch • mediterran • Geschäftsessen

Essen:	**41**	50
Service:	**19**	20
Weinkarte:	**18**	20
Ambiente:	**8**	10
Gesamt:	**86**	100

San

10178 Berlin

Minimalistisch, traditionell und doch kreativ: Die japanische Küche besticht durch handwerklich perfektes Sushi und Sashimi aus erstklassigen, frischen Produkten und einer sehr guten Auswahl an Sake.

Weydingerstraße 22
+49 30 30344140
3berlin.com
japanisch • Sushi • entspannt

Essen:	**42** I 50
Service:	**18** I 20
Weinkarte:	**16** I 20
Ambiente:	**8** I 10
Gesamt:	84 I 100

San Éna

10178 Berlin

Die Küche Griechenlands in Berlin: Im Restaurant San Éna im Radisson Collection Hotel in Mitte werden griechische Spezialitäten moderner, ausbalancierter und leichter interpretiert.

Karl-Liebknecht-Straße 3
+49 30 238283472
radissonhotels.com
Hotelrestaurant • mediterran • Cocktails

Essen:	**42** I 50
Service:	**18** I 20
Weinkarte:	**17** I 20
Ambiente:	**7** I 10
Gesamt:	84 I 100

St. Bart

10967 Berlin

Der australische Küchenchef Lee Thompson interpretiert im St. Bart die Pub-Küche neu. In der Gastro-Kneipe werden Gerichte serviert, die unkompliziert, ehrlich und qualitativ hochwertig sind.

Graefestraße 71
+49 30 40751175
stbartpub.com
Sharing Menu • modern • entspannt

Essen:	**42** I 50
Service:	**18** I 20
Weinkarte:	**17** I 20
Ambiente:	**7** I 10
Gesamt:	84 I 100

Schmidt Z&KO

12161 Berlin

Z steht für Ralf Zacherl, KO für Mario Kotaska. Die TV-Köche haben sich mit Anja und Carsten Schmidt vom Weinladen Schmidt zusammengetan. Das Ergebnis ist eine vinophile Genusswerkstatt mit Kochkursen.

Rheinstraße 45–46
+49 30 200039570
schmidt-z-ko.de
regionale Produkte • Vinothek • offene Küche

P

Essen:	**43** I 50
Service:	**18** I 20
Weinkarte:	**19** I 20
Ambiente:	**8** I 10
Gesamt:	88 I 100

Schneeweiß

10245 Berlin

Ein österreichisches Wirtshaus mitten im Szeneviertel: Die Gäste werden mit authentisch-traditioneller alpenländischer Küche beglückt und zwar in Form von Schnitzel, Saftgulasch, Backhendl oder Spinatknödel.

Simplonstraße 16
+49 30 29049704
schneeweiss-berlin.de
Casual Dining • österreichisch • modern • entspannt

Essen:	**42** I 50
Service:	**17** I 20
Weinkarte:	**16** I 20
Ambiente:	**8** I 10
Gesamt:	83 I 100

Shiori

10119 Berlin

Die Atmosphäre ist geprägt vom Geist der japanischen Teezeremonie. Hier erleben die Gäste beim Genuss des saisonalen Degustationsmenüs die Wertschätzung des Moments. Ein besonderer kulinarischer Ort.

Max-Beer-Straße 13
+49 30 64467442
shioriberlin.com
japanisch • Sushi • Meeresfrüchte • modern

Essen:	**44** I 50
Service:	**19** I 20
Weinkarte:	**16** I 20
Ambiente:	**9** I 10
Gesamt:	88 I 100

Shizuku

10967 Berlin

Eigentlich ein Ort der japanischen Trinkkultur, an dem zu Sake und Naturwein kleine Snacks gereicht werden. Man kann sich aber auch mit dem vielfältigen Omakase-Menü ins Fernöstliche entführen lassen.

Hasenheide 16

shizukuberlin.de
japanisch • Sake • modern • Omakase

Essen:	**42** I 50
Service:	**18** I 20
Weinkarte:	**18** I 20
Ambiente:	**8** I 10
Gesamt:	86 I 100

Sicilia

10623 Berlin

Bei Pastagerichten wie Bigoli mit Sardinen, Fenchel, Pinienkernen und Rosinen wähnt man sich sofort im Urlaub im Süden Italiens. Dazu ein sizilianischer Wein – und der mediterrane Genuss ist perfekt.

Knesebeckstraße 29
+49 30 42082318
restaurant-sicilia.de
italienisch • modern • gemütlich

Essen:	**43** I 50
Service:	**18** I 20
Weinkarte:	**17** I 20
Ambiente:	**8** I 10
Gesamt:	86 I 100

Foto: Daniela Friebel/HiPi

Sissi

10777 Berlin

Alles begann mit einem Feinkostladen, inzwischen kann man im Restaurant Sissi auf zwei Etagen österreichische Küche vom Feinsten genießen. Das Angebot reicht vom Schnitzel bis zu Schwammerln. Kaiserlich!

Motzstraße 34
+49 30 21018101
sissi-berlin.de
österreichisch • unkonventionell • Delikatessenverkauf

Essen:	**42** I 50
Service:	**18** I 20
Weinkarte:	**18** I 20
Ambiente:	**8** I 10
Gesamt:	86 I 100

Skykitchen

10369 Berlin

Ein Dinner der Extraklasse über den Dächern Berlins – das gibt es nur ganz oben in der zwölften Etage. Das Menü von Chef Sascha Kurgan führt von den Alpen bis zu sonnigen Küstengebieten. Einfach himmlisch!

Landsberger Allee 106
+49 30 4530532620
skykitchen.berlin
Fine Dining • modern • Essen mit Aussicht

Essen:	**46** I 50
Service:	**19** I 20
Weinkarte:	**18** I 20
Ambiente:	**9** I 10
Gesamt:	92 I 100

Sphere Tim Raue

10178 Berlin

Mit Blick über Berlin genießt man im oberen Stockwerk des Fernsehturms im 70er-Jahre-Ambiente modern interpretierte Gerichte aus Berlin und Brandenburg im typischen Tim-Raue-Umami-Style.

Panoramastraße 1A
+49 30 247575875
tv-turm.de
deutsche Küche • modern • Essen mit Aussicht

Essen:	**43** I 50
Service:	**17** I 20
Weinkarte:	**18** I 20
Ambiente:	**9** I 10
Gesamt:	87 I 100

SWAN&SON

10629 Berlin

Sternekoch Björn Swanson serviert in seinem Restaurant in Charlottenburg gehobene französische Küche. Im edlen Bistro wird Comfort Food wie Cordon bleu, gegrillter Pulpo und Austern aufgetischt.

Giesebrechtstraße 3
+49 160 93277462
swanson-bistro.com
Casual Dining • Allrounder • modern

Essen:	**43** I 50
Service:	**19** I 20
Weinkarte:	**17** I 20
Ambiente:	**8** I 10
Gesamt:	87 I 100

Teller

10437 Berlin

Gehobene, produktorientierte, levantinische Gerichte, die von Küchenchef Yuval Belhans frisch und saisonal zubereitet werden. Obst und Gemüse kommen aus dem nahen Umland. Ungewöhnliches Weinangebot.

Pappelallee 29

tellerberlin.com
Levante • entspannt • modern

Essen:	**43** I 50
Service:	**18** I 20
Weinkarte:	**18** I 20
Ambiente:	**8** I 10
Gesamt:	87 I 100

The Knast

12203 Berlin

Im ehemaligen Frauengefängnis in Berlin-Lichterfelde können die »Insassen« heute Fine Dining erleben. Die ambitionierte Küche bietet dafür moderne, kreative Gerichte und vielseitige Menüs an.

Söhtstraße 7
+49 30 279099061
theknast.de
Hotelrestaurant • modern • entspannt

Essen:	**45** | 50
Service:	**18** | 20
Weinkarte:	**18** | 20
Ambiente:	**8** | 10
Gesamt:	89 | 100

Tim Raue

10969 Berlin

Der umtriebige Starkoch serviert in seinem Sternerestaurant eine asiatisch inspirierte Küche, die japanische Produktperfektion mit thailändischer Aromatik und chinesischer Küchenphilosophie verbindet.

Rudi-Dutschke-Straße 26
+49 30 25937930
tim-raue.com
Fine Dining • asiatisch • modern

Essen:	**47** | 50
Service:	**20** | 20
Weinkarte:	**20** | 20
Ambiente:	**10** | 10
Gesamt:	97 | 100

Torbar

10115 Berlin

Speisen wie Gott in Frankreich: Escargots, Bouillabaisse und zum Dessert Crêpes Suzette – diese und weitere Klassiker der französischen Hochküche kommen in dem szenigen Restaurant auf den Tisch.

Gartenstraße 115
+49 30 55202582
torbar.berlin
französisch • unkonventionell • modern

Essen:	**42** | 50
Service:	**18** | 20
Weinkarte:	**18** | 20
Ambiente:	**8** | 10
Gesamt:	86 | 100

Trio

10178 Berlin

So einfach kann es sein, mitten in Berlin-Mitte die Gäste glücklich zu machen: Das moderne Wirtshaus setzt mit Königsberger Klopse, Forelle Müllerin oder Senfeiern auf bodenständige Hausmannskost.

Linienstraße 13
+49 30 33901310
trioberlin.webflow.io
Gasthaus • entspannt • regionale Produkte

Essen:	**42** | 50
Service:	**17** | 20
Weinkarte:	**17** | 20
Ambiente:	**7** | 10
Gesamt:	83 | 100

Tulus Lotrek

10967 Berlin

Kaum zu glauben: Schon seit zehn Jahren betreibt Kochkünstler Max Strohe zusammen mit Partnerin Ilona Scholl das Kreuzberger Speiselokal. Seine konstant aromenstarke Produktküche überzeugt die Gäste.

Fichtestraße 24
+49 30 41956687
tuluslotrek.de
Fine Dining • Terrasse • unkonventionell

Essen:	**46** | 50
Service:	**19** | 20
Weinkarte:	**19** | 20
Ambiente:	**8** | 10
Gesamt:	92 | 100

UUU

13353 Berlin

Wu Yuhang in der Küche und Jonas Borchers im Service kreieren Menüs, die aus Gerichten bestehen, die zum Teilen gedacht sind. Das Angebot an modern-chinesischen Speisen variiert je nach Jahreszeit.

Sprengelstraße 15	Essen:	**43** | 50
+49 30 56009028	Service:	**18** | 20
uuu-berlin.de	Weinkarte:	**16** | 20
chinesisch • modern • Fine Dining	Ambiente:	**8** | 10
	Gesamt:	85 | 100

Verōnika

10117 Berlin

Casual Fine Dining im angesagten Fotografiska Berlin: Im vierten Stockwerk des ehemaligen Tacheles werden nicht nur internationale Klassiker zelebriert, sondern auch die Kunst des Brunch. Hohe Promidichte.

Oranienburger Straße 54	Essen:	**43** | 50
+49 30 400698200	Service:	**18** | 20
veronikaberlin.com	Weinkarte:	**18** | 20
Allrounder • Cocktails • modern	Ambiente:	**9** | 10
	Gesamt:	88 | 100

Vorwerck

12043 Berlin

Im Restaurant Vorwerck wird jeden Abend eine andere Veranstaltung geboten. Ob beim Piano-Abend, beim Live-Talk oder beim Candle-Light-Dinner, die Atmosphäre ist immer besonders, die Menüs immer abwechslungsreich.

Karl-Marx-Straße 131	Essen:	**42** | 50
+49 30 96535042	Service:	**19** | 20
vorwerck-berlin.de	Weinkarte:	**17** | 20
Allrounder • Cocktails • entspannt	Ambiente:	**9** | 10
	Gesamt:	87 | 100

Vox

10785 Berlin

Das Hotelrestaurant macht nicht nur die Gäste aus dem Grand Hyatt glücklich. Küchenchef Hugo Thiébaut gelingt ein spannender Mix aus kreativer europäischer Küche und authentischem, japanischem Sushi.

Marlene-Dietrich-Platz 2	Essen:	**43** | 50
+49 30 25531772	Service:	**18** | 20
vox-restaurant.de	Weinkarte:	**18** | 20
Hotelrestaurant • Sushi • japanisch	Ambiente:	**8** | 10
P	Gesamt:	87 | 100

Weinlobbyist

10827 Berlin

Die wunderbaren deutsch-französischen Crossover-Menüs des neuen Küchenchefs Tilo Roth harmonieren genial mit der perfekten Beratung und Weinauswahl des charmanten Chefs und Sommeliers Serhat Aktas.

Kolonnenstraße 62	Essen:	**42** | 50
+49 30 30640772	Service:	**19** | 20
derweinlobbyist.de	Weinkarte:	**18** | 20
Allrounder • entspannt • gemütlich	Ambiente:	**8** | 10
	Gesamt:	87 | 100

BRANDENBURG

AS am See

15526 Bad Saarow

Sein Können hat Andreas Staack in Berlin perfektioniert, dann wechselte der ambitionierte Küchenchef auf das Land – inzwischen ist er mit seiner zeitgemäßen Regionalküche dort fest etabliert. Hingehen!

Seestraße 9
+49 33631 599244
asamsee.de
Casual Dining • regionale Produkte • entspannt

Essen:	**43** / 50
Service:	**18** / 20
Weinkarte:	**18** / 20
Ambiente:	**8** / 10
Gesamt:	**87** / 100

KIN

15526 Bad Saarow

Deutsches Entrecôte trifft auf Kimchi: Carlo Sannino überrascht seine Gäste mit einzigartigen Geschmackskombinationen. Die ambitionierte asiatische Fusionsküche wird in schickem Ambiente serviert.

Ulmenstraße 2
+49 33631 803107
kin-restaurant.de
Crossover-Küche • modern • elegant

Essen:	**42** / 50
Service:	**18** / 20
Weinkarte:	**17** / 20
Ambiente:	**8** / 10
Gesamt:	**85** / 100

Villa Contessa

15526 Bad Saarow

Moderne Fine Cuisine im eleganten Luxushotel: Hier kann man sich nicht nur kulinarisch verwöhnen lassen, das Restaurant bietet auch einen traumhaften Ausblick auf den Scharmützelsee. Erlesene Weinauswahl.

Seestraße 18
+49 33631 58018
villa-contessa.de
Hotelrestaurant • Essen mit Aussicht • im Grünen

Essen:	**43** / 50
Service:	**18** / 20
Weinkarte:	**18** / 20
Ambiente:	**9** / 10
Gesamt:	**88** / 100

Landlust

14547 Beelitz

Gepflegtes Landhausflair im familiengeführten Restaurant mit Übernachtungsmöglichkeit: Das Küchenteam setzt auf saisonal wechselnde Drei- oder Fünf-Gänge-Menüs mit dazu abgestimmter Weinbegleitung.

Körzin 19
+49 173 2483983
landlust-koerzin.de
Gasthaus • bio • im Grünen • gemütlich

Essen:	**42** / 50
Service:	**17** / 20
Weinkarte:	**16** / 20
Ambiente:	**7** / 10
Gesamt:	**82** / 100

Inspektorenhaus — 14770 Brandenburg an der Havel

Gastgeber Benjamin Döbbel und sein Team kreieren hervorragende Gerichte aus handverlesenen, regionalen und saisonalen Zutaten. Eine Auswahl zum Menü passender Weine ergänzt die Vielfalt der Aromen.

Altstädtischer Markt 9
+49 3381 3282139
inspektorenhaus.de
Casual Dining • regionale Produkte • nachhaltig • modern

Essen:	**43** | 50
Service:	**18** | 20
Weinkarte:	**17** | 20
Ambiente:	**8** | 10
Gesamt:	86 | 100

Speisenkammer — 03096 Burg (Spreewald)

Die Speisekarte richtet sich nach den Jahreszeiten. Das Küchenteam kombiniert traditionelle Methoden wie Räuchern oder Einwecken mit moderner Kochkunst. Das Ergebnis: eine weltoffene Spreewaldküche.

Waldschlösschenstraße 48
+49 35603 750087
speisenkammer-burg.de
Gasthaus • im Grünen • gemütlich

Essen:	**43** | 50
Service:	**18** | 20
Weinkarte:	**17** | 20
Ambiente:	**8** | 10
Gesamt:	86 | 100

Lou im Cavalierhaus — 03042 Cottbus

Die Küche im ehemaligen Sitz von Fürst Hermann »Lou« Pückler hätte diesem sicher auch gemundet. Tim Sillack kocht direkt neben Schloss Branitz »pücklerisch-weltoffen« mit Blick auf die besten Produkte.

Zum Kavalierhaus 9
+49 355 49397030
cavalierhaus-branitz.de
Fine Dining • regionale Produkte • nachhaltig • klassisch

Essen:	**44** | 50
Service:	**19** | 20
Weinkarte:	**17** | 20
Ambiente:	**9** | 10
Gesamt:	89 | 100

Clinton's — 15366 Dahlwitz-Hoppegarten

Casual Fine Dining: Aus frischen Zutaten und regionalen Produkten aus Brandenburg entstehen unter der Leitung von Chefkoch Stefan Lorenz modern interpretierte Gerichte von bester Qualität.

Neuer Hönower Weg 7
+49 3342 3066102
clintons.de
regionale Produkte • entspannt • modern

Essen:	**44** | 50
Service:	**18** | 20
Weinkarte:	**17** | 20
Ambiente:	**8** | 10
Gesamt:	87 | 100

Kochkommode

16225 Eberswalde

Die drei Köche zaubern feine kulinarische Schätze aus der Kochkommode. In dem sympathischen Wirtshaus kommt vor allem das, was die Region hergibt, auf den Tisch – authentisch, ehrlich und handgemacht.

An der Friedensbrücke 23	Essen: **42** | 50
+49 173 3031248	Service: **18** | 20
kochkommode.de	Weinkarte: **17** | 20
deutsche Küche • mediterran • entspannt	Ambiente: **7** | 10
	Gesamt: 84 | 100

Sawito

14612 Falkensee

Die kulinarische Weltoffenheit von Küchenchef Marco Wahl wurde erst kürzlich mit einem Michelin-Stern ausgezeichnet. Sein Erfolgsrezept: das harmonische Zusammenspiel regionaler und internationaler Zutaten.

Spandauer Straße 14	Essen: **45** | 50
+49 3322 1218566	Service: **19** | 20
restaurant-sawito.com	Weinkarte: **18** | 20
Casual Dining • regionale Produkte • entspannt	Ambiente: **8** | 10
P	Gesamt: 90 | 100

Schreibers Goldener Hahn

03238 Finsterwalde

Lässiges Fine Dining: Das bereits in dritter Generation familiengeführte Restaurant versteht sich als ein moderner Gasthof mit einer weltoffenen »Neuen Lausitzer Küche«. Außerdem: Koch- und Kniggekurse.

Bahnhofstraße 3	Essen: **45** | 50
+49 3531 2214	Service: **19** | 20
goldenerhahn.com	Weinkarte: **18** | 20
Fine Dining • regionale Produkte • klassisch	Ambiente: **7** | 10
	Gesamt: 89 | 100

BlauHaus

04916 Herzberg (Elster)

Integration und Inklusion schaffen hier eine besondere Atmosphäre. Das multikulturelle Küchenteam verarbeitet regionale Zutaten zu internationalen Klassikern wie Steaks, Burger oder Saibling für ultimativen Genuss.

Badstraße 29	Essen: **42** | 50
+49 3535 4830100	Service: **18** | 20
elsterpark-herzberg.de	Weinkarte: **16** | 20
regionale Küche • klassisch • gemütlich	Ambiente: **8** | 10
P	Gesamt: 84 | 100

Schloss Ribbeck

14641 Nauen

Von der Vorspeise bis zum Dessert: Die Birne (man denke an das Fontane-Gedicht!) darf selbstverständlich nicht fehlen im Schlossrestaurant, das auch gern für Familienfeiern genutzt wird – oder nach einem Museumsbesuch.

Theodor-Fontane-Straße 10	Essen: **42** | 50
+49 33237 859015	Service: **17** | 20
schlossribbeck.de	Weinkarte: **17** | 20
deutsche Küche • im Schloss • traditionell	Ambiente: **8** | 10
	Gesamt: 84 | 100

Wilde Klosterküche
15898 Neuzelle

Für seine authentische, nachhaltige Küche nutzt Chefkoch Christian Bauer nur gute Zutaten aus der Umgebung. In cool-urbanem Ambiente serviert er kreative Menüs wie »Feld & Garten« oder »Wald & Teich«.

Bahnhofstraße 18
+49 33652 823990
wildeklosterkueche.de
Casual Dining • regionale Produkte • unkonventionell

Essen:	42 | 50
Service:	18 | 20
Weinkarte:	17 | 20
Ambiente:	8 | 10
Gesamt:	85 | 100

Philippsthal
14558 Nuthetal

Zartes Spanferkelnierchen statt Hummer: Inhaber und Chefkoch Guido Kachel beherrscht sein Handwerk und legt großen Wert auf die Frische der regionalen Produkte, die er mit viel Sorgfalt verarbeitet.

Philippsthaler Dorfstraße 35
+49 33200 524432
restaurant-philippsthal.de
französisch • deutsche Küche • klassisch • gemütlich

Essen:	42 | 50
Service:	17 | 20
Weinkarte:	17 | 20
Ambiente:	8 | 10
Gesamt:	84 | 100

Garage du Pont
14467 Potsdam

Ein ungewöhnlicher Ort für schöne Abende: Die historische Tankstelle aus den 1930ern unweit der Glienicker Brücke überzeugt seit Jahren mit klassischer, französischer Bistroküche. Die Gäste lieben es.

Berliner Straße 88
+49 331 87093272
garagedupont.de
französisch • Gastgarten • unkonventionell

Essen:	42 | 50
Service:	17 | 20
Weinkarte:	16 | 20
Ambiente:	8 | 10
Gesamt:	83 | 100

Juliette
14467 Potsdam

Das Restaurant zählt seit Jahren zu den besten Adressen Potsdams. Chefkoch Carsten Rettschlag gelingt die Mischung aus klassisch französischer Küche und eigenen, modernen Kreationen. Tolle Weinauswahl.

Jägerstraße 39
+49 331 2701791
restaurant-juliette.de
französisch • klassisch • gemütlich

Essen:	44 | 50
Service:	18 | 20
Weinkarte:	17 | 20
Ambiente:	8 | 10
Gesamt:	87 | 100

Kochzimmer
14467 Potsdam

Hier speisten 2023 Ex-Kanzler Olaf Scholz und Frankreichs Präsident Emmanuel Macron. Serviert wird »neue preußische Küche« voller Finesse. Das Restaurant ist eine ideale Adresse für besondere Anlässe.

Am Neuen Markt 10
+49 331 20090666
restaurant-kochzimmer.de
Fine Dining • regionale Produkte • modern

Essen:	46 | 50
Service:	19 | 20
Weinkarte:	18 | 20
Ambiente:	9 | 10
Gesamt:	92 | 100

Kleinod
15345 Reichenow-Möglin

Rosa Rehrücken, Zander auf der Haut oder Pfifferlingtatar – Patron und Chefkoch Jan Eilers folgt einer klaren Mission: Er kocht regional, nachhaltig, frisch und bodenständig. Dazu vollmundige Weine.

Neue Dorfstraße 1 +49 33437 276628 schlossreichenow.com **Hotelrestaurant • im Schloss • im Grünen**	Essen: **42** | 50 Service: **17** | 20 Weinkarte: **17** | 20 Ambiente: **8** | 10 Gesamt: 84 | 100

Seehof
16831 Rheinsberg

Kreative Landküche im familiengeführten Hotel: Die Gastgeber verbinden das Beste aus Tradition und Moderne. So erhalten bodenständige Gerichte aus hochwertigen, regionalen Zutaten einen neuen Twist.

Seestraße 18 +49 33931 4030 seehof-rheinsberg.de **Hotelrestaurant • regionale Produkte • entspannt**	Essen: **43** | 50 Service: **18** | 20 Weinkarte: **17** | 20 Ambiente: **8** | 10 Gesamt: 86 | 100

Köllnitzer Hofküche
15859 Storkow (Mark)

In der Hofküche des Naturguts Köllnitz verarbeitet Küchenchef Stefan Ziegenhagen das eigene Biogemüse, fangfrischen Fisch und Biofleisch von den Partnerbetrieben zu hervorragenden saisonalen Menüs.

Groß Schauener Hauptstraße 31 +49 33678 61084 koellnitz.de **eigene Landwirtschaft • Fisch • nachhaltig • bio**	Essen: **43** | 50 Service: **18** | 20 Weinkarte: **16** | 20 Ambiente: **9** | 10 Gesamt: 86 | 100

Fischhaus
15864 Wendisch Rietz

Saisonalität, Frische, Regionalität und eigene Herstellung sind dem Küchenteam im reetgedeckten Fischhaus ein großes Anliegen. Auf der Deli-Terrasse kann man aber auch nur ein gutes Fischbrötchen genießen.

Am Kleinen Glubigsee 31 +49 33679 75073 fischhaus-glubigsee.de **deutsche Küche • Fisch • traditionell • Seeterrasse**	Essen: **42** | 50 Service: **17** | 20 Weinkarte: **16** | 20 Ambiente: **8** | 10 Gesamt: 83 | 100

Alte Überfahrt
14542 Werder (Havel)

Sternekoch Thomas Hübner verarbeitet in seinem Restaurant Schoten, Knollen, Blüten und Kräuter aus dem restauranteigenen Garten und richtet die Menüs konsequent nach dem aus, was dort gerade wächst.

Fischerstraße 48b +49 3327 7313336 alte-ueberfahrt.de **Fine Dining • mediterran • regionale Produkte**	Essen: **46** | 50 Service: **18** | 20 Weinkarte: **18** | 20 Ambiente: **9** | 10 Gesamt: 91 | 100

mein.werder & fritz am markt

14542 Werder (Havel)

Das unkonventionelle Restaurant bietet kleine Gerichte zum Teilen: Die Produkte für die Brandenburger Tapas kommen aus dem nahen Umland. Küchenchef Christian Heymer kocht radikal regional und saisonal.

Am Markt 7/Baderstraße 19
+49 3327 7317670
meinwerder-hotel.de
Hotelrestaurant • regionale Produkte • entspannt

Essen:	**42** | 50
Service:	**17** | 20
Weinkarte:	**17** | 20
Ambiente:	**8** | 10
Gesamt:	84 | 100

Zum Rittmeister

14542 Werder (Havel)

Das schön am Großen Plessower See gelegene Hotelrestaurant mit lauschigem Biergarten bietet Regionales und Klassiker wie Königsberger Klopse. Dazu ein frisch gezapftes Bier aus der eigenen Brauerei.

Seestraße 9
+49 3327 4646
zum-rittmeister.de
Gasthaus • Brauerei • deutsche Küche • im Grünen

Essen:	**42** | 50
Service:	**16** | 20
Weinkarte:	**17** | 20
Ambiente:	**8** | 10
Gesamt:	83 | 100

St. Andreas

08280 Aue-Bad Schlema

Charmantes Traditionshotel seit 1663 mit vielfältiger Gastronomie. Sterneküche im St. Andreas von Benjamin Unger mit »Neuer deutscher Küche«. Eintopf oder Kalb, grüner Spargel, Kartoffel. Exzellent!

Altmarkt 1
+49 3771 5920
hotel-blauerengel.de
Hotelrestaurant • Fine Dining • elegant

Essen:	**45** | 50
Service:	**18** | 20
Weinkarte:	**19** | 20
Ambiente:	**8** | 10
Gesamt:	90 | 100

Tausendgüldenstube

08280 Aue-Bad Schlema

Traditionelle sächsische Küche vom Feinsten im rustikalen Ambiente. Schlemmermenü mit Zweierlei vom Weidelamm oder Gerichten wie Hirschkalbsrücken oder Sauerbraten. Große Weinauswahl.

Altmarkt 1
+49 3771 5920
hotel-blauerengel.de
Hotelrestaurant • regionale Produkte • deutsche Küche

Essen:	**42** | 50
Service:	**18** | 20
Weinkarte:	**19** | 20
Ambiente:	**8** | 10
Gesamt:	87 | 100

Renoir

08209 Auerbach/Schnarrtanne

Klassisch französisch und international inspiriert sind die Gerichte des in vierter Generation geführten Familienbetriebs. Erstklassige Menüs mit bis zu fünf Gängen und À-la-carte-Gerichte.

Schönheider Straße 235
+49 3744 215119
restaurant-renoir.de
französisch • mediterran • klassisch

Essen:	**42**	50
Service:	**18**	20
Weinkarte:	**18**	20
Ambiente:	**7**	10
Gesamt:	85	100

Alexxanders

09130 Chemnitz

Schön gelegenes Lokal in Innenstadtnähe. Perfekt aus regionalen Zutaten gekochte regionale Spezialitäten wie Rindergulasch. Ausgezeichnete Steaks und eine gute Weinauswahl.

Ludwig-Kirsch-Straße 9
+49 371 4311111
alexxanders.de
Hotelrestaurant • Bar • modern

Essen:	**43**	50
Service:	**18**	20
Weinkarte:	**18**	20
Ambiente:	**8**	10
Gesamt:	87	100

Villa Esche

09120 Chemnitz

Denkmalgeschützte Jugendstilvilla von Van de Velde im Stadtteil Kapellenberg. Viergängiges Menü oder À-la-carte-Gerichte, perfekt und unverfälscht zubereitet von Küchenchef Lucas Sander.

Parkstraße 58
+49 371 2361363
restaurant-villaesche.de
im Park • klassisch • elegant

Essen:	**43**	50
Service:	**18**	20
Weinkarte:	**17**	20
Ambiente:	**8**	10
Gesamt:	86	100

Neubert's

08451 Crimmitschau

Steakhouse in edel-rustikalem Ambiente. Perfekt gegrillte Steaks und handgemachte Saucen, dazu diverse andere Gerichte. Gute Weinkarte – und auch der Service passt.

Jakobsgasse 25a
+49 3762 941806
neuberts-restaurant.de
Steak • regionale Produkte • urig • gemütlich

Essen:	**42**	50
Service:	**17**	20
Weinkarte:	**17**	20
Ambiente:	**8**	10
Gesamt:	84	100

Caroussel Nouvelle

01097 Dresden

Das Restaurant im Bülow Palais ist ein Klassiker im Dresdner Barockviertel. In stilvollem Ambiente bietet Küchenchef Sven Vogel zwei Degustationsmenüs an, französisch oder regional inspiriert.

Königstraße 14
+49 351 80030
buelow-palais.de
Fine Dining • Hotelrestaurant • klassisch

Essen:	**44**	50
Service:	**18**	20
Weinkarte:	**18**	20
Ambiente:	**9**	10
Gesamt:	**89**	100

Daniel

01309 Dresden

Daniel Fischer zaubert in seinem im Stadtteil Striesen gelegenen Restaurant drei Menüs auf die Teller, davon ein französisch inspiriertes. Die Weinbegleitung begeistert. Und auch der Service stimmt.

Gluckstraße 3/Ecke Dürerstraße
+49 351 81197575
restaurant-daniel.de
Casual Dining • deutsche Küche • regionale Produkte

Essen:	**43**	50
Service:	**17**	20
Weinkarte:	**16**	20
Ambiente:	**8**	10
Gesamt:	**84**	100

ElbUferei

01097 Dresden

Direkt am Neustädter Elbufer und am Elbe-Radweg gelegen, verwöhnt das Hotelrestaurant mit guter Küche. Mediterrane und regionale Gerichte. Wunderbar zubereitete Steaks. Mittagstisch.

Leipziger Straße 29
+49 351 4481110
elbuferei.de
Hotelrestaurant • entspannt • mediterran

Essen:	**42**	50
Service:	**17**	20
Weinkarte:	**16**	20
Ambiente:	**8**	10
Gesamt:	**83**	100

Elements

01099 Dresden

Stephan Mießner und sein Team bringen im trendig gestalteten Deli, im Restaurant und in der Lounge ausgezeichnete Menüs auf den Tisch. Gäste können sich aber auch ihr eigenes Menü zusammenstellen.

Königsbrücker Straße 96
+49 351 2721696
restaurant-elements.de
Fine Dining • regionale Produkte • elegant

Essen:	**45**	50
Service:	**18**	20
Weinkarte:	**18**	20
Ambiente:	**9**	10
Gesamt:	**90**	100

finesse

01067 Dresden

Elvis und Nicole Herber bieten im minimalistisch eingerichteten Lokal vor allem mediterran geprägte Menüfolgen. Außerdem regelmäßig Veranstaltungen mit Gastköchen sowie Kochschule.

Schützengasse 13
+49 351 48454930
restaurant-finesse.de
Casual Dining • deutsche Küche • entspannt

Essen:	**42** | 50
Service:	**19** | 20
Weinkarte:	**17** | 20
Ambiente:	**8** | 10
Gesamt:	86 | 100

Genuss-Atelier

01099 Dresden

Das Restaurant der Geschwister Marcus und Nicole Blonkowski liegt versteckt im Keller einer alten Villa. Es gibt exquisite À-la-carte-Gerichte oder ein Überraschungsmenü. Ausgezeichnete Weine aus Sachsen!

Bautzner Straße 149
+49 351 25028337
genuss-atelier.net
Fine Dining • modern • entspannt • Gewölbe

Essen:	**45** | 50
Service:	**18** | 20
Weinkarte:	**18** | 20
Ambiente:	**9** | 10
Gesamt:	90 | 100

Heiderand

01324 Dresden

Das Heiderand präsentiert sich in neuem, zeitgemäßem Gewand. Geblieben ist die Qualität der Speisen, die Küchenchef Martin Walther in den beiden Menüfolgen »Wasser & Weide« sowie »Acker & Beet« zelebriert.

Ullersdorfer Platz 4
+49 351 2683166
heiderand.restaurant
Casual Dining • Familienbetrieb • modern • entspannt

Essen:	**45** | 50
Service:	**19** | 20
Weinkarte:	**18** | 20
Ambiente:	**8** | 10
Gesamt:	90 | 100

Kastenmeiers

01067 Dresden

Pures Fischvergnügen im renovierten Taschenbergpalais. Gerd Kastenmeier bereitet Edelfische perfekt zu. Schicke Austernbar. Fleischgerichte und vegetarische Angebote. Ausgezeichnete Weinkarte.

Taschenberg 3
+49 351 48484801
kastenmeiers.de
Fisch • Meeresfrüchte • klassisch

Essen:	**43** | 50
Service:	**18** | 20
Weinkarte:	**18** | 20
Ambiente:	**8** | 10
Gesamt:	87 | 100

Mario Pattis – Feine Kost

01097 Dresden

Der erste Sternekoch Ostdeutschlands überzeugt mit seinem neuen Konzept im Barockviertel. Feinkostladen und Restaurant auf höchstem Niveau. Erstklassige Weinauswahl und perfekter Service.

Wallgässchen 4
+49 351 65863876
.mariopattis.de
Bistro • Allrounder • modern

Essen:	**45** | 50
Service:	**18** | 20
Weinkarte:	**19** | 20
Ambiente:	**8** | 10
Gesamt:	90 | 100

[m]eatery — 01067 Dresden

Dry-Aged-Steaks, saftige Burger und Cocktailkreationen bestimmen das Geschehen des im prachtvollen Gewandhaus gelegenen Restaurants. Gut gereifte Steaks werden perfekt gegrillt. Solide Weinauswahl.

Ringstraße 1
+49 351 494980
meatery.de
Steak • Burger • Cocktails • entspannt

Essen:	**43** I 50
Service:	**18** I 20
Weinkarte:	**17** I 20
Ambiente:	**8** I 10
Gesamt:	86 I 100

Moritz — 01067 Dresden

Genießen mit Aussicht auf die Kuppel der Frauenkirche. In der fünften Etage des Hotels Suitess werden erstklassige Menüs serviert. Die Weinbegleitung ist exzellent und auch der Service stimmt.

An der Frauenkirche 13
+49 351 417270
moritz-dresden.de
Hotelrestaurant • Fine Dining • Essen mit Aussicht

Essen:	**42** I 50
Service:	**18** I 20
Weinkarte:	**18** I 20
Ambiente:	**8** I 10
Gesamt:	86 I 100

Petit Frank — 01127 Dresden

Kleines Lokal im rustikalen Sandsteingewölbe mit feiner französischer Küche. Im Sommer schöne Gartenterrasse. Perfekt zubereitetes Menü mit Weinen aus Frankreich und Sachsen.

Bürgerstraße 14
+49 351 8211900
petit-frank.de
französisch • Gewölbe • gemütlich

Essen:	**43** I 50
Service:	**18** I 20
Weinkarte:	**17** I 20
Ambiente:	**8** I 10
Gesamt:	86 I 100

Raskolnikoff — 01099 Dresden

Im Kunsthaus Raskolinkoff gelegenes Restaurant in der Dresdner Neustadt, das sich eher als Kneipe versteht. Gute Landhausküche mit saisonalen Zutaten der Region. Tagesfrische Angebote auf der Kreidetafel.

Böhmische Staße 34
+49 351 8045706
raskolnikoff.de
Gasthaus • regionale Produkte • Gastgarten • entspannt

Essen:	**42** I 50
Service:	**17** I 20
Weinkarte:	**17** I 20
Ambiente:	**8** I 10
Gesamt:	84 I 100

Schmidt's — 01109 Dresden

Stilvoll eingerichtetes Lokal in den Hellerauer Werkstätten. Täglich wechselnde Gerichte wie Pulpo, sous-vide gegart, mit Zitronenconfit oder Zweierlei vom Eichelschwein aus dem Erzgebirge. Großartig!

Moritzburger Weg 67
+49 351 8044883
schmidts-dresden.de
Casual Dining • regionale Produkte • modern

P

Essen:	**43** I 50
Service:	**18** I 20
Weinkarte:	**17** I 20
Ambiente:	**8** I 10
Gesamt:	86 I 100

Stresa

01277 Dresden

Hausgemachtes geht über den Tresen der offenen Küche von Tobias Heldt. Immer dabei: Fleisch, Fisch, Vegetarisches oder Veganes. Das Ambiente ist einladend, die Weinkarte bietet viel aus der Region.

Augsburger Straße 85
+49 351 65615730
restaurant-stresa.de
offene Küche • Allrounder • modern

Essen: **42** | 50
Service: **18** | 20
Weinkarte: **17** | 20
Ambiente: **8** | 10
Gesamt: 85 | 100

Ven

01067 Dresden

Schönes Hotelrestaurant in Dresdens Altstadt. Leichte, saisonal geprägte Gerichte bestimmen die Karte. Regelmäßig finden besondere kulinarische Veranstaltungen statt. Schöne Bar im Dachgeschoss.

Rampische Straße 9
+49 351 795150
ven-dresden.de
Hotelrestaurant • Terrasse • modern

Essen: **43** | 50
Service: **18** | 20
Weinkarte: **17** | 20
Ambiente: **8** | 10
Gesamt: 86 | 100

Brasserie Ehrlich

01705 Freital

Die kleine Brasserie, vor den Toren von Dresden gelegen, überrascht mit zwei Menüfolgen und einem Sonntagsschmaus. Ein Menü ist französisch inspiriert, das andere heißt treffend »Heimatliebe«.

Wiesenweg 1
+49 351 30934232
brasserie-ehrlich.de
Familienbetrieb • mediterran • entspannt

Essen: **43** | 50
Service: **18** | 20
Weinkarte: **17** | 20
Ambiente: **8** | 10
Gesamt: 86 | 100

Westphalenhof

02977 Hoyerswerda

Im sorbischen Dorf Zeißig am Stadtrand von Hoyerswerda sorgen die Brüder Westphal für große Geschmackserlebnisse. Die Gäste wählen aus einem Gourmetmenü mit sieben Gängen. Begehbares Weindepot.

Dorfaue 43
+49 3571 913944
westphalenhof.de
deutsche Küche • elegant • Vinothek

Essen: **43** | 50
Service: **18** | 20
Weinkarte: **18** | 20
Ambiente: **8** | 10
Gesamt: 87 | 100

Rosenschänke

01731 Kreischa

In dritter Generation geführtes Familienhotel vor den Toren von Dresden. Evelyn Walther tischt moderne Landküche mit Kräutern aus dem eigenen Garten auf. Ausgezeichnete Weine vor allem aus der Region.

Baumschulenstraße 17
+49 35206 21870
landhotel-rosenschaenke.de
Hotelrestaurant • Gasthaus • deutsche Küche

Essen: **42** | 50
Service: **18** | 20
Weinkarte: **17** | 20
Ambiente: **8** | 10
Gesamt: 85 | 100

C'est la vie
04109 Leipzig

Das Restaurant bringt ein Stück Frankreich nach »Klein Paris«. In der offenen Küche entstehen handwerklich perfekte Speisen für die beiden Menüfolgen. Ausschließlich französische Weine.

Zentralstraße 7	Essen:	44 | 50
+49 341 97501210	Service:	18 | 20
cest-la-vie.restaurant	Weinkarte:	18 | 20
französisch • klassisch • gemütlich	Ambiente:	8 | 10
	Gesamt:	88 | 100

Frieda
04155 Leipzig

In familiärer Atmosphäre werden ständig neue Menüfolgen, darunter auch eine vegetarische Variante, angeboten. Lisa Angermann legt viel Wert auf regionale Produkte. Auch die Weinbegleitung überzeugt.

Menckestraße 48–50	Essen:	45 | 50
+49 341 56108648	Service:	19 | 20
frieda-restaurant.de	Weinkarte:	18 | 20
Fine Dining • regionale Produkte • entspannt	Ambiente:	8 | 10
	Gesamt:	90 | 100

Kuultivo
04229 Leipzig

Im modern-puristischen Ambiente serviert Küchenchef Klaus Schunack seine vorwiegend aus regionalen Produkten raffiniert zubereiteten Gerichte. Sein Menü folgt dabei immer den Jahreszeiten.

Könneritzstraße 24	Essen:	45 | 50
+49 341 24884161	Service:	19 | 20
kuultivo.com	Weinkarte:	18 | 20
modern • gehoben • regionale Produkte	Ambiente:	8 | 10
	Gesamt:	90 | 100

Macis
04109 Leipzig

Feinkostmarkt, Biobäckerei, Patisserie und Restaurant – das ist das vielfältige Angebot von Macis. Übersichtliche Karte mit köstlichen Vorspeisen und Zwischengängen. Zahlreiche Tagesempfehlungen.

Markgrafenstraße 10	Essen:	42 | 50
+49 341 22287520	Service:	17 | 20
macis-leipzig.de	Weinkarte:	18 | 20
Casual Dining • modern • entspannt • bio	Ambiente:	8 | 10
	Gesamt:	85 | 100

Max Enk

04109 Leipzig

Restaurant mit Bar vornehmen Stils – das ist das Motto von Max Enk mit seinem Restaurant im Städtischen Kaufhaus. Zander und Blutwurst oder Spaghettini in Rahm sind nur zwei spannende Kreationen.

Neumarkt 9–19
+49 341 99997638
max-enk.de
regionale Produkte • modern • elegant • Bar

Essen:	**42** I 50
Service:	**18** I 20
Weinkarte:	**18** I 20
Ambiente:	**8** I 10
Gesamt:	86 I 100

Michaelis

04107 Leipzig

Restaurant und Bar, dazu eine schöne Sommerterrasse. »Abendessen wie daheim« als preiswerte Küchenidee. Erstklassige À-la-carte-Gerichte, perfekt zubereitet mit Zutaten der Region.

Paul-Gruner-Straße 44
+49 341 26780
michaelis-leipzig.de
Hotelrestaurant • Fine Dining • Terrasse

Essen:	**43** I 50
Service:	**18** I 20
Weinkarte:	**17** I 20
Ambiente:	**8** I 10
Gesamt:	86 I 100

Münsters

04155 Leipzig

Hier findet man saisonale und frische Küche in rustikalem Ambiente im Stadtteil Gohlis. Im Sommer lockt der schöne Biergarten. Gute Weinauswahl und aufmerksamer Service.

Platnerstraße 11–13
+49 341 5906309
münsters.com
Gasthaus • Gastgarten • Bar

Essen:	**42** I 50
Service:	**17** I 20
Weinkarte:	**16** I 20
Ambiente:	**8** I 10
Gesamt:	83 I 100

Planerts

04109 Leipzig

Im Industrial Design eingerichtetes Lokal mit offener Küche in der Innenstadt. Die Gäste stellen sich ihr Menü selbst zusammen, wobei der Service kompetent berät. Gute Weinauswahl.

Ritterstraße 23
+49 341 99999975
planerts.com
Casual Dining • modern • entspannt

Essen:	**43** I 50
Service:	**18** I 20
Weinkarte:	**17** I 20
Ambiente:	**8** I 10
Gesamt:	86 I 100

Schaarschmidts

04157 Leipzig

Feine sächsische Küche mit Gerichten wie »Oelsnitzer Sperk« oder »Vogelhochzeit«. Man darf sich überraschen lassen! Das wunderbare Wohnzimmerambiente erstreckt sich auf drei Etagen.

Coppistraße 32
+49 341 9120517
schaarschmidts.de
deutsche Küche • Gasthaus • traditionell

Essen:	**42** I 50
Service:	**17** I 20
Weinkarte:	**18** I 20
Ambiente:	**8** I 10
Gesamt:	85 I 100

SHIKI

04109 Leipzig

Erstklassige, stilvoll eingerichtete Sushi-Bar, asiatische Gerichte vom Robata- und Binchotan-Holzkohlengrill. Dazu kommen erfrischende Cocktails und Limonaden.

Klostergasse 18
+49 341 9769160
shiki-leipzig.de
asiatisch • Sushi • modern

Essen:	**42**	50
Service:	**18**	20
Weinkarte:	**17**	20
Ambiente:	**8**	10
Gesamt:	85	100

Stadtpfeiffer

04109 Leipzig

Sterneküche im Neuen Gewandhaus. Modern interpretierte französische Küche aus erstklassigen Produkten. Es gibt zwei Menüs, eines davon ist vegetarisch. Exzellente Weine.

Augustusplatz 8
+49 341 2178920
stadtpfeiffer.de
Fine Dining • französisch • klassisch

Essen:	**46**	50
Service:	**19**	20
Weinkarte:	**18**	20
Ambiente:	**8**	10
Gesamt:	91	100

Syndeo

04109 Leipzig

Gäste bestellen gern das All-you-can-eat-Menü zum Festpreis: kleine Häppchen zum Teilen mit der Begleitung. Oder man entscheidet sich für einzelne Köstlichkeiten aus der mediterran inspirierten Karte.

Gottschedstraße 1
+49 341 3937670
syndeo-leipzig.de
mediterran • modern • entspannt

Essen:	**42**	50
Service:	**18**	20
Weinkarte:	**16**	20
Ambiente:	**8**	10
Gesamt:	84	100

Zest

04277 Leipzig

Das Zest setzt auf gehobene, kreative vegane Kost und liefert den Beweis, dass vegane Gerichte schmecken können. Ein Beispiel: gebackene Avocado mit Belugalinsen und Bohnenkrautpesto.

Bornaische Straße 54
+49 341 2319126
zest-leipzig.de
vegan • unkonventionell • nachhaltig

Essen:	**42**	50
Service:	**17**	20
Weinkarte:	**17**	20
Ambiente:	**7**	10
Gesamt:	83	100

Schönburger Palais

09350 Lichtenstein

Der Küchenstil von Christian Weidt ist modern-elegant und kreativ. Mit viel Leidenschaft verbindet er regionale Tradition mit innovativen Akzenten. Fokus: Qualität, Raffinesse und saisonale Frische.

Schloßberg 19
+49 37204 601010
schoenburger-palais.de
Hotelrestaurant • klassisch • modern

Essen:	42	50
Service:	18	20
Weinkarte:	17	20
Ambiente:	8	10
Gesamt:	85	100

Ratsstube

09212 Limbach-Oberfrohna

Antje und Ronny Pester betreiben das in einem Seitenflügel des Rathauses gelegene Restaurant und verwöhnen mit À-la-carte-Gerichten und am Wochenende auch mit Menüfolgen mit saisonalen Zutaten. Gute Weinberatung.

Rathausplatz 1
+49 3722 92480
ratsstube-restaurant.de
Gasthaus • Familienbetrieb • regionale Produkte

P

Essen:	43	50
Service:	18	20
Weinkarte:	17	20
Ambiente:	8	10
Gesamt:	86	100

Adams Gasthof

01468 Moritzburg

Der historische Gasthof liegt nur wenige Schritte vom Schloss Moritzburg entfernt und ist für seine frischen Fisch- und Wildgerichte bekannt. Immer eine gute Wahl: Hirschgulasch oder Sauerbraten.

Markt 9
+49 35207 99775
adamsgasthof.de
Gasthaus • deutsche Küche • im Grünen

P A

Essen:	42	50
Service:	18	20
Weinkarte:	17	20
Ambiente:	8	10
Gesamt:	85	100

Felsenbirne

01796 Pirna

Felix Mikulla und sein Team zaubern eine wunderbare Menüfolge auf die Teller der Gäste. Dazu kommen À-la-carte-Gerichte wie Saiblingsfilet mit Spitzkohl oder Ossobuco. Probieren: Kalter Hund!

Lange Straße 34
+49 3501 7599791
felsenbirne-restaurant.de
Casual Dining • vegetarisch • Terrasse

Essen:	42	50
Service:	18	20
Weinkarte:	17	20
Ambiente:	8	10
Gesamt:	85	100

Lazy Laurich

01796 Pirna

Außergewöhnliches Designhotel mit faszinierender Innenarchitektur. Hier werdem Wochenmenüs und À-la-carte-Gerichte aus den besten Zutaten der Region zubereitet. Erstklassige Weine aus Sachsen.

Hauptplatz 4
+49 3501 7709088
lazylaurich.de
Hotelrestaurant • deutsche Küche • modern

P

Essen:	42	50
Service:	17	20
Weinkarte:	16	20
Ambiente:	9	10
Gesamt:	84	100

Atelier Sanssouci | 01445 Radebeul

Verwunschenes Anwesen in den Weinbergen der Gartenstadt Radebeul. Festlich gedeckte Tische im Gartensaal aus dem 18. Jahrhundert oder unter Bäumen auf der Terrasse. Menü mit bis zu zehn Gängen.

Augustusweg 48	Essen: **46** I 50
+49 351 7956660	Service: **18** I 20
hotel-villa-sorgenfrei.de	Weinkarte: **19** I 20
Fine Dining • französisch • elegant	Ambiente: **10** I 10
	Gesamt: 93 I 100

Gaumenkitzel | 01445 Radebeul

Tilo Hamann arbeitet mit Zutaten regionaler Herkunft sowie Bioprodukten und serviert lokal-internationale Gerichte. Vegetarische und vegane Optionen verfügbar, Überraschungsmenüs auf Vorbestellung.

Coswiger Straße 23	Essen: **42** I 50
+49 351 79514393	Service: **18** I 20
gaumenkitzel-radebeul.de	Weinkarte: **17** I 20
eigener Weinbau • regionale Produkte • nachhaltig • bio	Ambiente: **8** I 10
	Gesamt: 85 I 100

Schloss Wackerbarth | 01445 Radebeul

Erlebnisweingut in der schönsten Barockanlage an der Sächsischen Weinstraße. Zu den eleganten Weinen und klassischen Flaschengärsekten werden altbewährte Klassiker wie Tafelspitz oder Zander serviert.

Wackerbarthstraße 1	Essen: **42** I 50
+49 351 8955310	Service: **17** I 20
schloss-wackerbarth.de	Weinkarte: **17** I 20
Gasthaus • eigener Weinbau • im Schloss	Ambiente: **8** I 10
	Gesamt: 84 I 100

Zu den Linden | 01445 Radebeul

Vor den Toren Dresdens erhalten bodenständige Gerichte durch kreative Zubereitung einen zeitgemäßen Touch. Saisonale Speisekarte. Sommerterrasse unter der alten Linde. Abhol- und Lieferservice.

Meißner Straße 64	Essen: **42** I 50
+49 351 8362226	Service: **18** I 20
zudenlinden.de	Weinkarte: **17** I 20
Hotelrestaurant • deutsche Küche • traditionell	Ambiente: **8** I 10
	Gesamt: 85 I 100

Al Forno | 02681 Schirgiswalde-Kirschau

Ein Stück Toskana in der schönen Oberlausitz. Showküche, Steinofen und idyllische Terrasse. Italienische Köstlichkeiten vom Feinsten, dazu eine Karte mit ausgezeichneten italienischen Weinen.

Bautzener Straße 74	Essen: **42** I 50
+49 3592 5200	Service: **17** I 20
bei-schumann.de	Weinkarte: **18** I 20
Hotelrestaurant • italienisch • Pizza	Ambiente: **8** I 10
	Gesamt: 85 I 100

zweiTRAUM mit Weberstube — 02681 Schirgiswalde-Kirschau

Vereint in einem Konzept aus Weberstube und zweiTRAUM, bietet die ambitionierte Küche ihren Gästen im schicken Ambiente regionale Genüsse, stets marktfrisch und saisonal inspiriert.

Bautzener Straße 74
+49 3592 5200
bei-schumann.de
gehoben • regionale Produkte • saisonal

Essen:	45 | 50
Service:	19 | 20
Weinkarte:	19 | 20
Ambiente:	8 | 10
Gesamt:	91 | 100

Schillerstuben — 04435 Schkeuditz

In der liebevoll restaurierten Villa verwöhnt Chefkoch Miroslav Drahokoupil seine Gäste mit monatlich wechselnden Menüs. Kreative Gerichte wie Seezungenröllchen mit Hummerschaum. Exzellenter Service.

Herderstraße 26
+49 34204 14716
schillerstuben.de
französisch • klassisch • Terrasse

Essen:	42 | 50
Service:	18 | 20
Weinkarte:	17 | 20
Ambiente:	8 | 10
Gesamt:	85 | 100

Erbgericht Tautewalde — 02681 Wilthen

Im Herzen der Oberlausitz gelegenes Landidyll-Hotel mit bodenständiger, regionaler Küche. Geschmorte Rinderroulade oder kalte Variation aus dem BBQ-Smoker sind nur zwei der vielen Klassiker.

Tautewalde 61
+49 3592 38300
tautewalde.de
Hotelrestaurant • deutsche Küche • modern

Essen:	42 | 50
Service:	18 | 20
Weinkarte:	17 | 20
Ambiente:	8 | 10
Gesamt:	85 | 100

SACHSEN-ANHALT

Warias — 06242 Braunsbedra

Steffen Warias überzeugt in seinem am Ufer eines gefluteten Tagebaus gelegenen Hotels mit klassisch-regionaler Küche mit einem Überraschungsmenü. Immer eine gute Wahl ist die tagesaktuelle Empfehlung.

Markt 13–14
+49 34633 9090
warias-restaurant.de
Hotelrestaurant • deutsche Küche • regionale Produkte

Essen:	42 | 50
Service:	17 | 20
Weinkarte:	16 | 20
Ambiente:	8 | 10
Gesamt:	83 | 100

Tobi ornot ToBe

06844 Dessau

Bunt, jung, cool und ein bisschen abgefahren. Das Restaurantkonzept garantiert nicht nur entspannten Genuss, sondern vor allem abwechslungsreiche Gaumenfreuden, verpackt in kreative Gerichte.

Johannisstraße 14	Essen:	**42** | 50
+49 340 26163330	Service:	**18** | 20
tobiornotto.be	Weinkarte:	**17** | 20
unkonventionell • modern • entspannt	Ambiente:	**8** | 10
	Gesamt:	85 | 100

Speiseberg

06120 Halle

Küchenchef Christoph Baumgartner bietet ein grandioses Acht-Gänge-Menü an. In puristischem Ambiente sitzen maximal zwölf Gäste zusammen und genießen die eigenständigen Kreationen.

Kröllwitzer Straße 45	Essen:	**45** | 50
+49 151 56519090	Service:	**18** | 20
bergschenke-halle.com	Weinkarte:	**18** | 20
Fine Dining • regionale Produkte • modern	Ambiente:	**9** | 10
	Gesamt:	90 | 100

Landhaus Hadrys

39116 Magdeburg

Das Landhaus Hadrys ist seit vielen Jahren für seine gepflegte deutsch und französisch inspirierte Küche bekannt. Zahlreiche saisonale kulinarische Highlights! Kochschule für bis zu 20 Teilnehmer.

An der Halberstädter Chaussee 1	Essen:	**43** | 50
+49 391 6626680	Service:	**18** | 20
landhaus-hadrys.de	Weinkarte:	**17** | 20
Gasthaus • regionale Produkte • Terrasse	Ambiente:	**8** | 10
	Gesamt:	86 | 100

Zutriedenheit

06618 Naumburg

Der Name ist Programm. Individuelles Boutiquehotel mit Weinstube und Gourmetrestaurant. Menüs mit bis zu fünf Gängen oder Klassiker der mitteldeutschen Küche. Ausgezeichnete Weinkarte.

Steinweg 26
+49 3445 7912051
gasthof-zufriedenheit.de
Gasthaus • regionale Produkte • Gastgarten

Essen:	**43** I 50
Service:	**18** I 20
Weinkarte:	**18** I 20
Ambiente:	**8** I 10
Gesamt:	87 I 100

Le Mariage

06484 Quedlinburg

Stilvoll eingerichtete Gasträume in einer historischen Villa. Chefkoch Sebastian Lorenz setzt auf frische Produkte der Region. Lohnenswert ist auch ein Besuch der Weinstube.

Billungstraße 11
+49 3946 96180
hotelambruehl.de
Fine Dining • Hotelrestaurant • international

Essen:	**44** I 50
Service:	**18** I 20
Weinkarte:	**18** I 20
Ambiente:	**9** I 10
Gesamt:	89 I 100

Weinstube

06484 Quedlinburg

Sebastian Lorenz verwöhnt im ehemaligen Pferdestall des Hofs mit junger, frischer Küche. Die Weinkarte bietet neben regionalen Tropfen eine gute Auswahl an Weinen aus aller Welt.

Billungstraße 11
+49 3946 96180
hotelambruehl.de
Gasthaus • entspannt • elegant

Essen:	**42** I 50
Service:	**17** I 20
Weinkarte:	**18** I 20
Ambiente:	**8** I 10
Gesamt:	85 I 100

Foto: Fabian Thias

20zwanzig

06536 Südharz

Über den Dächern der Fachwerkstadt Stolberg im Romantikhotel Freiwerk gelegenes Restaurant. Jahreszeitlich geprägte, bodenständige Küche mit den besten Zutaten der Region. Am Sonntag BBQ.

Thyrahöhe 24
+49 34654 85900
hotel-freiwerk.de
Hotelrestaurant • deutsche Küche • Wild • im Grünen

Essen:	**43** I 50
Service:	**17** I 20
Weinkarte:	**17** I 20
Ambiente:	**8** I 10
Gesamt:	85 I 100

Foto: Heiko Hellwig

Silberstreif

06536 Südharz

Ein Menü wie eine Hommage an den Harz: Eric Jadischke bringt die Aromen der Region mit beeindruckender Präzision auf den Teller. Vom geräucherten Huchen bis zur mit Wald-Shoyu veredelten Burrata.

Schindelbruch 1
+49 34654 8081467
silberstreif-restaurant.de
Fine Dining • regionale Küche • modern

Essen:	**45**	50
Service:	**19**	20
Weinkarte:	**18**	20
Ambiente:	**9**	10
Gesamt:	91	100

1699

39590 Tangermünde

Auf dem Domfelsen hoch über der Elbe kommt im Schlosshotel in herrschaftlicher Atmosphäre gutbürgerliche Kost auf den Tisch. Ochsenbäckchen, Schweinefiletmedaillons oder Eisbeinsülze schmecken großartig!

Auf der Burg, Amt 1
+49 39322 737451
schloss-tangermuende.de
Hotelrestaurant • deutsche Küche • im Schloss

Essen:	**43**	50
Service:	**18**	20
Weinkarte:	**17**	20
Ambiente:	**8**	10
Gesamt:	86	100

Gaststuben Gothisches Haus

38855 Wernigerode

Hinter der historischen Fachwerkfassade befinden sich gleich drei Gaststuben in historischem Gewand. Küchenchef Ronny Kallmeyer bringt regionale »Typisch Harz«-Spezialitäten auf den Tisch.

Marktplatz 2
+49 3943 675460
travelcharme.com
Hotelrestaurant • regionale Produkte • gemütlich

Essen:	**42**	50
Service:	**18**	20
Weinkarte:	**18**	20
Ambiente:	**8**	10
Gesamt:	86	100

Pietsch

38855 Wernigerode

Das mit zwei Michelin-Sternen ausgezeichnete Restaurant brilliert mit klaren Geschmackslinien, intensiven Aromen und exzellenter Produktqualität. Erstklassiges Menü mit Weinbegleitung.

Breite Straße 53a
+49 3943 5536053
robin-pietsch.de
Fine Dining • offene Küche • modern

Essen:	**48** | 50
Service:	**20** | 20
Weinkarte:	**18** | 20
Ambiente:	**9** | 10
Gesamt:	**95** | 100

Zeitwerk

38855 Wernigerode

Auch dieses Restaurant trägt die Handschrift von Sternekoch Robin Pietsch. Er und sein Team zaubern ein fantastisches Menü mit vielen kleinen Gängen, das sich an der Heimatküche orientiert.

Breite Straße 53a
+49 3943 6947884
dein-zeitwerk.de
Fine Dining • regionale Produkte • unkonventionell

Essen:	**47** | 50
Service:	**19** | 20
Weinkarte:	**18** | 20
Ambiente:	**8** | 10
Gesamt:	**92** | 100

Vogelherd

39261 Zerbst/Anhalt

Liebevoll restauriertes Gutshaus mitten im Grünen. Gabriele Erdmann setzt auf bodenständige Gerichte wie Zwiebelrostbraten oder Kalbsleber Berliner Art. Großartig: Fasanenbrust mit Champagnerkraut!

Lindauer Straße 78
+49 3923 780444
Gasthaus • deutsche Küche • traditionell

Essen:	**42** | 50
Service:	**17** | 20
Weinkarte:	**17** | 20
Ambiente:	**7** | 10
Gesamt:	**83** | 100

THÜRINGEN

Masters

99444 Blankenhain

Elegant-gemütliches Sternerestaurant mit maximal 16 Plätzen: Danny Schwabe verzaubert seine Gäste mit kulinarischer Exzellenz – französisch inspiriert und geprägt von Aromen, Texturen und Gewürzen.

Lindenallee 1
+49 36459 61644430
restaurant-masters.de
Fine Dining • mediterran • elegant

Essen:	**45** | 50
Service:	**18** | 20
Weinkarte:	**18** | 20
Ambiente:	**9** | 10
Gesamt:	**90** | 100

The First

99444 Blankenhain

Marcello Fabbri »fabbri-ziert« in seiner Showküche im lichtdurchfluteten Wintergarten ein italienisch inspiriertes Fünf-Gänge-Menü – regelmäßig wechselnd und viel gelobt. Entdeckenswerte Weinkarte.

Lindenallee 1	Essen: **45** | 50
+49 36459 61644413	Service: **18** | 20
restaurant-thefirst.de	Weinkarte: **18** | 20
italienisch • gehoben • modern	Ambiente: **9** | 10
	Gesamt: 90 | 100

BjoernsOx

36466 Dermbach

Start 18.30 Uhr, Überraschung garantiert: Wer im Gourmetrestaurant einkehrt, bekommt ein saisonal wechselndes Acht-Gänge-Menü mit Fleischfokus. Björn Leist lässt darin Traditionsgerichte neu aufleben.

Bahnhofstraße 2	Essen: **46** | 50
+49 36964 869230	Service: **19** | 20
rhoener-botschaft.de	Weinkarte: **18** | 20
Fine Dining • regionale Produkte • gemütlich	Ambiente: **8** | 10
	Gesamt: 91 | 100

Turmschänke

99817 Eisenach

Das Haus in unmittelbarer Nähe des Nikolaitors verbindet historisches Ambiente mit moderner Genussküche. Küchenchef Ulrich Rösch kreiert saisonale Gerichte mit mediterranem Twist. Gute Weinauswahl.

Karlsplatz 28	Essen: **43** | 50
+49 3691 213533	Service: **17** | 20
turmschaenke-eisenach.de	Weinkarte: **18** | 20
regionale Produkte • traditionell • gemütlich	Ambiente: **8** | 10
	Gesamt: 86 | 100

Bachstelze

99094 Erfurt

Ein bisschen Nostalgie, immer ungezwungen und stimmungsvoll. In der Bachstelze speist man gemeinsam ein variantenreiches Menü in 12 bis 14 Tellern. Auf den Tisch kommt, was der Tageseinkauf hergibt.

Hamburger Berg 5	Essen: **45** | 50
+49 361 7968386	Service: **19** | 20
bachstelze-erfurt.de	Weinkarte: **18** | 20
regionale Produkte • nachhaltig • entspannt	Ambiente: **8** | 10
	Gesamt: 90 | 100

Ballenberger

99084 Erfurt

Christin Ballenberger schaut stets über den Thüringer Tellerrand hinaus und sucht das Beste aus allen kulinarischen Welten. Regelmäßig wechselndes Angebot. Geöffnet von 9 bis 22 Uhr. Viel gelobt.

Gotthardtstraße 25/26	Essen: **42** I 50
+49 361 64456088	Service: **17** I 20
das-ballenberger.de	Weinkarte: **16** I 20
Allrounder • gemütlich • klassisch	Ambiente: **8** I 10
	Gesamt: 83 I 100

Clara

99084 Erfurt

Das Menü des Sternerestaurants lädt ein zur kulinarischen Weltreise. Gänge wie »Pirates of the Caribbean« oder »Aus dem Festzelt« sind Programm. Finessenreich, ausdrucksstark und minutiös komponiert.

Futterstraße 15/16	Essen: **46** I 50
+49 361 5688207	Service: **19** I 20
restaurant-clara.de	Weinkarte: **18** I 20
Fine Dining • modern • regionale Produkte	Ambiente: **8** I 10
	Gesamt: 91 I 100

Estima by Catalana

99084 Erfurt

Das Produkt steht bei Jan-Hendrik Feldners Fine Dining im Vordergrund: Er verwendet Zutaten, die von regionalen Erzeugern stammen oder in Frankreich und Spanien bei kleinen Produzenten bezogen werden.

Allerheiligenstraße 3	Essen: **43** I 50
+49 361 5506335	Service: **18** I 20
estima-erfurt.de	Weinkarte: **17** I 20
Fine Dining • spanisch • französisch	Ambiente: **8** I 10
	Gesamt: 86 I 100

Il Cortile

99084 Erfurt

International inspirierte Küche inmitten der Landeshauptstadt und immer was fürs Auge: Andreas Schöppe überlässt nichts dem Zufall, seine Gerichte sind konsequent durchdacht und viel gelobt.

Johannesstraße 150	Essen: **43** I 50
+49 361 5664411	Service: **18** I 20
ilcortile.de	Weinkarte: **16** I 20
italienisch • entspannt • klassisch	Ambiente: **8** I 10
	Gesamt: 85 I 100

Scala

07743 Jena

Keep it simple: Abends kommen die Gerichte in die Mitte des Tischs und jeder teilt mit jedem. Das Sharing-Menü gibt es auch vegetarisch. Morgens wird ein Panorama-Frühstück serviert, mittags Lunch-Menü.

Leutragraben 1, JenTower, 27.–29. OG	Essen: **44** I 50
+49 3641 356666	Service: **18** I 20
scala-jena.de	Weinkarte: **17** I 20
Fine Dining • modern • Essen mit Aussicht	Ambiente: **8** I 10
	Gesamt: 87 I 100

Cortina

98559 Oberhof

Wer italienische Alpenküche liebt, kommt im geschmackvoll dekorierten Haus auf seine Kosten. Von Schlutzkrapfen bis Marillenknödel, serviert wird Deftiges ebenso wie Süßes. Samstag, Sonntag und Feiertag auch Frühstück.

Dr.-Theodor-Neubauer-Straße 8
+49 36842 22323
restaurant-cortina.de
italienisch • Essen mit Aussicht • modern

Essen:	**42** | 50
Service:	**18** | 20
Weinkarte:	**16** | 20
Ambiente:	**8** | 10
Gesamt:	84 | 100

Feine Speiseschenke

99734 Rüdigsdorf

Fleisch vom Schottischen Hochlandrind und vom Bison aus eigener Zucht bestückt neben Küchenklassikern die Speisekarte. Ansprechendes Ambiente und durchaus einen Abstecher an den Rand des Harzes wert.

Winkelberg 13–15
+49 3631 4736490
speiseschenke.de
klassisch • regionale Produkte • gemütlich

Essen:	**43** | 50
Service:	**17** | 20
Weinkarte:	**16** | 20
Ambiente:	**8** | 10
Gesamt:	84 | 100

Waidmannsruh

98553 Schleusingen

Axel und Claudia Schmidt führen gemeinsam ihr Traditionshaus nahe dem Rennsteig. Der Karte verleihen sie internationales Gewicht, doch auch Klassiker wie gebackene Thüringer Klöße stehen zur Auswahl.

Neue Hauptstraße 7
+49 36841 47737
restaurant-waidmannsruh.de
Wild • regionale Produkte • klassisch

Essen:	**42** | 50
Service:	**17** | 20
Weinkarte:	**17** | 20
Ambiente:	**7** | 10
Gesamt:	83 | 100

AnnA

99423 Weimar

Stilvolle Atmosphäre, erstklassige Küche. Der Anspruch ist international, die Gerichte werden mit regionalen Zutaten bespielt. Ergebnis: Genusserlebnis in historischem Ambiente mit kreativen Arrangements.

Markt 19
+49 3643 802639
hotelelephantweimar.de
regionale Produkte • entspannt • Terrasse

Essen:	**43** | 50
Service:	**17** | 20
Weinkarte:	**18** | 20
Ambiente:	**8** | 10
Gesamt:	86 | 100

1 JAHR
GENIESSEN
PRINT & EPAPER
GENIESSEN WEIN ESSEN REISEN
falstaff
falstaff okt 2025
KREUZFAHRTEN
REISEN IN DER
LUXUSKLASSE
ORANGEWEIN
REVOLUTION
ODER IRRWEG?
STEINPILZE
SO SCHMECKEN
SIE AM BESTEN
Kanada
WEITE WILDNIS, NEUER GENUSS
ÖSTERREICH-AUSGABE 08/2025
€ 13.90
WWW.FALSTAFF.COM
JETZT
QR-CODE
SCANNEN
UND WERTVOLLE
PRÄMIEN SICHERN
Jetzt bestellen auf shop.falstaff.com

DIE BESTEN RESTAURANTS & GASTHÄUSER

HESSEN

NORDRHEIN-WESTFALEN

RHEINLAND-PFALZ

SAARLAND

WESTEN

Ox&Klee
50678 Köln
Seite 265

Gotthardt's by Yannick Noack
56072 Koblenz
Seite 299

Sonnora
54518 Dreis
Seite 294

Schanz
54498 Piesport
Seite 308

Victor's Fine Dining by Christian Bau
66706 Perl
Seite 320

Louis
66740 Saarlouis
Seite 323

Esplanade
66111 Saarbrücken
Seite 321

ATAMA by Martin Stopp
66386 St. Ingbert
Seite 324

WESTEN

TOPLOKALE IM ÜBERBLICK

Berg's Alte Bauernschänke

65385 Assmannshausen

Das traditionelle Gasthaus bietet in gemütlichem Ambiente eine abwechslungsreiche Küche von rustikal-herzhaft bis kulinarisch-anspruchsvoll, dazu die passenden Weine aus der Region.

Niederwaldstraße 23
+49 6722 49990
altebauernschaenke.de
Hotelrestaurant • regionale Küche • klassisch

Essen:	**42**	50
Service:	**18**	20
Weinkarte:	**17**	20
Ambiente:	**8**	10
Gesamt:	85	100

Emstaler Höhe

34308 Bad Emstal

Im freundlichen Hotel kommen die kulinarischen Gaumenfreuden nicht zu kurz. Das hauseigene Restaurant lässt die Gäste bei einer ambitionierten, hausgemachten Frischeküche ins Schwärmen kommen.

Kissinger Straße 2
+49 5624 5090
emstaler-hoehe.de
Hotelrestaurant • regionale Produkte • klassisch

Essen:	**43**	50
Service:	**18**	20
Weinkarte:	**17**	20
Ambiente:	**8**	10
Gesamt:	86	100

L'étable

36251 Bad Hersfeld

Mitten in der Altstadt gelegen, bietet das kleine Gourmetrestaurant Genussmomente der Extraklasse. Raffiniert aus besten Produkten und Zutaten zubereitet, kommt man bei jedem Menügang ins Schwärmen.

Linggplatz 11
+49 6621 1890
zumsternhersfeld.de
Hotelrestaurant • Fine Dining • klassisch

Essen:	**45**	50
Service:	**19**	20
Weinkarte:	**18**	20
Ambiente:	**8**	10
Gesamt:	90	100

Stern's

36251 Bad Hersfeld

Wie gut bodenständige Küche sein kann, erleben die Gäste im gemütlichen Restaurant des Bad Hersfelder Traditionshotels. Geschmorte Rinderschulter in Rotweinsauce ist der beliebteste Klassiker.

Linggplatz 11 +49 6621 1890 zumsternhersfeld.de **Hotelrestaurant • deutsche Küche • gemütlich • Steak**	Essen: **42** I 50 Service: **18** I 20 Weinkarte: **17** I 20 Ambiente: **8** I 10
	Gesamt: 85 I 100

Lindenallee

61350 Bad Homburg

Deutsche Küche mit internationalen Akzenten in behaglichem Rahmen. Saftige Rinderroulade mit Röstzwiebelpüree ist der Klassiker, cremiges Steinpilz-Kräuter-Risotto ein anderer guter Tipp.

Lindenallee 2 +49 6172 8506601 restaurant-lindenallee.de **deutsche Küche • gemütlich • Terrasse**	Essen: **42** I 50 Service: **18** I 20 Weinkarte: **17** I 20 Ambiente: **7** I 10
	Gesamt: 84 I 100

bellas LOKAL

65812 Bad Soden am Taunus

Vom Geheimtipp zum angesagten Gourmettreff: Es bereitet Vergnügen, Isabelle Pering in der offenen Küche zuzuschauen und ihre kreativen Gerichte aus heimischen Bioprodukten zu genießen.

Langstraße 15 +49 6174 9529141 bellaslokal.de **Casual Dining • regionale Produkte • unkonventionell**	Essen: **45** I 50 Service: **19** I 20 Weinkarte: **18** I 20 Ambiente: **8** I 10
	Gesamt: 90 I 100

Blauer Aff

64625 Bensheim

Das traditionelle Gasthaus im blauen Fachwerkhaus hat Kultstatus. Hier bestellt man Klassiker wie das halbe Hähnchen oder die saftigen Wildschweinbratwürste. Dazu gibt's eine solide Weinauswahl.

Kappengasse 2 +49 6251 72958 blauer-aff.de **Gasthaus • urig • gemütlich**	Essen: **42** I 50 Service: **18** I 20 Weinkarte: **18** I 20 Ambiente: **7** I 10
P	Gesamt: 85 I 100

Mühlstein

64625 Bensheim

Idyllisch gelegen, wird hier herzhaft aufgetischt. Lachstatar, Gänseleber, Lammhaxe mit Selleriestampf und Rinderfilet auf Portweinjus sind die Favoriten in dem gemütlichen Restaurant.

Friedhofstraße 101
+49 6251 936690
muehlstein-bensheim.de
klassisch • regionale Produkte • gemütlich

Essen:	**43**	50
Service:	**18**	20
Weinkarte:	**17**	20
Ambiente:	**7**	10
Gesamt:	85	100

Lammershof | Stuben

69488 Birkenau

In der rustikal-gemütlichen Stube wird herzhaft aufgetischt. Nachhaltigkeit steht dabei ganz oben, das herrlich zubereitete Fleisch kommt aus der hauseigenen Manufaktur des nahen Bisonhofs.

Abtsteinacher Straße 2
+49 6201 845030
lammershof.de
Gasthaus • eigene Fleischerei • Steak • gemütlich

Essen:	**42**	50
Service:	**18**	20
Weinkarte:	**17**	20
Ambiente:	**8**	10
Gesamt:	85	100

Lammershof | Wild X Berg

69488 Birkenau

Fine Dining mit ambitionierten modernen Gerichten finden die Gäste im kleinen, schick arrangierten Gourmet-Stübchen des Hotels Lammershof. Das erstklassige Fleisch kommt von selbst gezüchteten Bisons.

Abtsteinacher Straße 2
+49 6201 845030
lammershof.de
Gasthaus • gemütlich • Steak

Essen:	**45**	50
Service:	**18**	20
Weinkarte:	**17**	20
Ambiente:	**8**	10
Gesamt:	88	100

Das Krü

64283 Darmstadt

Der »Krü Cheeseburger« ist das moderne kulinarische Aushängeschild des gemütlichen Restaurants, doch auch geschmorte Rinderbäckchen, Sylter Matjes und Wiener Schnitzel schmecken hier vorzüglich.

Ludwigstraße 8
+49 6151 272441
daskrue.de
Casual Dining • regionale Produkte • Vinothek

Essen:	**42**	50
Service:	**18**	20
Weinkarte:	**17**	20
Ambiente:	**8**	10
Gesamt:	85	100

Orangerie

64285 Darmstadt

Die Brüder Carroccia inszenieren in barocker Kulisse herrlich entspanntes Dolce Vita. Umgeben von Palmen und Orangenbäumen genießen die Gäste vor allem italienische Köstlichkeiten, aber auch Gänseleber und Austern.

Bessunger Straße 44	Essen: **42** | 50
+49 6151 3966446	Service: **18** | 20
orangerie-darmstadt.de	Weinkarte: **17** | 20
Casual Dining • italienisch • Fisch • entspannt	Ambiente: **8** | 10
	Gesamt: 85 | 100

OX

64289 Darmstadt

David und Norman Rink nehmen die Gäste mit auf eine schöne kulinarische Reise: internationale, europäische und regionale Köstlichkeiten in zwei spannenden Menüs aus besten Produkten.

Mauerstraße 6	Essen: **46** | 50
+49 6151 9615333	Service: **18** | 20
ox-restaurant.de	Weinkarte: **18** | 20
Fine Dining • modern • unkonventionell	Ambiente: **8** | 10
	Gesamt: 90 | 100

Gutsschänke Neuhof

63303 Dreieich

Nur zwölf Kilometer von Frankfurt entfernt, aber in einer anderen Welt: Die idyllische Lage im Grünen und das heimelige Ambiente ziehen viele Gäste an, die wegen der guten Küche auch gern wiederkommen.

Hofgut Neuhof	Essen: **42** | 50
+49 6102 30000	Service: **18** | 20
gutsschaenkeneuhof.de	Weinkarte: **17** | 20
Gasthaus • im Grünen • gemütlich	Ambiente: **8** | 10
	Gesamt: 85 | 100

Klosterschänke

65346 Eberbach

Bodenständig, herzhaft und regional präsentiert sich die Küche der Klosterschänke. Spezialitäten sind neben der klassischen Vesperplatte der gesottene Tafelspitz und der Schweinekrustenbraten.

Kloster Eberbach	Essen: **42** | 50
+49 6723 9178100	Service: **18** | 20
kloster-eberbach.de	Weinkarte: **17** | 20
Gasthaus • klassisch • regionale Produkte	Ambiente: **8** | 10
	Gesamt: 85 | 100

Anleger 511

65343 Eltville

In bester Lage am Rheinufer herrscht immer Betrieb, denn mit Blick auf den Fluss werden hier feinste Flammkuchen, hausgemachter Wurstsalat und die legendäre »11te Generation Bratwurst« serviert.

Platz von Montrichard 2	Essen: **41** | 50
+49 6123 689168	Service: **17** | 20
anleger511.de	Weinkarte: **16** | 20
Bistro • unkonventionell • Terrasse • Essen mit Aussicht	Ambiente: **8** | 10
	Gesamt: 82 | 100

baiken

65343 Eltville

Dirk Schröer bietet in seiner neuen Wirkungsstätte am Rauenthaler Berg eine ganze Reihe an feinen Gerichten an, die immer einen Touch Gourmet in sich tragen. Schöne Terrasse mit Blick ins Rheintal.

Wiesweg 86	Essen: **44** I 50
+49 6123 7500028	Service: **18** I 20
baiken.de	Weinkarte: **17** I 20
gehoben • im Grünen • klassisch	Ambiente: **8** I 10
	Gesamt: 87 I 100

Chamamé

65347 Eltville

Mit argentinischem Premium-Fleisch hat sich das Restaurant im Domänenweingut Schloss Schönborn einen festen Platz in der Rheingauer Gastronomie erobert. Dazu gibt es beste Weine von Gunter Künstler.

Hauptstraße 53	Essen: **42** I 50
+49 6723 9982500	Service: **18** I 20
chamame.de	Weinkarte: **18** I 20
argentinisch • mediterran • entspannt	Ambiente: **8** I 10
	Gesamt: 86 I 100

Jean

65343 Eltville

Chefkoch Johannes Frankenbach hat ein Faible für die französische Küche. In der ehemaligen Weinstube des Hotels kommen die Gäste in den Genuss seiner klassisch ausgerichteten Kreationen.

Wilhelmstraße 13	Essen: **46** I 50
+49 6123 9040	Service: **18** I 20
hotel-frankenbach.de	Weinkarte: **18** I 20
Hotelrestaurant • Fine Dining • gemütlich	Ambiente: **8** I 10
	Gesamt: 90 I 100

Kronenschlösschen

65347 Eltville

Das schicke Restaurant im romantischen Boutiquehotel hat nicht nur eine der besten deutschen Weinkarten, sondern bietet auch eine abwechslungsreiche, gekonnt französisch inspirierte Gourmetküche.

Rheinallee	Essen: **46** I 50
+49 6723 640	Service: **19** I 20
kronenschloesschen.de	Weinkarte: **20** I 20
Hotelrestaurant • Fine Dining • französisch • Terrasse	Ambiente: **9** I 10
	Gesamt: 94 I 100

Bärenmühle | Maison Martron

35110 Frankenau

Eine kleine französische kulinarische Erlebniswelt. Klassische Gerichte, inspiriert von einem Kochbuch der Hugenotten, werden im gemütlich-schicken Landhausambiente schmackhaft aufgetischt.

Lengeltalstraße 2	Essen: **43** I 50
+49 6455 759040	Service: **18** I 20
baerenmuehle.de	Weinkarte: **17** I 20
Gasthaus • klassisch • französisch • im Grünen	Ambiente: **8** I 10
	Gesamt: 86 I 100

Philipp Soldan

35066 Frankenberg (Eder)

Erik Arnecke setzt mit seiner ambitioniert-kreativen Küche Akzente. Alle Gerichte sind aromatisch durchdacht und gleichzeitig harmonisch ausgewogen. Die Weinkarte lässt kaum Wünsche offen.

Marktplatz 2–4
+49 6451 7500
sonne-frankenberg.de
Fine Dining • Hotelrestaurant • regionale Produkte

Essen:	**46** | 50
Service:	**18** | 20
Weinkarte:	**18** | 20
Ambiente:	**8** | 10
Gesamt:	90 | 100

SonneStuben

35066 Frankenberg (Eder)

Zum Frankenberger Hotel gehört auch das Restaurant SonneStuben, das sich ganz auf Klassiker der deutschen Küche konzentriert. Geboten werden bodenständige Gerichte, saisonal und regional inspiriert.

Marktplatz 2–4
+49 6451 7500
sonne-frankenberg.de
Hotelrestaurant • regionale Produkte • entspannt

Essen:	**42** | 50
Service:	**18** | 20
Weinkarte:	**18** | 20
Ambiente:	**8** | 10
Gesamt:	86 | 100

Affentorschänke

60594 Frankfurt am Main

Gemütlich und traditionell, dieses Apfelweinlokal hat Kultstatus. Hier wird herzhaft aufgetischt: Rippchen mit Kraut, die legendäre Damenhaxe und natürlich Bernds Frikadellen sind die Klassiker.

Neuer Wall 9
+49 6109 5077611
affentorschaenke.de
deutsche Küche • traditionell • gemütlich

Essen:	**41** | 50
Service:	**18** | 20
Weinkarte:	**17** | 20
Ambiente:	**8** | 10
Gesamt:	84 | 100

Ariston

60313 Frankfurt am Main

Mediterrane Genüsse aus der authentischen griechischen Küche werden in dem gemütlich-schicken Restaurant mittags und abends serviert. Dazu gibt es eine gute Auswahl griechischer Weine.

Heiligkreuzgasse 29
+49 69 92039950
ariston-restaurant.de
griechisch • mediterran • modern

Essen:	**42** | 50
Service:	**18** | 20
Weinkarte:	**17** | 20
Ambiente:	**8** | 10
Gesamt:	85 | 100

atm

60316 Frankfurt am Main

Unkomplizierter Genuss in entspannter Atmosphäre. Die leichte mediterrane Küche mit panasiatischen Einflüssen macht's möglich, hier stehen die Gerichte in der Mitte des Tischs und werden geteilt.

Günthersburgallee 28
+49 69 97694336
deligrape.de
Crossover-Küche • Sharing Menu • modern

Essen:	**41** | 50
Service:	**18** | 20
Weinkarte:	**16** | 20
Ambiente:	**8** | 10
Gesamt:	83 | 100

Bidlabu

60313 Frankfurt am Main

Sagenhaftes Preis-Leistungs-Verhältnis. Das kleine Bistro macht nicht viel her, die Küche dafür umso mehr. Kein Wunder, dass die Gäste dem Bidlabu die Bude einrennen. Abends unbedingt reservieren.

Kleine Bockenheimer Straße 14
+49 69 95648784
bidlabu.de
Bistro • entspannt • Casual Dining • Terrasse

Essen:	**45** | 50
Service:	**19** | 20
Weinkarte:	**18** | 20
Ambiente:	**8** | 10
Gesamt:	90 | 100

Bornheimer Ratskeller

60385 Frankfurt am Main

Wenn ein Metzger am Herd steht, ist Fleisch und Wurst aus eigener Herstellung eine sichere Bank. Mario Furlanello überzeugt aber auch mit Paella – authentisch und als Wald- und Wiesen-Eigenkreation.

Kettelerallee 72
+49 69 79370300
ratskeller-bornheim.de
regionale Produkte • Gastgarten • entspannt

Essen:	**44** | 50
Service:	**19** | 20
Weinkarte:	**18** | 20
Ambiente:	**8** | 10
Gesamt:	89 | 100

Brighella

60433 Frankfurt am Main

Liebenswürdige italienische Gastfreundschaft ist hier Trumpf. Seit mehr als 30 Jahren bietet das schicke Restaurant wechselnde saisonale Köstlichkeiten und beliebte Klassiker der italienischen Küche.

Eschersheimer Landstraße 442
+49 69 533992
ristorante-brighella.de
italienisch • traditionell • elegant

Essen:	**43** | 50
Service:	**18** | 20
Weinkarte:	**18** | 20
Ambiente:	**8** | 10
Gesamt:	87 | 100

Carmelo Greco

60598 Frankfurt am Main

Toll, dass Carmelo Greco sich immer noch steigern kann. In der Apfelweinhochburg Sachsenhausen brilliert der Sizilianer mit unverfälschter und kreativer italienischer Küche aus besten Zutaten.

Ziegelhüttenweg 1–3
+49 69 60608967
carmelo-greco.de
italienisch • Geschäftsessen • elegant

Essen:	45 | 50
Service:	19 | 20
Weinkarte:	18 | 20
Ambiente:	9 | 10
Gesamt:	91 | 100

Carte blanche

60316 Frankfurt am Main

Sebastian Ziese listet auf der Karte nur den Tageseinkauf von Artischocke bis Zuckerschoten auf. Die Gäste können jedoch sicher sein, dass der Blankoscheck kulinarisch anspruchsvoll gedeckt ist.

Egenolffstraße 39
+49 69 27245883
carteblanche-ffm.de
Casual Dining • nachhaltig • regionale Produkte

Essen:	43 | 50
Service:	18 | 20
Weinkarte:	18 | 20
Ambiente:	8 | 10
Gesamt:	87 | 100

Chairs

60385 Frankfurt am Main

Viele Köstlichkeiten sind so ausgefallen wie die namensgebenden Stühle. Ausschließlich aus regionalen Bioprodukten zubereitet und durchweg spannend. Das kunterbunte Publikum liebt auch die lockere Atmosphäre.

Gronauer Straße 1
+49 69 48446922
chairsffm.de
Casual Dining • regionale Produkte • unkonventionell

Essen:	44 | 50
Service:	18 | 20
Weinkarte:	17 | 20
Ambiente:	7 | 10
Gesamt:	86 | 100

Classico Mediterran

60325 Frankfurt am Main

In dem gemütlichen Frankfurter Restaurant feiert die klassische Küche wahre Triumphe. Immer aufgepeppt mit mediterranen Noten und aromatischen Nuancen aus dem internationalen Portfolio.

Westendstraße 75
+49 69 752200
classico-frankfurt.de
mediterran • klassisch • Gastgarten

Essen:	41 | 50
Service:	18 | 20
Weinkarte:	17 | 20
Ambiente:	8 | 10
Gesamt:	84 | 100

Cresco

60311 Frankfurt am Main

In das schicke urbane Ambiente passt die facettenreiche Küche, die mit geschmacklichen Anleihen aus der ganzen Welt zubereitet ist, geradezu perfekt. Ein kulinarischer Spaziergang mit Erinnerungswert.

Berliner Straße 55
+49 69 92881655
cresco-frankfurt.de
Levante • mediterran • modern

Essen:	42 | 50
Service:	18 | 20
Weinkarte:	17 | 20
Ambiente:	9 | 10
Gesamt:	86 | 100

Emma Metzler

60594 Frankfurt am Main

Die Skyline oder den Park im Blick, moderne Kunst im Rücken und pfiffige Küche am Gaumen: Die Gäste mögen das flotte Bistro am Museumsufer. Regionalität und Nachhaltigkeit sind die Eckpfeiler.

Schaumainkai 17
+49 69 83040094
emmametzler.de
Fisch • bio • Terrasse

P

Essen:	44 | 50
Service:	18 | 20
Weinkarte:	17 | 20
Ambiente:	8 | 10
Gesamt:	87 | 100

Erno's Bistro

60323 Frankfurt am Main

Auch nach über 50 Jahren noch genauso vital, beliebt und gut wie eh und je. Ganz große französische Küche auf der Höhe der Zeit und famose Weinauswahl in entspannter Bistro-Atmosphäre. Topservice. Hingehen!

Liebigstraße 15
+49 69 721997
ernosbistro.de
Fine Dining • französisch • klassisch

Essen:	46 | 50
Service:	18 | 20
Weinkarte:	19 | 20
Ambiente:	8 | 10
Gesamt:	91 | 100

Frankfurter Botschaft

60327 Frankfurt am Main

Angemessene Location für die Botschaft von »Mainhattan«: in einem modernen Gebäude direkt am Westhafen. Stylishes Ambiente. Auch auf der Terrasse und am Beach kann man auf hohem Niveau schlemmen.

Westhafenplatz 6–8
+49 69 583035664
frankfurterbotschaft.de
Casual Dining • regionale Produkte • gemütlich

P

Essen:	43 | 50
Service:	18 | 20
Weinkarte:	16 | 20
Ambiente:	8 | 10
Gesamt:	85 | 100

Frankfurter Haus

63263 Frankfurt am Main

Das legendäre Frankfurter Gasthaus ist längst eine gastronomische Institution, in der die bunte Vielfalt der deutschen Küche triumphiert. Hausgemacht aus besten Produkten und mit Raffinesse verfeinert.

Darmstädter Landstraße 741	Essen: **42** I 50
+49 6102 7197890	Service: **18** I 20
frankfurterhaus.com	Weinkarte: **16** I 20
Gasthaus • deutsche Küche • klassisch	Ambiente: **8** I 10
P	Gesamt: 84 I 100

Franziska

60599 Frankfurt am Main

Allein die spektakuläre Aussicht lohnt den Besuch. Das kosmopolitische Ambiente ganz oben im Henninger-Turm passt dazu. Auf dem Teller hervorragende, modern interpretierte deutsche Klassiker.

Hainer Weg 72	Essen: **43** I 50
+49 69 66377640	Service: **18** I 20
mook-group.de	Weinkarte: **16** I 20
Casual Dining • Essen mit Aussicht • modern	Ambiente: **9** I 10
P	Gesamt: 86 I 100

Friedas

60311 Frankfurt am Main

Ob Lunch oder Dinner, die angesagte Location ist längst ein beliebter kulinarischer Treffpunkt in Downtown. Die Küche ist vorwiegend international ausgerichtet, dazu gibt es die passenden Getränke.

Große Gallusstraße 18	Essen: **41** I 50
+49 69 20436600	Service: **18** I 20
friedas.family	Weinkarte: **16** I 20
Allrounder • Cocktails • modern	Ambiente: **8** I 10
	Gesamt: 83 I 100

Fujiwara

60487 Frankfurt am Main

Längst ein Klassiker in Frankfurt, kann man hier in authentischem Ambiente mittags und abends in die kulinarische Vielfalt der japanischen Küche eintauchen. Sushi und Sashimi sind die Favoriten.

Falkstraße 38	Essen: **42** I 50
+49 69 66371816	Service: **17** I 20
restaurant-fujiwara.com	Weinkarte: **16** I 20
japanisch • Sushi • klassisch	Ambiente: **8** I 10
	Gesamt: 83 I 100

Funky Mr. Salvador

60318 Frankfurt am Main

Gute Laune ist in der urban gestylten Location Programm, dafür sorgt auch die Küche mit ihren erstklassig zubereiteten Gerichten aus dem internationalen Portfolio. Ein Hotspot mit Kultstatus.

Weberstraße 90	Essen: **42** I 50
+49 69 34868966	Service: **18** I 20
funkymrsalvador.com	Weinkarte: **16** I 20
Crossover-Küche • modern • Gastgarten	Ambiente: **8** I 10
	Gesamt: 84 I 100

Gerbermühle

60594 Frankfurt am Main

DAS Ausflugslokal in Frankfurt – vor allem im Sommer, wenn man unter Bäumen direkt am Main genießen kann. Aus der Küche kommen bewährte, sehr gutbürgerliche Gerichte. Einfach herrlich!

Gerbermühlstraße 105
+49 69 689777944
gerbermuehle.de
Gasthaus • entspannt • Terrasse

Essen:	43 | 50
Service:	17 | 20
Weinkarte:	17 | 20
Ambiente:	8 | 10
Gesamt:	85 | 100

Goldmund

60311 Frankfurt am Main

Deutsch-französische Küche ist hier angesagt, vom freundlichen Service serviert in einem sehenswert glamourösen Ambiente. Der familiäre Touch sorgt für die stimmungsvolle Atmosphäre – perfekt!

Schöne Aussicht 2
+49 69 21085985
gold-mund.de
deutsche Küche • französisch • modern

Essen:	43 | 50
Service:	18 | 20
Weinkarte:	17 | 20
Ambiente:	9 | 10
Gesamt:	87 | 100

Heimat

60311 Frankfurt am Main

Gastronomische Heimat für immer mehr Stammgäste, die anspruchsvolles Essen nach Tageseinkauf sowie hervorragende Weine schätzen. Manchmal genügt auch die bemerkenswerte Käse- und Schinkenauswahl.

Berliner Straße 70
+49 69 29725994
heimat-restaurant.de
Casual Dining • modern • entspannt • Geschäftsessen

Essen:	43 | 50
Service:	18 | 20
Weinkarte:	17 | 20
Ambiente:	8 | 10
Gesamt:	86 | 100

Hummus Küch'

60594 Frankfurt am Main

Original und hausgemacht! Was an Hummus, Falafel und Salaten in dem kleinen israelischen Restaurant zubereitet wird, ist von bester Qualität. Das Angebot hält viele Kombivarianten bereit.

Textorstraße 38
+49 69 622299
ihummus.de
israelisch • entspannt • Terrasse

Essen:	41 | 50
Service:	18 | 20
Weinkarte:	16 | 20
Ambiente:	8 | 10
Gesamt:	83 | 100

Iroha

60311 Frankfurt am Main

Ein neuer Hotspot in der Mainmetropole. Frisches Sushi und knuspriges Tempura, dazu authentische japanische Hausmannskost sind das Angebot des puristisch-einfach eingerichteten Restaurants.

Friedensstraße 6–10
+49 69 21994930
iroha-eu.com
japanisch • Sushi • Fisch

Essen:	42 | 50
Service:	17 | 20
Weinkarte:	16 | 20
Ambiente:	7 | 10
Gesamt:	82 | 100

Ivory Club

60325 Frankfurt am Main

Längst eine Institution und doch immer wieder verblüffend. In diesem indischen Tempel fehlt es an nichts, weder an der prachtvollen Ausstattung noch an leckeren Klassikern der indischen Küche.

Taunusanlage 15
+49 69 77067767
mook-group.de
Casual Dining • indisch • Cocktails

Essen:	**44** | 50
Service:	**18** | 20
Weinkarte:	**18** | 20
Ambiente:	**9** | 10
Gesamt:	89 | 100

Kabuki

60329 Frankfurt am Main

Seit mehr als 35 Jahren eine Institution für authentische japanische Küche. Die ambitionierte Crew von erfahrenen Köchen bereitet die traditionellen Speisen vor den Augen der Gäste frisch zu.

Kaiserstraße 42
+49 69 234353
kabuki-restaurant.com
japanisch • Sushi • entspannt

Essen:	**42** | 50
Service:	**18** | 20
Weinkarte:	**16** | 20
Ambiente:	**7** | 10
Gesamt:	83 | 100

Krapao

60316 Frankfurt am Main

Ob vegetarische Klassiker oder Gerichte mit Fisch und Fleisch, das kleine Bistro ist ein Hort für original zubereitete thailändische Küche, die in verschiedenen Schärfegraden angeboten wird.

Heidestraße 35
+49 69 40566646
krapao.de
Thai • entspannt • klassisch

Essen:	**41** | 50
Service:	**17** | 20
Weinkarte:	**16** | 20
Ambiente:	**7** | 10
Gesamt:	81 | 100

L'Arôme

60311 Frankfurt am Main

Küchenchef Hai Hoang Minh steht für eine weltoffene europäisch-asiatische Küche. Seine durchdachten Kreationen strotzen vor aromatischer Vielfalt, immer empfehlenswert sind die erstklassigen Menüs.

Neue Mainzer Straße 20
+49 69 30079501
larome-frankfurt.de
Crossover-Küche • asiatisch • modern

Essen:	**44** | 50
Service:	**18** | 20
Weinkarte:	**17** | 20
Ambiente:	**8** | 10
Gesamt:	87 | 100

L'Unico

60325 Frankfurt am Main

Bis spät in die Nacht kann man hier das kulinarische Italien von seiner besten bodenständigen Seite kennenlernen. Zu hausgemachter Pizza und Pasta werden die passenden Weinen angeboten.

Mendelsohnstraße 83
+49 69 15346406
restaurant-unico.net
italienisch • klassisch • entspannt

Essen:	**42** | 50
Service:	**19** | 20
Weinkarte:	**17** | 20
Ambiente:	**8** | 10
Gesamt:	86 | 100

La Cevi

60318 Frankfurt am Main

Seit fast zehn Jahren gibt es hier die besten Ceviche in Frankfurt. Das gemütlich eingerichtete Restaurant im Nordend hat sich ganz auf die peruanischen Klassiker spezialisiert.

Weberstraße 84	Essen: **42** | 50
+49 69 66377778	Service: **17** | 20
la-cevi.de	Weinkarte: **16** | 20
peruanisch • modern • entspannt	Ambiente: **8** | 10
	Gesamt: 83 | 100

La Perla Nera

60388 Frankfurt am Main

Bella Italia mit Leidenschaft in familiärer Atmosphäre. Das freundliche Personal verwöhnt die Gäste mit hausgemachter Pasta, feinen Fisch- und Fleischgerichten und besten italienischen Weinen.

Triebstraße 36	Essen: **41** | 50
+49 6109 31767	Service: **18** | 20
la-perla-nera.de	Weinkarte: **16** | 20
italienisch • regionale Produkte • klassisch	Ambiente: **8** | 10
	Gesamt: 83 | 100

Lafleur

60325 Frankfurt am Main

Herausragend! Andreas Krolik brilliert mit unglaublich aromatischen veganen Kompositionen. Er veredelt aber auch die bekannten Gourmetprodukte. Ambiente, Service und Weinkarte sind ebenfalls top.

Palmengartenstraße 11	Essen: **49** | 50
+49 69 90029100	Service: **19** | 20
restaurant-lafleur.de	Weinkarte: **20** | 20
Fine Dining • elegant • nachhaltig • Fisch	Ambiente: **9** | 10
P	Gesamt: 97 | 100

Landwehrstübchen

60598 Frankfurt am Main

Glasierter Schweinebauch, Krustentier-Bisque und das legendäre Wiener Schnitzel sind die Klassiker in dem rundum gemütlichen Restaurant, das von einem jungen, engagierten Team geführt wird.

Sachsenhäuser Landwehrweg 371	Essen: **43** | 50
+49 69 635440	Service: **19** | 20
landwehrstuebchen.de	Weinkarte: **17** | 20
entspannt • modern • gemütlich	Ambiente: **8** | 10
	Gesamt: 87 | 100

Lazuli

60311 Frankfurt am Main

Jörg Ludwig aus der Gerbermühle verantwortet die Küchenlinie, und das mit Sinn fürs Wesentliche statt unnötigem Chichi. Dazu bei einem feinen Drink den herrlichen Blick auf die Skyline der Stadt genießen – großartig!

Junghofstraße 7	Essen: **43** | 50
+49 69 589979879	Service: **18** | 20
lazulirestaurant.com	Weinkarte: **17** | 20
Bar • modern • Essen mit Aussicht	Ambiente: **8** | 10
	Gesamt: 86 | 100

Leuchtendroter

60314 Frankfurt am Main

Als mutiges kulinarisches Experiment gestartet, nach kurzer Zeit als veganes Restaurant etabliert. »Take it all«, heißt es auf der Karte, und das ist ein guter Tipp. Menü mit acht Gängen zum Teilen.

Lindleystraße 17
+49 170 8180457
leuchtendroter.com
vegan • Terrasse • unkonventionell • entspannt

Essen:	42 | 50
Service:	18 | 20
Weinkarte:	17 | 20
Ambiente:	7 | 10
Gesamt:	84 | 100

Lohninger

60594 Frankfurt am Main

Exzellentes Essen, herzlicher Service und ungezwungene Atmosphäre machen das Restaurant zum Lieblingsplatz. Österreichische Klassiker neben mediterranen, asiatischen und amerikanischen Elementen.

Schweizer Straße 1
+49 69 247557860
lohninger.de
Gasthaus • Casual Dining • österreichisch • klassisch

Essen:	45 | 50
Service:	19 | 20
Weinkarte:	18 | 20
Ambiente:	9 | 10
Gesamt:	91 | 100

Main Tower

60311 Frankfurt am Main

Gourmets dürfen sich freuen: Hier geht es ganz hoch hinaus – im wörtlichen und im übertragenen Sinn. In fast 190 Meter Höhe begeistern der Blick auf die Skyline und die kreativen Menüs aus besten Produkten.

Neue Mainzer Straße 52–58
+49 69 36504777
maintower-restaurant.de
Fine Dining • Essen mit Aussicht • modern

Essen:	45 | 50
Service:	18 | 20
Weinkarte:	18 | 20
Ambiente:	9 | 10
Gesamt:	90 | 100

MainNizza

60329 Frankfurt am Main

Für Fans der »best place in town« – auf jeden Fall einer der schönsten und genussvollsten direkt am Main. Die Karte wechselt häufig, die Klassiker wie das Wiener Schnitzel bleiben aber.

Untermainkai 17
+49 69 26952922
mainnizza.de
Crossover-Küche • modern • Terrasse • am Wasser

P

Essen:	43 | 50
Service:	18 | 20
Weinkarte:	18 | 20
Ambiente:	8 | 10
Gesamt:	87 | 100

Masa

60314 Frankfurt am Main

Wer von der Theke aus Masaru Oae bei der Arbeit zusieht, bekommt ein Gespür für seine große handwerkliche Kunst. Authentische japanische Hochküche mit europäischen Einflüssen vom Feinsten.

Hanauer Landstraße 131
+49 69 60666247
masa-frankfurt.de
Fine Dining • japanisch • Sushi

Essen:	46 | 50
Service:	19 | 20
Weinkarte:	17 | 20
Ambiente:	9 | 10
Gesamt:	91 | 100

Medici

60311 Frankfurt am Main

Die Brüder Christos und Stamatios Simiakos sind mit ihrer raffinierten »Modern European Cuisine« am Puls der Zeit. Die tolle Weinkarte und der nette Service punkten ebenfalls. Businesslunch.

Weißadlergasse 2
+49 69 21990794
restaurantmedici.de
Casual Dining • klassisch • entspannt

Essen:	42 | 50
Service:	18 | 20
Weinkarte:	18 | 20
Ambiente:	8 | 10
Gesamt:	86 | 100

Meyer's

60313 Frankfurt am Main

Das Angebot des schicken, modern gestylten Restaurants ist international. Hier kommen asiatische Geschmackswelten ebenso auf die Teller wie klassische französische Brasseriegerichte.

Große Bockenheimer Straße 54
+49 69 91397070
meyer-frankfurt.de
klassisch • gehoben • entspannt

Essen:	42 | 50
Service:	18 | 20
Weinkarte:	18 | 20
Ambiente:	9 | 10
Gesamt:	87 | 100

Mommona

60594 Frankfurt am Main

Mitten im Stadtteil Sachsenhausen gelegen, bietet das freundliche Restaurant seinen Gästen die Vielfalt der afrikanischen Küche. Hausgemachte Klassiker, dazu gibt es Weine aus Südafrika.

Große Rittergasse 58
+49 69 83044234
mommona.de
afrikanisch • traditionell • Gastgarten

Essen:	43 | 50
Service:	18 | 20
Weinkarte:	18 | 20
Ambiente:	8 | 10
Gesamt:	87 | 100

Mon Amie Maxi

60325 Frankfurt am Main

Eine Brasserie und Austernbar, die sich dank der opulenten Ausstattung atmosphärisch deutlich von anderen abhebt – typisch Mook Group, die immer eigene Akzente setzt. Kulinarisch top.

Bockenheimer Landstraße 31
+49 69 71402121
mook-group.de
Casual Dining • französisch • gemütlich

Essen:	44 | 50
Service:	18 | 20
Weinkarte:	18 | 20
Ambiente:	9 | 10
Gesamt:	89 | 100

Moriki

60325 Frankfurt am Main

Das internationale Flair des modern gestylten Restaurants ist spürbar, dazu bietet die Speisekarte einen guten Mix aus Klassikern der asiatischen Küche, und zwar weit über Sushi und Sashimi hinaus.

Taunusanlage 12
+49 69 71913070
moriki.de
Sushi • Sake • modern

P

Essen:	43 | 50
Service:	18 | 20
Weinkarte:	18 | 20
Ambiente:	9 | 10
Gesamt:	88 | 100

Mutter Ernst

60313 Frankfurt am Main

Längst eine gastronomische Institution in Frankfurt, pflegt das freundliche Traditionslokal eine bodenständige Küche mit regionalem Einschlag. Immer empfehlenswert sind die Tagesgerichte.

Rahmhofstraße 2	Essen: **42** I 50
+49 69 15341610	Service: **19** I 20
mutter-ernst-ffm.de	Weinkarte: **17** I 20
deutsche Küche • entspannt • gemütlich	Ambiente: **8** I 10
	Gesamt: 86 I 100

Occhio d'Oro

60318 Frankfurt am Main

Mit Blick auf die Frankfurter Skyline bietet das modern ausstaffierte Restaurant seinen Gästen attraktive Speisen aus der toskanisch-florentinischen Küche. Ein Place to be in der Mainmetropole.

Eschenheimer Tor 2	Essen: **43** I 50
+49 69 989728500	Service: **18** I 20
occhio-doro.com	Weinkarte: **18** I 20
italienisch • Essen mit Aussicht • modern	Ambiente: **9** I 10
	Gesamt: 88 I 100

Oceans

60325 Frankfurt am Main

Meeresrauschen im Frankfurter Westend. Das beliebte Restaurant ist spezialisiert auf Fische und Meeresfrüchte, die Küche zaubert daraus gekonnt schmackhafte Gerichte mit mediterranem Touch.

Bockenheimer Landstraße 87	Essen: **43** I 50
+49 69 87206182	Service: **17** I 20
oceans-frankfurt.de	Weinkarte: **16** I 20
Fisch • Meeresfrüchte • klassisch	Ambiente: **7** I 10
	Gesamt: 83 I 100

Omonia

60318 Frankfurt am Main

Eine Taverne, wie sie auch in Griechenland nicht besser sein könnte. Der gemischte Vorspeisenteller ist der ideale Einstieg. Wer mal keinen Hunger hat, ist in der gut sortierten Weinbar willkommen.

Eckenheimer Landstraße 126	Essen: **42** I 50
+49 69 593314	Service: **18** I 20
restaurant-omonia.de	Weinkarte: **17** I 20
griechisch • modern • entspannt	Ambiente: **8** I 10
	Gesamt: 85 I 100

Parthenon

60596 Frankfurt am Main

Wer eine kulinarische Reise nach Griechenland antreten möchte, ist in dem gemütlichen Restaurant genau richtig: familiäre Atmosphäre, authentische griechische Küche und die dazu passenden Weine.

Kennedyallee 34	Essen: **41** I 50
+49 69 635419	Service: **18** I 20
parthenon-restaurant.de	Weinkarte: **17** I 20
griechisch • entspannt • klassisch	Ambiente: **8** I 10
	Gesamt: 84 I 100

Petit Mediterrane

60316 Frankfurt am Main

Seit mehr als zehn Jahren eine gute Adresse für Fischgerichte. Und die werden hier in vielen Varianten zubereitet: mal gebraten, mal gegrillt, mal serviert mit knusprigen Bratkartoffeln, mal mit Pasta.

Bergerstraße 59	Essen: **41** | 50
+49 69 90436370	Service: **17** | 20
elarkoubi.my.canva.site	Weinkarte: **16** | 20
Fisch • Meeresfrüchte • entspannt	Ambiente: **8** | 10
	Gesamt: 82 | 100

Peysk

60325 Frankfurt am Main

In erster Linie kommen in dem angesagten Restaurant raffiniert gemachte Fischgerichte und tagesfrische Meeresfrüchte auf die Teller, doch Küchenchef David Eisenberg hat auch Fleisch aus der Pfanne.

Westendstraße 73	Essen: **42** | 50
+49 162 2056073	Service: **18** | 20
peysk.com	Weinkarte: **16** | 20
Fisch • Meeresfrüchte • entspannt	Ambiente: **8** | 10
	Gesamt: 84 | 100

Foto: Leopardi

Ponte

60487 Frankfurt am Main

Schade, dass die großartigen Meeresfrüchte-Events nur am Monatsende stattfinden: Hummer und Co satt für 69 Euro. Aber auch an anderen Tagen lohnt der Besuch dank der mediterranen Leckerbissen.

Am Weingarten 5	Essen: **42** | 50
+49 69 24704041	Service: **17** | 20
restaurant-ponte-frankfurt.de	Weinkarte: **17** | 20
Fisch • mediterran • Meeresfrüchte • entspannt	Ambiente: **7** | 10
	Gesamt: 83 | 100

Rausch

60323 Frankfurt am Main

Der Name ist Programm: Jochim Busch und Philipp Günther propagieren in ihrem neu gestalteten Restaurant den Rausch als kulinarischen Zustand. Moderne Heimatküche vom Allerfeinsten. Legerer Rahmen.

Reuterweg 57	Essen: **44** | 50
+49 69 66817701	Service: **19** | 20
rauschrauschrausch.com	Weinkarte: **19** | 20
gehoben • modern • entspannt	Ambiente: **8** | 10
	Gesamt: 90 | 100

Reuter's

60323 Frankfurt am Main

Franco Scavazza ist ein perfekter Gastgeber, seine Gastfreundschaft sorgt für gute Stimmung im gemütlichen Restaurant. Beste italienische Küche – ohne Pizza! – ist hier das kulinarische Credo.

Reuterweg 104
+49 69 95517719
reuters-frankfurt.de
italienisch • klassisch • traditionell

Essen:	**42** | 50
Service:	**18** | 20
Weinkarte:	**17** | 20
Ambiente:	**8** | 10
Gesamt:	85 | 100

Schönemann

60313 Frankfurt am Main

Oh, là, là: ein Hauch von Paris am Opernplatz. Unkomplizierte deutsche Küche mit möglichst regionalen Produkten und starkem französischem Akzent. Gemütlich-elegantes Ambiente, kompetenter Service.

Opernplatz 16
+49 69 256695936
restaurant-schoenemann.de
gemütlich • regionale Produkte • französisch

Essen:	**42** | 50
Service:	**18** | 20
Weinkarte:	**17** | 20
Ambiente:	**8** | 10
Gesamt:	85 | 100

Seven Swans

60311 Frankfurt am Main

Radikal vegan und maximal wohlschmeckend. Ricky Saward ist in diesem Genre in Deutschland die Benchmark. Das Restaurant wäre wahrscheinlich auch dann immer voll, wenn es dreimal so groß wäre.

Mainkai 4
+49 69 21996226
sevenswans.de
Fine Dining • vegan • nachhaltig

Essen:	**46** | 50
Service:	**18** | 20
Weinkarte:	**17** | 20
Ambiente:	**9** | 10
Gesamt:	90 | 100

Sommerfeld

60329 Frankfurt am Main

Die Betreiber machen im neu gestalteten Sommerfeld da weiter, wo sie im Weinsinn aufgehört haben: mit sehr guter, ausdrucksstarker Küche; nun noch etwas leichter und unkomplizierter. Topweine.

Weserstraße 4
+49 69 56998080
sommerfeld-frankfurt.de
Fine Dining • modern • offene Küche

Essen:	**46** | 50
Service:	**18** | 20
Weinkarte:	**18** | 20
Ambiente:	**9** | 10
Gesamt:	91 | 100

Sorriso

60596 Frankfurt am Main

Im geschmackvoll eingerichteten Restaurant wird ebenso geschmackvoll gekocht und serviert. Die Küche glänzt mit raffinierten Zubereitungen, die Karte bietet aromatische Kreationen aus einem Guss.

Oppenheimer Landstraße 49
+49 69 66408861
restaurantsorriso.de
Allrounder • gehoben • klassisch

Essen:	**43**	50
Service:	**18**	20
Weinkarte:	**18**	20
Ambiente:	**8**	10
Gesamt:	87	100

Sushimoto

60313 Frankfurt am Main

Für Freunde japanischer Küche geht im Sushimoto die Sonne auf. Sushi, Sashimi, Tempura und Co von bester Ware in handwerklicher Perfektion und voller Geschmack. Am besten das Omakase-Menü ordern.

Konrad-Adenauer-Straße 7
+49 69 1310057
sushimoto.eu
Casual Dining • japanisch • Sushi • Omakase

Essen:	**43**	50
Service:	**18**	20
Weinkarte:	**16**	20
Ambiente:	**8**	10
Gesamt:	85	100

Tempaccio

60323 Frankfurt am Main

Die Küche der Osteria wandelt gekonnt zwischen Tradition und Kreativität. Hausgemachte Pasta, cremiges Risotto, kleine Butter-Salbei-Ravioli und Filet von der Rinderschulter sind hier die Favoriten.

Liebigstraße 47
+49 69 20733079
tempaccio.de
italienisch • Gastgarten • traditionell

Essen:	**43**	50
Service:	**17**	20
Weinkarte:	**17**	20
Ambiente:	**8**	10
Gesamt:	85	100

The Sakai

60596 Frankfurt am Main

Hiro Sakai schöpft aus jahrzehntelanger Erfahrung als Sushi-Meister. In seinen Omakase-Menüs verbindet er gekonnt traditionelle Gerichte aus seiner Heimat mit europäischen Zutaten. Ein Erlebnis.

Hedderichstraße 69
+49 69 89990330
the-sakai.com
japanisch • Sushi • traditionell • Omakase

P

Essen:	**43**	50
Service:	**18**	20
Weinkarte:	**17**	20
Ambiente:	**8**	10
Gesamt:	86	100

Trattoria i Siciliani

60594 Frankfurt am Main

Kulinarisches Sizilien mitten in Frankfurt. In der gemütliche Trattoria wird »alla mamma« nach Familienrezepten gekocht. Zu den Gerichten werden ausschließlich Weine aus Sizilien ausgeschenkt.

Walter-Kolb-Straße 17
+49 69 61993321
trattoriaisiciliani.de
italienisch • klassisch • gemütlich

Essen:	**42** I 50
Service:	**19** I 20
Weinkarte:	**17** I 20
Ambiente:	**8** I 10
Gesamt:	86 I 100

Tridico

60327 Frankfurt am Main

Michele und Nellina Tridico servieren mit Leidenschaft und Herzblut ihre Heimatküche aus Kalabrien. Traditionelle Gerichte werden in dem schönen Ristorante gekonnt und kreativ verfeinert.

Friedrich-Ebert-Anlage 35–37
+49 69 78809333
ristorante-tridico.de
italienisch • klassisch • Pasta

Essen:	**42** I 50
Service:	**19** I 20
Weinkarte:	**17** I 20
Ambiente:	**8** I 10
Gesamt:	86 I 100

VaiVai

60322 Frankfurt am Main

Italiens kulinarische Klassiker, serviert in sehenswertem Industrial Style. Spezialität des Hauses sind die saftigen Fleischstücke vom heißen Grill, teils auch als Surf 'n' Turf zu haben.

Grüneburgweg 16
+49 69 90559305
vaivai.de
italienisch • modern • entspannt

Essen:	**42** I 50
Service:	**17** I 20
Weinkarte:	**17** I 20
Ambiente:	**8** I 10
Gesamt:	84 I 100

Villa Merton

60487 Frankfurt am Main

In der noblen Villa herrscht eine überraschend entspannte Atmosphäre. Dafür sorgt der vorbildliche Service. Die anspruchsvollen Speisen bringen Feinschmecker in Hochstimmung; auch mittags. Chef's Table.

Am Leonhardsbrunn 12
+49 69 703033
restaurant-villa-merton.de
Fine Dining • Allrounder • klassisch

Essen:	**45** I 50
Service:	**18** I 20
Weinkarte:	**18** I 20
Ambiente:	**9** I 10
Gesamt:	90 I 100

Vini... da Sabatini

60323 Frankfurt am Main

Italienische Küche und gelebte Gastfreundschaft in Bestform kann man im gemütlichen Ristorante erleben. Natürlich gibt es hier hausgemachte Pasta; Fisch und Fleisch sind immer perfekt zubereitet.

Grüneburgweg 81
+49 69 726665
vinisabatini.com
italienisch • gehoben • klassisch

Essen:	**42** I 50
Service:	**18** I 20
Weinkarte:	**18** I 20
Ambiente:	**8** I 10
Gesamt:	86 I 100

Vipho
60318 Frankfurt am Main

Authentische vietnamesische Küche gibt es in der freundlichen Location in vielen Variationen. Verarbeitet werden frische und natürliche Zutaten, verfeinert wird mit traditionellen Gewürzen.

Oeder Weg 21
+49 69 556746
vipho.de
vietnamesisch • klassisch • entspannt

Essen:	41	50
Service:	18	20
Weinkarte:	16	20
Ambiente:	8	10
Gesamt:	83	100

Yooki
60314 Frankfurt am Main

Hausgemacht und frisch zubereitet ist alles, was in dem kleinen Restaurant auf die Teller kommt. Das sind vor allem klassische japanische Gerichte, die in handwerklicher Präzision produziert werden.

Hanauer Landstraße 82
+49 69 17427088
japanisch • Sushi • modern

Essen:	42	50
Service:	18	20
Weinkarte:	17	20
Ambiente:	8	10
Gesamt:	85	100

Zenzakan
60325 Frankfurt am Main

Asiatisches Fine Dining auf die Spitze getrieben: Ein Miyazaki-Wagyu-Sandwich als Vorspeise für 99,99 Euro ist der Hit. Exzellentes Sushi, Currys, Meeresfrüchte und Steaks im prachtvollen Rahmen.

Taunusanlage 15
+49 69 97086908
mook-group.de
Fine Dining • japanisch • Sushi

P

Essen:	43	50
Service:	19	20
Weinkarte:	17	20
Ambiente:	9	10
Gesamt:	88	100

Zur Post
36399 Freiensteinau

Sebastian Heil und Katharina Koros sind Gastgeber aus Leidenschaft und verwöhnen ihre Gäste mit einer bodenständigen Küche, zubereitet aus frischen regionalen und saisonalen Produkten.

Zum See 10
+49 6644 295
gasthofzurpost-nieder-moos.de
Gasthaus • regionale Produkte • gemütlich

P A

Essen:	42	50
Service:	17	20
Weinkarte:	15	20
Ambiente:	7	10
Gesamt:	81	100

Bastian's Restaurant
61169 Friedberg

Frisch, gesund und appetitanregend: Unter diesen Maximen entstehen die modern interpretierten französisch-deutschen Gourmandisen. Sehr gutes Preis-Leistungs-Verhältnis für vier- bis siebengängige Menüs.

Erbsengasse 16
+49 6031 6726551
bastians-restaurant.de
Casual Dining • entspannt • nachhaltig

P

Essen:	44	50
Service:	18	20
Weinkarte:	17	20
Ambiente:	8	10
Gesamt:	87	100

1906 🍴🍴

36037 Fulda

Mit Akzenten aus der Weltkulinarik spickt Simon Reichmann seine Gerichte, die stark von Tradition und Region geprägt sind. Ein gekonnter Mix, der eine abwechslungsreiche Küche garantiert.

Pfandhausstraße 4
+49 661 4998740
1906-restaurant.de
Casual Dining • regionale Produkte • modern

Essen:	**44** | 50
Service:	**18** | 20
Weinkarte:	**18** | 20
Ambiente:	**8** | 10
Gesamt:	88 | 100

Bachmühle 🍴🍴

36043 Fulda

Regionalität wird in dem chic-gemütlichen Restaurant im Sandsteingewölbe großgeschrieben. Die Küche versteht es bestens, ausgesuchte heimische Produkte mit einem mediterranen Touch zu verfeinern.

Künzeller Straße 133
+49 661 93790
bachmuehle.de
mediterran • regionale Produkte • modern

Essen:	**42** | 50
Service:	**18** | 20
Weinkarte:	**17** | 20
Ambiente:	**8** | 10
Gesamt:	85 | 100

Christian & Friends 🍴🍴🍴

36037 Fulda

Christian Steska ist ein Meister darin, regionale Produkte gekonnt mit exotischen Zutaten zu verbinden. Seine Gerichte sind folglich auch voller aromatischer Spannung. Ein kulinarischer Place to be.

Nonnengasse 5
+49 1590 6301546
christianandfriends.de
Fine Dining • gemütlich • klassisch

Essen:	**46** | 50
Service:	**18** | 20
Weinkarte:	**18** | 20
Ambiente:	**8** | 10
Gesamt:	90 | 100

Goldener Karpfen 🍴

36037 Fulda

Im schicken, gemütlichen Restaurant kommen mittags und abends vorwiegend heimische Produkte auf die Teller. Kreativ zubereitet und immer von bester Qualität, ein Hotspot des guten Geschmacks.

Simpliziusbrunnen 1
+49 661 86800
hotel-goldener-karpfen.de
Gasthaus • gemütlich • romantisch

P

Essen:	**42** | 50
Service:	**17** | 20
Weinkarte:	**17** | 20
Ambiente:	**7** | 10
Gesamt:	83 | 100

Burg Schwarzenstein | Brasserie

65366 Geisenheim

Im modern eingerichteten Glaspavillon werden authentisch französische Brasseriegerichte serviert. Zu den Klassikern der Küche gehören Austern, Weinbergschnecken und die erstklassige Bouillabaisse.

Rosengasse 32
+49 6722 99500
burg-schwarzenstein.de
Casual Dining • elegant • klassisch

Essen:	43	50
Service:	18	20
Weinkarte:	17	20
Ambiente:	8	10
Gesamt:	86	100

Burg Schwarzenstein | Restaurant

65366 Geisenheim

Nicht nur der Rheinische Sauerbraten und das Wiener Schnitzel gehören zu den beliebten Klassikern des gemütlichen Restaurants, auch mit vegetarischen Gerichten kennt sich die Küche bestens aus.

Rosengasse 32
+49 6722 99500
burg-schwarzenstein.de
Hotelrestaurant • Casual Dining • deutsche Küche

Essen:	43	50
Service:	18	20
Weinkarte:	18	20
Ambiente:	8	10
Gesamt:	87	100

Schloss Johannisberg

65366 Geisenheim

Mit Küchenchef Simon Kieslich kam frischer Wind in das Schlossrestaurant. Jetzt glänzt die Küche mit einer gelungenen Mischung aus regionalen Klassikern und Gerichten mit feinem Gourmettouch.

Schloss Johannisberg
+49 6722 96090
schloss-johannisberg.de
regionale Produkte • Essen mit Aussicht • klassisch

Essen:	43	50
Service:	19	20
Weinkarte:	18	20
Ambiente:	8	10
Gesamt:	88	100

Zwei und Zwanzig

65366 Geisenheim

Das vegane Restaurant hat sich vor allem den saisonalen und regionalen Produkten verschrieben. Ideenreich zubereitet, bekommen die Gäste nachhaltige Gerichte in facettenreichen Geschmacksvarianten.

Lindenplatz 1
+49 6722 7108312
zwei-und-zwanzig.de
Casual Dining • vegan • unkonventionell

Essen:	43	50
Service:	18	20
Weinkarte:	16	20
Ambiente:	7	10
Gesamt:	84	100

Kaufmann's

36129 Gersfeld (Rhön)

In den ehemaligen Räumen der Schlossbrauerei werden heute die Gäste mit herzhaften und geschmackvollen Gerichten wie Lamm-Maultaschen, knusprigem Backhendl und Rhöner Bachforelle verwöhnt.

Schloßplatz 11
+49 6654 9178055
kaufmanns-am-schlosspark.de
deutsche Küche • klassisch • Gewölbe

Essen:	43	50
Service:	18	20
Weinkarte:	17	20
Ambiente:	8	10
Gesamt:	86	100

Foto: Hotel & Restaurant heyligenstaedt

Heyligenstaedt

35392 Gießen

»Choose happy« steht leuchtend an der Wand – und das gilt für alle Bereiche: Das coole Restaurant im Industriedenkmal ist ein Schmuckstück, die Küche mit spanischen Einflüssen steigert das Wohlbefinden.

Aulweg 41
+49 641 4609650
restaurant-heyligenstaedt.de
modern • Casual Dining • entspannt

Essen:	**43** | 50
Service:	**18** | 20
Weinkarte:	**17** | 20
Ambiente:	**8** | 10
Gesamt:	86 | 100

Knossos

35398 Gießen

Die schönsten Plätze sind auf der Terrasse am Lahnufer, drinnen fühlt man sich aber ebenso wohl. Dafür sorgt auch der nette Service. Vielfältige Mittelmeerküche mit Schwerpunkt Fisch. Reservieren!

Schlachthofstraße 3
+49 641 63827
knossos-giessen.de
griechisch • modern • Terrasse

Essen:	**42** | 50
Service:	**17** | 20
Weinkarte:	**16** | 20
Ambiente:	**8** | 10
Gesamt:	83 | 100

Tandreas

35394 Gießen

Seit fast 30 Jahren gibt es das modern-gemütlich gestylte Restaurant. Die geschmorten Kalbsbäckchen, das Wiener Schnitzel und das gebratene Lachsfilet in Hummersauce sind die Klassiker des Hauses.

Licher Straße 55
+49 641 94070
tandreas.de
Hotelrestaurant • Allrounder • Terrasse

Essen:	**42** | 50
Service:	**18** | 20
Weinkarte:	**17** | 20
Ambiente:	**8** | 10
Gesamt:	85 | 100

Bocca D'Oro

64347 Griesheim

Leo Ferrante schwört auf das 200 Jahre alte Originalrezept der Pizza Napoletana. Der Teig ruht 60 Stunden und bleibt nur drei Minuten im Ofen. Prima, wie die sämtlichen anderen italienischen Spezialitäten auch.

Wilhelm-Leuschner-Straße 160A
+49 6155 8316161
bocca-doro.de
gemütlich • Fisch • klassisch

Essen:	**42** | 50
Service:	**18** | 20
Weinkarte:	**16** | 20
Ambiente:	**8** | 10
Gesamt:	84 | 100

Pizarro
64521 Groß-Gerau

Dass Julio Pizarro ein kreativer Koch ist, kann man in seinen innovativen Gerichten schmecken. Raffiniert zusammengestellt aus erstklassigen Produkten, ist alles mit einem Touch Gourmet zubereitet.

Frankfurter Straße 13
+49 176 40451376
restaurant-pizarro.de
Crossover-Küche • modern • gehoben

Essen:	44 | 50
Service:	19 | 20
Weinkarte:	18 | 20
Ambiente:	8 | 10
Gesamt:	89 | 100

Farmerhaus
64823 Groß-Umstadt

Das freundliche Gasthaus ist eine Pilgerstätte für alle, die das kulinarische Südafrika schätzen und lieben. Im ansprechenden Ambiente wird authentisch und landestypisch gekocht und aufgetischt.

Am Farmerhaus 1
+49 6078 911191
farmerhaus.de
Gasthaus • Casual Dining • afrikanisch

P

Essen:	43 | 50
Service:	19 | 20
Weinkarte:	17 | 20
Ambiente:	8 | 10
Gesamt:	87 | 100

Villa Busch
35708 Haiger

Die Villa Busch macht als architektonisches Kleinod auf den ersten Blick Freude – und Chef Ralfs (Dörr) köstliche Teller bis zum letzten Bissen. Und er zeigt auch bei Themenwochen sein Können. Herrliche Terrasse.

Westerwaldstraße 4
+49 2773 9189031
villabusch.com
Casual Dining • Terrasse • Essen mit Aussicht • modern

P

Essen:	44 | 50
Service:	18 | 20
Weinkarte:	17 | 20
Ambiente:	9 | 10
Gesamt:	88 | 100

Adler Wirtschaft
65347 Hattenheim

Ein Gasthaus wie aus dem Bilderbuch, nicht nur das Interieur versprüht Flair und Charme. Die Küche setzt voll und ganz auf erstklassige regionale Produkte, immer frisch und mit Raffinesse zubereitet.

Hauptstraße 31
+49 6723 7982
franzkeller.de
Gasthaus • bio • traditionell

P

Essen:	44 | 50
Service:	18 | 20
Weinkarte:	19 | 20
Ambiente:	8 | 10
Gesamt:	89 | 100

Zum Krug
65347 Hattenheim

Josef Laufer hält den Familienbetrieb mit seiner erstklassigen Küche auf Kurs. Klassischer Sauerbraten und bestes Wiener Schnitzel gehören genauso zum Repertoire wie Kalbsleber und Zanderfilet.

Hauptstraße 34
+49 6723 99680
zum-krug-rheingau.de
Gasthaus • deutsche Küche • klassisch • gemütlich

P

Essen:	44 | 50
Service:	18 | 20
Weinkarte:	20 | 20
Ambiente:	8 | 10
Gesamt:	90 | 100

Hohenhaus | Grill

37293 Herleshausen

Lars Pfister hat ein gutes Händchen für zeitgemäße Interpretationen kulinarischer Klassiker. Auf der abwechslungsreichen Speisekarte steht gebratene Stopfleber ebenso wie Rinderroulade und Lachs.

Hohenhaus 1
+49 5654 9870
hohenhaus.de
Gasthaus • im Grünen • gemütlich

Essen:	**42** I 50
Service:	**18** I 20
Weinkarte:	**18** I 20
Ambiente:	**8** I 10
Gesamt:	86 I 100

Hohenhaus | La Vallée Verte

37293 Herleshausen

Im kleinen Restaurant zelebrieren Alexander Mayer und sein Team eine bemerkenswerte Gourmetküche, die gekonnt zwischen bewährter Tradition und modernen Akzenten aus der internationalen Küche wandelt.

Hohenhaus 1
+49 5654 9870
hohenhaus.de
Fine Dining • französisch • elegant

Essen:	**45** I 50
Service:	**19** I 20
Weinkarte:	**18** I 20
Ambiente:	**8** I 10
Gesamt:	90 I 100

Les deux Dienstbach

65239 Hochheim am Main

Im historischen Gutshaus des Weinguts Künstler zelebrieren Jennifer Himmel und Christian Aguilar variantenreiche Menüs und Gerichte aus der französischen Küche. Dazu werden die passenden Weine eingeschenkt.

Geheimrat-Hummel-Platz 1A
+49 6146 5259228
les-deux-dienstbach.de
französisch • modern • Gastgarten

Essen:	**44** I 50
Service:	**18** I 20
Weinkarte:	**18** I 20
Ambiente:	**9** I 10
Gesamt:	89 I 100

Krone Gaststube

64739 Höchst

Ein freundliches Gasthaus in idyllisch-ländlicher Umgebung, Familie Wölfelschneider kümmert sich bestens um ihre Gäste. Aus der Küche kommen fein gemachte, bodenständige Gerichte – Genuss pur.

Rondellstraße 20
+49 6163 931000
krone-hetschbach.de
Gasthaus • gemütlich • deutsche Küche

Essen:	**41** I 50
Service:	**18** I 20
Weinkarte:	**16** I 20
Ambiente:	**8** I 10
Gesamt:	83 I 100

Krone Restaurant

64739 Höchst

In der ungezwungenen Atmosphäre des sympathischen Familienbetriebs steht der Genuss ganz oben. Und der präsentiert sich im schicken Restaurant französisch-mediterran inspiriert und gekonnt umgesetzt.

Rondellstraße 20
+49 6163 93100
krone-hetschbach.de
Gasthaus • klassisch • französisch

Essen:	**42** I 50
Service:	**18** I 20
Weinkarte:	**17** I 20
Ambiente:	**8** I 10
Gesamt:	85 I 100

Foto: GROSSAUFNAHMEN.DE

1811 Carmelo Riccardo Cali

65719 Hofheim

Fine Dining in stilvoller Atmosphäre. Carmelo Riccardo Cali bietet seinen Gästen authentische italienische Gerichte, die er gekonnt mit einem Touch aus der Gourmetküche verfeinert.

Pfarrgasse 24
+49 6192 9588260
das1811.de
italienisch • offene Küche • entspannt

Essen:	43 | 50
Service:	18 | 20
Weinkarte:	17 | 20
Ambiente:	8 | 10
Gesamt:	86 | 100

A Tavola Da Totó

65719 Hofheim

Ob die Bürger auch früher so gern ins Alte Rathaus gegangen sind? Viele haben Salvatore »Totó« Cali ins Herz geschlossen – und natürlich seine italienischen Klassiker. Leckere Pizza und Pasta.

Weilbacher Straße 1
+49 6192 2007171
datoto-hofheim.de
italienisch • Pizza • traditionell

Essen:	42 | 50
Service:	18 | 20
Weinkarte:	17 | 20
Ambiente:	8 | 10
Gesamt:	85 | 100

Scheuer

65719 Hofheim

Dem passionierten Jäger Ralph Stöckle gelingen nicht nur mit selbst erlegtem Wild kulinarische Volltreffer. Auch mit Gemüse und Kräutern aus dem eigenen Garten bereichert er seine frankophilen Kreationen.

Burgstraße 12
+49 6192 27774
die-scheuer.de
Gasthaus • regionale Produkte • entspannt

Essen:	43 | 50
Service:	18 | 20
Weinkarte:	17 | 20
Ambiente:	8 | 10
Gesamt:	86 | 100

Giorgios

65329 Hohenstein

Nicht vom Namen irritieren lassen: Im Restaurant des Hofguts am Golfplatz werden internationale Klassiker mit hessischem Einschlag serviert. Schmeckt am Kamin und auf der Terrasse.

Georgenthal 1
+49 6128 9430
hofgut-georgenthal.de
Hotelrestaurant • Casual Dining • regionale Produkte

Essen:	43 | 50
Service:	18 | 20
Weinkarte:	18 | 20
Ambiente:	8 | 10
Gesamt:	87 | 100

Henrich Höer's Speisezimmer

65510 Idstein

Ein architektonisches Kleinod und ein kulinarisches Highlight. Im wunderbaren Höerhof verblüfft die Küche mit raffinierten Kreationen. Im Sommer wird im romantischen Lindenhof aufgetischt.

Obergasse 26
+49 6126 6500226
hoerhof.de
Fine Dining • im Schloss • elegant

Essen:	**43**	50
Service:	**18**	20
Weinkarte:	**17**	20
Ambiente:	**8**	10
Gesamt:	86	100

ENO

34119 Kassel

Gianluca Magnesa bringt viel Leidenschaft in sein Restaurant, der sympathische Gastgeber bietet seinen Gäste eine aus besten Produkten innovativ zubereitete Aromenküche voller Raffinesse.

Goethestraße 67
+49 561 76690966
eno-weinbar.de
offene Küche • gehoben • elegant

Essen:	**42**	50
Service:	**18**	20
Weinkarte:	**18**	20
Ambiente:	**8**	10
Gesamt:	86	100

Foto: vithu

Lolas

34117 Kassel

Authentische spanische Tapas, mediterran und international inspirierte Snacks, coole Drinks und eine durchdachte Weinauswahl machen die Szenelocation zu einem Hotspot für unkomplizierte Genüsse.

Hinter der Komödie 15
+49 561 92097928

Tapas • modern • entspannt

Essen:	**42**	50
Service:	**18**	20
Weinkarte:	**18**	20
Ambiente:	**8**	10
Gesamt:	86	100

Mondi

34117 Kassel

»Traditionelle Zutaten und globale Ideen« lautet das Motto des Restaurants, das seine Speisekarte nach frischen saisonalen und regionalen Produkten zusammenstellt. Eigener Raum für Private Dining.

Wilhelmshöher Allee 34
+49 561 83079318
mondi-restaurant.de
Casual Dining • vegetarisch • nachhaltig

Essen:	**42**	50
Service:	**18**	20
Weinkarte:	**16**	20
Ambiente:	**7**	10
Gesamt:	83	100

Ambiente Italiano

65451 Kelsterbach

Trattoria und Gourmetlokal – Ambiente Italiano und Alte Oberförsterei – gehen eine harmonische Liaison ein. Pedro Fernandes kocht mit viel Herz: von Pizza und Pasta bis zu mehrgängigen Menüs.

Staufenstraße 16
+49 6107 9896840
ambienteitaliano.de
Casual Dining • italienisch • gemütlich

Essen:	43	50
Service:	18	20
Weinkarte:	17	20
Ambiente:	8	10
Gesamt:	86	100

Villa Rothschild

61462 Königstein im Taunus

Ein herrlicher Platz zum Genießen – drinnen wie draußen. Patrick Bittner hat den großen Menüs abgeschworen und begeistert mit einfallsreichen Kreationen. Das Sharing-Konzept kommt gut an. Topservice.

Im Rothschildpark 1
+49 6174 900
brhhh.com
Hotelrestaurant • elegant • regionale Produkte

Essen:	44	50
Service:	18	20
Weinkarte:	18	20
Ambiente:	9	10
Gesamt:	89	100

Adler

61476 Kronberg im Taunus

Im traditionsreichsten Gasthaus in der Altstadt weht verführerischer Küchenduft. Alles wird frisch zubereitet – handwerklich sauber und nach Möglichkeit aus guten lokalen Produkten.

Friedrich-Ebert-Straße 13
+49 6173 7027156
adler-kronberg.net
Gasthaus • deutsche Küche • österreichisch

Essen:	42	50
Service:	18	20
Weinkarte:	17	20
Ambiente:	8	10
Gesamt:	85	100

Grüne Gans

61476 Kronberg im Taunus

Der Rahmen im historischen Fachwerkhaus ist rustikal, die Küche (à la carte) modern und französisch inspiriert. Beliebte Klassiker: Flammkuchen, Weinbergschnecken und Chateaubriand. Netter Service.

Pferdstraße 20
+49 6173 783666
gruene-gans.com
Gasthaus • gemütlich • französisch

Essen:	41	50
Service:	17	20
Weinkarte:	15	20
Ambiente:	7	10
Gesamt:	80	100

Victoria Schlossrestaurant 61476 Kronberg im Taunus

Im kaiserlichen Glanz strahlt das historische Speisezimmer, das heute als Restaurant dient. Fine Dining ist hier angesagt, die französisch angehauchte Küche präsentiert sich vorwiegend klassisch.

Hainstraße 25
+49 6173 70101
schlosshotel-kronberg.com
Hotelrestaurant • vegetarisch • im Schloss • klassisch

Essen:	42 | 50
Service:	18 | 20
Weinkarte:	17 | 20
Ambiente:	9 | 10
Gesamt:	86 | 100

Schuberts 36341 Lauterbach

Das familiengeführte Romantikhotel hält, was es verspricht, das Restaurant besticht mit Charme und Wohlfühlambiente. Die Küche hat Bodenhaftung, hier schmecken Schnitzel, Entenbrust und Kabeljau.

Kanalstraße 12
+49 6641 96070
hotel-schubert.de
Hotelrestaurant • Fisch • klassisch • Familienbetrieb

Essen:	42 | 50
Service:	18 | 20
Weinkarte:	18 | 20
Ambiente:	8 | 10
Gesamt:	86 | 100

360° 65549 Limburg

Im März 2026 feiern Alexander Hohlwein und seine Partnerin Rebekka Weickert Zehnjähriges im 360°. Dessen Entwicklung imponiert und die weltoffene Aromenküche begeistert – auch zum Lunch.

Bahnhofsplatz 1a
+49 6431 2113360
restaurant360grad.de
Fine Dining • modern • elegant

Essen:	45 | 50
Service:	19 | 20
Weinkarte:	18 | 20
Ambiente:	8 | 10
Gesamt:	90 | 100

Fellini 65549 Limburg

Dolce Vita in der Bischofsstadt: Mario Di Blasios italienische Klassiker schmecken im südländischen Garten am besten, aber auch drinnen. Die im Ganzen gebratenen Fische sind spitze.

Frankenstraße 9
+49 6431 5840420
fellini-limburg.de
italienisch • klassisch • Terrasse

Essen:	42 | 50
Service:	18 | 20
Weinkarte:	17 | 20
Ambiente:	8 | 10
Gesamt:	85 | 100

Margaux 65549 Limburg

Außen schönes Fachwerk, im schmalen Gastraum stilvolle Eleganz mit wertvollen Accessoires. Und eine Küche, die immer besser wird. Fabian Sollbach veredelt Topprodukte. Auch mittags und à la carte.

Kornmarkt 7
+49 6431 5975677
margaux-restaurant.de
französisch • modern • traditionell

Essen:	43 | 50
Service:	18 | 20
Weinkarte:	18 | 20
Ambiente:	8 | 10
Gesamt:	87 | 100

Twins Restaurant

65549 Limburg

Das Rinderfilet unter der mediterranen Kräuter-Brioche-Kruste und der Lammrücken sind die Spezialitäten des freundlichen Restaurants. Der zuvorkommende Service berät kompetent zur Weinauswahl.

Brückengasse 1
+49 6431 9960
nassauerhof-limburg.de
Hotelrestaurant • französisch • klassisch

Essen:	42	50
Service:	18	20
Weinkarte:	17	20
Ambiente:	8	10
Gesamt:	85	100

Löwe

63589 Linsengericht

Die Jahreszeiten bestimmen die Speisekarte des schönen Gasthauses. Beste saisonale und regionale Hausmannskost, raffiniert zubereitet. Seit Jahren ein Hort des gutbürgerlichen Geschmacks.

Dorfstraße 20
+49 6051 71343
derloewe.com
Gasthaus • gemütlich • regionale Produkte

Essen:	42	50
Service:	17	20
Weinkarte:	16	20
Ambiente:	8	10
Gesamt:	83	100

Schmelz

35457 Lollar

Umgeben von grünen Wiesen ist das renommierte Haus eine beliebte Adresse für Feinschmecker. Denn hier werden gutbürgerliche Gerichte geboten, zubereitet aus saisonalen und regionalen Produkten.

Schmelz 3
+49 6406 3419
schmelz-muehle.de
Gasthaus • bio • Fisch • Wild

Essen:	42	50
Service:	17	20
Weinkarte:	16	20
Ambiente:	8	10
Gesamt:	83	100

Fleur de Sel

63477 Maintal

Im schicken Restaurantambiente wird die klassische französische Küche von Patrick Theumer gekonnt neu interpretiert, seine Gerichte sind kreativ-abwechslungsreich und raffiniert zubereitet.

Florscheidstraße 19
+49 6181 9683385
restaurant-fleurdesel.de
französisch • gemütlich • klassisch

Essen:	43	50
Service:	18	20
Weinkarte:	17	20
Ambiente:	8	10
Gesamt:	86	100

Marburger Esszimmer

35037 Marburg

Schöne Idee: Die Gäste werden im Gewächshaus, umringt von Minze, Zitronengras und Mandarinenbäumen, auf das Green-Dining-Erlebnis im Esszimmer eingestimmt. Denis Feix ist in Hochform.

Anneliese-Pohl-Allee 1
+49 6421 8890471
marburger-esszimmer.de
Casual Dining • Sushi • Fisch • Terrasse

Essen:	46	50
Service:	19	20
Weinkarte:	18	20
Ambiente:	8	10
Gesamt:	91	100

Mizu

35037 Marburg

Dubai? London? Marburg! Das Mizu verblüfft mit kosmopolitischer Ausstattung und Atmosphäre sowie authentischer Küche auf hohem Niveau. Asian Fusion vereint das Beste aus verschiedenen Ländern.

Anneliese-Pohl-Allee 2 +49 6421 6005570 mizu-marburg.de **asiatisch • Sushi • modern**	Essen: **44** I 50 Service: **18** I 20 Weinkarte: **18** I 20 Ambiente: **9** I 10 Gesamt: 89 I 100

Waldschlösschen

35041 Marburg

Wunderbare Eventlocation im Grünen mit gemütlichem Restaurant und herrlichem Garten. Im Sommer wird vorzüglich gegrillt, im Winter auch in Iglus geschlemmt. Wirt Stefan Cabras hat tolle Weine parat.

Dagobertshäuser Straße 12 +49 6421 1750271 waldschloesschen-dagobertshausen.de **Allrounder • gemütlich • Gastgarten** P	Essen: **43** I 50 Service: **18** I 20 Weinkarte: **18** I 20 Ambiente: **8** I 10 Gesamt: 87 I 100

Geiersmühle

64720 Michelstadt

Ein gemütlicher Landgasthof inmitten von Wäldern und Wiesen. Die ambitionierte Küche setzt auf marktfrische, regionale Produkte, die mit Pfiff und einem Schuss mediterraner Aromen zubereitet werden.

Ohrnbach-Außenliegend 1 +49 6066 721 geiersmuehle.de **Gasthaus • klassisch • gemütlich**	Essen: **42** I 50 Service: **18** I 20 Weinkarte: **16** I 20 Ambiente: **8** I 10 Gesamt: 84 I 100

Romana

64720 Michelstadt

Gianluca Gatti ist ein Meister der Pizza, seit mehr als 30 Jahren ist er mit vielen Varianten eine feste gastronomische Größe in Michelstadt. Aber auch hausgemachte Pasta gehört zum Repertoire.

Erbacher Straße 14 +49 6061 72131 romana-pizzeria.de **italienisch • Pizza • entspannt** P	Essen: **41** I 50 Service: **17** I 20 Weinkarte: **16** I 20 Ambiente: **8** I 10 Gesamt: 82 I 100

Zum Grünen Baum

64720 Michelstadt

Im schönen Gasthaus bietet die Regionalküche des sympathischen Familienbetriebs nicht nur Wild aus heimischer Jagd, sondern auch Forellen aus dem Mossautal und Lamm direkt vom nahen Bauernhof.

Große Gasse 17 +49 6061 2409 gruenerbaum-michelstadt.com **regionale Produkte • traditionell • Gastgarten** P	Essen: **43** I 50 Service: **19** I 20 Weinkarte: **18** I 20 Ambiente: **9** I 10 Gesamt: 89 I 100

Alter Haferkasten

63263 Neu-Isenburg

Authentische Cucina italiana lautet seit vielen Jahren das Küchenmotto im gemütlichen Restaurant. Doch auch der weite Blick über den kulinarischen Tellerrand wird hier gekonnt gepflegt.

Löwengasse 23
+49 6102 326059
restaurant-haferkasten.de
italienisch • gemütlich • Pasta

Essen:	**43**	50
Service:	**19**	20
Weinkarte:	**18**	20
Ambiente:	**8**	10
Gesamt:	88	100

Da Luigi

63263 Neu-Isenburg

Mit Liebe und Passion betreibt Luigi Akdag sein Restaurant. Die Gäste schätzen seine authentische italienische Küche, die Grandezza des Service und die gut sortierte Weinkarte. Bella Italia!

Kronengasse 8
+49 6102 377337
ristorante-da-luigi.de
italienisch • Pasta • klassisch

Essen:	**42**	50
Service:	**18**	20
Weinkarte:	**18**	20
Ambiente:	**8**	10
Gesamt:	86	100

Neuer Haferkasten

63263 Neu-Isenburg

Der Neue Haferkasten ist ein alter Hut – im positiven Sinn. An der leckeren, authentisch kalabrischen Küche, dem tollen Weinangebot und der südländischen Gastfreundschaft hat sich nichts geändert.

Frankfurter Straße 118
+49 6102 35329
neuer-haferkasten.de
Casual Dining • italienisch • klassisch

P

Essen:	**43**	50
Service:	**19**	20
Weinkarte:	**17**	20
Ambiente:	**8**	10
Gesamt:	87	100

Greisslerei

61440 Oberursel

Fabian Fuiko huldigt seiner österreichischen Heimat mit Klassikern wie Backhendl und Wiener Schnitzel, versteht sich aber auch auf Seeteufel und Co. Alles auf hohem Niveau. Angenehme Atmosphäre.

Rathausplatz 9
+49 6171 9796836
die-greisslerei.de
österreichisch • gemütlich • klassisch

Essen:	**43**	50
Service:	**18**	20
Weinkarte:	**17**	20
Ambiente:	**8**	10
Gesamt:	86	100

Kraftwerk

61440 Oberursel

Da muss man mal gewesen sein – und dann kommt man gern wieder. Das stylishe Restaurant begeistert mit kreativen Gerichten, die regional, klassisch, österreichisch oder mediterran geprägt sind.

Zimmersmühlenweg 2
+49 6171 929982
kraftwerkrestaurant.de
Casual Dining • österreichisch • klassisch

Essen:	**43**	50
Service:	**18**	20
Weinkarte:	**17**	20
Ambiente:	**8**	10
Gesamt:	86	100

Brentanohaus

65375 Oestrich-Winkel

Im geschichtsträchtigen Brentanohaus bietet Familie Allendorf und Schönleber in angenehmer Atmosphäre eine Auswahl ihrer Weine, dazu wird gekonnt fein gemachte, gutbürgerliche Küche serviert.

Am Lindenplatz 2
+49 6723 8854070
brentanohaus.de
regionale Produkte • eigener Weinbau • Terrasse

Essen:	**43**	50
Service:	**18**	20
Weinkarte:	**18**	20
Ambiente:	**8**	10
Gesamt:	87	100

Blaue Ziege

36100 Petersberg

Frisch, nachhaltig und regional – Küchenchef Florian Nitsche und sein engagiertes Team sind diesem kulinarischen Dreiklang bis ins aromatische Detail treu. Ein schönes Restaurant mit Atmosphäre.

Rathausplatz 2
+49 661 86206530
blaue-ziege.de
regionale Produkte • klassisch • entspannt

Essen:	**42**	50
Service:	**19**	20
Weinkarte:	**17**	20
Ambiente:	**8**	10
Gesamt:	86	100

due amici by Nuivi

63110 Rodgau

Jeden Freitag gibt es hier eine besondere Auswahl an Meeresfrüchten und Fischen. An den restlichen Tagen überzeugt das sympathische Restaurant mit seiner authentischen italienischen Küche.

Vordergasse 22
+49 6106 6254662
nuivi.com
italienisch • modern • gemütlich

Essen:	**43**	50
Service:	**19**	20
Weinkarte:	**18**	20
Ambiente:	**8**	10
Gesamt:	88	100

Bees Restaurant

65385 Rüdesheim am Rhein

Das Küchenteam bietet in gemütlich-schicker Atmosphäre ein kreatives kulinarisches Programm. Gut beraten ist man immer mit den Menüs, die einzelnen Gerichte sind kleine geschmackliche Kunstwerke.

Am Rottland 6
+49 6722 4191916
beesrestaurant.de
Fine Dining • elegant • modern

Essen:	**44**	50
Service:	**18**	20
Weinkarte:	**18**	20
Ambiente:	**8**	10
Gesamt:	88	100

Breuer's Rüdesheimer Schloss

65385 Rüdesheim am Rhein

Die Weinkarte im gemütlichen Schlossrestaurant ist gigantisch, die ambitionierte Küche bietet ein abwechslungsreiches Repertoire aus regionalen Gerichten und internationalen Klassikern.

Steingasse 10
+49 6722 90500
ruedesheimer-schloss.com
Gasthaus • gemütlich • regionale Produkte

Essen:	**43** | 50
Service:	**18** | 20
Weinkarte:	**19** | 20
Ambiente:	**8** | 10
Gesamt:	88 | 100

F40 Las Brisas

65428 Rüsselsheim

Im »Home of Tapas« trifft südländischer Charme auf deutsche Industriekultur. Neben köstlichen Tapas in allen Variationen sind Burger der Hit. Außerdem leckere Salate und saftige Steaks.

Elisabethenstraße 20
+49 6142 9428554
las-brisas.de
Steak • Burger • Tapas • unkonventionell

Essen:	**41** | 50
Service:	**18** | 20
Weinkarte:	**15** | 20
Ambiente:	**7** | 10
Gesamt:	81 | 100

Schaab Louis

65428 Rüsselsheim

Die alte Kastanie gibt dem großen Biergarten besonderes Flair. Aber auch im historischen Gasthaus sitzt man gemütlich und freut sich über herzhafte Speisen. Dazu passen Rheingauer Wein und Bier.

Ludwigstraße 23
+49 6142 13248
schaab-louis.de
deutsche Küche • entspannt • Gastgarten

Essen:	**42** | 50
Service:	**18** | 20
Weinkarte:	**17** | 20
Ambiente:	**8** | 10
Gesamt:	85 | 100

Wellenlänge

65428 Rüsselsheim

Hausgemachte Pasta und die mediterrane Antipasti-Platte sind nur zwei Spezialitäten auf der attraktiven Karte des modern gestylten Restaurants. Weiters empfehlenswert ist das Wiener Schnitzel.

Mainstraße 17
+49 6142 961280
hoellammain.de
Hotelrestaurant • Steak • modern

Essen:	**42** | 50
Service:	**18** | 20
Weinkarte:	**18** | 20
Ambiente:	**8** | 10
Gesamt:	86 | 100

Landgraf

64342 Seeheim-Jugenheim

Im gemütlich eingerichteten Landhaus bieten Daniel McCabe und Volker Salm ein Potpourri an hausgemachten Gerichten aus besten Produkten. Immer empfehlenswert ist das abwechslungsreiche Fischmenü.

Felsbergstraße 49
+49 6257 5051795
gasthaus-landgraf.de
Gasthaus • gemütlich • Steak

Essen:	**42** I 50
Service:	**18** I 20
Weinkarte:	**17** I 20
Ambiente:	**8** I 10
Gesamt:	85 I 100

Kehl

36142 Tann (Rhön)

Tradition wird bei Familie Kehl großgeschrieben, der schöne Landgasthof ist denn auch seit vier Generationen ein verlässlicher Hort der fein gemachten, gutbürgerlichen, regionalen Küche.

Eisenacher Straße 15
+49 6682 387
landhaus-kehl.de
Gasthaus • gemütlich • traditionell • Wild

Essen:	**42** I 50
Service:	**18** I 20
Weinkarte:	**16** I 20
Ambiente:	**8** I 10
Gesamt:	84 I 100

Uwe & Uli

61250 Usingen

Wenn Uwe und Uli in ihrem Fachwerkjuwel zu Tisch bitten, fühlen sich die maximal 14 Gäste wie bei einer privaten Feier. Die Festtafel ist mit regionalen und Edelprodukten reich gedeckt.

Marktplatz 21
+49 6081 5763760
uwe-uli.de
Casual Dining • Steak • Terrasse • traditionell

Essen:	**43** I 50
Service:	**18** I 20
Weinkarte:	**17** I 20
Ambiente:	**8** I 10
Gesamt:	86 I 100

Wissegiggl

65606 Villmar

Das Wild kommt aus dem heimischen Wald, das Rind aus Argentinien: Beides schmeckt. Ebenso wie die hausgemachten Burger, die Wirtshausfladen und Klassiker aus der Gusseisenpfanne. Urige Hüttenatmosphäre.

Wiesenstraße 3
+49 6483 8007765
wissegiggl.de
Hausmannskost • Wild • Burger • urig

Essen:	**41** I 50
Service:	**17** I 20
Weinkarte:	**16** I 20
Ambiente:	**7** I 10
Gesamt:	81 I 100

Zur Schlupp

65396 Walluf

Ein kleines Gasthaus wie aus dem Bilderbuch. Isabelle Ehrhardt kümmert sich charmant um die Gäste, ihr Mann Michael kocht erstklassige, geschmackvolle Gerichte mit feinen Aromennuancen.

Hauptstraße 25
+49 6123 72638
gasthauszurschlupp.de
Fine Dining • Gasthaus • gemütlich

Essen:	**44** I 50
Service:	**19** I 20
Weinkarte:	**17** I 20
Ambiente:	**9** I 10
Gesamt:	89 I 100

Burg Gleiberg

35435 Wettenberg

In historischen Mauern bietet die sehenswerte Burg eine bodenständige Gastronomie in einzigartigem Ambiente. Eine Spezialität des Hauses ist das Cordon bleu vom Rehbock mit Wildschweinschinken.

Burgstraße 90 +49 641 8778918 burggleiberg.de **Gasthaus • Gewölbe • entspannt**	Essen: **42** / 50 Service: **18** / 20 Weinkarte: **16** / 20 Ambiente: **7** / 10 Gesamt: 83 / 100

Cem Klein's

65201 Wiesbaden

Eine kulinarische Reise durch die Länder des Mittelmeers bietet das schicke Bistro mit Wohlfühlambiente, immer ergänzt durch saisonale und regionale Gerichte und die passenden Weine.

Weißer Weg +49 611 71028072 cemklein.de **Allrounder • mediterran • gemütlich** P	Essen: **42** / 50 Service: **18** / 20 Weinkarte: **17** / 20 Ambiente: **8** / 10 Gesamt: 85 / 100

Chez Mamie

65183 Wiesbaden

»Bei Oma«, so die Übersetzung, wird zeitgemäß gekocht – und zwar die gesamte Bandbreite gehobener französischer Küche. Meeresfrüchte sind die Spezialität. Schicke Brasserie und Bar. Günstiger Businesslunch.

Spiegelgasse 9 +49 611 36024800 chez-mamie.de **französisch • Gastgarten • entspannt**	Essen: **43** / 50 Service: **18** / 20 Weinkarte: **17** / 20 Ambiente: **8** / 10 Gesamt: 86 / 100

Comeback

65183 Wiesbaden

Englischer Name, aber italienisches Flair in der Fußgängerzone. Die Laufkundschaft labt sich mittags an guter Steinofen-Pizza und Pasta, abends kommen dann die Genießer und ordern Fisch- und Fleischgerichte.

Goldgasse 13 +49 611 373802 ristorante-comeback.de **italienisch • klassisch • Pizza**	Essen: **42** / 50 Service: **18** / 20 Weinkarte: **17** / 20 Ambiente: **8** / 10 Gesamt: 85 / 100

Das Goldstein by Gollner's

65207 Wiesbaden

Großartige Location mitten im Wald. Unter den glücklichen Stammgästen sind viele Winzer und Gastronomen. Das sagt viel über die hervorragende Küche und die imponierende Weinauswahl.

Goldsteintal 50
+49 611 541187
gollners.de
Gasthaus • österreichisch • gemütlich

Essen:	45 | 50
Service:	19 | 20
Weinkarte:	19 | 20
Ambiente:	9 | 10
Gesamt:	92 | 100

Di Gregorio

65189 Wiesbaden

Gehobene italienische Küche in gemütlicher Wohnzimmeratmosphäre und auf der Terrasse. Fische sind die Spezialität des Hauses, das von Familie Di Gregorio sehr sympathisch geführt wird.

Frankfurter Straße 36
+49 611 3757177
di-gregorio.de
italienisch • elegant • Fisch • Terrasse

Essen:	44 | 50
Service:	19 | 20
Weinkarte:	18 | 20
Ambiente:	8 | 10
Gesamt:	89 | 100

Ente

65183 Wiesbaden

Die seit 1980 mit einem Stern geschmückte Ente fliegt 2026 aus. Wo sie sich während der Sanierung des Hotels für etwa zwei Jahre als Pop-up-Restaurant niederlassen wird, ist noch offen.

Kaiser-Friedrich-Platz 3–4
+49 611 133666
hommage-hotels.com
Hotelrestaurant • Fine Dining • klassisch • Terrasse

Essen:	45 | 50
Service:	18 | 20
Weinkarte:	19 | 20
Ambiente:	9 | 10
Gesamt:	91 | 100

Forsthaus Rheinblick

65199 Wiesbaden

Nicht nur das Forsthausstüberl vermittelt Gemütlichkeit, auf der schönen Terrasse mit Blick ins Grüne lässt es sich ebenfalls gut verweilen. Leckere, gutbürgerliche Gerichte mit regionalen Produkten.

Frauensteiner Straße 117
+49 611 429171
forsthaus-rheinblick.net
Gasthaus • gemütlich • klassisch

Essen:	43 | 50
Service:	19 | 20
Weinkarte:	17 | 20
Ambiente:	9 | 10
Gesamt:	88 | 100

Henrichs

65183 Wiesbaden

Ausgezeichnete internationale Küche mit starken mediterranen und asiatischen Elementen in urbanem Ambiente. Guter Businesslunch. Und abends zum Ausklang ein Drink in der Penthouse-Bar.

Taunusstraße 1A	Essen: **44** I 50
+49 611 90066999	Service: **19** I 20
henrichs-wiesbaden.de	Weinkarte: **18** I 20
Allrounder • modern • Terrasse	Ambiente: **9** I 10
	Gesamt: 90 I 100

i-Punkt

65183 Wiesbaden

Sehen und gesehen werden ist ein Grund, warum so viele Stammgäste so gern in den verglasten Pavillon kommen. Die zuverlässig gute Küche von Oliver Henrich der andere. Beliebte Adresse am Kurhaus.

Wilhelmstraße 49	Essen: **43** I 50
+49 611 5801998	Service: **18** I 20
ipunkt-wiesbaden.de	Weinkarte: **18** I 20
entspannt • Terrasse • Essen mit Aussicht	Ambiente: **8** I 10
	Gesamt: 87 I 100

Kellerskopf

65207 Wiesbaden

Hoch über Wiesbaden gelegen, bietet Tim Gassauer in seinem Restaurant eine kreative und bodenständige Küche. Dazu werden kulinarische Abende und ein romantisches Candle-Light-Dinner veranstaltet.

Kellerskopf 1	Essen: **42** I 50
+49 6127 4926	Service: **17** I 20
kellerskopf.de	Weinkarte: **17** I 20
Gasthaus • klassisch • Allrounder	Ambiente: **8** I 10
P	Gesamt: 84 I 100

Landhaus Diedert

65195 Wiesbaden

Ob unter alten Platanen im Garten oder im gediegenen Restaurant, hier erwartet die Gäste ein romantischer Ort zum Wohlfühlen – und zum Genießen. Der französische Ursprung des Landhauses zeigt sich noch auf dem Teller.

Am Kloster Klarenthal 9	Essen: **43** I 50
+49 611 1846600	Service: **19** I 20
landhaus-diedert.de	Weinkarte: **18** I 20
Gasthaus • im Grünen • Terrasse • klassisch	Ambiente: **9** I 10
P	Gesamt: 89 I 100

Martino Kitchen

65183 Wiesbaden

Klein und fein das Restaurant, frisch und schmackhaft die italienisch angehauchte Küche, kompetent und freundlich der Service. Darum kommt das Kitchen von Martino und Kathi Stirn so gut an.

Marktplatz 13	Essen: **42** | 50
+49 611 97492222	Service: **18** | 20
martino.kitchen	Weinkarte: **17** | 20
Casual Dining • modern • nachhaltig • bio	Ambiente: **8** | 10
	Gesamt: 85 | 100

rue 1 by gollner's

65185 Wiesbaden

Günter Gollner schafft den Spagat, im neuen Kunstmuseum sowohl die Museumsbesucher als auch anspruchsvolle Gourmets zu begeistern. Das Sharing-Konzept kommt gut an. Tolle Terrasse am Prachtboulevard.

Wilhelmstraße 1	Essen: **44** | 50
+49 611 76383330	Service: **19** | 20
gollners.de	Weinkarte: **18** | 20
Allrounder • im Museum • modern	Ambiente: **9** | 10
P	Gesamt: 90 | 100

Schwarzbach

65183 Wiesbaden

In künstlerischem Ambiente erleben die Gäste eine feine Küche mit mediterranen Einflüssen, zu der auch einfallsreiche vegetarische und vegane Gerichte gehören. Alles kreativ zubereitet und serviert.

Taunusstraße 49	Essen: **43** | 50
+49 611 16866466	Service: **18** | 20
schwarzbach.restaurant	Weinkarte: **17** | 20
mediterran • modern • entspannt	Ambiente: **8** | 10
	Gesamt: 86 | 100

Weinhaus Sinz

65201 Wiesbaden

Tradition kann man schmecken – im Glas und auf dem Teller. Im gediegenen Weinhaus und auf der Terrasse wird Köstliches aus der Region serviert. Alles so frisch wie die Fische aus den eigenen Teichen.

Herrnbergstraße 17	Essen: **43** | 50
+49 611 942890	Service: **18** | 20
weinhaus-sinz.de	Weinkarte: **18** | 20
Gasthaus • deutsche Küche • gemütlich • Hausmannskost	Ambiente: **8** | 10
P	Gesamt: 87 | 100

Gutshof Itterbach

34508 Willingen (Upland)

Wenn Jagdsaison ist, sollte man im renommierten Gutsrestaurant die erstklassigen Gerichte vom heimischen Wild probieren. Darüber hinaus bietet die Speisekarte für jeden Geschmack einen Treffer.

Mühlenkopfstraße 7	Essen: **42** | 50
+49 5632 96940	Service: **18** | 20
gutshof-itterbach.de	Weinkarte: **16** | 20
Gasthaus • gemütlich • deutsche Küche	Ambiente: **8** | 10
	Gesamt: 84 | 100

Kaltwassers Wohnzimmer

64673 Zwingenberg

Der Name verspricht nicht zu viel. Und wie bei einer privaten Einladung brauchen die Gäste keine Speisekarte, sondern lassen sich überraschen. Bodenständige Gerichte mit dem gewissen Extra.

Obergasse 15
+49 6251 1058640
kaltwasserswohnzimmer.de
Casual Dining • gemütlich • regionale Produkte

Essen:	**44** | 50
Service:	**18** | 20
Weinkarte:	**17** | 20
Ambiente:	**8** | 10
Gesamt:	87 | 100

NORDRHEIN-WESTFALEN

CafÉlysée

52062 Aachen

Elegant gestyltes Restaurant mit Barbereich und Terrasse im Herzen der Stadt. Auf der Karte geben sich verschiedene Einflüsse die Klinke in die Hand. Wochentags lockt ein Businesslunch.

Hartmannstraße 12–14
+49 241 9160730
cafelysee.de
Allrounder • modern • Gastgarten

Essen:	**42** | 50
Service:	**17** | 20
Weinkarte:	**16** | 20
Ambiente:	**8** | 10
Gesamt:	83 | 100

La Becasse

52064 Aachen

Wer in Aachen niveauvoll speisen möchte, kommt an Christof Langs Ecklokal kaum vorbei. Seit vier Dekaden trifft sich hier, wer Appetit und Namen hat, zu Perlhuhn mit Gänseleber oder Tatar mit Kaviar.

Hanbrucher Straße 1
+49 241 74444
labecasse.de
Fine Dining • französisch • elegant

Essen:	**46** | 50
Service:	**18** | 20
Weinkarte:	**18** | 20
Ambiente:	**9** | 10
Gesamt:	91 | 100

La Fabrik

52066 Aachen

Im über 100 Jahre alte Backsteingebäude mit großer Sonnenterrasse wird frisch, schmackhaft, bodenständig, unverblümt, vegan, vegetarisch, omnivor, einfach, lecker, für Kinder und für Eltern aufgekocht.

Bachstraße 20
+49 241 40046424
la-fabrik.de
Allrounder • entspannt • Gastgarten

Essen:	**41** | 50
Service:	**18** | 20
Weinkarte:	**15** | 20
Ambiente:	**8** | 10
Gesamt:	82 | 100

One & Only

52062 Aachen

Entspanntes Genusslokal mit unverkopfter Frischeküche aus ausgesuchten Zutaten sowie ganz solider Weinauswahl. Gedimmtes Licht und rustikale Backsteinwände sorgen für gemütliches Flair.

Peterstraße 81–83
+49 241 9431311
restaurantoneandonly.de
gehoben • modern • gemütlich

Essen:	42 | 50
Service:	19 | 20
Weinkarte:	17 | 20
Ambiente:	8 | 10
Gesamt:	86 | 100

Plaisir

52066 Aachen

Aus der Küche von Hamid Heidarzadeh kommen fein gesponnene, ideenreiche Aromenkombinationen, die – der Name verspricht es – große Freude bereiten, ob im Drei- oder Fünf-Gänge-Menü, ob vegetarisch oder karnivor.

Schlossstraße 16
+49 241 89464514
plaisiraachen.de
Fine Dining • vegetarisch • elegant

Essen:	45 | 50
Service:	18 | 20
Weinkarte:	18 | 20
Ambiente:	8 | 10
Gesamt:	89 | 100

Quellenhof

52062 Aachen

Schönes Bistro mit sonniger Terrasse und etwas in die Jahre gekommener Speisekarte an guter Adresse. Die Küche ist optisch wie geschmacklich solide, der Service agiert kompetent und herzlich.

Monheimsallee 52
+49 241 9132954
parkhotel-quellenhof.de
Bistro • französisch • Allrounder • Terrasse

Essen:	43 | 50
Service:	18 | 20
Weinkarte:	17 | 20
Ambiente:	8 | 10
Gesamt:	86 | 100

St. Benedikt

52076 Aachen

Einprägsame Gourmetmenüs in einem wunderschönen, denkmalgeschützten Haus. Maximilian Kreus kocht eine erfrischend lässige, kontrastreiche und dabei faszinierend schöne Spitzenküche. Wow, wow, wow!

Benediktusplatz 12
+49 2408 2888
stbenedikt.de
Fine Dining • französisch • Terrasse • elegant

Essen:	46 | 50
Service:	19 | 20
Weinkarte:	18 | 20
Ambiente:	8 | 10
Gesamt:	91 | 100

Zum goldenen Einhorn

52062 Aachen

Historisches Gasthaus mit unglaublich urigem Flair. Die Karte ist mit Eisbeinsülze, Sahnehering, Grünkohl und Co so gutbürgerlich wie das Interieur. Im Winter ist der Sauerbraten an Printensauce Pflicht.

Markt 33
+49 241 32693
zum-goldenen-einhorn.com
deutsche Küche • Essen mit Aussicht • traditionell

Essen:	42 | 50
Service:	17 | 20
Weinkarte:	16 | 20
Ambiente:	8 | 10
Gesamt:	83 | 100

Rhöndorfer Gasthaus

53604 Bad Honnef

Raus aus dem Alltag, rein in die Regeneration: Dafür sorgt hier eine bunte, kreative Karte mit knackigen Salaten, mediterranen Pasta-Gerichten und Wild-Currywurst aus dem Siebengebirge.

Drachenfelsstraße 4–7
+49 2224 7799911
rhoendorfer-gasthaus.de
regionale Produkte • Terrasse • eigener Weinbau

Essen:	43	50
Service:	18	20
Weinkarte:	17	20
Ambiente:	8	10
Gesamt:	86	100

Jagdhofstuben

57334 Bad Laasphe

Rustikale Gaumenfreuden sind die Kernkompetenz in dieser besonderen Rôtisserie. Ein Traum das extragroße Kaiserschnitzel vom Milchkalb. Das getrüffelte Carpaccio vom Almrind wird auf Eis serviert.

Glashütter Straße 20
+49 2754 3990
jagdhof-glashuette.de
Hotelrestaurant • Familienbetrieb • Wild • romantisch

Essen:	44	50
Service:	18	20
Weinkarte:	18	20
Ambiente:	8	10
Gesamt:	88	100

Christofs Restaurant

50181 Bedburg

Christof Hölschers Restaurant ist eine Mischung aus verlängertem Wohnzimmer und Wirtshaus 2.0. Die Küche ist unkompliziert und gut: Entenbrust mit Spitzkohl, gefüllte Mini-Zucchini, Schwertfischsteak.

Hauptstraße 46
+49 2272 8064109
christofs-restaurant.de
regionale Produkte • entspannt • gemütlich

Essen:	42	50
Service:	19	20
Weinkarte:	17	20
Ambiente:	8	10
Gesamt:	86	100

Schote by Nelson Müller

51469 Bergisch Gladbach

Nelson Müller ist mit seinem Fine-Dining-Restaurant umgezogen. Die Umgebung (im Wald!) ist schöner, das Ambiente stilvoller und die Küche noch einen Tick besser. Der Star serviert auch mal selbst.

Diepeschrather Weg 80A
+49 2202 2711760
diepeschrather-muehle.de
Fine Dining • nachhaltig • modern

Essen:	45	50
Service:	18	20
Weinkarte:	18	20
Ambiente:	9	10
Gesamt:	90	100

Trattoria Enoteca

51429 Bergisch Gladbach

Trattoria steht für eine schlichte, gute Küche, Enoteca für sinnlichen Weingenuss. Das zum Grandhotel Schloss Bensberg gehörende Lokal verbindet beides und setzt dabei kreative sowie vegane Akzente.

Kadettenstraße
+49 2204 42915
schlossbensberg.com
Hotelrestaurant • italienisch • klassisch

Essen:	**43**	50
Service:	**18**	20
Weinkarte:	**18**	20
Ambiente:	**8**	10
Gesamt:	87	100

Vendôme

51429 Bergisch Gladbach

25 Jahre Joachim Wissler: eine Erfolgsstory für das Vendôme! Mit der Übergabe der kulinarischen Leitung an Souschef Dennis Kuckuck endet nun eine Ära – und ein aufregendes, neues Kapitel beginnt.

Kadettenstraße
+49 2204 42906
schlossbensberg.com
Fine Dining • Hotelrestaurant • französisch • elegant

Essen:	**48**	50
Service:	**19**	20
Weinkarte:	**19**	20
Ambiente:	**9**	10
Gesamt:	95	100

Altes Kornhaus

37688 Beverungen

Hübsches Landhauslokal mit gemütlich-familiärer Atmosphäre. Von Grillpfanne oder Veggie-Burger bis zu Schweinemedaillons in Pfefferrahm und Zander auf Zitronenrisotto ist für jeden etwas dabei.

Klingenburgstraße 24
+49 5273 5089
alteskornhaus.de
Gasthaus • Steak • Burger • Terrasse

Essen:	**43**	50
Service:	**18**	20
Weinkarte:	**17**	20
Ambiente:	**8**	10
Gesamt:	86	100

Abendmahl

33611 Bielefeld

In der ältesten Gaststätte Bielefelds verschmelzen uriges Ambiente und kreative Ideen. Gastgeber und Küchenchef Sebastian Höptner nimmt seine Gäste mit auf eine kulinarische Entdeckungsreise.

Johannisstraße 11A
+49 521 86105
abendmahl-restaurant.de
Gasthaus • historischer Ort • unkonventionell

Essen:	**44**	50
Service:	**18**	20
Weinkarte:	**17**	20
Ambiente:	**8**	10
Gesamt:	87	100

Buschkamp

33659 Bielefeld

In westfälischer Manier wird hier echte Gastfreundschaft gelebt. Silvio Eberlein kocht heimische Spezialitäten: Festtagssuppe mit Eierstich, Senner Heidelammkeule, Hirschkalbsrücken aus lokaler Jagd.

Buschkampstraße 75
+49 521 492800
museumshof-senne.de
Gasthaus • im Museum • traditionell

Essen:	**43**	50
Service:	**18**	20
Weinkarte:	**17**	20
Ambiente:	**8**	10
Gesamt:	86	100

charlie

33602 Bielefeld

Hübsches Szenelokal mit flirrender Atmosphäre. Nach dem Motto »Eating out should be a party« zelebriert man hier den gepflegten Hedonismus, etwa bei malaiischem Fischcurry oder geflämmtem Carpaccio.

Goldstraße 9
+49 521 16397777
charlie-gastrobar.de
Allrounder • modern • entspannt

Essen:	42	50
Service:	18	20
Weinkarte:	16	20
Ambiente:	8	10
Gesamt:	84	100

EssBar

33602 Bielefeld

Qualität vor Regionalität? Ja, denn für Lachs, Garnelen und Steak vom irischen Rind macht Küchenchef Sebastian Lehmeier auch schon mal Kompromisse. Im Idealfall gehen beide Maximen aber Hand in Hand.

Am Bahnhof 3
+49 521 52820
bielefelder-hof.de
Hotelrestaurant • mediterran • Terrasse

Essen:	42	50
Service:	18	20
Weinkarte:	16	20
Ambiente:	8	10
Gesamt:	84	100

GUI

33602 Bielefeld

Lässiges Genusslokal mit guter Weinkarte und angenehmem Service. Küchenchefin Marita Rempel gelingt das Kunststück einer ebenso tiefgründigen wie federleichten Frischeküche mit Mut zur Reduktion.

Gehrenberg 8
+49 521 5222119
gui-restaurant.de
Bistro • mediterran • Terrasse • modern

Essen:	43	50
Service:	18	20
Weinkarte:	17	20
Ambiente:	8	10
Gesamt:	86	100

Habichtshöhe

33604 Bielefeld

Italienverliebte Jahreszeitenküche im gepflegten Traditionshaus. Aus besten Zutaten entstehen wunderbare Antipasti-Platten, Vitello tonnato, Lammfilet vom Grill, Saltimbocca alla romana und mehr.

Bodelschwinghstraße 79
+49 521 22237
habichtshoehe.de
italienisch • Pizza • Gastgarten

P

Essen:	42	50
Service:	17	20
Weinkarte:	16	20
Ambiente:	8	10
Gesamt:	83	100

Klötzer's

33602 Bielefeld

Die Bielefelder Feinkost-Institution setzt im eigenen Restaurant auf süffige Publikumsschlager: Ziegenkäsepraline auf Roter Bete, Vitello tonnato, Spaghetti mit Pfifferlingen, Tafelspitz mit Apfelkren.

Ritterstraße 33
+49 521 9677520
kloetzer-delikatessen.de
Casual Dining • vegetarisch • gemütlich

Essen:	42	50
Service:	18	20
Weinkarte:	16	20
Ambiente:	8	10
Gesamt:	84	100

Tomatissimo

33619 Bielefeld

»Entspannte Extraklasse« nennt Bernhard Grubmüller seinen Kochstil. Gäste lieben die unaufgeregten, subtil raffinierten Gerichte, die aus der Küche kommen. Idyllisch die Lage vor den Toren Bielefelds.

Am Tie 15
+49 521 163333
tomatissimo.de
eigener Kräutergarten • mediterran • modern

Essen:	44	50
Service:	18	20
Weinkarte:	17	20
Ambiente:	8	10
Gesamt:	87	100

Domschenke

48727 Billerbeck

Frank Grolls Gäste lieben den charmanten Mix aus mediterraner Gourmetküche und westfälischen Lieblingsgerichten. Münsterländer Töttchen darf neben Hummercremesuppe mit Jakobsmuschel-Tempura stehen.

Markt 6
+49 2543 93200
domschenke-groll.com
Hotelrestaurant • regionale Produkte • traditionell

Essen:	42	50
Service:	17	20
Weinkarte:	16	20
Ambiente:	8	10
Gesamt:	83	100

Five

44787 Bochum

Aus der einstigen Spielwiese des benachbarten, deutlich größeren Livingroom ist längst ein eigenständiges, sehr beliebtes Menürestaurant mit hochgradig spannender Weinauswahl geworden.

Hellweg 28–30
+49 234 9535685
five-bochum.de
Casual Dining • unkonventionell • entspannt

Essen:	43	50
Service:	18	20
Weinkarte:	17	20
Ambiente:	8	10
Gesamt:	86	100

Franz Ferdinand

44791 Bochum

Erdäpfelgratin, Kernöl, Schulterscherzel vom Weideochsen: So liest sich die Karte in Bochums österreichischstem Restaurant. Ins Glas kommt natürlich Grüner Veltliner. Wiener Wirtshauskultur par excellence.

Klinikstraße 51
+49 234 93539212
franzferdinand-bochum.de
Gasthaus • österreichisch • traditionell

Essen:	43	50
Service:	18	20
Weinkarte:	18	20
Ambiente:	8	10
Gesamt:	87	100

kantine.wtf

44799 Bochum

In Bochums erster Klimaschutzsiedlung wird in mutigem Ambiente eine couragierte Küche angeboten. Der Name ist Koketterie: Patrick Faragos Fähigkeiten gehen weit über Kantinenniveau hinaus.

Universitätsstraße 110

kantine.wtf
modern • entspannt • nachhaltig

Essen:	44	50
Service:	18	20
Weinkarte:	18	20
Ambiente:	8	10
Gesamt:	88	100

Halbedel's Gasthaus 53173 Bonn

Rainer-Maria Halbedel zählt zu den Urgesteinen der gehobenen deutschen Kulinarik. In einer Bad Godesberger Gründerzeitvilla zaubert er in gewohnter Präzision äußerst kunstfertige, detailreiche Gerichte.

Rheinallee 47
+49 228 354253
halbedels-gasthaus.de
Fine Dining • französisch • traditionell

Essen:	**46** I 50
Service:	**19** I 20
Weinkarte:	**18** I 20
Ambiente:	**9** I 10
Gesamt:	92 I 100

K.u.K. Weinhäuschen am Rhein 53179 Bonn

Bodenständige Hausmannskost und Schmankerlküche im traditionsbewussten Fachwerkhaus mit rustikalem Flair. Im Sommer lockt die sonnige Terrasse mit Rhein-Panorama und Blick auf das Siebengebirge.

Fährstraße 26
+49 228 362756
kuk-weinhaus.de
Gasthaus • österreichisch • Terrasse • traditionell

Essen:	**42** I 50
Service:	**18** I 20
Weinkarte:	**17** I 20
Ambiente:	**8** I 10
Gesamt:	85 I 100

Kinkel-Stuben 53227 Bonn

Nomen est omen. Zum – durchweg sehr klassischen – Weinangebot passen kleine Häppchen wie der Tomme de Savoie mit hausgemachtem Quittenspeck ebenso wie das rosa gegarte Roastbeef mit Remoulade.

Kinkelstraße 1
+49 228 441558
kinkelstuben.de
Vinothek • französisch • traditionell • urig

Essen:	**40** I 50
Service:	**18** I 20
Weinkarte:	**19** I 20
Ambiente:	**8** I 10
Gesamt:	85 I 100

Konrad's

53113 Bonn

Rooftop-Restaurant mit spektakulärem Weitblick und urbanem Flair. Die französisch basierte, verspielte Kreativküche ist trotz lässiger Grundstimmung ganz klar auf Gourmet geeicht. Sehr netter Service!

Platz der Vereinten Nationen 4	Essen: **44** I 50
+49 228 28050684	Service: **18** I 20
konrads-bonn.de	Weinkarte: **17** I 20
Hotelrestaurant • Bar • Essen mit Aussicht • modern	Ambiente: **8** I 10
	Gesamt: 87 I 100

Kris&Chris

53121 Bonn

Langweilig wird es hier nie, schließlich reist man bei Kristina und Christian Bautz kulinarisch durch die weite Welt. Während er mit Leidenschaft kocht, rockt Partnerin Kristina charmant den Service.

Magdalenenstraße 19	Essen: **43** I 50
+49 228 96291256	Service: **18** I 20
kris-chris.de	Weinkarte: **17** I 20
Casual Dining • modern • entspannt • regionale Produkte	Ambiente: **8** I 10
	Gesamt: 86 I 100

Oliveto

53111 Bonn

In geschichtsträchtiger Stätte mit sehr stilvoll gestalteten, lichtdurchfluteten Räumlichkeiten samt traumhafter Terrasse wird eine gepflegte, rundum klassische Cucina italiana serviert.

Adenauerallee 9	Essen: **43** I 50
+49 228 26010	Service: **17** I 20
ameroncollection.com	Weinkarte: **17** I 20
Hotelrestaurant • italienisch • Essen mit Aussicht	Ambiente: **8** I 10
	Gesamt: 85 I 100

Redüttchen

53177 Bonn

Matthias Pietschs Küche ist geprägt von ungekünstelter Finesse und brillanten Ideen bei gleichzeitig hohem Wohlfühlfaktor. Das können nicht viele. Charmantes Setting im einstigen Gärtnerhäuschen.

Kurfürstenallee 1	Essen: **44** I 50
+49 228 68898840	Service: **18** I 20
reduettchen.de	Weinkarte: **18** I 20
Fine Dining • gemütlich • entspannt	Ambiente: **8** I 10
P	Gesamt: 88 I 100

SAVVY NOSH

53227 Bonn

Das Deli-Bistro – ein Mix aus unkomplizierter Crossover-Küche und Concept-Store – bereichert dienstags bis freitags die Mittagspause. Beim samstäglichen Menüabend kommen vier Gänge auf den Tisch.

Königswinterer Straße 626	Essen: **42** I 50
+49 228 94494900	Service: **19** I 20
savvynosh.de	Weinkarte: **17** I 20
Bistro • Allrounder • entspannt	Ambiente: **9** I 10
	Gesamt: 87 I 100

Strandhaus
53111 Bonn

Maritim gestaltetes Altstadtlokal mit vielseitiger Kreativküche. Eine gebackene Aubergine kommt mit Tortilla und Manchego-Espuma, das Tatar ist mit Pak Choi und Yuzu Kosho asiatisch inspiriert.

Georgstraße 28	Essen: **43** I 50
+49 228 3694949	Service: **18** I 20
strandhaus-bonn.de	Weinkarte: **16** I 20
Terrasse • entspannt • klassisch	Ambiente: **8** I 10
P	Gesamt: 85 I 100

Theodor's
53225 Bonn

Fritz Benson klopft der klassischen französischen Küche gehörig den Staub von den Schultern. Toll sein Spiel mit Zutaten, Erwartungen und Kontrasten, etwa bei Jakobsmuscheln mit Kalbszunge und Alge.

Friedrich-Breuer-Straße 98	Essen: **42** I 50
+49 151 70367408	Service: **19** I 20
theodors-restaurant.de	Weinkarte: **18** I 20
offene Küche • Chef's Table • französisch	Ambiente: **8** I 10
	Gesamt: 87 I 100

Yunico
53227 Bonn

Souverän verbindet Spitzenkoch Christian Sturm-Willms japanische Techniken und Aromen mit lokalen Produkten und mediterranem Grundrauschen zu einprägsamen Geschmacksbildern von besonderer Schönheit.

Am Bonner Bogen 1	Essen: **46** I 50
+49 228 43345000	Service: **18** I 20
kamehabonn.de	Weinkarte: **18** I 20
Hotelrestaurant • Fine Dining • japanisch • Terrasse	Ambiente: **8** I 10
	Gesamt: 90 I 100

Bahnhof Nord
46240 Bottrop

Historische Bahnhofsarchitektur und elegant-romantisches Flair bilden den Rahmen für eine schmackhafte Frischeküche – etwa Fjordlachs mit Reibeküchlein oder Wolfsbarsch mit Champagner-Beurre-blanc.

Am Vorthbach 10	Essen: **43** I 50
+49 2041 988944	Service: **18** I 20
bahnhofnord.de	Weinkarte: **17** I 20
Gasthaus • regionale Produkte • traditionell	Ambiente: **9** I 10
P	Gesamt: 87 I 100

Pikilia
46236 Bottrop

Griechische Küche mit reichlich Pfiff. Zu den zahlreichen Mezedes – kleine Gerichte wie gegrillter Oktopus mit Fava, Bifteki oder Spinatfrikadellen – geselllen sich authentische Hauptgerichte.

Gladbecker Straße 29a	Essen: **42** I 50
+49 2041 4066848	Service: **19** I 20
pikilia-bottrop.de	Weinkarte: **17** I 20
griechisch • modern • entspannt	Ambiente: **8** I 10
P	Gesamt: 86 I 100

Almer Schlossmühle

59929 Brilon

Martin Steiner kocht in seiner historischen Schlossmühle eine klassisch verwurzelte Gourmetküche voller fein ausbalancierter Geschmacksbilder, die gekonnt den Bogen zwischen Österreich und Sauerland spannt.

Schlossstraße 13
+49 2964 9451430
almer-schlossmuehle.de
Gasthaus • österreichisch • gemütlich

Essen:	**43** | 50
Service:	**18** | 20
Weinkarte:	**17** | 20
Ambiente:	**8** | 10
Gesamt:	86 | 100

Zum Adler

32257 Bünde

Modernes Setting und eine geradlinige, auch vegane Küche bilden einen schönen Kontrast zur Historie des traditionsreichen Restaurants, dessen Wurzeln bis ins Jahr 1896 zurückreichen.

Moltkestraße 1
+49 5223 4926453
adler-restaurant.de
Steak • Frühstück • vegan • Terrasse

Essen:	**43** | 50
Service:	**18** | 20
Weinkarte:	**16** | 20
Ambiente:	**8** | 10
Gesamt:	85 | 100

Essperiment

33129 Delbrück

Ausgesuchte saisonale »Mmmh«-Produkte sind die Basis, internationale »Ohhh«-Aromen die Kür – für Gerichte wie Wildmaultasche mit Cranberry-Staub oder Kabeljau mit Nori und Guanciale.

Schöninger Straße 74
+49 5250 9956377
restaurant-essperiment.de
Gasthaus • regionale Produkte • modern

Essen:	**43** | 50
Service:	**17** | 20
Weinkarte:	**17** | 20
Ambiente:	**8** | 10
Gesamt:	85 | 100

Kantiners

33129 Delbrück

Altbewährte Klassiker prägen die Speisekarte des traditionsreichen Familienbetriebs, etwa Carpaccio vom Angusrind mit Rucola und Parmesan oder argentinisches Rumpsteak mit grünen Bohnen.

Graf-Sporck-Straße 34
+49 5250 98880
waldkrug.de
Hotelrestaurant • Familienbetrieb • deutsche Küche

Essen:	**42** | 50
Service:	**18** | 20
Weinkarte:	**16** | 20
Ambiente:	**8** | 10
Gesamt:	84 | 100

Foto: Julia Hahn

Dagernova 53507 Dernau

Regionale und saisonale Produkte sowie eine Pizzakarte bestimmen das Angebot in diesem multifunktionalen Restaurant mit Lounge, Thekenbereich und ein wenig aus der Zeit gefallenem Veranstaltungssaal.

Ahrweg 7
+49 2643 8321
dagernova.de
deutsche Küche • regionale Produkte • elegant

Essen:	**42** | 50
Service:	**18** | 20
Weinkarte:	**18** | 20
Ambiente:	**8** | 10
Gesamt:	86 | 100

Jan's Restaurant 32756 Detmold

In Sachen Produktqualität macht Jan Diekjobst keine Kompromisse – das gilt für Luxuskomponenten ebenso wie für Zutaten aus der Region. Seine aromenreichen, kreativen Gerichte sind zudem eine echte Augenweide.

Lange Straße 19
+49 5231 980990
jandiekjobst.de
Casual Dining • regionale Produkte • unkonventionell

Essen:	**45** | 50
Service:	**17** | 20
Weinkarte:	**17** | 20
Ambiente:	**8** | 10
Gesamt:	87 | 100

Goldener Anker 46282 Dorsten

Trotz hoher Medienpräsenz führt Björn Freitag noch immer engagiert das elterliche Gasthaus fort. In vier, fünf oder sechs Gängen weiht er Besucher in die Kunst des unkomplizierten Genießens ein.

Lippetor 4
+49 2362 22553
bjoern-freitag.de
Fine Dining • modern • elegant

P

Essen:	**45** | 50
Service:	**18** | 20
Weinkarte:	**19** | 20
Ambiente:	**8** | 10
Gesamt:	90 | 100

Rosin 46286 Dorsten

Wo Rosin draufsteht, ist auch Rosin drin. Am Restaurantherd steht der TV-Koch allerdings kaum noch. Macht nichts, es schmeckt auch so. Dafür sorgt sein kochendes Alter Ego Oliver Engelke.

Hervester Straße 18
+49 2369 4322
frankrosin.de
Fine Dining • Vinothek • elegant

P

Essen:	**46** | 50
Service:	**19** | 20
Weinkarte:	**19** | 20
Ambiente:	**9** | 10
Gesamt:	93 | 100

Wirtshaus Durstine
46286 Dorsten

Im familiär geführten Landhotel wird westfälisch-alpin gekocht, wobei sich zwischen Duroc-Schweinebraten und gebeizten Saibling auch mal ein Tatar vom Gelbflossenthunfisch schummeln darf.

Söltener Landweg 127
+49 2362 94690
das-kleine-landhotel.de
Gasthaus • klassisch • gemütlich

Essen:	**42**	50
Service:	**18**	20
Weinkarte:	**16**	20
Ambiente:	**8**	10
Gesamt:	84	100

La Cuisine Mario Kalweit
44141 Dortmund

In den eleganten Räumlichkeiten der alten Villa wird eine recht gediegene, fast schon nostalgische, klassisch französische Küche serviert: Rotbarsch-Pastete etwa, oder Zander mit Meerrettich-Velouté.

Lübkestraße 21
+49 231 5316198
mariokalweit.de
Fine Dining • Delikatessenverkauf • Terrasse

Essen:	**44**	50
Service:	**18**	20
Weinkarte:	**17**	20
Ambiente:	**8**	10
Gesamt:	87	100

Labsal
44137 Dortmund

Ruhrpott-Perle mit sehr besonderer Weinkarte und schlichtem, heimeligem Wohnzimmerflair. Aus der Küche von Jessica Pahl und Florian Kohl kommen schwäbische Wohlfühlgerichte mit weltoffenem Pfiff.

Rheinische Straße 12
+49 231 13758852
labsal-dortmund.de
regionale Produkte • saisonal • entspannt

Essen:	**44**	50
Service:	**18**	20
Weinkarte:	**18**	20
Ambiente:	**8**	10
Gesamt:	88	100

Lennhof
44227 Dortmund

Attila Karpatis Küche ist herrlich unkompliziert, aber bei Weitem nicht beliebig. Seine Leidenschaft für heimische Produkte zeigt sich in Gerichten wie einer Ceviche vom Hechtbarsch mit Pflücksalat.

Menglinghauser Straße 20
+49 231 758190
der-lennhof.de
Hotelrestaurant • regionale Produkte • Gastgarten

Essen:	**42**	50
Service:	**18**	20
Weinkarte:	**16**	20
Ambiente:	**8**	10
Gesamt:	84	100

NoMoreRice 44141 Dortmund

Reis kann man gern woanders essen. Hier geht's um eine andere Art der chinesischen Küche, die von verschieden gefüllten Teigtaschen, Salaten, spannenden Hauptspeisen und natürlich Pekingente lebt.

Märkische Straße 62
+49 231 72971826
nomorerice.de
chinesisch • modern • entspannt

Essen:	**42** I 50
Service:	**17** I 20
Weinkarte:	**16** I 20
Ambiente:	**8** I 10
Gesamt:	83 I 100

SchwarzGold 44369 Dortmund

Ein Besuch des Spitzenrestaurants in der einstigen Gastiefkühlanlage der Kokerei Hansa wird garantiert in Erinnerung bleiben. Die ideenreiche Pott-Küche von Pierre Beckerling hat maßgeblich Anteil daran.

Emscherallee 11
+49 175 6426334
schwarzgold-dortmund.de
Fine Dining • Crossover-Küche • modern

P

Essen:	**45** I 50
Service:	**19** I 20
Weinkarte:	**18** I 20
Ambiente:	**9** I 10
Gesamt:	91 I 100

The Stage 44225 Dortmund

Spitzenkoch Michael Dyllong geizt nicht mit Luxuszutaten, setzt aber auch simple Produkte mit Raffinesse ein. Seine von präziser Technik getragenen, saisonal wechselnden Gourmetmenüs machen süchtig.

Karlsbader Straße 1A
+49 231 7100111
thestage-dortmund.com
Fine Dining • Essen mit Aussicht • modern

P

Essen:	**46** I 50
Service:	**18** I 20
Weinkarte:	**18** I 20
Ambiente:	**8** I 10
Gesamt:	90 I 100

Vida 44229 Dortmund

Michael Dyllong bereichert die Dortmunder Gastronomie wie kein Zweiter. Sein mit Ciro De Luca aus der Taufe gehobenes Szenerestaurant vereint kosmopolitisches Flair mit lustvoller Küche und sexy Drinks.

Hagener Straße 231
+49 231 95009940
vida-dortmund.com
Fine Dining • Bar • modern • elegant

P

Essen:	**44** I 50
Service:	**18** I 20
Weinkarte:	**17** I 20
Ambiente:	**9** I 10
Gesamt:	88 I 100

Gut Kalberschnacke

57489 Drolshagen

Johannes Rudloff kocht, Anica Möller umsorgt die Gäste – gute Idee für das zwei Jahre geschlossene Restaurant am Listersee. Serviert wird Wohlfühlküche: von Wagyu-Burger bis Filet vom Skrei.

Kalberschnacke 4
+49 2763 2144432
restaurantgutkalberschnacke.de
Allrounder • gemütlich • am Wasser

Essen:	**42** | 50
Service:	**18** | 20
Weinkarte:	**17** | 20
Ambiente:	**9** | 10
Gesamt:	86 | 100

Frau Specht

47051 Duisburg

Dirk Brendel am Herd, Yvonne Specht im Service – eine tolle Kombi, die das kleine Lokal zur echten Gastro-Perle macht. Das Überraschungsmenü mit persönlicher Note ergänzt die kuratierte Weinauswahl.

Hohe Straße 19
+49 172 7935547
frauspecht-weinbar.de
offene Küche • modern • entspannt

Essen:	**44** | 50
Service:	**18** | 20
Weinkarte:	**18** | 20
Ambiente:	**8** | 10
Gesamt:	88 | 100

Küppersmühle

47051 Duisburg

Das kunstsinnige Genießerlokal neben dem Museum Küppersmühle bietet nicht nur einen schönen Blick auf den Innenhafen, sondern auch eine hervorragende, kontrastreiche Kreativküche – mittags ebenso wie abends.

Philosophenweg 49–51
+49 203 5188880
kueppersmuehle-restaurant.de
Casual Dining • Terrasse • Essen mit Aussicht

Essen:	**43** | 50
Service:	**18** | 20
Weinkarte:	**17** | 20
Ambiente:	**8** | 10
Gesamt:	86 | 100

Mimi e Rosa

47051 Duisburg

Gut, dass die kleine Trattoria immer noch zu den Geheimtipps zählt. Eingeweihte wissen: Die Kombi aus italienischer Produktküche, toller Weinkarte und persönlicher Atmosphäre ist einzigartig.

Dellstraße 36
+49 203 22921
mimierosa.de
Casual Dining • italienisch • traditionell

Essen:	**42** | 50
Service:	**18** | 20
Weinkarte:	**17** | 20
Ambiente:	**7** | 10
Gesamt:	84 | 100

Mod by Sven Nöthel

47199 Duisburg

Sven Nöthels weltoffene, kreative Spitzenküche hat durch den fein austarierten Mix aus Lässigkeit und Raffinesse besonderen Charme. Dazu passt der elegant-entspannt gestaltete Gastraum mit viel Weite.

Grafschafter Straße 197a
+49 176 23557864
mod-dining.com
Fine Dining • Allrounder • vegetarisch • entspannt

Essen:	**45** | 50
Service:	**18** | 20
Weinkarte:	**19** | 20
Ambiente:	**8** | 10
Gesamt:	90 | 100

Villa Patrizia

47058 Duisburg

Für Patrizia Bodeans italienische Küche braucht es weder Wörterbuch noch Vokabeltest. Gerichte wie Spaghetti al ragù bianco oder Carpaccio di fassona piemontese erschließen sich über den Gaumen.

Mülheimer Straße 213
+49 203 330480
villa-patrizia.de
italienisch • Terrasse • elegant

Essen:	44	50
Service:	18	20
Weinkarte:	18	20
Ambiente:	8	10
Gesamt:	88	100

1876 Daniel Dal-Ben

40239 Düsseldorf

Daniel Dal-Bens produktverliebte Gourmetküche zaubert selbst verwöhnten Genießern ein Lächeln ins Gesicht. Seine Menüs verbinden Burgaud-Ente, Rebhuhn-Tortellini und Hechtklößchen mit Gurke und Mohn.

Grunerstraße 42a
+49 211 1717361
1876.restaurant
Fine Dining • gemütlich • modern

Essen:	46	50
Service:	18	20
Weinkarte:	18	20
Ambiente:	8	10
Gesamt:	90	100

Agata's

40217 Düsseldorf

Geschmackvolles Setting, aufmerksamer Service, schöne Weinkarte, besondere Produkte, gelungene Kombinationen: Patronin Agata Reul und Küchenchef Marcel Förster wissen, wie man Gäste glücklich macht.

Kirchfeldstraße 59
+49 211 20030616
agatas.de
Fine Dining • elegant • modern

Essen:	45	50
Service:	18	20
Weinkarte:	18	20
Ambiente:	9	10
Gesamt:	90	100

Bar Olio

40211 Düsseldorf

Düsseldorfs Kult-Bistro ist eine gastronomische Wundertüte mit authentischem Charme, launig-lustbetonten Wohlfühlspeisen und einer gut kuratierten (Natur-)Weinauswahl. First come, first served.

Schirmerstraße 54
+49 211 3677294
bar-olio.de
Bistro • italienisch • Meeresfrüchte • entspannt

Essen:	42	50
Service:	18	20
Weinkarte:	18	20
Ambiente:	8	10
Gesamt:	86	100

Brasserie Stadthaus

40213 Düsseldorf

Im 400 Jahre alten, gepflegten Stadthaus mit beeindruckender Kassettendecke wird gehobene Brasserieküche aufs Schönste zelebriert: von Hummer mit Artischocke bis Kalbsleber mit Kartoffelmousseline.

Mühlenstraße 31
+49 211 16092815
brasserie-stadthaus.de
französisch • Gastgarten • klassisch

Essen:	43	50
Service:	18	20
Weinkarte:	18	20
Ambiente:	8	10
Gesamt:	87	100

Celia Restaurant

40219 Düsseldorf

Rene Brauchle hievt mexikanische Küche auf ein neues Level. Gemeinsam mit Partnerin Florentina Assis sorgt der Küchenchef mit lateinamerikanischen Wurzeln für aufregende kulinarische Erfahrungen.

Gladbacher Straße 15	Essen: **44** | 50
+49 211 29279268	Service: **18** | 20
celiarestaurant.de	Weinkarte: **16** | 20
mexikanisch • modern • Cocktails	Ambiente: **9** | 10
	Gesamt: 87 | 100

Dox

40221 Düsseldorf

Exklusiv designtes Restaurant am Medienhafen. Hier genießt jeder nach seiner Fasson: tolle Cuts, fangfrischer Fisch, Raw Bar und vieles mehr. Zur Meeresfrüchteplatte passt ein Döschen Kaviar.

Speditionstraße 19	Essen: **43** | 50
+49 211 91341775	Service: **18** | 20
dox-restaurant.de	Weinkarte: **18** | 20
Hotelrestaurant • Essen mit Aussicht • offene Küche	Ambiente: **9** | 10
P	Gesamt: 88 | 100

Em Brass

40479 Düsseldorf

Lebhafte Em Brass-erie mit kleiner, feiner, eklektischer Speisekarte, auf der Trüffeltagliolini, Rinder-Tataki, Burrata und Rosenkohl zu einem wilden Mix fusionieren. Extrapunkte für die Weinkarte.

Moltkestraße 122	Essen: **43** | 50
+49 162 2420515	Service: **17** | 20
	Weinkarte: **17** | 20
Allrounder • Casual Dining • Terrasse	Ambiente: **8** | 10
	Gesamt: 85 | 100

EssBar

40479 Düsseldorf

Zu Hause bei Freunden – so fühlt sich ein Besuch bei Daniel Baur und Olga Jorich an. Während er in der Küche an Oktopus-Carpaccio oder Okonomiyaki feilt, findet sie garantiert den dazu passenden Tropfen.

Kaiserstraße 27	Essen: **43** | 50
+49 211 91193905	Service: **18** | 20
hm-essbar.de	Weinkarte: **17** | 20
Casual Dining • französisch • deutsche Küche • asiatisch	Ambiente: **9** | 10
	Gesamt: 87 | 100

Fatal

40233 Düsseldorf

Zehn Jahre kocht Alexandre Bourgueil, Sohn von Sternekoch Jean-Claude Bourgueil, nun schon im eigenen Bistro mit dem selbstironischen Namen. Tolle Weinkarte, fabelhafte Genießerküche à la française.

Hermannsstraße 29	Essen: **44** | 50
+49 211 36183023	Service: **18** | 20
bistro-fatal.com	Weinkarte: **17** | 20
Bistro • französisch • Meeresfrüchte • Terrasse	Ambiente: **8** | 10
	Gesamt: 87 | 100

Fleher Hof

40223 Düsseldorf

Dennis Schürmanns lustbetonte, deutsch-französische Küche setzt auf charmante Hausmannskost. Produktfokus? Ja! Etwa beim Elsässer Carpaccio mit Kapern, Kalbskopf und Kalbshirn sowie Sauce gribiche.

Fleher Straße 254
+49 211 31195711
fleherhof.de
Gasthaus • modern • regionale Produkte

Essen:	**43** I 50
Service:	**18** I 20
Weinkarte:	**18** I 20
Ambiente:	**8** I 10
Gesamt:	87 I 100

Forum

40219 Düsseldorf

Kreativ belegte neapolitanische Pizzen, coole Sharing Plates wie Makrele mit Labneh oder Flusskrebs-Flat-White sowie samstags und sonntags ein Brunch bringen Leben und Szene in das Lorettoviertel.

Wilhelm-Tell-Straße 1a
+49 211 97176070
forum-dus.de
Pizza • regionale Produkte • entspannt

Essen:	**43** I 50
Service:	**18** I 20
Weinkarte:	**16** I 20
Ambiente:	**7** I 10
Gesamt:	84 I 100

Fritz's Frau Franzi

40215 Düsseldorf

Tobias Rocholl ist nicht nur ein Meister seines Fachs, sondern beweist auch eine ruhige Hand an der Pinzette. Seine aus vielen Komponenten aufwendig arrangierten Gerichte wirken wie gemalt.

Adersstraße 8
+49 211 370750
fritzs-frau-franzi.de
Hotelrestaurant • Fine Dining • modern

Essen:	**44** I 50
Service:	**18** I 20
Weinkarte:	**18** I 20
Ambiente:	**8** I 10
Gesamt:	88 I 100

Grande Étoile

40213 Düsseldorf

Schickes Gastrokonzept mit Restaurant, Bar, Private Dining und Businesslunch. In gepflegtem Ambiente werden mediterran-frankophile Publikumslieblinge serviert, samstags kann man hier auch frühstücken.

Bastionstraße 16
+49 211 15884815
grande-etoile.com
französisch • modern • Gastgarten

Essen:	**42** I 50
Service:	**18** I 20
Weinkarte:	**18** I 20
Ambiente:	**9** I 10
Gesamt:	87 I 100

Green Light District

40211 Düsseldorf

Erlebnisgastronomie der etwas anderen Art mit ungewöhnlichem Design und kreativen Gerichten aus verschiedenen Regionen Chinas. Das Menü ist wie eine Zeitung gestaltet, alle Speisen werden geteilt.

Klosterstraße 38
+49 211 50940351
green-light-district.de
chinesisch • modern • Cocktails

Essen:	**42** | 50
Service:	**18** | 20
Weinkarte:	**17** | 20
Ambiente:	**8** | 10
Gesamt:	85 | 100

Ham Ham bei Josef

40213 Düsseldorf

Düsseldorfs Traditionsgrill zieht nicht erst seit »Kitchen Impossible« Fans heftig-deftiger Hausmannskost magnetisch an. Die knusprigen Haxen gelten als die besten der Stadt. Dazu trinkt man ein Alt.

Kurze Straße 5
+49 211 328738
hamham-duesseldorf.de
Grill • Burger • entspannt

Essen:	**41** | 50
Service:	**17** | 20
Weinkarte:	**16** | 20
Ambiente:	**8** | 10
Gesamt:	82 | 100

Hashi

40235 Düsseldorf

Chinesisch-französische Fusionsküche mit teils besonderem Touch. Inhaberin Mingyue Gao liebt Wein, so kommt man zu Dumplings und Ente in den Genuss des einen oder anderen spannenden Tropfens.

Ackerstraße 182
+49 211 68789908
hashi-duesseldorf.de
Casual Dining • chinesisch • französisch • entspannt

Essen:	**43** | 50
Service:	**18** | 20
Weinkarte:	**17** | 20
Ambiente:	**8** | 10
Gesamt:	86 | 100

Hato

40221 Düsseldorf

Aufgedonnerte Szenelocation mit gehobener Fusionsküche, After-Work-Events, DJ-Sets und anderen Spielereien. Vorspeisen und warme Gerichte ergänzen die kleine Sushi-Karte, mittags lockt ein Lunchmenü.

Speditionstraße 2
+49 163 4256196
hato-restaurants.de
japanisch • Sharing Menu • modern

Essen:	**43** | 50
Service:	**18** | 20
Weinkarte:	**17** | 20
Ambiente:	**9** | 10
Gesamt:	87 | 100

Hülsmann

40545 Düsseldorf

Ein veritabler Klassiker der lokalen Gastro-Szene. Auch nach 45 Jahren wird noch immer im Brasserie-typisch legeren Setting die schlichte, lustvolle, deutsch-französische Küche der Anfangszeit gekocht.

Belsenplatz 1
+49 211 86399330
brasserie-huelsmann.de
Bistro • französisch • traditionell

Essen:	42	50
Service:	17	20
Weinkarte:	16	20
Ambiente:	8	10
Gesamt:	83	100

Im Schiffchen

40489 Düsseldorf

Seit fast fünf Dekaden wirkt und werkt Altmeister Jean-Claude Bourgueil im schönen Kaiserswerther Backsteinhaus. Seine pointierte Haute Cuisine wirkt in ihrer klaren Ästhetik überraschend modern.

Kaiserswerther Markt 9
+49 211 401050
im-schiffchen.de
Fine Dining • französisch • klassisch

Essen:	46	50
Service:	18	20
Weinkarte:	18	20
Ambiente:	9	10
Gesamt:	91	100

Jae

40215 Düsseldorf

Jörg Wissmann begeistert im eigenen, puristisch gestalteten Gourmetlokal mit einer deutsch-koreanischen Aromenküche, die sich mit allen Wassern gewaschen hat. Am langen Tresen sitzt man sehr lässig.

Keplerstraße 13
+49 211 99919966
jae-restaurant.de
Crossover-Küche • modern • asiatisch

Essen:	45	50
Service:	19	20
Weinkarte:	18	20
Ambiente:	9	10
Gesamt:	91	100

Kö59 by Björn Freitag

40215 Düsseldorf

Die Lage an Düsseldorfs prominentester Adresse verpflichtet zu einer gewissen Extravaganz. In geschmackvollem Ambiente werden etwa Étouffée-Taube mit Trüffel oder Königsberger Klopse mit Kaviar serviert.

Königsallee 59
+49 211 82851220
koe59.com
Hotelrestaurant • Bar • Casual Dining • elegant

Essen:	43	50
Service:	18	20
Weinkarte:	17	20
Ambiente:	9	10
Gesamt:	87	100

Kochi

40233 Düsseldorf

Authentische chinesisch-koreanische Küche in einem sehr geschmackvoll – da plüsch- und folklorefrei – gestalteten Lokal. Die Zubereitung hochwertiger Zutaten auf dem smarten Tischgrill sorgt für Unterhaltung.

Wetterstraße 2
+49 152 25241466
kochide.com
chinesisch • koreanisch • traditionell

Essen:	43	50
Service:	18	20
Weinkarte:	17	20
Ambiente:	8	10
Gesamt:	86	100

L'arte in Cucina

40625 Düsseldorf

Die Bewahrung kulinarischer Traditionen ist für Gianluca Casini eine Herzensangelegenheit. In seinem gemütlichen Restaurant bringt er den authentischen Geschmack vor allem der Toskana auf die Teller.

Gerricusplatz 6
+49 211 52039590
arteincucina.de
Casual Dining • italienisch • modern • entspannt

Essen:	**42** | 50
Service:	**18** | 20
Weinkarte:	**17** | 20
Ambiente:	**8** | 10
Gesamt:	85 | 100

LA VIE by Thomas Bühner

40235 Düsseldorf

Thomas Bühner zählt zu den ganz Großen seiner Zunft. Mit dem neuen LA VIE im Erdgeschoss des One Metro Campus knüpft der Meister der Kompositionen in Windeseile an die bisherigen Erfolge an.

Schlüterstraße 1
+49 1517 2385555
laviebythomasbuehner.de
Fine Dining • Crossover-Küche • elegant

Essen:	**46** | 50
Service:	**19** | 20
Weinkarte:	**18** | 20
Ambiente:	**10** | 10
Gesamt:	93 | 100

Le Bouchon

40477 Düsseldorf

Patrick Zielonka und Svetlana Dunets sorgen für echtes »Zu Gast bei Freunden«-Feeling. Die Menüs »Veggie« und »Gourmet« sind fair bepreist – oder man wählt à la carte. Die Weine dazu kommen aus Frankreich.

Blücherstraße 70
+49 211 97713417
lebouchon-duesseldorf.de
Casual Dining • französisch • Meeresfrüchte • entspannt

Essen:	**44** | 50
Service:	**18** | 20
Weinkarte:	**18** | 20
Ambiente:	**9** | 10
Gesamt:	89 | 100

Le Flair

40477 Düsseldorf

Erstklassige Zutaten sind das Steckenpferd von Küchenchef und Patron Dany Cerf. Zusammen mit Nicole Bänder serviert der Schweizer seinen Gästen eindrucksvolle Genussreisen, ob im Menü oder à la carte.

Marc-Chagall-Straße 108
+49 211 51455688
restaurant-leflair.de
Fine Dining • französisch • modern • elegant

Essen:	**46** | 50
Service:	**18** | 20
Weinkarte:	**18** | 20
Ambiente:	**9** | 10
Gesamt:	91 | 100

Lido Hafen

40221 Düsseldorf

Frischer Wind im Glaskubus am Medienhafen: Seit letztem Winter kocht hier Benjamin Kriegel in gewohnt ausdrucksstarker Manier. Der herzliche Service von Ehefrau Ramona darf dabei nicht fehlen.

Am Handelshafen 15
+49 211 15768730
lido1960.de
Casual Dining • mediterran • Essen mit Aussicht

Essen:	**43** | 50
Service:	**18** | 20
Weinkarte:	**17** | 20
Ambiente:	**8** | 10
Gesamt:	86 | 100

Lido Malkasten

40211 Düsseldorf

Kunst und Küche gehen im aparten Restaurant mit Bar eine schöne Symbiose ein, auch wenn die Gerichte eher klassisch als kreativ gelingen: Rinderfilet, Risotto, Artischocke mit Balsamico-Vinaigrette.

Jacobistraße 6
+49 211 35589384
lido1960.de
Allrounder • modern • Crossover-Küche

Essen:	42 | 50
Service:	19 | 20
Weinkarte:	17 | 20
Ambiente:	9 | 10
Gesamt:	87 | 100

Münstermann Kontor

40213 Düsseldorf

Samstags nimmt man keine Reservierungen an, dann brummt der Laden wie ein Bienenstock. Bei dieser Speisekarte – ein Rundum-sorglos-Paket mit allem, was man sich nur wünschen kann – wundert das nicht.

Hohe Straße 11
+49 211 1300416
muenstermann-kontor.de
Crossover-Küche • Bistro • entspannt

Essen:	43 | 50
Service:	19 | 20
Weinkarte:	17 | 20
Ambiente:	8 | 10
Gesamt:	87 | 100

Nagaya

40211 Düsseldorf

Düsseldorfs hochkarätigster Japaner setzt bis heute Maßstäbe in Sachen Exzellenz und Perfektion. Dabei begeistert insbesondere die elegante Fusion von japanischem Purismus mit europäischer Hochküche.

Klosterstraße 42
+49 211 8639636
nagaya.de
Fine Dining • japanisch • modern

Essen:	46 | 50
Service:	18 | 20
Weinkarte:	18 | 20
Ambiente:	9 | 10
Gesamt:	91 | 100

Nagomi

40210 Düsseldorf

Hitoshi Nishizukas schlicht eingerichtetes Restaurant ist eine feste Größe der hiesigen japanischen Gastronomie. Neben absolut perfektem Sushi genießt man hier auch wunderbare À-la-carte-Gerichte.

Bismarckstraße 53
+49 211 41658988
nagomi.de
Casual Dining • japanisch • traditionell

Essen:	43 | 50
Service:	18 | 20
Weinkarte:	16 | 20
Ambiente:	7 | 10
Gesamt:	84 | 100

Nørds

40233 Düsseldorf

Sebastian Wego verbindet regionale oder kurz gereiste Produkte mit skandinavischen Techniken und einer klaren Vision. Seine Gerichte haben ihren eigenen Stil irgendwo zwischen lässig und komponiert.

Lindenstraße 73
+49 211 26103031
nordsrestaurant.com
Casual Dining • modern • entspannt

Essen:	43 | 50
Service:	18 | 20
Weinkarte:	17 | 20
Ambiente:	7 | 10
Gesamt:	85 | 100

Pitti
40213 Düsseldorf

Der Edelitaliener in der Altstadt wurde ganz unbescheiden nach dem berühmten Florentiner Palazzo benannt. Das Ambiente ist tatsächlich kunstvoll, die Küche schlicht, aber stimmig. Gute Weinauswahl.

Mühlenstraße 34
+49 211 547650605
pitti-restaurant.de
Terrasse • italienisch • Cocktails

Essen:	42	50
Service:	18	20
Weinkarte:	17	20
Ambiente:	9	10
Gesamt:	86	100

Prinzinger by Saittavini
40545 Düsseldorf

Ausgezeichnete italienische Produktküche – Alba-Trüffel, Fassone-Rind – in sehr geschmackvollem und dennoch lässigem Ambiente, dazu eine über 450 Positionen fassende Weinkarte: Das hat Seltenheitswert.

Leostraße 1a
+49 211 50670801
prinzinger-saittavini.de
Casual Dining • italienisch • Fisch • entspannt

Essen:	43	50
Service:	18	20
Weinkarte:	19	20
Ambiente:	8	10
Gesamt:	88	100

Qomo
40221 Düsseldorf

Moderne japanische Fusionsküche über den Dächern der Stadt. Beide Menüs mit Gerichten wie Heilbutt, Onion Nanban und Ponzu-Butter sind ab zwei Personen buchbar – oder man wählt entspannt à la carte.

Stromstraße 20
+49 211 86320018
rheinturm.de
asiatisch • modern • Essen mit Aussicht

Essen:	42	50
Service:	17	20
Weinkarte:	17	20
Ambiente:	9	10
Gesamt:	85	100

Reef and Beef
40477 Düsseldorf

De-luxe-Steak- und Seafood-Restaurant mit Szeneflair. Ob Nebraska Beef, Wagyu Strip Sirloin Steak oder Alaska Kingcrab, Fisch- und Fleischqualität sind ausgezeichnet. Iced Seafood Tower? Ja!

Lennéstraße 29
+49 211 44030991
reefandbeef.de
Steak • Meeresfrüchte • klassisch

Essen:	43	50
Service:	18	20
Weinkarte:	17	20
Ambiente:	8	10
Gesamt:	86	100

Reinhardt's

40477 Düsseldorf

Klassisch-französische Brasserieküche mit alpinen Einflüssen: Das schmeckt im Menü ebenso wie à la carte – etwa französische Zwiebelsuppe mit Cognac und Comté oder Berner Rösti mit getrüffeltem Mangold.

Schloßstraße 82
+49 211 99611122
reinhardts-restaurant.de
französisch • gehoben • offene Küche

Essen:	**43** | 50
Service:	**19** | 20
Weinkarte:	**17** | 20
Ambiente:	**8** | 10
Gesamt:	87 | 100

Rob's Kitchen

40219 Düsseldorf

Rob Op den Kamp liebt schlichte Lieblingsgerichte aus besten Produkten, etwa Linguini Carbonara mit Pancetta und Burgundertrüffel oder holländische Muscheln mit Fritten und Mayonnaise.

Lorettostraße 23
+49 211 54357428
robs-kitchen.de
eigener Gemüsegarten • regionale Produkte • modern

Essen:	**42** | 50
Service:	**18** | 20
Weinkarte:	**17** | 20
Ambiente:	**8** | 10
Gesamt:	85 | 100

Rocaille

40476 Düsseldorf

Der Mix aus Tagescafé, Patisserie, Bar und marktfrischer Bistroküche ist so unwiderstehlich, dass man hier – den dicken Weinkartenwälzer zum Studieren auf den Knien – ganze Tage verbringen kann.

Weißenburgstraße 19
+49 211 97711737
rocaille.de
Bistro • Frühstück • französisch • regionale Produkte

Essen:	**42** | 50
Service:	**18** | 20
Weinkarte:	**20** | 20
Ambiente:	**8** | 10
Gesamt:	88 | 100

Roku

40477 Düsseldorf

Im dritten Restaurant von Meisterkoch und Multi-Gastronom Yoshizumi Nagaya geht es herrlich lässig zu. Im Fokus stehen Wein, Sushi und kleine Speisen wie Hamachi-Carpaccio oder Austern mit Yuzu-Sauce.

Schwerinstraße 34
+49 211 15812444
restaurant-roku.de
japanisch • Sushi • modern

Essen:	**45** | 50
Service:	**18** | 20
Weinkarte:	**18** | 20
Ambiente:	**9** | 10
Gesamt:	90 | 100

Ross & Reiter

40476 Düsseldorf

Das gastronomische Joint Venture von Lukas Jakobi (Zwanzig23) und Sebastian Staudinger (Staudi's Restaurant) ist ein explosiver Mix aus Kreativität und Spaß – auch und besonders für die Gäste.

Roßstraße 39
+49 211 26101360
rossundreiter-restaurant.de
offene Küche • saisonal • entspannt

Essen:	**42** I 50
Service:	**19** I 20
Weinkarte:	**17** I 20
Ambiente:	**8** I 10
Gesamt:	86 I 100

Rubens

40479 Düsseldorf

Kräftige Wirtshausküche mit raffinierten Ideen. Wer sich von Schmarren und Schnitzel lösen kann, sollte unbedingt das Kalbstatar mit ungestopfter Entenleber und Dattelmarmelade probieren.

Kaiserstraße 5
+49 211 15859800
rubens-restaurant.de
österreichisch • Wiener Küche • modern

Essen:	**45** I 50
Service:	**18** I 20
Weinkarte:	**18** I 20
Ambiente:	**9** I 10
Gesamt:	90 I 100

Saittavini

40545 Düsseldorf

Gastgeber Michelangelo Saitta weiß, wie man Weinaficionados berührt. Sein Gourmetlokal ist ein Garant für vinophiles Glück, das sich bei Rindercarpaccio oder Steinpilzrisotto sogar noch potenziert.

Luegallee 79
+49 211 57797918
saittavini.de
Vinothek • italienisch • elegant

Essen:	**43** I 50
Service:	**18** I 20
Weinkarte:	**18** I 20
Ambiente:	**8** I 10
Gesamt:	87 I 100

Salt.
40477 Düsseldorf

Das kleine Restaurant im Stadtteil Pempelfort setzt auf mediterrane Leichtigkeit, frische, unkomplizierte Gerichte wie gegrillte Wildgarnelen mit Knoblauchbrot und Aioli und die richtige Prise Salz.

Blücherstraße 53
+49 155 66310076

mediterran • modern • entspannt

Essen:	42 I 50
Service:	19 I 20
Weinkarte:	17 I 20
Ambiente:	8 I 10
Gesamt:	86 I 100

Sansibar by Breuninger
40212 Düsseldorf

Kleine Stärkung nach einem langen City-Bummel oder großer Appetit auf Austern, Kaviar und Premium-Cuts von Otto Gourmet? Der Sansibar-Ableger im Düsseldorfer Kö-Bogen ist immer eine gute Idee.

Königsallee 2
+49 211 566414650

Casual Dining • nordische Küche • Steak

Essen:	43 I 50
Service:	17 I 20
Weinkarte:	18 I 20
Ambiente:	8 I 10
Gesamt:	86 I 100

Schorn
40223 Düsseldorf

Jean-Claude-Bourgueil-Schüler Lukas Schild kocht klassisch, produktfokussiert und mit Spannung. Beim Carpaccio vom Eifeler Wagyu-Rind à la Rossini sorgt eine Flusskrebsreduktion für Dynamit.

Martinstraße 46a
+49 163 9071993
restaurant-schorn.com
französisch • gehoben • gemütlich

Essen:	44 I 50
Service:	18 I 20
Weinkarte:	17 I 20
Ambiente:	8 I 10
Gesamt:	87 I 100

Setzkasten
40212 Düsseldorf

Egor Hopps ausgefeilte Gourmetküche erhält durch die Lage im Untergeschoss eines Edel-EDEKA ein außergewöhnliches Podium. Seine Kreationen sind kleine Meisterwerke aus Kontrast und Harmonie.

Berliner Allee 52
+49 211 2005716
setzkasten-duesseldorf.de
Fine Dining • unkonventionell • modern

P

Essen:	45 I 50
Service:	18 I 20
Weinkarte:	19 I 20
Ambiente:	9 I 10
Gesamt:	91 I 100

Staudi's
40476 Düsseldorf

Sebastian Staudingers moderne deutsche Küche wirkt wie eine kleine Erholungskur. In seine regional-saisonal verwurzelten Gerichte flicht er immer auch überraschende oder exotische Aromen ein.

Münsterstraße 115
+49 211 15875065
staudisrestaurant.de
deutsche Küche • regionale Produkte • Terrasse

Essen:	43 I 50
Service:	18 I 20
Weinkarte:	17 I 20
Ambiente:	8 I 10
Gesamt:	86 I 100

The Duchy

40212 Düsseldorf

In der Gourmetbrasserie des Luxushotels Breidenbacher Hof setzt Philipp Ferber auf eine verblüffend nachhaltige, weil höchst regionale Küche bei gleichbleibender internationaler Grandezza.

Königsallee 11
+49 211 16090500
theduchy-restaurant.com
Hotelrestaurant • eigene Landwirtschaft • elegant

Essen:	43	50
Service:	18	20
Weinkarte:	17	20
Ambiente:	8	10
Gesamt:	86	100

The Grill Upper Kö

40212 Düsseldorf

Steaks »in style« an prominenter Adresse. Die Karte ist ein Dorado für Liebhaber ausgesuchter Premium-Cuts, von US Nebraska Porterhouse über Irish Tomahawk bis zum klassischen Filet Mignon.

Königsallee 30
+49 211 3275400
the-grill-duesseldorf.de
Casual Dining • Steak • modern

Essen:	43	50
Service:	18	20
Weinkarte:	17	20
Ambiente:	8	10
Gesamt:	86	100

The Paradise Now

40219 Düsseldorf

Szenetreff für alle, die gern essen, trinken, feiern und gesehen werden. Zum Konzept gehören ein Club und eine Bar. Entsprechend ist die Karte: Caramelle mit Trüffel, Lachs mit Süßkartoffelpüree.

Hammer Straße 27
+49 173 7637964
Bistro • Bar • modern

Essen:	43	50
Service:	18	20
Weinkarte:	18	20
Ambiente:	8	10
Gesamt:	87	100

Weinhaus Tante Anna

40213 Düsseldorf

Im historischen Gasthaus mit jahrhundertealtem Dekor hat zeitgemäßer Genuss einen ebenso hohen Stellenwert wie Tradition. Bei Senfrostbraten mit Püree oder Saiblingstatar mit Sojamayo lässt es sich leben.

Andreasstraße 2
+49 211 131163
tanteanna.de
Familienbetrieb • gemütlich • urig

Essen:	43	50
Service:	18	20
Weinkarte:	18	20
Ambiente:	9	10
Gesamt:	88	100

WELA

40210 Düsseldorf

Wela bedeutet »Zeit« – und die dehnt sich hier auf ganz wunderbare Weise aus. In fünf oder acht Gängen wird Gästen eine erstklassige kulinarische Reise durch Thailands Aromenwelten präsentiert.

Oststraße 158
+49 211 17804058
welarestaurant.de
Thai • gehoben • modern

Essen:	44	50
Service:	18	20
Weinkarte:	17	20
Ambiente:	8	10
Gesamt:	87	100

Yoshi

40210 Düsseldorf

Hochästhetisches japanisches Casual Fine Dining im Kaiseki-Stil. Das traditionelle Konzept eines mehrgängigen, leichten, zur Teezeremonie eingenommenen Menüs wird durch den Weingenuss aufgeweicht.

Kreuzstraße 17
+49 211 86043060
yoshibynagaya.wixsite.com
Fine Dining • japanisch • Sushi • modern

Essen:	46 | 50
Service:	18 | 20
Weinkarte:	18 | 20
Ambiente:	9 | 10
Gesamt:	91 | 100

Zwanzig23

40223 Düsseldorf

Lukas Jakobi gehört nicht unbedingt zu den Leisesten seiner Zunft. Im eigenen Restaurant mit offener Küche zeigt er klare Kante. Seine Gerichte, omnivor oder vegan, sind mutig, explosiv und häufig hart am Salz.

Brunnenstraße 35
+49 173 9220294
zwanzig23.com
Fine Dining • nachhaltig • modern

P

Essen:	46 | 50
Service:	18 | 20
Weinkarte:	18 | 20
Ambiente:	9 | 10
Gesamt:	91 | 100

Lindenblüte

46446 Emmerich

Im familiengeführten Landhaus serviert man eine ehrliche, saisonale Küche. Die ist mal schlicht, mal fein: Jakobsmuscheln mit Trüffel stehen hier ebenso auf der Karte wie gebackener Ziegenkäse.

Reeser Straße 545
+49 2822 8800
zu-den-3-linden.de
Familienbetrieb • mediterran • klassisch • Terrasse

P

Essen:	43 | 50
Service:	17 | 20
Weinkarte:	17 | 20
Ambiente:	8 | 10
Gesamt:	85 | 100

Lindenhof

48282 Emsdetten

Im familiengeführten Boutiquehotel mit Restaurant sollen alle Gäste glücklich werden. Neben karnivoren Freuden wie Kalbsrückensteak mit Madeirajus gibt es daher auch wunderbare vegetarische Gerichte.

Alte Emsstraße 7
+49 2572 9260
lindenhof-emsdetten.de
Hotelrestaurant • Familienbetrieb • traditionell

P

Essen:	42 | 50
Service:	17 | 20
Weinkarte:	17 | 20
Ambiente:	8 | 10
Gesamt:	84 | 100

Foto: SEBASTIAN MIEBACH

Eimermacher

51766 Engelskirchen

Herzliche Gastlichkeit und eine einladende Atmosphäre stehen für Matthias und Carmen Eimermacher im Vordergrund. Ehrensache, dass es hier auch schmeckt. Die Küche ist schlicht, aber gut.

Ehreshoven 15
+49 2263 9694096
restaurant-eimermacher.de
deutsche Küche • im Grünen • Terrasse

Essen:	42 | 50
Service:	18 | 20
Weinkarte:	17 | 20
Ambiente:	8 | 10
Gesamt:	85 | 100

Haus Bosen

50374 Erftstadt

Herzlicher Service trifft auf herzhafte Regionalküche im denkmalgeschützten Eckhaus mit klassisch-historischem Flair. Benjamin Edery kocht frei von Moden, die nächste Generation rückt sachte nach.

Herriger Straße 2
+49 2235 691618
hausbosen.de
Casual Dining • regionale Produkte • klassisch

Essen:	43 | 50
Service:	18 | 20
Weinkarte:	16 | 20
Ambiente:	8 | 10
Gesamt:	85 | 100

Troyka

41812 Erkelenz

Was das Trio Ronny Schreiber (Wein) sowie Alexander Wulf und Marcel Kokot (Küche) in ihrem Restaurant bieten, hat absoluten Seltenheitswert. Wo bekommt man sonst modernes, russisches Fine Dining?

Rurstraße 19
+49 2431 9455955
troyka.de
Fine Dining • russisch • eigener Gemüsegarten

Essen:	46 | 50
Service:	18 | 20
Weinkarte:	18 | 20
Ambiente:	9 | 10
Gesamt:	91 | 100

Hopmanns Olive

40699 Erkrath

Ingo und Petra Hopmann sind passionierte Gastgeber durch und durch. Die saisonal und mediterran ausgerichtete Frischeküche des Patrons hat zu Recht seit über 20 Jahren eine treue Fangemeinde.

Ziegeleiweg 1–3
+49 2104 803632
hopmannsolive.de
Gasthaus • regionale Küche • mediterran • Gastgarten

Essen:	43 | 50
Service:	18 | 20
Weinkarte:	17 | 20
Ambiente:	8 | 10
Gesamt:	86 | 100

1831

45219 Essen

Traditionen wahren und dabei Neues wagen: Im beeindruckend schönen Gourmetrestaurant des Schlosshotels Hugenpoet gelingt dieser Spagat. Die geschliffene Küche von Dominik Schab passt perfekt zum Ambiente.

August-Thyssen-Straße 51
+49 2054 12040
hugenpoet.de
Fine Dining • klassisch • elegant

Essen:	43	50
Service:	18	20
Weinkarte:	17	20
Ambiente:	8	10
Gesamt:	86	100

Anneliese

45259 Essen

Kleine Restaurantperle im Essener Wohngebiet. Sascha Nicks ausdrucksstarke Küche bewegt sich im Mittelfeld zwischen puristisch-fokussiert und detailreich-verspielt. Das Menü wechselt im Sechs-Wochen-Takt.

Petzelsberg 10
+49 201 61795081
restaurant-anneliese.de
Casual Dining • Allrounder • entspannt

Essen:	44	50
Service:	18	20
Weinkarte:	17	20
Ambiente:	8	10
Gesamt:	87	100

Bliss

45131 Essen

Mediterran-asiatische Fusionsküche in einer entspannten Location mit Barbereich und Terrasse. Gerichte wie Lachstataki mit Koriander-Chimichurri und Duroc-Schweinebauch mit Miso-Yuzu-Sauce überzeugen.

Rüttenscheider Straße 237
+49 201 95985595
bliss-essen.de
asiatisch • modern • vegetarisch

Essen:	43	50
Service:	18	20
Weinkarte:	17	20
Ambiente:	9	10
Gesamt:	87	100

Chefs Atelier

45239 Essen

Unter Federführung von Spitzenkoch Alexander Hoppe wird hier im überaus geschmackvoll neu gestalteten Souterrain mit offener Küche eine beeindruckend harmonische, aromenstarke Gourmetküche serviert.

Im Löwental 60A
+49 201 64613366
chefsatelier.de
Crossover-Küche • modern • saisonal

Essen:	45	50
Service:	19	20
Weinkarte:	18	20
Ambiente:	8	10
Gesamt:	90	100

Chefs&Butchers

45239 Essen

Im loftartigen Casual-Fine-Dining-Restaurant überzeugt ein junges, ambitioniertes Team rund um Patron Michael Scheil mit einer frischen, zeitgemäßen Gourmetküche, die Lässigkeit und Hingabe verbindet.

Im Löwental 64
+49 201 40870000
chefsandbutchers.de
Crossover-Küche • modern • regionale Produkte

Essen:	**43** I 50
Service:	**18** I 20
Weinkarte:	**18** I 20
Ambiente:	**8** I 10
Gesamt:	87 I 100

Gärtnerei

45130 Essen

Das gemütliche Lokal in Rüttenscheid stellt Gemüse ins Rampenlicht. Für die bunten, unkomplizierten, mal knackig-frischen, mal deftig-wärmenden Gerichte greift man vielfach auf eigenen Anbau zurück.

Klarastraße 70
+49 201 51198744
gaertnerei.restaurant
Casual Dining • vegan • vegetarisch • unkonventionell

Essen:	**42** I 50
Service:	**18** I 20
Weinkarte:	**16** I 20
Ambiente:	**8** I 10
Gesamt:	84 I 100

Hannappel

45279 Essen

Treffsichere Gourmetküche mit vielen, den Gaumen verwöhnenden Twists. Tobias Weyers rasante Erlebnisfahrten gibt es wahlweise in vier oder sechs – auch komplett vegetarischen – hochästhetischen Gängen.

Dahlhauser Straße 173
+49 201 534506
restaurant-hannappel.de
Fine Dining • modern • elegant

Essen:	**45** I 50
Service:	**18** I 20
Weinkarte:	**18** I 20
Ambiente:	**9** I 10
Gesamt:	90 I 100

Kettner's Kamota

45239 Essen

Jürgen Kettner paart seine steirischen Wurzeln mit japanischen Techniken und Aromen. Das Ergebnis sind innovative Menüs mit Gerichten wie Saiblings-Crudo mit Shiro-Alge und Kirschblütenessig-Emulsion.

Hufergasse 23
+49 201 72044700
kettnerskamota.de
Casual Dining • österreichisch • modern

Essen:	**45** I 50
Service:	**19** I 20
Weinkarte:	**18** I 20
Ambiente:	**8** I 10
Gesamt:	90 I 100

La Grappa

45128 Essen

Rino Frattesis Kultlokal wirkt wie ein kulinarisches Kuriositätenkabinett. Seine »Gnocchi Giuliano« – Signature Dish seit 1978 – hat er zum Kult erhoben. Das »Legende«-Menü hat einen stolzen Preis.

Rellinghauser Straße 4
+49 201 231766
la-grappa.de
italienisch • unkonventionell • entspannt

Essen:	**42** I 50
Service:	**18** I 20
Weinkarte:	**17** I 20
Ambiente:	**8** I 10
Gesamt:	85 I 100

Lucente
45131 Essen

La vita è bella – auch in Rüttenscheid. Bei Burrata mit Weinbergpfirsich und Tomate, Orechiette mit Seeteufelragout oder Tuna tagliata auf Blumenkohlpüree wird es hier auch noch richtig lecker.

Rüttenscheider Straße 212
+49 201 424660
ristorante-lucente.de
Casual Dining • italienisch • modern

Essen:	**41**	50
Service:	**18**	20
Weinkarte:	**16**	20
Ambiente:	**8**	10
Gesamt:	83	100

M
45149 Essen

Stephan Kneuckers feine Kreativküche speist sich aus erstklassigen Zutaten. Obst und Gemüse wachsen im eigenen Hotelgarten, Wagyu-Rinder und Freilandschweine kommen von Zuchtbetrieben aus der Region.

Steile Straße 46
+49 201 43860
mintrops-stadthotel.de
Casual Dining • eigener Gemüsegarten • modern

Essen:	**42**	50
Service:	**18**	20
Weinkarte:	**17**	20
Ambiente:	**8**	10
Gesamt:	85	100

Müllers auf der Rü
45130 Essen

In Nelson Müllers Premium-Brasserie wird der kleine Luxus im Alltag zur Norm erhoben. Das kann eine Bouillabaisse sein, der Backfisch vom Kabeljau mit Pommes und Remoulade oder Blinis mit Störkaviar.

Rüttenscheider Straße 62
+49 201 79937701
nelson-mueller.de
entspannt • deutsche Küche • modern

Essen:	**42**	50
Service:	**18**	20
Weinkarte:	**17**	20
Ambiente:	**8**	10
Gesamt:	85	100

Parkhaus Hügel
45133 Essen

Im hübschen Hotel mit Restaurant und Eventlocation wirkt heute die vierte Generation. Die klassisch-gehobene Frischeküche passt gut zum Charme des historischen Gebäudes im Grüngürtel des Ruhrgebiets.

Freiherr-vom-Stein-Straße 209
+49 201 471091
parkhaus-huegel.de
Hotelrestaurant • regionale Produkte • Terrasse

Essen:	**43**	50
Service:	**18**	20
Weinkarte:	**17**	20
Ambiente:	**8**	10
Gesamt:	86	100

Paul's Brasserie
45128 Essen

Franco Giannetti kocht im eigenen, sehr schönen Bistro eine ungezwungene Genussküche »à la française«: von Gänseleberterrine über Bouillabaisse bis zur von Kürbispüree begleiteten Barbarie-Entenbrust.

Huyssenallee 7
+49 201 26675976
pauls-brasserie.de
französisch • traditionell • klassisch

Essen:	**43**	50
Service:	**18**	20
Weinkarte:	**16**	20
Ambiente:	**8**	10
Gesamt:	85	100

Pierburg Erika Bergheim
45219 Essen

Im Gourmetmenü »Selection E.B.« schöpft Erika Bergheim aus dem Vollen, etwa für Krustentiertatar mit Seeigelschaum oder Seeteufel mit Bottarga. Etwas lässiger geht es auf der Pierburg-Karte zu.

Schmachtenbergstraße 184
+49 2054 5907
pierburg-essen.com
Fine Dining • Allrounder • vegetarisch • entspannt

Essen:	45	50
Service:	18	20
Weinkarte:	18	20
Ambiente:	9	10
Gesamt:	90	100

Teko
45131 Essen

Gerade einmal 25 Sitzplätze fasst das angenehm gestaltete Restaurant von Hans Robert Lange Rodriguez, der hier mit absoluter Hingabe eine hochkarätige, südamerikanisch-deutsche Fusionsküche kocht.

Wegenerstraße 3
+49 201 9596930
teko-by-langerodriguez.de
Crossover-Küche • gehoben • modern

Essen:	44	50
Service:	18	20
Weinkarte:	17	20
Ambiente:	8	10
Gesamt:	87	100

Eiflers Zeiten
53881 Euskirchen

Mit der räumlichen Verschmelzung von Gasthaus und Gourmetkonzept ist auf Burg Flamersheim eine neue Ära angebrochen. Küchenchef Filip Czmok vereint rustikal und raffiniert, Eifler Hirsch und Entenleberterrine.

Burg Flamersheim
+49 2255 945752
burgflamersheim.de
Gasthaus • deutsche Küche • traditionell

Essen:	43	50
Service:	18	20
Weinkarte:	17	20
Ambiente:	8	10
Gesamt:	86	100

Mühlenhelle Bistro
51645 Gummersbach

Haute Cuisine oder Bistroküche? Michael Quendler kann beides. Im Bistro der herrlichen Villa genießt man Kräuterrisotto mit gebackenem Tempuragemüse oder pochierten Kabeljau mit Senfsauce und Püree.

Hohler Straße 1
+49 2261 290000
muehlenhelle.de
Hotelrestaurant • Bistro • österreichisch • Terrasse

Essen:	43	50
Service:	18	20
Weinkarte:	18	20
Ambiente:	8	10
Gesamt:	87	100

Mühlenhelle Restaurant
51645 Gummersbach

Michael Quendlers kreativ-klassische Spitzenküche findet großen Anklang bei Gästen aus nah und fern. Nahbarkeit und Eleganz stehen hier im Einklang. Außerdem gibt es stets ein vegetarisches oder sogar veganes Menü.

Hohler Straße 1
+49 2261 290000
muehlenhelle.de
Fine Dining • regionale Produkte • österreichisch

Essen:	**46** I 50
Service:	**18** I 20
Weinkarte:	**18** I 20
Ambiente:	**9** I 10
Gesamt:	91 I 100

EssensArt
42781 Haan

Purer Genuss, totale Entspannung: So soll für Patronin Nikoleta Spyrou und Küchenchef Jens Lommel modernes Fine Dining sein. Sonntags hat man die Qual der Wahl: Brunch sowie Vier- oder Sechs-Gänge-Menü.

Bachstraße 141
+49 2129 377921
essensart-haan.de
Fine Dining • regionale Produkte • Terrasse • modern

Essen:	**43** I 50
Service:	**18** I 20
Weinkarte:	**17** I 20
Ambiente:	**8** I 10
Gesamt:	86 I 100

Ratsstuben
45721 Haltern am See

Name und Fassade suggerieren steife Etikette, im Inneren des aparten Ratshotels geht es höchst »sophisticated« zu. Daniel Georgievs Küchenstil ist klar auf klassisch-französisch und Gourmet geeicht.

Mühlenstraße 3
+49 2364 3465
hotel-haltern.de
Hotelrestaurant • Fine Dining • elegant

Essen:	**45** I 50
Service:	**18** I 20
Weinkarte:	**18** I 20
Ambiente:	**9** I 10
Gesamt:	90 I 100

WielandStuben
59077 Hamm

Inhaber und Küchenchef Lukas Erfurth paart Tradition und Wandel, bodenständiges Handwerk und mediterrane Leichtigkeit. Das Drei-Gänge-Sonntagsmenü gibt es mittags wie abends zum unschlagbaren Preis.

Wielandstraße 84
+49 2381 401217
wieland-stuben.de
französisch • Terrasse • unkonventionell

Essen:	**44** I 50
Service:	**18** I 20
Weinkarte:	**18** I 20
Ambiente:	**8** I 10
Gesamt:	88 I 100

Poppenborg Bistro

33428 Harsewinkel

Heinrich und Anne Poppenborg empfangen Gäste mit echter Herzlichkeit. Gerichte wie Seezungenfilet mit Beurre blanc oder Bœuf bourguignon mit Rotweinsauce fangen die Essenz klassischer Küche ein.

Brockhäger Straße 7–9
+49 5247 2241
hotel-poppenborg.de
Hotelrestaurant • Bistro • Familienbetrieb • Gastgarten

Essen:	**43** | 50
Service:	**17** | 20
Weinkarte:	**18** | 20
Ambiente:	**8** | 10
Gesamt:	86 | 100

Diergardts Kühler Grund

45527 Hattingen

Immer wieder erstaunlich, was aus der Küche der Hattinger Gastro-Perle kommt. Philipp Diergardt kocht in vierter Generation zwischen Wirtshaus-, Bistro- und Gourmetküche. Und auch die Weinkarte macht richtig Spaß.

Am Büchsenschütz 15
+49 2324 96030
diergardt-hattingen.de
Casual Dining • Familienbetrieb • traditionell

Essen:	**44** | 50
Service:	**18** | 20
Weinkarte:	**18** | 20
Ambiente:	**8** | 10
Gesamt:	88 | 100

Altes Brauhaus

52525 Heinsberg

Historisches Brau- beziehungsweise Gasthaus mit detailverliebter, raumprägender Holzvertäfelung. Für die bodenständig-klassische Küche samt passender Weinauswahl ziehen zwei Schwestern an einem Strang.

Wurmstraße 4
+49 2452 61035
altesbrauhaus-heinsberg.de
Gasthaus • traditionell • gemütlich

Essen:	**42** | 50
Service:	**17** | 20
Weinkarte:	**16** | 20
Ambiente:	**8** | 10
Gesamt:	83 | 100

Sängerheim

53773 Hennef

Die unkomplizierte Frischeküche aus echten, meist regionalen, teils auch überraschenden Zutaten – gebackenes Hennefer Huhn mit Hopfen, Pollen und Brokkolini – passt gut zum gemütlichen Wohnzimmerstil.

Teichstraße 9
+49 2242 3480
das-saengerheim.de
Familienbetrieb • regionale Produkte • Terrasse

Essen:	**42** | 50
Service:	**18** | 20
Weinkarte:	**17** | 20
Ambiente:	**8** | 10
Gesamt:	85 | 100

Pungshaus

40723 Hilden

Im 300 Jahre alten Fachwerkhaus wird frisch, vielseitig, mal deftig, aber auch gern etwas raffinierter gekocht. Dabei lässt sich Küchenchef Michael Wolff seit über 25 Jahren vom Marktangebot inspirieren.

Grünstraße 22
+49 2103 61372
pungshaus.de
Casual Dining • deutsche Küche • Gastgarten • gemütlich

Essen:	**42** | 50
Service:	**18** | 20
Weinkarte:	**16** | 20
Ambiente:	**8** | 10
Gesamt:	84 | 100

Windmühle Fissenknick

32805 Horn-Bad Meinberg

Familiengeführtes, uriges Lokal mit unaufgeregter, deutsch-westfälischer Küche. In der kreisförmigen Stube der gepflegten, historischen Windmühle sitzt man buchstäblich in gemütlicher Runde.

Windmühlenweg 10
+49 5234 919602
diewindmühle.de
Gasthaus • Terrasse • traditionell

Essen:	42 | 50
Service:	18 | 20
Weinkarte:	17 | 20
Ambiente:	8 | 10
Gesamt:	85 | 100

Spieker

33161 Hövelhof

Franz Spieker kocht eine lustvolle, westfälisch-mediterrane Genießerküche ohne großes Brimborium. Die Fischsuppe mit Hövelrieger Lachsforelle und Garnelen in Krustentierfond ist ein echtes Signature Dish.

Detmolder Straße 86
+49 5257 2222
gasthaus-spieker.de
Hotelrestaurant • Familienbetrieb • gemütlich

Essen:	43 | 50
Service:	19 | 20
Weinkarte:	17 | 20
Ambiente:	8 | 10
Gesamt:	87 | 100

Schloss Loersfeld

50171 Kerpen

Kulinarische Gemälde im überaus gepflegten Ambiente der historischen Schlossanlage. Küche und Preise sind anspruchsvoll, für einen Einstieg lohnt sich das zwei- oder dreigängige Lunchmenü.

Schloss Loersfeld 1
+49 2273 57755
schlossloersfeld.de
Fine Dining • französisch • im Schloss • elegant

Essen:	45 | 50
Service:	18 | 20
Weinkarte:	18 | 20
Ambiente:	9 | 10
Gesamt:	90 | 100

Acht

50672 Köln

Etabliertes Szenerestaurant mit ruhiger Innenhofterrasse und offener Küche. Zum betont lässigen Industrial-Stil passt die smarte Lifestyle-Küche: Ceviche mit Grapefruit, Kaninchen mit Cognacsauce.

Spichernstraße 10
+49 221 16818408
restaurant-acht.de
Casual Dining • französisch • Terrasse • modern

Essen:	42 | 50
Service:	17 | 20
Weinkarte:	17 | 20
Ambiente:	9 | 10
Gesamt:	85 | 100

Al Salam

50677 Köln

Gastronomieinstitution mit sehr guten arabischen Spezialitäten. Am neuen Standort überzeugen nun Muna Nazzals Söhne mit Premiumdrinks, schickem Ambiente und neuer Speisekarte im Sharing-Stil.

Eifelplatz 4
+49 221 2019882
al-salam.de
arabisch • vegetarisch • modern

Essen:	**44** I 50
Service:	**18** I 20
Weinkarte:	**17** I 20
Ambiente:	**8** I 10
Gesamt:	87 I 100

Alfredo

50667 Köln

Roberto Carturans kunstfertige Interpretation der Cucina italiana lebt weniger von Show-Effekten als von tadelloser Produktqualität und klassischer Schlichtheit. Purezza bis zur Perfektion!

Tunisstraße 3
+49 221 2577380
ristorante-alfredo.com
Fine Dining • italienisch • Fisch

Essen:	**45** I 50
Service:	**18** I 20
Weinkarte:	**18** I 20
Ambiente:	**8** I 10
Gesamt:	89 I 100

Appare

50676 Köln

Schlicht gestaltetes Restaurant mit traditioneller japanischer Küche. Abends wird ein Fünf-Gänge-Menü aus frei wählbaren, sehr authentischen Vor- und Hauptspeisen serviert. Auch die Mittagskarte ist gut.

Balduinstraße 10
+49 2212 7069058
appare.de
Casual Dining • japanisch • Sushi • elegant

Essen:	**43** I 50
Service:	**18** I 20
Weinkarte:	**16** I 20
Ambiente:	**8** I 10
Gesamt:	85 I 100

Augustin

50668 Köln

Seit der Schließung des Astrein im Januar kann sich Eric Werner nun voll und ganz auf sein Zweitrestaurant konzentrieren. Gekocht wird gutbürgerlich-ambitioniert sowie französisch inspiriert. Solide Weinkarte.

Dagobertstraße 32
+49 221 57077796
augustin-restaurant.com
Allrounder • modern • Gastgarten

Essen:	**43** I 50
Service:	**18** I 20
Weinkarte:	**17** I 20
Ambiente:	**8** I 10
Gesamt:	86 I 100

Capricorn [i] Aries

50678 Köln

Ein Stück Frankreich in Köln, und das seit über zwanzig Jahren! Die frische, unprätentiöse Brasserieküche – Coq au Vin, Jakobsmuscheln, Beurre blanc – passt gut zum detailverliebten, authentischen Ambiente.

Alteburgerstraße 31
+49 221 3975710
capricorniaries.com
Bistro • französisch • Terrasse • traditionell

Essen:	**43** I 50
Service:	**18** I 20
Weinkarte:	**17** I 20
Ambiente:	**8** I 10
Gesamt:	86 I 100

Caruso Pastabar

50670 Köln

Charmantes Italo-Bistro im Agnesviertel mit hausgemachter Pasta sowie Menü-»Zwang« beziehungsweise -Konzept, wobei man frei entscheiden kann, wie viele der drei oder vier Gänge Antipasti, Primi oder Dolci sind.

Kasparstraße 19
+49 221 9386311
pastabar.de
Casual Dining • italienisch • entspannt

Essen:	**43** | 50
Service:	**18** | 20
Weinkarte:	**17** | 20
Ambiente:	**8** | 10
Gesamt:	86 | 100

Christoph Paul's Restaurant

50674 Köln

Etwas versteckt in einer einstigen Kapelle gelegenes Feinschmeckerlokal mit lauschiger Terrasse, aber eher wenig Sitzkomfort. Gekocht wird nach alter Schule, mehr klassisch als kreativ und mit Sinn für Details.

Brüsseler Straße 26
+49 221 34663545
christoph-paul.koeln
regionale Produkte • modern • Terrasse

Essen:	**43** | 50
Service:	**18** | 20
Weinkarte:	**18** | 20
Ambiente:	**8** | 10
Gesamt:	87 | 100

Der Vierte König

50939 Köln

Jaspreet Dhaliwal-Wilmes hat bei Wildkräuterpapst Jean-Marie Dumaine gelernt und rasch zum eigenen Stil gefunden. Seine auf großer Klassik basierenden Adaptionen sind von indischen Aromen geprägt.

Gottesweg 165
+49 221 48481288
derviertekoenig.com
französisch • Gastgarten • elegant

Essen:	**43** | 50
Service:	**18** | 20
Weinkarte:	**17** | 20
Ambiente:	**8** | 10
Gesamt:	86 | 100

Essers Gasthaus

50823 Köln

Mit viel Herzlichkeit geführtes Speiselokal mit bodenständiger Wirtshausküche und hervorragender, deutsch-österreichischer Weinauswahl. Der erste Donnerstag im Monat ist für saftig-krosse Backhendl reserviert.

Ottostraße 72
+49 221 425954

Gasthaus • österreichisch • Gastgarten

Essen:	**43** | 50
Service:	**19** | 20
Weinkarte:	**18** | 20
Ambiente:	**8** | 10
Gesamt:	88 | 100

Früh am Dom

50667 Köln

Die gern als Touristenfalle abgestempelte Altstadtschenke entpuppt sich als gemütlich-uriger Wohnzimmerersatz mit fast schon musealer Ausstattung. Die Speisen sind vor allem eines: deftig-rustikal.

Am Hof 12–18
+49 221 2613215
frueh-am-dom.de
Brauerei • Allrounder • urig

Essen:	**41** | 50
Service:	**17** | 20
Weinkarte:	**15** | 20
Ambiente:	**8** | 10
Gesamt:	81 | 100

Gruber's Restaurant 50668 Köln

Österreichische Schmankerlküche im eleganten Restaurant mit hübscher Terrasse. Die Karte teilt sich in klassisch-traditionell und raffiniert-modern – mittags à la carte, abends im Menü ab drei Gängen.

Clever Straße 32	Essen: **43** I 50
+49 221 7202670	Service: **18** I 20
grubersrestaurant.de	Weinkarte: **17** I 20
Gasthaus • österreichisch • Terrasse	Ambiente: **8** I 10
	Gesamt: 86 I 100

Hanse Stube 50667 Köln

Auch unter neuer gastronomischer Führung bleibt die traditionsreiche »gute Stube« im altehrwürdigen Grandhotel ihren Leitlinien treu. Lars Wolfs französisch-rheinische Hochküche wirkt sehr vertraut.

Trankgasse 1–5	Essen: **44** I 50
+49 221 2701	Service: **18** I 20
hansestube.de	Weinkarte: **18** I 20
Hotelrestaurant • Fine Dining • elegant • klassisch	Ambiente: **9** I 10
	Gesamt: 89 I 100

Haus Scholzen 50823 Köln

Essen und Trinken halten Leib und Seele zusammen, auch in dieser Kölner Institution. Gastraum und Serviceoutfit haben sich seit Jahrzehnten nicht verändert, die Speisekarte ist ebenfalls herrlich retro.

Venloer Straße 236	Essen: **42** I 50
+49 221 515919	Service: **18** I 20
haus-scholzen.de	Weinkarte: **16** I 20
Gasthaus • Familienbetrieb • deutsche Küche • traditionell	Ambiente: **8** I 10
	Gesamt: 84 I 100

Haus Töller 50676 Köln

Uriges, kleines Gasthaus mit knusprigen Haxen, saftigem Schinkenhämchen, flinken Köbes – sprich: Kellnern – und eiskaltem Päffgen vom Fass. Die Stimmung ist laut, lustig und authentisch. Gezahlt wird bar.

Weyerstraße 96	Essen: **42** I 50
+49 221 2589316	Service: **18** I 20
haus-toeller.de	Weinkarte: **16** I 20
Biervielfalt • Hausmannskost • urig • traditionell	Ambiente: **8** I 10
	Gesamt: 84 I 100

heinzhermann

50668 Köln

Zwischen Dom und Rhein gelegenes, schickes Weinlokal von Sternekoch Maximilian Lorenz, der hier namentlich den Großvätern ein Denkmal setzt. Serviert wird eine deutsch-mediterrane Bistroküche mit Pfiff.

Johannisstraße 64
+49 221 988161020
maximilianlorenz.de
Vinothek • mediterran • modern • elegant

Essen:	**43** I 50
Service:	**18** I 20
Weinkarte:	**18** I 20
Ambiente:	**8** I 10
Gesamt:	87 I 100

HENNE.Weinbar

50672 Köln

Szenelokal mit toller Weinkarte. Frei nach dem Motto »geteilte Teller sind doppelter Genuss« kann man sein Programm individuell gestalten. Zur Auswahl stehen je eine Handvoll kalte und warme Speisen.

Pfeilstraße 31–35
+49 221 34662647
henne-weinbar.de
Vinothek • Casual Dining • französisch

Essen:	**44** I 50
Service:	**18** I 20
Weinkarte:	**19** I 20
Ambiente:	**8** I 10
Gesamt:	89 I 100

Ito

50672 Köln

Gekonnt bricht Kengo Nishimi im fünfgängigen Omakase-Menü die traditionelle japanische Küche durch internationale Aromen auf, etwa beim Rochen mit Lauch-Barigoule, Tomaten-Dashi und Vadouvan.

Antwerpener Straße 15
+49 221 3557327
ito-restaurant.de
Fine Dining • japanisch • Sushi

Essen:	**45** I 50
Service:	**18** I 20
Weinkarte:	**17** I 20
Ambiente:	**8** I 10
Gesamt:	88 I 100

Johann Schäfer Brauhaus

50677 Köln

Brauhausküche 2.0 in bester südstädtischer Lage mit rustikalem Speisenkonzept. Hochwertige Produkte aus Köln und Umgebung gleichen die schwankende Küchenleistung der rotierenden Küchenbrigade aus.

Elsaßstraße 6
+49 221 16860975
johann-schaefer.de
Gasthaus • Biervielfalt • Steak

Essen:	**42** I 50
Service:	**18** I 20
Weinkarte:	**16** I 20
Ambiente:	**8** I 10
Gesamt:	84 I 100

L'escalier

50674 Köln

Daniel Lengsfelds »No-Bullshit-Küche« ist inspiriert von eigenen Reisen, hat aber Regionalität und Saisonalität immer fest im Blick. Strikte Qualitätsphilosophie paart er mit weinaffiner Bistronomie.

Brüsseler Straße 11
+49 221 56010356
weinbistrolescalier.de
Bistro • klassisch • entspannt

Essen:	**43** I 50
Service:	**18** I 20
Weinkarte:	**17** I 20
Ambiente:	**8** I 10
Gesamt:	86 I 100

La Cuisine Rademacher

51069 Köln

Marlon Rademachers Gourmetküche setzt vielfach auf Luxusprodukte, die er mit großer Hingabe zu eingängigen Genussmomenten verwebt. Da nimmt man die abseitige Lage im Rechtsrheinischen gern in Kauf.

Dellbrücker Hauptstraße 176
+49 221 96898898
la-cuisine-koeln.de
Fine Dining • französisch • modern

Essen:	46 | 50
Service:	18 | 20
Weinkarte:	18 | 20
Ambiente:	8 | 10
Gesamt:	90 | 100

La Fonda

50670 Köln

Kölns wohl stilvollstes Bistrokonzept begeistert Fans mit seiner unaufgeregten Produktküche wie etwa Freilandhuhn mit Sauce Albufera oder Färöer-Lachs mit grünem Papaya und Curry-Limetten-Schaum.

Gereonskloster 8
+49 221 16817515
lafonda.koeln
Casual Dining • Bar • Terrasse • elegant

Essen:	43 | 50
Service:	19 | 20
Weinkarte:	17 | 20
Ambiente:	8 | 10
Gesamt:	87 | 100

La Société

50674 Köln

Kölns einst plüschigstes Sternerestaurant hat sich in den letzten Jahren neu positioniert. Dafür sorgt vor allem Leon Hofmockel mit einer äußerst kreativen, spannungsgeladenen Crossover-Gourmetküche.

Kyffhäuserstraße 53
+49 221 232464
restaurant-lasociete.de
Fine Dining • französisch • elegant

Essen:	46 | 50
Service:	18 | 20
Weinkarte:	18 | 20
Ambiente:	9 | 10
Gesamt:	91 | 100

Le Moissonnier

50670 Köln

Vincent Moissonnier führt auch nach der Konzeptänderung die gastronomische Legende fort. Souverän stellt er unkomplizierten Genuss ins Zentrum seines französischen Bistros. Exzellenter Service!

Krefelder Straße 25
+49 221 729479
lemoissonnier.de
französisch • gehoben • entspannt

Essen:	46 | 50
Service:	19 | 20
Weinkarte:	18 | 20
Ambiente:	8 | 10
Gesamt:	91 | 100

Limbourg

50672 Köln

Alen Radics Gourmetbistro im Belgischen Viertel blieb lange unter dem Radar. Völlig zu Unrecht, denn aus der winzigen Kombüse kommen handwerklich präzise, elegante Kreationen – als Menü und à la carte.

Limburger Straße 35
+49 221 2508880
limbourg.restaurant
französisch • klassisch • gehoben

Essen:	**44** I 50
Service:	**18** I 20
Weinkarte:	**18** I 20
Ambiente:	**8** I 10
Gesamt:	88 I 100

Luis Dias

50996 Köln

Mit türkisfarben gestrichenen Säulen und frisch bezogenen Polsterstühlen herausgeputztes Ecklokal im Kölner Süden. Hier kocht der Chef selbst: optisch kunstvoll und dabei geschmacklich solide.

Wilhelmstraße 35a
+49 221 9352323
luis-dias.com
Fine Dining • regionale Produkte • modern

Essen:	**43** I 50
Service:	**18** I 20
Weinkarte:	**17** I 20
Ambiente:	**8** I 10
Gesamt:	86 I 100

maiBeck Für Dich

50667 Köln

Gourmetlokal mit Haltung sowie klarem Fokus auf Handwerk und Produkt. Der fehlende Stern hat den ungezwungenen Kreationen des Küchenteams um Jan Maier und Tobias Becker keinen Abbruch getan.

Am Frankenturm 5
+49 221 96267300
maibeck-fuerdich.de
Fine Dining • Delikatessenverkauf • modern • entspannt

Essen:	**46** I 50
Service:	**18** I 20
Weinkarte:	**18** I 20
Ambiente:	**9** I 10
Gesamt:	91 I 100

Maximilian Lorenz

50668 Köln

Heimische Geschmacksbilder sind für Maximilian Lorenz essenzieller Bestandteil seiner kulinarischen DNA. In zwei Spitzenmenüs – eines davon vegetarisch – vermittelt er eine neue deutsche Esskultur.

Johannisstraße 64
+49 221 37999192
maximilianlorenz.de
Fine Dining • deutsche Küche • modern

Essen:	**46** I 50
Service:	**18** I 20
Weinkarte:	**19** I 20
Ambiente:	**9** I 10
Gesamt:	92 I 100

NENI

50670 Köln

Rooftop-Restaurant mit levantinischer Wohlfühlküche im Balagan-Style: Hummus, Hamshuka, Popcorn-Falafel, Wagyu-Rinderkebab, Freekeh und mehr auf einem Tisch zum gemeinsamen Entdecken und Teilen.

Im Klapperhof 22–24
+49 221 16253561
nenifood.com
Levante • modern • entspannt

Essen:	**43** I 50
Service:	**18** I 20
Weinkarte:	**16** I 20
Ambiente:	**8** I 10
Gesamt:	85 I 100

NeoBiota

50676 Köln

Nach dem Umzug kocht das Duo Sonja Baumann und Erik Scheffler nun mit deutlich mehr Platz. Geblieben sind der Fokus auf echte, naturnahe Küche und der Mix aus Frühstück und Casual Fine Dining.

Pantaleonswall 27
+49 221 29194494
restaurant-neobiota.de
Fine Dining • Brunch • modern

Essen:	**45** | 50
Service:	**18** | 20
Weinkarte:	**17** | 20
Ambiente:	**8** | 10
Gesamt:	88 | 100

Otto Für Dich

50667 Köln

Jan Maier hatte schon immer ein Faible für hausgemachte Pasta. Zusammen mit maiBeck-Sparringspartner Tobias Becker setzt er im nur einen Steinwurf entfernten Zweitrestaurant auf gelebte Italianità.

Am Hof 48
+49 221 35921921
otto-fuerdich.de
Bistro • italienisch • modern

Essen:	**43** | 50
Service:	**18** | 20
Weinkarte:	**17** | 20
Ambiente:	**8** | 10
Gesamt:	86 | 100

Ouzeria

50674 Köln

In wenigen Jahren hat Maria Karpathiotaki gemeinsam mit Ehemann und Küchenchef Nikos Kasotakis aus dem elterlichen Betrieb einen neuen Gourmet-Hotspot gemacht. Griechische Küche? Ja, aber neu gedacht.

Brüsseler Straße 68
+49 221 513998
ouzeria-koeln.de
Crossover-Küche • gehoben • entspannt

Essen:	**44** | 50
Service:	**18** | 20
Weinkarte:	**17** | 20
Ambiente:	**8** | 10
Gesamt:	87 | 100

Ox&Klee

50678 Köln

Daniel Gottschlichs sorgfältig ausgetüftelte Geschmacksreisen laden die Sinne zum Tanzen ein. Dabei spielt das Küchenteam immer wieder mit Texturen, Temperaturen, Ideen, Präsentation und Erwartungen.

Mittleres Kranhaus, Im Zollhafen 18
+49 163 8528455
oxundklee.de
Fine Dining • vegetarisch • entspannt

Essen:	**49** | 50
Service:	**19** | 20
Weinkarte:	**19** | 20
Ambiente:	**10** | 10
Gesamt:	97 | 100

Phaedra

50677 Köln

Für seine mediterrane Bistroküche greift Konstantin Tzikas auf Produkte wie Anchovis, Calamaretti und Kapern, aber auch Island-Kabeljau und Bouchot-Muscheln zurück. Die tolle Weinkarte ist ein Plus.

Elsaßstraße 30
+49 221 16826625
phaedra-restaurant.de
Casual Dining • mediterran • vegetarisch • traditionell

Essen:	**43** | 50
Service:	**18** | 20
Weinkarte:	**17** | 20
Ambiente:	**8** | 10
Gesamt:	86 | 100

Poisson

50667 Köln

Etabliertes Genießerrestaurant in etwas versteckter Innenstadtlage. Stars und Sternchen gehen hier ebenso gern essen wie Fischliebhaber ohne Promi-Status. Mittags lockt ein etwas preiswerterer Lunch.

Wolfsstraße 6–14
+49 221 27736883
poisson-restaurant.de
Casual Dining • Fisch • entspannt

Essen:	**43** | 50
Service:	**17** | 20
Weinkarte:	**17** | 20
Ambiente:	**8** | 10
Gesamt:	85 | 100

Pottkind

50678 Köln

Der beste Platz ist an der Theke. Dort kann man dem Team um Enrico Sablotny so schön auf die Finger schauen. Das Überraschungsmenü – stets kreativ, stets ästhetisch – gibt es auch vegetarisch.

Darmstädter Straße 9
+49 221 42318030
restaurant-pottkind.de
Casual Dining • modern • entspannt

Essen:	**46** | 50
Service:	**18** | 20
Weinkarte:	**18** | 20
Ambiente:	**8** | 10
Gesamt:	90 | 100

PULS

50667 Köln

Schicke Gourmetbar von Daniel Gottschlich im Basement eines Boutiquehotels. Aus der Küche von Head Chef Johannes Langenstück kommen eindrucksvolle Kreationen: Kleines, Großes, Solo-Dishes oder welche zum Teilen.

Bürgerstraße 2
+49 221 22288700
legendhotel.de
modern • Cocktails • gehoben

Essen:	**44** | 50
Service:	**18** | 20
Weinkarte:	**18** | 20
Ambiente:	**8** | 10
Gesamt:	88 | 100

Reef and Beef

50968 Köln

Szeniger Steak- und Seafood-Tempel der Extraklasse. Im Sommer genießt man Premium Cuts, karibischen Langustenschwanz und Meeresfrüchte-Tower auf der großen Terrasse mit altem Baumbestand.

Bonner Straße 328
+49 221 53406000
reefandbeef-koeln.de
Steak • Meeresfrüchte • klassisch

P

Essen:	**43** | 50
Service:	**18** | 20
Weinkarte:	**17** | 20
Ambiente:	**8** | 10
Gesamt:	86 | 100

Sahila

50676 Köln

Mit höchstem Anspruch an Ästhetik und Komposition bringt Julia Komp die Geschmäcker der weiten Welt in einer nahtlos durchkonzipierten Spitzenküche auf die Teller. Jeder Gang wirkt wie gemalt.

Kämmergasse 18
+49 221 247238
sahila-restaurant.de
Fine Dining • Bar • elegant

Essen:	**46** | 50
Service:	**19** | 20
Weinkarte:	**18** | 20
Ambiente:	**9** | 10
Gesamt:	92 | 100

Scherz

50937 Köln

Klassische Austro-Küche und kreative Schmankerlgerichte: Michael Scherz liebt Multitasking. Neuester Streich: Weine by the glass und kleine Gerichte vom Konro-Grill im vorderen, umgebauten Bereich.

Luxemburger Straße 256 +49 221 16929440 scherzrestaurant.de **Gasthaus • österreichisch • Gastgarten • entspannt**	Essen: **42** | 50 Service: **18** | 20 Weinkarte: **17** | 20 Ambiente: **8** | 10 Gesamt: 85 | 100

Taku

50667 Köln

Im Basement des altehrwürdigen Grandhotels wird seit vielen Jahren eine kreative, ostasiatische Spitzenküche gekocht. Mirko Gauls geradliniger, moderner Stil setzt sich auch im Ambiente fort.

Domplatz/Trankgasse 1–5 +49 221 2701 taku.de **Fine Dining • Hotelrestaurant • japanisch • modern**	Essen: **45** | 50 Service: **18** | 20 Weinkarte: **18** | 20 Ambiente: **9** | 10 Gesamt: 90 | 100

Toki

50674 Köln

Von der Wahl der Zutaten über die präzise Technik bis zur behutsamen Präsentation folgt alles dem Geist einer Jahreszeitenküche zwischen jetzt und damals. Hideyuki Takahashi kocht Kaiseki-inspiriert.

Händelstraße 51 +49 221 56090259 toki-restaurant.com **japanisch • saisonal • gehoben**	Essen: **44** | 50 Service: **18** | 20 Weinkarte: **16** | 20 Ambiente: **8** | 10 Gesamt: 86 | 100

Vunky

50668 Köln

Wie gut Gemüse schmecken kann, erfahren die Gäste ohne steife Etikette im cool-modern gestylten Restaurant. Saisonal und regional inspiriert, wird alle sechs Wochen das Menü geändert.

Eigelstein 127–129 +49 176 32088492 vunky-foods.com **vegetarisch • saisonal • regionale Produkte**	Essen: **40** | 50 Service: **17** | 20 Weinkarte: **16** | 20 Ambiente: **8** | 10 Gesamt: 81 | 100

Yu*lia

50676 Köln

Julia Komp lädt Gäste gern auf kulinarische Entdeckungsreisen ein. In ihrer Mezze Bar – angrenzend an das Spitzenrestaurant – werden orientalische Gaumenfreuden in ihrer ganzen Vielfalt zelebriert.

Kämmergasse 18
+49 221 80188843
yulia-mezzebar.de
Sharing Menu • mediterran • Levante • modern

Essen:	**43**	50
Service:	**18**	20
Weinkarte:	**18**	20
Ambiente:	**8**	10
Gesamt:	87	100

Zen

50935 Köln

Alteingesessenes Japan- beziehungsweise Sushi-Restaurant an neuer Adresse mit nun deutlich stylisherem Interieur. Die Küche bietet einen guten Mix aus Beständigkeit und Wandel, Sashimi und Crispy Rolls.

Bachemer Straße 233
+49 221 39909986
restaurant-zen.de
japanisch • modern • elegant

Essen:	**43**	50
Service:	**18**	20
Weinkarte:	**17**	20
Ambiente:	**8**	10
Gesamt:	86	100

Zum Marienbildchen – Leev Marie

50935 Köln

Mit viel Elan hat Mark Junglas, Ex-Kult-Metzgerei-Betreiber, Adenauers einstige Stammkneipe auf links gedreht. Auf der Karte? Gute Brauhausküche. Hausgemachte Flönz, Wildbratwurst aus eigener Jagd.

Falkenburgstraße 21
zum-marienbildchen.de
entspannt • modern • gemütlich

Essen:	**42**	50
Service:	**19**	20
Weinkarte:	**15**	20
Ambiente:	**7**	10
Gesamt:	83	100

Zur Tant

51143 Köln

Thomas Lösche kocht noch immer nach alter Schule – frei von Moden, Allüren und Provokation. Extraschön der Rheinblick. Das Interieur ist etwas in die Jahre gekommen. Stammgäste lieben diesen Stil.

Rheinbergstraße 49
+49 2203 81883
zurtant.de
französisch • mediterran • modern

P

Essen:	**45**	50
Service:	**19**	20
Weinkarte:	**18**	20
Ambiente:	**8**	10
Gesamt:	90	100

Weinmühle

53639 Königswinter

Gute Küche für jedermann: So lautet hier die Devise. Die Weinkarte bietet mehr als 35 offene Positionen, dazu passt ein klassischer Flammkuchen ebenso gut wie Kabeljaufilet mit Räucheraalschaum.

Lindenstraße 7
+49 2223 21813
weinmühle.net
Gasthaus • Gastgarten • gemütlich

P

Essen:	**42**	50
Service:	**18**	20
Weinkarte:	**18**	20
Ambiente:	**8**	10
Gesamt:	86	100

Stappen

41352 Korschenbroich

Gute Küche lautet die Devise: bodenständig, nahbar, kreativ. Der Gastraum hat ein schickes Upgrade bekommen. Aus vier Menüs mit je drei Gängen kann man sein persönliches Wunschprogramm kreieren.

Steinhausen 39
+49 2166 88226
gasthaus-stappen.de
Hotelrestaurant • Vinothek • Terrasse

Essen:	**42** | 50
Service:	**18** | 20
Weinkarte:	**17** | 20
Ambiente:	**8** | 10
Gesamt:	85 | 100

KRasserie

47805 Krefeld

Philip Rümmele hat namhafte Stationen hinter sich. Seine aktuelle, in einer ehemaligen Textilfabrik beheimatete Wirkungsstätte steht für eine ambitionierte und zugleich unkomplizierte Frischeküche.

Zur Feuerwache 5
+49 2151 9360800
verve5.de
modern • entspannt • unkonventionell

Essen:	**43** | 50
Service:	**18** | 20
Weinkarte:	**17** | 20
Ambiente:	**8** | 10
Gesamt:	86 | 100

Villa Medici

47800 Krefeld

Krefelds prestigeträchtiger Edelitaliener besticht mit filmreifer Kulisse und Beständigkeit. Auf der Karte locken Klassiker à la »anni ottanta«: Hummercocktail, Seezunge, Rinderfilet mit Trüffelschaum.

Schönwasserstraße 73
+49 2151 50660
villa-medici-krefeld.de
Hotelrestaurant • italienisch • Terrasse

Essen:	**43** | 50
Service:	**18** | 20
Weinkarte:	**17** | 20
Ambiente:	**9** | 10
Gesamt:	87 | 100

Zur Mühle

51515 Kürten

Das Duo Hermann und Kerstin Berger wirkt als kulinarisch-kreatives Powerteam im Gasthaus mit stimmungsvollem Ambiente. Gäste werden mit einer feinen Marktküche – à la carte oder als Menü – verwöhnt.

Wipperfürther Straße 391
+49 2268 6629
restaurant-zur-muehle.com
Gasthaus • Familienbetrieb • Terrasse

Essen:	**44** | 50
Service:	**18** | 20
Weinkarte:	**18** | 20
Ambiente:	**9** | 10
Gesamt:	89 | 100

Wettsteins

52379 Langerwehe

Bodenständige Landküche trifft auf Topprodukte aus Langerwehe, Frankreich und der weiten Welt. Heilbuttfilet mit Krustentiersauce oder krosser Schweinebauch mit Kartoffelkrapfen? Beides möglich.

Schlossstraße 66
+49 2423 2298
wettsteins-restaurant.de
Familienbetrieb • Terrasse • im Grünen

Essen:	**42** | 50
Service:	**18** | 20
Weinkarte:	**17** | 20
Ambiente:	**8** | 10
Gesamt:	85 | 100

Hinterding

49525 Lengerich

Wer einmal bei Klaus Weingartz gegessen hat, kommt gern wieder. Die Küche präsentiert sich – dem Ambiente der eleganten Jugendstillvilla entsprechend – klassisch-gehoben, im Service wirkt Ehefrau Elke Zeitner.

Bahnhofstraße 72
+49 5481 94240
hinterding-lengerich.de
Hotelrestaurant • Gastgarten • deutsche Küche • elegant

Essen:	**43** | 50
Service:	**18** | 20
Weinkarte:	**18** | 20
Ambiente:	**8** | 10
Gesamt:	87 | 100

Alte Weinschenke

40668 Meerbusch

Ein guter Ort für launige Stunden – ob mit der ganzen Familie, dem Freundeskreis oder zu zweit. Die Karte bietet eine Mischung aus solider deutscher, eher traditioneller Küche und buntem Crossover.

Hauptstraße 23
+49 2150 9638000
alte-weinschenke.de
Steak • deutsche Küche • gemütlich

Essen:	**41** | 50
Service:	**17** | 20
Weinkarte:	**16** | 20
Ambiente:	**8** | 10
Gesamt:	82 | 100

Anthony's Kitchen

40667 Meerbusch

Gekonnt paart Anthony Sarpong sein ghanaisches Erbe mit den Prinzipien der Spitzengastronomie. Seine von westafrikanischen Techniken und Aromen geprägten Menüs sind optisch wie geschmacklich ein Erlebnis.

Moerser Straße 81
+49 2132 9851425
anthonys.kitchen
Fine Dining • regionale Produkte • entspannt

P

Essen:	**45** | 50
Service:	**18** | 20
Weinkarte:	**18** | 20
Ambiente:	**9** | 10
Gesamt:	90 | 100

Junsui

40667 Meerbusch

Im Basement des Haus Meer begeistert Sushi-Meister Jay Lee mit einer puristisch-raffinierten Kyōto-Spitzenküche aus erstklassigen Zutaten. Sechs Sitzplätze an einer Theke sorgen für Exklusivität.

Moerser Straße 129
+49 1515 8836046
junsui.restaurant
japanisch • Sushi • traditionell • Omakase

Essen:	**44** | 50
Service:	**18** | 20
Weinkarte:	**16** | 20
Ambiente:	**8** | 10
Gesamt:	86 | 100

Mönchenwerth

40667 Meerbusch

Idyllisch gelegenes Genusslokal mit schöner Weinkarte. Guy de Vries' klassisch-französisch sowie mediterran geprägte Küche lebt von wunderbaren Produkten: Hummer mit Gazpacho, Steinbutt mit Venere-Reis.

Niederlöricker Straße 56
+49 2132 757650
moenchenwerth.de
Gasthaus • französisch • Gastgarten

P

Essen:	**43** | 50
Service:	**18** | 20
Weinkarte:	**16** | 20
Ambiente:	**8** | 10
Gesamt:	85 | 100

Donner

59872 Meschede

Warmes Holz und stimmungsvolle Details machen den Landgasthof zu einem Hort der Gemütlichkeit. Die Küche liebt das Spiel mit den Jahreszeiten: Spargel, Matjes, Pilze, Wild und ofenfrische Gans.

Zur Alten Schmiede 4
+49 291 952700
landhotel-donner.de
Hotelrestaurant • Terrasse • elegant

Essen:	42	50
Service:	18	20
Weinkarte:	17	20
Ambiente:	8	10
Gesamt:	85	100

Von Korff's

59872 Meschede

Liebe zum Wein und eine von mediterranen Gerichten komplementierte westfälische Küche sind Eckpfeiler dieses familiengeführten Restaurants, zu dem auch ein uriger Weinkeller samt Weinhandel gehört.

Le-Puy-Straße 19
+49 291 99140
hotelvonkorff.de
Hotelrestaurant • Vinothek • Delikatessenverkauf

Essen:	42	50
Service:	18	20
Weinkarte:	18	20
Ambiente:	8	10
Gesamt:	86	100

Gut Höhne

40822 Mettmann

Tagungshotel mit Gastro der besonderen Art. Die liebevoll arrangierten Biobuffets sind gespickt mit saisonalen Spezialitäten: Salate, Sushi, Suppen, Schmackhaftes mit Fisch und Fleisch.

Düsseldorfer Straße 253
+49 2104 7780
guthoehne.de
Hotelrestaurant • entspannt • bio • regionale Produkte

Essen:	42	50
Service:	18	20
Weinkarte:	16	20
Ambiente:	8	10
Gesamt:	84	100

Kurlbaum

47441 Moers

Detlev Hufschmidts Frischeküche braucht weder Wimpel noch Pokale, um bei den Gästen im Rampenlicht zu stehen. Zur Auswahl stehen drei klassisch geprägte Menüs, eines davon ist immer vegetarisch.

Burgstraße 7
+49 2841 27200
restaurant-kurlbaum.de
Fine Dining • modern • elegant

Essen:	44	50
Service:	18	20
Weinkarte:	18	20
Ambiente:	8	10
Gesamt:	88	100

Kasteel

41169 Mönchengladbach

Gäste werden hier nach Strich und Faden verwöhnt. Zum kulinarischen Wellness-Programm gehören etwa Hummer-Maultaschen mit Lauch-Estragon-Butter oder Essenz vom Ochsenschwanz mit feiner Einlage.

Vorster Straße 535
+49 2161 559340
lindenhof-mg.de
Hotelrestaurant • Familienbetrieb • traditionell

Essen:	43	50
Service:	18	20
Weinkarte:	17	20
Ambiente:	8	10
Gesamt:	86	100

Mausefalle

45468 Mülheim an der Ruhr

Hier gibt es deutsche Küche – Punkt. Gerichte wie gebratene Blutwurst mit Endivien-Durcheinander oder Grillhaxe vom Eifeler Glücksschwein mit Krautsalat kommen ohne mediterrane Einflüsse aus.

Bogenstraße 8	Essen: **42** I 50
+49 208 3059860	Service: **18** I 20
mausefallemuelheim.de	Weinkarte: **17** I 20
Gasthaus • regionale Produkte • traditionell	Ambiente: **8** I 10
	Gesamt: 85 I 100

Mölleckens Altes Zollhaus

45478 Mülheim an der Ruhr

Feine Landküche im hübschen Fachwerkhaus mit gemütlichem Flair. Gekocht wird frisch – ob für den Mittagstisch, die À-la-carte-Abendkarte oder für spezielle Themenmenüs. Auch an Vegetarier wird gedacht.

Duisburger Straße 239	Essen: **42** I 50
+49 208 50349	Service: **18** I 20
moellecken.de	Weinkarte: **17** I 20
Hotelrestaurant • deutsche Küche • Terrasse	Ambiente: **8** I 10
P	Gesamt: 85 I 100

Altes Gasthaus Leve

48143 Münster

Im urigen Gasthaus mit Witwe-Bolte-Flair schmecken die deftigen Klassiker besonders gut. Spezialitäten des Hauses: Münsterländer Wurstpfanne, saure Nierchen, westfälisches Zwiebelfleisch.

Alter Steinweg 37	Essen: **42** I 50
+49 251 45595	Service: **18** I 20
gasthaus-leve.de	Weinkarte: **17** I 20
Gasthaus • traditionell • urig	Ambiente: **8** I 10
	Gesamt: 85 I 100

BOK

48149 Münster

Laurin Kux' Talent zeigt sich in aufwendig komponierten Gerichten von irisierender Schönheit, deren akribischer Zubereitung er gern eine Prise Lässigkeit an die Seite stellt. Zwei Menüs, eines davon vegetarisch.

Melchersstraße 32	Essen: **45** I 50
+49 251 9179656	Service: **19** I 20
brustoderkeule.de	Weinkarte: **18** I 20
Fine Dining • Allrounder • entspannt	Ambiente: **9** I 10
	Gesamt: 91 I 100

Cœur D'Artichaut

48143 Münster

Frédéric Morels wunderschöne, ungekünstelte Spitzenküche geht direkt ins Herz. Die mit Fingerspitzengefühl komponierten Menüs sind durchweg eine kleine Offenbarung. Sehr besonders auch Service und Weinauswahl.

Alter Fischmarkt 11a	Essen: **47** I 50
+49 251 39582823	Service: **19** I 20
coeur-dartichaut.de	Weinkarte: **19** I 20
Casual Dining • französisch • unkonventionell • Fisch	Ambiente: **9** I 10
	Gesamt: 94 I 100

Giverny

48143 Münster

Pfiffige französische Gourmetküche in unaufgeregtem Ambiente. Für die Bouillabaisse wird mittwochs mit Aioli, Rouille oder Croûtons groß aufgefahren. Rund ums Jahr bietet man immer wieder Spezialitätenmenüs an.

Spiekerhof 25
+49 251 511435
restaurant-giverny.de
Bistro • französisch • klassisch

Essen:	**43** | 50
Service:	**18** | 20
Weinkarte:	**17** | 20
Ambiente:	**8** | 10
Gesamt:	86 | 100

Großer Kiepenkerl

48143 Münster

Modernes Bilderbuchgasthaus im historischen Kiepenkerlviertel. Die mit westfälischen Klassikern, Matjes sowie auch sehr guten vegetarischen Gerichten gespickte Karte lässt keine Wünsche offen.

Spiekerhof 45
+49 251 40335
grosser-kiepenkerl.de
Gasthaus • deutsche Küche • Fisch • gemütlich

Essen:	**42** | 50
Service:	**18** | 20
Weinkarte:	**17** | 20
Ambiente:	**8** | 10
Gesamt:	85 | 100

Landhaus Eggert

48157 Münster

Gepflegtes Gasthaus in einem ehemaligen Gutshof inmitten grüner Natur. Die von internationalen Einflüssen akzentuierte, westfälische Frischeküche genießt sich daher besonders schön auf der Terrasse.

Zur Haskenau 81
+49 251 328040
landhaus-eggert.de
Hotelrestaurant • Terrasse • im Grünen • klassisch

P

Essen:	**43** | 50
Service:	**18** | 20
Weinkarte:	**16** | 20
Ambiente:	**8** | 10
Gesamt:	85 | 100

Linnenboom

48157 Münster

Lucas Schütte ist ein heimatverbundener Weltenbummler mit vielen Ideen. Entsprechend liest sich auch die Karte: Lauchcremesuppe mit Wan Tan, Waller mit Dillschmand, Garnelen-Ceviche mit Staudensellerie.

Handorfer Werseufer 1
+49 251 32750
hof-zur-linde.de
Casual Dining • Hotelrestaurant • deutsche Küche

Essen:	**43** | 50
Service:	**18** | 20
Weinkarte:	**17** | 20
Ambiente:	**8** | 10
Gesamt:	86 | 100

Spitzner

48143 Münster

Karl Nikolas Spitzners Passion sind großartige Produkte, die ihn zu immer neuen, sinnlichen Gerichten inspirieren: Hirsch mit Pfifferlingen und Chimichurri oder Atlantik-Rochen mit Bouillon d'étrilles.

Königsstraße 42	Essen: **43** | 50
+49 251 41441550	Service: **18** | 20
spitzner-restaurant.de	Weinkarte: **17** | 20
französisch • regionale Produkte • Terrasse	Ambiente: **8** | 10
	Gesamt: 86 | 100

Villa Medici

48155 Münster

In der hübschen Villa mit modern gestaltetem Gastraum hat das Zusammenspiel von Genuss und Ambiente hohen Stellenwert. Serviert wird echte italienische Küche: kreativ und zeitgemäß adaptiert.

Prozessionsweg 402	Essen: **43** | 50
+49 251 34218	Service: **18** | 20
villa-medici-muenster.de	Weinkarte: **17** | 20
italienisch • mediterran • Terrasse • elegant	Ambiente: **8** | 10
P	Gesamt: 86 | 100

Von Rhemen

48159 Münster

Im Münsterländer Schlossrestaurant darf man zu Recht eine exquisite Frischeküche erwarten. Die glänzt mit Gerichten wie Kalbsfilet, Knochenmark und Waldpilzravioli oder Hummer mit Sauce maltaise.

Steinfurter Straße 374	Essen: **43** | 50
+49 251 144270	Service: **18** | 20
schloss-wilkinghege.de	Weinkarte: **17** | 20
Hotelrestaurant • regionale Produkte • im Schloss	Ambiente: **9** | 10
P	Gesamt: 87 | 100

Little John's

47506 Neukirchen-Vluyn

»Nur Gutes« lautet die Devise in diesem kleinen Restaurant. Mittags isst man entspannt, abends legt Tim Lellau noch mal eine Schippe drauf – gemessen an der Qualität auch hier zu fairen Preisen.

Niederrheinallee 310	Essen: **42** | 50
+49 2845 7908210	Service: **18** | 20
little-johns.de	Weinkarte: **16** | 20
Casual Dining • modern • entspannt	Ambiente: **8** | 10
	Gesamt: 84 | 100

Herzog von Burgund

41460 Neuss

In der historischen Stadtvilla mit einem Herzog durchaus würdigen Dekor bietet Erich Tiefenbacher eine eher gediegene, deutsch-französisch-mediterrane Frischeküche mit exotischen Aromentupfern.

Erftstraße 88	Essen: **43** | 50
+49 2131 23552	Service: **18** | 20
herzogvonburgund.de	Weinkarte: **17** | 20
österreichisch • deutsche Küche • Terrasse • klassisch	Ambiente: **8** | 10
	Gesamt: 86 | 100

Port Victoria
41460 Neuss

Zusammen mit ihrem jungen Team nimmt Gastronomin Victoria Fonseka ihre Gäste mit auf eine kulinarische Reise. Startpunkt: der Neusser Hafen. Außergewöhnlich die Crossover-Küche mit kreolischer DNA.

Hansastraße 14
+49 1520 4537785
portvictoria.de
kreolisch • modern • entspannt

Essen:	**43** I 50
Service:	**18** I 20
Weinkarte:	**17** I 20
Ambiente:	**8** I 10
Gesamt:	86 I 100

Spitzweg
41460 Neuss

Für die beständig gute, marktfrische Küche kommt man immer wieder gern hierher. Spannend der exotische Twist, den man den Gerichten oft verleiht, etwa bei der Freilandente mit Sternanis-Pflaumensauce.

Glockhammer 43a
+49 2131 6639660
restaurant-spitzweg.de
regionale Produkte • Terrasse • modern

Essen:	**43** I 50
Service:	**18** I 20
Weinkarte:	**17** I 20
Ambiente:	**8** I 10
Gesamt:	86 I 100

Brockel Schlimbach
52385 Nideggen

In der Gourmetstube einer mittelalterlichen Festung wird Damen und Rittern der Tafelrunde eine spannungsgeladene, moderne Kreativküche in vier, fünf oder sechs Gängen serviert – ein schöner Kontrast.

Kirchgasse 10
+49 2427 9091066
burgrestaurant-nideggen.de
Fine Dining • internationale Küche • modern

Essen:	**46** I 50
Service:	**18** I 20
Weinkarte:	**18** I 20
Ambiente:	**9** I 10
Gesamt:	91 I 100

Rosenflora
52385 Nideggen

Achim Harings Herz schlägt für die klassische französische Küche. Legendär sind die 25-Gänge-Menüs. Aber auch mit der Kurzform lässt es sich leben, etwa bei Eifeler Hirsch im Kürbiskernmantel mit Pfifferlingen.

Kirchstraße 2
+49 2427 94040
rosenflora.de
französisch • klassisch • Hotelrestaurant

P

Essen:	**43** I 50
Service:	**18** I 20
Weinkarte:	**17** I 20
Ambiente:	**8** I 10
Gesamt:	86 I 100

Leu | Clostermanns Hof
53859 Niederkassel

Mit neuem kulinarischem Konzept im neuen Interieur soll das Leu demnächst wieder an den Start gehen. Zu Redaktionsschluss war das Restaurant noch geschlossen, deswegen setzen wir die Bewertung aus.

Heerstraße 2a
+49 2208 94800
clostermannshof.de
Hotelrestaurant • Fine Dining • Gastgarten

P

Essen:	n. b.
Service:	n. b.
Weinkarte:	n. b.
Ambiente:	n. b.
Gesamt:	n. b.

Römers

41372 Niederkrüchten

Delikate Frischeküche ohne Angeberei. Saisonprodukte spielen immer die erste Geige, weswegen man bei Maria und Hans-Peter Römer auch hervorragend Spargel, Wild, Steinpilze und Gänsebraten essen kann.

Wiesenstraße 29
+49 2163 80428
roemers-restaurant.de
mediterran • Gastgarten • regionale Produkte • elegant

Essen:	**43**	50
Service:	**18**	20
Weinkarte:	**17**	20
Ambiente:	**8**	10
Gesamt:	86	100

Schloss Restaurant Venus

59394 Nordkirchen

Gute Adresse für Liebhaber der gepflegten Esskultur. Die klassische französische Küche ist durchzogen von exotischen Akzenten, man sitzt gediegen im barocken Ambiente des »westfälischen Versaille«.

Schloss 1
+49 2596 972472
lauter-nordkirchen.de
Fine Dining • im Schloss • Terrasse

Essen:	**43**	50
Service:	**18**	20
Weinkarte:	**17**	20
Ambiente:	**9**	10
Gesamt:	87	100

Hackbarth's

46047 Oberhausen

Aromenstarke Kreativküche mit Fokus auf kulinarischen Hedonismus – im besten Sinne. Gerichte wie sous-vide gegarte Ochsenbacke »Asia Style« oder Seeteufel mit Champagnerrisotto sprechen für sich.

Im Lipperfeld 44
+49 208 22188
hackbarths.de
Casual Dining • Terrasse • modern • entspannt

Essen:	**43**	50
Service:	**18**	20
Weinkarte:	**17**	20
Ambiente:	**8**	10
Gesamt:	86	100

Zur Post | Gourmetrestaurant

51519 Odenthal

Die Wilbrand-Brüder sind seit vielen Jahren eine feste Größe in der rheinischen Gourmetszene. Im hübschen Gasthaus entsteht eine ausdrucksstarke Frischeküche, auf Wunsch auch als vegetarisches Menü.

Altenberger-Dom-Straße 23
+49 2202 977780
hotel-restaurant-zur-post.de
Hotelrestaurant • Fine Dining • elegant

Essen:	**45**	50
Service:	**18**	20
Weinkarte:	**18**	20
Ambiente:	**8**	10
Gesamt:	89	100

Zur Post | Postschänke

51519 Odenthal

In der gemütlichen Stube des namhaften Odenthaler Hotelrestaurants wird eine feine, produktorientierte Alltagsküche serviert: Waldpilzrahmsuppe, Ochsenschulter mit Spätzle, Adlerfisch mit Ratatouille.

Altenberger-Dom-Straße 23
+49 2202 977780
hotel-restaurant-zur-post.de
Hotelrestaurant • Fine Dining • Familienbetrieb

Essen:	43	50
Service:	18	20
Weinkarte:	17	20
Ambiente:	8	10
Gesamt:	86	100

Altes Gasthaus Nagel

33813 Oerlinghausen

Herzlich geführter Familienbetrieb mit Kaminzimmer, Enoteca und schöner Sommerterrasse. Zur mediterranen Frischeküche von Giovanni Cardinale hat Ehefrau Tatjana immer den passenden Wein parat.

Hauptstraße 43
+49 1577 9057350
altes-gasthaus-nagel.de
Hotelrestaurant • mediterran • gemütlich

Essen:	42	50
Service:	19	20
Weinkarte:	18	20
Ambiente:	8	10
Gesamt:	87	100

Schinkenwirt

59939 Olsberg

Genießen mit allen Sinnen: Dafür ist der Schinkenwirt bekannt. Ein enges Lieferantennetzwerk aus Jägern, Sammlern und Bauern liefert die Rohstoffe für eine feine, jahreszeitliche Frischeküche.

Eisenberg 2
+49 2962 979050
schinkenwirt.com
Hotelrestaurant • nachhaltig • regionale Produkte

Essen:	42	50
Service:	18	20
Weinkarte:	17	20
Ambiente:	8	10
Gesamt:	85	100

Balthasar

33098 Paderborn

Elmar Simons Frischeküche fußt auf klassischem Handwerk und Premium-Zutaten aus der Region. Fulminantes Fine-Dining-, kreatives Veggie- oder fünfgängiges Überraschungsmenü: Hier wird reichlich geboten.

Warburger Straße 28
+49 5251 24448
restaurant-balthasar.de
Fine Dining • Terrasse • elegant

Essen:	46	50
Service:	18	20
Weinkarte:	18	20
Ambiente:	9	10
Gesamt:	91	100

Gut Lärchenhof

50259 Pulheim

Torben Schusters finessenreiche Produktküche setzt immer wieder spannende Akzente, überfordert dabei aber nicht. Prägnante Geschmacksbilder treffen auf exzellente Weine und exklusives Clubhaus-Flair.

Hahnenstraße
+49 2238 9231016
restaurant-gutlaerchenhof.de
Fine Dining • Terrasse • traditionell • modern

Essen:	46	50
Service:	18	20
Weinkarte:	18	20
Ambiente:	8	10
Gesamt:	90	100

Liebevoll! Auermühle

40882 Ratingen

Vielfalt und Frische sind hier oberste Maxime. Neben besonderen Menüs und saisonalen Karten gehört auch eine Grillstation mit Spezialitäten aus dem 800-Grad-Southbend-Grill zum Verwöhnprogramm.

Auermühle 1
+49 2102 892980
liebevoll.de
regionale Produkte • gemütlich • Gastgarten

Essen:	**41**	50
Service:	**18**	20
Weinkarte:	**16**	20
Ambiente:	**8**	10
Gesamt:	83	100

Drei Raben

46459 Rees

Behagliches Landhaus mit urigen Gasträumen und hübscher Terrasse. Andreas Koep kocht »from scratch« – das heißt: ohne Teilchenbeschleuniger, ohne Zusatzstoffe, dafür mit viel Hingabe. Der Apfelstrudel muss sein.

Reeserward 5
+49 2851 1852
landhaus-drei-raben.de
Gasthaus • im Grünen • Terrasse • eigener Kräutergarten

Essen:	**43**	50
Service:	**18**	20
Weinkarte:	**17**	20
Ambiente:	**8**	10
Gesamt:	86	100

Ballebäuschen

51580 Reichshof

Hübsch im Oberbergischen gelegen, ist der Traditionsbetrieb ein Synonym für unberührte Klassik. Die Küche legt großen Wert auf beste Produkte – mittags à la carte, abends auch im Fünf- oder Sechs-Gänge-Menü.

Hasseler Straße 10
+49 2265 9394
ballebaeuschen.de
Gasthaus • Wild • gemütlich

Essen:	**43**	50
Service:	**18**	20
Weinkarte:	**17**	20
Ambiente:	**8**	10
Gesamt:	86	100

Heldmann & Herzhaft

42853 Remscheid

In einer gepflegten Magnatenvilla aus dem 19. Jahrhundert serviert Ulrich Heldmann klassisch geprägte Gaumenfreuden: Fjordlachs mit Gurke und Matjes oder »Vitello des Nordens« mit Petersilienöl.

Brüderstraße 56
+49 2191 291941
heldmanns-restaurant.de
regionale Küche • mediterran • Terrasse

Essen:	**43**	50
Service:	**18**	20
Weinkarte:	**17**	20
Ambiente:	**9**	10
Gesamt:	87	100

Reuter | Ferdinand

33378 Rheda-Wiedenbrück

In der schlichten Gastwirtschaft geht es – anders als im Gourmetrestaurant – sicht- und schmeckbar zünftig zu, etwa bei Schnitzel »Wiener Art« vom Eichelmastschwein oder Tatar vom Simmentaler Rind.

Bleichstraße 3
+49 5242 94520
hotelreuter.de
Hotelrestaurant • Fine Dining • klassisch • elegant

Essen:	**44**	50
Service:	**18**	20
Weinkarte:	**18**	20
Ambiente:	**8**	10
Gesamt:	88	100

Reuter | Gourmetrestaurant

33378 Rheda-Wiedenbrück

Iris Bettingers zugängliche, intuitive Gourmetküche basiert auf Detailverliebtheit, perfektem Handwerk und Harmonie. In ihren fein ausbalancierten Fünf-Gänge-Menüs verschmelzen verschiedenste Ideen.

Bleichstraße 3	Essen: **46** I 50
+49 5242 94520	Service: **18** I 20
hotelreuter.de	Weinkarte: **18** I 20
Fine Dining • Familienbetrieb • französisch	Ambiente: **9** I 10
	Gesamt: **91** I 100

Beesten

48431 Rheine

Christoph Beesten ist stolz auf Stammbaum, Familie und kulinarisches Erbe. Entsprechend klassisch ist seine Küche geprägt. Saisonale Leckerbissen spielen eine große Rolle, etwa im Krebs-Menü.

Eichenstraße 3	Essen: **42** I 50
+49 5971 3253	Service: **18** I 20
restaurant-beesten.de	Weinkarte: **17** I 20
Gasthaus • deutsche Küche • französisch • Gastgarten	Ambiente: **8** I 10
	Gesamt: **85** I 100

Bote Veit

48431 Rheine

Sympathisches Rundum-sorglos-Bistro mit kleinen wie großen Gerichten für jede Vorliebe, jeden Appetit und jede Tageszeit. Besonders beliebt sind die vielen Salat-, Schnitzel- und Burgervariationen.

Borneplatz 3	Essen: **42** I 50
+49 5971 9815344	Service: **18** I 20
boteveit.de	Weinkarte: **16** I 20
Allrounder • Frühstück • modern • gemütlich	Ambiente: **8** I 10
	Gesamt: **84** I 100

Domschenke

33397 Rietberg

Gastronomisches Schmuckstück mit wunderbar persönlicher Note und traumhaftem Biergarten samt alter Eichen. Die saucenumhüllten Gaumenfreuden sind mal modern interpretiert, mal klassisch gedacht.

Lippstädter Straße 1	Essen: **43** I 50
+49 2944 318	Service: **19** I 20
domschenke-mastholte.de	Weinkarte: **17** I 20
regionale Produkte • Gastgarten • klassisch	Ambiente: **8** I 10
	Gesamt: **87** I 100

Knippschild

59602 Rüthen

Fein-rustikale Genießerküche mit persönlicher Note in idyllischer Lage. Auf der Karte stehen etwa Zander mit Riesling-Meerrettich-Sauce und Sauerbraten vom heimischen Wildschwein.

Theodor-Ernst-Straße 3	Essen: **42** I 50
+49 2902 80330	Service: **18** I 20
hotel-knippschild.de	Weinkarte: **17** I 20
Hotelrestaurant • regionale Produkte • Wild • Terrasse	Ambiente: **8** I 10
	Gesamt: **85** I 100

Lindenstube | Voshövel — 46514 Schermbeck

Nach Jahren als Sternekoch zog es Christian Penzhorn 2019 raus aufs Land. Die Idee einer auf Saison, Region und Wertschätzung basierenden Küche setzt er hier auf seine ganz eigene, besonnene Weise um.

Am Voshövel 1
+49 2856 91400
landhotel.de
Hotelrestaurant • regionale Produkte • im Grünen

Essen:	44	50
Service:	18	20
Weinkarte:	18	20
Ambiente:	8	10
Gesamt:	88	100

Hofstube Deimann — 57392 Schmallenberg

Mit seinem ganzheitlichen Wellnessprogramm zieht das Romantikhotel verschiedenste Genießer an. Felix Webers bildschöne, französisch inspirierte Gourmetküche wirkt tatsächlich wie ein Blitzurlaub.

Alte Handelsstraße 5
+49 2975 810
deimann.de
Hotelrestaurant • Fine Dining • modern • gemütlich

Essen:	45	50
Service:	19	20
Weinkarte:	18	20
Ambiente:	9	10
Gesamt:	91	100

Schneiderstube — 57392 Schmallenberg

Sauerland für Genießer. Neben Sauna, Panorama-Pool und Spa-Behandlungen sorgt ein täglich wechselndes Menü mit verschiedenen Vorspeisen, Suppen, Hauptgerichten, Desserts und Käse für Erholung pur.

Ohlenbach
+49 2975 840
waldhaus-ohlenbach.de
Hotelrestaurant • regionale Produkte • Essen mit Aussicht

Essen:	43	50
Service:	18	20
Weinkarte:	17	20
Ambiente:	8	10
Gesamt:	86	100

Schütte

57392 Schmallenberg

Gelebte Gastlichkeit im familiengeführten Landhotel mit guter, regionaler Küche. Man konzentriert sich auf Altbewährtes und Klassisches. Kleine Mittagskarte und – tolles Plus für Wanderer – feine Vesper.

Eggeweg 2
+49 2975 820
hotel-schuette.de
Hotelrestaurant • Gasthaus • regionale Küche

Essen:	43	50
Service:	18	20
Weinkarte:	17	20
Ambiente:	9	10
Gesamt:	87	100

Hasenklee

48308 Senden

Im Genießerrestaurant des idyllischen Landhotels verwöhnt Küchenchef Daniel Wobbe mit westfälischen Kreationen zwischen unkompliziert und raffiniert, teils aus erntefrischen Hoferzeugnissen.

Hof Grothues-Potthoff 4–6
+49 2597 6964241
hof-grothues-potthoff.de
Hotelrestaurant • eigene Landwirtschaft • klassisch

Essen:	43	50
Service:	18	20
Weinkarte:	16	20
Ambiente:	8	10
Gesamt:	85	100

Beefer's Royal

53721 Siegburg

Steakrestaurant der Extraklasse im Kranz Parkhotel. Die auf Dandy-Look gestylten Räumlichkeiten passen gut zum Fokus des Restaurants: Von Entrecôte über T-Bone bis zu Rib-Eye werden hier Träume wahr.

Mühlenstraße 32–44
+49 2241 5470
kranzparkhotel.de
Hotelrestaurant • Steak • modern • entspannt

Essen:	43	50
Service:	18	20
Weinkarte:	17	20
Ambiente:	9	10
Gesamt:	87	100

Restaurant Bar

57072 Siegen

Markus Boßlet und Team verwöhnen mit pfiffiger Frischeküche: Bimi-Pasta mit Zitronen-Cashew-Sauce, Honighühnchen oder Jakobsmuscheln Ras el-Hanout. Extrapunkte gibt's für den tollen Stadtgarten.

Löhrstraße 51
+49 271 3136720
restaurant-bar.de
Casual Dining • Allrounder • Pizza • entspannt

Essen:	42	50
Service:	17	20
Weinkarte:	16	20
Ambiente:	8	10
Gesamt:	83	100

Genießer Wirtshaus

52152 Simmerath

Region und umliegende Natur sind Impulsgeber für eine grundsolide, von der Pike auf hausgemachte Landhausküche. Man kocht mit den Jahreszeiten, im Herbst etwa Hirschcarpaccio oder Steinpilznudeln.

Hövel 15
+49 2473 3212
geniesserwirtshaus.de
Hotelrestaurant • deutsche Küche • gemütlich

Essen:	43	50
Service:	18	20
Weinkarte:	16	20
Ambiente:	8	10
Gesamt:	85	100

Eggers

45549 Sprockhövel

Frei nach dem Motto »Klassisch währt am längsten« wird in Sprockhövel groß aufgekocht: Rauchlachsrose mit Rösti, Cordon bleu mit Honigschinken, aber auch Pulled-Duck-Entenkrapfen mit Sesam-Mayo.

Hauptstraße 78
+49 2324 71780
eggers-sprockhoevel.de
Gasthaus • deutsche Küche • traditionell

Essen:	43 | 50
Service:	18 | 20
Weinkarte:	17 | 20
Ambiente:	8 | 10
Gesamt:	86 | 100

Habbel's

45549 Sprockhövel

Mit Leidenschaft geführter Betrieb mit außergewöhnlicher Wein- beziehungsweise Raritätenkarte, unaufgeregter, produktfokussierter, deutsch-mediterraner Frischeküche, Brennerei und sogar eigenem Rohkostanbau.

Gevelsberger Straße 127
+49 2339 914312
habbel-restaurant.de
Casual Dining • Fisch • Steak • Gastgarten

Essen:	43 | 50
Service:	18 | 20
Weinkarte:	17 | 20
Ambiente:	8 | 10
Gesamt:	86 | 100

Zur Scheune

53844 Troisdorf

Gabi und Guido Radermacher sind ein eingespieltes Team. Zwei regelmäßig wechselnde Menüs – davon eines vegetarisch, etwa mit Radicchio-Flan, Kürbisschaum und Roter Bete – sorgen für Abwechslung.

Rheinstraße 66
+49 2241 400555
zur-scheune-troisdorf.de
Gasthaus • regionale Produkte • Terrasse • traditionell

Essen:	43 | 50
Service:	18 | 20
Weinkarte:	16 | 20
Ambiente:	8 | 10
Gesamt:	85 | 100

Haus Stemberg

42553 Velbert

Sascha Stemberg hat schon immer nahbar gekocht – ob bei den bodenständigen Gerichten oder den Fine-Dining-Menüs. Die Philosophie »Zwei Küchen von einem Herd« führt er in der Tradition seines Vaters fort.

Kuhlendahler Straße 295
+49 2053 5649
stemberg.tv
Fine Dining • regionale Produkte • gemütlich

Essen:	46 | 50
Service:	19 | 20
Weinkarte:	18 | 20
Ambiente:	9 | 10
Gesamt:	92 | 100

Kräutergarten

53343 Wachtberg

Die ungekünstelte Frischeküche von Herbert Jungbluth wirkt in ihrer trendfreien Präsentation ein wenig wie aus der Zeit gefallen. Stammgäste lieben genau diesen ehrlichen Charakter.

Töpferstraße 30
+49 2225 7578
gasthaus-kraeutergarten.de
Gasthaus • entspannt • Terrasse

Essen:	43 | 50
Service:	18 | 20
Weinkarte:	17 | 20
Ambiente:	8 | 10
Gesamt:	86 | 100

Stromberg

45731 Waltrop

Im Wohlfühlgasthof mit charmanter Fassade und gemütlichem Flair darf nach Herzenslust geschlemmt werden. Aus der Küche kommt reichlich Spaß mit vielen kreativen Twists – entweder à la carte oder im Heimat-Menü.

Dortmunder Straße 5
+49 2309 4228
gasthaus-stromberg.de
Gasthaus • regionale Produkte • Hausmannskost • elegant

Essen:	43	50
Service:	19	20
Weinkarte:	17	20
Ambiente:	8	10
Gesamt:	87	100

Im Engel

48231 Warendorf

Das zu einem familiengeführten Hotel gehörende Restaurant mit unterschiedlich gestalteten Gasträumen verbindet Frankreich, Italien und Westfalen und ist auch eine Topadresse für Weinliebhaber.

Brünebrede 33–37
+49 2581 93020
hotel-im-engel.de
Hotelrestaurant • Familienbetrieb • klassisch

Essen:	42	50
Service:	18	20
Weinkarte:	19	20
Ambiente:	8	10
Gesamt:	87	100

Thuns

58791 Werdohl

Familie Thun hat ein Faible für Kunst, sie verleiht dem geradlinigen Gastraum Lebendigkeit. Aus der Küche kommt eine ambitionierte, sehr zugängliche Frischeküche mit internationalen Akzenten.

Brauck 7
+49 2392 97980
thuns.de
Hotelrestaurant • Fine Dining • elegant

Essen:	42	50
Service:	18	20
Weinkarte:	17	20
Ambiente:	8	10
Gesamt:	85	100

Gerbens

58739 Wickede (Ruhr)

Hotelrestaurant mit vielseitiger, durchdachter Küche. Die Bandbreite reicht von rustikal bis filigran: Cordon bleu und Zander-Backfisch treffen auf Vitello tonnato und Zweierlei vom Ibérico-Schwein.

Hauptstraße 211
+49 2377 1013
haus-gerbens.de
Hotelrestaurant • Steak • Terrasse

Essen:	43	50
Service:	18	20
Weinkarte:	17	20
Ambiente:	8	10
Gesamt:	86	100

79°

42103 Wuppertal

Philipp Grimms lässig-kreative Frischeküche ist Balsam für die Augen und Futter für die Seele – egal, ob Kohlrabi-Carpaccio mit Topfencreme und Kerbelöl oder Lobster Roll mit Spargel und Mayonnaise.

Luisenstraße 61
+49 202 27097070
79grad.com
Bistro • regionale Produkte • vegetarisch

Essen:	**43** | 50
Service:	**18** | 20
Weinkarte:	**17** | 20
Ambiente:	**8** | 10
Gesamt:	86 | 100

Esskultürk

42285 Wuppertal

Witziger Name, spannendes Konzept, für das die Brüder Hakan und Volkan Aybir vollen Einsatz zeigen. Die Küche schlägt eine Brücke zwischen den Kulturen und paart sie mit türkischer Gastfreundschaft.

Besenbruchstraße 7
+49 202 25349135
esskultuerk.de
deutsche Küche • türkisch • modern

Essen:	**43** | 50
Service:	**19** | 20
Weinkarte:	**17** | 20
Ambiente:	**7** | 10
Gesamt:	86 | 100

Scarpati Restaurant

42327 Wuppertal

Wuppertals traditionsreicher Edelitaliener hat auch nach fünfzig Jahren nicht an Exklusivität verloren. Seit 2024 sorgen Tristan Raff und Aleksander Jevdevic für herrliche Gaumenfreuden.

Scheffelstraße 41
+49 202 784074
scarpati.de
Fine Dining • italienisch • Terrasse

Essen:	**43** | 50
Service:	**18** | 20
Weinkarte:	**17** | 20
Ambiente:	**8** | 10
Gesamt:	86 | 100

Shiraz

42279 Wuppertal

Wuppertals eleganteste Adresse liegt nach einem Umzug im charmant renovierten, ältesten Gasthaus der Stadt. Auch in der Küche gab es einen Wechsel: Für neue kreative Akzente sorgt nun Reyad Danah.

Einern 120
+49 162 8613463
restaurant-shiraz.com
Fine Dining • Terrasse • elegant

Essen:	**45** | 50
Service:	**18** | 20
Weinkarte:	**18** | 20
Ambiente:	**9** | 10
Gesamt:	90 | 100

Alte Feuerwache

52146 Würselen

Zeitlose Genießerküche in einem Gastraum mit leicht altbackenem, aber stilvollem Ambiente. Kurt Podobnik kocht seit inzwischen über 50 Jahren – klassisch-französisch geerdet, vom Zeitgeist inspiriert.

Oppener Straße 115
+49 2405 4290112
alte-feuerwache-wuerselen.de
Gasthaus • regionale Produkte • modern

Essen:	**43** | 50
Service:	**18** | 20
Weinkarte:	**18** | 20
Ambiente:	**8** | 10
Gesamt:	87 | 100

Landhaus Köpp

46509 Xanten

Jürgen Köpps Genießerlokal am Niederrhein ist eine Bastion gegen die Moderne, was die Karte – Langostinos mit Champagnerduft, Kaninchen mit zweierlei Texturen, Gänsestopfleber – hinlänglich beweist.

Husenweg 147
+49 2804 1626
landhauskoepp.de
Fine Dining • französisch • elegant

Essen:	**45**	50
Service:	**18**	20
Weinkarte:	**18**	20
Ambiente:	**9**	10
Gesamt:	90	100

Assenmacher

53505 Altenahr

Am Fuß der historischen Burgruine Are liegt das Gasthaus von Christian Storch, der seine Gäste mit abwechslungsreichen Gerichten verwöhnt – moderner Twist inklusive. Ehefrau Christa leitet den Service.

Brückenstraße 12
+49 2643 1848
gasthaus-assenmacher.de
Gasthaus • mediterran • französisch • gemütlich

Essen:	**43**	50
Service:	**17**	20
Weinkarte:	**17**	20
Ambiente:	**8**	10
Gesamt:	85	100

Thüres

53505 Altenahr

Freitags und samstags öffnet das Restaurant im Weingut Sermann seine Pforten: Chef Robert Bösel steht für regionale Küche. Die Zutaten stammen von lokalen Metzgern und Bäckern sowie aus heimischen Wäldern.

Seilbahnstraße 22
+49 2643 7105
sermann.de
eigener Weinbau • klassisch • gemütlich

Essen:	**42**	50
Service:	**18**	20
Weinkarte:	**17**	20
Ambiente:	**8**	10
Gesamt:	85	100

Ai Pero

56626 Andernach

Dienstags bis samstags schickt das Team um Küchenchef Benedict Schulz durchgehend von 12 bis 21 Uhr traditionelle Gerichte aus verschiedenen Regionen Italiens aus der Küche. Dazu: Gewächse von Nord bis Süd.

Schafbachstraße 20
+49 2632 9894060
purs.com
Casual Dining • italienisch • modern • elegant

Essen:	**43** | 50
Service:	**18** | 20
Weinkarte:	**17** | 20
Ambiente:	**9** | 10
Gesamt:	87 | 100

PURS

56626 Andernach

»New Nordic Japanese Cuisine« lebt und zelebriert Kosmopolit Peter Fridén. In seinen brillant inszenierten Gerichten kombiniert er japanische Finesse mit skandinavischer Frische. Stets hochgelobt.

Steinweg 28
+49 2632 9586750
purs.com
Fine Dining • nordische Küche • japanisch • elegant

Essen:	**46** | 50
Service:	**19** | 20
Weinkarte:	**19** | 20
Ambiente:	**9** | 10
Gesamt:	93 | 100

Yoso

56626 Andernach

Ostasiatische Streetfood-Kultur vom Feinsten. In lockerer Atmosphäre werden im authentischen Ambiente aromenstarke und kreative Gerichte serviert, die für besondere Geschmackserlebnisse sorgen.

Schafbachstraße 14
+49 2632 4998643
purs.com
Hotelrestaurant • japanisch • modern

Essen:	**42** | 50
Service:	**18** | 20
Weinkarte:	**17** | 20
Ambiente:	**9** | 10
Gesamt:	86 | 100

Zum Alten Kurhaus

76855 Annweiler am Trifels

Im wunderschönen historischen Ambiente hat Küchenchef Daniel Lippert sein kulinarisches Refugium. Hier kocht er aus regionalen und saisonalen Produkten delikate bodenständige Gerichte vom Feinsten.

Kurhausstraße 25
+49 6346 308860
zumaltenkurhaus.de
deutsche Küche • regionale Produkte • klassisch

Essen:	**43** | 50
Service:	**18** | 20
Weinkarte:	**18** | 20
Ambiente:	**8** | 10
Gesamt:	87 | 100

Hundertguldenmühle

55437 Appenheim

Charmante Location: Am Fuße der rheinhessischen Weinlage Hundertgulden hat Eva Eppard einen Ort der Ruhe geschaffen. Die Speisekarte wird mit saisonalen Produkten stets aktualisiert. Regionale Weine.

Mühle 2
+49 6725 9990210
100guldenmuehle.de
Casual Dining • regionale Produkte • gemütlich

Essen:	**43** | 50
Service:	**17** | 20
Weinkarte:	**17** | 20
Ambiente:	**8** | 10
Gesamt:	85 | 100

Ayler Kupp Weinrestaurant

54441 Ayl

Die herzliche Gastlichkeit des ganzen Teams sorgt für gute Stimmung im gemütlichen Restaurant. Die Küche konzentriert sich auf regional-saisonale Gerichte, die Weinkarte ist bestens sortiert.

Trierer Straße 49a
+49 6581 988380
saarwein-hotel.de
Hotelrestaurant • eigener Weinbau • modern

Essen:	**44** I 50
Service:	**19** I 20
Weinkarte:	**18** I 20
Ambiente:	**8** I 10
Gesamt:	89 I 100

Linden's

54441 Ayl

À la carte essen oder lieber in Menüform? Beides ist bei Jörg Linden möglich, das Menü kommt in sechs kleinen Gängen. Ansonsten Herzhaftes und Küchenklassiker wie Rehschnitzel. Regionale Weine.

Neustraße 2
+49 6581 4105
pension-linden.de
Gasthaus • deutsche Küche • Wild

Essen:	**43** I 50
Service:	**17** I 20
Weinkarte:	**17** I 20
Ambiente:	**7** I 10
Gesamt:	84 I 100

Stübers Restaurant

55422 Bacharach

Frisch, regional und saisonal: Das ist die kulinarische Welt von Andreas Stüber, die er in seinem schönen Restaurant mit einer kreativen Küche perfekt umsetzt. Dazu gibt es Weine vom Mittelrhein.

Langstraße 50
+49 6743 1243
rhein-hotel-bacharach.de
Gasthaus • regionale Produkte • bio

Essen:	**43** I 50
Service:	**17** I 20
Weinkarte:	**17** I 20
Ambiente:	**7** I 10
Gesamt:	84 I 100

Im Gütchen

55545 Bad Kreuznach

Die kreativ gestaltete Karte mit »Auftakt«, »Intermezzo«, »Krönung« und »Ausklang« macht neugierig, was auf die Teller kommt: Gekonnt vollführter Spagat zwischen Regionalem, Mediterranem und Internationalem.

Hüffelsheimer Straße 1
+49 671 42626
im-guetchen.com
Casual Dining • modern • Terrasse

Essen:	**44** I 50
Service:	**18** I 20
Weinkarte:	**18** I 20
Ambiente:	**8** I 10
Gesamt:	88 I 100

Im Kittchen

55545 Bad Kreuznach

Auf die Speisekarte wird verzichtet. Was es gibt, steht auf der Wandtafel: Frische, saisonale Produkte, möglichst von regionalen Anbietern, bilden die Basis. Beliebt: Überraschungsmenü im Tapas-Format.

Alte Poststraße 2
+49 671 9200811
imkittchen.de
Gasthaus • vegetarisch • gemütlich • klassisch

Essen:	**44** I 50
Service:	**18** I 20
Weinkarte:	**18** I 20
Ambiente:	**8** I 10
Gesamt:	88 I 100

Prümer Gang 53474 Bad Neuenahr-Ahrweiler

Heimische Zutaten sind für Küchenchef Roger Müller Herzenssache. Mit Vorliebe serviert er seinen Gästen Bodenständiges und verleiht diesem durch internationale Akzente einen modernen Touch. Genussvergnügen.

Niederhutstraße 58
+49 2641 4757
pruemergang.de
Hotelrestaurant • regionale Küche • klassisch

Essen:	43 | 50
Service:	18 | 20
Weinkarte:	17 | 20
Ambiente:	8 | 10
Gesamt:	86 | 100

Sanct Peter | Brogsitter 53474 Bad Neuenahr-Ahrweiler

Regionale Haute Cuisine, einladende Atmosphäre, freundlicher Service: Die Gäste sind sich einig, dass man hier an der Ahr vortrefflich speisen kann. Gern getrunken werden Weine aus dem hauseigenen Betrieb.

Walporzheimer Straße 134
+49 2641 97750
sanct-peter.de
Fine Dining • französisch • traditionell

Essen:	46 | 50
Service:	18 | 20
Weinkarte:	18 | 20
Ambiente:	9 | 10
Gesamt:	91 | 100

Sanct Peter | Weinkirche 53474 Bad Neuenahr-Ahrweiler

Vom Eifeler Käse bis zur Gazpacho: Im ehemaligen Kelterhaus aus dem Jahr 1246 trifft Heimisches auf Internationales. Umfangreiche Weinkarte: 400 Positionen, davon über 100 Gewächse im offenen Ausschank.

Walporzheimer Straße 134
+49 2641 97750
sanct-peter.de
Gasthaus • eigener Weinbau • klassisch

Essen:	42 | 50
Service:	18 | 20
Weinkarte:	18 | 20
Ambiente:	8 | 10
Gesamt:	86 | 100

Steinheuers Poststuben

53474 Bad Neuenahr-Ahrweiler

Hans Stefan Steinheuer hat in der deutschen Gourmetszene Akzente gesetzt. Der Meisterkoch steht aber auch für eine erstklassige, bodenständige Küche, deren Raffinesse in der Einfachheit liegt.

Landskroner Straße 110
+49 2641 94860
steinheuers.de
Gasthaus • Familienbetrieb • traditionell

Essen:	45 | 50
Service:	18 | 20
Weinkarte:	18 | 20
Ambiente:	8 | 10
Gesamt:	89 | 100

Steinheuers Restaurant

53474 Bad Neuenahr-Ahrweiler

Mit Christian Binder bleibt das Restaurant der Steinheuers auf Erfolgskurs. Der talentierte Koch inszeniert mit seinen ausgetüftelten Kreationen nachhaltigen Genuss auf höchstem Niveau.

Landskroner Straße 110
+49 2641 94860
steinheuers.de
Fine Dining • Familienbetrieb • französisch • elegant

Essen:	47 | 50
Service:	19 | 20
Weinkarte:	20 | 20
Ambiente:	9 | 10
Gesamt:	95 | 100

Kupferkanne

55566 Bad Sobernheim

Im Nahetal schlägt man den kulinarischen Bogen zwischen Gutbürgerlichem und modern interpretierten Klassikern. Ein Menü im Angebot, täglich wechselndes Mittagsgericht. Dienstags und mittwochs Ruhetag.

Berliner Straße 2
+49 6751 2858
restaurant-kupferkanne.de
Familienbetrieb • regionale Produkte • urig

Essen:	43 | 50
Service:	17 | 20
Weinkarte:	16 | 20
Ambiente:	7 | 10
Gesamt:	83 | 100

Zum Bären

65558 Balduinstein

Ein idyllisch gelegenes Landhotel wie aus dem Bilderbuch. Im angeschlossenen Restaurant erfreuen sich die Gäste an einer bodenständigen Küche, die immer einen besonderen, aromatischen Pfiff hat.

Bahnhofstraße 24
+49 6432 800780
landhotel-zum-baeren.de
mediterran • regionale Produkte • traditionell

Essen:	44 | 50
Service:	18 | 20
Weinkarte:	18 | 20
Ambiente:	8 | 10
Gesamt:	88 | 100

Roussel | La Bonne Adresse

54470 Bernkastel-Kues

Das herrlich gemütlich-schicke Restaurant von Thierry Roussel ist zwar klein, bietet aber große kulinarische Inszenierungen aus der französischen Küchenklassik, gespickt mit modernen Akzenten.

Am Ring 37
+49 6531 97260
roussel.de
Fine Dining • französisch • modern

Essen:	43 | 50
Service:	19 | 20
Weinkarte:	18 | 20
Ambiente:	9 | 10
Gesamt:	89 | 100

Bootshaus — 55411 Bingen am Rhein

Lage, Lage, Lage: Mit direktem Blick auf den einzigartigen Rüdesheimer Berg punktet das Restaurant am Rhein ebenso wie mit der Küche von Nils Henkel. Fokus: Gemüse, Bistrot-Klassiker und Maritimes.

Hafenstaße 47
+49 6721 35010
paparheinhotel.de
Hotelrestaurant • regionale Produkte • Essen mit Aussicht

Essen:	**44**	50
Service:	**18**	20
Weinkarte:	**17**	20
Ambiente:	**8**	10
Gesamt:	87	100

Knipsers Halbstück — 67281 Bissersheim

Mit Chef Christian Rubert hielten Einflüsse seiner französischen Heimat Einzug in die zum Restaurant avancierte hübsche Weinstube. Klassiker: Bouillabaisse. Mittags wird ein »Petit Menu« aufgetischt.

Hollergasse 2
+49 6359 9459211
halbstueck.de
Gasthaus • eigener Weinbau • charmant

Essen:	**42**	50
Service:	**18**	20
Weinkarte:	**18**	20
Ambiente:	**8**	10
Gesamt:	86	100

Eiserner Ritter — 56154 Boppard

Was im Landgasthof auf dem Herd landet, wird klassisch-modern interpretiert: Kalb und Schwein aus dem nahen Hunsrück, Wild aus heimischen Wäldern. Obst, Gemüse und Wein kommen auch aus der Region.

Zur Peterskirche 10
+49 6742 93000
eiserner-ritter.de
Gasthaus • regionale Produkte • Wild

Essen:	**43**	50
Service:	**17**	20
Weinkarte:	**16**	20
Ambiente:	**8**	10
Gesamt:	84	100

Le Chopin — 56154 Boppard

Ein elegantes Jugendstil-Ambiente bildet den Rahmen für die finessenreichen Gerichte, die Küchenchef Sebastian Messinger mit besten Produkten aus nah und fern auf die Teller bringt. Klassisch-modern.

Rheinallee 41
+49 6742 1020
lechopin-boppard.de
Hotelrestaurant • Essen mit Aussicht • klassisch

Essen:	**45**	50
Service:	**18**	20
Weinkarte:	**17**	20
Ambiente:	**9**	10
Gesamt:	89	100

Lemabri

56154 Boppard

Wohlfühlatmosphäre am Rhein. Das versprechen Sarah Henke und Christian Eckhardt nicht nur, das halten sie auch stringent ein: vom Ambiente bis zu Crossover-Aromenküche und schicken Tellerarrangements.

Alte Römerstraße 3A
+49 6742 7003000
lemabri.com
Crossover-Küche • gehoben • modern

Essen:	45 I 50
Service:	19 I 20
Weinkarte:	18 I 20
Ambiente:	9 I 10
Gesamt:	91 I 100

Kucher's Gourmet Restaurant

54552 Darscheid

Aus heimischen und internationalen Zutaten zaubert Chef Florian Kucher seinen Gästen kreative Fine-Dining-Menüs auf die Teller. Diese serviert er in vier bis sieben Gängen. Umfangreiche Weinauswahl.

Karl-Kaufmann-Straße 2
+49 6592 629
kucherslandhotel.de
Hotelrestaurant • Familienbetrieb • Fine Dining

Essen:	45 I 50
Service:	18 I 20
Weinkarte:	20 I 20
Ambiente:	8 I 10
Gesamt:	91 I 100

Kucher's Weinwirtschaft

54552 Darscheid

Die Bandbreite in Kuchers Zweitrestaurant umfasst Eifeler Spezialitäten ebenso wie asiatische Aromenvielfalt. Klassiker: »Saure Nierle Schwäbische Art«. Das Fleisch stammt ausschließlich aus der Region.

Karl-Kaufmann-Straße 2
+49 6592 629
kucherslandhotel.de
Hotelrestaurant • regionale Küche • modern

Essen:	44 I 50
Service:	18 I 20
Weinkarte:	19 I 20
Ambiente:	8 I 10
Gesamt:	89 I 100

1718

67146 Deidesheim

Frankophile Akzente stehen im Fokus der Deidesheimer Küche. Signature Dish: »Bouillabaisse 1718«. Auf der Weinkarte geben sich vor allem namhafte Weingüter der Pfalz von Nord nach Süd ein Stelldichein.

Ketschauerhofstraße 1
+49 6326 70000
ketschauer-hof.com
französisch • international • modern • Terrasse

Essen:	43 I 50
Service:	18 I 20
Weinkarte:	18 I 20
Ambiente:	8 I 10
Gesamt:	87 I 100

Fumi

67146 Deidesheim

Die Pfalz mal anders: japanisch eben. Dachte sich einst Önologin Fumiko Tokuoka, die auch für das hauseigene Weingut Biffar verantwortlich zeichnet. Schöner Einblick in fernöstliche Geschmackswelten.

Im Katharinenbild 1
+49 6326 7001210
josef-biffar.de
japanisch • modern • eigener Weinbau

Essen:	43 I 50
Service:	17 I 20
Weinkarte:	17 I 20
Ambiente:	8 I 10
Gesamt:	85 I 100

L.A. Jordan

67146 Deidesheim

Fisch, Meeresfrüchte, Krustentiere und Fleisch sind feste Komponenten im raffinierten Menü des ersten Zwei-Sterne-Restaurants der Weinstraße. Wer's gesellig liebt, reserviert am langen »Schimkow.TISCH«.

Ketschauerhofstraße 1
+49 6326 70000
ketschauer-hof.com
Fine Dining • eigener Weinbau • modern

Essen:	**48** I 50
Service:	**18** I 20
Weinkarte:	**20** I 20
Ambiente:	**9** I 10
Gesamt:	95 I 100

Leopold

67146 Deidesheim

Crossover von »pälzisch« bis japanisch: Im ehemaligen Pferdestall des hauseigenen Weinguts von Winning hat sich das Konzept längst etabliert. Spezialität: Wagyu-Rindfleisch mit Marmorierungsstufe 11.

Weinstraße 10
+49 6326 9668888
von-winning.de
eigener Weinbau • Steak • Terrasse

Essen:	**43** I 50
Service:	**18** I 20
Weinkarte:	**18** I 20
Ambiente:	**8** I 10
Gesamt:	87 I 100

Riva

67146 Deidesheim

Im modern gestalteten Hotelrestaurant mit Sommerterrasse stehen Pizza, Pasta und gegrilltes Fleisch vom Green Egg im Vordergrund. Dazu werden Pfälzer Weine von renommierten Gütern ausgeschenkt.

Weinstraße 12
+49 6326 700077
kaisergarten-deidesheim.com
Casual Dining • Hotelrestaurant • Steak • mediterran

Essen:	**43** I 50
Service:	**17** I 20
Weinkarte:	**17** I 20
Ambiente:	**8** I 10
Gesamt:	85 I 100

Sankt Urban

67146 Deidesheim

Die urgemütlichen Gaststuben im renommierten Hotel haben kulinarischen Kultstatus. Hier lebt die Pfalz in regionalen Klassikern wie Saumagen, Rumpsteak und der legendären Kanzlersuppe.

Marktplatz 1
+49 6326 96870
deidesheimerhof.de
Hotelrestaurant • Familienbetrieb • gemütlich

Essen:	**44** I 50
Service:	**18** I 20
Weinkarte:	**18** I 20
Ambiente:	**8** I 10
Gesamt:	88 I 100

Schwarzer Hahn

67146 Deidesheim

Familie Hahn hat mit ihrem Hotel und dem dazugehörigen Gourmetrestaurant nicht nur in der Pfalz Akzente gesetzt. Im historischen Kreuzgewölbe wird facettenreiche und kreative, feine Küche geboten.

Marktplatz 1
+49 6326 96870
restaurant-schwarzer-hahn.de
Fine Dining • Familienbetrieb • französisch

Essen:	**46** I 50
Service:	**18** I 20
Weinkarte:	**19** I 20
Ambiente:	**9** I 10
Gesamt:	92 I 100

Siben's Gutsküche

67146 Deidesheim

Die traditionelle Pfälzer Winzerküche hat im rustikalen Gutsrestaurant ihren festen Platz: Saumagen und Leberknödel sind auf der Karte genauso zu finden wie Rumpsteak und Ochsenbäckchen.

Weinstraße 21
+49 6326 989363
weingut-siben.de
Familienbetrieb • eigener Weinbau • Gastgarten

Essen:	**42** I 50
Service:	**18** I 20
Weinkarte:	**17** I 20
Ambiente:	**7** I 10
Gesamt:	84 I 100

Sushi B.

67146 Deidesheim

In der offenen Showküche kann man sehen, wie Sushi frisch zubereitet wird. Daneben gibt es noch andere Klassiker aus der asiatischen Küche, begleitet von Gewächsen aus dem eigenen Weingut.

Weinstraße 18
+49 6326 965050
sushi-b.de
Casual Dining • japanisch • Sushi • modern

Essen:	**43** I 50
Service:	**17** I 20
Weinkarte:	**17** I 20
Ambiente:	**8** I 10
Gesamt:	85 I 100

zur Kanne

67146 Deidesheim

Geschmackvoll restauriertes Haus aus dem Jahr 1160 mit Weinbar: Man hat sich der Pfälzer Heimat verschrieben und interpretiert heimische Spezialitäten auf moderne Weise. Dazu außerdem Internationales auf der Karte.

Weinstraße 31
+49 6326 2181339
zurkanne-deidesheim.de
Gasthaus • deutsche Küche • regionale Produkte

Essen:	**43** I 50
Service:	**18** I 20
Weinkarte:	**17** I 20
Ambiente:	**8** I 10
Gesamt:	86 I 100

Hofgarten
53507 Dernau

Es geht durchaus deftig zu in der Gutsschenke an der Ahr. Den Schwerpunkt bilden regionale Spezialitäten wie der Ahrtaler Vesperteller, ergänzt von den Klassikern Ochsen-Roastbeef oder Hausmacher Sülze.

Bachstraße 26
+49 2643 1540
hofgarten-dernau.de
Familienbetrieb • eigener Weinbau • deutsche Küche

Essen:	**41**	50
Service:	**18**	20
Weinkarte:	**18**	20
Ambiente:	**7**	10
Gesamt:	84	100

Halferschenke
56332 Dieblich

Brasserieklassiker, dazu herzhafte saisonale Gerichte: Chef Christoph Schmah beherrscht die gesamte Klaviatur. Gekocht wird im schön restaurierten Bruchsteingebäude an der Mosel. Menüs tischweise.

Hauptstraße 63
+49 2607 7499154
halferschenke-dieblich.de
Gasthaus • regionale Produkte • entspannt

Essen:	**45**	50
Service:	**18**	20
Weinkarte:	**18**	20
Ambiente:	**8**	10
Gesamt:	89	100

Fetz
56348 Dörscheid

Marcus Fetz und Jan Maus widmen sich Klassikern, denen sie einen modernen Touch verleihen, greifen aber auch Internationales auf. Alles gekrönt von Produkten aus der Region, deren Erzeuger namentlich genannt werden.

Oberstraße 19
+49 6774 267
fetz-hotel.de
regionale Produkte • eigener Weinbau • im Grünen

Essen:	**43**	50
Service:	**17**	20
Weinkarte:	**16**	20
Ambiente:	**8**	10
Gesamt:	84	100

Foto: Christopher Arnoldi

Sonnora
54518 Dreis

Längst eine Legende, bestätigt Clemens Rambichler mit seiner außergewöhnlich exzellenten Küche immer wieder den erstklassigen Ruf des schicken Restaurants. Gourmetküche auf Weltklasseniveau!

Auf'm Eichelfeld 1
+49 6578 98220
hotel-sonnora.de
Fine Dining • französisch • klassisch • elegant

Essen:	**50**	50
Service:	**20**	20
Weinkarte:	**20**	20
Ambiente:	**9**	10
Gesamt:	99	100

Torschänke

54647 Dudeldorf

Ein Restaurant mit familiärem Flair im Wohlfühlambiente. Hier serviert man modern aufgepeppte regionale und internationale Klassiker ebenso wie traditionelle Gerichte in Bestform und Hausgemachtes vom Feinsten.

Philippsheimer Straße 1
+49 6565 2024
torschaenke-dudeldorf.de
Gasthaus • regionale Produkte • Wild • gemütlich

Essen:	44	50
Service:	18	20
Weinkarte:	17	20
Ambiente:	8	10
Gesamt:	87	100

Kölbl

67677 Enkenbach-Alsenborn

Ein typischer Landgasthof mit À-la-carte-Gerichten und Menüs. Bei Familie Kölbl kehren viele Stammgäste ein. Ob zum Essen oder zum Übernachten, die rustikale Gemütlichkeit des Fachwerkhauses gefällt.

Hauptstraße 3
+49 6303 3071
hotel-restaurant-koelbl.de
Familienbetrieb • charmant • klassisch

Essen:	43	50
Service:	17	20
Weinkarte:	17	20
Ambiente:	8	10
Gesamt:	85	100

Espenhof

55237 Flonheim

Olaf Eppelsheimer ist passionierter Jäger. Kein Wunder, dass seine Gerichte gern auf heimischem Wild basieren. Inspirationen findet er in aller Welt. Gutseigene Weine, vielfach im offenen Ausschank.

Hauptstraße 81
+49 6734 94040
espenhof.de
Gasthaus • eigener Weinbau • regionale Produkte

Essen:	42	50
Service:	18	20
Weinkarte:	17	20
Ambiente:	7	10
Gesamt:	84	100

Spindler

67147 Forst an der Weinstraße

Bodenständig-herzhaft ist die Küche, die Florian Spindler in seinem Weinrestaurant anbietet. Zu Rindertafelspitz, Rumpsteak oder hausgemachten Leberknödeln gibt es Weine aus eigenem Anbau.

Weinstraße 44
+49 6326 5850
restaurant-spindler.de
deutsche Küche • Gastgarten • traditionell

Essen:	42	50
Service:	18	20
Weinkarte:	17	20
Ambiente:	7	10
Gesamt:	84	100

Weinstube Brand

76833 Frankweiler

Klein, urig und gemütlich. Die Weinstube von Christian Knefler ist längst eine Pfälzer Institution, seine Küche bis ins Detail erstklassig. Hier trifft Regionalität auf Kreativität – einfach gut.

Weinstraße 19
+49 6345 959490
weinstube-brand.de
Gasthaus • deutsche Küche • Wild • urig

Essen:	44	50
Service:	18	20
Weinkarte:	17	20
Ambiente:	7	10
Gesamt:	86	100

Foto: www.medienagenten.de

Atable im Amtshaus

67251 Freinsheim

Wohlfühlambiente in der historischen Altstadt von Freinsheim: Gastgeber Swen Bultmann bittet zu Tisch und serviert französisch inspirierte Gerichte. Große Weinauswahl, kredenzt von Sybille Bultmann.

Hauptstraße 29
+49 6353 5019355
amtshaus-freinsheim.de
Fine Dining • französisch • modern

Essen:	**44** I 50
Service:	**17** I 20
Weinkarte:	**18** I 20
Ambiente:	**8** I 10
Gesamt:	87 I 100

Freinsheimer Hof

67251 Freinsheim

Ein restaurierter Gewölbekeller bildet den Rahmen für Alexander Friens Kreationen, die von gutbürgerlich-pfälzisch bis mediterran reichen. In den Sommermonaten wird im gemütlichen Innenhof aufgetischt.

Breite Straße 7
+49 6353 5080410
freinsheimerhof.com
Gasthaus • deutsche Küche • mediterran • klassisch

Essen:	**42** I 50
Service:	**17** I 20
Weinkarte:	**16** I 20
Ambiente:	**8** I 10
Gesamt:	83 I 100

Weinreich

67251 Freinsheim

Neben dem Angebot an echter Pfälzer Küche schaut man in der schicken Weinstube auch gern über den regionalen Tellerrand. Die Weinkarte ist dazu bestens mit Rang und Namen aus der Szene sortiert.

Hauptstraße 25
+49 6353 9598640
weinstube-weinreich.de
Vinothek • Steak • gemütlich

Essen:	**43** I 50
Service:	**18** I 20
Weinkarte:	**17** I 20
Ambiente:	**8** I 10
Gesamt:	86 I 100

PAN

76726 Germersheim

Von Klassikern wie Wiener Schnitzel bis zu edlen Jakobsmuscheln reicht das Angebot des gemütlichen Restaurants. Umfangreiche Karte mit Pfälzer Tapas. Das Angebot an offenen Weinen wechselt regelmäßig.

Klosterstraße 2
+49 7274 9192095
pandievinothek.de
Vinothek • Allrounder • elegant • modern

Essen:	**44** I 50
Service:	**18** I 20
Weinkarte:	**18** I 20
Ambiente:	**8** I 10
Gesamt:	88 I 100

Corona

56579 Hardert

Seit vier Generationen wird hier mit Leidenschaft freundliche Gastlichkeit gepflegt. Die attraktive Speisekarte bietet denn auch feine Gerichte, zubereitet aus besten Produkten und Zutaten.

Mittelstraße 13 +49 2634 2727 restaurantcorona.de **regionale Produkte • gemütlich • Gastgarten**	Essen: **44** | 50 Service: **18** | 20 Weinkarte: **17** | 20 Ambiente: **8** | 10 Gesamt: 87 | 100

Pfälzer Stuben

76863 Herxheim

Die Speisekarte ist eine Hommage an die italienische Heimat von Chef Fabio Daneluzzi, der Pfälzer Landhausküche mit italienischen Akzenten serviert. Einer der Klassiker: Rinderroulade à la Carbonara.

Hauptstraße 62–64 +49 7276 5080 hotelkrone.de **Gasthaus • Familienbetrieb • traditionell** P	Essen: **44** | 50 Service: **18** | 20 Weinkarte: **18** | 20 Ambiente: **9** | 10 Gesamt: 89 | 100

Hubertushof

76831 Ilbesheim

Jochen Sitter gelingt der Spagat zwischen urigem Fachwerkambiente und kreativen Tellergerichten. Gästefreundlich: Als Menü darf man auch drei Vorspeisen kombinieren. Brot aus eigener Produktion.

Arzheimer Straße 5 +49 6341 930239 restaurant-hubertushof-ilbesheim.de **Gasthaus • Casual Dining • regionale Küche**	Essen: **44** | 50 Service: **18** | 20 Weinkarte: **18** | 20 Ambiente: **8** | 10 Gesamt: 88 | 100

Fetzer's Lindenhof

55218 Ingelheim

Gediegenes Hotelrestaurant: Edmund Fetzer kocht in der Rotweinstadt klassisch und mit starkem Frankreich-Bezug. Auf der Karte auch viel Regionales: Bier und Wein aus dem Umland, Wild aus dem Hunsrück.

Gaulsheimer Straße 14–19 +49 6725 30130 landhotel-fetzer.de **Hotelrestaurant • klassisch • regionale Produkte** P	Essen: **42** | 50 Service: **18** | 20 Weinkarte: **17** | 20 Ambiente: **8** | 10 Gesamt: 85 | 100

Weedenhof

55270 Jugenheim

Im Landhausstil eingerichtet, versprüht das Restaurant Flair und Charme. Dazu trumpft die Küche von Michael Knöll mit herzhaften Gerichten wie Lammrücken und geschmorten Schweinebäckchen auf.

Mainzer Straße 6 +49 6130 941337 weedenhof.de **Hotelrestaurant • urig • gemütlich**	Essen: **43** | 50 Service: **18** | 20 Weinkarte: **17** | 20 Ambiente: **8** | 10 Gesamt: 86 | 100

Vinothek am Nil

67169 Kallstadt

Im Gutsausschank des Pfälzer Weinguts herrscht Selbstbedienung und man bestellt die Speisen an der Theke. Angeboten werden kleine, herzhafte Snacks, Tapas und mit Pastrami oder Ziegenkäse belegte Stullen.

Neugasse 21
+49 6322 957910080
weingutamnil.de
Gasthaus • eigener Weinbau • unkonventionell

Essen:	42 | 50
Service:	17 | 20
Weinkarte:	17 | 20
Ambiente:	9 | 10
Gesamt:	85 | 100

Zum Riesen

76870 Kandel

Regionale Produkte sind das Fundament, auf dem die Küche von Chefkoch Andreas Wenz basiert. Hier und da wird auch über den heimischen Tellerrand geschaut, alle Gerichte sind von besonderer Qualität.

Rheinstraße 54
+49 7275 3437
hotelzumriesen.de
Hotelrestaurant • deutsche Küche • Gastgarten

Essen:	43 | 50
Service:	18 | 20
Weinkarte:	17 | 20
Ambiente:	7 | 10
Gesamt:	85 | 100

Kapeller Hopfestubb

76889 Kapellen-Drusweiler

Regionales mediterran interpretiert, so lautet das Konzept von Marc Wendel, der in hausgemachter Pasta auch mal Saumagen verarbeitet. Dieser hat seinen festen Kartenplatz, ebenso die Steak-Variationen.

Obere Hauptstraße 8
+49 6343 8245
hopfestubb.com
Familienbetrieb • deutsche Küche • eigener Weinbau

Essen:	43 | 50
Service:	17 | 20
Weinkarte:	17 | 20
Ambiente:	7 | 10
Gesamt:	84 | 100

Schwarz

67281 Kirchheim

Manfred Schwarz ist immer noch ein Meister seines Fachs, seine Küche einfallsreich und die Gerichte in bester handwerklicher Qualität zubereitet. Dazu die passenden Pfälzer Weine, perfekt!

Weinstraße Süd 1
+49 6359 9241702
schwarz-restaurant.de
Fine Dining • französisch • modern • elegant

Essen:	45 | 50
Service:	18 | 20
Weinkarte:	18 | 20
Ambiente:	9 | 10
Gesamt:	90 | 100

irori

76879 Knittelsheim

Max Goldberg und Kerstin Bauer haben im alten Kaufmannshaus ihre Homebase gefunden und bieten eine weltoffene, japanisch inspirierte Küche aus regionalen Zutaten. Neungängiges Menü, intime Atmosphäre.

Hauptstraße 15A

irori.restaurant
Crossover-Küche • gehoben • modern

Essen:	46 | 50
Service:	19 | 20
Weinkarte:	18 | 20
Ambiente:	9 | 10
Gesamt:	92 | 100

Alte Mühle Höreth

56330 Kobern-Gondorf

Gäste mögen die urigen Stuben, die Thomas Höreth im historischen Gebäudeensemble einst zum Leben erweckte. Gekocht wird regional mit kulinarischen Klassikern und Wildgerichten aus der nahen Umgebung.

Mühlental 17
+49 2607 6474
thomashoereth.de
eigener Weinbau • Wild • urig • im Museum

Essen:	42 | 50
Service:	17 | 20
Weinkarte:	15 | 20
Ambiente:	8 | 10
Gesamt:	82 | 100

Gerhards Genussgesellschaft

56068 Koblenz

Unweit des Deutschen Ecks serviert Georg Gerhards wöchentlich wechselnde, viel gelobte Gerichte: mal klassisch, mal international. Man sitzt entspannt unter dem Bogengewölbe einer alten Klosteranlage.

Esther-Bejarano-Straße 3
+49 261 91499133
gerhards-genussgesellschaft.de
Crossover-Küche • Gewölbe • Gastgarten • entspannt

Essen:	43 | 50
Service:	18 | 20
Weinkarte:	17 | 20
Ambiente:	8 | 10
Gesamt:	86 | 100

Gotthardt's by Yannick Noack

56072 Koblenz

Eine der spannendsten Neueröffnungen des Jahres: Yannick Noack nimmt die Gäste an der Mosel mit auf große kulinarische Fahrt. Außergewöhnliche, geschmacksstarke Kreationen, auch à la carte.

An der Fähre 3
+49 261 201710
faehr.haus
Fine Dining • Essen mit Aussicht • entspannt

Essen:	48 | 50
Service:	20 | 20
Weinkarte:	18 | 20
Ambiente:	9 | 10
Gesamt:	95 | 100

Im Süden

56068 Koblenz

Der Name ist Programm im kleinen Lokal, in dem mediterrane Küche im Fokus steht: frisch zubereitete Pasta, knusprige Pizza mit wählbaren Toppings, wechselnde Tagesempfehlungen. Charmanter Service.

Markenbildchenweg 30
+49 261 94101303
imsüden-feinkost-kochbar.de
Bistro • mediterran • Pizza • unkonventionell

Essen:	42 | 50
Service:	18 | 20
Weinkarte:	17 | 20
Ambiente:	7 | 10
Gesamt:	84 | 100

Landgang im Fährhaus

56072 Koblenz

Im Zweitrestaurant des Hotels ist bereits der schöne Jachthafenblick einen Besuch wert. Auch kulinarisch lockt das Haus: Gekocht wird international. Als Sundowner: Aperitif- und Cocktailkreationen.

An der Fähre 3
+49 261 20171900
faehr.haus
Hotelrestaurant • französisch • Essen mit Aussicht

Essen:	43 | 50
Service:	18 | 20
Weinkarte:	18 | 20
Ambiente:	9 | 10
Gesamt:	88 | 100

Schiller's 56070 Koblenz

Neben Gerichten aus der klassischen französischen Brasserieküche bietet Chefkoch Mike Schiller auch ein durchdachtes pflanzenbasiertes Überraschungsmenü, begleitet von hausgemachten Drinks.

Mayener Straße 126
+49 261 963530
hotel-stein.de
Fine Dining • Familienbetrieb • vegetarisch

Essen:	46 | 50
Service:	18 | 20
Weinkarte:	18 | 20
Ambiente:	8 | 10
Gesamt:	90 | 100

Schlicht. Esslokal 56073 Koblenz

Gut beraten sind die Gäste in dem puristisch dekorierten Restaurant mit den Menüs. Zusammengestellt aus vorwiegend regionalen Produkten, glänzen die Gerichte mit aromatischer Nachhaltigkeit.

Moselweißer Straße 6
+49 261 95232255
schlicht-esslokal.com
Fine Dining • regionale Produkte • modern

Essen:	44 | 50
Service:	18 | 20
Weinkarte:	18 | 20
Ambiente:	8 | 10
Gesamt:	88 | 100

Verbene 56068 Koblenz

Das kleine Restaurant steckt voller kulinarischer Überraschungen, David Weigang überzeugt immer wieder mit exzellenten aromatischen Arrangements. Dazu gibt es eine erstklassige Getränkebegleitung.

Brunnenhof/Königspfalz 1
+49 261 10046221
restaurant-verbene.de
Fine Dining • regionale Produkte • Terrasse

Essen:	47 | 50
Service:	18 | 20
Weinkarte:	19 | 20
Ambiente:	8 | 10
Gesamt:	92 | 100

Fünf Bäuerlein 76829 Landau

»Soulfood-Küche mit Pfälzer Einschlag« haben sich die Betreiber Verena Schmitt und Nico Stengel auf die Fahnen geschrieben. Umfangreiche Weinkarte befreundeter Betriebe. Tagesgerichte. Freitags gibt's Meer.

Theaterstraße 2
+49 6341 9025896
fuenfbaeuerlein.de
deutsche Küche • entspannt • traditionell

Essen:	43 | 50
Service:	17 | 20
Weinkarte:	17 | 20
Ambiente:	8 | 10
Gesamt:	85 | 100

vierzehn85 54340 Leiwen

Die Küche orientiert sich am Rhythmus der Natur, die Gastgeber Astrid und Norbert Schmitz setzen vollends auf das saisonale, aber auch regionale Marktangebot. Frisch zubereitet, einfach gut!

Euchariusstraße 10–12
+49 6507 9393901
vierzehn85.de
Gasthaus • gemütlich • deutsche Küche

Essen:	43 | 50
Service:	18 | 20
Weinkarte:	18 | 20
Ambiente:	8 | 10
Gesamt:	87 | 100

Dorf-Chronik

67487 Maikammer

Stefan Püngeler und seine Frau Michela De Munno haben das Traditionsgasthaus in Maikammer mit neuem Leben gefüllt. Gesellig geht's zu im Sandsteingebäude bei regionalen und mediterranen Gerichten.

Marktstraße 7 +49 157 51207532 diedorfchronik.de **mediterran • regionale Produkte • eigener Weinbau**	Essen: Service: Weinkarte: Ambiente:	**43** I 50 **18** I 20 **16** I 20 **8** I 10
	Gesamt:	85 I 100

Atrium | Genusswerkstatt

55126 Mainz

Purismus in Perfektion: In acht Gängen nimmt Helge Straub-Schilling die Gäste mit auf kulinarische Expedition von Rheinhessen in die Welt. Serviert wird ein Menü für alle. Viele regionale Zutaten.

Flugplatzstraße 44 +49 6131 4910 atrium-mainz.de **Fine Dining • regionale Produkte • entspannt**	Essen: Service: Weinkarte: Ambiente:	**45** I 50 **18** I 20 **17** I 20 **8** I 10
P	Gesamt:	88 I 100

Atrium | Restaurant

55126 Mainz

Im höchstgelegenen Mainzer Vorort lockt in entspanntem, geschmackvollem Ambiente saisonale Frischeküche. Die Zutaten stammen von Landwirten aus der Umgebung. Stets gelobt: der exzellente Service.

Flugplatzstraße 44 +49 6131 4910 atrium-mainz.de **Hotelrestaurant • regionale Produkte • modern**	Essen: Service: Weinkarte: Ambiente:	**43** I 50 **18** I 20 **17** I 20 **8** I 10
P	Gesamt:	86 I 100

Bellpepper

55116 Mainz

In warmen Farbtönen gehalten, bietet das Restaurant mit Rheinblick ein schickes Ambiente für den Businesslunch oder das romantische Dinner. Die Küche ist international, Klassiker ist der Hyatt-Burger.

Templerstraße 6 +49 6131 7311537 bellpepper.de **Hotelrestaurant • Steak • modern**	Essen: Service: Weinkarte: Ambiente:	**43** I 50 **18** I 20 **18** I 20 **8** I 10
P	Gesamt:	87 I 100

Bluhm

55116 Mainz

Französisch-Mainzer Fusionsküche mitten in der Altstadt. Neben Moules, Zwiebelsuppe und Coq au Vin gibt es in der legendären Weinstube auch klassischen Hackbraten und natürlich »Meenzer Handkäs«.

Badergasse 1
+49 6131 4906343
weinhaus-bluhm.de
Gasthaus • urig • französisch

Essen:	**43**	50
Service:	**18**	20
Weinkarte:	**17**	20
Ambiente:	**7**	10
Gesamt:	85	100

Bootshaus

55116 Mainz

Durch die Panoramafenster den Rhein stets im Blick, speist man im Haus des Mainzer Rudervereins deutsche und internationale Küchenklassiker – im Sommer auch gern draußen auf der Terrasse direkt am Wasser.

Victor-Hugo-Ufer 1
+49 6131 1438700
bootshausmainz.de
regional • gemütlich • entspannt

P

Essen:	**43**	50
Service:	**18**	20
Weinkarte:	**18**	20
Ambiente:	**8**	10
Gesamt:	87	100

Brunfels Restaurant

55116 Mainz

Das sympathisch-gemütliche Hotelrestaurant hat sich auf traditionelle deutsche Gerichte spezialisiert, die hier zeitgemäß-innovativ zubereitet und vom freundlichen Service aufgetischt werden.

Münsterstraße 11
+49 6131 3041000
hyatt.com
Hotelrestaurant • klassisch • elegant

P

Essen:	**43**	50
Service:	**18**	20
Weinkarte:	**18**	20
Ambiente:	**8**	10
Gesamt:	87	100

Favorite

55131 Mainz

Aniello Casalino hat im August das Ruder im Traditionshaus am Mainzer Volkspark übernommen. Mittwochs bis samstags kocht er auf. Chef's Table, Kochkurse und Gourmet-Küchenparty ergänzen das Portfolio.

Karl-Weiser-Straße 1
+49 6131 80150
favorite-mainz.de
Fine Dining • international • elegant

P

Essen:	**46**	50
Service:	**18**	20
Weinkarte:	**19**	20
Ambiente:	**9**	10
Gesamt:	92	100

Geberts Weinstuben

55118 Mainz

Frischeküche mit Produkten aus der Region und modern inspirierte deutsche Klassiker stehen bei Frank Gebert auf dem Programm. Die Weinkarte zeigt Rheinland-Pfälzisches sowie europäische Klassiker.

Frauenlobstraße 94
+49 6131 611619
geberts-weinstuben.de
Gasthaus • regional • elegant

Essen:	**43**	50
Service:	**17**	20
Weinkarte:	**17**	20
Ambiente:	**8**	10
Gesamt:	85	100

La Gallerie

55116 Mainz

Viel gelobte Institution in der pittoresken Gaustraße nahe der Stephanskirche mit ihren berühmten Chagall-Fenstern. Wen wundert's, dass der Künstler an den Wänden des Gastraums allgegenwärtig ist.

Gaustraße 29 +49 6131 69695414 lagallerie-mainz.de **Casual Dining • Allrounder • Steak • modern**	Essen:	**43** | 50
	Service:	**17** | 20
	Weinkarte:	**18** | 20
	Ambiente:	**7** | 10
	Gesamt:	85 | 100

Pankratz

55129 Mainz

Morgens Frühstück, abends zwei Stile: Im Bistro stehen Hausgemachtes, Brasserie- und Pankratz-Klassiker im Mittelpunkt; der Restaurantbereich verwöhnt mit einem Tasting-Menü in 14 kleinen Gängen.

Lindenplatz 6 +49 6131 957780 pankratiushof.de **Allrounder • Grill • nachhaltig**	Essen:	**44** | 50
	Service:	**18** | 20
	Weinkarte:	**17** | 20
	Ambiente:	**8** | 10
	Gesamt:	87 | 100

Steins Traube

55126 Mainz

Erfrischend unkompliziert und dabei erstklassig tiefgründig präsentiert sich die durchdachte Gourmetküche von Philipp Stein, die im besonders schönen, farblich harmonischen Ambiente serviert wird.

Poststraße 4 +49 6131 40249 steins-traube.de **Fine Dining • Familienbetrieb • elegant • entspannt**	Essen:	**46** | 50
	Service:	**19** | 20
	Weinkarte:	**19** | 20
	Ambiente:	**9** | 10
	Gesamt:	93 | 100

Wilhelmi

55116 Mainz

Eine Kultstätte der Mainzer Weingastronomie, Christina Schickert bewirtet ihre Gäste mit viel Charme. Gegessen wird herzhaft: Hacksteak, Schnitzel und Handkäse sind die Klassiker der Weinstube.

Rheinstraße 53 +49 6131 224949 weinhaus-wilhelmi.de **Gasthaus • deutsche Küche • gemütlich**	Essen:	**42** | 50
	Service:	**19** | 20
	Weinkarte:	**17** | 20
	Ambiente:	**9** | 10
	Gesamt:	87 | 100

Willichs

55118 Mainz

In dem freundlich-sympathischen Restaurant wird zu 100 Prozent pflanzlich gekocht. Die Gerichte sind kreativ zubereitet, frittierte Artischocken und die ofengebackene Rote Bete sind Favoriten.

Gartenfeldstraße 9 +49 6131 3397133 willichs-mainz.de **vegan • regionale Küche • modern**	Essen:	**43** | 50
	Service:	**18** | 20
	Weinkarte:	**19** | 20
	Ambiente:	**8** | 10
	Gesamt:	88 | 100

Borst

66506 Maßweiler

Wer zur kleinen Landpartie in die Südwestpfalz aufbricht, wird in Maßweiler von Familie Borst mit viel Raffinesse und Liebe zum Detail bekocht. Herzlicher Service. Weinkarte mit über 300 Positionen.

Luitpoldstraße 4
+49 6334 1431
restaurant-borst.de
mediterran • französisch • gemütlich • elegant

Essen: **46** | 50
Service: **18** | 20
Weinkarte: **18** | 20
Ambiente: **8** | 10
Gesamt: 90 | 100

Kläs & Sohn

53508 Mayschoß

Sebastian Kläs setzt auf frische, saisonale Küche mit Klassikern wie Eifel-Rumpsteak oder ofengegarte Fjordforelle. Familiengeführt, gemütliche Terrasse mit Weinbergblick. Große Auswahl an Ahrweinen.

Ahr-Rotweinstraße 50
+49 2643 1657
weinhaus-klaes.de
Hotelrestaurant • klassisch • regionale Produkte

Essen: **42** | 50
Service: **18** | 20
Weinkarte: **17** | 20
Ambiente: **8** | 10
Gesamt: 85 | 100

Zur Traube

55566 Meddersheim

Hideyuki Aoki arbeitet mit japanischer Akribie und Perfektion an seinen Gerichten. Das Resultat sind erstklassige und vor allem authentische asiatische Speisen, teils auch in vegetarischer Variante.

Sobernheimer Straße 2
+49 6751 950382
traube-meddersheim.com
Crossover-Küche • gehoben • urig

Essen: **44** | 50
Service: **17** | 20
Weinkarte: **17** | 20
Ambiente: **7** | 10
Gesamt: 85 | 100

Poststuben

54531 Meerfeld

Kreativ Komponiertes gibt es bei Sven Molitor in der Vulkaneifel, der seiner regionalen Landhausküche Finesse verleiht – nicht nur optisch. Viele Zutaten stammen aus der unmittelbaren Umgebung.

Meerbachstraße 24–26
+49 6572 931900
die-post-meerfeld.de
Gasthaus • Hotelrestaurant • regionale Küche • gemütlich

Essen: **43** | 50
Service: **17** | 20
Weinkarte: **17** | 20
Ambiente: **7** | 10
Gesamt: 84 | 100

Meisenheimer Hof

55590 Meisenheim

Markus Papes durchdachte Gerichte zeichnen sich durch regionalen Charakter aus, bereichert mit internationalen Akzenten. Gern bringt er Zutaten aus der Umgebung zum Einsatz. Romantisches Ambiente.

Obergasse 33
+49 6753 1237780
meisenheimer-hof.de
Gasthaus • eigener Weinbau • regionale Produkte

Essen:	**46** I 50
Service:	**18** I 20
Weinkarte:	**18** I 20
Ambiente:	**8** I 10
Gesamt:	90 I 100

2THeimat

54497 Morbach

Zahlreiche Produkte aus der Region geben sich ein Stelldichein in den klassisch-innovativen Gerichten von Küchenchef Simon Armbruster. Den Familienbetrieb inmitten des Hunsrücks ergänzt ein Hotel.

Am Kirschbaum 55–57
+49 6533 93950
2theimat.de
Hotelrestaurant • regionale Produkte • entspannt

Essen:	**42** I 50
Service:	**17** I 20
Weinkarte:	**16** I 20
Ambiente:	**8** I 10
Gesamt:	83 I 100

Kruger-Rumpf

55424 Münster-Sarmsheim

Der schmucke Landgasthof hat nicht nur ausgezeichnete hauseigene Weine zu bieten. Die ambitionierte Küche wandelt sicher zwischen bodenständigen Klassikern und mediterranen Gerichten.

Rheinstraße 47
+49 6721 43859
weinstube.kruger-rumpf.com
Gasthaus • eigener Weinbau • regionale Küche

Essen:	**43** I 50
Service:	**17** I 20
Weinkarte:	**17** I 20
Ambiente:	**8** I 10
Gesamt:	85 I 100

Rüssels Gourmetrestaurant

54426 Naurath (Wald)

Ruth Rüssel führt mit liebenswertem Charme das gemütlich-schicke Restaurant. Die Küche ihres Mannes setzt dazu aromatische Akzente; Harald Rüssels kreative Gerichte haben Extraklasse.

Büdlicherbrück 1
+49 6509 91400
ruessels-landhaus.de
Fine Dining • Familienbetrieb • regionale Produkte

Essen:	**46** I 50
Service:	**19** I 20
Weinkarte:	**18** I 20
Ambiente:	**9** I 10
Gesamt:	92 I 100

Rüssels Hasenpfeffer

54426 Naurath (Wald)

Ein Landgasthof wie aus dem Bilderbuch. Im schicken Ambiente werden regional und saisonal geprägte Gerichte aufgetischt, die erstklassigen Wildgerichte sind die Spezialitäten des Hauses.

Büdlicherbrück 1
+49 6509 91400
ruessels-landhaus.de
Gasthaus • Familienbetrieb • Wild

Essen:	**44** I 50
Service:	**19** I 20
Weinkarte:	**18** I 20
Ambiente:	**9** I 10
Gesamt:	90 I 100

Le Temple

54422 Neuhütten

Christiane Detemple-Schäfer und Ehemann Oliver servieren im Bistro des familiengeführten Hotels Klassisches mit modernem Twist. Man sitzt in modern gestyltem Interieur. Immer einen Ausflug wert.

Saarstraße 2 +49 6503 7669 le-temple.de Fine Dining • französisch • elegant	Essen: **45** | 50 Service: **19** | 20 Weinkarte: **18** | 20 Ambiente: **8** | 10 Gesamt: **90** | 100

H'manns

67271 Neuleiningen

Zwei Menüs halten Hegmanns in Neuleiningen freitags bis sonntags für ihre Gäste bereit. Montags gibt es eine abwechslungsreiche Tapas-Karte mit warmen und kalten Kleinigkeiten. Alles selbst zubereitet.

Am Goldberg 2 +49 6359 5341 hmanns.de Gasthaus • Familienbetrieb • regionale Produkte	Essen: **44** | 50 Service: **18** | 20 Weinkarte: **18** | 20 Ambiente: **8** | 10 Gesamt: **88** | 100

Gehrlein's Hardtwald

76777 Neupotz

Martin Gehrlein hat in der Welt gekocht und ist in die Pfalz zurückgekehrt. Seit 2005 überzeugt er in seinem gemütlich-rustikalen Restaurant: Hier treffen regionale Produkte auf solide Handwerkskunst.

Sandhohl 14 +49 7272 2440 gehrlein-hardtwald.de Gasthaus • mediterran • gemütlich	Essen: **42** | 50 Service: **17** | 20 Weinkarte: **16** | 20 Ambiente: **8** | 10 Gesamt: **83** | 100

Zum Lamm

76777 Neupotz

Im Ambiente eines französischen Landgasthofs serviert Küchenchef Manfred Kreger seine traditionellen bodenständigen Gerichte, die immer mit einem modernen Gourmettouch auf die Teller kommen.

Hauptstraße 7 +49 7272 2809 gasthof-lamm-neupotz.de Gasthaus • französisch • Meeresfrüchte	Essen: **43** | 50 Service: **18** | 20 Weinkarte: **17** | 20 Ambiente: **7** | 10 Gesamt: **85** | 100

Eselsburg

67435 Neustadt an der Weinstraße

Im Pfälzer Traditionshaus wird zusammengerückt, wenn's voll wird: Anette Berberich sorgt für Gemütlichkeit. Serviert wird Heimisches, sowohl auf dem Teller als auch im Glas; zuweilen Internationales.

Kurpfalzstraße 62 +49 6321 66984 eselsburg.de regionale Küche • urig • Gastgarten	Essen: **42** | 50 Service: **18** | 20 Weinkarte: **18** | 20 Ambiente: **8** | 10 Gesamt: **86** | 100

Esszimmer

67433 Neustadt an der Weinstraße

Inhaber und Küchenchef Thomas Manthey nimmt seine Gäste mit auf eine italienische Reise. Immer donnerstags: Esszimmer-Tasting-Menü in fünf kleinen Gängen. Donnerstags und freitags auch Mittagstisch.

Hintergasse 38
+49 6321 354996
esszimmer-neustadt.de
italienisch • mediterran • regionale Produkte

Essen:	**43** | 50
Service:	**17** | 20
Weinkarte:	**17** | 20
Ambiente:	**8** | 10
Gesamt:	85 | 100

Spinne

67433 Neustadt an der Weinstraße

Der sympathische Jörg Friedrich ist in der Pfälzer Gastronomie eine feste Größe. In seinem Restaurant erleben die Gäste eine bodenständige Küche, die bis ins kleinste Detail voller Raffinesse steckt.

Eichkehle 58
+49 6321 9597799
restaurant-spinne.com
Gasthaus • Casual Dining • Wild

Essen:	**43** | 50
Service:	**18** | 20
Weinkarte:	**17** | 20
Ambiente:	**8** | 10
Gesamt:	86 | 100

Hermannshöhle

55585 Niederhausen

Eine Reise wert: Fleisch- und Fischliebhaber sowie Vegetarier freuen sich im ehemaligen Fährhaus auf die klassisch-mediterrane Küche von Chef Wigbert Weck. Hochwertige Weine auch glasweise. Flussblick.

Hermannshöhle 1
+49 6758 6486
hermannshoehle-weck.de
Gasthaus • modern • Terrasse

Essen:	**44** | 50
Service:	**18** | 20
Weinkarte:	**17** | 20
Ambiente:	**7** | 10
Gesamt:	86 | 100

Schloss Niederweis

54668 Niederweis

Sandra und Sebastian Poss haben aus dem traditionsreichen Restaurant einen kulinarischen Place to be gemacht. Regionale Klassiker werden hier ebenso serviert wie beste internationale Gerichte.

Hauptstraße 9
+49 6568 9696450
schloss-niederweis.de
Casual Dining • im Schloss • klassisch • gehoben

Essen:	**44** | 50
Service:	**18** | 20
Weinkarte:	**18** | 20
Ambiente:	**8** | 10
Gesamt:	88 | 100

Culinarium

54453 Nittel

Bodenständige Klassiker zählen im familiengeführten Restaurant zum festen Repertoire. Ambitioniertes Internationales rundet das Angebot ab. Getrunken werden Hauseigenes und Weine befreundeter Winzer.

Weinstraße 5
+49 6584 91450
culinarium-nittel.de
klassisch • regionale Produkte • eigener Weinbau

Essen:	**43** | 50
Service:	**17** | 20
Weinkarte:	**17** | 20
Ambiente:	**8** | 10
Gesamt:	85 | 100

Stahl

55430 Oberwesel

Regionaltypisches aus heimischen Produkten, kombiniert mit hauseigenen Weinen. In den nostalgischen Wirtsstuben verwöhnt das Team um Patron Paul Stahl mit traditionellen Gerichten. Herzlicher Service.

Am Talblick 6
+49 6744 416
gasthaus-stahl.de
Gasthaus • gemütlich • Terrasse

Essen:	**43**	50
Service:	**19**	20
Weinkarte:	**17**	20
Ambiente:	**9**	10
Gesamt:	88	100

Landhaus Dubs

67574 Osthofen

Über die Grenzen Rheinhessens hinaus ist Wolfgang Dubs' Restaurant als Institution bekannt. Er hält das kulinarische Erbe aufrecht und interpretiert traditionelle Rezepte und Gerichte aus alten Zeiten neu.

Am Mühlpfad 10
+49 6242 9125205
dubs.de
französisch • traditionell • klassisch

Essen:	**45**	50
Service:	**18**	20
Weinkarte:	**17**	20
Ambiente:	**8**	10
Gesamt:	88	100

Vis-à-Vis

67574 Osthofen

Rheinhessische Gastfreundschaft im Kreuzgewölbe. Viele Produkte, die in dem schmucken Restaurant zu feinen, modern inspirierten Gerichten verarbeitet werden, kommen aus der näheren Umgebung.

Friedrich-Ebert-Straße 53
+49 6242 5012973
spiess-osthofen.de
Gasthaus • regionale Küche • gemütlich

Essen:	**43**	50
Service:	**18**	20
Weinkarte:	**17**	20
Ambiente:	**8**	10
Gesamt:	86	100

Schanz

54498 Piesport

Thomas Schanz hat einen wahren Gourmettempel geschaffen, in dem auch die Weinkultur nicht zu kurz kommt. Seine Küche ist außergewöhnlich komplex und von einer facettenreichen Aromatik geprägt.

Bahnhofstraße 8A
+49 6507 92520
schanz-restaurant.de
Fine Dining • französisch • elegant

Essen:	**50**	50
Service:	**20**	20
Weinkarte:	**20**	20
Ambiente:	**9**	10
Gesamt:	99	100

Die Brasserie

66953 Pirmasens

Patron Vjekoslav Pavic legt seinen Schwerpunkt auf das Produkt. Die Botschaft lautet: französisch inspirierte Küche mit internationalen und regionalen Einflüssen sowie handverlesenen Zutaten. Virtuos.

Landauer Straße 103–105	Essen: **46** | 50
+49 6331 7255544	Service: **19** | 20
diebrasserie-ps.de	Weinkarte: **17** | 20
im Grünen • regionale Produkte • traditionell	Ambiente: **8** | 10
	Gesamt: 90 | 100

Kunz

66954 Pirmasens

Hummer in Pirmasens – einer der Restaurant-Events im Haus der Familie Kunz und regelmäßig ausgebucht. Auch gefragt: Wildwochen und Steak am Donnerstag. Die Speisekarte lebt ansonsten von Klassikern.

Bottenbacher Straße 74	Essen: **43** | 50
+49 6331 8750	Service: **18** | 20
hotel-kunz.de	Weinkarte: **18** | 20
Hotelrestaurant • Familienbetrieb • klassisch	Ambiente: **8** | 10
	Gesamt: 87 | 100

Onkel Otto

56829 Pommern

Gastgeber Sascha und Anett Birkenbeil servieren Kreativ-Bodenständiges und verbinden regionale Hausmannskost mit Einflüssen der französischen Küche – frisch und abwechslungsreich sowie mit Liebe zum Detail.

Lindenstraße 13	Essen: **42** | 50
+49 2672 2407	Service: **17** | 20
onkel-otto.com	Weinkarte: **17** | 20
Hotelrestaurant • klassisch • gemütlich	Ambiente: **8** | 10
	Gesamt: 84 | 100

Heim's Restaurant

56861 Reil

Vis-à-vis der Mosel zeigt Christoph Heim vielschichtige Aromenwelten in seinem von Sterneküchen inspirierten Stil. Verarbeitet werden hauptsächlich regionale Zutaten – frisch vom Markt und saisonal.

Moselstraße 27	Essen: **44** | 50
+49 6542 2629	Service: **18** | 20
reiler-hof.de	Weinkarte: **18** | 20
Familienbetrieb • regionale Produkte • traditionell	Ambiente: **8** | 10
	Gesamt: 88 | 100

Wine&Dine

56861 Reil

Alessandro Riemer und Dirk Melsheimer pflegen in ihrem Restaurant eine regional-traditionelle Küche, nicht ohne hier und da moderne Akzente zu setzen. Spezialität des Hauses sind Schmorgerichte.

Moselstraße 5	Essen: **43** | 50
+49 6542 900034	Service: **18** | 20
melsheimer.de	Weinkarte: **18** | 20
Hotelrestaurant • traditionell • gemütlich	Ambiente: **8** | 10
	Gesamt: 87 | 100

Heimatküche | 56459 Rotenhain

Bei Kevin Markus im hübsch gestalteten Gastraum sind alle per Du. Die Karte hält neben Kleinigkeiten zum Bier auch Traditionsgerichte parat. Nachhaltigkeit und Transparenz werden großgeschrieben.

Alte Burg
+49 2661 9168974
heimatkueche-rotenhain.de
regionale Produkte • nachhaltig • entspannt

Essen:	**42**	50
Service:	**17**	20
Weinkarte:	**16**	20
Ambiente:	**8**	10
Gesamt:	83	100

Hofgut Ruppertsberg | 67152 Ruppertsberg

Jean-Philippe Aiguier arbeitet im denkmalgeschützten Ambiente mit biozertifizierten Erzeugnissen und zaubert für seine Gäste Gerichte, die das Produkt in den Fokus rücken. Eigens angefertigtes Geschirr.

Obergasse 2
+49 6326 982097
dashofgut.com
bio • eigener Weinbau • im Grünen

Essen:	**44**	50
Service:	**18**	20
Weinkarte:	**18**	20
Ambiente:	**8**	10
Gesamt:	88	100

Altes Rathaus | 67487 St. Martin

Pfälzer Gastlichkeit in historischen Mauern. In der gemütlichen Atmosphäre der urigen Weinstube triumphiert die bodenständige Küche, vor allem regionale Klassiker kommen hier auf die Teller.

Tanzstraße 9
+49 6323 2404
altesrathaus-sanktmartin.eatbu.com
gemütlich • Gastgarten • Vinothek

Essen:	**42**	50
Service:	**18**	20
Weinkarte:	**17**	20
Ambiente:	**8**	10
Gesamt:	85	100

Kirchstübel | 67487 St. Martin

Traditionell, zuweilen pfälzisch oder international. Sonja Kubinyi serviert nach Omas Rezepten oder lässt sich inspirieren – auch mal vegetarisch/vegan. Selbst gebackenes Brot. Keine Reservierungen.

Kirchstraße 9
+49 6323 949131
kirchstuebel.de
Gasthaus • deutsche Küche • urig • regionale Produkte

Essen:	**42**	50
Service:	**17**	20
Weinkarte:	**18**	20
Ambiente:	**7**	10
Gesamt:	84	100

Weinhäusel

67487 St. Martin

Landhausküche modern interpretiert, das ist das Motto von Katharina Häbel. Im gepflegten Ambiente werden zum Pfälzer Wein »mediterraner Saumagen«, Pasta mit Trüffelsauce und Blutwurst serviert.

Hornbrücke 2
+49 157 54144621
weinhaeusel.net
Gasthaus • gehoben • entspannt

Essen:	43 | 50
Service:	18 | 20
Weinkarte:	17 | 20
Ambiente:	7 | 10
Gesamt:	85 | 100

mundart

55291 Saulheim

Vor den Toren der Landeshauptstadt Mainz verschmelzen deutsche und mediterran-französische Einflüsse in gemütlicher Landhausatmosphäre zu kreativen Gerichten. Viele regionale Weine. Netter Service.

Weedengasse 8
+49 6732 9322966
mundart-restaurant.de
Gasthaus • französisch • mediterran • entspannt

Essen:	43 | 50
Service:	18 | 20
Weinkarte:	17 | 20
Ambiente:	8 | 10
Gesamt:	86 | 100

Möllers

67105 Schifferstadt

Regionale Produkte und die Übersetzung internationaler Gerichte hat sich Küchenchef Tobias Zürn auf die Fahnen geschrieben. Wer Lust auf mehr hat, bestellt »Landlustmenü« oder »Minimalismus de luxe«.

Burgstraße 12–14
+49 6235 9310
salischer-hof.de
Gasthaus • Allrounder • Steak • gemütlich

Essen:	43 | 50
Service:	18 | 20
Weinkarte:	17 | 20
Ambiente:	8 | 10
Gesamt:	86 | 100

Engel

55270 Schwabenheim

Im denkmalgeschützten Ambiente sitzt es sich gemütlich, im Sommer lockt der schöne Innenhof. Aus der Küche kommen rustikale Klassiker, die zum rheinhessischen »Schoppe« gereicht werden. Eigenes Weingut.

Marktplatz 8
+49 6130 929394
immerheiser-wein.de
deutsche Küche • regionale Produkte • Gastgarten

Essen:	43 | 50
Service:	19 | 20
Weinkarte:	18 | 20
Ambiente:	8 | 10
Gesamt:	88 | 100

Kaupers Kapellenhof

55278 Selzen

Gastgeberin Nora Breyer sprüht vor Kreativität. Gleiches gilt für ihren Gastraum im einstigen Speicher vor den Toren der Landeshauptstadt. Serviert wird Sterneküche, stets kunstvoll und aromatisch. Tolles Käsebrett.

Kirschgartenstraße 13
+49 6737 8325
kaupers-kapellenhof.de
Fine Dining • Dachterrasse • unkonventionell

Essen:	46 | 50
Service:	19 | 20
Weinkarte:	18 | 20
Ambiente:	9 | 10
Gesamt:	92 | 100

Clyne

67346 Speyer

Das kleine Restaurant inmitten von Speyer bietet drei Menüs, deren Gänge variierbar sind, von Küchenchef Falk Lindhammer fein abgeschmeckt. Weinempfehlungen von Bärbel Rabeler-Lindhammer. Familiär.

Große Greifengasse 5	Essen: **43** | 50
+49 6232 1008285	Service: **17** | 20
restaurant-clyne.de	Weinkarte: **16** | 20
mediterran • deutsche Küche • regionale Produkte	Ambiente: **8** | 10
	Gesamt: 84 | 100

Domhof

67346 Speyer

Im Schatten des Doms und damit in direkter Nachbarschaft zum Wahrzeichen lässt man sich Hausgebrautes zu Wirtshausküche schmecken. Es geht durchaus deftig zu. Die Tageskarte kann auch vegetarisch und vegan.

Große Himmelsgasse 6	Essen: **42** | 50
+49 6232 67440	Service: **18** | 20
domhof.de	Weinkarte: **16** | 20
deutsche Küche • Biervielfalt • Gastgarten	Ambiente: **8** | 10
	Gesamt: 84 | 100

Belle Epoque

56841 Traben-Trarbach

Das Ambiente macht dem Namen alle Ehre, hinzu kommt der schöne Blick auf die Mosel. Fusion heimischer Zutaten und französischer Einflüsse. Dazu viele »Heimatgewächse« und Internationales fürs Glas.

An der Mosel 11	Essen: **43** | 50
+49 6541 7030	Service: **17** | 20
bellevue-hotel.de	Weinkarte: **17** | 20
Hotelrestaurant • romantisch • Essen mit Aussicht	Ambiente: **8** | 10
P	Gesamt: 85 | 100

Puricelli

55413 Trechtingshausen

Das romantische Refugium ist ein beliebtes Ausflugsziel. Längst hat sich auch die Burggastronomie ihre Sporen verdient, die Küche bietet feine, bodenständige Gerichte aus regionalen Produkten.

Burgweg 24	Essen: **43** | 50
+49 6721 6117	Service: **17** | 20
burg-reichenstein.com	Weinkarte: **17** | 20
historischer Ort • regionale Produkte • Essen mit Aussicht	Ambiente: **8** | 10
P	Gesamt: 85 | 100

Petry

56253 Treis-Karden

Mit herzhaften Genüssen wie Wildschweinbratwurst, gebratener Blutwurst, Rumpsteak und Forelle Müllerin lockt das gemütliche Restaurant im Schloß-Hotel Petry. Dazu vegetarische und vegane Gerichte.

Sankt-Castor-Straße 80	Essen: **43** | 50
+49 2672 9340	Service: **18** | 20
schloss-hotel-petry.de	Weinkarte: **18** | 20
Hotelrestaurant • Allrounder • gemütlich • klassisch	Ambiente: **8** | 10
P	Gesamt: 87 | 100

Bagatelle

54292 Trier

Fine Dining mit regionalen Produkten und Spezialitäten aus aller Welt. Chef Gerald Schöberl spannt einen kreativen Bogen und verwöhnt seine Gäste mit einem detailreichen Menü in bis zu sieben Gängen.

Zurlaubener Ufer 78
+49 651 43697380
bagatelle.de
Fine Dining • regionale Produkte • modern

Essen:	**46** | 50
Service:	**18** | 20
Weinkarte:	**18** | 20
Ambiente:	**8** | 10
Gesamt:	90 | 100

Beckers Gourmet

54295 Trier

Das Produkt steht im Fokus, wenn Wolfgang Becker sein Menü kreiert. In bis zu sieben Gängen überzeugen Frische, Kreativität und Genussvergnügen in puristischem Ambiente. Plus: Chef's Table und Kochkurse.

Olewiger Straße 206
+49 651 938080
beckers-trier.de
Fine Dining • elegant • eigener Weinbau

Essen:	**45** | 50
Service:	**18** | 20
Weinkarte:	**18** | 20
Ambiente:	**8** | 10
Gesamt:	89 | 100

Beckers Weinhaus

54295 Trier

Gemütliche Atmosphäre im holzvertäfelten Gastraum nebst Gewölbekeller: Gekocht wird zeitgemäß interpretierte Landhausküche. Die Weinkarte listet hauseigene Gewächse. Mittags: Quick- und Businesslunch.

Olewiger Straße 206
+49 651 938080
beckers-trier.de
Casual Dining • eigener Weinbau • gemütlich

Essen:	**44** | 50
Service:	**18** | 20
Weinkarte:	**18** | 20
Ambiente:	**8** | 10
Gesamt:	88 | 100

Friedrich-Wilhelm

54290 Trier

Küchenchef Ali Boussi hat sich der regionalen Küche verschrieben, gibt aber seinen Gerichten stets einen mediterranen Touch mit. Das Restaurant hat Flair, die Weinkarte ist gut sortiert.

Weberbach 75
+49 651 9947480
weinwirtschaft-fw.de
deutsche Küche • mediterran • regionale Produkte

Essen:	**42** | 50
Service:	**17** | 20
Weinkarte:	**17** | 20
Ambiente:	**8** | 10
Gesamt:	84 | 100

Schlemmereule

54290 Trier

Inspiriert von französischen und nordischen Einflüssen, wird in dem schicken Restaurant eine exquisit zubereitete Gourmetküche angeboten. Spezialität des Hauses ist die Bouillabaisse à la Chef.

Domfreihof 1b
+49 651 73616
schlemmereule.com
Casual Dining • internationale Küche • Terrasse

Essen:	**43** | 50
Service:	**18** | 20
Weinkarte:	**17** | 20
Ambiente:	**8** | 10
Gesamt:	86 | 100

Schloss Monaise

54294 Trier

Ob im Restaurant oder auf der Sommerterrasse: Hubert Scheid hat das richtige Händchen für eine ausgewogene bodenständig-kreative Küche, die er immer gekonnt mit einem mediterranen Touch verfeinert.

Schloss Monaise 7
+49 651 828670
schloss-monaise.de
Fine Dining • französisch • im Schloss • elegant

Essen:	**44** | 50
Service:	**18** | 20
Weinkarte:	**18** | 20
Ambiente:	**9** | 10
Gesamt:	89 | 100

Villa Hügel

54295 Trier

Rundum wohlfühlen ist in dem gastlichen Haus das zentrale Thema. Die Küche setzt dabei auf leichte Kost aus besten Produkten und Zutaten, unkompliziert und nachhaltig geschmackvoll.

Bernhardstraße 14
+49 651 937100
hotel-villa-huegel.de
Fine Dining • Fisch • Essen mit Aussicht

Essen:	**43** | 50
Service:	**18** | 20
Weinkarte:	**17** | 20
Ambiente:	**8** | 10
Gesamt:	86 | 100

Weinhaus

54290 Trier

Eine Institution: Im Weinhaus gibt's Klassiker und internationale Kleinigkeiten, dazu Saisonkarte. Getrunken werden Weine von Rang und Namen – zu Preisen wie beim Erzeuger, plus kleinem Korkgeld-Aufschlag.

Brückenstraße 7
+49 651 1704924
weinhaus-trier.de
deutsche Küche • traditionell • klassisch • gemütlich

Essen:	**42** | 50
Service:	**18** | 20
Weinkarte:	**18** | 20
Ambiente:	**8** | 10
Gesamt:	86 | 100

Wilder Kaiser

54294 Trier

Das behagliche Ambiente ist die ideale Kulisse für herzhafte Klassiker wie Tatar vom Räucherlachs, Maultaschen vom Kalb, Rinderroulade und natürlich der original ungarischen Gulaschsuppe.

Eurener Straße 171
+49 651 82400
eurener-hof.de
Hotelrestaurant • Allrounder • Steak • klassisch

Essen:	**43** | 50
Service:	**19** | 20
Weinkarte:	**17** | 20
Ambiente:	**8** | 10
Gesamt:	87 | 100

Traube

56179 Vallendar

Traditionsgerichte, modern interpretiert, gehen Hand in Hand mit saisonal-mediterraner Küche. Stefan Schleier nimmt seine Gäste gern mit auf kulinarische Entdeckungsreise. Umfangreiche Weinkarte.

Rathausplatz 12
+49 261 61162
dietraube-vallendar.de
Gasthaus • regionale Produkte • gemütlich

Essen:	**43** | 50
Service:	**18** | 20
Weinkarte:	**17** | 20
Ambiente:	**8** | 10
Gesamt:	86 | 100

Rittersturz

54472 Veldenz

Das geschmackvolle Interieur des Restaurants passt zu den fantasievollen Kreationen der ambitionierten Küche. Alles wirkt harmonisch abgestimmt. Hochgenuss und Gaumenfreuden vom Feinsten.

Veldenzer Hammer 1a
+49 6534 18292
rendezvousmitgenuss.de
Gasthaus • regionale Produkte • gemütlich • elegant

Essen:	**44** | 50
Service:	**18** | 20
Weinkarte:	**17** | 20
Ambiente:	**8** | 10
Gesamt:	87 | 100

Bauer's Stuben

67482 Venningen

Viel Regional-Bodenständiges hat Familie Bauer auf der Speisekarte stehen. Der Gastraum ist romantisch dekoriert, nett sitzt man auch im urigen Gewölbekeller. Freundlicher, aufmerksamer Service.

Altdorfer Straße 3
+49 6323 2734
gutshof-bauer.de
deutsche Küche • urig • eigener Weinbau

Essen:	**42** | 50
Service:	**17** | 20
Weinkarte:	**16** | 20
Ambiente:	**8** | 10
Gesamt:	83 | 100

Intense

67157 Wachenheim

Handwerk im besten Sinne: Die Gäste dürfen zuschauen, wenn Benjamin Peifer für sie kocht. Viele kleine und mittelgroße Gänge prägen sein Menü. Vieles ist selbst hergestellt, auch Schinken oder Sojasauce.

Weinstraße 31
+49 6322 6004994
restaurant-inten.se
Fine Dining • entspannt • modern

Essen:	**48** | 50
Service:	**19** | 20
Weinkarte:	**19** | 20
Ambiente:	**9** | 10
Gesamt:	95 | 100

Scheid's 54332 Wasserliesch

Eine zeitgemäß interpretierte Landküche finden die Gäste an der Obermosel. Hier wird nur aus besten Produkten gekocht, die Kaninchen-Ravioli und das Cordon bleu gehören zu den Spezialitäten des Hauses.

Reinigerstraße 48
+49 6501 9209792
scheids-wasserliesch.de
Hotelrestaurant • deutsche Küche • regionale Produkte

Essen:	**43**	50
Service:	**18**	20
Weinkarte:	**17**	20
Ambiente:	**8**	10
Gesamt:	86	100

Admiral 67273 Weisenheim am Berg

Im gemütlichen Gastraum des hübschen Hauses serviert Holger Stehr vier- bis siebengängige Menüs, gespickt mit fernöstlichen Einflüssen. Sommelière Martina Kraemer-Stehr verwöhnt mit aufmerksamem Service.

Leistadter Straße 6
+49 6353 4175
admiral-weisenheim.de
mediterran • kreativ • gemütlich • entspannt

Essen:	**46**	50
Service:	**19**	20
Weinkarte:	**18**	20
Ambiente:	**8**	10
Gesamt:	91	100

Gut Leben – Schlösschen 67593 Westhofen

In der stattlichen Villa präsentiert die ambitionierte Küche einen ganzen Reigen an feinen, bodenständigen Gerichten, raffiniert zubereitet aus besten Produkten. Dazu: gute Auswahl an Weinen.

Mainzer Straße 8–10
+49 6244 9198660
am-morstein.de
gehoben • im Grünen • elegant

Essen:	**43**	50
Service:	**18**	20
Weinkarte:	**17**	20
Ambiente:	**8**	10
Gesamt:	86	100

Klein's Fronhof 56333 Winningen

Grundsolide wird gekocht im ältesten Haus am Platze. Weitere, saisonale Gerichte finden sich auf der Tageskarte. Michael Klein steht hinter dem Herd, Ehefrau Stefanie serviert Weine heimischer Winzer.

Fronstraße 2
+49 2606 435
fronhof-stuben.de
Gasthaus • deutsche Küche • gemütlich

Essen:	**42**	50
Service:	**18**	20
Weinkarte:	**17**	20
Ambiente:	**8**	10
Gesamt:	85	100

Ambiente 67547 Worms

Eine ehemalige Baptistenkirche bildet den Rahmen für Klassiker der italienischen Küche, die Mario D'Errico und Team gekonnt in Szene setzen. Mittags wählt man entspannt zwischen Menü oder Hauptgang.

Weckerlingplatz 6
+49 6241 3049888
ambiente-worms.com
italienisch • traditionell • gemütlich

Essen:	**42**	50
Service:	**17**	20
Weinkarte:	**17**	20
Ambiente:	**8**	10
Gesamt:	84	100

Kollektur

67308 Zellertal

Ein barockes Gebäude im pfälzischen Zellertal punktet mit moderner deutscher Küche. Dafür reist Chef Daniel Hinz selbst zu den Produzenten. Die Weinkarte bietet viel Heimisches, manches glasweise.

Zeller Hauptstraße 19
+49 6355 954540
kollektur.de
deutsche Küche • modern • gemütlich

Essen:	**44**	50
Service:	**18**	20
Weinkarte:	**17**	20
Ambiente:	**8**	10
Gesamt:	87	100

Saxler's Restaurant

54492 Zeltingen

Kulinarischer Genuss mit Sonntagsfeeling. Im schicken Ambiente bietet Küchenchef Hermann Saxler seine abwechslungsreichen und geschmackvollen Kreationen mit feinem französischem Touch.

Uferallee 9
+49 6532 680
hotel-stephanus.de
Hotelrestaurant • Allrounder • klassisch

Essen:	**44**	50
Service:	**18**	20
Weinkarte:	**18**	20
Ambiente:	**8**	10
Gesamt:	88	100

Zeltinger Hof

54492 Zeltingen

Markus Reis ist in Sachen Kulinarik ein Tausendsassa. Sein gemütliches Restaurant bietet denn auch eine große Auswahl an attraktiven Gerichten, immer zubereitet aus besten regionalen Produkten.

Kurfürstenstraße 76
+49 6532 93820
zeltinger-hof.de
Hotelrestaurant • deutsche Küche • Wild

Essen:	**43**	50
Service:	**18**	20
Weinkarte:	**18**	20
Ambiente:	**8**	10
Gesamt:	87	100

Zornheimer Weinstuben

55270 Zornheim

Ein bisschen mediterran, ein wenig rheinhessisch. Die Mischung macht's! Die Küche, die im historischen Küsterhaus und auf der lauschigen Terrasse genossen werden kann, ist abwechslungsreich, nachhaltig und einfach gut!

Röhrbrunnenplatz 1
+49 6136 45616
zornheimer-weinstuben.de
Gasthaus • deutsche Küche • charmant • urig

Essen:	**42**	50
Service:	**17**	20
Weinkarte:	**17**	20
Ambiente:	**8**	10
Gesamt:	84	100

ESSlibris

66482 Zweibrücken

Die Ausrichtung der Küche ist mediterran, das Ambiente freundlich. Zutaten aus der Region spicken die Speisekarte. Jürgen Süs achtet penibel auf hochwertige Produkte und kreiert seine Gerichte mit viel Leidenschaft.

Fasanerie 1
+49 6332 9730
landschloss-fasanerie.de
mediterran • regionale Produkte • klassisch

Essen:	**44**	50
Service:	**18**	20
Weinkarte:	**17**	20
Ambiente:	**8**	10
Gesamt:	87	100

SAARLAND

Hämmerle's Chef's Table

66440 Blieskastel

Wenn Küchenchef Cliff Hämmerle zu Tisch bittet, kommen immer erstklassige und einfallsreiche Gerichte auf den Teller. Gourmetgenüsse vom Feinsten, dazu werden die passenden Weine ausgeschenkt.

Bliestalstraße 110a
+49 6842 52142
haemmerles.de
französisch • elegant • entspannt

Essen:	**46**	50
Service:	**18**	20
Weinkarte:	**18**	20
Ambiente:	**8**	10
Gesamt:	90	100

Hämmerle's Landgenuss

66440 Blieskastel

Im freundlichen Landhausflair serviert Familie Hämmerle ihre regionalen Klassiker, immer gekonnt verfeinert mit einem mediterranen Touch. Eine Küche zum Verlieben, einfach und gut.

Bliestalstraße 110a
+49 6842 52142
haemmerles.de
Gasthaus • mediterran • regionale Produkte

Essen:	**44**	50
Service:	**17**	20
Weinkarte:	**18**	20
Ambiente:	**8**	10
Gesamt:	87	100

Schlossberg

66424 Homburg

Basierend auf der französischen Küche, bietet Chefkoch Mirko Bunk abwechslungsreiche Gerichte an, die er mit Raffinesse zubereitet. Das Menü des Monats gibt es in drei oder vier Gängen.

Schlossberg-Höhen-Straße 1
+49 6841 6660
schlossberghotelhomburg.de
Hotelrestaurant • Essen mit Aussicht • französisch

Essen:	44	50
Service:	18	20
Weinkarte:	18	20
Ambiente:	8	10
Gesamt:	88	100

Locanda Grappolo d'oro

66822 Lebach

Gastlichkeit wird hier unkompliziert gelebt, die Gäste schätzen die familiäre Atmosphäre des schicken Restaurants. Die Küche kocht italienisch mit mediterranem Einschlag, alles vom Feinsten.

Mottener Straße 94
+49 6881 3339

Casual Dining • italienisch • gemütlich

Essen:	43	50
Service:	18	20
Weinkarte:	16	20
Ambiente:	8	10
Gesamt:	85	100

Gräfinthaler-Hof

66399 Mandelbachtal

Familie Künzer ist Gastgeberin aus Leidenschaft. Die vielen Gäste schätzen vor allem die herzhaft-bodenständige Küche des historischen Gasthauses, bestens zubereitet aus heimischen Produkten.

Gräfinthal 6
+49 6804 91100
graefinthaler-hof.de
regionale Produkte • klassisch • gemütlich

Essen:	43	50
Service:	17	20
Weinkarte:	16	20
Ambiente:	8	10
Gesamt:	84	100

Buchnas Dorfküche 66693 Mettlach

Inmitten einer entspannten, freundlichen Atmosphäre wird bodenständig aufgetischt. Neben typisch saarländischen Gerichten bekommen die Gäste auch leckere vegane Speisen serviert.

Cloefstraße 44	Essen: **43** | 50
+49 6865 1790	Service: **17** | 20
hotel-saarschleife.de	Weinkarte: **17** | 20
Hotelrestaurant • regionale Produkte • nachhaltig	Ambiente: **8** | 10
P	Gesamt: 85 | 100

Paulus 66620 Nonnweiler

Für die vielen Fans längst eine Kultstätte, ist der Landgasthof von Thomas Nickels und Sigrune Essenpreis seit Jahren ein Hort des guten Geschmacks. Hausgemacht wird hier großgeschrieben.

Prälat-Faber-Straße 2–4	Essen: **43** | 50
+49 6873 91011	Service: **17** | 20
landgasthof-paulus.de	Weinkarte: **17** | 20
saisonal • regional • nachhaltig • bio	Ambiente: **8** | 10
P	Gesamt: 85 | 100

Victor's Fine Dining by Christian Bau 66706 Perl

Christian Bau hat mit seiner Küche nicht nur Akzente, sondern auch neue Maßstäbe gesetzt. Die Basis bildet die französische Hochküche, die Bau perfekt mit den Aromen der asiatischen Welt ergänzt.

Schloßstraße 27	Essen: **50** | 50
+49 6866 79118	Service: **20** | 20
victors-fine-dining.de	Weinkarte: **20** | 20
Fine Dining • französisch • japanisch • saisonal	Ambiente: **9** | 10
P	Gesamt: 99 | 100

Niedmühle

66780 Rehlingen-Siersburg

Ein liebenswerter Ort mit ausgeprägtem Wohlfühlcharakter. Dafür sorgt im Restaurant auch die ambitionierte Küche mit ihren fein gemachten Speisen, zubereitet aus besten Produkten und mit Pfiff.

Niedtalstraße 13–14
+49 6835 67450
restaurant-niedmuehle.com
Gasthaus • französisch • Gastgarten • elegant

Essen:	**43** | 50
Service:	**18** | 20
Weinkarte:	**17** | 20
Ambiente:	**8** | 10
Gesamt:	86 | 100

Albrechts Casino am Staden

66121 Saarbrücken

Eine zeitgenössische Küche mit mediterranem Einschlag, dazu regionale Klassiker vom Feinsten. Das ansprechend-schicke Restaurant verwöhnt seine Gäste mit einer abwechslungsreichen Küche.

Bismarckstraße 47
+49 681 62364
albrechts-casino.de
französisch • regional • modern • entspannt

Essen:	**43** | 50
Service:	**17** | 20
Weinkarte:	**16** | 20
Ambiente:	**8** | 10
Gesamt:	84 | 100

Esplanade

66111 Saarbrücken

Eleganz ist hier Trumpf, die raffiniert zubereitete Küche passt perfekt zum puristisch-schicken Interieur des ausgezeichneten Gourmetrestaurants. Großes Geschmackskino, dazu perfekte Weinauswahl.

Nauwieserstraße 5
+49 681 84499125
esplanade-sb.de
Fine Dining • französisch • regional • elegant

Essen:	**48** | 50
Service:	**19** | 20
Weinkarte:	**20** | 20
Ambiente:	**9** | 10
Gesamt:	96 | 100

Gästehaus Klaus Erfort
66121 Saarbrücken

Klaus Erfort begeistert immer wieder mit ausgereiften Gourmetkreationen, die in puristisch-schickem Ambiente zelebriert werden. Die Weinkarte ist erstklassig sortiert und lässt keine Wünsche offen.

Mainzer Straße 95
+49 681 9582682
gaestehaus-erfort.de
Fine Dining • französisch • elegant • entspannt

Essen:	**47** | 50
Service:	**19** | 20
Weinkarte:	**19** | 20
Ambiente:	**9** | 10
Gesamt:	94 | 100

Le Comptoir
66111 Saarbrücken

Seinen Gäste bietet Jens Jakob in seinem stimmungsvollen Restaurant nur ein Menü an, aber das steckt voller geschmacklicher Highlights. Nach Voranmeldung gibt es auch eine vegetarische Variante.

Försterstraße 15
+49 681 83907886
lecomptoir-saarbruecken.de
Allrounder • französisch • entspannt

Essen:	**43** | 50
Service:	**17** | 20
Weinkarte:	**17** | 20
Ambiente:	**9** | 10
Gesamt:	86 | 100

Le petit CINQ
66111 Saarbrücken

Das zweite Restaurant im schicken Boutiquehotel überzeugt nicht nur mit seinem eleganten Ambiente, auch die Küche hat Klasse und präsentiert schmackhafte Klassiker mit lässig-sinnlicher Aromatik.

Nauwieserstraße 5
+49 681 84499120
esplanade-sb.de
Hotelrestaurant • regionale Produkte • saisonal

Essen:	**44** | 50
Service:	**18** | 20
Weinkarte:	**18** | 20
Ambiente:	**8** | 10
Gesamt:	88 | 100

Le Schloss Halberg
66121 Saarbrücken

Spezialität des Restaurants ist das am Tisch zubereitete Tatar vom Rinderfilet. Daneben steht eine ganze Reihe an internationalen Klassikern auf der Karte, etwa Entenstopfleber und hausgeräucherter Lachs.

Franz-Mai-Straße 1
+49 681 63181
le-schloss-halberg.de
im Schloss • klassisch • französisch

Essen:	**42** | 50
Service:	**18** | 20
Weinkarte:	**17** | 20
Ambiente:	**7** | 10
Gesamt:	84 | 100

Quacks Restaurant

66117 Saarbrücken

Die schicke Jugendstil-Villa ist die ideale Bühne für eine facettenreiche, französisch inspirierte Kulinarik, die von der Entenstopfleber über Bresse-Poularde bis zum Ragout vom Elsässer Reh reicht.

Gersweilerstraße 43A
+49 681 52153
restaurant-quack.de
mediterran • saisonal • elegant

Essen:	**42** I 50
Service:	**17** I 20
Weinkarte:	**17** I 20
Ambiente:	**8** I 10
Gesamt:	84 I 100

Schlachthof Brasserie

66121 Saarbrücken

Im rustikalen Brasserieambiente wird fast ausschließlich der Fleischlust gefrönt. Die ausgesuchten Fleischspezialitäten werden auf dem 800 Grad heißen Grill zubereitet und mit Pommes serviert.

Straße des 13. Januar 35
+49 681 6853332
schlachthof-brasserie.de
Steak • gemütlich • entspannt

Essen:	**43** I 50
Service:	**17** I 20
Weinkarte:	**16** I 20
Ambiente:	**8** I 10
Gesamt:	84 I 100

Schlossgarten

66119 Saarbrücken

Mit Ernst Halbritter kocht ein Meister seines Fachs in dem elegant ausstaffierten Restaurant. Von der französischen Küche inspiriert, bietet die Speisekarte fein gemachte Gerichte mit Gourmettouch.

Spichererbergstraße 11
+49 681 51985
restaurant-schlossgarten-saarbruecken.de
französisch • regionale Produkte • entspannt

Essen:	**43** I 50
Service:	**17** I 20
Weinkarte:	**17** I 20
Ambiente:	**8** I 10
Gesamt:	85 I 100

Foto: Günter Standl (www.guenterstandl.de)

Louis

66740 Saarlouis

Das schicke, elegant durchgestylte Interieur ist die perfekte Kulisse für die Küche von Sebastian Sandor, der mit durchdachten Gourmetkreationen durch die facettenreiche Welt der Aromen führt.

Prälat-Subtil-Ring 22
+49 6831 89440440
lamaison-hotel.de
Fine Dining • elegant • entspannt

Essen:	**48** I 50
Service:	**20** I 20
Weinkarte:	**19** I 20
Ambiente:	**10** I 10
Gesamt:	97 I 100

ATAMA by Martin Stopp

66386 St. Ingbert

Einfach großartig, wie Martin Stopp und sein Team mit Können und viel Fingerspitzengefühl kulinarische Klassiker in höchste, zeitgemäße Genussebenen katapultieren. Ein Restaurant der Extraklasse.

Ensheimer Straße 20
+49 6894 705840
atama.de
Fine Dining • modern • elegant

Essen:	48	50
Service:	19	20
Weinkarte:	19	20
Ambiente:	9	10
Gesamt:	95	100

Die alte Brauerei

66386 St. Ingbert

Hier treffen sich Tradition und Moderne. Florian Dauphin ist ein Meister der französischen Küche, seine abwechslungsreichen Gourmetgerichte sind bodenständig und gleichzeitig raffiniert zubereitet.

Kaiserstraße 101
+49 6894 92860
diealtebrauerei.com
französisch • mediterran • gemütlich

P

Essen:	44	50
Service:	18	20
Weinkarte:	16	20
Ambiente:	8	10
Gesamt:	86	100

midi

66386 St. Ingbert

Peter Wirbel ist ein talentierter Koch und wirbelt im besten Sinne des Wortes durch die Kulinarikwelt. Seine geradlinigen Kreationen stecken voller Geschmack und aromatischer Nachhaltigkeit.

Ernst-Heckel-Straße 4
+49 6894 9299423
midi-restaurant.de
Fine Dining • regionale Produkte • modern

Essen:	45	50
Service:	19	20
Weinkarte:	18	20
Ambiente:	8	10
Gesamt:	90	100

Kunz Gourmet

66606 St. Wendel-Bliesen

Altmeister Alexander Kunz hält seit vielen Jahren Kurs auf Gourmet. Seine Küche ist entsprechend raffiniert, ohne jedoch die regionalen Wurzeln und das saisonale Angebot zu vernachlässigen.

Kirchstraße 22
+49 6854 8145
restaurant-kunz.de
Fine Dining • französisch • international

P

Essen:	45	50
Service:	19	20
Weinkarte:	18	20
Ambiente:	8	10
Gesamt:	90	100

DIE BESTEN RESTAURANTS & GASTHÄUSER

BADEN-WÜRTTEMBERG
BAYERN

SÜDEN

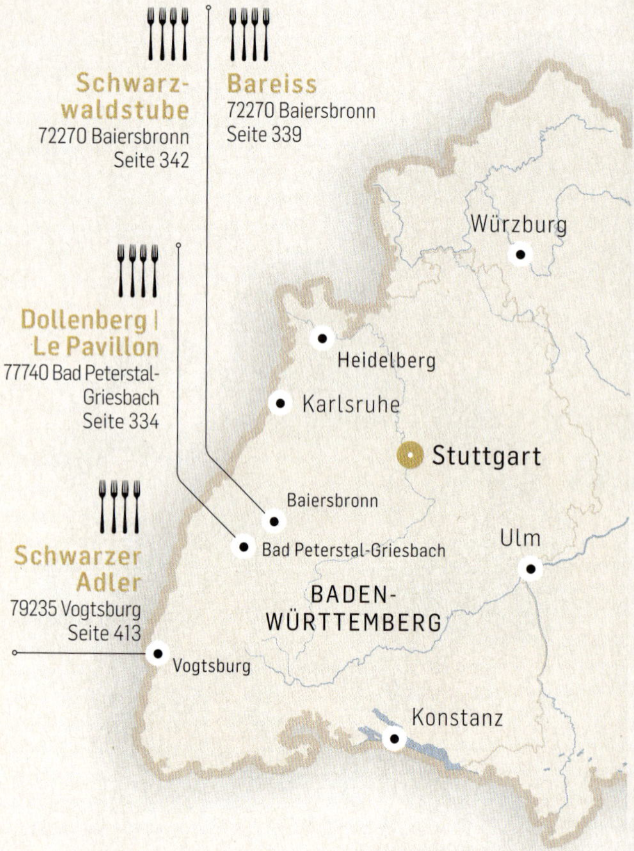

SÜDEN

TOPLOKALE IM ÜBERBLICK

AURA
95339 Wirsberg
Seite 521

Essigbrätlein
90403 Nürnberg
Seite 489

es:senz
83224 Grassau
Seite 446

Tohru
80331 München
Seite 483

Jan
80333 München
Seite 471

Tantris
80805 München
Seite 482

BADEN-WÜRTTEMBERG

Alte Linde

73432 Aalen

Ein Gasthausambiente zum Wohlfühlen. Aus der Küche kommen gutbürgerliche und internationale Gerichte, von klassischen Käsespätzle über Backhendl bis zum erstklassigen Cordon bleu mit Hausfritten.

Albstraße 121
+49 7367 2001
hotel-altelinde.de
Gasthaus • deutsche Küche • Gastgarten

Essen:	**42** I 50
Service:	**18** I 20
Weinkarte:	**17** I 20
Ambiente:	**8** I 10
Gesamt:	85 I 100

Läuterhäusle

73432 Aalen

Ein Kraftort im Grünen mit liebevollem Service und bodenständiger, schwäbischer Genießerküche, die – täglich frisch aus regionalen Produkten zubereitet – in schönster Natur gleich doppelt so gut schmeckt.

Waldhäuser Straße 109
+49 7361 98890
laeuterhaeusle.de
regionale Küche • im Grünen • Gastgarten

Essen:	**43** I 50
Service:	**17** I 20
Weinkarte:	**17** I 20
Ambiente:	**7** I 10
Gesamt:	84 I 100

Wilder Mann

73433 Aalen

Ein guter Ort für eine gute Zeit: drinnen oder draußen, zu zweit oder mit der Familie, Sanddorn-Spritz oder Sauvignon blanc, schwäbischer Zwiebelrostbraten oder Seeteufel in Thai-Curry-Sud an Basmatireis.

Karlstraße 4
+49 7361 71366
wildermann-aalen.de
Hotelrestaurant • deutsche Küche • Gastgarten

Essen:	**42** I 50
Service:	**18** I 20
Weinkarte:	**18** I 20
Ambiente:	**8** I 10
Gesamt:	86 I 100

1839 Malerhaus

77855 Achern

Im stilvoll renovierten Kirchenmalerhaus übersetzt Roland Hettig regionale Produkte in eine badisch-französisch-mediterrane Jahreszeitenküche: schlicht, schmackhaft, kompromisslos qualitätsorientiert.

Hauptstraße 104
+49 7841 6668870
restaurant-malerhaus.de
Bistro • französisch • gemütlich

Essen:	**42** I 50
Service:	**18** I 20
Weinkarte:	**17** I 20
Ambiente:	**8** I 10
Gesamt:	85 I 100

Rössle

72275 Alpirsbach

Wein hin, Wein her, hier trinkt man mindestens ein frisch gezapftes, regionales Alpirsbacher Klosterbräu – das Bier rockt! Dazu locken regionale, mediterran oder asiatisch angehauchte Schmankerln.

Aischbachstraße 5
+49 7444 956040
roessle-alpirsbach.de
Familienbetrieb • deutsche Küche • mediterran • klassisch

Essen:	**42**	50
Service:	**17**	20
Weinkarte:	**17**	20
Ambiente:	**8**	10
Gesamt:	84	100

Löwen

88699 Altheim

Das Gasthaus mit 400-jähriger Tradition lädt in idyllischer Lage zum Verweilen und Speisen ein. Die Familie Pfaff bringt die moderne, heimatverbundene Regionalküche mit großer Herzlichkeit zum Tisch.

Hauptstraße 41
+49 7554 8631
loewen-altheim.de
Gasthaus • Familienbetrieb • regionale Produkte

Essen:	**44**	50
Service:	**18**	20
Weinkarte:	**17**	20
Ambiente:	**8**	10
Gesamt:	87	100

Stubersheimer Hof

73340 Amstetten

Immer wieder sonntags und abends während der Woche zaubert Küchenmeisterin Martina Laib feine Klassiker, aber auch Besonderes wie Rote-Bete-Schaumsüppchen und Zandertranche mit Krustentierschaum.

Bräunisheimer Straße 1
+49 7331 4429970
stubersheimer-hof.de
Gasthaus • deutsche Küche • gemütlich

Essen:	**42**	50
Service:	**18**	20
Weinkarte:	**17**	20
Ambiente:	**7**	10
Gesamt:	84	100

Foto: www.philip-mayer.de

Schattbuch

88279 Amtzell

Küchenchef Caio Benati bietet täglich wechselnde Mittagsmenüs, à la carte und Tasting-Menüs – mit Gerichten wie Pilz-Consommé mit exotischen Pilzen, Wakame und Zitronengras oder Reh mit Topinambur.

Schattbucher Straße 10
+49 7520 953788
schattbuch.de
Fine Dining • Terrasse • romantisch

Essen:	**46**	50
Service:	**18**	20
Weinkarte:	**18**	20
Ambiente:	**8**	10
Gesamt:	90	100

Lamm 71546 Aspach

Das Ehepaar Friz serviert gehobene, kreative Küche und außerdem Gerichte zum Teilen. Auf der Speisekarte stehen gebratene Nordsee-Seezunge und sonntags Schmorbraten mit hausgemachten Spätzle.

Hauptstraße 23
+49 7191 20271
lamm-aspach.de
regionale Produkte • gehoben • elegant

Essen:	43 | 50
Service:	18 | 20
Weinkarte:	17 | 20
Ambiente:	8 | 10
Gesamt:	86 | 100

Aguila 71679 Asperg

Klassiker der Tapas-Küche wie Croquetas oder Tortilla kommen im Aguila auf den Tisch. Eine deutsch-spanische Fusion findet bei Rinderroulade mit Mandel-, Oliven- und Paprikafüllung ihren kulinarischen Ausdruck.

Stuttgarter Straße 2
+49 7141 26600
adler-asperg.de
Allrounder • spanisch • deutsche Küche • Terrasse

Essen:	42 | 50
Service:	17 | 20
Weinkarte:	17 | 20
Ambiente:	8 | 10
Gesamt:	84 | 100

Schwabenstube 71679 Asperg

Gefällige Küche, die auf klassischem Handwerk beruht, aber in drei unterschiedlichen Menüs ihre Ausprägungen erfährt: regional, weltmännisch oder pflanzlich. Probieren: Dry-Aged-Zwiebelrostbraten!

Stuttgarter Straße 2
+49 7141 26600
adler-asperg.de
Hotelrestaurant • Fine Dining • elegant • traditionell

Essen:	46 | 50
Service:	18 | 20
Weinkarte:	18 | 20
Ambiente:	8 | 10
Gesamt:	90 | 100

Berghofstüble 79415 Bad Bellingen

Was in den 70er-Jahren als Vesperstube begann, ist auch nach mehr als 40 Jahren Familienbetrieb ein Ort des Genusses – und wurde um erstklassige Menüs und badische Klassiker erweitert.

Berghofstüble 2A
+49 7635 1293
berghofstueble-bad-bellingen.de
Familienbetrieb • deutsche Küche • Terrasse

Essen:	42 | 50
Service:	18 | 20
Weinkarte:	17 | 20
Ambiente:	8 | 10
Gesamt:	85 | 100

Schwanen 79415 Bad Bellingen

Im Ortskern macht Chefkoch Alexander Fräulin die Gäste mit typisch badischer Küche und raffinierten Ideen glücklich. Er verwöhnt mit geschnetzeltem Kalbfleisch und Filet von der Rotbarbe.

Rheinstraße 50
+49 7635 811811
schwanen-bad-bellingen.de
Gasthaus • Familienbetrieb • klassisch

Essen:	42 | 50
Service:	17 | 20
Weinkarte:	17 | 20
Ambiente:	7 | 10
Gesamt:	83 | 100

Lamm

76332 Bad Herrenalb

In heimeliger Atmosphäre werden im schicken Hotelrestaurant badisch-schwäbische Spezialitäten wie Maultaschen, aber auch Klassiker aus der internationalen Küche wie Wiener Schnitzel aufgetischt.

Mönchstraße 31
+49 7083 92440
lamm-rotensol.de
Hotelrestaurant • Wild • gemütlich

Essen:	**42** | 50
Service:	**18** | 20
Weinkarte:	**17** | 20
Ambiente:	**8** | 10
Gesamt:	85 | 100

Storchen

79189 Bad Krozingen

Ein Familienbetrieb voller Leidenschaft. Beim Produkteinkauf schaut man genau hin, spannend ist auch das superfrische Gemüsemenü. Attraktion: das »Schlachtmenü vom Mangalitza-Wollschwein« im November.

Felix-und-Nabor-Straße 2
+49 7633 5329
storchen-schmidhofen.de
Familienbetrieb • eigener Gemüsegarten • Fisch

Essen:	**46** | 50
Service:	**18** | 20
Weinkarte:	**18** | 20
Ambiente:	**8** | 10
Gesamt:	90 | 100

Hirsch Genusshandwerk

75378 Bad Liebenzell

Die Gerichte von Andreas Sondej sind authentisch und nachhaltig. Alle vier Wochen wechselt die Speisekarte, die auf Obst, Gemüse und Kräuter aus eigenem Anbau setzt, der von Opa Knapp unterstützt wird.

Monbachstraße 47
+49 7052 2367
hirsch-genusshandwerk.de
Familienbetrieb • Casual Dining • regionale Produkte

Essen:	**45** | 50
Service:	**18** | 20
Weinkarte:	**19** | 20
Ambiente:	**8** | 10
Gesamt:	90 | 100

Dollenberg | Kaminstube

77740 Bad Peterstal-Griesbach

In der holzgetäfelten Kaminstube kann man bei gehobener Küche schnell die Zeit vergessen, etwa bei Eismeerlachsforelle mit Erbsenmousseline. Besonderes Schmankerl: das günstige Wochenmenü.

Dollenberg 3
+49 7806 780
dollenberg.de
Familienbetrieb • Hotelrestaurant • elegant

Essen:	**45** | 50
Service:	**19** | 20
Weinkarte:	**18** | 20
Ambiente:	**9** | 10
Gesamt:	91 | 100

Dollenberg | Le Pavillon — 77740 Bad Peterstal-Griesbach

Wer nach klassischem Hochgenuss strebt, ist bei Martin Herrmanns Spitzenküche seit Jahrzehnten an der richtigen Stelle. Die Weinbegleitung von Sommelier Christophe Meyer steht der Küche in nichts nach.

Dollenberg 3
+49 7806 780
dollenberg.de
Hotelrestaurant • französisch • am Berg • elegant

Essen:	**48** | 50
Service:	**20** | 20
Weinkarte:	**20** | 20
Ambiente:	**9** | 10
Gesamt:	97 | 100

Klösterle Hof — 77776 Bad Rippoldsau-Schapbach

In den gemütlichen Gasträumen verwöhnt Chefkoch Markus Klein seine Gäste mit hausgemachter Fischterrine, Goldforelle vom Grill und einer Maispoulardenbrust unter der Parmesankruste.

Klösterleweg 2
+49 7440 215
kloesterlehof.de
Gasthaus • regionale Küche • Wild

Essen:	**44** | 50
Service:	**18** | 20
Weinkarte:	**17** | 20
Ambiente:	**8** | 10
Gesamt:	87 | 100

fine.wine.dine. — 79713 Bad Säckingen

Genussbegeisterte finden in familiärem Ambiente einen Ort zum Genießen. Handwerklich und liebevoll zubereitetes Essen wird von feinen Weinen begleitet – dazu ein Dessert aus Pfirsich und Salzkaramell.

Rheinbrückstraße 27
+49 7761 9983016
finewinedine.de
Allrounder • entspannt • modern

Essen:	**44** | 50
Service:	**18** | 20
Weinkarte:	**18** | 20
Ambiente:	**8** | 10
Gesamt:	88 | 100

Klebers — 88348 Bad Saulgau

Mittags wie abends werden hier regionale und saisonale Gerichte aufgetischt. Ob im Menü oder à la carte: Tradition gepaart mit Modernität schmeckt einfach gut und wird mit einem Glas Wein noch besser.

Poststraße 1
+49 7581 5010
kleberpost.de
Hotelrestaurant • Terrasse • elegant • entspannt

Essen:	**43** | 50
Service:	**18** | 20
Weinkarte:	**17** | 20
Ambiente:	**8** | 10
Gesamt:	86 | 100

Berlins Krone

75385 Bad Teinach-Zavelstein

Franz Berlin weiß mit seinem kurzweiligen, kreativen Degustationsmenü stets zu vereinnahmen, aber auch Signature-Gänge wie Gänseleber mit Kaffee und Marille verführen zur Wiederholungstat. Gute Weine.

Marktplatz 1–3
+49 7053 92940
kronelamm-schwarzwald.de
Hotelrestaurant • klassisch • regionale Produkte

Essen:	46 | 50
Service:	18 | 20
Weinkarte:	18 | 20
Ambiente:	8 | 10
Gesamt:	90 | 100

Kreuz

88339 Bad Waldsee

Das Credo »Regional bedeutet saisonal« beginnt hier in der Küche und endet auf dem Teller. Als eines der ältesten Gasthäuser des Orts bietet das Kreuz schwäbische Küche ebenso wie mediterrane Gerichte.

Gut-Betha-Platz 1
+49 7524 3927
kreuz-gasthof.de
Gasthaus • regionale Küche • Wild

Essen:	43 | 50
Service:	18 | 20
Weinkarte:	17 | 20
Ambiente:	8 | 10
Gesamt:	86 | 100

Scala

88339 Bad Waldsee

Regionale Produkte und das »From nose to tail«-Konzept verbinden sich in wechselnden Wochengerichten und Kreationen wie Jakobsmuschel mit Selleriecreme, Wildkräutern und Apfel-Chutney – dazu ausgewählte Weine.

Wurzacher Straße 55
+49 7524 9787773
scala-bad-waldsee.de
Allrounder • deutsche Küche • Steak • Seeterrasse

Essen:	43 | 50
Service:	18 | 20
Weinkarte:	18 | 20
Ambiente:	8 | 10
Gesamt:	87 | 100

Friedrich

74206 Bad Wimpfen

Die Speisen sind frisch und abwechslungsreich und das Vier-Gänge-Menü wechselt ebenso wie das Fischangebot täglich. Es gibt Köstliches – von Ziegenkäse-Crème-brulée über bretonischen Rochenflügel bis Loup de mer.

Hauptstraße 74
+49 7063 245
friedrich-feyerabend.de
deutsche Küche • Terrasse • traditionell

Essen:	43 | 50
Service:	18 | 20
Weinkarte:	18 | 20
Ambiente:	8 | 10
Gesamt:	87 | 100

All Blue

76530 Baden-Baden

Unter der Leitung von Küchenmeister Tuan gibt es alles aus dem Meer – von Fisch bis Meeresfrüchte. Sehr empfehlenswert ist das Omakase-Essen, bei dem ein individuelles Überraschungsmenü kreiert wird.

Seilerstraße 1
+49 7221 8030244
all-blue-baden-baden.de
Fisch • Meeresfrüchte • entspannt

Essen:	42 | 50
Service:	18 | 20
Weinkarte:	16 | 20
Ambiente:	7 | 10
Gesamt:	83 | 100

Engel

76534 Baden-Baden

Badische Gastlichkeit ist hier Trumpf. Dazu passt die Küche, die herzhafte Gerichte wie lauwarmes Kalbszüngle, hausgemachte Pilzknödel und Duett vom Reh aus dem eigenen Jagdrevier anbietet, perfekt.

Mauerbergstraße 62	Essen: **44** | 50
+49 7223 9912392	Service: **18** | 20
weinstube-zum-engel.de	Weinkarte: **17** | 20
Gasthaus • traditionell • modern • gemütlich	Ambiente: **8** | 10
	Gesamt: 87 | 100

Fritz & Felix

76530 Baden-Baden

»Einmal alles, bitte«, möchte man den Servicekräften im Fritz & Felix gern bei der Bestellung zurufen. Es gibt tolle Steaks und Fische, aber auch raffinierte Gemüsegerichte – kredenzt in mondänem Flair.

Schillerstraße 4/6	Essen: **43** | 50
+49 7221 900999	Service: **18** | 20
fritzxfelix.com	Weinkarte: **18** | 20
Casual Dining • Allrounder • elegant	Ambiente: **9** | 10
	Gesamt: 88 | 100

Geroldsauer Mühle

76534 Baden-Baden

Gute Regionalküche zu allen Tageszeiten, die vor allem auch in den Sommermonaten viele Familien wegen der moderaten Preise und des am Biergarten angeschlossenen Spielplatzes anlockt.

Geroldsauer Straße 54	Essen: **42** | 50
+49 7221 99646830	Service: **17** | 20
wirtshaus-geroldsauermuehle.de	Weinkarte: **16** | 20
Gasthaus • deutsche Küche • Gastgarten • romantisch	Ambiente: **8** | 10
	Gesamt: 83 | 100

Heiligenstein

76534 Baden-Baden

Küchenchef Joachim Peter setzt bewusst auf eine überschaubare Speisekarte und glänzt mit Gerichten wie Pfifferling-Tarte oder Lammrücken mit Rosmarinkruste. Dazu ein Wein aus den über 400 Positionen.

Heiligensteinstraße 19a	Essen: **43** | 50
+49 7223 96140	Service: **18** | 20
hotel-heiligenstein.de	Weinkarte: **18** | 20
Familienbetrieb • Hotelrestaurant • Allrounder • klassisch	Ambiente: **8** | 10
	Gesamt: 87 | 100

Heine's Wine and Dine

76530 Baden-Baden

Schlemmen an den Tischen, snacken an der Weinbar. Hier Roastbeef mit Baumkuchen und Kirsche, dort Croque Monsieur und Dosensardinen. Einfach herrlich, auch in Kombination mit den guten Weinen!

Merkurstraße 3
+49 7221 3979466
heine-wine-dine.com
Casual Dining • regionale Produkte • modern

Essen:	43	50
Service:	18	20
Weinkarte:	18	20
Ambiente:	8	10
Gesamt:	87	100

Klosterschänke

76530 Baden-Baden

Die Karte ist übersichtlich, aber Gerichte wie Reibekuchen mit Pfifferlingen oder Scaloppine al limone werden »nach Art der Küchenchefin« Dagmar Mattes-Racciatti zubereitet, was nicht anderes bedeutet als: gut.

Klosterschänke 1
+49 7221 25854
restaurant-klosterschaenke.de
Gasthaus • deutsche Küche • italienisch • entspannt

P

Essen:	42	50
Service:	18	20
Weinkarte:	17	20
Ambiente:	8	10
Gesamt:	85	100

Le Jardin de France

76530 Baden-Baden

Die geschmackvolle, fein ausbalancierte französische Küche von Stéphan Bernhard entfaltet mit der herzlichen Gastlichkeit von Ehefrau Sophie ihre volle Wirkung. Klasse Weine. Auch Events versprechen Genuss.

Augustaplatz 2
+49 7221 3007860
lejardindefrance.de
Fine Dining • französisch • Essen mit Aussicht

Essen:	45	50
Service:	18	20
Weinkarte:	18	20
Ambiente:	9	10
Gesamt:	90	100

Maltes Hidden Kitchen

76530 Baden-Baden

Kohlrabi mit Sonnenblumenkernen und Kaviar oder Hummer in süffiger Bisque: Wer das lässige Genussrefugium von Judith und Malte Kuhn verlässt, freut sich schon auf den nächsten Besuch.

Gernsbacher Straße 24
+49 7221 7025020
exquisite-concepts.com
Casual Dining • entspannt • modern

Essen:	46	50
Service:	18	20
Weinkarte:	18	20
Ambiente:	8	10
Gesamt:	90	100

Monte Christo

76530 Baden-Baden

Fast 40 verschiedene Tapas stehen auf der Karte, bestellen möchte man alle, etwa Schmorpaprika mit Thunfischmousse oder Entenleber mit Feigen und Sherry. Dazu einen Schluck ordentlichen Wein. Alles andere als 0815.

Eichstraße 5
+49 7221 393434
monte-christo-baden-baden.de
Bar • spanisch • gemütlich

Essen:	42	50
Service:	18	20
Weinkarte:	17	20
Ambiente:	8	10
Gesamt:	85	100

Moriki

76530 Baden-Baden

Tausendsassa The Duc Ngo ist nicht nur in Berlin zu finden, auch in Baden-Baden hat er sich eine Dependance eingerichtet. Es gibt Sushi, Wok- oder Grillgerichte auf erwartbar hohem Level. Toller Sake!

Lange Straße 100
+49 7221 901930
moriki.de
Fine Dining • japanisch • Sushi • elegant

Essen:	43	50
Service:	17	20
Weinkarte:	18	20
Ambiente:	8	10
Gesamt:	86	100

Nigrum

76530 Baden-Baden

Was einst das La Provence war, ist heute das Nigrum: Mit unprätentiöser Küche und raffinierten Adaptionen von Königsberger Klopsen oder Salade niçoise ist es eine feste Größe in der Stadt geworden.

Schloßstraße 20
+49 7221 3979008
restaurant-nigrum.de
Allrounder • elegant • Gewölbe

Essen:	42	50
Service:	18	20
Weinkarte:	17	20
Ambiente:	8	10
Gesamt:	85	100

RIZZI

76530 Baden-Baden

Das Menü umfasst die ganze Palette an Soulfood-Klassikern, darunter Ossobuco, Schnitzel, Burger oder spezielle Steak-Cuts. Wer will, zupft vorher an einer Artischocke oder schlürft Austern. Gute Weine.

Augustaplatz 1
+49 7221 25838
rizzi-baden-baden.de
mediterran • regionale Produkte • Terrasse • modern

Essen:	43	50
Service:	17	20
Weinkarte:	18	20
Ambiente:	8	10
Gesamt:	86	100

The Grill

76530 Baden-Baden

Wer einem Casino-Besuch einen schillernden Rahmen verleihen will, isst hier Sushi, Austern oder – wenn sich der einarmige Bandit als gnädig erweist – auch Kaviar und japanisches Wagyu A5 von Miyazaki.

Kaiserallee 1
+49 7221 3024691
the-grill-baden-baden.de
Sushi • japanisch • Steak • Terrasse

Essen:	43	50
Service:	18	20
Weinkarte:	18	20
Ambiente:	9	10
Gesamt:	88	100

Weinstube Baldreit

76530 Baden-Baden

Beim Essen verkünstelt sich die Weinstube nicht, man kocht gutbürgerlich auf gutem Niveau. Wahrscheinlich ist der Gewölbekeller deswegen gern ausgebucht. Schön ist im Sommer die Terrasse im Innenhof.

Küferstraße 3
+49 7221 23136
Gasthaus • deutsche Küche • Gastgarten • gemütlich

Essen:	42	50
Service:	18	20
Weinkarte:	18	20
Ambiente:	8	10
Gesamt:	86	100

Foto: Andreas Stephany

Wintergarten 76530 Baden-Baden

Wertige Waren wie Jakobsmuscheln, Wagyu oder Languste werden kontrastreich in feine Kreationen eingebettet. Der tolle Parkblick und das lichtdurchflutete Flair tun ihr Übriges. Es gibt Businesslunch.

Ludwig-Wilhelm-Platz 4
+49 7221 900890
brenners.com
Hotelrestaurant • deutsche Küche • französisch • Terrasse

Essen:	**43** | 50
Service:	**18** | 20
Weinkarte:	**19** | 20
Ambiente:	**9** | 10
Gesamt:	89 | 100

1789 72270 Baiersbronn

Die süffigen Geschmacksbilder seiner unkomplizierten Genussküche baut Küchenchef Florian Stolte gern auf asiatischen Aromen und hochwertigen Produkten wie Kaviar, Langustinen und Seeteufel auf.

Tonbachstraße 237
+49 7442 492622
traube-tonbach.de
Hotelrestaurant • Fine Dining • elegant

Essen:	**46** | 50
Service:	**19** | 20
Weinkarte:	**19** | 20
Ambiente:	**8** | 10
Gesamt:	92 | 100

Foto: Günter Standl (www.guenterstandl.de)

Bareiss 72270 Baiersbronn

Hier wird die Kontinuität des Hochgenusses zelebriert: Das Team um Claus-Peter Lumpp bringt seit vielen Jahren moderne französische Hochküche auf den Tisch, die Herz und Seele berührt. Prädikat: geschmackvoll.

Hermine-Bareiss-Weg 1
+49 7442 470
bareiss.com
Fine Dining • elegant • klassisch

Essen:	**50** | 50
Service:	**20** | 20
Weinkarte:	**20** | 20
Ambiente:	**10** | 10
Gesamt:	100 | 100

Foto: JEROME MONDIERE

Bareiss | Dorfstuben 72270 Baiersbronn

Wer etwas über Finesse, Aufwand und Exzellenz badisch-schwäbischer Heimatküche erfahren will, ist in den Dorfstuben am richtigen Ort. Ein All-time-favourite ist der Rostbraten mit gebratener Maultasche.

Hermine-Bareiss-Weg 1
+49 7442 470
bareiss.com
Hotelrestaurant • regionale Produkte • urig

Essen:	**43** | 50
Service:	**18** | 20
Weinkarte:	**18** | 20
Ambiente:	**8** | 10
Gesamt:	87 | 100

Foto: Günter Standl www.guenterstandl.de)

Bareiss | Kaminstube 72270 Baiersbronn

Sot-l'y-laisse vom Schwarzfederhuhn, dazu Jakobsmuscheltatar, Haselnüsse und Curry: Mit raffinierten Gerichten weiß sich Küchenchef Nicolai Biedermann in dieser kulinarischen Hochburg zu behaupten.

Hermine-Bareiss-Weg 1
+49 7442 470
bareiss.com
Familienbetrieb • Fine Dining • klassisch

Essen:	**45** | 50
Service:	**19** | 20
Weinkarte:	**18** | 20
Ambiente:	**8** | 10
Gesamt:	90 | 100

Engel's Stuben 72270 Baiersbronn

Im Aufmerksamkeitssog der Baiersbronner Sterneküchen geht der Obertäler Engel gern unter. Dabei ist die feine Küche durchaus eine Stippvisite wert, etwa zu Saiblingstatar und Milchkalbsbäckle.

Rechtmurgstraße 28
+49 7449 850
engel-obertal.de
Hotelrestaurant • Allrounder • klassisch

Essen:	**43** | 50
Service:	**18** | 20
Weinkarte:	**18** | 20
Ambiente:	**8** | 10
Gesamt:	87 | 100

Forellenhof Buhlbach

72270 Baiersbronn

Eine der nachhaltigsten Teichwirtschaften in Baden-Württemberg, an die eines der besten Gasthäuser in diesem Bereich anschließt: Die fangfrischen Forellen- und Saiblingsgerichte sind vorzüglich.

Schliffkopfstraße 64
+49 7442 470
bareiss.com
Gasthaus • Fisch • nachhaltig • Essen mit Aussicht

Essen:	**43** I 50
Service:	**18** I 20
Weinkarte:	**18** I 20
Ambiente:	**8** I 10
Gesamt:	87 I 100

Forsthaus Auerhahn

72270 Baiersbronn

»Wo das Tal endet und der Urlaub beginnt«: Der Claim des Hauses trifft ins Schwarze. In satter Schwarzwaldkulisse wird mittags Buffet und abends à la carte geboten. Die Wildgerichte sind besonders beliebt.

Hinterlangenbach 108
+49 7447 9340
forsthaus-auerhahn.de
Hotelrestaurant • klassisch • Allrounder

Essen:	**43** I 50
Service:	**18** I 20
Weinkarte:	**17** I 20
Ambiente:	**9** I 10
Gesamt:	87 I 100

Meierei im Waldknechtshof

72270 Baiersbronn

Die Regionalküche in der Meierei bewegt sich zwischen Gerichten wie zünftige Wurstsalate und vegetarische Waldpilz-Ravioli mit Parmesanschaum und Salbei. Unkompliziert und gut.

Baiersbronner Straße 4
+49 7442 84840
waldknechtshof.de
Gasthaus • Familienbetrieb • Allrounder • Terrasse

Essen:	**43** I 50
Service:	**18** I 20
Weinkarte:	**18** I 20
Ambiente:	**8** I 10
Gesamt:	87 I 100

Murgstube

72270 Baiersbronn

Heimelige Holzhöhle mit Blick auf die Murg. Es gibt echte Austern aus dem Hause Poget, aber auch »schwäbische Austern« vulgo Weinbergschnecken. Dazu allerlei Weltschmankerln mit regionalem Touch. Sackmann eben.

Murgtalstraße 602
+49 7447 2890
hotel-sackmann.de
regionale Produkte • traditionell • Gasthaus

Essen:	**44** I 50
Service:	**18** I 20
Weinkarte:	**18** I 20
Ambiente:	**8** I 10
Gesamt:	88 I 100

Schatzhauser

72270 Baiersbronn

Bei pikant-scharfem Papayasalat und Crispy Chicken Burger »Asia Style« hätte Wilhelm Hauffs »Schatzhauser« wohl einen Schreck bekommen, aber es gibt hier auch Linseneintopf und Maultaschen. Schmeckt klasse.

Tonbachstraße 237
+49 7442 492622
traube-tonbach.de
Hotelrestaurant • Familienbetrieb • gemütlich • entspannt

Essen:	**44** | 50
Service:	**19** | 20
Weinkarte:	**19** | 20
Ambiente:	**9** | 10
Gesamt:	91 | 100

Schlossberg

72270 Baiersbronn

Mit dem Neubau ist auch neuer Esprit ins Hause Sackmann eingezogen. Schon lange fand die hochkreative Küche des Vater-Sohn-Duos nicht mehr so sehr ihre Mitte wie in den letzten Jahren. Tolle Weine!

Murgtalstraße 602
+49 7447 2890
hotel-sackmann.de
Familienbetrieb • Fine Dining • modern • elegant

Essen:	**45** | 50
Service:	**19** | 20
Weinkarte:	**19** | 20
Ambiente:	**9** | 10
Gesamt:	92 | 100

Schwarzwaldstube

72270 Baiersbronn

Torsten Michel hält das legendäre Gourmetrestaurant weiter auf Erfolgskurs, seine kreative Küche bewegt sich auf internationalem Weltklasseniveau. Das gilt auch für die umfangreiche Weinkarte.

Tonbachstraße 237
+49 7442 492622
traube-tonbach.de
Hotelrestaurant • Familienbetrieb • französisch • elegant

Essen:	**50** | 50
Service:	**20** | 20
Weinkarte:	**20** | 20
Ambiente:	**10** | 10
Gesamt:	100 | 100

Krone

72658 Bempflingen

In der Küche werden saisonale und internationale Speisen neu interpretiert, das Drei-Gänge-Menü wechselt wöchentlich. Klassiker des Hauses: französische Weinbergschnecken und gelebte Gastlichkeit.

Brunnenweg 40
+49 7123 31083
kronebempflingen.de
Familienbetrieb • Terrasse • klassisch • gemütlich

Essen:	**43** | 50
Service:	**18** | 20
Weinkarte:	**17** | 20
Ambiente:	**8** | 10
Gesamt:	86 | 100

Hirsch

77791 Berghaupten

Die lange Tradition des Gasthauses wie auch saisonale Einflüsse zeigen sich in den Gerichten und im Saison-Überraschungsmenü: Oktopus-Carpaccio, gefüllte Kalbsröllchen oder hausgemachte Grießknödel.

Dorfstraße 9	Essen:	43 | 50
+49 7803 93970	Service:	17 | 20
hirsch-berghaupten.de	Weinkarte:	17 | 20
Familienbetrieb • Steak • Fisch	Ambiente:	8 | 10
	Gesamt:	85 | 100

Foto: Picasa

Bergblick

79872 Bernau im Schwarzwald

Exzellente Küche mit Pfiff: regionales Fleisch, Marktgemüse aus Freiburg und hausgemachte Spezialitäten wie Wildbratwürste – ergänzt durch beste vegane Gerichte oder ein abendliches Sechs-Gänge-Menü.

Hasenbuckweg 1	Essen:	43 | 50
+49 7675 273	Service:	17 | 20
bergblick-bernau.de	Weinkarte:	17 | 20
Gasthaus • bio • regionale Produkte	Ambiente:	8 | 10
	Gesamt:	85 | 100

Marktwirtschaft

74354 Besigheim

In der Küche wird mit Leib und Seele gekocht, im Restaurant herrscht eine gesellige Atmosphäre. Die Speisen sind regional verwurzelt und von internationalen Einflüssen geprägt, die Weinauswahl überzeugt.

Marktplatz 2	Essen:	44 | 50
+49 7143 9099091	Service:	18 | 20
marktwirtschaft-besigheim.de	Weinkarte:	17 | 20
Casual Dining • modern • entspannt	Ambiente:	8 | 10
	Gesamt:	87 | 100

Zum Kreuz

77781 Biberach (Baden)

Kreativ und familiengeführt: Hier trifft badisch-französische Küche mit modernem Twist auf saisonale Raffinesse – es gibt natürlich Klassiker, aber auch feine »Miniversucherle« und »Schneckensüpple«.

Untertal 7	Essen:	43 | 50
+49 7835 426420	Service:	18 | 20
kreuz-prinzbach.de	Weinkarte:	18 | 20
Familienbetrieb • deutsche Küche • Fisch • im Grünen	Ambiente:	8 | 10
	Gesamt:	87 | 100

Bismarck

88400 Biberach an der Riß

Traditionelle schwäbische Gerichte stehen im Vordergrund des stilvoll eingerichteten Hotelrestaurants, immer gespickt mit mediterranen Noten und Akzenten aus der internationalen Kulinarik.

Bahnhofstraße 19
+49 7351 35400
bismarck-bc.de
Hotelrestaurant • Crossover-Küche • Allrounder

Essen:	42	50
Service:	18	20
Weinkarte:	17	20
Ambiente:	8	10
Gesamt:	85	100

Maerz

74321 Bietigheim-Bissingen

In der Küche verbindet Benjamin Maerz regionale Saisonprodukte mit Aromen und Zutaten aus aller Welt. In seinem Menü überrascht er mit Spezialitäten wie Stör in Nori-Alge oder Dry-Aged-Lachsforelle.

Kronenbergstraße 14
+49 7142 42004
maerzundmaerz.de
Hotelrestaurant • Familienbetrieb • unkonventionell

Essen:	46	50
Service:	18	20
Weinkarte:	18	20
Ambiente:	8	10
Gesamt:	90	100

Benders

75217 Birkenfeld

In der entspannten Atmosphäre des hübschen Fachwerkhauses erleben die Gäste eine nachhaltig-spannende Küche, die regionale, mediterrane und französische Einflüsse in delikaten Gerichten verbindet.

Silcherstraße 1
+49 7231 471944
birkenfelderhof.de
Hotelrestaurant • regionale Produkte • gemütlich

Essen:	44	50
Service:	17	20
Weinkarte:	17	20
Ambiente:	8	10
Gesamt:	86	100

Traube

79588 Blansingen

Große Vision auf 15 Plätzen: Mit nachhaltiger Küche und in Menüs, die sie »Krönung der Tagesernte« nennen, überrascht das Küchenteam mit exquisiten Kombinationen wie Himbeere, Blauschimmelkäse und Lavendel.

Alemannenstraße 19
+49 7628 9423780
traube-blansingen.de
Fine Dining • deutsche Küche • regionale Produkte

Essen:	46	50
Service:	19	20
Weinkarte:	19	20
Ambiente:	8	10
Gesamt:	92	100

Zum Reussenstein 71032 Böblingen

Timo Böckle serviert Variationen der Heimatküche: Regionale Lachsforelle als Filet oder Maultasche und Wipfelhonig-Joghurteis aus Fichtenspitzen zeigen, wie facettenreich die Aromen des Schwabenländles sein können.

Kalkofenstraße 20
+49 7031 66000
reussenstein.com
Familienbetrieb • regionale Produkte • modern

Essen:	42 / 50
Service:	17 / 20
Weinkarte:	17 / 20
Ambiente:	8 / 10
Gesamt:	84 / 100

Sommerau 79848 Bonndorf

An einer hellen Lichtung im Schwarzwald gelegen, schmeckt man hier die Vielfalt der Region. Zutaten wie Wild, Fisch und Gemüse stammen aus der Umgebung und finden ihre Vollendung in einem saisonalen Menü.

Sommerau 1
+49 7703 670
sommerau.de
eigener Kräutergarten • regionale Produkte • modern

Essen:	44 / 50
Service:	18 / 20
Weinkarte:	18 / 20
Ambiente:	8 / 10
Gesamt:	88 / 100

Adler 74336 Brackenheim

Im Gasthaus von Familie Rembold trifft schwäbische Küche auf internationale Einflüsse. Auf der Speisekarte stehen frische, saisonale Gerichte, die mit überraschenden Komponenten abgerundet werden.

Hindenburgstraße 4
+49 7135 98110
adlerbotenheim.de
Gasthaus • deutsche Küche • mediterran • gemütlich

Essen:	42 / 50
Service:	17 / 20
Weinkarte:	17 / 20
Ambiente:	8 / 10
Gesamt:	84 / 100

Maxime 75015 Bretten

Küchenchef Guy Graessel verbindet in seinem kulinarischen Zuhause Klassiker mit einem Hauch Frankreich. Gerichte verfeinert er mit Kräutern aus dem eigenen Garten, etwa beim Lammrücken in Thymianjus.

Melanchthonstraße 35
+49 7252 7138
guy-graessel.de
eigener Kräutergarten • französisch • elegant

Essen:	44 / 50
Service:	18 / 20
Weinkarte:	18 / 20
Ambiente:	8 / 10
Gesamt:	88 / 100

Rössle 74626 Bretzfeld-Brettach

Bernd Pils interpretiert die französische Küche neu und saisonal. Im Mittelpunkt steht der unverkennbare Geschmack, etwa von hausgemachtem Entenleberparfait oder Heilbuttfilet in Rotweinbuttersauce.

Mainhardter Straße 26
+49 7945 91110
roessle-brettach.de
Gasthaus • Fine Dining • französisch

Essen:	44 / 50
Service:	18 / 20
Weinkarte:	18 / 20
Ambiente:	8 / 10
Gesamt:	88 / 100

Gude Stub Casa Antica

77815 Bühl

Ein kulinarischer Exkurs nach Italien mit maximaler Frische: Es gibt selbst gemachte Pasta, frisches Brot und hausgemachten Schinken genauso wie saisonal wechselnde, italienische Gerichte.

Dreherstraße 9	Essen: **44** I 50
+49 7223 30606	Service: **18** I 20
gudestub-casa-antica.de	Weinkarte: **17** I 20
Familienbetrieb • italienisch • traditionell • Fisch	Ambiente: **8** I 10
	Gesamt: 87 I 100

#heimat im Badischen Hof

77815 Bühl

Kreative Heimatküche unter der Leitung von Küchenchef Tom Schütze bedeutet ein Potpourri aus Steaks aus dem grünen Keramikgrill in der Küche, Forelle mit Schwarzwald-Miso und klassischen Käsespätzle.

Hauptstraße 36	Essen: **42** I 50
+49 7223 808780	Service: **17** I 20
heimat-gastro.de	Weinkarte: **18** I 20
Hotelrestaurant • Terrasse • elegant • entspannt	Ambiente: **8** I 10
P	Gesamt: 85 I 100

Bergfriedel

77830 Bühlertal

Badische Gerichte, gepaart mit Hummer und Steinbutt – Spitzenkoch Andreas Schäuble kombiniert regionale Zutaten mit außergewöhnlichen Komponenten. Dazu erlesener Wein aus der Vinothek Andreaskeller.

Haabergstraße 23	Essen: **43** I 50
+49 7223 72270	Service: **18** I 20
bergfriedel.de	Weinkarte: **18** I 20
Familienbetrieb • mediterran • entspannt	Ambiente: **8** I 10
P	Gesamt: 87 I 100

Mohren

88693 Deggenhausertal

Die Küche als Spiegelbild der Jahreszeiten: So beschreibt das Restaurant die Auswahl an traditionellen, saisonalen Gerichten wie die deftige Vesper. Viele Zutaten stammen vom eigenen Bioland-Gutshof.

Kirchgasse 1	Essen: **43** I 50
+49 7555 9300	Service: **18** I 20
mohren.bio	Weinkarte: **17** I 20
Hotelrestaurant • eigener Gemüsegarten • bio • gemütlich	Ambiente: **8** I 10
P	Gesamt: 86 I 100

Rebstock-Stube

79211 Denzlingen

Der Familienbetrieb um Axel Frey serviert badisch-französische Speisen und setzt diese gekonnt in Szene. So überzeugt der Heilbutt mit Meeresfrüchtekruste genauso wie die gut sortierte Weinkarte.

Hauptstraße 74	Essen: **43** I 50
+49 7666 900990	Service: **18** I 20
rebstock-stube.de	Weinkarte: **18** I 20
Casual Dining • deutsche Küche • französisch	Ambiente: **8** I 10
P	Gesamt: 87 I 100

Hofgut Albführen

79802 Dettighofen

In dieser Küche an der südlichsten Grenze Badens wird regional gekocht: Wildbratwurst aus eigener Jagd, hausgemachtes Brot und Eis sowie selbst angebaute Salate, Kräuter, Obst und Gemüse.

Albführen +49 7742 92960 albfuehren.de **Hotelrestaurant • Wild • Delikatessenverkauf**	Essen: **43** | 50 Service: **18** | 20 Weinkarte: **17** | 20 Ambiente: **8** | 10
	Gesamt: 86 | 100

Rößle

72581 Dettingen

Wenn sich Hotel, Restaurant und Metzgereifachgeschäft in einem Haus befinden, stimmt einfach alles. Besonders zu empfehlen: Schweinekotelett aus dem Dry-Ager vom Grill mit Krautschupfnudeln und Speck.

Uracher Straße 30 +49 7123 97800 hotel-metzgerei-roessle.de **Familienbetrieb • Hotelrestaurant • Terrasse • entspannt**	Essen: **42** | 50 Service: **18** | 20 Weinkarte: **17** | 20 Ambiente: **8** | 10
	Gesamt: 85 | 100

Die Burg

78166 Donaueschingen

Zwei Brüder, eine Mission: regionale, moderne und weltoffene Küche mit Kreationen von Jason Grom mit den besten Weinen, empfohlen von Restaurantleiter und Sommelier Niklas Grom, vereinen.

Burgring 6 +49 771 1751005 burg-aasen.de **Gasthaus • Casual Dining • unkonventionell**	Essen: **45** | 50 Service: **19** | 20 Weinkarte: **18** | 20 Ambiente: **8** | 10
	Gesamt: 90 | 100

Öschberghof | Esszimmer

78166 Donaueschingen

Eine kulinarische Weltreise mitten im Schwarzwald. Der Tag startet mit einem großzügigen Frühstücksbuffet und endet mit einem wechselnden Menü – dank bodentiefer Fenster mit Blick auf den Golfplatz.

Golfplatz 1 +49 771 84600 oeschberghof.com **Hotelrestaurant • Allrounder • entspannt**	Essen: **43** | 50 Service: **18** | 20 Weinkarte: **20** | 20 Ambiente: **10** | 10
	Gesamt: 91 | 100

Öschberghof | Ösch Noir

78166 Donaueschingen

Es ist schon großes Kino, wenn Manuel Ulrich feinste Waren präzise auf die Teller bringt. Plätschert dazu aber eine Rarität wie Romanée-Conti im Offenausschank ins Glas, ist der Blockbuster garantiert.

Golfplatz 1
+49 771 84610
oeschberghof.com
Hotelrestaurant • Fine Dining • vegetarisch • elegant

Essen:	**47**	50
Service:	**20**	20
Weinkarte:	**20**	20
Ambiente:	**9**	10
Gesamt:	**96**	100

Schützen

78166 Donaueschingen

Küchenchef Marco Garofalo kann saisonale Klassiker ebenso wie raffinierte Menüs. Mit der Auswahl seiner Zutaten verbindet er die Aromen der Region, die er mit viel Handwerkskunst in köstliche Gerichte verwandelt.

Josefstraße 2
+49 771 17510677
schuetzen-donaueschingen.de
Gasthaus • mediterran • gemütlich

Essen:	**43**	50
Service:	**18**	20
Weinkarte:	**17**	20
Ambiente:	**8**	10
Gesamt:	**86**	100

Makidan | Ritter

77770 Durbach

Die Eigenbeschreibung der Küche mit »Schwarzwälder Soulfood« trifft ins Schwarze, wenn Kalbstafelspitz auf Süßkartoffel trifft oder Zander auf Linsengemüse mit Limetten-Bohnen-Salat aufgepeppt wird. Lohnt!

Tal 1
+49 781 93230
ritter-durbach.de
Hotelrestaurant • Casual Dining • unkonventionell

Essen:	**43**	50
Service:	**18**	20
Weinkarte:	**18**	20
Ambiente:	**9**	10
Gesamt:	**88**	100

Rebstock

77770 Durbach

Der fleischverliebten badischen Küche wird im Rebstock gehuldigt, aber demgegenüber auch eine wunderbare Fülle an Gemüsegerichten geboten. Bei der Weinauswahl schaut man natürlich in die Region.

Halbgütle 30
+49 781 4820
rebstock-durbach.de
Hotelrestaurant • im Grünen • Gastgarten • traditionell

Essen:	**43**	50
Service:	**18**	20
Weinkarte:	**17**	20
Ambiente:	**8**	10
Gesamt:	**86**	100

Garbo

76344 Eggenstein-Leopoldshafen

Regionale Klassiker und Fine Dining, beides angelehnt an den Zeitgeist – Küchenchef Marcel Kazda sorgt für überraschende und überzeugende Kompositionen wie gebratene Entenleber mit Salzbutter-Aprikosen.

Hauptstraße 51
+49 721 780070
garbo-loewen.de
Hotelrestaurant • deutsche Küche • mediterran • elegant

Essen:	**46**	50
Service:	**18**	20
Weinkarte:	**19**	20
Ambiente:	**8**	10
Gesamt:	91	100

Foto: Yannick Jaeckle

Zum Goldenen Anker

76344 Eggenstein-Leopoldshafen

Das ortsälteste Wirtshaus begeistert mit besonderen Weinabenden, Events und dem Anker-Menü – ob mit Gambas, Tofu im Pankomantel oder komplett vegan. Das Credo lautet: regional, saisonal, kreativ.

Hauptstraße 20
+49 721 706029
hotel-anker-eggenstein.de
Gasthaus • deutsche Küche • mediterran • modern

Essen:	**43**	50
Service:	**17**	20
Weinkarte:	**17**	20
Ambiente:	**8**	10
Gesamt:	85	100

Knupfer

89584 Ehingen

Einfaches und gutes Slow Food: Die Auswahl an Gerichten mit regionalem Geflügel, Rind und Fisch überzeugt genauso wie die vegetarischen Optionen. Im Sommer serviert man auf der Terrasse oder im Hofgarten.

Rottenacker Straße 15
+49 7391 2488
gasthof-knupfer.de
Gasthaus • eigene Landwirtschaft • traditionell

Essen:	**43**	50
Service:	**18**	20
Weinkarte:	**17**	20
Ambiente:	**8**	10
Gesamt:	86	100

Feckl

71139 Ehningen

Klassisch schwäbisch und saisonal-abwechslungsreich: Mit Leidenschaft und Präzision werden Tradition und zeitlose Eleganz verbunden – von Klassikern bis zu feinen Menüs mit überraschenden Akzenten.

Keltenweg 1
+49 7034 23770
landhausfeckl.de
Gasthaus • klassisch • elegant • gemütlich

Essen:	**45**	50
Service:	**19**	20
Weinkarte:	**18**	20
Ambiente:	**8**	10
Gesamt:	90	100

Rössle

79215 Elzach

Klassische Gasthausküche mit internationalen Einflüssen: ehrlich und innovativ, im Einklang mit den Jahreszeiten – von Carpaccio vom heimischen Reh bis zur gekochten Rinderzunge nach Großmutter-Art.

Hauptstraße 19
+49 7682 212
roessleelzach.de
deutsche Küche • regionale Produkte • Terrasse

Essen:	43 | 50
Service:	17 | 20
Weinkarte:	17 | 20
Ambiente:	8 | 10
Gesamt:	85 | 100

Schäcks Adler

79215 Elzach

Christoph Schäck kocht unter dem Motto »Von lecker bis Feinschmecker« bodenständige, badische Gerichte mit internationalem Flair und einer kulinarischen Verbindung zum Schwarzwald.

Waldkircher Straße 2
+49 7682 1291
schaecks-adler.de
Gasthaus • deutsche Küche • Wild • gemütlich

Essen:	43 | 50
Service:	17 | 20
Weinkarte:	17 | 20
Ambiente:	8 | 10
Gesamt:	85 | 100

Dutters Stube

79346 Endingen

Arthur Dutter serviert badische Lieblingsgerichte und Spezialitäten von Rhein, Atlantik und Mittelmeer. Gegessen wird in modern-rustikalem Ambiente – bei schönem Wetter in der luftigen Sommerlaube.

Winterstraße 28
+49 7642 1786
dutters-stube.de
Gasthaus • regionale Produkte • entspannt

Essen:	42 | 50
Service:	18 | 20
Weinkarte:	17 | 20
Ambiente:	8 | 10
Gesamt:	85 | 100

Merkles Restaurant

79346 Endingen

Thomas Merkle weiß, wie man genussvoll überrascht: entweder mit einem Überraschungsmenü oder mit Kreationen wie Seidentofu mit Biotomaten und Roggen-Sojasauce oder Wachtel mit Entenleber und Trüffel.

Hauptstraße 2
+49 7642 7900
merkles-restaurant.de
Familienbetrieb • Fine Dining • regionale Produkte

Essen:	46 | 50
Service:	18 | 20
Weinkarte:	18 | 20
Ambiente:	8 | 10
Gesamt:	90 | 100

Pfarrwirtschaft

79346 Endingen

Einfachheit im Restaurant und auf dem Teller: Ob Wildschwein, Frikadellen oder Forelle, die Leidenschaft für badische Küche schmeckt man. Das Menü ist auch vegetarisch auf höchstem Niveau.

Hauptstraße 2
+49 7642 7900
merkles-restaurant.de
deutsche Küche • regionale Produkte • gemütlich

Essen:	43 | 50
Service:	18 | 20
Weinkarte:	17 | 20
Ambiente:	8 | 10
Gesamt:	86 | 100

Kleine Traube

73728 Esslingen

Traditionelle Heimatküche: Auf der Speisekarte stehen schwäbische Köstlichkeiten wie herzhafte Maultaschen, zarter Zwiebelrostbraten und ein Vesperbrettle. Dazu ein Bier oder ein edler Weinbrand.

Franziskanergasse 9
+49 711 359460
kleine-traube.de
deutsche Küche • regionale Produkte • gemütlich

Essen:	**42** | 50
Service:	**19** | 20
Weinkarte:	**17** | 20
Ambiente:	**8** | 10
Gesamt:	86 | 100

Erbprinz

76275 Ettlingen

Ralph Knebels Menü verspricht ein kulinarisches Erlebnis – beginnend mit Kagoshima-Wagyu mit Kaviar und endend mit Mohnsoufflé mit Cassisfeige. Den passenden Wein empfiehlt Mâitre Sommelier Serge Schwentzel.

Rheinstraße 1
+49 7243 3220
erbprinz.de
Hotelrestaurant • Fine Dining • französisch • elegant

Essen:	**46** | 50
Service:	**19** | 20
Weinkarte:	**18** | 20
Ambiente:	**9** | 10
Gesamt:	92 | 100

Hartmaier's Villa

76275 Ettlingen

Das Bewusstsein für saisonal-kreative Küche zeigt sich in Highlights wie monatlichen Amuse-Bouche-Menüs und Trüffel- oder Hummerabenden. Auf der Karte stehen Gänseleberterrine und Rote-Bete-Carpaccio.

Pforzheimer Straße 67
+49 7243 761720
hartmaiers.de
Familienbetrieb • deutsche Küche • gemütlich • Terrasse

P

Essen:	**44** | 50
Service:	**18** | 20
Weinkarte:	**18** | 20
Ambiente:	**8** | 10
Gesamt:	88 | 100

Weinstube Sibylla

76275 Ettlingen

Die Speisekarte liest sich wie ein Gedicht: badische Leibgerichte, internationale Klassiker und erlesene Weine – die Auswahl kann mittels selbst entwickelter, digitaler Weinkarte getroffen werden.

Rheinstraße 1
+49 7243 3220
erbprinz.de
Hotelrestaurant • deutsche Küche • Terrasse • gemütlich

P

Essen:	**42** | 50
Service:	**18** | 20
Weinkarte:	**18** | 20
Ambiente:	**8** | 10
Gesamt:	86 | 100

Oettingers Restaurant 70736 Fellbach

Ein Ort der Vielfalt: Im ehemaligen Gasthof mit Metzgerei trifft schwäbische Gastlichkeit auf französisch inspirierte Küche mit regionalem Fokus. Mittwochs gibt es das Midweek-Spezial-Menü.

Fellbacher Straße 2
+49 711 95130
hirsch-fellbach.de
Gasthaus • Familienbetrieb • vegetarisch • gemütlich

Essen:	**46**	50
Service:	**18**	20
Weinkarte:	**18**	20
Ambiente:	**8**	10
Gesamt:	90	100

Zur Krone 79348 Freiamt

Idylle pur: Im Sommer lockt die Süd-West-Terrasse, im Winter der Kachelofen: Familie Kern serviert seit neun Generationen saisonale Spezialitäten, bei denen Frische und Qualität im Mittelpunkt stehen.

Mußbach 6
+49 7645 227
krone-freiamt.de
Gasthaus • deutsche Küche • Essen mit Aussicht

Essen:	**42**	50
Service:	**17**	20
Weinkarte:	**16**	20
Ambiente:	**8**	10
Gesamt:	83	100

Schwabenstuben 71691 Freiberg am Neckar

Schwäbische Ganzheitlichkeit zwischen Gastfreundschaft und Kulinarik. Auf der Karte stehen Krustentierschaumsuppe und unverzichtbare Klassiker wie Zwiebelrostbraten mit hausgemachten Spätzle.

Marktplatz 5
+49 7141 75037
restaurant-schwabenstuben.de
Gasthaus • deutsche Küche • gemütlich

Essen:	**42**	50
Service:	**17**	20
Weinkarte:	**18**	20
Ambiente:	**7**	10
Gesamt:	84	100

Basho-An 79098 Freiburg

Nur weil Japan draufsteht, gibt es hier keineswegs nur Sushi – im Gegenteil: Die traditionellen Gerichte sind köstlich, authentisch und von bester Qualität. Gegrillter Aal, Wagyu-Steak, Gyoza und Co.

Merianstraße 10
+49 761 2853405
bashoan.com
Casual Dining • japanisch • Sushi • unkonventionell

Essen:	**42**	50
Service:	**18**	20
Weinkarte:	**16**	20
Ambiente:	**7**	10
Gesamt:	83	100

Drexlers

79098 Freiburg

Ein Wohlfühlort mit hervorragenden Gastgebern und genussvoller Küche zwischen Baden, dem Mittelmeer und kleinen Ausflügen nach Asien. Nur beste Zutaten, die vorwiegend nachhaltig aus der Region stammen.

Rosastraße 9
+49 761 5957203
drexlers-restaurant.de
Fine Dining • entspannt • regionale Produkte

Essen:	**43** | 50
Service:	**18** | 20
Weinkarte:	**19** | 20
Ambiente:	**7** | 10
Gesamt:	87 | 100

Eichhalde

79104 Freiburg

Hochklassige italienische Küche würde man wohl nicht gerade in Freiburg suchen? Sollte man aber: In der Eichhalde zaubert Federico Campolattano feinsinnige italienische Gerichte zwischen Pasta-Kunst und Wagyu-Zunge.

Stadtstraße 91
+49 761 58992920
eichhalde-freiburg.de
Fine Dining • italienisch • elegant

Essen:	**45** | 50
Service:	**18** | 20
Weinkarte:	**18** | 20
Ambiente:	**9** | 10
Gesamt:	90 | 100

Enoteca

79098 Freiburg

Die Enoteca macht sich als Ort des großen kulinarischen Selbstverständnisses für Kulinariker unersetzlich. Einfach richtig gut essen – und das mit italienischer Seele. Sehr gut kuratierte Vinothek.

Gerberau 21
+49 761 3899130
enoteca-freiburg.de
Fine Dining • italienisch • elegant

Essen:	**43** | 50
Service:	**18** | 20
Weinkarte:	**19** | 20
Ambiente:	**8** | 10
Gesamt:	88 | 100

Hawara

79102 Freiburg

Das kleine Restaurant, das einen eigenen Gemüsegarten unterhält, ist bekannt für seine saisonal und nachhaltig ausgerichtete Küche. Aus besten Produkten wird mit viel Raffinesse gekocht. Großartig!

Dreikönigstraße 8
+49 761 75784
hawara-restaurant.de
Casual Dining • regionale Produkte • entspannt

Essen:	**43** | 50
Service:	**18** | 20
Weinkarte:	**17** | 20
Ambiente:	**7** | 10
Gesamt:	85 | 100

Hirschen

79110 Freiburg

Auf der Terrasse wie in den schönen Stuben präsentiert sich das Gasthaus als Klassiker mit verlässlich guter badischer Küche. Saisonale Menüs, internationale Schmankerln wie Austern oder Favoriten wie Cordon bleu.

Breisgauer Straße 47
+49 761 8977690
hirschen-freiburg.de
Hotelrestaurant • Casual Dining • modern

Essen:	**43** | 50
Service:	**18** | 20
Weinkarte:	**19** | 20
Ambiente:	**8** | 10
Gesamt:	88 | 100

Jacobi

79098 Freiburg

Als Brotgang wird in der Fine-Dining-Destination in der Freiburger Altstadt auch gern mal ein hausgebackenes »Laugenweckle« mit Zwiebelbutter serviert. Das junge Team sprüht vor Esprit.

Herrenstraße 43
+49 761 38030
jacobi-freiburg.de
Fine Dining • regionale Produkte • modern

Essen:	46	50
Service:	19	20
Weinkarte:	18	20
Ambiente:	9	10
Gesamt:	92	100

Kuro Mori

79098 Freiburg

Kuro Mori (japanisch) bedeutet »schwarzer Wald«. Und es referenziert auf die Zutatenvielfalt und Inspiration für die asiatischen Kaiseki-Schwarzwald-Tapas, die auch als tischweise Sharing-Menüs erhältlich sind.

Grünwälder Straße 2
+49 761 38848226
kuro-mori.de
japanisch • modern • Sushi

Essen:	44	50
Service:	18	20
Weinkarte:	18	20
Ambiente:	8	10
Gesamt:	88	100

Löwengrube

79098 Freiburg

Mitten im historischen Freiburg serviert Amadeus Kura seine Regionalküche mit weltoffenen Aromen im Menü oder à la carte. Rotbarsch mit Dinkel und Spinat etwa. Oder Perlhuhn mit Rotkohl und Traube.

Konviktstraße 12
+49 761 76991188
restaurant-loewengrube.de
Casual Dining • unkonventionell • entspannt

Essen:	43	50
Service:	18	20
Weinkarte:	18	20
Ambiente:	8	10
Gesamt:	87	100

Oberkirchs Weinstuben

79098 Freiburg

In dem gastfreundlichen Traditionshaus wird einem die Auswahl nicht leicht gemacht. Schwarzwaldforelle, Tafelspitz, Rinderroulade, oder Oberkirchs Wildplatte mit Spätzle? Hier schmeckt alles gut.

Münsterplatz 22
+49 761 2026868
hotel-oberkirch.de
Hotelrestaurant • klassisch • traditionell

Essen:	42	50
Service:	18	20
Weinkarte:	17	20
Ambiente:	8	10
Gesamt:	85	100

Tizio

79098 Freiburg

Italienische Küche wie bei Nonna! Hausgemachte Pasta, Fleischgerichte und frische Trüffel: Mit der richtigen Portion Bodenständigkeit präsentiert sich das Tizio als Klein-Italien mitten in Freiburg – einfach herrlich!

Rotteckring 14
+49 761 2925711
tizio-freiburg.de
Bistro • italienisch • entspannt

Essen:	**42**	50
Service:	**17**	20
Weinkarte:	**17**	20
Ambiente:	**7**	10
Gesamt:	83	100

Zirbelstube

79098 Freiburg

Tief verankert in der Genussregion Baden und mit der Nähe zu Frankreich ist die Zirbelstube ein Pilgerort für klassische Küche – von Bouillabaisse bis Käseauswahl – und auch das Interieur passt dazu.

Rotteckring 16
+49 761 21060
colombi.de
Hotelrestaurant • Fine Dining • deutsche Küche • elegant

Essen:	**46**	50
Service:	**18**	20
Weinkarte:	**19**	20
Ambiente:	**8**	10
Gesamt:	91	100

Zum Löwen

79110 Freiburg

Der Bezug zur Küchentradition spielt eine große Rolle im Löwen. Ein Anspruch, den man schmeckt. In der Maultaschensuppe genauso wie im Geschnetzelten mit Rahmsauce oder bei den Apfelküchle mit Vanillesauce!

Breisgauer Straße 62
+49 761 82216
zum-loewen-freiburg-lehen.de
Familienbetrieb • regionale Küche • gemütlich

Essen:	**44**	50
Service:	**17**	20
Weinkarte:	**18**	20
Ambiente:	**8**	10
Gesamt:	87	100

Zum Roten Bären

79098 Freiburg

Ein Wirtshaus mit über 900 Jahren Tradition – kein Wunder, dass das hier ein Ort der Geselligkeit ist. Zelebrierte Gastfreundschaft, Modernität an richtiger Stelle und Specials mit Kalbsleber oder Forelle.

Oberlinden 12
+49 761 387870
roter-baeren.de
Gasthaus • regionale Küche • Wild • gemütlich

Essen:	**42**	50
Service:	**18**	20
Weinkarte:	**17**	20
Ambiente:	**8**	10
Gesamt:	85	100

Zur Wolfshöhle

79098 Freiburg

Unverkennbar klassisch, hochfein und absolut grandios kocht Martin Fauster in der Wolfshöhle. Keiner reduziert so genial wie er und setzt beste Zutaten wie Taube oder Saibling so gekonnt in Szene.

Konviktstraße 8
+49 761 30303
wolfshoehle-freiburg.de
Fine Dining • regionale Produkte • elegant

Essen:	**46**	50
Service:	**19**	20
Weinkarte:	**19**	20
Ambiente:	**8**	10
Gesamt:	92	100

Stüble

72250 Freudenstadt-Lauterbad

Im Stüble geht es genauso urig-gemütlich zu, wie es der Name verspricht. Auf den Tisch kommt Deftiges wie Kalbsrückensteak oder der beliebte »Hängespieß«. Dazu schmeckt ein kühles, gezapftes Weißbier!

Amselweg 5 +49 7441 860170 lauterbad-wellnesshotel.de **Gasthaus • deutsche Küche • Terrasse • gemütlich**	Essen: **42** | 50 Service: **17** | 20 Weinkarte: **17** | 20 Ambiente: **8** | 10 Gesamt: 84 | 100

pinus

88048 Friedrichshafen

Im schicken Restaurant sind die Speisen nach Geschmacksrichtungen sortiert – von erfrischend bis geröstet, von erdig bis vegetarisch. Alle Gerichte gibt es im Sharing-Konzept auch zum Teilen.

Ziegelstraße 5/1 +49 7541 959360 seegut-zeppelin.de **Hotelrestaurant • Sharing Menu • elegant**	Essen: **42** | 50 Service: **18** | 20 Weinkarte: **17** | 20 Ambiente: **8** | 10 Gesamt: 85 | 100

Speiserei im Maier

88048 Friedrichshafen

Urban und doch heimatverbunden – so fühlen sich das Hotel Maier und die Speiserei an. Philipp Heid kocht kreativ mit regionalen Schätzen wie Felchen, bunten Beten oder Fleisch-Cuts von lokalen Bauern.

Poststraße 1–3 +49 7541 4040 hotel-maier.de **Hotelrestaurant • nachhaltig • regionale Produkte**	Essen: **43** | 50 Service: **18** | 20 Weinkarte: **18** | 20 Ambiente: **8** | 10 Gesamt: 87 | 100

Foto: fotografietrautmann

Traube am See

88048 Friedrichshafen

Küchenchef Josephan Wolf weiß erstklassige, regionale Zutaten mit internationalen Einflüssen zu verbinden. Mit Blick auf den Bodensee gibt es abends ein Vier-Gänge-Genuss-Menü mit Gerichten zur Auswahl.

Meersburger Straße 11
+49 7541 9580
traubeamsee.de
Hotelrestaurant • klassisch • regionale Produkte

Essen:	**43** | 50
Service:	**18** | 20
Weinkarte:	**17** | 20
Ambiente:	**8** | 10
Gesamt:	86 | 100

Vinophil

76571 Gaggenau

Die Speisekarte im Vinophil ist so vielfältig wie die Weinauswahl. Gratinierter Ziegenkäse mit Steinpilzen, Fasan nach Winzerin-Art oder Quittenmousse mit Brioche – der passende Wein findet sich bestimmt.

Max-Roth-Straße 16
+49 7225 9884880
vinophil-murgtal.de
Vinothek • deutsche Küche • mediterran • gemütlich

Essen:	**43** | 50
Service:	**18** | 20
Weinkarte:	**18** | 20
Ambiente:	**8** | 10
Gesamt:	87 | 100

Zum Hecht

78187 Geisingen

Was Italien und Baden gemein haben, sind Genussaffinität und die kulinarische Verwurzelung im Einfachen – und genau das greift die Küche im Hecht gekonnt auf. Herzliche Atmosphäre und sehr kompetentes Team.

Hauptstraße 41
+49 7704 281
zumhecht.de
Gasthaus • Casual Dining • mediterran

Essen:	**43** | 50
Service:	**18** | 20
Weinkarte:	**17** | 20
Ambiente:	**8** | 10
Gesamt:	86 | 100

Foto: DIMITRI DELL PHOTOGRAPHY

Ponyhof Stammhaus 77723 Gengenbach

Familie Wussler ist das Wohlfühlambiente für ihre Gäste besonders wichtig. Das gelingt hervorragend, nicht zuletzt dank der schmackhaften Küche zwischen »Rinderfilet Rosini«, Fried Chicken und Crema catalana.

Mattenhofweg 6
+49 7803 1469
ponyhof.co
Gasthaus • deutsche Küche • im Grünen • gemütlich

Essen:	44 | 50
Service:	18 | 20
Weinkarte:	17 | 20
Ambiente:	8 | 10
Gesamt:	87 | 100

Reichsstadt 77723 Gengenbach

Ob auf der schönen Gartenterrasse oder im stilvollen Innenraum: Hier speist man feine französische Klassiker, badische Seelenwärmer und kreative Köstlichkeiten zwischen Bouillabaisse und Surf 'n' Turf.

Engelgasse 33
+49 7803 96630
die-reichsstadt.de
Familienbetrieb • deutsche Küche • Terrasse • entspannt

Essen:	43 | 50
Service:	18 | 20
Weinkarte:	19 | 20
Ambiente:	8 | 10
Gesamt:	88 | 100

Werners Restaurant 76593 Gernsbach

Die handwerklich finessenreiche Hochküche von Bernd Werner ist für sich allein schon toll, die Lage des Lokals im Schwarzwälder Schloss Eberstein setzt dem Genusserlebnis aber im wahrsten Wortsinn die Krone auf.

Schloss Eberstein 1
+49 7224 995950
hotel-schloss-eberstein.de
Fine Dining • deutsche Küche • französisch • romantisch

Essen:	46 | 50
Service:	18 | 20
Weinkarte:	18 | 20
Ambiente:	8 | 10
Gesamt:	90 | 100

Adler

79286 Glottertal

Im Adler wird Wert auf badische Tradition und französisches Handwerk gelegt. Das gemütliche Ambiente lädt zum Schlemmen zwischen Hirschrücken, Zander-Saltimbocca und gewickeltem Apfelstrudel ein.

Talstraße 11
+49 7684 90870
adler-glottertal.de
Hotelrestaurant • deutsche Küche • französisch

Essen:	42	50
Service:	17	20
Weinkarte:	17	20
Ambiente:	8	10
Gesamt:	84	100

Hirschen

79286 Glottertal

Die klassisch-gemütliche Atmosphäre im Hirschen verführt dazu, sich ganz den familiären Gastgeberqualitäten hinzugeben. Serviert wird eine schmackhafte Symbiose aus badischen und frankophilen Lieblingen.

Rathausweg 2
+49 7684 810
hirschen-glottertal.de
Hotelrestaurant • Familienbetrieb • regionale Produkte

Essen:	43	50
Service:	17	20
Weinkarte:	18	20
Ambiente:	8	10
Gesamt:	86	100

Zum Goldenen Engel

79286 Glottertal

Tradition und Finesse mit den besten Einflüssen aus Frankreich und der Schweiz bringt Chef Michael Mannel immer wieder in neuen Kreationen gekonnt auf den Teller. Der bodenständige Mittagstisch lohnt!

Friedhofweg 2
+49 7684 250
goldener-engel-glottertal.de
Hotelrestaurant • deutsche Küche • im Grünen

Essen:	43	50
Service:	17	20
Weinkarte:	17	20
Ambiente:	8	10
Gesamt:	85	100

Zur Sonne

79286 Glottertal

Das Traditionswirtshaus lockt nicht nur Freunde guter Regionalküche an, sondern auch viele Weinliebhaber, die die guten Tropfen von teils namhaften Winzern zu moderaten Preisen zu schätzen wissen.

Talstraße 103
+49 7684 242
sonne-glottertal.de
Familienbetrieb • eigener Kräutergarten • vegetarisch

Essen:	43	50
Service:	18	20
Weinkarte:	18	20
Ambiente:	8	10
Gesamt:	87	100

Zur Krone

79288 Gottenheim

In der Krone werden nicht nur Liebhaber traditioneller Küche glücklich. Neben Kaninchenrücken im Speckmantel könnte es auch Gemüsequiche sein – und danach unbedingt eines der tollen Desserts!

Hauptstraße 57
+49 7665 6712
krone-gottenheim.de
Familienbetrieb • deutsche Küche • entspannt

Essen:	42	50
Service:	18	20
Weinkarte:	17	20
Ambiente:	8	10
Gesamt:	85	100

Tannenmühle

79865 Grafenhausen

Eine Schwarzwaldmühle wie aus dem Bilderbuch. Die angeschlossene Forellenzucht prägt die Kulinarik, aber auch die Wildgerichte und die vielseitige Dessertkarte sind den Besuch im Schlüchttal wert!

Tannenmühleweg 5
+49 7748 215
tannenmuehle.de
Gasthaus • eigene Fischzucht • klassisch

Essen:	43 | 50
Service:	17 | 20
Weinkarte:	17 | 20
Ambiente:	7 | 10
Gesamt:	84 | 100

Eckert

79639 Grenzach-Wyhlen

Südbaden ist ein Mekka für Kulinariker – auch das Eckert trägt mit seiner feinsinnigen Küche dazu bei. Die eigenen Wurzeln, die Nähe zu Frankreich und internationale i-Tüpfelchen ergeben hier Köstliches.

Basler Straße 20
+49 7624 91720
eckert-grenzach.de
Fine Dining • Allrounder • elegant

Essen:	46 | 50
Service:	18 | 20
Weinkarte:	19 | 20
Ambiente:	8 | 10
Gesamt:	91 | 100

Rührberger Hof

79639 Grenzach-Wyhlen

Den Brüdern Düster ist die hohe Qualität ihrer Speisen und eine schöne Atmosphäre für ihre Gäste wichtig. Und das spürt man – wie etwa bei Wild aus heimischer Jagd, bunten Salaten und Panna cotta mit Zwetschgen.

Inzlinger Straße 1
+49 7624 91610
ruehrbergerhof.com
Gasthaus • deutsche Küche • regionale Produkte

Essen:	42 | 50
Service:	17 | 20
Weinkarte:	17 | 20
Ambiente:	8 | 10
Gesamt:	84 | 100

Bahnhöfle

79194 Gundelfingen

Die Stammgäste des Bahnhöfle schätzen die unprätentiöse, aber klassische Atmosphäre und vor allem natürlich die gut gekochten Klassiker vom Kalbskotelett in Senfsauce bis zur Fischsuppe à la Provence.

Bahnhofstraße 16
+49 761 5899949
bahnhoefle-gundelfingen.eatbu.com
Gasthaus • mediterran • französisch • Terrasse

Essen:	43 | 50
Service:	18 | 20
Weinkarte:	18 | 20
Ambiente:	8 | 10
Gesamt:	87 | 100

In Vino Veritas

77716 Haslach im Kinzigtal

Als Gast schwelgt man hier in der Wahrheit des Weins – und auch in der modernen Kulinarik mit Leichtigkeit und besten Zutaten wie heimischem Wild, Wolfsbarsch und Spaghettini mit Zucchini-Piccata.

Steinacher Straße 9
+49 7832 9944695
in-vino-haslach.de
Casual Dining • modern • vegetarisch

Essen:	43 | 50
Service:	17 | 20
Weinkarte:	18 | 20
Ambiente:	8 | 10
Gesamt:	86 | 100

Hofgut Hohenkarpfen

78595 Hausen ob Verena

Das ganze Hofgut ist ein Refugium zwischen Natur, Bergwelt und allgegenwärtiger Kunst. Stefan Schäfer setzt auf Klassiker und modern-kreative Küche mit Regionalbezug. Einige vegetarische Optionen.

Hohenkarpfen 1
+49 7424 9450
hohenkarpfen.de
Gasthaus • am Berg • Essen mit Aussicht • romantisch

Essen:	**42** I 50
Service:	**18** I 20
Weinkarte:	**18** I 20
Ambiente:	**8** I 10
Gesamt:	86 I 100

Kamino

79837 Häusern

Im Kamino gelingt ein lockerer Spagat aus Modernität und Heimatbezug. Gekocht wird gern mit mediterranen Anklängen: von Gazpacho über Tapas und Lachs-Tostadas bis zum saftigen Ibérico-Schwein-Burger.

St.-Fridolin-Straße 1
+49 7672 4819970
restaurant-kamino.de
regionale Küche • unkonventionell • Terrasse

Essen:	**43** I 50
Service:	**18** I 20
Weinkarte:	**18** I 20
Ambiente:	**8** I 10
Gesamt:	87 I 100

1950

72534 Hayingen

Simon Tress ist Vorreiter, was ganzheitliche Arbeit im Einklang mit Natur und Landwirtschaft angeht. Im 1950 beweist er innovativ und sympathisch, dass auch Gourmetmenüs diesem Anspruch genügen können.

Aichelauer Straße 6
+49 7383 94980
tress-gastronomie.de
Fine Dining • vegetarisch • nachhaltig • regionale Produkte

Essen:	**46** I 50
Service:	**19** I 20
Weinkarte:	**18** I 20
Ambiente:	**8** I 10
Gesamt:	91 I 100

Rose

72534 Hayingen

In der Rose entfalten sich das ganze Bio-Know-how und die regionale Verwurzelung der Familie Tress. Immer bodenständig-heimatbezogen, aber nie langweilig – mit köstlich-modernen Ideen und viel Gemüse.

Aichelauer Straße 6
+49 7383 94980
tress-gastronomie.de
Gasthaus • bio • nachhaltig • traditionell

Essen:	**43** I 50
Service:	**18** I 20
Weinkarte:	**17** I 20
Ambiente:	**8** I 10
Gesamt:	86 I 100

959

69117 Heidelberg

Im aufwendig designten Szenerestaurant versetzt Michael Braun ein buntes Publikum mit Gerichten wie Kaisergranat und Fingerlimes oder Herzbries vom Kalb mit Portweinkirschen in Verzückung.

Friedrich-Ebert-Anlage 2	Essen:	44 | 50
+49 6221 6742959	Service:	19 | 20
959heidelberg.com	Weinkarte:	19 | 20
Fine Dining • modern • elegant	Ambiente:	9 | 10
	Gesamt:	91 | 100

Chambao

69117 Heidelberg

Mit dem gängigen Tapasbar-Klischee hat dieses Lokal wenig gemein. Die aus der wechselnden Karte frei wählbaren, köstlichen mediterranen Crossover-Gerichte sind alles andere als von der Stange.

Dreikönigstraße 1–3	Essen:	43 | 50
+49 6221 7258271	Service:	18 | 20
chambao-heidelberg.de	Weinkarte:	17 | 20
Casual Dining • spanisch • modern	Ambiente:	8 | 10
	Gesamt:	86 | 100

Kurfürstenstube

69117 Heidelberg

Das Gourmetlokal des Europäischen Hofs paart altehrwürdige Opulenz mit umfassender Weinauswahl, aufmerksamem Service und klassischer französischer Küche, die man im Sommer auch mediterran akzentuiert.

Friedrich-Ebert-Anlage 1	Essen:	43 | 50
+49 6221 5150	Service:	18 | 20
europaeischerhof.com	Weinkarte:	18 | 20
Hotelrestaurant • Fine Dining • klassisch	Ambiente:	8 | 10
P	Gesamt:	87 | 100

Oben

69117 Heidelberg

Für den Genuss von Robert Rädels' explosiver, hochkreativer Saison- beziehungsweise Naturküche braucht es viel Geduld. Gebucht werden kann frühestens ein halbes Jahr im Voraus oder via Warteliste. Viel Glück.

Kohlhof 5	Essen:	46 | 50
+49 172 9171744	Service:	18 | 20
restaurant-oben.de	Weinkarte:	18 | 20
eigener Gemüsegarten • im Grünen • unkonventionell	Ambiente:	9 | 10
P	Gesamt:	91 | 100

Oskar

69117 Heidelberg

Tradition und Innovation zu einem besonderen Geschmackserlebnis zu verbinden, gelingt der ambitionierten Küchencrew in dem modern-chic gestylten Restaurant trefflich. Solide Weinauswahl.

Haspelgasse 5	Essen:	42 | 50
+49 6221 4319034	Service:	18 | 20
oskar-hd.de	Weinkarte:	17 | 20
Vinothek • klassisch • entspannt	Ambiente:	8 | 10
	Gesamt:	85 | 100

Scharffs Schlossweinstube

69117 Heidelberg

Elegantes und dabei unkompliziertes Genießerrestaurant in beeindruckender, historischer Kulisse. Schlossherr Martin Scharff und Küchenchef Nemanja Lemaic setzen auf eine weltoffene, zwanglose Küche.

Schlosshof 1
+49 6221 8727010
heidelberger-schloss-gastronomie.de
Fine Dining • Fisch • vegetarisch • elegant

Essen:	**43**	50
Service:	**18**	20
Weinkarte:	**18**	20
Ambiente:	**8**	10
Gesamt:	87	100

Traube

69126 Heidelberg

Geschmackvoll-gehobene Wirtshausküche mit hohen Nachhaltigkeitsambitionen. Vom Fine-Dining-Menü hat man sich wieder verabschiedet. Die saisonale À-la-carte-Karte ist jenseits von 0815, aber entspannt.

Rathausstraße 75
+49 6221 6737222
traube-heidelberg.de
deutsche Küche • regionale Produkte • gemütlich

Essen:	**43**	50
Service:	**18**	20
Weinkarte:	**18**	20
Ambiente:	**8**	10
Gesamt:	87	100

Weisser Bock

69117 Heidelberg

Dem Genuss verpflichtetes, elegantes Gasthaus mit langer Tradition. Stets speist man auf hohem Niveau, ob Wildessenz mit Tortellini oder Kalbskotelett mit Trüffeljus. Sehr apart ist auch die Altstadt-Terrasse.

Große Mantelgasse 24
+49 6221 90000
weisserbock.de
Fine Dining • deutsche Küche • mediterran • Terrasse

Essen:	**43**	50
Service:	**18**	20
Weinkarte:	**18**	20
Ambiente:	**9**	10
Gesamt:	88	100

Zum Nepomuk

69117 Heidelberg

Gastfreundschaft und Heimatliebe geben sich im gemütlich-geschmackvoll gestalteten Wirtshaus die Klinke in die Hand. Eine von vielen schmackhaften Spezialitäten ist die Odenwälder Forelle – grätenfrei!

Obere Neckarstraße 2
+49 6221 739130
hotel-zur-alten-bruecke.de
Gasthaus • regionale Küche • deutsche Küche

Essen:	**43**	50
Service:	**18**	20
Weinkarte:	**17**	20
Ambiente:	**8**	10
Gesamt:	86	100

Bachmaier 74072 Heilbronn

Otto Bachmaiers geschmackskonzentrierte Küche glänzt durch erstklassige Produkte und deren treffsichere, aufs Wesentliche reduzierte Zubereitung. Dazu der charmante Service von Ehefrau Ulrike. Toll!

Untere Neckarstraße 40	Essen:	43 I 50
+49 7131 6420560	Service:	18 I 20
restaurant-bachmaier.de	Weinkarte:	17 I 20
Casual Dining • mediterran • deutsche Küche • entspannt	Ambiente:	8 I 10
	Gesamt:	86 I 100

Magnifico 74076 Heilbronn

Im zwölften Stock des WTZ-Turms wird fantasievolle Cucina italiana aus ausgesuchten Spezialitäten zelebriert. Caprese mit Olivenöleis oder Hummer-Spaghettoni mit Sorrent-Zitrone sind zum Niederknien gut.

Im Zukunftspark 10	Essen:	44 I 50
+49 7131 74564140	Service:	18 I 20
wtz-magnifico.de	Weinkarte:	18 I 20
Fine Dining • italienisch • elegant	Ambiente:	8 I 10
P	Gesamt:	88 I 100

Ratskeller 74072 Heilbronn

Schwäbisch-mediterrane Küche in einem schönen Gewölbekeller aus dem 14. Jahrhundert. Michael Ochmainski kocht seit über 30 Jahren beständig Bodenständiges, zaubert aber auch ein Eins-a-Vitello-tonnato.

Marktplatz 7	Essen:	42 I 50
+49 7131 84628	Service:	18 I 20
ratskeller-heilbronn.eu	Weinkarte:	17 I 20
Gasthaus • Hausmannskost • Wild	Ambiente:	8 I 10
	Gesamt:	85 I 100

Rebstock la petite provence 74080 Heilbronn

Kleines Restaurant mit hohem Genussfaktor – authentisch, gemütlich, elegant. Dominique Champroux kocht eine ausdrucksstarke provenzalische Küche, Ehefrau Beate sorgt für Service und Atmosphäre.

Eppinger Straße 43	Essen:	43 I 50
+49 7131 4054351	Service:	18 I 20
rebstock-provence.de	Weinkarte:	17 I 20
Gasthaus • französisch • Terrasse	Ambiente:	8 I 10
	Gesamt:	86 I 100

Bayerischer Hof 88633 Heiligenberg

Bei diesem Querschnitt aus beliebten Klassikern und internationalen Highlights wie Felsenaustern, Zwiebelrostbraten und Rehragout wird beim Einkehren die ganze Familie glücklich. Tolle Desserts!

Röhrenbacher Straße 1	Essen:	42 I 50
+49 7554 217	Service:	18 I 20
bayerischerhof-heiligenberg.de	Weinkarte:	17 I 20
Gasthaus • deutsche Küche • gemütlich	Ambiente:	8 I 10
P	Gesamt:	85 I 100

Jagstmühle

74673 Heimhausen

Im zauberhaft gelegenen Gasthof und Hotel begeistert Spitzenkoch Steffen Mezger mit einer sinnlichen, produktgeprägten Landhausküche auf Gourmetniveau. Klassiker haben bei ihm immer das gewisse Etwas.

Jagstmühlenweg 10
+49 7938 90300
jagstmuehle.de
Gasthaus • vegetarisch • modern • traditionell

Essen:	44 | 50
Service:	18 | 20
Weinkarte:	17 | 20
Ambiente:	8 | 10
Gesamt:	87 | 100

Krone

79423 Heitersheim

Das Markgräfler Land und sein kulinarischer Reichtum sind Grundlage für die feinsinnigen Gerichte der Krone. Tradition spielt genauso eine Rolle wie Fortschritt im Sinne von pflanzenbasierter Küche.

Hauptstraße 12
+49 7634 51070
landhotel-krone.de
Familienbetrieb • Hotelrestaurant • bio

Essen:	44 | 50
Service:	18 | 20
Weinkarte:	18 | 20
Ambiente:	8 | 10
Gesamt:	88 | 100

Foto: Foto Leofa GmbH

Adler Stuben

79856 Hinterzarten

Genuss und beste Zutaten gehen in den Stuben Hand in Hand. Chefkoch Bernhard König versteht sein Handwerk – sowohl was klassisches Badisches als auch Weltoffen-Kreatives angeht. Tolle Käseauswahl!

Adlerplatz 3
+49 7652 1270
parkhoteladler.de
Hotelrestaurant • Fine Dining • französisch • vegetarisch

Essen:	42 | 50
Service:	18 | 20
Weinkarte:	18 | 20
Ambiente:	8 | 10
Gesamt:	86 | 100

Alemannenhof

79856 Hinterzarten

Hier oben am Titisee laufen die Uhren langsamer und auch die Küche bringt regionale Bodenständigkeit und Entspannung – etwa bei Filet von der Schwarzwaldforelle mit raffiniertem Orangenfond oder Käsespätzle.

Bruderhalde 21
+49 7652 91180
hotel-alemannenhof.de
Hotelrestaurant • regionale Produkte • Seeterrasse

Essen:	43 | 50
Service:	18 | 20
Weinkarte:	18 | 20
Ambiente:	8 | 10
Gesamt:	87 | 100

La Table du Raben

79289 Horben

Das Gasthaus blickt bis ins Jahr 1604 und damit auf viel Tradition zurück. Der französische Charme zieht sich durch, besonders beliebt sind die »Bistro du Raben«-Abende mit Meeresfrüchteplatten oder Bouillabaisse.

Dorfstraße 8
+49 761 556520
raben-horben.de
Fine Dining • französisch • elegant

Essen:	**44** | 50
Service:	**18** | 20
Weinkarte:	**18** | 20
Ambiente:	**8** | 10
Gesamt:	88 | 100

Luise

79289 Horben

Küchenchef Niels Möller interpretiert Erinnerungen an die alte Luisenhöhe mit saisonalen Menüs und Kreationen wie Roter Rettich mit fermentierter Erdbeere neu – begleitet von über 500 Weinen.

Luisenhöhestraße 14
+49 761 137330
luisenhoehe-hotel.de
Hotelrestaurant • saisonal • regionale Produkte

Essen:	**43** | 50
Service:	**18** | 20
Weinkarte:	**18** | 20
Ambiente:	**8** | 10
Gesamt:	87 | 100

Linde Post

78658 Horgen

Bistroflair, klassisches Wirtshaus und Biergarten: Die Linde strahlt mit familiärem Service und hausgemachter, bodenständiger Küche – vom Strohschwein-Schnitzel bis zum Wurstsalat mit Bratkartoffeln.

Alte Hausener Straße 8
+49 741 33333
lindepost.de
Gasthaus • Casual Dining • Familienbetrieb

Essen:	**43** | 50
Service:	**17** | 20
Weinkarte:	**17** | 20
Ambiente:	**7** | 10
Gesamt:	84 | 100

Hirschen

78183 Hüfingen

Heimische Produkte aus der Region sind für (Küchen-)Chefin Verena Martin eine Selbstverständlichkeit. Die Speisekarte lebt entsprechend vom Wandel der Jahreszeiten. Mediterrane Akzente sind erlaubt.

Wutachstraße 19
+49 7707 99050
hirschen-mundelfingen.de
Gasthaus • Delikatessenverkauf • gemütlich

Essen:	**44** | 50
Service:	**18** | 20
Weinkarte:	**17** | 20
Ambiente:	**8** | 10
Gesamt:	87 | 100

BergFink

97999 Igersheim

Der Bergfink ist ein geselliger Vogel. Dieses Lebensgefühl verströmt auch das gleichnamige, gemütliche Restaurant in Tauberfranken. Regionale und weltoffene Gemüsekreationen stehen dabei im Mittelpunkt.

Bergstraße 18
+49 7931 477882
restaurant-bergfink.de
Sharing Menu • entspannt • modern

Essen:	**43** | 50
Service:	**19** | 20
Weinkarte:	**17** | 20
Ambiente:	**8** | 10
Gesamt:	87 | 100

Bundschuh

97999 Igersheim

Wichtigstes Ziel des lang gestreckten Golfplatzes im Erlenbachtal ist stets das Restaurant von Andreas Bundschuh am Ausgang. Mittags schneller Lunch, sonntags großer Brunch – und abends dann feinbürgerlich.

Erlenbachtalstraße 36
+49 7931 8066
andreas-bundschuh.com
nachhaltig • Terrasse • Essen mit Aussicht

Essen:	42	50
Service:	17	20
Weinkarte:	16	20
Ambiente:	8	10
Gesamt:	83	100

Goldener Engel

79241 Ihringen

Mittags und abends geöffnet, bietet das sympathische Haus klassische Gerichte, inspiriert von der französischen Küche. Eine Spezialität sind die hausgemachten Kürbiskern-Ricotta-Ravioli.

Bachenstraße 27
+49 7668 908870
engel-ihringen.de
Hotelrestaurant • regionale Produkte • klassisch

Essen:	43	50
Service:	17	20
Weinkarte:	18	20
Ambiente:	7	10
Gesamt:	85	100

Zur Sonne

79241 Ihringen

Im hübschen Innenhof oder in den urigen Stuben des Gasthauses spürt man Baden durch und durch. Auch auf den Teller kommen raffiniert zubereitete Klassiker – vom Wildhasenpfeffer bis zum »Bibliskäs«.

Hauptstraße 21
+49 7668 229
sonne-wasenweiler.de
Gasthaus • deutsche Küche • traditionell

Essen:	43	50
Service:	18	20
Weinkarte:	17	20
Ambiente:	8	10
Gesamt:	86	100

Heinzler am See

88090 Immenstaad am Bodensee

In absolut herrlicher Lage am See schlemmt man sich sehr gern durch die Kreationen von Thomas Heinzler zwischen Ragout vom heimischen Reh, gegrillten Wildgambas oder Steaks und Frischkäse-Ravioli.

Strandbadstraße 3
+49 7545 93190
heinzleramsee.de
Familienbetrieb • Casual Dining • Seeterrasse

Essen:	43	50
Service:	18	20
Weinkarte:	17	20
Ambiente:	8	10
Gesamt:	86	100

Seehof

88090 Immenstaad am Bodensee

Die verschiedenen Räumlichkeiten des Seehofs bieten eine angemessene Kulisse für die Küche von Jürgen Hallerbach und seine alemannischen Wirtshausklassiker sowie die italienischen oder saisonalen Lieblinge.

Bachstraße 15
+49 7545 9360
seehof-hotel.de
Hotelrestaurant • Allrounder • Seeterrasse

Essen:	**44**	50
Service:	**18**	20
Weinkarte:	**18**	20
Ambiente:	**8**	10
Gesamt:	**88**	100

Krone

79594 Inzlingen

Anspruch und herzliche Gemütlichkeit sind hier kein Gegensatz. In diesem Umfeld schmecken kreativ-regionale Gerichte, vielfach mit Slow-Food-Zutaten, wie etwa die ganze Schwarzwald-Forelle mit Zitronengras.

Riehenstraße 92
+49 7621 2226
krone-inzlingen.de
Hotelrestaurant • modern • vegetarisch

Essen:	**43**	50
Service:	**18**	20
Weinkarte:	**18**	20
Ambiente:	**8**	10
Gesamt:	**87**	100

Wasserschloss

79594 Inzlingen

In ihren tagesaktuellen Menüs schöpft Simone Beha aus dem Vollen der Saison. Auch die pflanzlichen Gerichte sind feinsinnig, die Weinbegleitung ist stets auf den Punkt – und all das ist herrlich unprätentiös.

Riehenstraße 5
+49 7621 47057
inzlinger-wasserschloss.de
Hotelrestaurant • Casual Dining • Allrounder

Essen:	**43**	50
Service:	**18**	20
Weinkarte:	**18**	20
Ambiente:	**8**	10
Gesamt:	**87**	100

Allgäuer Stuben

88316 Isny im Allgäu

Susanne Rimmele versteht es, die Schätze des Allgäus mit den besten Zutaten der Region auf den Teller zu bringen. Das schmeckt so gut, dass es sich definitiv lohnt, auch ihre saisonalen Kochkurse zu besuchen!

Lindauer Straße 75
+49 7562 97597
hotel-hohe-linde.de
Hotelrestaurant • deutsche Küche • nachhaltig

Essen:	**43**	50
Service:	**18**	20
Weinkarte:	**17**	20
Ambiente:	**8**	10
Gesamt:	**86**	100

Jägerhaus

79400 Kandern

Dass hier einmal Kunst die dominierende Größe im ehemaligen Atelier war, spürt man als Gast heute noch. Die Gastgeberinnen füllen den hübschen Ort mit buntem Leben und wohlschmeckenden Kreationen.

Wollbacher Straße 28
+49 7626 8715
restaurant-jaegerhaus.de
Gasthaus • im Grünen • Gastgarten • gemütlich

Essen:	**43**	50
Service:	**18**	20
Weinkarte:	**17**	20
Ambiente:	**8**	10
Gesamt:	**86**	100

Zum Hirschen

79400 Kandern

Seit über 350 Jahren in Familienbesitz, seit 90 Jahren wird mit dem alten Holzfeuerherd gekocht und seit jeher gibt es Klassiker wie badisches Schäufele und Rösti aus lokalen Lebensmitteln.

Am Neuweg 2
+49 7626 388
hirschen-egerten.de
Gasthaus • klassisch • urig

Essen:	**43** | 50
Service:	**18** | 20
Weinkarte:	**18** | 20
Ambiente:	**8** | 10
Gesamt:	87 | 100

Rebstock Waldulm

77876 Kappelrodeck-Waldulm

Mehr Schwarzwaldidylle als hier ist schwer zu finden und auch die Küche spiegelt das wider, etwa mit badischem Schneckenrahmsüppchen, Wachtelbrüstchen im Blutwurstmantel oder »Kirschwassereisbömble«.

Kutzendorf 1
+49 7842 9480
rebstock-waldulm.de
Casual Dining • regionale Produkte • Terrasse • gemütlich

Essen:	**43** | 50
Service:	**18** | 20
Weinkarte:	**19** | 20
Ambiente:	**8** | 10
Gesamt:	88 | 100

1463

76229 Karlsruhe

Charmantes Wohlfühllokal mit urig-historischem Ambiente im ältesten Gebäude der Stadt. Henning Weick bietet eine unaufgeregte Schlemmerküche, für die es kein Storytelling braucht.

Friedrichstraße 10–14
+49 721 66050650
1463.de
klassisch • regionale Produkte • historischer Ort

Essen:	**42** | 50
Service:	**18** | 20
Weinkarte:	**18** | 20
Ambiente:	**8** | 10
Gesamt:	86 | 100

5 SEN:SES

76133 Karlsruhe

Mario Aliberti hat ein offensichtliches Talent für hochästhetische, sehr sinnliche Arrangements und Kompositionen. Wie schön, dass seine italienisch-asiatische Kreativküche auch noch großartig schmeckt.

Blumenstraße 19
+49 721 20628
mario-aliberti.de
Fine Dining • italienisch • modern

Essen:	**44** | 50
Service:	**19** | 20
Weinkarte:	**18** | 20
Ambiente:	**9** | 10
Gesamt:	90 | 100

Anders auf dem Turmberg

76227 Karlsruhe

Panoramafans kommen in Karlsruhes beliebtem Ausflugslokal voll auf ihre Kosten. Toplage, toller Service sowie eine abwechslungsreiche Karte mit regional wie international inspirierten Leckereien.

Reichardtstraße 22
+49 721 41459
anders-turmberg.de
Casual Dining • deutsche Küche • französisch • Tapas

Essen:	43 I 50
Service:	18 I 20
Weinkarte:	18 I 20
Ambiente:	8 I 10
Gesamt:	87 I 100

Brick + Bone

76133 Karlsruhe

Georgina Rita spricht eine Einladung zum Wohlfühlen und Genießen aus: Es gibt ausschließlich Steaks vom Nebraska-Weiderind und eine selbst als solche bezeichnete Wein-Bibel mit über 800 erlesenen Spitzenweinen.

Waldstraße 79
+49 721 205000
brickandbone.de
Steak • klassisch • gehoben

Essen:	43 I 50
Service:	18 I 20
Weinkarte:	18 I 20
Ambiente:	8 I 10
Gesamt:	87 I 100

DOM

76133 Karlsruhe

Ästhetisches Steak-Restaurant mit coolem, kosmopolitischem Flair. Die Dry-Aged Cuts von Metzgermeister Heiko Brath lassen karnivore Herzen höherschlagen. Dazu gibt es frische Pasta, Burger und mehr.

Hirschhof 5
+49 721 90990090
dom-grill.com
Steak • Cocktails • modern

Essen:	42 I 50
Service:	18 I 20
Weinkarte:	18 I 20
Ambiente:	9 I 10
Gesamt:	87 I 100

EigenArt

76133 Karlsruhe

Leidenschaft für gute, ehrliche Produkte ist der Eckpfeiler dieses hübschen Slowfood-Restaurants. Thüringer Wildschwein-Mutzbraten hat ebenso seinen Platz wie wilde Garnele mit rauchiger Wagyu-Wurst.

Hebelstraße 17
+49 721 5703443
eigenart-karlsruhe.de
Gasthaus • Casual Dining • entspannt • klassisch

Essen:	43 I 50
Service:	18 I 20
Weinkarte:	17 I 20
Ambiente:	8 I 10
Gesamt:	86 I 100

Il Teatro²

76137 Karlsruhe

41 Jahre Il Teatro – eine Gastroinstitution in Karlsruhe. Der mittlerweile in zweiter Generation geführte Edelitaliener kombiniert zeitgemäße Interpretationen beliebter Klassiker mit hauseigener Fantasie.

Ettlinger Straße 2c
+49 721 356566
ilteatro.de
Pizza • klassisch • italienisch • traditionell

Essen:	44 I 50
Service:	18 I 20
Weinkarte:	18 I 20
Ambiente:	7 I 10
Gesamt:	87 I 100

Ivy

76133 Karlsruhe

Trendige Crossover-Gerichte im exklusiv gestalteten Szenerestaurant. Die Küche zieht Inspiration aus verschiedenen Ländern: Paella-Bällchen auf Salsa Verde, Tacos mit Aubergine, Surf & Turf de luxe.

Karlstraße 34
+49 1575 5035970
ivy.restaurant
Steak • Frühstück • Cocktails • unkonventionell

Essen:	43	50
Service:	18	20
Weinkarte:	18	20
Ambiente:	8	10
Gesamt:	87	100

Kesselhaus[3]

76185 Karlsruhe

Kreative Produktküche mit hohem Lässigkeitsfaktor und spannendem Twist. Gerichte wie Spitzkohl-Dim-Sum mit Auberginenconfit oder Steinbutt mit Blutorangensabayon gibt es als Menü oder à la carte.

Griesbachstraße 10C
+49 721 6699269
kesselhaus-ka.de
Wild • unkonventionell • französisch

Essen:	43	50
Service:	18	20
Weinkarte:	17	20
Ambiente:	8	10
Gesamt:	86	100

Margarete

76135 Karlsruhe

Es muss nicht immer die ganz große Kulinarik sein. Thorsten Benders legeres Zweitrestaurant setzt bewusst auf unkomplizierte, aber alles andere als banale Casual-Küche, sommers sogar auf der Terrasse.

Scheffelstraße 55
+49 721 40244773
bistro-margarete.de
Bistro • regionale Produkte • modern

Essen:	44	50
Service:	18	20
Weinkarte:	17	20
Ambiente:	8	10
Gesamt:	87	100

Oberländer Weinstube

76133 Karlsruhe

Klassisch-regionale Feinschmeckerküche mit mediterranen Akzenten im traditionsreichen Gasthaus mit viel Charme. Winters sitzt man in den holzgetäfelten Stuben, sommers lauschig unter dem Kastanienbaum.

Akademiestraße 7
+49 721 25066
oberlaender-weinstube.de
klassisch • gemütlich • traditionell

Essen:	43	50
Service:	18	20
Weinkarte:	17	20
Ambiente:	8	10
Gesamt:	86	100

Sein

76135 Karlsruhe

Thorsten Benders brillant komponierte Menüs zupfen ordentlich an den Synapsen. Dabei spielt er mit Luxusprodukten genauso wie mit Basics, etwa beim bretonischen Steinbutt mit Salat und Sud von der Wasserkresse.

Scheffelstraße 57
+49 721 40244773
restaurant-sein.de
Fine Dining • asiatisch • vegetarisch • elegant

Essen:	48	50
Service:	20	20
Weinkarte:	19	20
Ambiente:	9	10
Gesamt:	96	100

Séparée Sein

76135 Karlsruhe

Im eleganten Séparée des Sein steht ein einzelner Tisch mit Platz für zehn Gäste. Abends serviert Christopher Kalmbach hier ausschließlich ein Menü – dafür aber mit außergewöhnlich kreativen Gerichten.

Scheffelstraße 57	Essen: **43** I 50
+49 721 40244776	Service: **18** I 20
restaurant-sein.de	Weinkarte: **19** I 20
Fine Dining • charmant • nachhaltig	Ambiente: **8** I 10
	Gesamt: 88 I 100

EssZimmer

77694 Kehl

Schwungvolle, saisonale Genussküche im Kunsthotel nahe der Grenze zu Straßburg mit größtenteils Produkten beziehungsweise Gerichten aus der Region. Mediterrane Ausflüge sind ausdrücklich erlaubt.

Hauptstraße 183	Essen: **44** I 50
+49 7851 91040	Service: **18** I 20
rebstock-kehl.de	Weinkarte: **18** I 20
Gasthaus • traditionell • mediterran • Terrasse	Ambiente: **9** I 10
P	Gesamt: 89 I 100

Scheidels Kranz

79341 Kenzingen

Die produktorientierte Küche im Kranz passt gut zum klassischen Interieur. Die Gerichte sind mediterran inspiriert und französisch umgesetzt, etwa Kalbssteak mit Morchelrahm oder Lammfilet provençale.

Offenburger Straße 18	Essen: **43** I 50
+49 7644 6855	Service: **17** I 20
scheidels-kranz.de	Weinkarte: **17** I 20
Gasthaus • deutsche Küche • Gastgarten • klassisch	Ambiente: **7** I 10
P	Gesamt: 84 I 100

Malathounis

71394 Kernen im Remstal

Für seine ganz eigene, fantasievolle Interpretation einer modernen mediterranen Aromenküche setzt der in Stuttgart geborene Spitzenkoch mit griechischen Wurzeln auf außergewöhnlich gute Zutaten.

Gartenstraße 5	Essen: **46** I 50
+49 7151 45252	Service: **19** I 20
malathounis.de	Weinkarte: **18** I 20
Gasthaus • griechisch • mediterran • gemütlich	Ambiente: **8** I 10
P	Gesamt: 91 I 100

Zum Ochsen

71394 Kernen im Remstal

Im behutsam renovierten Gasthaus mit jahrhundertealter Historie hat man die Metzgerei wiedereröffnet. Kalbszunge und Wiener Schnitzel teilen sich die Karte mit Blumenkohlsteaks und Knurrhahnfilet.

Kirchstraße 15	Essen: **42** I 50
+49 7151 94360	Service: **18** I 20
ochsen-kernen.de	Weinkarte: **17** I 20
Gasthaus • Allrounder • Terrasse • gemütlich	Ambiente: **7** I 10
P	Gesamt: 84 I 100

Weisser Ochse

73230 Kirchheim unter Teck

Im gemütlichen Wirtshaus mit hübscher Fassade und urigem Flair kann ebenso bodenständig wie fein, regional verwurzelt wie weltoffen getafelt werden: Schwertfisch-Carpaccio, Rinderbäckle, Gemüsesamosas.

Alleenstraße 102
+49 7021 8046616
weisser-ochse.de
Casual Dining • deutsche Küche • französisch • Gastgarten

Essen:	42 | 50
Service:	18 | 20
Weinkarte:	17 | 20
Ambiente:	8 | 10
Gesamt:	85 | 100

Schlegelhof

79199 Kirchzarten

Martin Schlegel kocht genau mit der richtigen Balance aus Schnörkellosigkeit und Raffinesse. Heraus kommen feine Kreationen, die am Boden bleiben und doch höchsten Genuss bieten. Sehr gute Weinkarte.

Höfener Straße 92
+49 7661 5051
schlegelhof.de
Hotelrestaurant • Familienbetrieb • im Grünen

Essen:	42 | 50
Service:	17 | 20
Weinkarte:	18 | 20
Ambiente:	8 | 10
Gesamt:	85 | 100

Sennhütte

79692 Kleines Wiesental

Ein Familienbetrieb mit Charme und Flair. Im freundlichen Ambiente genießen die Gäste badische Flädlesuppe, karamellisierte Entenleber, Cordon bleu und eine gute Auswahl an Wildspezialitäten.

Schwand 14
+49 7629 91020
sennhuette.com
Familienbetrieb • deutsche Küche • mediterran

Essen:	44 | 50
Service:	18 | 20
Weinkarte:	18 | 20
Ambiente:	8 | 10
Gesamt:	88 | 100

Tafelhaus

73257 Köngen

Bernd Nödinger und sein Team wissen, wie sie ihren Gästen einen genussvollen Abend bereiten. Mit besten Lebensmitteln aus der Region und einer guten Portion Kreativität überraschen sie immer wieder.

Bahnhofstraße 19
+49 7024 97220
hotel-neckartal.com
Hotelrestaurant • deutsche Küche • mediterran

Essen:	43 | 50
Service:	17 | 20
Weinkarte:	18 | 20
Ambiente:	8 | 10
Gesamt:	86 | 100

Zum goldenen Lamm

75203 Königsbach-Stein

Bioprodukte, Fokus auf regionale Klassiker, aber auch ein kreativer Blick über die Landesgrenzen hinaus: Fisch und Meeresfrüchte, Ossobuco alla milanese oder Trüffel. Auch die Weinauswahl ist gut.

Marktplatz 2
+49 7232 1776
lammstein.de
Gasthaus • deutsche Küche • mediterran • gemütlich

Essen:	**42** | 50
Service:	**17** | 20
Weinkarte:	**17** | 20
Ambiente:	**8** | 10
Gesamt:	84 | 100

Ursprung

89551 Königsbronn

Mit Gasthaus, Kochkursen, Catering oder Delikatessenhandel hat die Familie Widmann ein Älbler Genussimperium geschaffen. Die kreativ-regionale Gourmetküche setzt dem allem die Krone auf. Der Besuch lohnt.

Struthstraße 17
+49 7328 96270
widmanns-albleben.de
Hotelrestaurant • regionale Produkte • modern

Essen:	**46** | 50
Service:	**19** | 20
Weinkarte:	**18** | 20
Ambiente:	**8** | 10
Gesamt:	91 | 100

Widmann's Löwen

89551 Königsbronn

Gastlichkeit wird hier großgeschrieben. Der sympathische Familienbetrieb verwöhnt seine Gäste im schicken Restaurant mit erstklassigen Gerichten, allesamt kreativ und gleichzeitig bodenständig zubereitet.

Struthstraße 17
+49 7328 96270
widmanns-albleben.de
Familienbetrieb • deutsche Küche • regionale Produkte

Essen:	**43** | 50
Service:	**18** | 20
Weinkarte:	**18** | 20
Ambiente:	**8** | 10
Gesamt:	87 | 100

Rapp

78126 Königsfeld im Schwarzwald

In der Traube Tonbach oder dem Vendôme stand Alexander Rapp bereits am Herd. In seinem Elternhaus bringt er bodenständigen Rostbraten mit Spätzle oder Zander auf Rahmsauerkraut in Vollendung auf die Teller.

Dörfle 22
+49 7725 91510
cafe-rapp.de
Gasthaus • deutsche Küche • mediterran • entspannt

Essen:	**43** | 50
Service:	**17** | 20
Weinkarte:	**17** | 20
Ambiente:	**8** | 10
Gesamt:	85 | 100

Anglerstuben

78467 Konstanz

Schmuckes Bodenseelokal mit regional-saisonal ausgerichteter Frischeküche. Im zweiten Menü verschmelzen lokale und internationale Produkte, etwa beim Bao Bun mit Schweinebauch, Hummer und Höri-Bülle.

Reichenaustraße 51
+49 7531 8180487
anglerstuben.com
Gasthaus • Seeterrasse • entspannt

Essen:	**43** | 50
Service:	**18** | 20
Weinkarte:	**19** | 20
Ambiente:	**8** | 10
Gesamt:	88 | 100

Brasserie Colette

78462 Konstanz

Tim Raues Brasseriekonzept geht auch in Konstanz auf. Die Karte punktet mit französischer Lebensfreude: von Fine-de-Claire-Austern über Bouillabaisse bis zu Stubenküken-Frikassee. Bon appétit!

Brotlaube 2	Essen: **43** I 50
+49 7531 1285107	Service: **18** I 20
brasseriecolette.de	Weinkarte: **17** I 20
Bistro • Casual Dining • entspannt	Ambiente: **8** I 10
	Gesamt: 86 I 100

ess/bar

78462 Konstanz

Pfiffige Bistronomieküche in herrlich zwangloser Gastrokneipe. Die Küche ist ständig in Bewegung, serviert Vitello mit Räucherfischcreme oder Krabben mit Chorizo. Jeden Dienstag gibt es Seafood satt.

Sigismundstraße 15	Essen: **42** I 50
+49 7531 8043475	Service: **18** I 20
essbar-konstanz.de	Weinkarte: **17** I 20
Bistro • entspannt • unkonventionell	Ambiente: **8** I 10
	Gesamt: 85 I 100

Foto: COPYRIGHT BY RENE LAMB

Friedrichs Brasserie

78467 Konstanz

Stilvolle Gastlichkeit an der Konstanzer Seerhein-Promenade. Die neue Brasserie im ehemaligen Restaurant bietet einen kulinarischen Reigen an französisch und international inspirierten Gerichten.

Reichenaustraße 17	Essen: **44** I 50
+49 7531 12749777	Service: **18** I 20
restaurant-friedrichs.de	Weinkarte: **18** I 20
französische Küche • Bar • gehoben	Ambiente: **8** I 10
	Gesamt: 88 I 100

Ophelia

78464 Konstanz

Kunstsinniges Gourmetlokal in bester Bodenseelage. In den lichtdurchfluteten Räumlichkeiten der eleganten Jugendstilvilla genießt man, perfekt umsorgt, Dirk Hobergs faszinierend präzise Spitzenküche.

Seestraße 25	Essen: **48** I 50
+49 7531 363090	Service: **19** I 20
restaurant-ophelia.de	Weinkarte: **19** I 20
Hotelrestaurant • Fine Dining • französisch • Seeterrasse	Ambiente: **9** I 10
	Gesamt: 95 I 100

Papageno

78462 Konstanz

Patrick Stiers elegante Frischeküche wirkt einerseits klassisch französisch, birgt aber auch viele mediterrane Details. Bewährte Handschrift, neue, innerstädtische Adresse: Das Setting ist nun modern.

Untere Laube 47
+49 7531 368660
restaurant-papageno.net
Fine Dining • deutsche Küche • französisch • elegant

Essen:	**42** | 50
Service:	**19** | 20
Weinkarte:	**18** | 20
Ambiente:	**8** | 10
Gesamt:	87 | 100

Anne-Sophie

74653 Künzelsau

Feine Hohenloher Küche von Jan-Sören Hoch und seinem Team, und zwar direkt am Schlossplatz. Beliebt sind das wechselnde Tagesangebot zu Mittag und die frei wählbaren Menüs, gern inklusive Weinbegleitung.

Am Schlossplatz 9
+49 7940 93460
hotel-anne-sophie.de
Hotelrestaurant • Essen mit Aussicht • modern

Essen:	**42** | 50
Service:	**17** | 20
Weinkarte:	**17** | 20
Ambiente:	**8** | 10
Gesamt:	84 | 100

Handicap

74653 Künzelsau

Menschen mit Behinderung in den laufenden Betrieb zu integrieren, zeugt von ganzheitlichem Handeln. Die Küche von Tobias Pfeiffer und Sebastian Wiese ist dazu passend weltoffen, genussvoll und zugänglich.

Hauptstraße 22–28
+49 7940 93462041
hotel-anne-sophie.de
Hotelrestaurant • regionale Produkte • elegant

Essen:	**43** | 50
Service:	**18** | 20
Weinkarte:	**18** | 20
Ambiente:	**8** | 10
Gesamt:	87 | 100

Backmulde

68526 Ladenburg

Anspruchsvolle Gasthausküche im liebevoll geführten, gepflegten Fachwerkhaus mit besonderem Flair. Auf der Karte stehen regionale Gaumenfreuden ebenso wie mediterran angehauchte Gerichte.

Hauptstraße 61
+49 6203 404080
back-mul.de
mediterran • vegetarisch • nachhaltig • entspannt

Essen:	**44** | 50
Service:	**18** | 20
Weinkarte:	**18** | 20
Ambiente:	**8** | 10
Gesamt:	88 | 100

Adler | Gourmetrestaurant

77933 Lahr

Die Familie Fehrenbacher schafft in ihrem Adler den feinen Spagat zwischen Bodenständigkeit und Hochküche. Hier wird der Klassik gehuldigt, die sich vortrefflich mit modernen Einflüssen und Aromen verträgt.

Reichenbacher Hauptstraße 18
+49 7821 906390
adler-lahr.de
Fine Dining • französisch • modern

Essen:	**46** | 50
Service:	**18** | 20
Weinkarte:	**18** | 20
Ambiente:	**8** | 10
Gesamt:	90 | 100

Adler | Gasthaus

77933 Lahr

In Daniel Fehrenbachers Refugium trifft eine weltoffene Küche auf französische Wurzeln. Daraus entstehen außergewöhnliche Kreationen, die im modernen Ambiente mit Schwarzwald-Elementen überzeugen.

Reichenbacher Hauptstraße 18
+49 7821 906390
adler-lahr.de
Hotelrestaurant • deutsche Küche • Wild • entspannt

Essen:	42 | 50
Service:	18 | 20
Weinkarte:	18 | 20
Ambiente:	8 | 10
Gesamt:	86 | 100

Grüner Baum

77933 Lahr/Schwarzwald

Herzliche Gastgeber und echte Hingabe zu bester Produktherkunft. Bei mediterranen Highlights wie Wolfsbarsch mit Ratatouille und Zitronengnocchi kann man schon mal vergessen, dass man in Lahr ist!

Burgheimer Straße 105
+49 7821 22282
fegersgrünerbaum-lahr.de
Gasthaus • Familienbetrieb • regionale Küche • Fisch

Essen:	42 | 50
Service:	18 | 20
Weinkarte:	17 | 20
Ambiente:	8 | 10
Gesamt:	85 | 100

Malereck

88085 Langenargen

Familie Pusceddu setzt in ihrem Restaurant vorwiegend auf beste heimische Produkte. Vor allem die frischen Fische aus dem Bodensee sind hier die Favoriten, ebenso die hausgemachten Schlutzkrapfen.

Argenweg 60/4
+49 7543 912491
restaurantmalereck.de
Casual Dining • mediterran • Terrasse • Essen mit Aussicht

Essen:	42 | 50
Service:	18 | 20
Weinkarte:	17 | 20
Ambiente:	8 | 10
Gesamt:	85 | 100

Schuppen 13

88085 Langenargen

Direkt am Jachthafen lebt der Schuppen 13 seit 40 Jahren von maritimem Flair und macht den Bodensee um ein mediterranes Highlight reicher. Raffinierte Pasta und topfrische Fisch- und Fleischgerichte.

Argenweg 60
+49 7543 1577
schuppen13.de
mediterran • Fisch • Seeterrasse • elegant

Essen:	43 | 50
Service:	18 | 20
Weinkarte:	18 | 20
Ambiente:	8 | 10
Gesamt:	87 | 100

Zum Bad

89129 Langenau

Hans Häge hat Fine Dining im Familienbetrieb auf das nächste Level gehoben. Drei Menüs zwischen Fisch, Heimat und Weltoffenheit bieten die Qual der Wahl in mehreren Gängen. Gute Weinkarte.

Burghof 11
+49 7345 96000
gasthof-zum-bad.de
Fine Dining • Fisch • modern

Essen:	46 | 50
Service:	18 | 20
Weinkarte:	18 | 20
Ambiente:	8 | 10
Gesamt:	90 | 100

zwei.null

89129 Langenau

In der gemütlichen Gaststube stehen regionale, bodenständige Küchenklassiker im Mittelpunkt, inspiriert von alten Familienrezepten und mit Raffinesse zubereitet. Schwäbische Heimat zum Genießen.

Burghof 11
+49 7345 96000
gasthof-zum-bad.de
Hotelrestaurant • regionale Produkte • klassisch

Essen:	**42** | 50
Service:	**18** | 20
Weinkarte:	**17** | 20
Ambiente:	**8** | 10
Gesamt:	85 | 100

Roter Ochsen

73466 Lauchheim

Im Roten Ochsen darf man in regionaler Tradition Altbewährtes erwarten – aber nicht ohne den Schritt ins Moderne zu schmecken. Steinpilze, Kürbis, Rehbraten: Hier gibt die Saison den Ton in der Küche an!

Hauptstraße 24
+49 7363 5329
roter-ochsen-lauchheim.de
deutsche Küche • regionale Produkte • klassisch

Essen:	**42** | 50
Service:	**18** | 20
Weinkarte:	**17** | 20
Ambiente:	**8** | 10
Gesamt:	85 | 100

Rebgut

97922 Lauda-Königshofen

Das ehemals staatliche Weingut mit Restaurant und Hotel liegt ganz romantisch direkt am Rand der Weinberge. Regionale tauberfränkische Weine begleiten aufs Beste sowohl Zander als auch »hausgereifte« Steaks.

Rebgutstraße 80
+49 9343 6147000
rebgut.de
entspannt • im Grünen • Gastgarten

Essen:	**43** | 50
Service:	**18** | 20
Weinkarte:	**18** | 20
Ambiente:	**8** | 10
Gesamt:	87 | 100

Elefanten

74348 Lauffen

Wer im Elefanten bei Gaisburger Marsch, Entenleber oder Topfenknödeln die Schätze der Region auf dem Teller vor sich hat, weiß, dass gutes Essen glücklich macht. Lokale Weine und hervorragende Käse.

Bahnhofstraße 12
+49 7133 95080
hotel-elefanten.de
Gasthaus • regionale Produkte • entspannt

Essen:	**43** | 50
Service:	**18** | 20
Weinkarte:	**17** | 20
Ambiente:	**8** | 10
Gesamt:	86 | 100

Sonne

77794 Lautenbach

Bei Bao Buns, Lachsfilet oder dem veganen Sonnenhofburger hat man nicht unbedingt das Gefühl, im Schwarzwald zu sein – beim Rindertafelspitz, beim Sonnenhofschnitzel oder bei einem tollen Eisbecher aber durchaus!

Hauptstraße 51
+49 7802 704090
sonnenhof-lautenbach.de
Hotelrestaurant • deutsche Küche • bio

Essen:	**42** | 50
Service:	**17** | 20
Weinkarte:	**17** | 20
Ambiente:	**8** | 10
Gesamt:	84 | 100

Letl

76351 Linkenheim-Hochstetten

Lockere Atmosphäre, ein herzlicher Service und die feine, bodenständige Küche von Kevin Wilde gehen hier Hand in Hand. Saftiges Rib-Eye, geschmorte Kalbsbäckle und Letl-Currywurst sind die Klassiker.

Insel Rott 1
+49 7247 9533820
das-letl.de
Crossover-Küche • im Grünen • entspannt

Essen:	42	50
Service:	17	20
Weinkarte:	17	20
Ambiente:	8	10
Gesamt:	84	100

Zum Adler

88662 Lippertsreute

Unter allen Adlern des Bodenseeraums nimmt der Vogel aus Lippertsreute eine Sonderstellung ein. Auch, weil Wirt Peter Vögele die Tradition auf neugierige Weise weiterentwickelt. Toller Bauerngarten!

Hauptstraße 44
+49 7553 82550
adler-lippertsreute.de
Gasthaus • klassisch • Terrasse • gemütlich

Essen:	43	50
Service:	18	20
Weinkarte:	17	20
Ambiente:	8	10
Gesamt:	86	100

Villa Feer

79541 Lörrach

In ihrer schönen Villa Feer kocht Chefin Kathrin Bucher seit über zehn Jahren gehoben, aber nie abgehoben. Neben feinen Vor- und Hauptspeisen sollte man die Dessertkarte unbedingt in Betracht ziehen!

Beim Haagensteg 1
+49 7621 5791077
villa-feer.com
Familienbetrieb • Terrasse • unkonventionell

Essen:	43	50
Service:	18	20
Weinkarte:	18	20
Ambiente:	7	10
Gesamt:	86	100

Zum Kranz

79807 Lottstetten

Schwer zu entscheiden, ob man die heimatverbundene oder weltoffene Seite von Gerd Sarembas Küche mehr liebt. Köstlich sind etwa der Salad niçoise, Kalbssteak mit Morcheln oder Safran-Risotto mit Sobrasada.

Dorfstraße 23
+49 7745 7302
gasthof-zum-kranz.de
Gasthaus • Casual Dining • Allrounder

Essen:	43	50
Service:	18	20
Weinkarte:	18	20
Ambiente:	8	10
Gesamt:	87	100

Landhaus Hohly

74245 Löwenstein

Der Zusatz »Aussichtsrestaurant« ist hier definitiv angebracht! Der Blick auf die Löwensteiner Berge ist spektakulär, die Küche ambitioniert. Die Weinkarte bietet Hauseigenes und Internationales.

Friedhofweg 5
+49 7130 1313
landhaus-hohly.de
Hotelrestaurant • Essen mit Aussicht • modern

Essen:	**43** | 50
Service:	**18** | 20
Weinkarte:	**18** | 20
Ambiente:	**8** | 10
Gesamt:	87 | 100

DANZA

71638 Ludwigsburg

Ein kreativ abgeschmeckter Snack wie fruchtig-pikante Currywurst oder ein ganzes Menü? Im DANZA ist alles möglich, sogar eigene Events und Veranstaltungen. Erwähnenswert ist auch die Wein- und Barkultur.

Stuttgarter Straße 33
+49 7141 977970
danza-restaurant.de
Allrounder • modern • gehoben

Essen:	**43** | 50
Service:	**18** | 20
Weinkarte:	**18** | 20
Ambiente:	**8** | 10
Gesamt:	87 | 100

Gutsschenke

71634 Ludwigsburg

Ob in der eleganten Stube oder auf der idyllischen Sonnenterrasse: Genuss bedeutet hier Verbindung von Historie, regionalen Schätzen und internationalen Einflüssen. Weine kommen von den umliegenden Winzern.

Monrepos 22
+49 7141 302560
schlosshotel-monrepos.de
Hotelrestaurant • traditionell • Terrasse

Essen:	**43** | 50
Service:	**18** | 20
Weinkarte:	**18** | 20
Ambiente:	**8** | 10
Gesamt:	87 | 100

Badischer Hof

68239 Mannheim

Badische Gastfreundschaft und behagliches Flair geben sich die Hand in diesem von hervorragender, bodenständiger Küche geprägten Restaurant im geschichtsträchtigen Brauereigebäude.

Seckenheimer Hauptstraße 114
+49 621 97861430
badischerhof.net
gehoben • klassisch • Gastgarten

Essen:	**43** | 50
Service:	**18** | 20
Weinkarte:	**18** | 20
Ambiente:	**8** | 10
Gesamt:	87 | 100

Dobler's

68165 Mannheim

Eric Schumacher hat seine Handschrift in den letzten Jahren sichtlich nachgeschärft. Mit seinem von ungekünstelter Finesse geprägten Stil zelebriert er auch nach Norbert Doblers Ausscheiden große Kulinarik.

Seckenheimer Straße 20
+49 621 14397
doblers.de
Fine Dining • französisch • elegant

Essen:	45	50
Service:	18	20
Weinkarte:	19	20
Ambiente:	8	10
Gesamt:	90	100

Friedrichs

68165 Mannheim

Stimmungsvolles Stadtlokal mit klassisch geprägter Weinauswahl. Dazu passen die tendenziell handfesten Speisen: Grilled Cheese Sandwich, Blutwurststrudel, Thunfischsteak mit Nizza-Salat.

Friedrichsplatz 14
+49 621 43729030
friedrichs-mannheim.de
regionale Produkte • nachhaltig • modern

Essen:	43	50
Service:	18	20
Weinkarte:	18	20
Ambiente:	8	10
Gesamt:	87	100

Kritos

68199 Mannheim

Für Kritolaos Tsiverakis hat das Wohl der Gäste höchste Priorität, im Glas wie auf dem Teller. Tolle Mezze-Auswahl. Auch die »Empfehlungen« – pfiffige Hauptgerichte und Dry-Aged-Steaks – überzeugen.

Rheingoldstraße 19
+49 621 43710569
kritos-mannheim.de
griechisch • Fisch • modern

P

Essen:	43	50
Service:	18	20
Weinkarte:	17	20
Ambiente:	8	10
Gesamt:	86	100

Le Comptoir 17

68165 Mannheim

Savoir-vivre mitten in Mannheim – hier lässt es sich genießen. Die Karte steht ganz im Zeichen unkomplizierter, sinnlicher französischer Bistroküche: Austern, Blutwurst, Seeteufel, Poulet au citron.

Lameystraße 17
+49 621 73617000
comptoir17.com
französisch • klassisch • traditionell

Essen:	43	50
Service:	18	20
Weinkarte:	18	20
Ambiente:	8	10
Gesamt:	87	100

Marly Privé

68165 Mannheim

Das kleine Restaurant umfasst nur zwölf Sitzplätze, also unbedingt reservieren! Dann aber bekommt man kulinarische Extraklasse geboten, ein aromatischer Spaziergang durch die französisch inspirierte Küche.

Lameystraße 17
+49 621 73617001
marly-mannheim.de
französisch • charmant • klassisch

Essen:	43	50
Service:	18	20
Weinkarte:	17	20
Ambiente:	8	10
Gesamt:	86	100

Opus V

68161 Mannheim

Mannheims gastronomische Speerspitze liefert unter Federführung von Dominik Paul eine produktzentrierte, innovative Küche voller Finessen, die sich besonders im Sechs-Gänge-Menü »Urban Nature« zeigt.

O5 9–12
+49 621 1671199
restaurant-opus-v.de
Fine Dining • regionale Produkte • entspannt

Essen:	**48** | 50
Service:	**19** | 20
Weinkarte:	**19** | 20
Ambiente:	**8** | 10
Gesamt:	94 | 100

Hirsch

73650 Manolzweiler

Französisch-mediterran inspiriert und doch in der Region verwurzelt: Die Karte bietet Feines: von gegrilltem Doradenfilet bis Weidelamm mit Kräuterkruste. Gut zusammengestellte saisonale Menüs.

Kaiserstraße 8
+49 7181 41515
hirsch-manolzweiler.de
Gasthaus • deutsche Küche • gemütlich

Essen:	**43** | 50
Service:	**18** | 20
Weinkarte:	**17** | 20
Ambiente:	**8** | 10
Gesamt:	86 | 100

Lamm

88437 Maselheim

Ein modernes Wirtshaus, wie man es sich wünscht. Im Lamm hat man den Boden unter den Füßen behalten und kocht saisonal und weltoffen. Unverschnörkelt, freundlich und kompetent ist auch der Service.

Baltringer Straße 14
+49 7356 937078
sulminger-lamm.de
Casual Dining • deutsche Küche • klassisch • elegant

Essen:	**43** | 50
Service:	**18** | 20
Weinkarte:	**17** | 20
Ambiente:	**8** | 10
Gesamt:	86 | 100

Casala

88709 Meersburg

Chef Markus Philippi bringt mit Atlantikhummer, Seidentofu oder Steinbutt gern die Welt nach Meersburg – aber auch aus Allgäuer Reh, Bodenseehecht oder Hauszwetschgen kreiert er genussvolle Gerichte.

Uferpromenade 11
+49 7532 80040
hotel-residenz-meersburg.com
Fine Dining • Essen mit Aussicht • romantisch

Essen:	**46** | 50
Service:	**18** | 20
Weinkarte:	**18** | 20
Ambiente:	**8** | 10
Gesamt:	90 | 100

Grüner Baum

79249 Merzhausen

Schwarzwald pur versprechen hier die Umgebung und die Speisekarte – aber nicht nur. Auch weltoffene Einflüsse, vegetarische Gerichte und außergewöhnliche Aromen ergänzen die Klassiker wie Cordon bleu.

Hexentalstraße 35
+49 761 59000501
gruenerbaum-merzhausen.de
Hotelrestaurant • deutsche Küche • traditionell

Essen:	**43** | 50
Service:	**18** | 20
Weinkarte:	**16** | 20
Ambiente:	**8** | 10
Gesamt:	85 | 100

Schwanen

72555 Metzingen

Die Spezialitäten der Schwäbischen Alb bilden die kulinarische Basis im Schwanen – wie etwa im Traditionsmenü seit 1954 mit Zwiebelrostbraten –, aber auch »Fremdgehen« in andere Geschmackswelten ist erlaubt.

Bei der Martinskirche 10
+49 7123 9460
schwanen-metzingen.de
Familienbetrieb • Hotelrestaurant • Terrasse • entspannt

Essen:	**42** | 50
Service:	**18** | 20
Weinkarte:	**17** | 20
Ambiente:	**7** | 10
Gesamt:	**84** | 100

Esszimmer

88441 Mittelbiberach

Sarah und Simon Kaiser betreiben ihr Restaurant mit viel Leidenschaft. Hier bieten sie gut gemachte heimische Gerichte wie Maultaschen und Bratwurst, aber auch Sashimi und Kotelett vom Bioschwein.

Ziegeleistraße 37
+49 7351 5749890
restaurantesszimmer.de
Gasthaus • deutsche Küche • bio • gemütlich

P

Essen:	**43** | 50
Service:	**17** | 20
Weinkarte:	**17** | 20
Ambiente:	**8** | 10
Gesamt:	**85** | 100

Alte Post | Hebelstube

79379 Müllheim

Das Genusshotel lebt hochwertige Kulinarik in allen Bereichen. In der Hebelstube zaubert die Küche aus besten Zutaten des Markgräflerlands behutsam modernisierte Traditionsgerichte mit Wohlgeschmack.

Posthalterweg/An der B3
+49 7631 17870
alte-post.net
Casual Dining • deutsche Küche • französisch • nachhaltig

P

Essen:	**43** | 50
Service:	**18** | 20
Weinkarte:	**17** | 20
Ambiente:	**8** | 10
Gesamt:	**86** | 100

Hirschen Britzingen

79379 Müllheim

Dieser alteingesessene Gasthof erfüllt jedwede Sehnsucht nach bodenständiger Küche im Winzerort. Badische Klassiker in bester Manier, Schmorgerichte und Wildspezialitäten, dazu hausgemachte Spätzle und Co.

Markgräfler Straße 22
+49 7631 5457
hirschen-britzingen.de
Familienbetrieb • eigener Weinbau • gemütlich

P

Essen:	**43** | 50
Service:	**18** | 20
Weinkarte:	**17** | 20
Ambiente:	**7** | 10
Gesamt:	**85** | 100

Spielweg

79244 Münstertal

Viktoria Fuchs und ihre Familie bilden eine sympathische Einheit voller (kulinarischer) Ideen und traditionell verwurzeltem Handwerk. In der Küche schaut sie auch gern über den Tellerrand nach Asien.

Spielweg 61
+49 7636 7090
spielweg.com
deutsche Küche • Thai • Essen mit Aussicht

P

Essen:	**46** | 50
Service:	**19** | 20
Weinkarte:	**18** | 20
Ambiente:	**9** | 10
Gesamt:	**92** | 100

Christian's Restaurant

69151 Neckargemünd

Delikate Regionalküche à la Odenwald mit internationalen Einflüssen in einem hübsch an der Neckar gelegenen Restaurant im Landhausstil. Neben dem Vier- oder Fünf-Gänge-Menü lohnt sich auch à la carte.

Neckarstraße 40
+49 6223 9737323
restaurant-christian.de
mediterran • Essen mit Aussicht • romantisch

Essen:	42	50
Service:	18	20
Weinkarte:	18	20
Ambiente:	8	10
Gesamt:	86	100

Zum Rössl

69151 Neckargemünd

Seit fünf Generationen wird in der einstigen Poststation beständig aufgekocht. Neben Hausmannskost wie Spätzle, Ochsenbrust und Forelle blau beherrscht man auch die klassische französische Küche.

Heidelberger Straße 15
+49 6223 2665
roessl-waldhilsbach.de
Gasthaus • deutsche Küche • vegetarisch • gemütlich

Essen:	43	50
Service:	17	20
Weinkarte:	17	20
Ambiente:	7	10
Gesamt:	84	100

Foto: JULIA MARIE WERNER

Goldene Sonne

74632 Neuenstein

Ein Gasthaus mit Tradition: Heiner Bohnet und Constanza Piccolo bewirten ihre Gäste mit viel Leidenschaft. Herzhafte Küche ist hier angesagt, Obst und Gemüse kommen aus eigener Produktion.

Vorstadt 2
+49 7942 9290614
goldene-sonne.com
Gasthaus • nachhaltig • regionale Produkte

Essen:	44	50
Service:	18	20
Weinkarte:	17	20
Ambiente:	8	10
Gesamt:	87	100

Alte Baiz

75242 Neuhausen

Im gemütlichen Ambiente präsentiert Chef Claudio Urru seine passionierte Idee von gehobener Landküche genauso wie seine ausgefeilten Gourmetmenüs zwischen Färöer Kaisergranat und heimischem Rehrücken.

Hauptstraße 2
+49 7234 8069520
gruenerwald.de
Gasthaus • Fine Dining • elegant

Essen:	46	50
Service:	18	20
Weinkarte:	18	20
Ambiente:	8	10
Gesamt:	90	100

Zum Hirsch

88099 Neukirch-Goppertsweiler

Mit viel Herzblut und Leidenschaft wird in dem schönen Gasthaus traditionell gekocht und aufgetischt. Einfallsreiche Gerichte mit modernem Touch, immer zubereitet aus besten Produkten und Zutaten.

Argenstraße 29
+49 7528 1765
gasthof-zum-hirsch.com
Gasthaus • deutsche Küche • vegetarisch • im Grünen

Essen:	44	50
Service:	18	20
Weinkarte:	17	20
Ambiente:	8	10
Gesamt:	87	100

Belsers

72622 Nürtingen

Im ansprechenden Ambiente serviert Christer Belser mit Leidenschaft seine ambitionierte Küche. Jedes Gericht ist ein genüsslich-kulinarischer Spaziergang durch eine facettenreiche Aromenwelt.

Brunnsteige 15
+49 7022 7195860
belsers.com
Gasthaus • Casual Dining • modern

Essen:	43	50
Service:	18	20
Weinkarte:	18	20
Ambiente:	8	10
Gesamt:	87	100

Linde

72644 Oberboihingen

Marktfrische, saisonale Produkte sind die Basis für die bodenständige Küche, die Jörg Ebermann in seinem gemütlichen Gasthaus mittags und abends anbietet. Favorit ist die Lammleber mit Senfsauce.

Nürtinger Straße 24
+49 7022 61168
linde-oberboihingen.de
Gasthaus • traditionell • gemütlich

Essen:	42	50
Service:	17	20
Weinkarte:	17	20
Ambiente:	8	10
Gesamt:	84	100

TRES

78727 Oberndorf am Neckar

Gerichte zum Teilen, das ist das Konzept des schönen Restaurants, das sich auf die spanisch-mediterrane Küche spezialisiert hat. Warme und kalte Tapas sowie frische Meeresfrüchte sind hier die Favoriten.

Hauptstraße 16
+49 7423 8766880
restaurant-tres.de
mediterran • modern • entspannt

Essen:	42	50
Service:	18	20
Weinkarte:	17	20
Ambiente:	7	10
Gesamt:	84	100

Löwen

88457 Oberopfingen

Der familiengeführte Gasthof trumpft mit einer abwechslungsreichen Küche auf, die mit gekonnt gesetzten Akzenten aus der französischen Kulinarik und einem Touch Gourmet gespickt ist.

Kirchdorfer Straße 8
+49 8395 667
loewen-oberopfingen.de
Gasthaus • Familienbetrieb • japanisch

Essen:	43	50
Service:	18	20
Weinkarte:	18	20
Ambiente:	8	10
Gesamt:	87	100

Halde

79254 Oberried

Herzliche Gastlichkeit und eine bodenständige Küche prägen seit vielen Jahren das renommierte Haus im Südschwarzwald. Besonders beliebt sind die herzhaften Wildgerichte und die regionalen Klassiker.

Halde 2
+49 7602 94470
halde.com
Gasthaus • nachhaltig • Essen mit Aussicht

Essen:	43 I 50
Service:	18 I 20
Weinkarte:	18 I 20
Ambiente:	8 I 10
Gesamt:	87 I 100

Sternen Post

79254 Oberried

Im historischen Gasthaus bieten Bernd Lutz und sein engagiertes Team in familiärer Atmosphäre eine feine, abwechslungsreiche Küche, die sich nach dem regionalen und saisonalen Angebot richtet.

Hauptstraße 30
+49 7661 989849
gasthaus-sternen-post.de
Familienbetrieb • deutsche Küche • Terrasse • entspannt

Essen:	43 I 50
Service:	18 I 20
Weinkarte:	18 I 20
Ambiente:	8 I 10
Gesamt:	87 I 100

Gigi's

77652 Offenburg

Mit Frühstück oder Brunch kann man hier beginnen, danach bieten die Brüder Akol eine ganze Reihe an abwechslungsreichen Gerichten. Carbonara und Wiener Schnitzel gehören zu den Favoriten der Gäste.

Hauptstraße 58
+49 781 99058118
gigisog.com
mediterran • offene Küche • regionale Produkte

Essen:	42 I 50
Service:	18 I 20
Weinkarte:	16 I 20
Ambiente:	8 I 10
Gesamt:	84 I 100

Haus Zauberflöte

77652 Offenburg

Badische und elsässische Klassiker sind die Spezialitäten. Im gemütlich-rustikalen Ambiente werden Hechtklößchen mit Butternudeln ebenso serviert wie Côte de bœuf mit Sauce béarnaise.

Lindenplatz 12
+49 781 9666696
haus-zauberfloete.de
Allrounder • saisonal • entspannt

Essen:	42 I 50
Service:	18 I 20
Weinkarte:	18 I 20
Ambiente:	7 I 10
Gesamt:	85 I 100

Falconera

78337 Öhningen

Johannes Wuhrers idyllisch gelegenes Traditionslokal ist auch nach über zwei Jahrzehnten eine kulinarische Bank. Wie die Teller so auch Service und Ambiente: einladend, unaufgeregt, klassisch-elegant.

Zum Mühlental 1
+49 7735 2340
falconera.de
Fine Dining • elegant • Terrasse

Essen:	46 I 50
Service:	18 I 20
Weinkarte:	18 I 20
Ambiente:	8 I 10
Gesamt:	90 I 100

Einhorn

71570 Oppenweiler

Schwäbische Klassiker wie der Zwiebelrostbraten mit Maultasche und handgeschabten Spätzle und das Schweinebäckle in Rotweinsauce sind die Spezialitäten des sympathisch-gemütlichen Restaurants.

Hauptstraße 55
+49 71570 340280
restaurant-einhorn.de
Hotelrestaurant • saisonal • klassisch

Essen:	42 | 50
Service:	18 | 20
Weinkarte:	17 | 20
Ambiente:	8 | 10
Gesamt:	85 | 100

Zum Hirsch

88356 Ostrach

Familie Ermler ist Gastgeberin aus Leidenschaft und pflegt ihren Gasthof mit viel Herzblut. Die Küche konzentriert sich auf klassische schwäbisch-badische Gerichte, perfekt traditionell zubereitet.

Hauptstraße 27
+49 7585 92490
landhotel-hirsch.de
Familienbetrieb • deutsche Küche • gemütlich

Essen:	44 | 50
Service:	18 | 20
Weinkarte:	17 | 20
Ambiente:	7 | 10
Gesamt:	86 | 100

Sternenschanz

75443 Ötisheim

Seit mehr als 100 Jahren wird hier mit Leidenschaft gekocht, der traditionelle Gasthof ist längst ein Hort der bewährten regionalen Küche. Maultaschen und Zwiebelrostbraten sind hier die Klassiker.

Gottlob-Linck-Straße 2
+49 7041 6667
sternenschanz.de
Familienbetrieb • deutsche Küche • Innereien • gemütlich

Essen:	42 | 50
Service:	17 | 20
Weinkarte:	17 | 20
Ambiente:	8 | 10
Gesamt:	84 | 100

Adler

74397 Pfaffenhofen

Das urige Gasthaus ist ein beliebter Treffpunkt für alle, die bodenständige Küche schätzen. Hausgemachte Spätzle, herzhafte Wildgerichte und klassischer Zwiebelrostbraten sind die Favoriten.

Michelbacher Straße 8
+49 7046 329
wachtstetter.de
Gasthaus • klassisch • entspannt

Essen:	42 | 50
Service:	18 | 20
Weinkarte:	18 | 20
Ambiente:	7 | 10
Gesamt:	85 | 100

Villa Hammerschmiede

76327 Pfinztal-Söllingen

Michael Grünbachers klassische Küche fußt auf besonderen Spezialitäten aus nah und fern. Seine Bauernente mit Knödel schmeckt ebenso köstlich wie der Adlerfisch mit Bouillabaisse-Sud und Favabohnen.

Hauptstraße 162
+49 7240 6010
villa-hammerschmiede.de
Hotelrestaurant • im Grünen • elegant • traditionell

Essen:	43 | 50
Service:	18 | 20
Weinkarte:	18 | 20
Ambiente:	9 | 10
Gesamt:	88 | 100

Riva by Tristan Brandt

75172 Pforzheim

Chefkoch Jean-Jacques Frisch weiß – dank langjähriger Erfahrung – kreativ zu kochen. Er begeistert mit Klassikern, die er individuell verfeinert, wie das Cordon bleu vom Kalbsrücken in Cognac-Rahm-Sauce.

Poststraße 8
+49 7231 397272
riva-by-tristan-brandt.de
regionale Produkte • klassisch • gehoben

Essen:	**43** | 50
Service:	**18** | 20
Weinkarte:	**18** | 20
Ambiente:	**8** | 10
Gesamt:	87 | 100

Schönbuch

72124 Pliezhausen

Dass hier leidenschaftlich gekocht wird, kann man bereits an den schön arrangierten Tellern sehen. Schmackhafte Gerichte mit einem Touch Gourmet, zubereitet aus besten Qualitätsprodukten.

Lichtensteinstraße 45
+49 7127 56070
hotel-schoenbuch.de
Hotelrestaurant • gemütlich • Essen mit Aussicht

Essen:	**43** | 50
Service:	**18** | 20
Weinkarte:	**18** | 20
Ambiente:	**8** | 10
Gesamt:	87 | 100

Zur Linde

72124 Pliezhausen

Viel Flair versprüht der freundliche Landgasthof, Andreas und Irene Goldbach sind charmante Gastgeber aus Leidenschaft. Auf die Teller kommen hausgemachte Spezialitäten, bodenständig und herzhaft.

Schönbuchstraße 8
+49 7127 890066
linde-doernach.de
Gasthaus • Terrasse • modern • entspannt

Essen:	**43** | 50
Service:	**18** | 20
Weinkarte:	**18** | 20
Ambiente:	**8** | 10
Gesamt:	87 | 100

Stumpenhof

73207 Plochingen

Küchenchef Uli Wägerle verleiht der heimischen Küche unter Einsatz von auch mediterranen Zutaten Leichtigkeit. Die Karte vereint Tafelspitzbrühe mit Flädle und Edelfischragout mit Dijonsenfsauce.

Am Stumpenhof 1
+49 7153 22425
stumpenhof.de
Gasthaus • deutsche Küche • gemütlich

Essen:	**44** | 50
Service:	**18** | 20
Weinkarte:	**17** | 20
Ambiente:	**8** | 10
Gesamt:	87 | 100

La Oliva

78315 Radolfzell am Bodensee

Herzlicher Service, sonnige Terrasse und ein hübscher Blick auf den Bodensee machen dieses an der Uferpromenade gelegene Lokal zu einer beliebten Adresse. Gekocht wird spanisch-mediterran.

Karl-Wolf-Straße 21
+49 7732 8233646
la-oliva-radolfzell.de
Steak • Fisch • spanisch • italienisch

Essen:	**43** I 50
Service:	**18** I 20
Weinkarte:	**18** I 20
Ambiente:	**7** I 10
Gesamt:	**86** I 100

Adler

89192 Rammingen

Idyllisch gelegen, ist der schöne Landgasthof seit Jahren eine feste Bank für fein gemachte, bodenständige Küche mit regionalem Bezug. Die kulinarische Schwäbische Alb vom Feinsten.

Riegestraße 15
+49 7345 96410
adlerlandgasthof.de
Gasthaus • Terrasse • gemütlich • entspannt

Essen:	**43** I 50
Service:	**17** I 20
Weinkarte:	**18** I 20
Ambiente:	**8** I 10
Gesamt:	**86** I 100

Adler

72365 Ratshausen

Original schwäbische Küche mit internationalem i-Tüpfelchen: Im schicken Ambiente des renommierten Adlers wird das gekonnt umgesetzt, Kochkunst mit dem gewissen Etwas ist hier tägliches Programm.

Hohner Straße 3
+49 7427 2260
adler-ratshausen.de
Gasthaus • deutsche Küche • mediterran • gemütlich

Essen:	**42** I 50
Service:	**17** I 20
Weinkarte:	**17** I 20
Ambiente:	**8** I 10
Gesamt:	**84** I 100

Atelier Tian

88212 Ravensburg

Christian und Petra Ott haben die Atelier-Aufgaben prima verteilt: Er kocht, sie ist Gastgeberin und Weinexpertin. Dass das saisonale Menü auch in veganer Variante erhältlich ist, ist selbstverständlich.

Veitsburg 2
+49 751 95125049
atelier-tian.de
regionale Produkte • saisonal • modern

Essen:	**43** I 50
Service:	**18** I 20
Weinkarte:	**18** I 20
Ambiente:	**8** I 10
Gesamt:	**87** I 100

Kaisersaal

88212 Ravensburg

Zeitgemäße französische Küche, immer gespickt mit kreativen Momenten, können die Gäste im schicken, modernen Ambiente des Kaisersaals unter freigelegten Stuckdecken eindrucksvoll erleben.

Mauerstraße 17
+49 751 362477530
kaiserhof-rv.de
Allrounder • gehoben • modern

Essen:	**45** I 50
Service:	**19** I 20
Weinkarte:	**17** I 20
Ambiente:	**9** I 10
Gesamt:	**90** I 100

Lumperhof 88212 Ravensburg

Jochen Fischer wandelt mit seinen Gerichten gekonnt zwischen Tradition und Moderne durch internationale Küchenstile. Saucen und Fonds sind hausgemacht, die meisten Produkte kommen aus der Region.

Lumper 1
+49 751 3525001
lumperhof.de
Gasthaus • Familienbetrieb • regionale Produkte

Essen:	**44** | 50
Service:	**18** | 20
Weinkarte:	**17** | 20
Ambiente:	**8** | 10
Gesamt:	87 | 100

Foto: by Rene Lamb Fotodesign

Mohren 78479 Reichenau

Einkehren lohnt sich für ein Wochenende oder einen kurzweiligen Abend im Zeichen badisch-mediterraner Wohlfühlküche. Toll: die Bouillabaisse mit Bodenseefischen. Gemüse kommt von der Insel Reichenau.

Pirminstraße 141
+49 7534 99440
mohren-bodensee.de
Hotelrestaurant • deutsche Küche • Gastgarten

Essen:	**43** | 50
Service:	**18** | 20
Weinkarte:	**17** | 20
Ambiente:	**8** | 10
Gesamt:	86 | 100

Zum Hirsch 75196 Remchingen

Markus Nagy ist ein Meister seines Fachs, die Gerichte des ambitionierten Küchenchefs sprühen vor kochender Leidenschaft. Bodenständig ja, aber immer verfeinert mit einen Touch aus der Haute Cuisine.

Hauptstraße 23
+49 7323 79636
hirsch-remchingen.de
Gasthaus • französisch • deutsche Küche

Essen:	**44** | 50
Service:	**18** | 20
Weinkarte:	**17** | 20
Ambiente:	**8** | 10
Gesamt:	87 | 100

Lamm Hebsack 73630 Remshalden

Feine und rustikale Gaumenfreuden sowie handverlesene Weine im mit vier hübschen Stuben ausgestatteten Traditionsgasthaus. Jahreszeiten- und vegetarisches Menü gibt es in drei oder vier Gängen.

Winterbacher Straße 1
+49 7181 45061
lamm-hebsack.de
Familienbetrieb • mediterran • gemütlich • entspannt

Essen:	**43** | 50
Service:	**18** | 20
Weinkarte:	**18** | 20
Ambiente:	**8** | 10
Gesamt:	87 | 100

Adler

73494 Rosenberg

Im traditionsreichen Landgasthof wurde schon immer gut gekocht. Michael Vogels Interpretation der Adler-Küche hievt das Niveau noch mal auf ein neues Level – in Überraschungsmenüs ebenso wie à la carte.

Ellwanger Straße 15
+49 7967 513
landgasthofadler.de
Gasthaus • regionale Produkte • entspannt

Essen:	**44** | 50
Service:	**18** | 20
Weinkarte:	**18** | 20
Ambiente:	**8** | 10
Gesamt:	**88** | 100

Landhaus Hohenlohe

74585 Rot am See

Authentisches Landhotel beziehungsweise -lokal mit ungeschminkter Feinschmeckerküche, die sich auch aus dem eigenen Kräuter- und Gemüsegarten speist. Matthias Mack kocht ganz im Sinne der Slowfood-Philosophie.

Erlenweg 24
+49 7955 93100
landhaus-hohenlohe.de
Gasthaus • Tapas • Terrasse • gemütlich

Essen:	**44** | 50
Service:	**17** | 20
Weinkarte:	**17** | 20
Ambiente:	**8** | 10
Gesamt:	**86** | 100

Foto: JOSS ANDRES

Ammolite

77977 Rust

Auch nach vierzehn Jahren gehen Peter Hagen-Wiest nicht die Ideen aus. Im exklusiven Ambiente des zum Europa-Park gehörenden Gourmetlokals werden beeindruckend präzise, charakterstarke Menüs serviert.

Peter-Thumb-Straße 6
+49 7822 776699
ammolite-restaurant.de
Fine Dining • deutsche Küche • französisch • elegant

Essen:	**48** | 50
Service:	**19** | 20
Weinkarte:	**19** | 20
Ambiente:	**9** | 10
Gesamt:	**95** | 100

Eatrenalin
77977 Rust

Das Adrenalin steigt automatisch beim Besuch des Europa-Park-Restaurants Eatrenalin. Im bequemen Floating Chair geht es durch Gourmetmenü und Experience. Die Steigerung heißt dann Champagnerdinner.

Roland-Mack-Ring 5
+49 7822 776677
eatrenalin.de
Crossover-Küche • gehoben • modern

Essen:	**44** | 50
Service:	**18** | 20
Weinkarte:	**18** | 20
Ambiente:	**8** | 10
Gesamt:	88 | 100

Das Philippin
71277 Rutesheim

Das Philippin ist mehr als ein Café. Die Striegels und ihr Team haben viel Erfahrung in der Konditorkunst und servieren das feinste Frühstück der Stadt. Am Abend jedoch ist Gourmetküche in bis zu fünf Gängen angesagt.

Seestraße 7
+49 7152 53063
das-philippin.de
Gasthaus • Allrounder • gemütlich

Essen:	**42** | 50
Service:	**19** | 20
Weinkarte:	**17** | 20
Ambiente:	**8** | 10
Gesamt:	86 | 100

fine dining RS
73084 Salach

Markus Waibel und Dominik Holl kochen eine pointierte Crossover-Küche – mittwochs und donnerstags als kleines, freitags und samstags als großes Menü. Rund ums Jahr gibt es zudem besondere Events.

Burg Staufeneck
+49 7162 9334473
burg-staufeneck.de
Hotelrestaurant • Fine Dining • Essen mit Aussicht

Essen:	**46** | 50
Service:	**18** | 20
Weinkarte:	**19** | 20
Ambiente:	**8** | 10
Gesamt:	91 | 100

Recks
88682 Salem

Drei Schwestern führen das freundliche Hotel und Restaurant, das für seine herzhaft-delikate Küche bekannt ist. Dabei achtet Küchenchefin Alexandra Reck vor allem auf eine schonende Zubereitung.

Bahnhofstraße 111
+49 7553 201
recks-hotel.de
Familienbetrieb • Casual Dining • deutsche Küche

Essen:	**43** | 50
Service:	**18** | 20
Weinkarte:	**18** | 20
Ambiente:	**8** | 10
Gesamt:	87 | 100

Hirsch

72813 St. Johann

Mit viel Holz ausgestattet, ist der freundliche Gasthof ein gemütliches Refugium für herzhafte, deftige Genüsse. Was an Fleisch und Wurst auf die Teller kommt, stammt aus der eigenen Metzgerei.

Parkstraße 2	Essen:	43 | 50
+49 7122 82870	Service:	18 | 20
failenschmid.de	Weinkarte:	17 | 20
Gasthaus • eigene Fleischerei • regionale Produkte	Ambiente:	8 | 10
	Gesamt:	86 | 100

Zum Kreuz

79274 St. Märgen

Von moderneren Feinschmeckermenüs bis hin zu klassischer Heimatküche: In das Genusswerk des Hochschwarzwälder Gasthauses ist noch die ganze Familie Schwer involviert. Der Schinken ist hausgemacht!

Hohlengraben 1	Essen:	44 | 50
+49 7669 91010	Service:	18 | 20
gasthaus-zum-kreuz.de	Weinkarte:	17 | 20
Familienbetrieb • im Grünen • gemütlich	Ambiente:	7 | 10
	Gesamt:	86 | 100

Zur Sonne

79271 St. Peter

Im schicken, modernen Ambiente des Hotelrestaurants finden die Gäste eine ebenso modern ausgerichtete wie nachhaltige Frischeküche, die vor allem auf regionalen Bioprodukten basiert.

Zähringer Straße 2	Essen:	42 | 50
+49 7660 94010	Service:	17 | 20
sonne-schwarzwald.de	Weinkarte:	17 | 20
Hotelrestaurant • deutsche Küche • asiatisch • modern	Ambiente:	8 | 10
	Gesamt:	84 | 100

Der Engel

77887 Sasbachwalden

Allein die Hechtklöße mit Krustentiersauce und Spinat oder die Gänseleberterrine mit Gewürztraminergelee locken Genießer an. Da werden die Sasbachwaldener Weinberge vor den Türen fast zur Nebensache.

Talstraße 14	Essen:	43 | 50
+49 7841 3000	Service:	18 | 20
engel-sasbachwalden.de	Weinkarte:	18 | 20
Gasthaus • Terrasse • gemütlich	Ambiente:	8 | 10
	Gesamt:	87 | 100

Krone — 88281 Schlier

Familie Geßler ist die perfekte Gastgeberin, in ihrem Restaurant werden die Gäste mit einer modern ausgerichteten Küche verwöhnt, die sich hier und da auf ihre traditionellen Wurzeln besinnt.

Eibeschstraße 2
+49 7529 4879760
krone-schlier.de
Familienbetrieb • klassisch • elegant

Essen:	**44**	50
Service:	**18**	20
Weinkarte:	**18**	20
Ambiente:	**8**	10
Gesamt:	**88**	100

Foto: RAINER KALLENBACH

Auerhahn — 79859 Schluchsee

Küchenchef Yann Bosshammer hat das richtige Händchen, um regionale und saisonale Produkte zu feinen und raffiniert zubereiteten Gerichten zusammenzuführen. Täglich wechselndes Menü.

Vorderaha 4
+49 7656 1543
auerhahn-hotel.com
Hotelrestaurant • regionale Produkte • gehoben

Essen:	**44**	50
Service:	**18**	20
Weinkarte:	**17**	20
Ambiente:	**8**	10
Gesamt:	**87**	100

Brasserie Barbara — 79859 Schluchsee

Mit der neuen Brasserie Barbara hat das Hotel Auerhahn sein gastronomisches Konzept erweitert. Klassisches Rindertatar wird hier ebenso aufgetischt wie Backhendl und Bergknödel in Salbei.

Vorderaha 4
+49 7656 1543
auerhahn-hotel.com
Hotelrestaurant • Bistro • entspannt

Essen:	**43**	50
Service:	**18**	20
Weinkarte:	**17**	20
Ambiente:	**8**	10
Gesamt:	**86**	100

Mühle

79859 Schluchsee

Fabian Obergfell hat seine Position als neuer Küchenchef nahtlos angenommen. Seine aromenstarke Küche baut auf beste Produkte wie Steinbutt, Taube oder auch Forelle. Raffinierte Weinbegleitung.

Unterer Mühlenweg 13
+49 7656 209
muehle-schluchsee.de
Gasthaus • französisch • modern • im Grünen

Essen:	**46** | 50
Service:	**19** | 20
Weinkarte:	**19** | 20
Ambiente:	**9** | 10
Gesamt:	93 | 100

Zum Ochsen

78141 Schönwald

Landwirtschaft, Brauerei, Herberge, Wirtshaus, Genusshotel: Der Ochsen blickt auf 225 tolle Jahre zurück. Neben Lomi-Lomi-Massage zählen heute auch Hirschfrikadellen, Schupfnudeln und Thunfisch zum Programm.

Ludwig-Uhland-Straße 18
+49 7722 866480
ochsen.com
Hotelrestaurant • mediterran • im Grünen

Essen:	**42** | 50
Service:	**18** | 20
Weinkarte:	**18** | 20
Ambiente:	**8** | 10
Gesamt:	86 | 100

Nico Burkhardt

73614 Schorndorf

Filigrane Gaumenfreuden im Gourmetrestaurant mit gerade mal acht Plätzen. Die mit großer Raffinesse ausgearbeiteten Menüs bringen schon an sich exquisite Zutaten noch einmal besonders zum Strahlen.

Höllgasse 9
+49 7181 6699010
pfauen-schorndorf.de
Hotelrestaurant • Fine Dining • unkonventionell

Essen:	**46** | 50
Service:	**18** | 20
Weinkarte:	**19** | 20
Ambiente:	**8** | 10
Gesamt:	91 | 100

Pfauen

73614 Schorndorf

Nico Burkhardts Restaurant im Obergeschoss des historischen Fachwerkhauses bietet eine deutlich bodenständigere Küche als sein kleines Gourmetzimmer. Dem Genuss tut das keinen Abbruch.

Höllgasse 9
+49 7181 6699010
pfauen-schorndorf.de
Hotelrestaurant • klassisch • gehoben

Essen:	**42** I 50
Service:	**18** I 20
Weinkarte:	**19** I 20
Ambiente:	**7** I 10
Gesamt:	86 I 100

Hirsch

78713 Schramberg

Thomas Zimmermanns badisch-französische Traditionsgerichte basieren auf klassischem Handwerk und über Jahrzehnte hinweg erarbeiteter Souveränität. Auch das Ambiente ist frei von jeglichen Moden.

Hauptstraße 11
+49 7422 280120
hotel-gasthof-hirsch.com
Hotelrestaurant • französisch • klassisch

P

Essen:	**43** I 50
Service:	**18** I 20
Weinkarte:	**18** I 20
Ambiente:	**8** I 10
Gesamt:	87 I 100

RARO im Mühlenhof

69198 Schriesheim

»From farm to table« heißt das Credo, aber es wird ernsthafter interpretiert als sonst in der Gastronomie. Hunderte von Obst-, Gemüse- und Kräutersorten baut das Team selbst an und veredelt sie zu Menüs.

Talstraße 188
+49 6203 9543190
raro-restaurant.de
eigene Landwirtschaft • saisonal • gehoben

P

Essen:	**46** I 50
Service:	**18** I 20
Weinkarte:	**18** I 20
Ambiente:	**8** I 10
Gesamt:	90 I 100

Eisenbahn

74523 Schwäbisch Hall

Sehr gepflegt präsentiert sich das in zweiter Generation geführte Fachwerkhaus mit den blauen Fensterläden. Thomas Wolf kocht hier filigrane Geschmacksbilder, die noch den Geist der Haute Cuisine atmen.

Karl-Kurz-Straße 2
+49 791 930660
landhauswolf.eu
Hotelrestaurant • französisch • klassisch

P

Essen:	**46** I 50
Service:	**18** I 20
Weinkarte:	**19** I 20
Ambiente:	**8** I 10
Gesamt:	91 I 100

Reber's Pflug

74523 Schwäbisch Hall

Hans-Harald Reber entlockt regionalen wie mediterranen oder exotischen Produkten aufregende Facetten. Zur raffinierten Landhausküche gesellt sich Fleisch höchster Qualitätsstufe aus dem Reifeschrank.

Weckriedener Straße 2
+49 791 931230
rebers-pflug.de
Hotelrestaurant • Familienbetrieb • elegant • gemütlich

P

Essen:	**46** I 50
Service:	**18** I 20
Weinkarte:	**19** I 20
Ambiente:	**8** I 10
Gesamt:	91 I 100

Rössle

74523 Schwäbisch Hall

Mit schwäbischer Küche als Herzstück und internationalen Ausflügen als Kür macht Küchenchef Ernst Kunz die verschiedensten Gäste glücklich. Und: Dienstags gibt es Schnitzelvariationen satt.

Zeilwiesen 5
+49 791 2593
roessle-veinau.de
Familienbetrieb • deutsche Küche • nachhaltig

Essen:	**43** I 50
Service:	**18** I 20
Weinkarte:	**17** I 20
Ambiente:	**8** I 10
Gesamt:	86 I 100

Zum Alten Rentamt

74193 Schwaigern

Gepflegte Gastlichkeit im historischen Wohlfühlambiente. Gastgeberfamilie Pilz verwöhnt ihre Gäste mit einer abwechslungsreichen Küche, die gekonnt auch über den regionalen Tellerrand schaut.

Schloßstraße 6
+49 7138 5258
altesrentamt.de
regionale Produkte • klassisch • Terrasse

Essen:	**43** I 50
Service:	**17** I 20
Weinkarte:	**17** I 20
Ambiente:	**8** I 10
Gesamt:	85 I 100

Esszimmer

88477 Schwendi

Die französisch inspirierte Küche von Julius Reisch hat Klasse und Pep, seine kulinarischen Arrangements sind durchdachte aromatische Kunstwerke. Auch Vegetarier kommen hier auf ihre Kosten.

Hauptstraße 9
+49 7353 98490
oberschwaebischer-hof.de
Hotelrestaurant • Familienbetrieb • vegetarisch

Essen:	**45** I 50
Service:	**18** I 20
Weinkarte:	**19** I 20
Ambiente:	**8** I 10
Gesamt:	90 I 100

Lazarus Stube

88477 Schwendi

Hausgemachte Maultaschen und original Schwäbischer Zwiebelrostbraten sind zwei der regionalen Spezialitäten, die auf der attraktiven Speisekarte des gemütlichen Restaurants stehen.

Hauptstraße 9–15
+49 7353 98490
oberschwaebischer-hof.de
Gasthaus • Hotelrestaurant • klassisch

Essen:	**43** I 50
Service:	**18** I 20
Weinkarte:	**17** I 20
Ambiente:	**7** I 10
Gesamt:	85 I 100

Möbius

68723 Schwetzingen

Tommy Möbius paart Anspruch mit Spaßfaktor und Zugänglichkeit – früher im Feinkostladen mit Bistro, heute im Restaurant. Der Schritt ist gut gelungen. Gerade im Menü zeigt sich seine kreative Kraft.

Kurfürstenstraße 22
+49 6202 6085020
dermoebius.com
Delikatessenverkauf • modern • Geschäftsessen

Essen:	**44** I 50
Service:	**18** I 20
Weinkarte:	**17** I 20
Ambiente:	**9** I 10
Gesamt:	88 I 100

Grüner Baum

79263 Simonswald

Die Schwarzwälder Vorspeisen sind ein guter Einstieg in die bodenständige Küche des sympathischen Gasthofs. Hier wird frisch gekocht, neben den Fleischklassikern überzeugt das vegetarische Angebot.

Neuenweg 1
+49 7683 264
gruenerbaum-simonswald.de
Hotelrestaurant • Gasthaus • regionale Küche

Essen:	43	50
Service:	17	20
Weinkarte:	18	20
Ambiente:	7	10
Gesamt:	85	100

Hugenhof

79263 Simonswald

Wie wunderbar badische Genusseinflüsse mit franco-mediterranen Gerichten harmonieren, zeigen Petra Ringwald und Klaus Ditz geschmacklich eindrucksvoll in ihrem schicken Landhausrestaurant.

Am Neuenberg 14
+49 7683 930066
hugenhof.de
Gasthaus • regionale Küche • französisch

Essen:	43	50
Service:	18	20
Weinkarte:	17	20
Ambiente:	8	10
Gesamt:	86	100

Sternen Bohlingen

78224 Singen (Hohentwiel)

Peter Bogdanovic kocht in dem gemütlichen Gasthaus mit viel Kreativität und Liebe zum Detail, seine bodenständigen Gerichte sind immer mit einem Touch Raffinesse zubereitet und verfeinert.

Bohlinger Dorfstraße 12
+49 7731 3194199
sternenbohlingen.de
regionale Produkte • saisonal • entspannt

Essen:	43	50
Service:	18	20
Weinkarte:	17	20
Ambiente:	8	10
Gesamt:	86	100

Ebanat

76547 Sinzheim

Modern-puristisch eingerichtet, ist das Restaurant ein Hotspot für unkomplizierte, regional inspirierte Küche. Viele Produkte kommen aus der Umgebung wie etwa das Fleisch von eigenen Rindern.

Ebenunger Straße 23
+49 7221 803601
weingut-kopp.com
Essen mit Aussicht • regionale Produkte • modern

Essen:	42	50
Service:	18	20
Weinkarte:	18	20
Ambiente:	8	10
Gesamt:	86	100

Hirsch

72820 Sonnenbühl

Regionale Produkte, schnörkellos zubereitet, sind die kulinarische Basis der Küche des beliebten Restaurants. Gerd Windhösel zaubert daraus erstklassige Gerichte – ein Meister seines Fachs!

Im Dorf 12
+49 7128 92910
romantikhotel-hirsch.de
Gasthaus • regionale Produkte • Terrasse • klassisch

Essen:	46	50
Service:	18	20
Weinkarte:	18	20
Ambiente:	8	10
Gesamt:	90	100

Hirsch | Dorfstube

72820 Sonnenbühl-Erpfingen

Einfach gut essen! In der gemütlichen, holzvertäfelten Dorfstube wird dafür die klassische schwäbisch-regionale Küche aufgetischt – herzhaft, bodenständig und immer frisch zubereitet.

Im Dorf 12
+49 7128 92910
romantikhotel-hirsch.de
Hotelrestaurant • deutsche Küche • urig

Essen:	**42** | 50
Service:	**18** | 20
Weinkarte:	**17** | 20
Ambiente:	**8** | 10
Gesamt:	85 | 100

Ambiente

79219 Staufen im Breisgau

Mathias Luiz ist nicht nur ein perfekter Gastgeber, sondern auch ein Küchenchef, der seine Gäste mit spannenden Gerichten verwöhnt: mal traditionell-klassisch, mal kreativ mit modernen Akzenten.

Ballrechter Straße 8
+49 7633 802442
restaurant-ambiente.com
gehoben • mediterran • entspannt

Essen:	**43** | 50
Service:	**18** | 20
Weinkarte:	**17** | 20
Ambiente:	**8** | 10
Gesamt:	86 | 100

Krone

79219 Staufen im Breisgau

Inmitten der historischen Altstadt gelegen, ist das liebenswerte Restaurant ein Hort der badischen Küche. Regionale Gerichte bestimmen die Speisekarte, ergänzt mit feinen, internationalen Klassikern.

Hauptstraße 30
+49 7633 5840
die-krone-staufen.de
Gasthaus • deutsche Küche • gemütlich

Essen:	**43** | 50
Service:	**18** | 20
Weinkarte:	**17** | 20
Ambiente:	**7** | 10
Gesamt:	85 | 100

Landmann

79585 Steinen

Nachmittags gibt es kleine Snacks, abends wird im gemütlichen Hotelrestaurant herzhaft aufgetischt. Die abwechslungsreiche Speisekarte bietet auch für Vegetarier und Veganer ausgesuchte Gerichte.

Hausmatt 3
+49 7629 388
hotel-landmann.de
Hotelrestaurant • vegetarisch • vegan • modern

Essen:	**43** | 50
Service:	**18** | 20
Weinkarte:	**18** | 20
Ambiente:	**8** | 10
Gesamt:	87 | 100

Gengs Linde

79780 Stühlingen

Der freundliche Familienbetrieb pflegt Traditionen, ohne dabei das Moderne aus den Augen zu verlieren. Hier isst man hervorragend, die Küche überzeugt mit feinen, geschmackvollen Gerichten.

Sankt-Gallus-Straße 37
+49 7744 1255
gengslinde.de
Gasthaus • Familienbetrieb • gemütlich

Essen:	**43** | 50
Service:	**18** | 20
Weinkarte:	**17** | 20
Ambiente:	**8** | 10
Gesamt:	86 | 100

Schwanen

79780 Stühlingen

Vorwiegend biozertifizierte Produkte und Zutaten werden in der Küche des sympathischen Gasthofs verarbeitet. Die Gäste schätzen die bodenständigen Gerichte, allesamt hausgemacht und mit Pfiff zubereitet.

Talstraße 9
+49 7744 5177
gasthaus-schwanen.de
deutsche Küche • Gastgarten • im Grünen • gemütlich

Essen:	**43** | 50
Service:	**18** | 20
Weinkarte:	**17** | 20
Ambiente:	**8** | 10
Gesamt:	86 | 100

Foto: HENNING_KREFT

5

70173 Stuttgart

5 wie »fünf Gänge«, wie »alle fünf Sinne beisammenhaben« oder vielleicht auch wie die »fünf Kontinente«. Alexander Dinters Küche steht jedenfalls für radikalen Geschmack, sein Lokal für ultraherzliche Gastfreundschaft.

Bolzstraße 8
+49 711 65557011
5.fo
Fine Dining • unkonventionell • entspannt

Essen:	**46** | 50
Service:	**18** | 20
Weinkarte:	**18** | 20
Ambiente:	**9** | 10
Gesamt:	91 | 100

Alte Kanzlei

70173 Stuttgart

Einst ließ hier der Herzog seine Buchhaltung führen, heute werden in der Küche saure Kutteln in Lemberger gegart, die ebenso begeistern wie Zwetschgenstreusel zum Dessert. Zwei Terrassen verschönern den Sommer.

Schillerplatz 5
+49 711 294457
alte-kanzlei-stuttgart.de
Gasthaus • Hausmannskost • gemütlich

Essen:	**42** | 50
Service:	**17** | 20
Weinkarte:	**17** | 20
Ambiente:	**8** | 10
Gesamt:	84 | 100

Amici

70173 Stuttgart

Guten Freunden gibt man einen Ouzo (anderswo) oder ein Glas Champagner (hier). Das Amici legt ebenso viel Wert auf Lifestyle und Musik wie auf die Küche, welche fröhlich Asien mit Europa mischt.

Lautenschlagerstraße 2
+49 711 2270292
amici.de
Allrounder • modern • Terrasse

Essen:	**41** | 50
Service:	**17** | 20
Weinkarte:	**17** | 20
Ambiente:	**8** | 10
Gesamt:	83 | 100

Augustenstüble — 70197 Stuttgart

Im Stüble herrscht Abwechslung auf französische Art. Hoch her geht es vor allem an den freitags und samstags steigenden musikalischen »Tour de France«-Abenden. Über 600 Weine und wechselnde Tastings!

Augustenstraße 104
+49 711 621248
augustenstüble.de
Bistro • französisch • Vinothek • entspannt

Essen:	**42** I 50
Service:	**17** I 20
Weinkarte:	**18** I 20
Ambiente:	**8** I 10
Gesamt:	85 I 100

Brunner — 70173 Stuttgart

Das Brunner im Calwer Viertel bringt österreichische Genusskultur ins Ländle. Kärntner Kasnudel, Salzburger Nockerln und Grüner Veltliner sind Attraktionen. Im Winter bietet man auch Käsefondue an.

Rotebühlplatz 18
+49 711 78170078
restaurant-brunner.de
Familienbetrieb • österreichisch • klassisch

P

Essen:	**43** I 50
Service:	**19** I 20
Weinkarte:	**18** I 20
Ambiente:	**8** I 10
Gesamt:	88 I 100

Carls Brauhaus — 70173 Stuttgart

Schwäbische Brauereigeschichte zum Anfassen. Von Biercocktails dürfte Gründer Carl Dinkelacker nicht geträumt haben, aber heute gibt es sie. Dazu passen Wurstsalat und Maultaschen in Schwarzbiersauce.

Stauffenbergstraße 1
+49 711 25974611
carls-brauhaus.de
Allrounder • Biervielfalt • entspannt

Essen:	**41** I 50
Service:	**17** I 20
Weinkarte:	**16** I 20
Ambiente:	**7** I 10
Gesamt:	81 I 100

Christophorus — 70435 Stuttgart

Im Restaurant des Porsche-Museums zelebriert man einige der feinsten Delikatessen der Stadt. Die Patisserie ist erstklassig und die Weinkarte umfasst rund 500 Positionen. Zuvorkommender Service.

Porscheplatz 5
+49 711 91125980
porsche.com
Casual Dining • amerikanisch • Steak • im Museum

P

Essen:	**44** I 50
Service:	**18** I 20
Weinkarte:	**19** I 20
Ambiente:	**8** I 10
Gesamt:	89 I 100

Cube — 70173 Stuttgart

Die Fensterplätze des Museumsrestaurants sind ähnlich begehrt wie eine Audienz beim Papst. Aber auch an jedem anderen Tisch kommt der Genuss nicht zu kurz bei Bouillabaisse, exotischen Desserts und tollem Flair.

Kleiner Schlossplatz 1
+49 711 93964279
cube-restaurant.de
Casual Dining • Essen mit Aussicht • Geschäftsessen

Essen:	**43** I 50
Service:	**18** I 20
Weinkarte:	**18** I 20
Ambiente:	**8** I 10
Gesamt:	87 I 100

Délice

70178 Stuttgart

Die beiden Andreasse (Lutz im Service, Hettinger in der offenen Küche) bieten ein nostalgisches Gourmeterlebnis im Gewölbekeller. Zum intimen Rahmen passt eine Weinkarte, die mit Tiefe verblüfft.

Hauptstätter Straße 61
+49 711 6403222
restaurant-delice.de
Fine Dining • Gewölbe • offene Küche

Essen:	**46**	50
Service:	**18**	20
Weinkarte:	**19**	20
Ambiente:	**8**	10
Gesamt:	91	100

Der Zauberlehrling

70182 Stuttgart

Goethes Zauberlehrling zu zitieren, fällt spätestens beim Wagyu-Hauptgang leicht, doch Fabian Heldmanns Saibling lässt einen ebenfalls an Magie glauben. Das regelmäßige Magic-Candle-Light-Dinner verzaubert vollends!

Rosenstraße 38
+49 711 2377770
zauberlehrling.de
Hotelrestaurant • Fine Dining • unkonventionell

P

Essen:	**46**	50
Service:	**18**	20
Weinkarte:	**18**	20
Ambiente:	**8**	10
Gesamt:	90	100

Fässle

70597 Stuttgart

Vielleicht die französischste Küche in Stuttgart. Hier fühlt man sich bei Kalbskopf und Étouffée-Taube schnell in die 1980er zurückversetzt. Auch die Weinauswahl der Degerlocher Wirtschaft beeindruckt.

Löwenstraße 51
+49 711 760100
restaurant-faessle.de
Gasthaus • französisch • gemütlich • Terrasse

Essen:	**45**	50
Service:	**18**	20
Weinkarte:	**18**	20
Ambiente:	**8**	10
Gesamt:	89	100

Finch

70597 Stuttgart

Für manche ist die Terrasse das Highlight, für andere Tobias Schnees Küche. Der Chef schafft es, Klassiker wie Zwiebelrostbraten oder Kreationen wie marinierte Flusskrebse gleichermaßen sorgsam anzurichten.

Guts-Muths-Weg 18
+49 711 185720
waldhotel-stuttgart.de
Hotelrestaurant • elegant • Terrasse

P

Essen:	**43**	50
Service:	**18**	20
Weinkarte:	**18**	20
Ambiente:	**9**	10
Gesamt:	88	100

Goldener Adler

70178 Stuttgart

Schwaben trifft die Welt. Das jugendlich-frische Restaurant begeistert sich für spätzleumkränzten Zwiebelrostbraten, hat aber auch ein offenes Ohr für Vegetarier. Reife Weine zum Schnäppchenpreis.

Böheimstraße 38
+49 711 6338802
goldener-adler-stuttgart.de
Gasthaus • traditionell • entspannt • Gastgarten

P

Essen:	**42**	50
Service:	**18**	20
Weinkarte:	**18**	20
Ambiente:	**8**	10
Gesamt:	86	100

Hegel Eins

70174 Stuttgart

Die Köche kommen gern mal selbst an den Tisch und erklären ihre Gourmetkreationen. Noch lockerer als am Abend geht es mittags zu, wenn der »Hegel Lunch« die beste Pinsa von Stuttgart aufbietet.

Hegelplatz 1
+49 711 6744360
hegeleins.de
Casual Dining • im Museum • unkonventionell

Essen:	**46** I 50
Service:	**18** I 20
Weinkarte:	**18** I 20
Ambiente:	**8** I 10
Gesamt:	90 I 100

Hupperts

70199 Stuttgart

Sicher kann man vorher nie sein, was im Hupperts-Menü steht: Der Chef entscheidet nach Marktlage, welcher Fisch und welches Gemüse auf den Teller kommt. Weil das Lokal klein-intim ist, sollte man reservieren.

Gebelsbergstraße 97
+49 711 6406467
hupperts-restaurant.de
Casual Dining • Terrasse • traditionell • entspannt

P

Essen:	**46** I 50
Service:	**18** I 20
Weinkarte:	**18** I 20
Ambiente:	**8** I 10
Gesamt:	90 I 100

José y Josefina

70197 Stuttgart

Sonia, Juan und David führen das ihren Eltern gewidmete Restaurant mit ungewöhnlichem Qualitätsanspruch. Hausgemachte Kroketten, schwarze Paella und Mandelkuchen zeigen die Vielfalt der spanischen Küche.

Gutenbergstraße 87
+49 711 67416636
joseyjosefina.de
spanisch • entspannt • modern

Essen:	**42** I 50
Service:	**18** I 20
Weinkarte:	**17** I 20
Ambiente:	**8** I 10
Gesamt:	85 I 100

Kicho

70182 Stuttgart

Japanische Küche wird im Kicho auf verblüffend authentische Weise serviert. Sushi-Variationen sind ebenso präzise zubereitet wie Shabu-Shabu und Tempura. Dazu passt feinster Sake oder Champagner.

Jakobstraße 19
+49 711 247687
kicho.de
japanisch • Sushi • traditionell

Essen:	**41** I 50
Service:	**17** I 20
Weinkarte:	**15** I 20
Ambiente:	**7** I 10
Gesamt:	80 I 100

La Fenice

70178 Stuttgart

Für viele Stuttgarts Italiener Nummer eins. Und tatsächlich sorgt Vincenzo Gorgoglione für Geschmackserlebnisse. Hausgemachte Ravioli und ganzer Wolfsbarsch werden von gereiften Weinen begleitet.

Rotebühlplatz 29
+49 711 6151144
ristorante-la-fenice.de
Familienbetrieb • italienisch • elegant • entspannt

Essen:	**43** I 50
Service:	**18** I 20
Weinkarte:	**18** I 20
Ambiente:	**8** I 10
Gesamt:	87 I 100

Meister Lampe

70499 Stuttgart

Aus dem Gasthaus Hasen wurde vor einiger Zeit Meister Lampe – und die angedeutete Lockerheit ist überall zu spüren. Daniel Stüblers Sülze vom Duroc-Schwein verführt ebenso wie Milchreis mit Aprikosen.

Solitudestraße 261
+49 711 9898980
restaurant-meisterlampe.com
Gasthaus • Terrasse • gemütlich • entspannt

Essen:	**44** I 50
Service:	**18** I 20
Weinkarte:	**19** I 20
Ambiente:	**8** I 10
Gesamt:	89 I 100

Nagare

70469 Stuttgart

In dem japanischen Restaurant in Feuerbach kann man sich auf Sushi beschränken (gern vegetarisch) oder kreativ wählen: Miso-Suppe auf Bouillabaisse-Art und das Maronen-Mandarine-Dessert verblüffen.

Feuerbacher-Tal-Straße 34
+49 711 93541290
restaurant-nagare.de
japanisch • gemütlich • entspannt

Essen:	**43** I 50
Service:	**18** I 20
Weinkarte:	**17** I 20
Ambiente:	**8** I 10
Gesamt:	86 I 100

New Josch

70192 Stuttgart

Der Name erinnert an das einstige Restaurant Yosh, die Einrichtung ist modern-geschmackvoll. Und auch das Essen lässt aufmerken: Hausgemachter Kimchi und Schwarzwälder Kirsch auf neue Art setzen Akzente.

Feuerbacher Weg 101
+49 711 3608350
new-josch.de
Fine Dining • modern • Terrasse

Essen:	**42** I 50
Service:	**18** I 20
Weinkarte:	**19** I 20
Ambiente:	**9** I 10
Gesamt:	88 I 100

RomaRio

70199 Stuttgart

Vegetarier müssen nicht verzweifeln, denn schließlich gibt es gegrillte Ananas. Hauptsache im Churrasco-Lokal bleibt aber Fleisch, von Tafelspitz bis Hühnerherz – und vom Grill direkt auf den Teller.

Kühornweg 10
+49 173 3224902
stuttgart.grillhaus-romario.de
brasilianisch • Grill • entspannt

Essen:	**42** I 50
Service:	**18** I 20
Weinkarte:	**15** I 20
Ambiente:	**8** I 10
Gesamt:	83 I 100

Sansibar by Breuninger

70173 Stuttgart

Wenn man weiß, dass Sansibar-Gründer Herbert Seckler gebürtiger Schwabe ist, schließt sich der Kreis. Ein Hauch von Sylt weht also durch Lokal im Breuninger. Austern und Kaiserschmarren für zwei gehen immer.

Marktstraße 1–3
+49 711 2112200
e-breuninger.de
Bistro • Terrasse • Bar • Steak

Essen:	**43** I 50
Service:	**17** I 20
Weinkarte:	**18** I 20
Ambiente:	**8** I 10
Gesamt:	86 I 100

Schweizers

70180 Stuttgart

Mit der Eidgenossenschaft hat der einstige Schweizer Hof nichts zu tun, mit Chefkoch Gero Schweizer aber eine ganze Menge. Sein saisonales Gourmetmenü ist auch in vegetarischer Version zu haben.

Olgastraße 133b
+49 711 60197540
schweizers-restaurant.de
Casual Dining • vegetarisch • klassisch • gehoben

Essen:	**43** I 50
Service:	**18** I 20
Weinkarte:	**18** I 20
Ambiente:	**8** I 10
Gesamt:	87 I 100

Speisemeisterei

70599 Stuttgart

Diese Gastrolegende zu führen, bringt eine Verpflichtung mit sich. Küchenchef Stefan Gschwendtner löst seine Aufgabe bravourös, Serviceleiterin Sara Lembke zieht alle Wohlfühlregister. Herrliche Sommerterrasse!

Schloss Hohenheim 1B
+49 711 34217979
speisemeisterei.de
Fine Dining • im Schloss • Terrasse • modern

Essen:	**48** I 50
Service:	**19** I 20
Weinkarte:	**19** I 20
Ambiente:	**9** I 10
Gesamt:	95 I 100

Stäffele

70178 Stuttgart

Stammgäste wissen genau, in welchem der fünf Stäffele-Teile sie reservieren. Newcomer sollten sich vom Flair überraschen lassen und beim Essen die Schwäbische Platte, beim Wein Trollinger verlangen.

Buschlestraße 2A
+49 711 664190
staeffele.de
deutsche Küche • traditionell • urig

Essen:	**42** I 50
Service:	**18** I 20
Weinkarte:	**17** I 20
Ambiente:	**8** I 10
Gesamt:	85 I 100

Steinhalde

70378 Stuttgart

Mit Matthias Kasprzyk ist hier die dritte Generation aktiv und zeigt, was sie bei Topadressen gelernt hat. Kalbsbacke in Lemberger und Schwarzwaldsaibling mit Kaviar stehen für das kulinarische Spektrum.

Steinhaldenstraße 41
+49 711 532305
restaurant-steinhalde.de
regionale Produkte • klassisch • gemütlich

Essen:	**43** I 50
Service:	**19** I 20
Weinkarte:	**18** I 20
Ambiente:	**8** I 10
Gesamt:	88 I 100

Stuttgarter Ratskeller

70173 Stuttgart

Täglich durchgehend geöffnet hat diese schwäbische Institution. Bei Küchenchefin Alina Wolf hausgemachte Maultaschen und Kalbskutteln zu bestellen, ist eine gute Idee. Dazu Trollinger oder Kellerbier.

Marktplatz 1
+49 711 58535100
stuttgarter-ratskeller.de
deutsche Küche • regionale Produkte • entspannt

Essen:	**42** I 50
Service:	**17** I 20
Weinkarte:	**17** I 20
Ambiente:	**8** I 10
Gesamt:	84 I 100

Vetter.

70180 Stuttgart

Die Weinkarte mag überschaubar sein, doch die Küche gilt als eine der ehrlichsten der Stadt. Feine Gnocchi und echtes Schäufele werden von Thai-Suppe und Coq au Vin ergänzt und gern im Garten serviert.

Bopserstraße 18
+49 711 241916
vetter-essen-trinken.de
deutsche Küche • mediterran • gemütlich

Essen:	**43** I 50
Service:	**18** I 20
Weinkarte:	**17** I 20
Ambiente:	**8** I 10
Gesamt:	86 I 100

Waldhorn

70565 Stuttgart

Zwei Chefköche wirken hier – und beide bringen auch noch Erfahrung aus dem berühmten Le Petit Nice in Marseille mit. Caroline Autenrieth und José María González Sampedro setzen das Gelernte klug um.

Krehlstraße 111
+49 711 25513885
daswaldhorn.de
Gasthaus • klassisch • gehoben

Essen:	**43** I 50
Service:	**18** I 20
Weinkarte:	**17** I 20
Ambiente:	**8** I 10
Gesamt:	86 I 100

Weinstube Fröhlich

70182 Stuttgart

Gute Laune ist hier bereits im Namen verankert und tritt beim Gast schon der authentischen Einrichtung wegen im Nu ein. Die hausgemachten Maultaschen werden aber auch im hübschen Innenhof serviert.

Leonhardstraße 5
+49 711 242471
weinstube-froehlich.de
Gasthaus • deutsche Küche • Gastgarten • entspannt

Essen:	**42** I 50
Service:	**17** I 20
Weinkarte:	**18** I 20
Ambiente:	**8** I 10
Gesamt:	85 I 100

Wielandshöhe

70597 Stuttgart

Vincent Klink geht gern von Tisch zu Tisch in einem Restaurant, das seiner Traditionsgerichte wegen als Unikat gilt. Hier kann man wie früher Carpaccio Cipriani und Schweinsfuß mit Trüffeln essen.

Alte Weinsteige 71
+49 711 6408848
wielandshoehe.de
deutsche Küche • Terrasse • elegant

Essen:	**47** I 50
Service:	**19** I 20
Weinkarte:	**19** I 20
Ambiente:	**9** I 10
Gesamt:	94 I 100

Zur Weinsteige

70184 Stuttgart

Andreas und Jörg Scherle haben die Weinsteige geprägt, aber nun stehen Holger Haag als Küchenchef und Sebastian Falge als Restaurantleiter im Vordergrund. Das Gourmetmenü gibt's auch vegetarisch.

Hohenheimer Straße 28–30
+49 711 2367000
zur-weinsteige.de
Familienbetrieb • Fine Dining • traditionell

Essen:	**45** I 50
Service:	**18** I 20
Weinkarte:	**20** I 20
Ambiente:	**8** I 10
Gesamt:	91 I 100

Krone

74429 Sulzbach-Laufen

Schwäbische Gastlichkeit wird hier in einem modernen, gemütlichen Ambiente gepflegt. Dafür sorgt die Küche mit traditionellen Gerichten, die Markus Elison mit mediterranen Einflüssen verfeinert.

Hauptstraße 44
+49 7976 911910
krone-sulzbach.com
Hotelrestaurant • regionale Produkte • entspannt

Essen:	**43** I 50
Service:	**18** I 20
Weinkarte:	**17** I 20
Ambiente:	**8** I 10
Gesamt:	86 I 100

Hirschen

79295 Sulzburg

Den Sulzburger Hirschen verlässt man stets zufrieden, denn den französischen Kreationen von Douce Steiner und Udo Weiler wohnt bei aller Kraft und Tiefe auch belebende Leichtigkeit inne.

Hauptstraße 69
+49 7634 8208
douce-steiner.de
Fine Dining • französisch • Hotelrestaurant

Essen:	**48** I 50
Service:	**20** I 20
Weinkarte:	**18** I 20
Ambiente:	**9** I 10
Gesamt:	95 I 100

la maison Eric

79295 Sulzburg

Viel Platz ist nicht in dem kleinen Restaurant von Eric Grandgirard und Dagmar Hauck, reservieren ist folglich ratsam. Serviert wird ausschließlich mittags, das »Menü à midi« gibt es in drei oder vier Gängen.

Im Brühl 7
+49 7634 6110
gestaltungwebsite.wixsite.com/eric
Gasthaus • Casual Dining • französisch • traditionell

Essen:	**43** I 50
Service:	**18** I 20
Weinkarte:	**18** I 20
Ambiente:	**8** I 10
Gesamt:	87 I 100

Rebstock

79295 Sulzburg

Das gemütliche Interieur des beliebten Gasthofs ist die ideale Bühne für die herrlich kreative Küche, die sich vor allem den traditionellen regionalen Klassikern verschrieben hat. Einfach gut!

Hauptstraße 77
+49 7634 503140
rebstock-in-sulzburg.de
Gasthaus • Hausmannskost • gemütlich

Essen:	**44** I 50
Service:	**18** I 20
Weinkarte:	**18** I 20
Ambiente:	**8** I 10
Gesamt:	88 I 100

Bauernstuben

75233 Tiefenbronn

Badisch-schwäbische Gerichte oder feine Speisen mit internationalem Touch? Im urgemütlichen Ambiente werden beide Küchenstile gekonnt umgesetzt, bei gutem Wetter wird im Gartenrestaurant serviert.

Franz-Josef-Gall-Straße 13
+49 7234 95450
ochsen-post.de
Gasthaus • urig • gemütlich

Essen: **42** | 50
Service: **18** | 20
Weinkarte: **17** | 20
Ambiente: **8** | 10
Gesamt: 85 | 100

Ochsen Post

75233 Tiefenbronn

Der historische Landgasthof ist ein Place to be, wenn es um die badisch-schwäbische Küche geht. Käsespätzle und Maultaschen sind hier ebenso gesetzt wie Saure Nieren und Zwiebelrostbraten.

Franz-Josef-Gall-Straße 13
+49 7234 95450
ochsen-post.de
Hotelrestaurant • deutsche Küche • regionale Produkte

Essen: **43** | 50
Service: **18** | 20
Weinkarte: **18** | 20
Ambiente: **8** | 10
Gesamt: 87 | 100

derWaldfrieden

79674 Todtnau

Familie Hupfer steht in dritter Generation für eine feine, nachhaltige Regionalküche. Mit Raffinesse zubereitet, kommen in der gemütlichen Gaststube vor allem bodenständige Klassiker auf den Tisch.

Dorfstraße 8
+49 7674 920930
derwaldfrieden.de
Hotelrestaurant • regionale Küche • gemütlich

Essen: **45** | 50
Service: **18** | 20
Weinkarte: **17** | 20
Ambiente: **8** | 10
Gesamt: 88 | 100

Basilikum

72074 Tübingen

Ein Ort, der italienische Klassiker auf hohem Niveau zelebriert, dazu eine sehr gute Weinauswahl. Zum Beispiel Zuppa di pesce, herrliche Pasta-Gerichte, gerolltes Kalbskotelett und Semifreddo al pistacchio.

Kreuzstraße 24
+49 7071 87549
ristorantebasilikum.de
Familienbetrieb • italienisch • Fisch • entspannt

Essen: **42** | 50
Service: **18** | 20
Weinkarte: **17** | 20
Ambiente: **8** | 10
Gesamt: 85 | 100

Schranners Waldhorn

72074 Tübingen

Seit vielen Jahren steht der Familienbetrieb für eine gehobene Küchen- und Gastkultur. Maximilian Schranner sorgt mit seiner bodenständig-feinen Küche für die Zufriedenheit der Gäste.

Schönbuchstraße 49
+49 7071 61270
schranners-waldhorn.de
Familienbetrieb • deutsche Küche • vegetarisch

Essen:	**43** | 50
Service:	**18** | 20
Weinkarte:	**18** | 20
Ambiente:	**7** | 10
Gesamt:	86 | 100

Tanne

79677 Tunau

Schwarzwald auf die zeitlose Art. Küchenchef Claus Ruch arbeitet mit regionalen Produkten, hat ein Faible für Desserts und bringt einen Hauch weite Welt ins Traditionshaus. Darauf einen Edelbrand!

Alter Weg 4
+49 7673 310
tanne-tunau.de
Familienbetrieb • regionale Produkte • Essen mit Aussicht

Essen:	**42** | 50
Service:	**18** | 20
Weinkarte:	**17** | 20
Ambiente:	**8** | 10
Gesamt:	85 | 100

Anima

78532 Tuttlingen

Heiko Lachers hochpräzise Kreationen wirken wie gemalt. Gekonnt verbindet der Küchenchef und Gastronom verschiedene Geschmacksbilder, Techniken und Inspirationen – und das mit größtmöglicher Leichtigkeit.

In Wöhrden 5
+49 7461 7803020
restaurant-anima.de
Casual Dining • unkonventionell • Terrasse

Essen:	**46** | 50
Service:	**18** | 20
Weinkarte:	**18** | 20
Ambiente:	**8** | 10
Gesamt:	90 | 100

Arena

88662 Überlingen

Eleganz und Lebensfreude schließen sich nicht aus, schon gar nicht, wenn hausgemachte Pasta ins Spiel kommt. Gegrilltes passt aber auch zum italienischen Wein. Gesellschaften buchen »La Grande Tavola«.

Landungsplatz 14
+49 7551 916326
arena-ristorante.de
italienisch • Pasta • Pizza

Essen:	**43** | 50
Service:	**19** | 20
Weinkarte:	**18** | 20
Ambiente:	**8** | 10
Gesamt:	88 | 100

Johanniter Kreuz

88662 Überlingen

Moderne Terrasse, romantisches Kaminzimmer – der Gast hat die Wahl im Johanniter Kreuz und spürt überall kulinarische Vielfalt. Egli aus dem See, Spätzle aus Eigenproduktion, Vegetarisches mit Pfiff.

Johanniterweg 11
+49 7551 937060
johanniter-kreuz.de
Hotelrestaurant • Terrasse • gemütlich

Essen:	**43** | 50
Service:	**17** | 20
Weinkarte:	**17** | 20
Ambiente:	**8** | 10
Gesamt:	85 | 100

Schloss Filseck

73066 Uhingen

Weit oben über dem Filstal und in traumhafter Kulisse fängt Daniele Corona die Essenz italienischer Küche ein. Seine verfeinerten Interpretationen gängiger Klassiker laden zum Schwärmen und Genießen ein.

Filseck 1
+49 7161 28380
restaurant-auf-schloss-filseck.de
Fine Dining • Lunch • italienisch • im Schloss

Essen:	**46** | 50
Service:	**19** | 20
Weinkarte:	**19** | 20
Ambiente:	**8** | 10
Gesamt:	92 | 100

Seehalde

88690 Uhldingen

Abwechslung ist für Markus und Thomas Gruler wichtig: Immer wieder gibt es in dem Haus am Bodenseeufer Events. Das Standardprogramm ist mit Hechtklößchen oder getrüffeltem Perlhuhn aber auch spannend.

Birnau-Maurach 1
+49 7556 92210
seehalde.de
Hotelrestaurant • deutsche Küche • Fisch • Seeterrasse

Essen:	**43** | 50
Service:	**18** | 20
Weinkarte:	**18** | 20
Ambiente:	**8** | 10
Gesamt:	87 | 100

100 Grad

89075 Ulm

Nicht alle Menüzutaten haben in der Küche die 100 Grad gesehen – so etwa Caesar Salad und Mousse au Chocolat. Aber wichtiger als die Namenslogik sind sowieso modernes Flair, Terrasse und coole Cocktails.

Eberhard-Finckh-Straße 17
+49 731 92710
100grad-restaurant.de
Allrounder • Brunch • klassisch

Essen:	**44** | 50
Service:	**18** | 20
Weinkarte:	**18** | 20
Ambiente:	**8** | 10
Gesamt:	88 | 100

Bi:Braud

89073 Ulm

Die engagierteste Küchenchefin von Ulm hat sich Verstärkung geholt: Neben Alina Meissner-Bebrout tüftelt nun Tim Ostertag an neuen Kreationen. Holger Baier sucht zum Menü stets die feinsten Weine aus.

Büchsengasse 20
+49 731 1537512
bebrout.com
Casual Dining • vegetarisch • entspannt

Essen:	**46** | 50
Service:	**19** | 20
Weinkarte:	**18** | 20
Ambiente:	**8** | 10
Gesamt:	91 | 100

Edda

89073 Ulm

Deutsche Klassiker und französische Lieblingsgerichte stehen auf der Karte der sympathischen Brasserie, manchmal verfeinert mit einem Touch Asien. Eine unkomplizierte Küche mit Schwung.

Platzgasse 26
+49 731 85075790
edda-brasserie.com
deutsche Küche • französisch • entspannt

Essen:	**42** | 50
Service:	**18** | 20
Weinkarte:	**17** | 20
Ambiente:	**8** | 10
Gesamt:	85 | 100

Löwen

89077 Ulm

Mediterrane Kreationen oder Klassik – der Löwen hat für alle Ansprüche das Passende da. Vor Schnitzel oder Saibling darf man Kaviar naschen und zu allem Wein aus dem gut gefüllten Keller bestellen.

Klosterhof 41
+49 731 3885880
loewenulm.de
Hotelrestaurant • klassisch • gehoben

Essen:	43	50
Service:	18	20
Weinkarte:	18	20
Ambiente:	8	10
Gesamt:	87	100

Seestern

89073 Ulm

Für manche ist die Weinbegleitung die eigentliche Attraktion, andere schwärmen für die alkoholfreien Drinks. Das Chef-Duo verblüfft zudem mit Luxusprodukten wie Kaisergranat und bretonischer Dorade.

Friedrichsau 50
+49 731 2064000
hotel.lago-ulm.de
Hotelrestaurant • Fine Dining • vegetarisch • Seeterrasse

Essen:	45	50
Service:	18	20
Weinkarte:	18	20
Ambiente:	9	10
Gesamt:	90	100

Treibgut

89073 Ulm

Die kleine Schwester des vornehmeren Restaurants Seestern im gleichen Haus macht Unkompliziertheit zum Motto. Angeschwemmt werden Rindertatar, Wiener Schnitzel und eine Fülle vegetarischer Gerichte.

Friedrichsau 50
+49 731 2064000
hotel.lago-ulm.de
deutsche Küche • mediterran • Seeterrasse • nachhaltig

Essen:	43	50
Service:	18	20
Weinkarte:	17	20
Ambiente:	8	10
Gesamt:	86	100

Lamm Rosswag

71665 Vaihingen

Familie Ruggaber umsorgt Besucher mit herzlicher Gastfreundschaft, prämierter Weinkarte und überaus geschmackvoller Gourmetküche. Zur regionalen Basis kommen fantastische Produkte aus aller Welt.

Rathausstraße 4
+49 7042 21413
lamm-rosswag.de
Gasthaus • Familienbetrieb • entspannt

Essen:	45	50
Service:	19	20
Weinkarte:	18	20
Ambiente:	8	10
Gesamt:	90	100

Rindenmühle

78052 Villingen-Schwenningen

Im rustikal-gehobenen Ambiente des zum Schwarzwälder Wellnesshotels gehörenden Genießerlokals werden Gäste gut umsorgt. Zur regionalen Verwurzelung kommen mediterrane Akzente und Aromen.

Am Kneippbad 9
+49 7721 88680
rindenmuehle.de
Familienbetrieb • deutsche Küche • regionale Produkte

Essen:	**43** I 50
Service:	**18** I 20
Weinkarte:	**18** I 20
Ambiente:	**7** I 10
Gesamt:	86 I 100

Die Achkarrer Krone

79235 Vogtsburg

Badischer Gasthof wie aus dem Bilderbuch. Familie Schüßler betreut seit 1919 die Gäste, die Hausgeschichte reicht aber noch viel weiter zurück. Kutteln, Hechtklößchen und eingemachtes Kalbfleisch passen immer.

Schlossbergstraße 15–17
+49 7662 93130
hotel-krone-achkarren.de
Gasthaus • französisch • gemütlich

Essen:	**43** I 50
Service:	**18** I 20
Weinkarte:	**17** I 20
Ambiente:	**8** I 10
Gesamt:	86 I 100

Köpfers Steinbuck

79235 Vogtsburg

Wie sehr Stephan Köpfers Gasthaus am Kaiserstuhl verankert ist, merkt man bei der Lektüre der Weinkarte. Die Terrasse gilt als schönste der Region und die regionale Küche wird von Steaks ergänzt.

Steinbuckstraße 20
+49 7662 9494650
koepfers-steinbuck.de
französisch • Terrasse • Essen mit Aussicht

Essen:	**44** I 50
Service:	**18** I 20
Weinkarte:	**18** I 20
Ambiente:	**8** I 10
Gesamt:	88 I 100

Rebstock

79235 Vogtsburg

Der kleine Bruder des Schwarzen Adlers, in dem bürgerlicher, aber mit der gleichen Hingabe aufgekocht wird. Grandios: das Knochenmark mit Rindstatar und Pilzen. Und klar: tolle Weinauswahl.

Badbergstraße 22
+49 7662 933011
franz-keller.de
Gasthaus • deutsche Küche • gemütlich

Essen:	**43** I 50
Service:	**18** I 20
Weinkarte:	**19** I 20
Ambiente:	**8** I 10
Gesamt:	88 I 100

Schwarzer Adler — 79235 Vogtsburg

Das traditionsreiche Restaurant der Familie Keller ist längst eine kulinarische Institution, hier wird noch die klassische französische Haute Cuisine zelebriert. Die Weinkarte ist legendär!

Badbergstraße 23
+49 7662 933010
franz-keller.de
Fine Dining • eigener Weinbau • französisch

Essen:	**47** | 50
Service:	**20** | 20
Weinkarte:	**20** | 20
Ambiente:	**10** | 10
Gesamt:	97 | 100

Steinbuck Stube — 79235 Vogtsburg

Wirtshauskultur am Kaiserstuhl. Mit Klassikern wie etwa Rehschnitzel mit Hagebutten oder Zander in Grauburgunder gibt sich die Küche aber nicht zufrieden. In nostalgischem Rahmen geht es auch mediterran zu.

Talstraße 2
+49 7662 911210
steinbuck-stube.de
Gasthaus • gemütlich • romantisch

Essen:	**43** | 50
Service:	**17** | 20
Weinkarte:	**17** | 20
Ambiente:	**8** | 10
Gesamt:	85 | 100

Bachofer — 71332 Waiblingen

Spannungsreiche Kreativküche – auch vegetarisch – mit raffinierten Details in einem sehr niveauvoll in die Moderne geführten, alten Fachwerkhaus. Besonders lässig sitzt man an der illuminierten Theke.

Marktplatz 6
+49 7151 976430
bachofer.info
Casual Dining • japanisch • Sushi • Terrasse

Essen:	**45** | 50
Service:	**18** | 20
Weinkarte:	**18** | 20
Ambiente:	**9** | 10
Gesamt:	90 | 100

Brunnenstuben — 71334 Waiblingen

Schwäbisch-mediterranes und sympathisch geführtes Schlemmerlokal. Vom schlichten Look sollte man sich nicht täuschen lassen: Die Küche ist wirklich gut. Klassische Gaumenfreuden ohne große Kapriolen.

Quellenstraße 14
+49 7151 9441227
brunnenstuben.de
Gasthaus • mediterran • gemütlich

Essen:	**43** | 50
Service:	**18** | 20
Weinkarte:	**17** | 20
Ambiente:	**7** | 10
Gesamt:	85 | 100

Untere Apotheke — 71332 Waiblingen

Max Rebhorn verbindet die »From farm to table«-Philosophie mit Handwerk, Tradition mit pfiffigen Ideen. Toll die Meeresfrüchte-Paella für zwei. Zur Auswahl stehen zwei Menüs, noch spannender wird's à la carte.

Marktplatz 9
+49 7151 2060991
untereapotheke.com
Allrounder • modern • Terrasse

Essen:	**43** | 50
Service:	**18** | 20
Weinkarte:	**17** | 20
Ambiente:	**8** | 10
Gesamt:	86 | 100

Schwitzer's Gourmet-Restaurant

76337 Waldbronn

Klein, fein und ganz auf Cédric Schwitzer zugeschnitten. Wer das Gourmeterlebnis noch steigern will, bucht einen Platz am Chef's Table. Ein U-30-Menü für Nachwuchsfeinschmecker gibt's mittwochs und donnerstags.

Etzenroter Straße 4
+49 7243 354850
schwitzers.com
Fine Dining • französisch • Chef's Table

Essen:	**46** | 50
Service:	**19** | 20
Weinkarte:	**18** | 20
Ambiente:	**8** | 10
Gesamt:	**91** | 100

Krone

71111 Waldenbuch

Wenn ein Küchenchef Metzger heißt, ist das vielversprechend. Logisch, dass Zwiebelrostbraten und Hirschsauerbraten Qualität besitzen. Zum Menü im historischen Gasthof wird die passende Weinreise angeboten.

Nürtinger Straße 14
+49 7157 408849
krone-waldenbuch.de
Gasthaus • französisch • Terrasse • entspannt

Essen:	**46** | 50
Service:	**19** | 20
Weinkarte:	**18** | 20
Ambiente:	**8** | 10
Gesamt:	**91** | 100

Löwen

79183 Waldkirch

Der Familienbetrieb versteht sich als Gasthaus 2.0. Aus Christian Dages' Küche kommen also neben ultrabadischen Klassikern wie Saure Leber auch Speisen mit mediterranem oder asiatischem Touch.

Schwarzwaldstraße 34
+49 7681 9868
loewen-buchholz.com
vegan • vegetarisch • regionale Küche

Essen:	**43** | 50
Service:	**17** | 20
Weinkarte:	**17** | 20
Ambiente:	**8** | 10
Gesamt:	**85** | 100

Zum Storchen

79183 Waldkirch

Schwarzwald auf die zukunftsträchtige Art. Christoph Trienen lässt in der Küche Heimat durchschimmern, schätzt aber auch mediterrane Aromen. Gastgeberin Astrid Trienen sorgt derweil für Wohlbefinden.

Lange Straße 24
+49 7681 4749590
zum-storchen-waldkirch.de
Hotelrestaurant • deutsche Küche • mediterran

Essen:	**43** | 50
Service:	**18** | 20
Weinkarte:	**18** | 20
Ambiente:	**8** | 10
Gesamt:	**87** | 100

Adler

88239 Wangen im Allgäu

Wirt Uwe Zöller weiß genau, was seine Gäste schätzen: Abwechslung, ohne auf Klassik zu verzichten! Was bedeutet, dass sie mal Tagliatelle mit Thai-Curry, mal Tafelspitz mit Meerrettich genießen können.

Obere Dorfstraße 4
+49 7522 707477
adler-deuchelried.de
Gasthaus • deutsche Küche • mediterran • Gastgarten

Essen:	**42** | 50
Service:	**18** | 20
Weinkarte:	**17** | 20
Ambiente:	**8** | 10
Gesamt:	**85** | 100

Adler

88239 Wangen im Allgäu

Adler existieren viele in der Gastronomie – doch der Roggenzeller Vogel fliegt eigene Bahnen. Familie Köhle begeistert mit über Nacht gegartem Schweinebraten, hausgemachten Spätzle oder Luxuspizza.

Roggenzell 12
+49 7528 7008
adler-roggenzell.de
Gasthaus • deutsche Küche • nachhaltig

Essen:	42	50
Service:	18	20
Weinkarte:	16	20
Ambiente:	7	10
Gesamt:	83	100

Zur Sonne

79664 Wehr

Gäbe es einen Preis für das schönste Schwarzwald-Gasthaus, wäre die Sonne in der engsten Wahl. Hinter den Gasthausmauern wird aber auch ambitioniert gekocht: von Hummercremesuppe bis Fleischküchle.

Enkendorfstraße 38
+49 7762 8484
hotel-sonne-wehr.de
Familienbetrieb • Gastgarten • traditionell

Essen:	43	50
Service:	17	20
Weinkarte:	17	20
Ambiente:	8	10
Gesamt:	85	100

Laurentius

97990 Weikersheim

Im Schlossstädtchen Weikersheim servieren Sabine und Jürgen Koch Feines, Abgestimmtes und perfekt Durchdachtes. Ob Wachtelbrust oder Entenleber, Bucheckern oder Geiztraubengelee, das ist weltoffene Heimatküche!

Marktplatz 5
+49 7934 91080
hotel-laurentius.de
Hotelrestaurant • Fine Dining • elegant • Gewölbe

Essen:	46	50
Service:	18	20
Weinkarte:	18	20
Ambiente:	8	10
Gesamt:	90	100

Foto: JESSICA WEISINGER

Markos

88250 Weingarten

Spektakuläres Ambiente und Lockerheit verbindet das Restaurant auf geniale Weise. Küchenchef Viorel Reiß arbeitet mit saisonalen Edelprodukten. Sofern es das Wetter erlaubt, sollte man draußen reservieren.

Ravensburger Straße 56
+49 751 56163714
syrlin-speisewelt.de
Fine Dining • modern • elegant

Essen:	45	50
Service:	18	20
Weinkarte:	18	20
Ambiente:	9	10
Gesamt:	90	100

zeit|geist

76356 Weingarten

Weingartens kulinarische Nummer eins ist dem Zeitgeist immer ein Stück voraus. In dem neu designten Restaurant ist nicht nur der Wagyu-Burger gefragt. Chefkoch Sebastian Syrbe weiß, was Gäste wollen.

Marktplatz 7
+49 7244 70370
walksches-haus.de
Hotelrestaurant • gemütlich • entspannt

Essen:	**44** | 50
Service:	**18** | 20
Weinkarte:	**18** | 20
Ambiente:	**8** | 10
Gesamt:	88 | 100

Bistronauten

69469 Weinheim

Von dienstags bis samstags starten die Bistronauten zu unentdeckten Geschmackswelten, bleiben aber bezüglich Einkauf auf ihrem Heimatplaneten. Produkte kleiner Erzeuger sind Trumpf in der offenen Küche.

Kopernikusstraße 43
+49 6201 8461856
bistronauten.de
Bistro • regionale Küche • nachhaltig • entspannt

Essen:	**42** | 50
Service:	**18** | 20
Weinkarte:	**16** | 20
Ambiente:	**8** | 10
Gesamt:	84 | 100

EssZimmer

69469 Weinheim

Die vielen Flaschen geben die Richtung vor: Wein spielt eine wichtige Rolle in der historischen Alten Post. Philipp Weigold kocht dazu Speisen, die Rheinzander ebenso beinhalten können wie Austern.

Alte Postgasse 53
+49 6201 8776787
esszimmer-weinheim.de
Fine Dining • regionale Produkte • entspannt

Essen:	**43** | 50
Service:	**18** | 20
Weinkarte:	**18** | 20
Ambiente:	**7** | 10
Gesamt:	86 | 100

Cédric

71384 Weinstadt

Er gilt als einer der Shootingstars der deutschen Gastronomie. Dennoch ist Cédric Staudenmayers Menü nicht abgefahren, sondern in sich ruhend; eine vegetarische Variante gibt's auf Vorbestellung.

Marktstraße 39
+49 7151 3048228
restaurant-cedric.de
regionale Produkte • gehoben • modern

Essen:	**46** | 50
Service:	**18** | 20
Weinkarte:	**18** | 20
Ambiente:	**8** | 10
Gesamt:	90 | 100

Osteria Bonomi
73240 Wendlingen

Daniel Abele ist ein Gastgeber wie aus dem Bilderbuch – und nebenbei Weinkenner. Verständlich, dass die Auswahl italienischer Flaschen herausragend ist. Hausgemachte Pasta und frischer Fisch sind Highlights.

Behrstraße 90
+49 7024 5019551
villa-behr.de
italienisch • Pasta • klassisch

Essen:	**42** | 50
Service:	**18** | 20
Weinkarte:	**17** | 20
Ambiente:	**8** | 10
Gesamt:	**85** | 100

Bestenheider Stuben
97877 Wertheim

Vegetarier und Veganer kommen hier auf ihre Kosten, aber auch an die Liebhaber von Rinderzunge und Straußenfilet wird gedacht. Die regional eingekauften Produkte genießt man im Sommer auf der Terrasse.

Breslauer Straße 1
+49 9342 96540
bestenheider-stuben.de
Hotelrestaurant • regionale Produkte • saisonal

Essen:	**43** | 50
Service:	**18** | 20
Weinkarte:	**17** | 20
Ambiente:	**8** | 10
Gesamt:	**86** | 100

Zur Sonne
78250 Wiechs am Randen

Sonne-Chefkoch Egbert Tribelhorn hat lange im Tessin gearbeitet und begeistert seine Gäste mit südlich-mediterranen Aromen. Schnitzel vom Schwäbisch-Hällischen Biolandschwein darf es aber auch sein.

Hauptstraße 57
+49 7736 7543
sonne-wiechs.de
Essen mit Aussicht • klassisch • entspannt

Essen:	**44** | 50
Service:	**18** | 20
Weinkarte:	**18** | 20
Ambiente:	**8** | 10
Gesamt:	**88** | 100

Wiedener Eck
79695 Wieden

Die gute Küche mit regionalen Zutaten von Lorenz Wissler ist im Südschwarzwald kein Geheimtipp mehr, besonders aber die Wildgerichte (oft mit Fleisch aus eigener Jagd) bleiben in Erinnerung.

Oberwieden 15
+49 7673 9090
wiedener-eck.de
Familienbetrieb • nachhaltig • Essen mit Aussicht

Essen:	**42** | 50
Service:	**18** | 20
Weinkarte:	**18** | 20
Ambiente:	**8** | 10
Gesamt:	**86** | 100

Talblick
72218 Wildberg

Der Spaß am Beruf ist der Küche von Claus Weitbrecht anzumerken: Guten Produkten wie Eismeersaibling, Schwertmuschel und Kalb begegnet er mit harmonischer Kreativität und klassischem Handwerk.

Bahnhofsträßle 6
+49 7054 5247
talblick-wildberg.de
Familienbetrieb • klassisch • gemütlich

Essen:	**43** | 50
Service:	**18** | 20
Weinkarte:	**18** | 20
Ambiente:	**8** | 10
Gesamt:	**87** | 100

Altes Rathaus

71364 Winnenden

Anne Henrichs und Patrick Schubert legen Wert auf das Besondere. Nachhaltigkeit, Selbstmachen und Ausprobieren stehen im Vordergrund. Das moderne Gastrokonzept beinhaltet die zum Essen passenden Weine.

Marktstraße 47
+49 719 55899572
w-thefood.de
Crossover-Küche • modern • entspannt

Essen:	**43** I 50
Service:	**18** I 20
Weinkarte:	**17** I 20
Ambiente:	**8** I 10
Gesamt:	86 I 100

Engel

79299 Wittnau

Badische Gemütlichkeit trifft italienische Küche. Seit vielen Jahren ein erfolgreiches Konzept, bei dem der Fokus klar auf knusprigen Pizzen, hausgemachter Pasta und einer Reihe anderer italienischer Klassiker liegt.

Weinbergstraße 2
+49 761 402805
ristorante-engel.de
italienisch • klassisch • charmant

Essen:	**43** I 50
Service:	**18** I 20
Weinkarte:	**17** I 20
Ambiente:	**7** I 10
Gesamt:	85 I 100

Sonne

78573 Wurmlingen

Auf Regionalität und Nachhaltigkeit wird hier besonderer Wert gelegt: Aus vorwiegend heimischen Produkten zaubert die Küche eine herzhaft-bodenständige Küche, die auch feine Gaumen überzeugt.

Obere Hauptstraße 1
+49 7461 71102
sonne-wurmlingen.de
Gasthaus • regionale Küche • gemütlich

Essen:	**42** I 50
Service:	**18** I 20
Weinkarte:	**16** I 20
Ambiente:	**8** I 10
Gesamt:	84 I 100

Schlüssel

79669 Zell im Wiesental

Kaviar zum Kalbskopf? Steinpilzravioli zum Seeteufel? Das Berggasthaus mixt Heimisches mit Weltläufigem. Auch zur Wildzeit reisen Gäste von weit her an und nehmen gern kulinarische Souvenirs mit.

Pfaffenberg 2
+49 7625 375
berggasthof-schluessel.de
Gasthaus • deutsche Küche • bio • Essen mit Aussicht

Essen:	**42** I 50
Service:	**18** I 20
Weinkarte:	**17** I 20
Ambiente:	**8** I 10
Gesamt:	85 I 100

Le Cerf

74639 Zweiflingen

Küchenchef Boris Rommel liebt den Kontakt mit Gästen. Ein ums andere Mal erklärt der Mann mit der Mütze seine Kreationen am Tisch. Im feudalen Ambiente öffnet Sommelier Max Johne passende Flaschen.

Kärcherstraße 11
+49 7941 60870
schlosshotel-friedrichsruhe.de
Hotelrestaurant • französisch • im Schloss • Terrasse

Essen:	**47** I 50
Service:	**20** I 20
Weinkarte:	**19** I 20
Ambiente:	**9** I 10
Gesamt:	95 I 100

Zum Falken

91587 Adelshofen

Mit Tauberzell macht das romantische Taubertal seinem Namen wahrhaftig Ehre. Vegetarisches aus eigener Ernte steht bei Lars Zwick ebenso auf der Karte wie das »Beste von Herz, Lunge und Zunge«. Ein Kleinod.

Tauberzell 41	Essen: **42** | 50
+49 9865 941940	Service: **17** | 20
landhaus-zum-falken.de	Weinkarte: **16** | 20
Gasthaus • Vinothek • Terrasse	Ambiente: **8** | 10
	Gesamt: 83 | 100

Rehbergers im Schloss Hohenstein

96482 Ahorn

Die Rehbergers stehen ganz für Frische und Regionalität. Andreas sorgt mit Gerichten wie gebratenem Stör und Haselnussspitzkohl für Freude, Ehefrau Alexandra präsentiert mit feinem Schmäh spannende Weine.

Hohenstein 1	Essen: **43** | 50
+49 9565 9393151	Service: **18** | 20
schlosshotel-hohenstein.de	Weinkarte: **18** | 20
Hotelrestaurant • nachhaltig • im Schloss	Ambiente: **9** | 10
	Gesamt: 88 | 100

Wagner

86551 Aichach

Das Geweih hängt unter der Decke, das Fleisch liegt auf dem Teller. Ob Ribs, Schweinebraten oder Fleischpflanzerl – jede Wahl trifft genau ins Saftige. Und auch für alle Pflanzenliebhaber findet sich etwas.

Harthofstraße 38	Essen: **42** | 50
+49 8251 89770	Service: **17** | 20
gasthof-wagner.de	Weinkarte: **16** | 20
Gasthaus • deutsche Küche • Burger • gemütlich	Ambiente: **8** | 10
	Gesamt: 83 | 100

das asam

94501 Aldersbach

Anna und Josef Kapser wissen, wie man's macht: Neugierde statt Stillstand. Deshalb wechselt das Menü regelmäßig und sie schauen sich stets nach frischen Weinen um. So wird's weder Gast noch Koch langweilig.

Freiherr-von-Aretin-Platz 2	Essen: **43** | 50
+49 8543 6247624	Service: **18** | 20
das-asam.de	Weinkarte: **17** | 20
deutsche Küche • Gastgarten • traditionell	Ambiente: **9** | 10
	Gesamt: 87 | 100

Altenauer Dorfwirt 82442 Altenau

Inhaber Florian Lenz tischt im Altenauer Dorfwirt auf, was nach Heimat schmeckt: Wild aus den Bergen, Schnitzel wie bei Oma und Knödel, die die Seele wärmen – serviert in wohlig-rustikaler Hüttenatmosphäre.

Obere Dorfstraße 19
+49 8845 7033999
altenauer-dorfwirt.de
Gasthaus • deutsche Küche • regionale Produkte

Essen:	**42** | 50
Service:	**17** | 20
Weinkarte:	**16** | 20
Ambiente:	**7** | 10
Gesamt:	82 | 100

Angermühle 83352 Altenmarkt

Unweit des Chiemsees trifft Idylle auf herzliche Gastgeber. Die Angermühle ist beliebt für Feiern, lohnt aber auch allein für die feine Küche – wie Kalbshaxn mit Fregola sarda – unbedingt einen Besuch.

Angermühle 1
+49 8621 98470
angermuehle-landgasthof.de
Gasthaus • klassisch • regionale Produkte

Essen:	**42** | 50
Service:	**18** | 20
Weinkarte:	**17** | 20
Ambiente:	**8** | 10
Gesamt:	85 | 100

Eder's 63755 Alzenau

Feine Landküche trifft auf kreative Raffinesse: Hausgemachte Maultaschen, zartes Kalbsrückensteak und saisonale Highlights werden in stilvollem Ambiente mit einem passenden Glas Wein serviert.

Dörsthof 4
+49 6023 8902
simons-weingasthof.de
Gasthaus • Essen mit Aussicht • klassisch

Essen:	**42** | 50
Service:	**17** | 20
Weinkarte:	**17** | 20
Ambiente:	**7** | 10
Gesamt:	83 | 100

Abt- und Schäferstube 63916 Amorbach

Da könnte man gleich drei von essen: von rosa gebratenem Rücken und Praline vom Salzwiesenlamm mit eigener Jus und Parmesan-Polenta, die unter der Leitung von Daniel Stelling zu reinem Genuss wird.

Schafhof 1
+49 9373 97330
schafhof.de
Gasthaus • Vinothek • im Grünen

Essen:	**44** | 50
Service:	**18** | 20
Weinkarte:	**18** | 20
Ambiente:	**8** | 10
Gesamt:	88 | 100

Bernhardhof 🍴🍴

82346 Andechs

Im Bernhardhof Andechs pflegen Julian Holzinger und sein Team ihre Leidenschaft für das Gute. Und das liegt dem Familienbetrieb im Blut, ob es das zarte Onsenei oder der rosa gebratene Rehrücken ist.

Andechser Straße 32
+49 170 4411222
bernhardhof.de
Familienbetrieb • regionale Produkte • gemütlich

Essen:	**42** | 50
Service:	**18** | 20
Weinkarte:	**17** | 20
Ambiente:	**8** | 10
Gesamt:	85 | 100

Schwarzer Bock 🍴🍴

91522 Ansbach

Ein Leuchtturmprojekt und 100 Prozent biozertifiziert – die Schmankerln sind saisonal und von bester Qualität. Beliebt ist der Sharing Tower mit verschiedenen Spezialitäten oder das fränkische Drei-Gänge-Menü.

Pfarrstraße 31
+49 981 421240
schwarzerbock.com
Gasthaus • klassisch • bio

Essen:	**42** | 50
Service:	**18** | 20
Weinkarte:	**17** | 20
Ambiente:	**8** | 10
Gesamt:	85 | 100

Goldammer 🍴🍴

63743 Aschaffenburg

Hier wird man von allen Seiten begrüßt: aus dem Garten, aus dem Keller, aus der Küche. Und der Gruß schmeckt. Weil Carolin und André Allig das rechte Maß aus urbanem Chic und Gastlichkeit finden.

Würzburger Straße 200
+49 6021 4420033
restaurant-goldammer.de
Allrounder • modern • Terrasse

Essen:	**42** | 50
Service:	**19** | 20
Weinkarte:	**17** | 20
Ambiente:	**9** | 10
Gesamt:	87 | 100

Epicures 🍴🍴🍴

83229 Aschau

Im sterneverwöhnten Chiemgau ist das Restaurant Heinz Winkler eine Institution. Küchenchef Daniel Pape und sein Team zaubern aus hervorragenden Produkten kreative Gerichte mit klassischen Akzenten.

Kirchplatz 1
+49 8052 17990
residenz-heinz-winkler.de
Fine Dining • Terrasse • elegant

Essen:	**45** | 50
Service:	**18** | 20
Weinkarte:	**19** | 20
Ambiente:	**9** | 10
Gesamt:	91 | 100

Spitzer 🍴🍴

84072 Au

Hier verbindet sich Einfaches mit Besonderem. Aus den frisch vom Bauern gelieferten Zutaten entsteht bayerisches Soulfood, das dann zu einem Überraschungsmenü zusammengestellt wird.

Lohweg 10
+49 8752 7455
gasthaus-spitzer.de
traditionell • regionale Produkte • modern

Essen:	**43** | 50
Service:	**17** | 20
Weinkarte:	**17** | 20
Ambiente:	**8** | 10
Gesamt:	85 | 100

Simpl

91275 Auerbach

André Gradl hat ein Konzept geschaffen, bei dem kaum etwas nicht möglich ist. Restaurant mit internationaler Küche von veganen Gerichten bis Burger, eine Pizzeria mit Steinofen und eine beliebte Bar.

Unterer Markt 27
+49 9643 1512
das-simpl.de
Pizza • entspannt • modern

Essen:	**42** | 50
Service:	**18** | 20
Weinkarte:	**17** | 20
Ambiente:	**7** | 10
Gesamt:	84 | 100

SoulFood

91275 Auerbach

Welches Soulfood lieben Oberpfälzer? Für Christine Heß und Michael Laus ganz klar: Mit Sumach und Tahini winkt der Nahe Osten, mit Miso-Mayonnaise und Edamame der Ferne Osten in zwei köstlichen Menüs.

Unterer Markt 35
+49 9643 2052225
restaurant-soulfood.com
Fine Dining • modern • Terrasse

Essen:	**46** | 50
Service:	**18** | 20
Weinkarte:	**18** | 20
Ambiente:	**9** | 10
Gesamt:	91 | 100

Alte Liebe

86159 Augsburg

Unter der Woche Bistro à la carte, freitags und samstags von den Jahreszeiten inspiriertes Gourmetmenü. Die Zutaten kommen aus dem eigenen Garten oder der Region. Tolle Pop-up-Events des jungen Teams!

Alpenstraße 21
+49 821 65057850
alte-liebe-augsburg.de
Fine Dining • regionale Produkte • elegant

Essen:	**46** | 50
Service:	**19** | 20
Weinkarte:	**19** | 20
Ambiente:	**8** | 10
Gesamt:	92 | 100

August

86153 Augsburg

In Augsburgs Haag-Villa kreiert Christian Grünwald mit der Natur im Sinn aus herausragenden Produkten ausbalancierte Gerichte und serviert sie auf beleuchteten »Schaufenster«-Tischen. Ein Ort voller Kunst!

Johannes-Haag-Straße 14
+49 821 35279
restaurantaugust.de
Fine Dining • Terrasse • traditionell

Essen:	**47** | 50
Service:	**19** | 20
Weinkarte:	**19** | 20
Ambiente:	**9** | 10
Gesamt:	94 | 100

maximilian's

86150 Augsburg

In der offenen Showküche zelebriert Simon Lang »best urban kitchen«. Von Klassikern wie Schnitzel bis hin zu Risotto gibt es hier eine große Auswahl. Außerdem: Champagnerfrühstück und Sonntagsbrunch.

Maximilianstraße 40
+49 821 503665
maximilians-augsburg.de
Hotelrestaurant • Allrounder • elegant

Essen:	**42** | 50
Service:	**17** | 20
Weinkarte:	**16** | 20
Ambiente:	**8** | 10
Gesamt:	83 | 100

Nose & Belly

86152 Augsburg

Gourmetmenü oder legeres À-la-carte-Angebot – Küchenchef Hendrik Ketter überzeugt mit kreativen Gerichten in entspannter und schicker Atmosphäre. Regionale und saisonale Produkte stehen im Fokus.

Heilig-Kreuz-Straße 10
+49 821 50895791
noseandbelly.de
Casual Dining • modern • elegant

Essen:	**45**	50
Service:	**19**	20
Weinkarte:	**18**	20
Ambiente:	**8**	10
Gesamt:	90	100

Sartory Restaurant

86150 Augsburg

Sternekoch Simon Lang kocht französisch inspirierte Menüs (auch vegetarisch) mit mediterranen Elementen. In dem kleinen Salon Privé dominieren Grautöne, auf den Tellern geht es dafür umso bunter zu.

Maximilianstraße 40
+49 821 50360
sartory-augsburg.de
Fine Dining • französisch • Fisch • elegant

Essen:	**45**	50
Service:	**18**	20
Weinkarte:	**18**	20
Ambiente:	**9**	10
Gesamt:	90	100

Settele

86179 Augsburg

Seit über 100 Jahren familiengeführtes Gasthaus, das traditionell-regionale Gerichte wie Kässpatzen, Rumpsteak oder schwäbischen Rostbraten auftischt. Ein Blick in den Online-Eventkalender lohnt sich!

Martinistraße 29
+49 821 84086
gasthaus-settele.de
Gasthaus • deutsche Küche • Gastgarten

Essen:	**43**	50
Service:	**17**	20
Weinkarte:	**16**	20
Ambiente:	**8**	10
Gesamt:	84	100

Brauereigasthof

85653 Aying

Einfach mal die Zeit anhalten, ganz gemütlich unter weiß-blauem Himmel die Seele baumeln lassen und das Leben genießen – bayerischer wird's nicht. Vor allem mit einem Rehrücken im holzvertäfelten Saal.

Zornedinger Straße 2
+49 8095 90650
brauereigasthof-aying.de
Gasthaus • Hausmannskost • Biervielfalt

Essen:	**43**	50
Service:	**17**	20
Weinkarte:	**16**	20
Ambiente:	**8**	10
Gesamt:	84	100

Schwögler

93077 Bad Abbach

Hier kommt die ganze Welt auf den Teller – aber der Teller bleibt in Bayern. Von asiatischen, mediterranen und alpinen Einflüssen getragen sind Gerichte wie das Zweierlei vom Duroc-Schwein.

Stinkelbrunnstraße 18
+49 9405 962300
schwoegler.de
modern • entspannt • Terrasse

Essen:	**43** I 50
Service:	**17** I 20
Weinkarte:	**17** I 20
Ambiente:	**8** I 10
Gesamt:	85 I 100

Zirngibl

93077 Bad Abbach

Tradition lebt von frischen Ideen. Deshalb kocht Michael Hofer im Haus mit jahrhundertelanger Geschichte Gerichte, die gleichzeitig vertraut und überraschend schmecken, ob Schweinsbraten oder Hendl.

Am Markt 29
+49 9405 954612
gasthaus-zirngibl.de
Gasthaus • traditionell • Gastgarten • gemütlich

Essen:	**42** I 50
Service:	**17** I 20
Weinkarte:	**16** I 20
Ambiente:	**8** I 10
Gesamt:	83 I 100

Glockenturm | Holzapfel

94072 Bad Füssing

Das Restaurant in Bad Füssing vereint das Beste aus Bayern mit internationaler Raffinesse. Bei Kerzenschein und romantischer Beleuchtung genießt man puren Geschmack aus naturbelassenen Zutaten.

Thermalbadstraße 4
+49 8531 9570
hotel-holzapfel.de
Fine Dining • elegant • Cocktails

Essen:	**43** I 50
Service:	**17** I 20
Weinkarte:	**17** I 20
Ambiente:	**8** I 10
Gesamt:	85 I 100

Kirchawirt

94072 Bad Füssing

Viel uriger als im Mühlbach? Geht eigentlich nicht. Viel schöner aber auch nicht. Das hat Tradition, einen Kachelofen und auf der Karte einen Hit neben dem anderen. Besonderer Tipp: das »Wirtsgulasch«.

Bachstraße 15
+49 8531 278401
muehlbach.de
Hotelrestaurant • traditionell • regionale Produkte

Essen:	**43** I 50
Service:	**17** I 20
Weinkarte:	**16** I 20
Ambiente:	**8** I 10
Gesamt:	84 I 100

Toskana
94072 Bad Füssing

Die Toskana fängt in Bad Füssing an, das weiß jeder. Genauso, wie man weiß, dass Essen ein Bedürfnis ist, Genießen aber eine Kunst. So zaubern sie hier einen Seeteufel, der aus Hungrigen Künstler macht.

Waldstraße 16
+49 8531 9280
parkhotel.stopp.de
Hotelrestaurant • mediterran • elegant

Essen:	42	50
Service:	17	20
Weinkarte:	16	20
Ambiente:	8	10
Gesamt:	83	100

Wirt z'Füssing
94072 Bad Füssing

Bei Küchenchef Johann Salzberger gibt's authentische, echt bayerische Wirtshausatmosphäre in gemütlichen Stüberln mit viel Altholz und Jagdtrophäen an der Wand oder auf der sonnigen Terrasse.

Pockinger Straße 1
+49 8531 279650
ortners-resort.com
Hotelrestaurant • deutsche Küche • entspannt

Essen:	42	50
Service:	19	20
Weinkarte:	17	20
Ambiente:	8	10
Gesamt:	86	100

Obere Mühle
87541 Bad Hindelang

Wer es sich gut gehen lassen will, der findet im Herzen des Allgäus, umringt von Bergen und direkt an der Ostrach, den geeigneten Platz – und das seit 500 Jahren. Dieses Wissen steckt in jedem Bissen!

Ostrachstraße 40
+49 8324 2857
obere-muehle.de
Gasthaus • nachhaltig • urig

Essen:	42	50
Service:	17	20
Weinkarte:	17	20
Ambiente:	8	10
Gesamt:	84	100

Laudensacks
97688 Bad Kissingen

Nach der Übernahme durch den Nachbarn Victoria kocht Frederik Desch weiter auf höchstem Niveau. Besonders spannend: das vegetarische Menü mit Gängen wie geeister Burrata, eingelegte Kirsche und Bucheckern.

Kurhausstraße 28
+49 971 72240
laudensacks.de
Fine Dining • im Grünen • elegant

Essen:	45	50
Service:	19	20
Weinkarte:	19	20
Ambiente:	9	10
Gesamt:	92	100

Weinstube Hofmann
97688 Bad Kissingen

Die Adresse Weingasse 4 verpflichtet. Es gibt einen eigenen »Zechwein« von Winzer Olli Six, der bestens mit dem Weinstubensalat harmoniert. Tipp: neben der frischen Wochenkarte saisonale Events wie Martinsgans.

Weingasse 4
+49 971 2619
weinstube-hofmann.de
deutsche Küche • traditionell • gemütlich

Essen:	43	50
Service:	17	20
Weinkarte:	17	20
Ambiente:	8	10
Gesamt:	85	100

Leos by Stephan Brandl

93444 Bad Kötzting

Stephan Brandl weiß bayerische Regionalität mit französischer Cuisine zu kombinieren. In seiner Küche wird mit besten Zutaten auf höchstem Niveau gekocht. Casual Fine Dining at its best.

Liebenstein 25
+49 9941 94800
bayerwaldhof.de
französisch • nachhaltig • modern

Essen:	**45** I 50
Service:	**18** I 20
Weinkarte:	**18** I 20
Ambiente:	**9** I 10
Gesamt:	90 I 100

Osl

93444 Bad Kötzting

Fleischkultur hat ein Zuhause und das ist das Wirtshaus Osl in Bad Kötzting. Ob herrlich zart gebratene Steaks, Filets, Medaillons oder beste Würzmischungen für zu Hause, hier geht man glücklich.

Marktstraße 32
+49 9941 1045
wirtshaus-osl.de
Gasthaus • eigene Landwirtschaft • nachhaltig

Essen:	**42** I 50
Service:	**17** I 20
Weinkarte:	**17** I 20
Ambiente:	**8** I 10
Gesamt:	84 I 100

Salín

83435 Bad Reichenhall

Der heilige Dreiklang der Gastronomie ist so einfach formuliert wie schwer umzusetzen: »Essen, trinken, wohlfühlen«. Und das gelingt im Salín. Auch, weil man sich an Klassiker hält: Oktopus und Burger.

Alte Saline 2
+49 8651 7174907
salin-reichenhall.de
Terrasse • mediterran • Essen mit Aussicht

Essen:	**43** I 50
Service:	**17** I 20
Weinkarte:	**17** I 20
Ambiente:	**9** I 10
Gesamt:	86 I 100

Ca'Leone

83646 Bad Tölz

Küchenchef Antonio Roberto Festa ist ein Mann, der die italienische Küche lebt und sich deshalb auch erlauben kann, mit ihr zu spielen. Klassiker wie Lammkoteletts versieht er mit einem eigenen Twist.

An der Isarlust 1
+49 8041 6030
restaurant-caleone.com
italienisch • klassisch • am Wasser

Essen:	**43** I 50
Service:	**19** I 20
Weinkarte:	**18** I 20
Ambiente:	**8** I 10
Gesamt:	88 I 100

Jägerwirt

83646 Bad Tölz

Außerhalb in Kirchbichl liegt dieser seit Generationen von Familienhand betriebene Gasthof, ein Bilderbuchbetrieb. Das Essen ist bodenständig und von bester Qualität – vom Strohschwein bis zu den Kuchen!

Nikolaus-Rank-Straße 1
+49 8041 9548
jaegerwirt.de
eigener Kräutergarten • regionale Produkte • Terrasse

Essen:	**41**	50
Service:	**19**	20
Weinkarte:	**16**	20
Ambiente:	**8**	10
Gesamt:	84	100

Freihaus Brenner

83707 Bad Wiessee

Gourmetrestaurant und Wirtshaus – das ist nur scheinbar ein Widerspruch. Lebender Beweis dafür: Küchenchef Dirk Welker und seine Spinatknödel mit Steinpilzen, die es so fein sonst nirgends gibt.

Freihaus 4
+49 8022 86560
freihaus-brenner.de
Gasthaus • im Grünen • Essen mit Aussicht • traditionell

Essen:	**43**	50
Service:	**19**	20
Weinkarte:	**16**	20
Ambiente:	**8**	10
Gesamt:	86	100

Mai Liabba

83707 Bad Wiessee

Nirgends blubbert es sich so schwerelos wie am Tegernsee – und man muss schon suchen, um die Schönheit Bayerns so unvermittelt auf den Teller zu bekommen wie hier mit fangfrischem Saibling und Renke!

Überfahrtweg 15
+49 8022 857495
fischerei-tegernsee.com
Fisch • Essen mit Aussicht • entspannt

Essen:	**43**	50
Service:	**18**	20
Weinkarte:	**20**	20
Ambiente:	**7**	10
Gesamt:	88	100

Calla

86825 Bad Wörishofen

In der offenen Küche mischt Jörg Richter europäische Küche und asiatische Aromen. Dazu verwendet er nur frische Zutaten, die er zu mit modernen Akzenten gespickten Gerichten verarbeitet. Elegant: die Yuzo-Dorade.

Hermann-Aust-Straße 11
+49 8247 9590
spahotel-sonnenhof.de
Hotelrestaurant • deutsche Küche • japanisch

Essen:	**43**	50
Service:	**18**	20
Weinkarte:	**18**	20
Ambiente:	**8**	10
Gesamt:	87	100

Fontenay

86825 Bad Wörishofen

Das Unterallgäu ist obergeil. Einer, der das verantwortet, ist Manfred Hör, Küchenchef und Kochtopfvirtuose. Geschmack ist intuitiv, weshalb er seinem Gaumen folgt und kocht, was wächst und schmeckt.

Eichwaldstraße 12
+49 8247 3060
kurhotel-fontenay.de
Hotelrestaurant • deutsche Küche • klassisch

Essen:	**43**	50
Service:	**18**	20
Weinkarte:	**16**	20
Ambiente:	**7**	10
Gesamt:	84	100

Edelfrei

96049 Bamberg

Die neue Institution in der Bamberger Altstadt kombiniert Fine Dining mit angesagten deutschen Gewächsen aus der Vinothek – ob wilder Brokkoli mit Gochujang oder geflämmter Spitzkohl mit Rote-Bete-Miso.

Karolinenstraße 26
+49 951 18074487
edelfrei.com
Vinothek • entspannt • modern

Essen:	43	50
Service:	18	20
Weinkarte:	19	20
Ambiente:	8	10
Gesamt:	88	100

Henrii

96047 Bamberg

In Bamberg wird es heiß: Bei Küchenchef Andreas Pickel dreht sich alles um den Holzkohlengrill und das Fleisch, das er darauf brät – etwa argentinisches Grain-Fed Filet oder US Prime Hanging Tender.

Untere Mühlbrücke 5
+49 951 29993429
henrii-bamberg.de
mediterran • Allrounder • entspannt

Essen:	42	50
Service:	18	20
Weinkarte:	18	20
Ambiente:	8	10
Gesamt:	86	100

Kuro Neko

96052 Bamberg

Marco Schneiders Menüs sind inspiriert von Künstlerinnen und Künstlern und ihren Werken. So interpretiert er etwa Pablo Picassos »Mittelmeerlandschaft« mit Paella à la verdura japonés, Zitronengras und Kumquat.

Untere Königstraße 28
+49 951 9141370
restaurantkuroneko.de
deutsche Küche • asiatisch • regionale Produkte

Essen:	44	50
Service:	18	20
Weinkarte:	18	20
Ambiente:	8	10
Gesamt:	88	100

Rocus

96148 Baunach

Bei Familie Bluszcz im aufwendig umgebauten Bahnhofsgebäude wird weit über den Tellerrand geblickt. So kommen neben Gerichten wie Blutwurstravioli mit Apfelweinsauce auch Shiitake oder Queller auf den Tisch.

Bahnhofstraße 16
+49 9544 20640
restaurant-rocus.de
im Grünen • mediterran • Gastgarten

Essen:	43	50
Service:	17	20
Weinkarte:	17	20
Ambiente:	8	10
Gesamt:	85	100

Klosterhof

83457 Bayerisch Gmain

Küchenchef Sascha Förster ist ein Genusshandwerker. Täglich stehen verschiedene Degustationsmenüs zur Auswahl, bei denen jeder fündig wird. Und falls doch nicht? Dann gibt es immer noch das Fondue.

Steilhofweg 19
+49 8651 98250
klosterhof.de
Hotelrestaurant • Allrounder • gemütlich

Essen:	43	50
Service:	18	20
Weinkarte:	18	20
Ambiente:	8	10
Gesamt:	87	100

Dötzer

95444 Bayreuth

Ob »Flying Tapas Night«, »Galicien & Co« oder »Italienische Nacht« mit Live-Belcanto, Thomas Dötzer lässt bei seinen Themenabenden Speisen und Weine von südlicher Sonne erzählen. Am besten monatlich kommen!

Sophienstraße 22
+49 921 7867250
doetzers.de
klassisch • Gastgarten • im Gewölbe

Essen:	42	50
Service:	17	20
Weinkarte:	16	20
Ambiente:	8	10
Gesamt:	83	100

Wolffenzacher

95444 Bayreuth

Alles neu beim Alten! Festspielgast Andreas Thies hat das traditionsreiche Haus vor der Insolvenz bewahrt. Erhalten bleiben Andrea Werner und ihr Schäufele. Ein Stammplatz für Bratscher und Sopranistin!

Badstraße 1
+49 921 64552
wolffenzacher.de
Gasthaus • deutsche Küche • Gastgarten • gemütlich

Essen:	42	50
Service:	17	20
Weinkarte:	16	20
Ambiente:	8	10
Gesamt:	83	100

Pool

83735 Bayrischzell

Ganz herrlich hat man es hier in Bayrischzell mit dem fünfgängigen Tasting-Menü. Gekocht wird es mit besten Zutaten aus der Region, biozertifiziert, saisonal und immer mit Liebe. Das ist Slowfood-Genuss.

Tannerhofstraße 30
+49 8023 810
natur-hotel-tannerhof.de
regionale Produkte • entspannt • modern

Essen:	43	50
Service:	18	20
Weinkarte:	17	20
Ambiente:	8	10
Gesamt:	86	100

Esszimmer

83471 Berchtesgaden

Im Nonntal ist Nähe das beherrschende Thema. Nah am Gast, nah bei den Produzenten und dadurch natürlich auch nah am Produkt serviert Familie Kühbeck die vertraute bayerische Küche mit einem gewissen Pep.

Nonntal 7
+49 8652 6554301
esszimmer-berchtesgaden.com
regionale Produkte • bio • gemütlich

Essen:	44	50
Service:	18	20
Weinkarte:	17	20
Ambiente:	8	10
Gesamt:	87	100

Johann Grill

83471 Berchtesgaden

Hier ist es schwer zu entscheiden, was das größere Highlight ist: der Blick auf die Berchtesgadener Berge oder das, was sich auf dem Teller abspielt. Klassiker auf hohem Niveau wie Saibling mit Zitronengel.

Hintereck 1
+49 8652 97550
kempinski.com
Hotelrestaurant • regionale Küche • im Grünen

Essen:	**43** | 50
Service:	**18** | 20
Weinkarte:	**19** | 20
Ambiente:	**8** | 10
Gesamt:	88 | 100

Lockstein 1

83471 Berchtesgaden

Mit viel Liebe zum Detail zaubern Christl und Gabi Kurz in schönster bayerischer Kulisse Gerichte aus eben jener. Rein vegetarisch, vegan und roh zubereitet, lassen sie keine Wünsche offen.

Locksteinstraße 1
+49 8652 9800
biohotel-kurz.de
Hotelrestaurant • vegetarisch • Essen mit Aussicht

Essen:	**43** | 50
Service:	**18** | 20
Weinkarte:	**16** | 20
Ambiente:	**8** | 10
Gesamt:	85 | 100

Panorama

83471 Berchtesgaden

Sollte man die Augen weg vom wunderschönen Bergpanorama und auf den Teller richten können, erwarten einen da feinste Gerichte mit italienischem, internationalem und alpenländischem Schliff – und mit Finesse!

Maximilianstraße 2
+49 8652 97990
edelweiss-berchtesgaden.com
Hotelrestaurant • Bistro • entspannt

Essen:	**42** | 50
Service:	**19** | 20
Weinkarte:	**17** | 20
Ambiente:	**8** | 10
Gesamt:	86 | 100

Pur

83471 Berchtesgaden

Pur ist die Sprache der Küche, pur ist der Geschmack der regionalen Zutaten – und pur ist auch der Genuss. Im schönen Berchtesgadener Land gibt es feine europäische Küche, elegant in Szene gesetzt.

Hintereck 1
+49 8652 97550
kempinski.com
Fine Dining • am Berg • elegant

Essen:	**47** | 50
Service:	**20** | 20
Weinkarte:	**19** | 20
Ambiente:	**9** | 10
Gesamt:	95 | 100

Schwingshackl Esskultur

94505 Bernried

Erich Schwingshackl serviert im Naturhotel Rebling im herrlichen Niederbayern fünf bis sieben klare Gänge voller Highlights. Dazu schenkt Sommelière Katharina Schwingshackl unglaubliche Weine ein.

Rebling 3
+49 9905 555
naturhotel-rebling.de
Hotelrestaurant • klassisch • elegant

Essen:	**45** | 50
Service:	**18** | 20
Weinkarte:	**19** | 20
Ambiente:	**8** | 10
Gesamt:	90 | 100

Schwingshackl Heimatküche

94505 Bernried

Die Schwingshackl Heimatküche steht für Regionalität, Nachhaltigkeit und Verwendung von Produkten aus eigener Produktion in Verbindung mit Erich Schwingshackls Heimat Südtirol. Da ist für jeden was dabei!

Rebling 3
+49 9905 555
naturhotel-rebling.de
Hotelrestaurant • nachhaltig • gehoben

Essen:	**43** | 50
Service:	**18** | 20
Weinkarte:	**18** | 20
Ambiente:	**8** | 10
Gesamt:	87 | 100

Gräfenthal

95463 Bindlach

Am Bindlacher Berg steckenzubleiben, ist kein Vergnügen, in Peter Lauterbachs Gaststube hingegen schon! Rehkeule und Bachforelle künden von der nahen Natur, Bottarga und Escabeche vom Weitblick des Chefs.

Obergräfenthal 7
+49 9208 289
landhaus-graefenthal.de
eigener Gemüsegarten • eigener Kräutergarten • urig

Essen:	**43** | 50
Service:	**18** | 20
Weinkarte:	**10** | 20
Ambiente:	**8** | 10
Gesamt:	87 | 100

Laurer

92262 Birgland

Wenn man das Kochen ernst nimmt, ohne den Humor zu verlieren, entsteht immer etwas Besonderes. Das kann man im ausgezeichneten Slow-Food-Restaurant der Familie Laurer bei jedem Bissen erleben.

Sunzendorf 21/2
+49 9666 276
gasthaus-laurer.com
Gasthaus • eigener Kräutergarten • Hausmannskost

Essen:	**43** | 50
Service:	**18** | 20
Weinkarte:	**16** | 20
Ambiente:	**7** | 10
Gesamt:	84 | 100

Zum Ritter

92262 Birgland

Seit 140 Jahren hat das Wirtshaus sein Schankrecht und seit 140 Jahren heißt es hier: »genießen bei Freunden«. Am besten macht man das mit den fantastischen Kürbisknödeln mit Gemüsebutter und Parmesan.

Eckeltshof 8
+49 9157 394
ritter-eckeltshof.de
Gasthaus • regionale Küche • Terrasse

Essen:	**42** I 50
Service:	**18** I 20
Weinkarte:	**16** I 20
Ambiente:	**8** I 10
Gesamt:	84 I 100

Augustiner am See

97346 Birklingen

Der See des nur einen Katzensprung von den Iphöfer Weinlagen entfernten Hauses hat zwar nur bescheidene Ausmaße, dafür punktet aber die Küche mit Frische. Höchst begehrt: der monatliche »Lebermontag«.

Klostergasse 6
+49 9326 978950
augustiner-am-see.de
deutsche Küche • Essen mit Aussicht • Gewölbe

Essen:	**42** I 50
Service:	**17** I 20
Weinkarte:	**15** I 20
Ambiente:	**8** I 10
Gesamt:	82 I 100

Kulturhof

83483 Bischofswiesen

Der schöne Kulturhof bietet all jenen ein kulinarisches Zuhause, die alpenländisch verwurzelte Gastfreundschaft lieben – vom Urlauber bis zur Schafkopfrunde. Oktopussalat oder Wiener Schnitzel vom Kalb.

Berchtesgadener Straße 111
+49 8652 958524
kulturhof.bayern
Hotelrestaurant • regionale Produkte • eigener Kräutergarten

Essen:	**42** I 50
Service:	**18** I 20
Weinkarte:	**17** I 20
Ambiente:	**8** I 10
Gesamt:	85 I 100

Solo Du

83483 Bischofswiesen

Unter dem Motto »Vom Einfachen das Beste« kann sich der Gast auf ein wahres Erlebnis freuen. Denn Küchenchef Zsolt Fodor steigert das Einfache hier in akribischer Handarbeit auf komplexeste Genüsse.

Berchtesgadener Straße 111
+49 8652 958524
kulturhof.bayern
Fine Dining • gemütlich • entspannt

Essen:	**46** I 50
Service:	**19** I 20
Weinkarte:	**17** I 20
Ambiente:	**8** I 10
Gesamt:	90 I 100

Zum Dorfwirt

87544 Blaichach

Für Familie Ritzinger gibt es zwei Gradmesser für ein gelungenes Wirtshaus: Gemütlichkeit und Tradition. Und die erfüllt sie unbestreitbar. Die Käsespätzle schmecken wie bei Oma – und das heißt was!

Burgbergerstraße 48
+49 8321 88822
dorfwirt-blaichach.de
Gasthaus • Biervielfalt • gemütlich

Essen:	**42** I 50
Service:	**18** I 20
Weinkarte:	**15** I 20
Ambiente:	**8** I 10
Gesamt:	83 I 100

Behl's

63825 Blankenbach

»Wer genießen kann, beherrscht die Kunst des Lebens« ist das Motto des Behl's. Und es wird einem hier leicht gemacht, diese Kunst zu lernen, Bissen für Bissen. Besonders empfehlenswert: gegrillter Pulpo.

Krombacher Straße 2
+49 6024 4766
behl.de
Hotelrestaurant • Vinothek • regionale Produkte

Essen:	43	50
Service:	17	20
Weinkarte:	18	20
Ambiente:	7	10
Gesamt:	85	100

Villino

88131 Bodolz

Toni Neumann ist ein sinnlicher Typ, einer mit dem Blick für die feinen Zwischentöne. Das schmeckt man auch in seinen Gerichten, die man kaum essen kann, ohne die Augen zu schließen und zu träumen.

Mittenbuch 6
+49 8382 93450
villino.de
Familienbetrieb • im Grünen • Fine Dining

Essen:	46	50
Service:	19	20
Weinkarte:	18	20
Ambiente:	8	10
Gesamt:	91	100

Baron.ess

97255 Bolzhausen

Der Brückenbaron mitten im Nirgendwo ist eine Welt für sich. Küchenchef Alexander Gläsel setzt in luftigem und begrüntem Ambiente auf ebensolche Speisen. Innovative Frankenweine passen perfekt ins Konzept.

Am Mühläcker
+49 9337 996899
brueckenbaron.com
modern • im Grünen • entspannt

Essen:	44	50
Service:	18	20
Weinkarte:	18	20
Ambiente:	9	10
Gesamt:	89	100

Stern

63927 Bürgstadt

Das Geheimnis des Glücks liegt darin, das Besondere im Alltäglichen zu sehen. Weiß Gott, das können sie hier: herrlicher Frankenwein und bodenständige Hausmannskost in einer Atmosphäre zum Verlieben.

Hauptstraße 23
+49 9371 40350
hotel-weinhaus-stern.de
Gasthaus • regionale Küche • traditionell

Essen:	42	50
Service:	18	20
Weinkarte:	17	20
Ambiente:	8	10
Gesamt:	85	100

Zum Weißen Rössl

97705 Burkardroth

In herrlich entschleunigender Mittelgebirgslandschaft lässt Michael Hergenröder Miso, Yuzu und Onsen-Ei Einzug halten in die Festagsküche der Rhön – ob zart-fleischig oder kontrastreich-vegetarisch.

Von-Henneberg-Straße 15
+49 9734 201
weisses-roessl-rhoen.de
Gasthaus • Familienbetrieb • deutsche Küche • Terrasse

Essen:	43 | 50
Service:	18 | 20
Weinkarte:	16 | 20
Ambiente:	8 | 10
Gesamt:	85 | 100

Am Ödenturm

93413 Chammünster

Im eleganten Gastraum mit rustikalen Elementen genießt man bestes Kochhandwerk, von Chirashi-Sushi bis Kalbsbries. Die Spannweite funktioniert, weil alles bedacht und langsam zubereitet wird.

Am Ödenturm 11
+49 9971 89270
oedenturm.de
Gasthaus • klassisch • im Grünen

Essen:	43 | 50
Service:	17 | 20
Weinkarte:	18 | 20
Ambiente:	8 | 10
Gesamt:	86 | 100

Goldener Pflug

83339 Chieming

Nirgendwo findet man die Harmonie aus Romantik und Lässigkeit so spielerisch-charmant vor wie auf Gut Ising am Chiemsee. Die Küche ist alpin – immer orientiert am Zeitgeist und mit Finesse und Können.

Kirchberg 3
+49 8667 79172
gut-ising.de
Hotelrestaurant • klassisch • traditionell

Essen:	42 | 50
Service:	18 | 20
Weinkarte:	17 | 20
Ambiente:	8 | 10
Gesamt:	85 | 100

Nightingale Thai

85221 Dachau

Gemütlichkeit in modern gestalteten Räumen, eine coole Bar mit gehobenem Anspruch und natürlich Thai-Food zum Teilen – inklusive einiger Spezialitäten wie Flügelbohnen, die bei uns schwer zu finden sind!

Augsburger Straße 19
+49 151 17092009
nightingale-restaurant.de
Thai • modern • Cocktails

Essen:	42 | 50
Service:	18 | 20
Weinkarte:	16 | 20
Ambiente:	8 | 10
Gesamt:	84 | 100

Schwarzberghof

85221 Dachau

Im Schwarzberghof gibt es traditionelle und kreative Küche mit saisonalen Highlights. Die Zutaten sind frisch, regional und mit einem mediterranen Touch. Außerdem gibt es hier eine tolle Weinkarte!

Augsburger Straße 105
+49 8131 338060
schwarzberghof.eu
Hotelrestaurant • regionale Küche • klassisch

Essen:	42 | 50
Service:	17 | 20
Weinkarte:	17 | 20
Ambiente:	8 | 10
Gesamt:	84 | 100

edl.eins

94469 Deggendorf

Kreativität ist ein Wort, das für Gerichte wie die Regenbogenforelle mit Tomate, Mandel und Mandarine erfunden wurde. Ausgewogen, frisch und überraschend – wie sämtliche Kreationen von Nicolas La Rocca.

Edlmairstraße 1
+49 991 34477201
edleins.de
Fine Dining • französisch • modern

Essen:	**45** | 50
Service:	**18** | 20
Weinkarte:	**18** | 20
Ambiente:	**9** | 10
Gesamt:	90 | 100

Seehaus

86911 Dießen

Genauso frisch wie die Brise, die über den Ammersee weht, kommt der Fisch auch auf den Teller: dazu Topfen-Gnocchi, Ratatouille und Basilikumschaum. Oder vegan: wunderbarer geschmorter Chicorée.

Seeweg-Süd 22
+49 8807 7300
seehaus.de
regionale Küche • Seeterrasse • romantisch

Essen:	**43** | 50
Service:	**17** | 20
Weinkarte:	**17** | 20
Ambiente:	**8** | 10
Gesamt:	85 | 100

Moarwirt

83623 Dietramszell

Essen ist Liebe – Liebe zum Genuss, zu alten Traditionen und zu regionalen Zutaten. Daraus entstehen Kompositionen und Menüs, die durch Weine von ausschließlich lebendigen Böden abgerundet werden.

Sonnenlängstraße 26
+49 8027 1008
moarwirt.de
Brunch • bio • im Grünen

Essen:	**43** | 50
Service:	**17** | 20
Weinkarte:	**17** | 20
Ambiente:	**8** | 10
Gesamt:	85 | 100

Storchennest

89407 Dillingen

Wer Power braucht, der braucht Leberspätzle in Kraftbrühe mit Backerbsen. Das war immer so, das bleibt auch so. Die bekommt man bei Elmar Schneider im wunderschönen Allgäu mit mediterranem Touch.

Demleitnerstraße 6
+49 9071 4569
storchen-nest.de
Familienbetrieb • Terrasse • klassisch

Essen:	**43** | 50
Service:	**17** | 20
Weinkarte:	**17** | 20
Ambiente:	**7** | 10
Gesamt:	84 | 100

lenis

84130 Dingolfing

Egal, ob es ein schönes Glas Wein sein soll, der bodenständige Mittagstisch oder ein mehrgängiges Abendmenü, hier wird man fündig – bei immer herrlicher Qualität und einem herzlichen Ambiente.

Marienplatz 25
+49 170 5526145
daslenis.de
Vinothek • modern • gemütlich

Essen:	**43** | 50
Service:	**18** | 20
Weinkarte:	**18** | 20
Ambiente:	**8** | 10
Gesamt:	87 | 100

Altdeutsches Restaurant

91550 Dinkelsbühl

Das Hotelrestaurant in der ehemaligen Sparkasse bietet täglich regionale Köstlichkeiten. Eines der Highlights ist das Roastbeef der Landmetzgerei Kirchdörfer. Alles inklusive traumhafter Fachwerkkulisse!

Weinmarkt 3
+49 9851 6058
deutsches-haus-dkb.de
Gasthaus • regionale Produkte • gemütlich

Essen:	42	50
Service:	18	20
Weinkarte:	17	20
Ambiente:	9	10
Gesamt:	86	100

Ehemalige Sparkasse

91550 Dinkelsbühl

Der modern gestaltete Raum wirkt im historischen Dinkelsbühl direkt puristisch. Und auch die Gerichte sind zeitgemäß: Zutaten aus der Region, etwa bei Schäufele vom Reh aus heimischer Jagd und Apfelküchle.

Schrannengasse 1
+49 9851 6058
deutsches-haus-dkb.de
deutsche Küche • traditionell • gemütlich

Essen:	42	50
Service:	18	20
Weinkarte:	17	20
Ambiente:	8	10
Gesamt:	85	100

Mogli's

84405 Dorfen

Die ehemalige Kantine auf dem Tonwerk-Gelände im Ziegelwerk schafft eine ganz besondere Atmosphäre für die kreativ-bayerische Küche im Mogli's. Cooles Dschungelflair und Drinks gibt es obendrauf!

Orlfing 1
+49 8081 6464999
moglis-tonwerk.de
bayerische Küche • modern • regionale Produkte

Essen:	43	50
Service:	18	20
Weinkarte:	17	20
Ambiente:	8	10
Gesamt:	86	100

Hummel – Die Gourmet Stube

93182 Duggendorf

Wie schmeckt das wohl, wenn jemand versucht, Aromen aus Heimat und weiter Welt in Einklang zu bringen? Einfach super! Das Gasthaus Hummel brilliert beim Spagat zwischen Modernität und Geschmack.

Heitzenhofener Straße 16
+49 9473 324
gasthaushummel.de
Fine Dining • regionale Produkte • modern • elegant

Essen:	45	50
Service:	19	20
Weinkarte:	17	20
Ambiente:	9	10
Gesamt:	90	100

Schlosswirtschaft Heitzenhofen

93182 Duggendorf

Wer hier im schönen Gastgarten direkt an der Naab einmal gespeist hat, kehrt gern wieder zurück. Auch im Kaminzimmer kommen Hirschrücken, Agnolotti oder Ziegenkäsemousse fein abgeschmeckt zu Tisch.

Naabstraße 6
+49 9473 9518038
schlosswirtschaft-heitzenhofen.de
regionale Produkte • nachhaltig • Gastgarten

Essen:	43	50
Service:	18	20
Weinkarte:	17	20
Ambiente:	8	10
Gesamt:	86	100

Gambero Rosso da Domenico

97246 Eibelstadt

Domenico und Teresa Cannizzaro sind seit 20 Jahren so mit ihrem Restaurant verwoben, dass sogar die Menüs in klassisch italienischer Speisenfolge ihre Namen tragen. Sardische Pasta, Gambas vom Grill – wunderbar!

Mühle 2
+49 9303 9843782
gambero-rosso.eu
Delikatessenverkauf • italienisch • gemütlich

Essen:	**43** I 50
Service:	**17** I 20
Weinkarte:	**17** I 20
Ambiente:	**8** I 10
Gesamt:	85 I 100

Weinforum Franken

97246 Eibelstadt

Mitten im romantischen Weinort Eibelstadt gelegen, ist Rainer Trautenbachs Weinforum ein Must-visit für Gourmets. Etwa des Thunfischs aus dem Dry-Ager mit grüner Gazpacho und Lotuswurzel wegen.

Hauptstraße 37
+49 9303 9845090
weinforum-franken.de
Gasthaus • regionale Küche • gemütlich

Essen:	**43** I 50
Service:	**18** I 20
Weinkarte:	**18** I 20
Ambiente:	**8** I 10
Gesamt:	87 I 100

Röhrl

93161 Eilsbrunn

Im Röhrl spürt man, warum das Wirtshaus über all die Jahrhunderte seinen Charme nicht verloren hat: das Holz, das Bier, die Gemütlichkeit. Das hat Tradition, vergisst dabei aber die Gegenwart nicht.

Regensburger Straße 3
+49 9404 2112
gaststaette-roehrl.de
Gasthaus • Hausmannskost • Gastgarten • urig

Essen:	**42** I 50
Service:	**17** I 20
Weinkarte:	**15** I 20
Ambiente:	**8** I 10
Gesamt:	82 I 100

Römischer Kaiser

91792 Ellingen

Römische Kaiser hätten sicherlich etwas für die fränkische Küche übriggehabt. Tradition, Raffinesse und der eine oder andere schmackhafte internationale Ausflug dürfen auf den Tellern koexistieren.

Weißenburger Straße 17
+49 9141 9973100
rkellingen.de
deutsche Küche • traditionell • klassisch

Essen:	**42** I 50
Service:	**18** I 20
Weinkarte:	**17** I 20
Ambiente:	**8** I 10
Gesamt:	85 I 100

Ikigai

82493 Elmau

Der Restaurantname bedeutet »Wofür es sich lohnt, morgens aufzustehen« – und dazu zählen definitiv die Menüs von Chefkoch Christoph Rainer mit Komponenten wie Hiramasa Kingfish oder Yasai Curry.

In Elmau 2	Essen: **48** | 50
+49 8823 18880	Service: **19** | 20
schloss-elmau.de	Weinkarte: **20** | 20
Fine Dining • japanisch • französisch	Ambiente: **9** | 10
	Gesamt: 96 | 100

Empire

85435 Erding

Vom Saunieren in der Therme Erding bis zum Sellerie-Schmorbraten ist es hier nicht weit. Es wird alles geboten: internationale Aromen, kulinarische Traditionen und regionale Produkte. Also: genießen!

Thermenallee 1a	Essen: **43** | 50
+49 8122 5503802	Service: **18** | 20
therme-erding.de	Weinkarte: **16** | 20
Hotelrestaurant • klassisch • regionale Produkte	Ambiente: **8** | 10
	Gesamt: 85 | 100

Basilikum

91054 Erlangen

Highlights des mediterranen Kleinods mitten in der Erlanger Altstadt sind die monatlichen Weinevents mit sechs abgestimmten Gängen. Da winkt nicht nur eine Reise nach Italien, sondern auch nach Rheinhessen!

Altstädter Kirchenplatz 2	Essen: **43** | 50
+49 9131 490980	Service: **18** | 20
basilikum-erlangen.de	Weinkarte: **18** | 20
Casual Dining • mediterran • entspannt	Ambiente: **8** | 10
	Gesamt: 87 | 100

cin cin

91054 Erlangen

Das cin cin mit seinen karierten Tischdecken versprüht echte Bistroatmosphäre! Auf die Teller kommt Mediterranes, traditionell oder mit Twist. Neu: Am Samstag kann vormittags jetzt auch gebruncht werden.

Friedrichstraße 1	Essen: **43** | 50
+49 9131 9338850	Service: **18** | 20
cincin-bistro.de	Weinkarte: **18** | 20
französisch • italienisch • modern	Ambiente: **8** | 10
	Gesamt: 87 | 100

Holzgarten

91054 Erlangen

In der Holzgartenstraße geht es entspannt und weinaffin zu. Apéro, Häppchen, Menüs und Weinbegleitung – zu Crostini, Thunfisch-Tatar oder Hirschrücken machen die fränkischen Weine eine Superfigur!

Holzgartenstraße 3	Essen: **42** | 50
+49 9131 9701444	Service: **18** | 20
holzgarten.restaurant	Weinkarte: **17** | 20
Allrounder • modern • entspannt	Ambiente: **8** | 10
	Gesamt: 85 | 100

Muskat

91054 Erlangen

Das Muskat hat sich kompromissloser Frische und fairer Herstellung verschrieben. Die Abendkarte wechselt wöchentlich, die Tageskarte gar täglich. Portobello-Pilze, Polenta oder Petersilienwurzel in buntem Reigen!

Hauptstraße 60
+49 9131 974343
das-muskat.de
regionale Produkte • bio • vegetarisch

Essen:	42	50
Service:	18	20
Weinkarte:	18	20
Ambiente:	8	10
Gesamt:	86	100

Polster | Fränkische Stube

91056 Erlangen

Von der Schankstube des Jahres 1839 über den Dorfgasthof bis zum Landhotel in acht Generationen: Heute gibt es im Polster Feines aus Franken – der Aischgründer Karpfen darf dabei natürlich nicht fehlen!

Am Deckersweiher 26
+49 9131 75540
gasthaus-polster.de
Gasthaus • klassisch • entspannt

Essen:	43	50
Service:	17	20
Weinkarte:	16	20
Ambiente:	7	10
Gesamt:	83	100

Alte Säge

87487 Ermengerst

Ein echter Allgäuer Familienbetrieb: Peggy und Michael Schlottmann begrüßen ihre Gäste zusammen mit ihren Kindern Maximilian und Sarah sowie Klassikern der schwäbischen Küche wie Gulasch und Forelle.

Römerstraße 2
+49 8370 929990
alte-saege.de
Gasthaus • deutsche Küche • entspannt

Essen:	42	50
Service:	19	20
Weinkarte:	17	20
Ambiente:	8	10
Gesamt:	86	100

Aschbacher Hof

83620 Feldkirchen-Westerham

Malerisch gelegen in hügeliger Landschaft serviert man hier Gerichte, die so sanft abgeschmeckt sind, wie die Wiesen sich der Sonne zuneigen. Man sollte Gedichte über die Schmor-Kalbsschulter schreiben!

Aschbach 3
+49 8063 80660
aschbacher-hof.de
Gasthaus • Essen mit Aussicht • klassisch

Essen:	43	50
Service:	18	20
Weinkarte:	17	20
Ambiente:	8	10
Gesamt:	86	100

Staudenwirt

86923 Finning

Fran Lebowitz sagte: »Wenn man es essen kann, ist es keine Kunst.« Vielleicht sollte man die Teller also unberührt lassen – oder besser nicht, denn was drauf liegt, ist nicht bloß großartig angerichtet, es schmeckt auch so!

Staudenweg 6
+49 8806 92000
staudenwirt.de
Hotelrestaurant • regionale Produkte • modern

Essen:	**43** | 50
Service:	**18** | 20
Weinkarte:	**17** | 20
Ambiente:	**8** | 10
Gesamt:	86 | 100

Alter Wirt

83730 Fischbachau

Seit über 350 Jahren wird hier zünftig gegessen, weil ja auch vernünftig gekocht wird. In purer Tegernseer Idylle gelegen, schmecken vor allem die ewigen Klassiker wie das zart gekochte Hirschedelgulasch.

Leitzachtalstraße 209
+49 8028 4789909
alterwirt-fischbachau.de
Gasthaus • traditionell • gemütlich

Essen:	**43** | 50
Service:	**18** | 20
Weinkarte:	**15** | 20
Ambiente:	**8** | 10
Gesamt:	84 | 100

Dannerwirt

83126 Flintsbach

Drei Generationen der Familie Schweinsteiger servieren Tradition, die mit der Zeit geht. Besonders kann das schmecken, wer die gegrillte Maishähnchenbrust mit Karotten-Ingwer-Püree kostet.

Kirchplatz 4
+49 8034 90600
dannerwirt.de
Gasthaus • deutsche Küche • gemütlich

Essen:	**42** | 50
Service:	**17** | 20
Weinkarte:	**16** | 20
Ambiente:	**7** | 10
Gesamt:	82 | 100

Zöllners Weinstube

91301 Forchheim

Johannes Zöllner weiß seine Gäste in historisch-gepflegtem Ambiente zu verwöhnen. Regionale Zutaten treffen hier auf mediterrane Einflüsse – wie etwa beim bayerischen Biokalb mit Pestojus. Tipp: 180 Weinposten.

Sigritzau 1
+49 9191 13886
zoellners-weinstube.de
Gasthaus • Gewölbe • eigener Kräutergarten

Essen:	**43** | 50
Service:	**18** | 20
Weinkarte:	**17** | 20
Ambiente:	**8** | 10
Gesamt:	86 | 100

Zum Vaas

85661 Forstinning

Der Gasthof zum Vaas ist das Lieblingsrestaurant unserer Lieblingsköche. Der Familienbetrieb besinnt sich auf Klassiker wie Schweinebraten mit Knödeln, vergisst dabei aber die Freude am Kochen nicht.

Münchener Straße 88
+49 8121 43091
zum-vaas.de
Gasthaus • eigener Gemüsegarten • traditionell

Essen:	**43** | 50
Service:	**18** | 20
Weinkarte:	**20** | 20
Ambiente:	**8** | 10
Gesamt:	89 | 100

Foto: © Holger Leue/www.leue-photo.com

Schwarzkopf

97833 Frammersbach

In Frammersbach lässt es sich gut schlemmen! Drei Menüs gibt es bei den Pumms: eines für Feinschmecker, ein vegetarisches und ein komplett regionales. Tipp: selbst gemachte Spessart-Spezialitäten zum Mitnehmen.

Lohrer Straße 80
+49 9355 307
schwarzkopf-spessart.de
Delikatessenverkauf • nachhaltig • gemütlich

Essen:	43 | 50
Service:	18 | 20
Weinkarte:	17 | 20
Ambiente:	8 | 10
Gesamt:	86 | 100

Foto: Klaus Lorke NO LIMIT FOTODESIGN/Germany

Karner

83112 Frasdorf

Wie schmeckt ein »Spaziergang durch den Chiemgau«? In monatlich wechselnden Menüs kocht Manuel Wimmer hier ein inspirierendes Mehrgängemenü, und zwar sowohl klassisch-französisch als auch modern-bayerisch.

Nussbaumstraße 6
+49 8052 17970
restaurant-karner.com
Gasthaus • Essen mit Aussicht • romantisch

Essen:	45 | 50
Service:	18 | 20
Weinkarte:	18 | 20
Ambiente:	9 | 10
Gesamt:	90 | 100

Michaels Leitenberg

83112 Frasdorf

Hier gibt's kulinarische Kompetenz, gepaart mit einer gewissen Lässigkeit und einer ebenso gemütlichen Atmosphäre. Typisch Chiemgau also – und genauso typisch Michael Schlaipfer. Ein Wahnsinn: der Heilbutt.

Weiherweg 3
+49 8052 2224
michaels-leitenberg.de
Fine Dining • elegant • modern

Essen:	45 | 50
Service:	19 | 20
Weinkarte:	18 | 20
Ambiente:	8 | 10
Gesamt:	90 | 100

STUBN 83112 Frasdorf

Alle Zutaten, die hier verarbeitet werden, kommen aus einem Radius von 20 Kilometern. Das ist radikal lokal. Aber es ist auch radikal lecker! In schönster Chiemgauer Atmosphäre genießt man am besten.

Zellboden 2
+49 8052 5140
stubn.co
regionale Produkte • gemütlich • im Grünen • am Berg

Essen:	44 | 50
Service:	18 | 20
Weinkarte:	19 | 20
Ambiente:	9 | 10
Gesamt:	90 | 100

Moosleitner 83395 Freilassing

Es braucht so wenig! Ein bisschen Sonne, ein Fleckerl, wo man sie genießen kann, und ein gutes Essen dazu. Im Gasthof Moosleitner werden all diese Kriterien mit Bravour und Eleganz erfüllt.

Wasserburger Straße 52
+49 8654 63060
moosleitner.com
Gasthaus • Hausmannskost • nachhaltig • gemütlich

Essen:	43 | 50
Service:	17 | 20
Weinkarte:	16 | 20
Ambiente:	8 | 10
Gesamt:	84 | 100

Zollhäusl 83395 Freilassing

Das Motto ist einfach: »Essn, Trinkn & gmiatlich Beinondasitzn«. Was will man mehr? Vor allem, wenn es dabei so gut schmeckt wie die abgeschmolzene Bier-Brezn-Suppe, die schönste Erinnerungen weckt.

Zollhäuslstraße 11
+49 8654 62011
zollhaeusl.de
Gasthaus • traditionell • deutsche Küche

Essen:	42 | 50
Service:	18 | 20
Weinkarte:	16 | 20
Ambiente:	8 | 10
Gesamt:	84 | 100

Landbrecht 85354 Freising

In fünfter Generation kocht heute Maximilian Landbrecht mit seinem Vater Arthur. Es gibt Schweizer Küche mit Einflüssen aus Italien und Frankreich – und sonntags »Wirtshausküche mit Pfiff«.

Freisinger Straße 1
+49 81 678926
gasthaus-landbrecht.de
Gasthaus • Familienbetrieb • Terrasse

Essen:	43 | 50
Service:	17 | 20
Weinkarte:	17 | 20
Ambiente:	8 | 10
Gesamt:	85 | 100

Schuster 94078 Freyung

Im Bayerischen Wald wohnen Zauberer: Bärbel und Leopold Schuster. Das liegt auch daran, dass hier mit französischem Akzent gekocht wird. Immer unglaublich ist das Bürgermeisterstück vom Biorind.

Ort 19
+49 8551 7184
landgasthaus-schuster.de
Gasthaus • Vinothek • elegant

Essen:	42 | 50
Service:	18 | 20
Weinkarte:	18 | 20
Ambiente:	8 | 10
Gesamt:	86 | 100

Ehrbar

97252 Frickenhausen

100 Jahre Ehrbar heißt es 2026 – und immerhin 13 Jahre Sebastian Stahl. Legendär seine Version von Himmel & Ääd mit Blutwurst-Gnocchi oder fränkische Calamari aus frittierten Kutteln. Überraschen lassen!

Hauptstraße 17
+49 9331 651
ehrbar-weinstube.de
Gasthaus • Hausmannskost • urig

Essen:	**42** I 50
Service:	**17** I 20
Weinkarte:	**17** I 20
Ambiente:	**7** I 10
Gesamt:	83 I 100

Fürstenfelder

82256 Fürstenfeldbruck

Die Zutaten sind regional, Fleisch und Fisch werden ganzheitlich verarbeitet – und das alles in der offenen Küche und in schönster Umgebung im historischen Gebäude eines ehemaligen Klosters.

Fürstenfeld 15
+49 8141 88875410
fuerstenfelder.com
im Grünen • bio • Gewölbe

Essen:	**42** I 50
Service:	**17** I 20
Weinkarte:	**17** I 20
Ambiente:	**8** I 10
Gesamt:	84 I 100

Klosterstüberl

82256 Fürstenfeldbruck

Im wunderschönen historischen Ambiente, umgeben von Kastanien und Buchen, schmeckt es besonders gut. Egal, ob es der knusprige Schweinebraten oder mal wieder ein Schnitzel ist, es ist göttlich.

Fürstenfeld 7c
+49 8141 526819
klosterstueberl.de
Biervielfalt • Gastgarten • urig

Essen:	**43** I 50
Service:	**17** I 20
Weinkarte:	**16** I 20
Ambiente:	**9** I 10
Gesamt:	85 I 100

ChopsticK

90765 Fürth

Bei Chan Lau-Tham und Ka Man Lau am Ronhof gibt es ostasiatisch Gegrilltes oder auch Feines wie die echte Kanton-Ente. Besonderer Tipp: der Hot-Pot-Donnerstag mit Angus-Rind und Ibérico-Schwein.

Erlanger Straße 59
+49 911 7906469
chopstick-fuerth.de
asiatisch • modern • Cocktails

Essen:	**42** I 50
Service:	**18** I 20
Weinkarte:	**16** I 20
Ambiente:	**7** I 10
Gesamt:	83 I 100

Grüner Brauhaus

90762 Fürth

Nanu, eine Schenke im Restaurantguide? Aber ja! Und auch nein, denn die hohen Hallen der ehemaligen Comödie wirken alles andere als schummrig-beengt. Auf der Karte steht Herzhaftes wie die »Echte Brauhausplatte«.

Comödien-Platz 1
+49 911 74929947
gruener-brauhaus.com
Brauerei • deutsche Küche • klassisch

Essen:	**42** I 50
Service:	**17** I 20
Weinkarte:	**16** I 20
Ambiente:	**8** I 10
Gesamt:	83 I 100

Kupferpfanne

90762 Fürth

Nach fast 50 Jahren hat Erwin Weidenhiller sein Restaurant an den langjährigen Restaurantleiter Dietmar Uhlig übergeben. Neu auf der Karte: sous-vide gegarter Heilbutt, Kalbsbäckchen, Pulpo mit Süßkartoffeln.

Königstraße 85
+49 911 771277
kupferpfanne-fuerth.de
französisch • deutsche Küche • Fisch

Essen:	**42** | 50
Service:	**17** | 20
Weinkarte:	**17** | 20
Ambiente:	**7** | 10
Gesamt:	83 | 100

Tim's Kitchen

90762 Fürth

Kein Menü mehr bei Tim Reinwald, dafür alles sharing-freundlich. Klassisch ostasiatisch, bedienen die Gerichte alle Geschmäcker. Tolles Beispiel: Austernpilz im Bao Bun, Gochujang, Limetten-Mayo, gelber Rettich.

Friedrichstraße 22
+49 911 740560
timskitchenfuerth.com
Fine Dining • Cocktails • elegant

Essen:	**43** | 50
Service:	**18** | 20
Weinkarte:	**18** | 20
Ambiente:	**8** | 10
Gesamt:	87 | 100

Siegls

93437 Furth im Wald

Bei Daniel Siegl gibt's das, was schmeckt. So einfach ist es manchmal. Jedes Gericht sprüht vor bayerischem Charme und ordentlicher Handwerkskunst, ob es die »'Zupfte Sau« oder der zünftige Zander ist.

Chambaue 1
+49 9973 9270
siegls-restaurant.de
Gasthaus • deutsche Küche • Wild • gemütlich

Essen:	**43** | 50
Service:	**18** | 20
Weinkarte:	**15** | 20
Ambiente:	**7** | 10
Gesamt:	83 | 100

Zum Bay

93437 Furth im Wald

Schon witzig: ein Gasthof mit einem Escape Room. Als wollte hier irgendjemand schnell weg! Das passiert sicher nicht – zumindest, solange sich hier das Zanderfilet unter der Kräuterkruste versteckt.

Bayplatz 5
+49 9973 4334
zumbay.de
deutsche Küche • Steak • entspannt

P

Essen:	**42** | 50
Service:	**18** | 20
Weinkarte:	**16** | 20
Ambiente:	**7** | 10
Gesamt:	83 | 100

Husar

82467 Garmisch-Partenkirchen

Bei Verena und Christian Mergets Küche bleibt einem nur wenig mehr zu sagen als: »Mei, is des guad!« Im historischen Ambiente kochen sie Klassiker mit Leidenschaft. Ganz groß: der rosa gebratene Rehrücken.

Fürstenstraße 25	Essen:	43	50
+49 8821 9677922	Service:	17	20
restauranthusar.de	Weinkarte:	17	20
regionale Küche • urig • traditionell	Ambiente:	9	10
	Gesamt:	86	100

Joseph Naus Stub'n

82467 Garmisch-Partenkirchen

Da hat man es schon hoch auf die Zugspitze geschafft und dann setzt Küchenchef Georg Strohmeyer tatsächlich noch einen drauf. Die Walchensee-Renke! Die rosa Barbarie-Ente! Und dazu eine gute Weinauswahl.

Klammstraße 19	Essen:	42	50
+49 8821 9010	Service:	18	20
hotel-zugspitze.de	Weinkarte:	17	20
Hotelrestaurant • regionale Produkte • traditionell	Ambiente:	8	10
	Gesamt:	85	100

Herrmannsdorfer Schweinsbräu

85625 Glonn

Mitten in der Natur steht das Schweinsbräu mit den herrlich hohen Decken, dem Gebälk – und vor allem dem Essen, das Olimpia Cario mit klarem Blick für das Wesentliche aus besten Zutaten kocht.

Herrmannsdorf 7	Essen:	43	50
+49 8093 909445	Service:	17	20
wirtshaus-zum-schweinsbraeu.de	Weinkarte:	15	20
Gasthaus • traditionell • bio	Ambiente:	8	10
	Gesamt:	83	100

Gut Kaltenbrunn

83703 Gmund

Oh, wie schön ist Bavaria! Das merkt man manchmal erst, wenn man es so idyllisch auf die Semmel geschmiert bekommt wie hier in Gmund am Tegernsee. Ein absolutes Muss: das Tatar vom bayerischen Jungbullen.

Kaltenbrunn 1	Essen:	43	50
+49 8022 1870700	Service:	17	20
feinkost-kaefer.de	Weinkarte:	17	20
Gasthaus • regionale Produkte • Essen mit Aussicht	Ambiente:	9	10
	Gesamt:	86	100

Jennerwein

83703 Gmund

Es gibt wenige Orte, an denen Bayern schöner ist als auf der Terrasse des Gasthauses Jennerwein am Tegernsee. Und lecker ist es hier auch: Klassische Wirtshausküche trifft auf mediterrane Einflüsse.

Münchner Straße 127
+49 8022 706050
jennerwein-gasthaus.de
Gasthaus • urig • regionale Küche

Essen:	**42** I 50
Service:	**17** I 20
Weinkarte:	**17** I 20
Ambiente:	**8** I 10
Gesamt:	84 I 100

Ostiner Stub'n

83703 Gmund

Ein Haus mit langer Tradition! Im gemütlichen Stüberl findet man eine regionale Landhausküche oder man entscheidet sich für das Fine-Dining-Restaurant, wo bayerische Mentalität auf asiatische Einflüsse trifft.

Schlierseer Straße 60
+49 8022 7059810
ostiner-stubn.de
Gasthaus • regionale Produkte • Terrasse

Essen:	**42** I 50
Service:	**17** I 20
Weinkarte:	**16** I 20
Ambiente:	**7** I 10
Gesamt:	82 I 100

es:senz

83224 Grassau

Weltklasse! Edip Sigl präsentiert in einem Menü Chiemgau pur mit regionalen Produkten und im zweiten das Beste aus anderen Ländern. Starke Kontraste, Supersaucen. Angenehmes Ambiente, Topservice.

Mietenkamer Straße 65
+49 8641 401609
das-achental.com
Fine Dining • regionale Produkte • modern • elegant

Essen:	**50** I 50
Service:	**20** I 20
Weinkarte:	**20** I 20
Ambiente:	**10** I 10
Gesamt:	100 I 100

Alte Schule

82194 Gröbenzell

Die Alte Schule im Herzen von Gröbenzell begeistert mit gemütlichem Charme und regionaler Küche. Perfekt für entspannte Abende, hausgemachte Klassiker und ein Stück bayerische Gastfreundschaft.

Rathausstraße 3
+49 8142 5045400
alte-schule-groebenzell.de
regionale Produkte • traditionell • entspannt

Essen:	**42** I 50
Service:	**17** I 20
Weinkarte:	**16** I 20
Ambiente:	**9** I 10
Gesamt:	84 I 100

Zur Krone

63920 Großheubach

Moden kommen und gehen, Eleganz bleibt in Erinnerung. Und die findet der Gast bei Chefkoch Ralf Restel unter Garantie. Zum Dahinschmelzen: das panierte Kalbsbries auf Rahmgemüse mit einem Riesling.

Miltenberger Straße 1
+49 9371 2663
gasthauskrone.de
Gasthaus • Familienbetrieb • Gastgarten

Essen:	**43** I 50
Service:	**18** I 20
Weinkarte:	**17** I 20
Ambiente:	**8** I 10
Gesamt:	86 I 100

Weinhaus Becker

63762 Großostheim

Franken ist bekannt für Herz und Herzlichkeit. Und natürlich für gute Weine. Die gibt's hier. Genauso wie Küche, die nicht zuletzt auch dadurch besticht, dass sie sich selbst nicht zu ernst nimmt – und schmeckt.

Breitestraße 5
+49 6026 4954
das-weinhaus-becker-grossostheim.de
Gasthaus • traditionell • Gastgarten

Essen:	43	50
Service:	17	20
Weinkarte:	17	20
Ambiente:	7	10
Gesamt:	84	100

Alter Wirt

82031 Grünwald

Konsequent regional und saisonal: In der offenen Küche werden nur beste Zutaten verwendet – aus denen vegetarische Gerichte, feine Fischspezialitäten und bayerische Klassiker gezaubert werden.

Marktplatz 1
+49 89 6419340
alterwirt.de
Hotelrestaurant • bio • regionale Produkte

Essen:	43	50
Service:	18	20
Weinkarte:	17	20
Ambiente:	8	10
Gesamt:	86	100

Chang

82031 Grünwald

Direkt am Marktplatz gelegen, kommen hier nur frische Zutaten auf die Teller. Puristische Kochkunst des Fernen Ostens trifft auf innovative, internationale Küche – es gibt Biokalb und Sushi-Menüs.

Marktplatz 9
+49 89 64958801
chang-restaurant.de
Sushi • Terrasse • modern

Essen:	43	50
Service:	17	20
Weinkarte:	17	20
Ambiente:	8	10
Gesamt:	85	100

Miyabi

82031 Grünwald

Vietnam, Japan und Grünwald – das ist ein Dreiklang, der auf dem Teller besser zusammenpasst, als man es vermuten könnte. Das liegt am Sachverstand und der Handwerkskunst, die hier zelebriert werden.

Südliche Münchner Straße 68
+49 89 20985836
miyabi-restaurant.de
vietnamesisch • Sushi • Cocktails

Essen:	43	50
Service:	17	20
Weinkarte:	18	20
Ambiente:	8	10
Gesamt:	86	100

Neuhof am See

89423 Gundelfingen

Regionale Produkte werden modern und kreativ zubereitet – und zum Teil um internationale Trends ergänzt. Im Landhausambiente lassen sich Gerichte wie Forellen-Sashimi oder Steinpilz-Cannelloni genießen.

Äußere Günzburger Straße 1
+49 9073 958690
neuhof.de
Gasthaus • Seeterrasse • entspannt

Essen:	42	50
Service:	18	20
Weinkarte:	17	20
Ambiente:	8	10
Gesamt:	85	100

Anetseder

94051 Hauzenberg

Wirtshauskultur heißt hier, Tradition neu zu interpretieren. Elisabeth Anetseder und ihr Lebensgefährte Manuel Hagel kreieren hausgemachte Gerichte aus regionalen Zutaten mit raffinierten Ergänzungen.

Lindenstraße 15 +49 8586 1314 anetseder-wirtshauskultur.de **Gasthaus • deutsche Küche • regionale Produkte**	Essen: **43** / 50 Service: **18** / 20 Weinkarte: **17** / 20 Ambiente: **8** / 10 Gesamt: 86 / 100

Gidibauer Hof

94051 Hauzenberg

In der Küche kommen nur beste Zutaten aus dem Bauerngarten, der eigenen Landwirtschaft und von ausgewählten Lieferanten zum Einsatz und werden etwa zu Kartoffel-Salzmandel-Strudel und Marillenknödel verarbeitet.

Grub 7 +49 8586 96440 gidibauer.de **Gasthaus • eigene Landwirtschaft • im Grünen**	Essen: **43** / 50 Service: **18** / 20 Weinkarte: **17** / 20 Ambiente: **8** / 10 Gesamt: 86 / 100

Freihardt

90562 Heroldsberg

Hans und Rosa Freihardt sind Metzger mit Leib und Seele. Kein Wunder, dass Sohn Hans-Jürgen im Restaurant Bestes vom bayerischen Rind anbietet. Auch Curry-Kutteln oder Ochsenherztatar gehören dazu!

Hauptstraße 81 +49 911 5180805 freihardt.com **eigene Fleischerei • regionale Produkte • Terrasse**	Essen: **42** / 50 Service: **18** / 20 Weinkarte: **17** / 20 Ambiente: **8** / 10 Gesamt: 85 / 100

Chalet am Kiental

82211 Herrsching

Marktfrische Produkte werden mit internationalem Einfluss kreativ neu interpretiert. Es gibt verschiedene Menüoptionen – auch vegan mit einem Arrangement aus Roter Bete, Avocado, Dill und Wasabi.

Andechsstraße 4 +49 8152 982570 chaletamkiental.de **Hotelrestaurant • Terrasse • elegant**	Essen: **42** / 50 Service: **18** / 20 Weinkarte: **17** / 20 Ambiente: **8** / 10 Gesamt: 85 / 100

Johann Gerner

91093 Heßdorf

Unweit des Dorfweihers bieten Detlef und Tanja Gerner auf der handgeschriebenen Karte Frisches wie Karpfen im Winter und Spitzmorcheln im Frühling. Plus: große Menüauswahl für eigene Veranstaltungen.

Dannberg 3
+49 9135 8182
wirtschaft-von-johann-gerner.de
Familienbetrieb • regionale Produkte • Terrasse

Essen:	**43** I 50
Service:	**17** I 20
Weinkarte:	**17** I 20
Ambiente:	**7** I 10
Gesamt:	84 I 100

HIO

92367 Hilzhofen

Aus eigenem Anbau kommt das Gemüse frisch auf den Tisch: unverfälscht, ehrlich und verwurzelt. Im HIO trifft lässiges Fine Dining auf Heimat-Kochkultur. Knackfrisch: Gelbe Bete mit Kürbis.

Hilzhofen 18
+49 9186 237
hilzhof.com
Hotelrestaurant • regionale Produkte • modern

Essen:	**43** I 50
Service:	**18** I 20
Weinkarte:	**17** I 20
Ambiente:	**8** I 10
Gesamt:	86 I 100

Zur Glocke

89420 Höchstädt

Die Freude am Kochen zeigt sich in zeitgemäßer Gastronomie und regionalen, saisonalen Produkten. Laue Sommerabende klingen am besten im Hofgarten bei einem Glas Wein und bester Stimmung aus.

Friedrich-von-Teck-Straße 12
+49 9074 957885
glocke.one
regionale Produkte • modern • Terrasse

Essen:	**43** I 50
Service:	**18** I 20
Weinkarte:	**18** I 20
Ambiente:	**8** I 10
Gesamt:	87 I 100

Vier Jahreszeiten

89257 Illertissen

In der traditionsreichen Küche von Andreas Imhof entstehen Kreationen wie Ziegenkäsepraline und Pfifferlingsmaultäschle. Gegessen wird in stilvollem Ambiente mit persönlicher Note und modernem Touch.

Dietenheimer Straße 63
+49 7303 9059600
vier-jahreszeiten-illertissen.de
Gasthaus • modern • Gastgarten

Essen:	**43** I 50
Service:	**17** I 20
Weinkarte:	**17** I 20
Ambiente:	**8** I 10
Gesamt:	85 I 100

Cheval Blanc

92278 Illschwang

Gekocht wird mit regionalen Produkten – teilweise aus familieneigener Produktion. Auf die Teller von bis zu 19 Gästen kommen Kreationen wie Wachtel mit Gänseleber und Lachsforelle mit Kohlrabi.

Am Kirchberg 1
+49 9666 188050
weisses-ross.de
eigener Gemüsegarten • regionale Produkte • traditionell

Essen:	**46** I 50
Service:	**19** I 20
Weinkarte:	**18** I 20
Ambiente:	**8** I 10
Gesamt:	91 I 100

Weißes Roß

92278 Illschwang

Ein Wirtshaus aus dem 15. Jahrhundert, bereits in siebter Generation betrieben – und trotzdem mit allen Suppenlöffeln in der Gegenwart angekommen. Besonders die Wachtel mit Gänseleber ist große Kunst.

Am Kirchberg 1
+49 9666 188050
weisses-ross.de
Gasthaus • Familienbetrieb • eigener Kräutergarten

Essen:	**43** | 50
Service:	**19** | 20
Weinkarte:	**18** | 20
Ambiente:	**8** | 10
Gesamt:	88 | 100

Avus

85057 Ingolstadt

Egal, ob ausgiebiger Brunch, Businesslunch oder Fine-Dining-Menü am Abend – im Obergeschoss des Audi Forums kreiert Küchenchef Thomas Pöferlein raffinierte Variationen und einzigartige Momente.

Auto-Union-Straße 1
+49 841 8941071
avus-ingolstadt.de
Fine Dining • Steak • klassisch

Essen:	**43** | 50
Service:	**17** | 20
Weinkarte:	**17** | 20
Ambiente:	**8** | 10
Gesamt:	85 | 100

99er Kulinarium

97346 Iphofen

Reh aus dem Steigerwald gleich hinter Iphofen, Weinbergpfirsich und natürlich lokale Weine wie jene von Nicolas Olinger – das 99er Kulinarium nutzt seine kulinarische Gunstlage voll aus!

Pfarrgasse 18
+49 9323 804488
99er-kulinarium.de
regionale Produkte • eigener Gemüsegarten • urig

Essen:	**43** | 50
Service:	**18** | 20
Weinkarte:	**17** | 20
Ambiente:	**7** | 10
Gesamt:	85 | 100

Iphöfer Kammer

97346 Iphofen

Das ungemein reizvolle, kleine Restaurant am historischen Marktplatz bietet eine ebenso kleine Karte, alles auf saisonale Frische abgestimmt. Passend dazu: ein edler Silvaner aus der Weinlage »Kammer«.

Marktplatz 24
+49 9323 8772677
kammer-iphofen.com
Gasthaus • gemütlich • romantisch

Essen:	**42** | 50
Service:	**18** | 20
Weinkarte:	**17** | 20
Ambiente:	**8** | 10
Gesamt:	85 | 100

Zehntkeller

97346 Iphofen

Ein wunderbarer Weinort wie Iphofen verdient auch ebensolche Restaurants. Im mehr als stattlichen Zehntkeller mit angeschlossenem Weingut gibt es zu Lammhüfte und Lachsforelle stets einen passenden Tropfen.

Bahnhofstraße 12
+49 9323 8440
zehntkeller.de
eigener Weinbau • Gewölbe • traditionell

Essen:	**43** | 50
Service:	**18** | 20
Weinkarte:	**17** | 20
Ambiente:	**8** | 10
Gesamt:	86 | 100

Helbigs Gasthaus

63867 Johannesberg

Nicht nur Kunst und Geschichte bilden hier eine Komposition: Ludger Helbig kreiert Drei- bis Sechs-Gänge-Menüs und die Auswahl auf der Speisekarte reicht von Gasthausküche bis Haute Cuisine.

Hauptstraße 2
+49 6021 4548300
auberge-de-temple.de
Gasthaus • regionale Produkte • unkonventionell

Essen:	44 | 50
Service:	18 | 20
Weinkarte:	18 | 20
Ambiente:	9 | 10
Gesamt:	89 | 100

Weingärtnerhaus

86687 Kaisheim

Zwischen historischen Weinbergen serviert Küchenchef Paul Zinsmeister regionale Frischeküche am offenen Kamin – von Klassikern wie Burger, Tatar und Schnitzel bis zu monatlich neuen Kreationen.

Schloßstraße 1
+49 9097 485980
schloss-leitheim.de
Hotelrestaurant • im Grünen • gemütlich

Essen:	43 | 50
Service:	18 | 20
Weinkarte:	17 | 20
Ambiente:	8 | 10
Gesamt:	86 | 100

Anami

87435 Kempten

Inspiriert vom modernen Sushi Japans ist es das Ziel, traditionelle Gerichte neu zu interpretieren und mit unerwarteten Geschmacksrichtungen zu beleben. Das gelingt besonders mit der Wan-Tan-Suppe!

Königstraße 26
+49 831 70498168
anami-restaurant.de
japanisch • Sushi • modern

Essen:	43 | 50
Service:	18 | 20
Weinkarte:	17 | 20
Ambiente:	9 | 10
Gesamt:	87 | 100

Christians

83527 Kirchdorf

Der Familienbetrieb vereint seit dem 16. Jahrhundert Genuss und Gastfreundschaft. Christian Grainer kocht regional mit französischem Einfluss – Sommelière Christiane Grainer kennt den passenden Wein.

Dorfstraße 1
+49 8072 8510
christians-restaurant.de
Gasthaus • Gewölbe • romantisch

Essen:	46 | 50
Service:	19 | 20
Weinkarte:	19 | 20
Ambiente:	9 | 10
Gesamt:	93 | 100

Oberwirt

85414 Kirchdorf an der Amper

Seit fünf Generationen werden bayerische Klassiker auch gern mal modern interpretiert. Empfehlenswert sind Specials wie Wild- und Steakwochen. Gegessen wird in den gemütlichen Stuben oder im Biergarten.

Sternstraße 20
+49 8166 7366
schuhbauers.de
Gasthaus • regionale Produkte • Gastgarten • entspannt

Essen:	**42** | 50
Service:	**17** | 20
Weinkarte:	**16** | 20
Ambiente:	**8** | 10
Gesamt:	83 | 100

Mühlenrestaurant Gut Obermühle

91241 Kirchensittenbach

Vom fränkischen Sechser-Sushi über Fritten bis hin zum Smash Burger – hier ist man nicht auf eine Kulinarikrichtung festgelegt, sondern rein auf guten Geschmack. Und das in schönster Umgebung im Sittenbachtal.

Obermühle 1
+49 177 7790108
gutobermuehle.de
regionale Produkte • saisonal • gemütlich

Essen:	**42** | 50
Service:	**19** | 20
Weinkarte:	**17** | 20
Ambiente:	**8** | 10
Gesamt:	86 | 100

Gutshof Andres

96166 Kirchlauter

Bernd Andres beweist, dass auch in der Heimat stets etwas Neues zu finden ist. Wie wäre es mit Saibling, Hase oder Wild aus der Region? Und als Abschluss dann Birnentarte mit Mädesüß und Mirabelle. Fabelhaft!

Pettstadt 1
+49 9536 221
gutshof-andres.de
Delikatessenverkauf • nachhaltig • im Grünen

Essen:	**43** | 50
Service:	**18** | 20
Weinkarte:	**16** | 20
Ambiente:	**8** | 10
Gesamt:	85 | 100

Zum Hasen

63839 Kleinwallstadt

Michael Vogl und sein Hasen-Team sehen sich tief verankert in der Gasthofkultur. Und die steht für Freundlichkeit und Leidenschaft. Und natürlich für Bier, Schweinebraten und ein zünftiges Schnitzel.

Marktstraße 3
+49 6022 7106590
zum-hasen.com
Gasthaus • Gastgarten • traditionell

Essen:	**42** | 50
Service:	**19** | 20
Weinkarte:	**17** | 20
Ambiente:	**8** | 10
Gesamt:	86 | 100

Hardthaus

84559 Kraiburg am Inn

Zwischen bemalten Decken und hohen Holzregalen wird die historische Umgebung durch hohe Fenster und ein einladendes Ambiente ergänzt. Serviert werden Feinschmeckermenüs – auch als vegetarische Option.

Marktplatz 31
+49 8638 73067
hardthaus.de
Hotelrestaurant • Gewölbe • romantisch

Essen:	**44** | 50
Service:	**18** | 20
Weinkarte:	**18** | 20
Ambiente:	**8** | 10
Gesamt:	88 | 100

Hörger

85402 Kranzberg

Landestypische Gerichte mit Tradition: Montags lockt Küchenchef Michael Niedermeier mit Marseiller Bouillabaisse, donnerstags ist Tatar-Tag – und die Weinkarte bietet eine Auswahl erlesener Spitzenweine.

Hohenbercha 38
+49 8166 990980
hoerger-biohotel.de
Hotelrestaurant • bio • eigener Gemüsegarten

Essen: **42** | 50
Service: **17** | 20
Weinkarte: **16** | 20
Ambiente: **8** | 10
Gesamt: 83 | 100

Mizu

83700 Kreuth

Nicht nur hervorragendes Sushi in bemerkenswerter Fischqualität kommt aus der (offenen) Küche des Mizu. Auch die japanisch inspirierten, warmen Speisen wie die Aubergine in Tapiokateig sind köstlich.

Wiesseer Straße 1
+49 8022 278430
bachmair-weissach.com
Hotelrestaurant • Sushi • Cocktails

Essen: **42** | 50
Service: **17** | 20
Weinkarte: **15** | 20
Ambiente: **8** | 10
Gesamt: 82 | 100

La Boucherie

97892 Kreuzwertheim

In der Boucherie, zu Deutsch Metzgerei, vereinen sich Daniel Schröders Wurzeln im Metzgerhandwerk mit der Raffinesse französischer Küche. Das schmeckt nach Wild und Schwarzfederhuhn an Lauch.

Hauptstraße 18
+49 9342 6600
landgasthofzumkaffelstein.de
Hotelrestaurant • Fine Dining • charmant

Essen: **45** | 50
Service: **19** | 20
Weinkarte: **18** | 20
Ambiente: **8** | 10
Gesamt: 90 | 100

Zum Kaffelstein

97892 Kreuzwertheim

Die Vielfalt der regionalen Lebensmittel kommt hier delikat und deftig auf den Tisch. Feine Kürbiscremesuppe, Saiblingsfilet mit Gnocchi oder ein paar fränkische Bratwürste – und danach Grießflammeri.

Hauptstraße 18
+49 9342 6600
landgasthofzumkaffelstein.de
Hotelrestaurant • saisonal • gemütlich

Essen: **43** | 50
Service: **17** | 20
Weinkarte: **17** | 20
Ambiente: **8** | 10
Gesamt: 85 | 100

Diem

86381 Krumbach

Bewusstes Essen steht hier im Mittelpunkt – so wird die schwäbische Küche bewahrt und gleichzeitig neu interpretiert. Die saisonale Karte wechselt täglich, die Zutaten sind aus der Region.

Kirchenstraße 5
+49 8282 88820
hotel-diem.de
Gasthaus • regionale Produkte • Delikatessenverkauf

Essen: **43** | 50
Service: **18** | 20
Weinkarte: **16** | 20
Ambiente: **8** | 10
Gesamt: 85 | 100

Schweizerhof

95326 Kulmbach

In der Bierstadt muss man sich natürlich den gutbürgerlichen Schmankerln hingeben – dafür ist der Schweizerhof ein guter Ort! Kulmbacher Pfefferhaxen, Braumeister-Schnitzel und Apfelküchla mit Zimt hinterher.

Ziegelhüttener Straße 38
+49 9221 92830
der-schweizerhof.de
Gasthaus • deutsche Küche • klassisch

Essen:	**42**	50
Service:	**18**	20
Weinkarte:	**17**	20
Ambiente:	**8**	10
Gesamt:	85	100

Lech-Line

86899 Landsberg am Lech

Chrissi Sauer setzt auf lokal inspirierte Sterneküche: Donnerstags und sonntags überrascht das Menü, freitags und samstags gibt es Fine Dining – an den übrigen Tagen genießen die Gäste à la carte.

Bahnhofsplatz 1
+49 8191 9370952
lech-line.de
Fine Dining • Allrounder • modern

Essen:	**45**	50
Service:	**19**	20
Weinkarte:	**18**	20
Ambiente:	**8**	10
Gesamt:	90	100

Bellini

84034 Landshut

Wenn Kochen Berufung und Liebe zugleich ist: Neben einem Mittagsmenü und einem abendlichen Gourmetmenü überzeugen auch die À-la-carte-Gerichte mit hausgemachten Stringozzi und Tortelloni.

Papiererstraße 12
+49 871 630303
bellini-landshut.de
Casual Dining • italienisch • romantisch

Essen:	**43**	50
Service:	**17**	20
Weinkarte:	**17**	20
Ambiente:	**8**	10
Gesamt:	85	100

Keidenzeller Hof

90579 Langenzenn

Warmes Holz und roher Stein bestimmen das moderne Interieur des umgebauten Bauernhofs. In genau diesem Spannungsfeld spielt auch die Gourmetküche von Martin Grimmer: Erdverbundenheit trifft freie Kreativität.

Fürther Straße 11
+49 9101 901226
keidenzeller-hof.com
Fine Dining • gemütlich • elegant

Essen:	**46**	50
Service:	**18**	20
Weinkarte:	**18**	20
Ambiente:	**8**	10
Gesamt:	90	100

Goldner Engel

63925 Laudenbach

In der Küche kommen Tradition und Gegenwart zusammen: vom Gugelhupf aus Gänsestopfleber bis zum fangfrischen Fisch – aber auch im Vier-Gänge-»Engelchen«- oder Sechs-Gänge-»Goldner Engel«-Menü.

Miltenberger Straße 5
+49 9372 99930
goldner-engel.de
Gasthaus • eigene Fleischerei • traditionell

Essen:	**42** | 50
Service:	**17** | 20
Weinkarte:	**16** | 20
Ambiente:	**7** | 10
Gesamt:	82 | 100

Waldgasthof am Letten

91207 Lauf

Traumhafte Verhältnisse bei Michael Wittmann: Das verkehrsgünstig gelegene Restaurant mit seiner Slow-Food-Philosophie hat jeden Tag geöffnet! Gemütlich die Stuben, saisonal die Küche – was will man mehr?

Letten 13
+49 9123 9530
waldgasthof-am-letten.de
Hotelrestaurant • deutsche Küche • im Grünen • gemütlich

Essen:	**43** | 50
Service:	**17** | 20
Weinkarte:	**17** | 20
Ambiente:	**8** | 10
Gesamt:	85 | 100

ZumOxn

83410 Laufen

Hier gehen bayerische und internationale Einflüsse Hand in Hand – auf der Speisekarte stehen Gyoza mit Garnelen genauso wie Wiener Schnitzel. Im gemütlichen Ambiente gibt's dann noch ein Glas Wein dazu.

Tittmoninger Straße 19
+49 8682 6649100
zumoxn.de
regionale Produkte • modern • Familienbetrieb

Essen:	**43** | 50
Service:	**18** | 20
Weinkarte:	**17** | 20
Ambiente:	**8** | 10
Gesamt:	86 | 100

Genusswerkstatt

89415 Lauingen

Küchenchef Alexander Lodner setzt auf Cool Dining. Die Menüs werden mit alten Gemüsesorten, Kräutern und hausgemachtem Sauerkraut verfeinert und das Lachen der Gäste spiegelt die lockere Stimmung wider.

Imhofstraße 6
+49 9072 95890
hotel-lodner.de
Hotelrestaurant • Gewölbe • elegant

Essen:	**43** | 50
Service:	**18** | 20
Weinkarte:	**17** | 20
Ambiente:	**8** | 10
Gesamt:	86 | 100

Schweizer Wirtin

83661 Lenggries

Barbara Hipp serviert Gaumenfreuden wie Hirschgulasch und Kalbsleber, die die Gäste aufs Beste überzeugen. Es gibt bodenständige, regionale Küche – gegessen wird in der Wirtsstube oder auf der schönen Terrasse.

Schlegldorf 83
+49 8042 8902
schweizer-wirt.de
Gasthaus • regionale Küche • traditionell

Essen:	**42** | 50
Service:	**18** | 20
Weinkarte:	**17** | 20
Ambiente:	**8** | 10
Gesamt:	85 | 100

Harmonie

95192 Lichtenberg

Absoluter Kult ist die Fränkische Schiefertrüffelsuppe (in Dosen zum Mitnehmen erhältlich!). Ansonsten wartet beim Burgfest »Gefüllter Kloß mit Schwammerlbrüh'« und rund ums Jahr alles, was das Backrohr hergibt.

Schloßberg 2
+49 9288 246
harmonie-lichtenberg.de
Familienbetrieb • nachhaltig • urig

Essen:	43	50
Service:	18	20
Weinkarte:	16	20
Ambiente:	9	10
Gesamt:	86	100

Alte Post

88131 Lindau

Kulinarik auf Steirisch und Schwäbisch: Typische Fleisch- und Fischspezialitäten werden mit Spätzle, regionalen Pilzen und Gemüse ergänzt, danach süße Gaumenfreuden wie Apfelküchle zum Dessert.

Fischergasse 3
+49 8382 93460
alte-post-lindau.de
Hotelrestaurant • traditionell • entspannt

Essen:	42	50
Service:	17	20
Weinkarte:	16	20
Ambiente:	7	10
Gesamt:	82	100

KARRisma

88131 Lindau

Mitten in der Lindauer Insel-Altstadt verarbeitet Küchenchef Julian Karr frische, regionale Zutaten – besonders kreativ in Special-Menüs zu besonderen Anlässen – ebenso wie edle Zutaten wie Trüffel.

Alter Schulplatz 1
+49 8382 9435041
adara-lindau.de
Hotelrestaurant • modern • elegant

Essen:	45	50
Service:	19	20
Weinkarte:	18	20
Ambiente:	8	10
Gesamt:	90	100

Valentin

88131 Lindau

Hier entstehen ganz besondere Genussmomente, die von einer exquisiten Weinauswahl aus aller Welt begleitet werden. Die Leidenschaft fürs Essen schmeckt nach frischen Austern und Südtiroler Schlutzkrapfen.

In der Grub 28
+49 8382 5043740
valentin-lindau.de
Fine Dining • Gewölbe • Gastgarten

Essen:	43	50
Service:	18	20
Weinkarte:	19	20
Ambiente:	8	10
Gesamt:	88	100

Spessarttor

97816 Lohr am Main

Der Spessart ist das größte Laubmischwaldgebiet Deutschlands. Kein Wunder, dass am Waldrand bei Familie Nätscher stärkende Gerichte wie Pfifferlinge und Rehbraten auf der Karte stehen. Und das seit 1865.

Wombacher Straße 140	Essen: **43** / 50
+49 9352 87330	Service: **17** / 20
hotel-spessarttor.de	Weinkarte: **16** / 20
Gasthaus • deutsche Küche • traditionell	Ambiente: **8** / 10
	Gesamt: 84 / 100

Heinzinger

82216 Maisach

Seit fast zehn Jahren ist Denis Michael Kleinknecht Küchenchef und bietet auf drei Speisekarten jede Menge Auswahl: Gourmetmenü, Wirtshausklassiker und Steaks. Donnerstags macht er frische Dampfnudeln.

Weiherhauser Straße 1	Essen: **43** / 50
+49 8135 9942763	Service: **18** / 20
gasthof-heinzinger.de	Weinkarte: **17** / 20
Gasthaus • regionale Produkte • entspannt	Ambiente: **8** / 10
	Gesamt: 86 / 100

Euringer

85077 Manching

Ein stilvoller Landgasthof mit Gastgebern in vierter Generation mit dem Fokus auf Regionales, vielfach in Slow-Food-Qualität. Fish & Chips von der Lachsforelle oder Knödel-Tris: herrlich bodenständig!

Manchinger Straße 29	Essen: **42** / 50
+49 8459 33250	Service: **19** / 20
hotel-euringer.de	Weinkarte: **16** / 20
Gasthaus • gemütlich • Gastgarten	Ambiente: **8** / 10
	Gesamt: 85 / 100

MIND

85229 Markt Indersdorf

Das Konzept ist genauso vielseitig wie die Speisekarte. Inspiriert von Texturen, Formen, Sinnen und Spektren werden mittags und abends Gourmetmenüs serviert, die überraschen und faszinieren.

Dachauer Straße 11	Essen: **45** / 50
+49 8136 4699022	Service: **19** / 20
mind-dining.de	Weinkarte: **18** / 20
Fine Dining • Allrounder • modern	Ambiente: **8** / 10
	Gesamt: 90 / 100

Rotes Ross

91613 Marktbergel

Die Geschichte des Gasthofs geht bis ins 16. Jahrhundert zurück. Auf dem Teller wird von Küchenchef Thomas Bogner der moderne Blick auf fränkische Küche gelebt. Tipp: die Kochkurse und die Weinproben.

Würzburger Straße 1	Essen: **43** / 50
+49 9843 936600	Service: **17** / 20
rotes-ross-marktbergel.de	Weinkarte: **17** / 20
Gasthaus • nachhaltig • traditionell	Ambiente: **7** / 10
	Gesamt: 84 / 100

Alter Esel

97340 Marktbreit

Ramona und Markus Söder führen das unter Denkmalschutz stehende Wirtshaus liebevoll und legen großen Wert auf Qualität nach Slow-Food-Philosophie. Saisonale Menüs in vier bis sechs Gängen oder à la carte.

Marktstraße 10
+49 9332 5949477
alteresel-marktbreit.de
Allrounder • Biervielfalt • gemütlich

Essen:	43 | 50
Service:	18 | 20
Weinkarte:	17 | 20
Ambiente:	8 | 10
Gesamt:	86 | 100

Michels Stern

97340 Marktbreit

Wer wissen will, wie es um Frankens Weine bestellt ist, sollte sich ganz Stefan Michel anvertrauen. Bruder Wolfgang sorgt in der Küche dafür, dass hier jeden Tag Sonntag ist. Tipp: Fränkischer Sauerbraten.

Bahnhofstraße 9
+49 9332 1316
michelsstern.de
Familienbetrieb • klassisch • entspannt

Essen:	43 | 50
Service:	17 | 20
Weinkarte:	18 | 20
Ambiente:	7 | 10
Gesamt:	85 | 100

Weinhaus Anker

97828 Marktheidenfeld

Die Karte weist namentlich lokale Jäger und Binnenfischer auf und gibt damit die Philosophie vor. Für Gäste lohnen saisonale Specials wie die Wild- und Weinwochen allerdings auch eine weitere Anreise.

Obertorstraße 13
+49 9391 60040
hotel-anker.de
Hotelrestaurant • Gastgarten • regionale Produkte

Essen:	43 | 50
Service:	18 | 20
Weinkarte:	18 | 20
Ambiente:	8 | 10
Gesamt:	87 | 100

Weber am Bach

87700 Memmingen

Auf der Speisekarte stehen eigene Variationen von regionalen Klassikern: Spätzle, Schupfnudeln, Krautkrapfen und Maultaschen. Dazu gibt es Wild aus heimischen Wäldern und frischen Fisch.

Untere Bachgasse 2
+49 8331 2414
weber-am-bach.de
Familienbetrieb • regionale Produkte • gemütlich

Essen:	42 | 50
Service:	18 | 20
Weinkarte:	17 | 20
Ambiente:	8 | 10
Gesamt:	85 | 100

Lameng

83714 Miesbach

Spontane Kreativität und handwerkliche Qualität sind die Basis von Matthias Kuchlmeiers Küche. In der schlichten Eleganz des Restaurants lädt er zu einer kulinarischen Reise durch die Jahreszeiten ein.

Kolpingstraße 2
+49 8025 9240128
das-lameng.de
gehoben • saisonal • modern

Essen:	44 | 50
Service:	18 | 20
Weinkarte:	17 | 20
Ambiente:	8 | 10
Gesamt:	87 | 100

Das Marktrestaurant

82481 Mittenwald

Mit raffinierten vegetarischen Gerichten und einem Menü namens »Wirtshaus mal anders« erfüllt sich Andreas Hillejan einen Traum – ländlich-alpine Karwendelküche meets niederrheinische Heimat.

Dekan-Karl-Platz 21
+49 8823 9269595
das-marktrestaurant.de
Fine Dining • regionale Küche • Gewölbe

Essen:	**45** | 50
Service:	**19** | 20
Weinkarte:	**18** | 20
Ambiente:	**8** | 10
Gesamt:	90 | 100

Freilinger Wirt

84335 Mitterskirchen

Auf den Tisch kommen hausgemachte Schmankerln wie Apfelmost von eigenen Bäumen und frische Zutaten wie Fisch vom Tagesfang. So werden regionale Produkte mit Kreativität veredelt und neu interpretiert.

Hofmarkstraße 5
+49 8725 200
freilinger-wirt.de
Familienbetrieb • deutsche Küche • Gastgarten

Essen:	**43** | 50
Service:	**18** | 20
Weinkarte:	**18** | 20
Ambiente:	**8** | 10
Gesamt:	87 | 100

1804 Hirschau

80805 München

Im 1804 trifft gehobene Küche auf regionale Verantwortung – Lukas Adebahr kocht präzise, saisonal und »from farm to table«. Terrasse mit Blick ins Grüne, Kräuter aus dem Garten und ein Michelin-Stern!

Gyßlingstraße 15
+49 89 36090490
1804muc.de
Casual Dining • deutsche Küche • nachhaltig • Terrasse

Essen:	**45** | 50
Service:	**19** | 20
Weinkarte:	**17** | 20
Ambiente:	**9** | 10
Gesamt:	90 | 100

Acetaia

80639 München

Das Acetaia wird zu Recht als einer der besten Italiener der Stadt gehandelt. Ambiente und verwunschenes Gärtchen beim Nymphenburger Kanal – das könnte auch in Rom sein! Hervorragende Pasta-Gerichte.

Nymphenburger Straße 215
+49 89 13929077
acetaia.de
italienisch • Delikatessenverkauf • Terrasse

Essen:	**44** | 50
Service:	**18** | 20
Weinkarte:	**18** | 20
Ambiente:	**8** | 10
Gesamt:	88 | 100

Acquarello

81677 München

In der Stadt, die sich selbst gern als »nördlichste Stadt Italiens« bezeichnet, ist das Acquarello eine Institution der avantgardistischen Küche. Alleine das außergewöhnliche Ambiente ist einen Besuch wert.

Mühlbaurstraße 36
+49 89 4704848
acquarello.com
italienisch • Terrasse • elegant

Essen:	**45** I 50
Service:	**19** I 20
Weinkarte:	**18** I 20
Ambiente:	**9** I 10
Gesamt:	91 I 100

Foto: Julia Hildebrand und Ingolf Hatz

Aimy

80333 München

Aromen von Bangkok bis Hanoi: Aimy serviert unweit vom Odeonsplatz moderne südostasiatische Küche im stylishen Ambiente. Tolle Produktqualität und starke Cocktails. Im Sommer auch schön im Innenhof.

Brienner Straße 10
+49 89 45212755
aimy-restaurant.de
Thai • modern • Gastgarten

Essen:	**43** I 50
Service:	**17** I 20
Weinkarte:	**17** I 20
Ambiente:	**8** I 10
Gesamt:	85 I 100

Alois

80331 München

Rosina Ostler kocht eine der spannendsten und kreativsten Küchen der Stadt. Mit großer Akribie und Ästhetik bringt sie in toll kuratierten Menüs überraschende, augenöffnende Aromen auf den Teller.

Dienerstraße 14
+49 89 2135100
dallmayr.com
Fine Dining • Fisch • modern

Essen:	**47** I 50
Service:	**19** I 20
Weinkarte:	**20** I 20
Ambiente:	**9** I 10
Gesamt:	95 I 100

Altes Hackerhaus

80331 München

Glück auf Bayerisch hat sechs Buchstaben: Hacker. Vor allem, wenn unter dem Kranz in der Stube die herrlichen Knödel serviert werden und man den Schaum vom Bier schlürft, wie es hier schon immer getan wurde.

Sendlinger Straße 14
+49 89 2605026
hackerhaus.de
Gasthaus • deutsche Küche • traditionell

Essen:	**42** I 50
Service:	**17** I 20
Weinkarte:	**16** I 20
Ambiente:	**8** I 10
Gesamt:	83 I 100

Asam Schlössl
81379 München

Shane McMahon liebt das Feuer, denn er hat es gebändigt – in seinem Big Green Egg. Darin zaubert er bayerische Spezialitäten und alles, was die Flammen so liebt wie er selbst. Dazu: Gustl vom Fass – was sonst?

Maria-Einsiedel-Straße 45
+49 89 780167790
asamschloessl.de
Steak • Terrasse • romantisch

Essen:	**42** | 50
Service:	**17** | 20
Weinkarte:	**16** | 20
Ambiente:	**8** | 10
Gesamt:	83 | 100

Atelier
80333 München

Im vom Künstler Axel Vervoordt geschaffenen Atelier kocht Anton Gschwendtner international mit französischer Basis. Das zuvorkommende Serviceteam führt kompetent durch die Weinkarte und den Abend.

Promenadeplatz 2
+49 89 2120743
bayerischerhof.de
Fine Dining • französisch • elegant

Essen:	**47** | 50
Service:	**20** | 20
Weinkarte:	**19** | 20
Ambiente:	**9** | 10
Gesamt:	95 | 100

Atelier Gourmet
81669 München

Oh, wie schön ist es in Frankreich! Und falls man da nicht hinkann, dann ab nach Haidhausen. Hier locken exquisite Gerichte der modernen französischen und mediterranen Küche sowie einige Weinraritäten!

Rablstraße 37
+49 89 487220
ateliergourmet.de
modern • französisch • mediterran

Essen:	**43** | 50
Service:	**18** | 20
Weinkarte:	**18** | 20
Ambiente:	**8** | 10
Gesamt:	87 | 100

Atlantik
80337 München

Das Atlantik beim Schlachthof ist eine Legende – für Seafood genauso wie für rauschende Partynächte. Im edlen Ambiente schlemmt man Hummer, Austern und Co und der Weinkeller gibt auch einige Perlen her.

Zenettistraße 12
+49 89 74790610
atlantik-muenchen.de
Fisch • elegant • Geschäftsessen

Essen:	**44** | 50
Service:	**18** | 20
Weinkarte:	**18** | 20
Ambiente:	**8** | 10
Gesamt:	88 | 100

Augustiner Bräustuben
80339 München

Ein Prosit der Gemütlichkeit – und das 365 Tage im Jahr. Das Wirtshaus verspricht nicht nur die besten Preise der Stadt, es hält auch, was man von bayerischer Küche erwarten darf: deftig und gut!

Landsberger Straße 19
+49 89 507047
braeustuben.de
Gasthaus • deutsche Küche • entspannt

Essen:	**42** | 50
Service:	**17** | 20
Weinkarte:	**17** | 20
Ambiente:	**8** | 10
Gesamt:	84 | 100

Azuki

80539 München

Japan und Vietnam mitten in München: Hier gibt's außergewöhnliche Kreationen ganz im Zeichen der traditionellen Kochkunst. Zu den Gerichten aus dem Wok oder vom Grill gibt es eine schöne Auswahl an Sake.

Maximilianstraße 2A
+49 89 41327560
azukimunich.com
asiatisch • traditionell • klassisch

Essen:	**43**	50
Service:	**17**	20
Weinkarte:	**17**	20
Ambiente:	**9**	10
Gesamt:	86	100

Foto: Benedikt Roth ROTHPHOTOGRAPHY.DE

Bachmeier Genussfreuden

80331 München

Hans Jörg Bachmeier serviert fangfrischen Fisch, gegrilltes Rind aus dem Big Green Egg und Klassiker wie Fleischpflanzerl – mitten in München und immer mit Bezug zu seiner niederbayerischen Heimat.

Westenriederstraße 43
+49 89 28755010
bachmeier-genussfreuden.de
Bistro • regionale Produkte • modern • entspannt

Essen:	**44**	50
Service:	**19**	20
Weinkarte:	**17**	20
Ambiente:	**8**	10
Gesamt:	88	100

Bar Tatar

80331 München

In Sachen Genuss und Qualität gibt es keine Kompromisse: Die Speisekarte bietet feine Tatar-Kreationen, Specials wie Kaviar-Pasta und eine feine Auswahl an Austern – dazu passt Brot und Kräuterquark.

Dienerstraße 20
+49 89 21529173
schreiberei-muc.de
Casual Dining • französisch • japanisch • elegant

Essen:	**44**	50
Service:	**19**	20
Weinkarte:	**18**	20
Ambiente:	**10**	10
Gesamt:	91	100

Bavarie

80809 München

Auf der Terrasse schmecken Münchener Gerichte mit französischem Einfluss und Blick auf den Olympiaturm und -park besonders gut. Frischer Fisch und Käfer-Klassiker werden in der offenen Küche zubereitet.

Am Olympiapark 1
+49 89 358991822
bmw-welt.com
Bistro • französisch • regionale Produkte • modern

Essen:	**43**	50
Service:	**18**	20
Weinkarte:	**18**	20
Ambiente:	**8**	10
Gesamt:	87	100

Beetle

81679 München

Das mit einem Grünen Stern ausgezeichnete Käfer-Restaurant eignet sich sowohl für elegante Bistrolunches als auch für gemütliche Abende mit Freunden. Von 17 bis 18 Uhr essen Kinder bis zehn Jahre kostenlos.

Schumannstraße 9
+49 176 14168023
feinkost-kaefer.de
vegetarisch • vegan • nachhaltig • modern

Essen:	**44** | 50
Service:	**18** | 20
Weinkarte:	**18** | 20
Ambiente:	**8** | 10
Gesamt:	88 | 100

Bingo

80469 München

Das hippe Lokal überzeugt vor allem junge Münchener mit französischem Bistroflair. Ambiente, Weinauswahl und Signatures wie der Kopfsalat im Ganzen oder die Bingo Bosna machen den Besuch lohnenswert.

Westermühlstraße 13

bingo-bistro.de
regionale Produkte • französisch • gemütlich

Essen:	**44** | 50
Service:	**18** | 20
Weinkarte:	**17** | 20
Ambiente:	**8** | 10
Gesamt:	87 | 100

Blauer Bock

80331 München

Unweit des Viktualienmarkts bedient sich der Blaue Bock aus einem Füllhorn an Delikatessen, angefangen von Kaviar bis zu Seezunge oder Chateaubriand für zwei Personen. Gute Weinkarte mit vielen Schätzen.

Sebastiansplatz 9
+49 89 45222333
restaurant-blauerbock.de
Hotelrestaurant • mediterran • modern

Essen:	**43** | 50
Service:	**18** | 20
Weinkarte:	**18** | 20
Ambiente:	**8** | 10
Gesamt:	87 | 100

Brenner

80539 München

Die Münchener lieben ihre italienischen Restaurants und das Brenner ganz besonders. Die riesige Terrasse oder das große Lokal mit offener Grillstation bieten Pasta, Steak, Fisch – und etwas High Society.

Maximilianstraße 15
+49 89 4522880
brennergrill.de
italienisch • Steak • Gewölbe

Essen:	**42** | 50
Service:	**17** | 20
Weinkarte:	**18** | 20
Ambiente:	**9** | 10
Gesamt:	86 | 100

Broeding

80634 München

Der starke Bezug zur Slow-Food-Bewegung treibt das Team um Küchenchef Manuel Reheis und Gastgeber Gottfried Wallisch seit der Eröffnung 1990 an. Jeden Tag wechselt das Menü inklusive Weinbegleitung.

Schulstraße 9
+49 89 164238
broeding.de
deutsche Küche • eigener Gemüsegarten • nachhaltig

Essen:	**44** | 50
Service:	**18** | 20
Weinkarte:	**19** | 20
Ambiente:	**8** | 10
Gesamt:	89 | 100

Brothers

80801 München

Das kulinarische Trio im Brothers bietet Fine Dining in entspannter, urbaner Atmosphäre. Kreative À-la-carte-Gerichte und Menüs kommen aus der offenen Küche – dazu beeindruckende Sommelier-Expertise.

Kurfürstenstraße 31	Essen: **46** | 50
+49 89 45461930	Service: **19** | 20
brothers-munich.com	Weinkarte: **19** | 20
Fine Dining • modern • international	Ambiente: **8** | 10
	Gesamt: 92 | 100

Buffet Kull Bar

80331 München

Französische Brasserie trifft New York – seit über 20 Jahren ein Klassiker. Mit Steak und Fisch, großer Weinkarte, Holzboden und zu gedämpftem Licht ein idealer Ort für stimmungsvolle Altstadtabende.

Marienstraße 4	Essen: **42** | 50
+49 89 221509	Service: **18** | 20
buffet-kull.de	Weinkarte: **18** | 20
mediterran • klassisch • entspannt	Ambiente: **8** | 10
	Gesamt: 86 | 100

Casa Nostra

80333 München

Hausgemachte Pizza, frische Pasta und ausgewählte Weine: Das lebhafte Casa Nostra liefert hochwertiges italienisches Essen mit lässig-elegantem Touch. Auch ein Blick in die Cocktailkarte lohnt sich.

Gabelsbergerstraße 97	Essen: **43** | 50
+49 89 18944496	Service: **18** | 20
casa-nostra-monaco.de	Weinkarte: **17** | 20
italienisch • Pasta • modern	Ambiente: **8** | 10
	Gesamt: 86 | 100

Central

80335 München

Wunderschönes Lokal am Hauptbahnhof, das seit über 100 Jahren auf ehrliche und regionale Küche setzt. Auf der Karte stehen Weidefleischgerichte aus Pfaffenhofen, Burger, Pasta sowie Vegetarisches.

Arnulfstraße 4	Essen: **42** | 50
+49 89 55115715	Service: **18** | 20
central-restaurant.de	Weinkarte: **17** | 20
regionale Produkte • klassisch • elegant	Ambiente: **8** | 10
	Gesamt: 85 | 100

Cevicheria Pez

80802 München

Der Name ist Programm: Hier dreht sich alles um Fisch wie Lachs, Thunfisch und Oktopus, der in traditionellen wie auch außergewöhnlichen Variationen zubereitet wird. Es gibt sogar eigene Kochkurse.

Occamstraße 26
+49 89 82969652
cevicheria-pez.de
peruanisch • Fisch • modern

Essen:	**43** | 50
Service:	**17** | 20
Weinkarte:	**16** | 20
Ambiente:	**8** | 10
Gesamt:	84 | 100

Chez Fritz

81667 München

Haidhausen hat einen heimlichen Star: das Chez Fritz. Am besten, man reserviert schon Wochen im Voraus, um beste französische Fischgerichte, Austern und feinsinnig ausgewählte Weine zu genießen.

Preysingstraße 20
+49 89 4487676
chezfritz.de
französisch • gemütlich • Gastgarten

Essen:	**43** | 50
Service:	**17** | 20
Weinkarte:	**17** | 20
Ambiente:	**8** | 10
Gesamt:	85 | 100

ChuChin

81675 München

Das ChuChin in Bogenhausen begeistert mit Phở, Bun und weiteren vietnamesischen Streetfood-Gerichten im feineren Gewand. Tolle Desserts und Cocktails. Der Service ist aufmerksam, das Ambiente modern.

Ismaninger Straße 61
+49 89 47027428
chuchin.de
asiatisch • gehoben • gemütlich

Essen:	**44** | 50
Service:	**18** | 20
Weinkarte:	**17** | 20
Ambiente:	**8** | 10
Gesamt:	87 | 100

Cochinchina

80801 München

Vietnamesische Küche im trendigen Ambiente mitten in Schwabing. Voller Aromen stecken die Speisen, angefangen bei klassischer Phở Bo über Lá Lôt (Rindfleisch in Betelblättern) bis zu ausgefallenen Fischgerichten.

Kaiserstraße 28
+49 89 38889577
cochinchina.de
vietnamesisch • modern • entspannt

Essen:	**43** | 50
Service:	**18** | 20
Weinkarte:	**17** | 20
Ambiente:	**8** | 10
Gesamt:	86 | 100

Colette

80469 München

Tim Raue? Kennt jeder. Seine Oma Colette? Kann man kennenlernen. Und zwar auf die beste Art: über das Essen. Austern, Bouillabaisse, Champagner – hier findet man herrliche Bistroküche ohne Allüren.

Klenzestraße 72
+49 89 23002555
brasseriecolette.de
Fine Dining • französisch • Geschäftsessen

Essen:	**43** | 50
Service:	**18** | 20
Weinkarte:	**17** | 20
Ambiente:	**8** | 10
Gesamt:	86 | 100

Cuvilliés

80333 München

Ein Blick in die Speisekarte verrät: Matthias Brenner lässt sich gern von der alpinen Küche inspirieren. Aus nachhaltigen Produkten entstehen Entenlebermousse oder Wolfsbarsch in der Salzkruste.

Kardinal-Faulhaber-Straße 1
+49 89 8000198710
rosewoodhotels.com
Hotelrestaurant • deutsche Küche • klassisch

Essen:	**43** I 50
Service:	**18** I 20
Weinkarte:	**17** I 20
Ambiente:	**10** I 10
Gesamt:	**88** I 100

Dallmayr

80331 München

Einer der schönsten Orte, um ein Glas Champagner am Tresen zu trinken, frisch geöffnete Austern zu schlemmen und das bunte City-Treiben – in diesem Fall im Dallmayr Delikatessengeschäft – zu genießen.

Dienerstraße 14–15
+49 89 2135112
dallmayr.com
Fisch • Meeresfrüchte • Grill

Essen:	**42** I 50
Service:	**18** I 20
Weinkarte:	**18** I 20
Ambiente:	**8** I 10
Gesamt:	**86** I 100

Das Neuhausen

80636 München

Ein Allrounder für alle Lebenslagen: Das Neuhausen serviert ausgiebiges Frühstück, Mittagessen und Dinner – von Burgern über Salate bis Thai-Curry. Ehrliche Küche mit schöner Terrasse für sonnige Tage.

Blutenburgstraße 106
+49 89 18975570
dasneuhausen.de
Allrounder • Gastgarten • entspannt

Essen:	**42** I 50
Service:	**18** I 20
Weinkarte:	**17** I 20
Ambiente:	**8** I 10
Gesamt:	**85** I 100

Das Obers

80638 München

Im ruhigen Gern versteckt sich das Obers in einer pittoresken Jugendstilvilla. Lukas Gietls Küche ist herrlich unprätentiös, kulinarisch zwischen Österreich und Südtirol verortet – und schlicht köstlich!

Gerner Straße 48
+49 89 92744428
dasobers.de
Südtiroler Küche • modern • entspannt

Essen:	**44** I 50
Service:	**18** I 20
Weinkarte:	**18** I 20
Ambiente:	**8** I 10
Gesamt:	**88** I 100

Das Tschecherl

80799 München

Mit offener Küche, nettem Team und traumhafter Terrasse in der grünen Amalienpassage versprüht das Tschecherl viel Charme. Die Gerichte sind kreativ und in Topqualität – und mit österreichischem Augenzwinkern.

Amalienstraße 89
+49 89 18929513
dastschecherl.com
österreichische Küche • entspannt • klassisch

Essen:	**43** I 50
Service:	**19** I 20
Weinkarte:	**17** I 20
Ambiente:	**8** I 10
Gesamt:	**87** I 100

Délice

80335 München

Die modern-zeitlose Brasserie mit offener Küche orientiert sich an französischen Klassikern wie Zwiebelsuppe und Tatar, macht aber auch Ausflüge nach Bayern mit Starnberger Saibling oder Tafelspitz.

Bayerstraße 12
+49 89 599480
sofitel-munich.com
Hotelrestaurant • französisch • Terrasse

Essen:	**42** | 50
Service:	**18** | 20
Weinkarte:	**17** | 20
Ambiente:	**7** | 10
Gesamt:	84 | 100

DO & CO

80331 München

Das DO & CO bietet zeitgemäße asiatische Küche mit Showeffekten. Bekannt ist es für feine Sushi-Variationen aus der offenen Küche und die große Terrasse. Hier sorgen abends DJs für urbanes Hotspot-Flair.

Filserbräugasse 1
+49 89 69313780
docohotel.com
asiatisch • Cocktails • modern

Essen:	**43** | 50
Service:	**17** | 20
Weinkarte:	**18** | 20
Ambiente:	**9** | 10
Gesamt:	87 | 100

Ederer

80337 München

Bayerischer Ursprung mit Aromen aus aller Welt: Karl Ederer steht seit über 35 Jahren für Tradition und Nachhaltigkeit. Er interpretiert klassische Gerichte neu und bleibt sich selbst stets treu.

Lindwurmstraße 48
+49 89 74747928
restaurant-ederer.de
Fine Dining • regionale Produkte • nachhaltig • gemütlich

Essen:	**44** | 50
Service:	**18** | 20
Weinkarte:	**17** | 20
Ambiente:	**8** | 10
Gesamt:	87 | 100

Foto: HASENEDER

Eisbach

80538 München

In München genießt man am Eisbach und jetzt auch IM Eisbach. Französische Küche mit einem japanischen Touch sorgt für große Überraschungen. Empfehlung: das Thunfischsteak mit Lachskaviar und Salat.

Triftstraße 6
+49 89 94424752
das-eisbach.de
französisch • japanisch • Brunch

Essen:	**43** | 50
Service:	**18** | 20
Weinkarte:	**18** | 20
Ambiente:	**8** | 10
Gesamt:	87 | 100

Foto: Werner KRUG,www.derkrug.at, 2024

El Gaucho

80469 München

Das El Gaucho überrascht mit seiner kreativen Küche – auch abseits der Steak-Cuts. Und der Viktualienmarkt nebenan bietet ein Füllhorn frischer Zutaten. Etwa Carabinero-Sashimi und Pfifferling-Risoni.

Frauenstraße 9
+49 89 24224104
elgaucho.at
Steak • gehoben • entspannt

Essen:	42	50
Service:	18	20
Weinkarte:	17	20
Ambiente:	8	10
Gesamt:	85	100

Florio

80333 München

Fulvio Pierangelini ist ein Mann, der es versteht, der Einfachheit der italienischen Küche eine unglaubliche Geschmackstiefe zu verleihen. Unvergleichlich: seine hauchzarten Kürbis-Ravioli an Trüffel.

Sophienstraße 28
+49 89 5445551200
roccofortehotels.com
Hotelrestaurant • italienisch • gehoben

Essen:	43	50
Service:	19	20
Weinkarte:	18	20
Ambiente:	8	10
Gesamt:	88	100

Freisinger Hof

81925 München

Urig und modern, herzhaft und raffiniert – der Freisinger Hof bringt unter dem Motto »Die Welt gehört dem, der genießt« zusammen, was guttut. Besonders lecker: der Kartoffel-Pfifferling-Strudel.

Oberföhringer Straße 189–191
+49 89 1890820
freisinger-hof.de
Gasthaus • Gastgarten • klassisch

Essen:	42	50
Service:	17	20
Weinkarte:	18	20
Ambiente:	8	10
Gesamt:	85	100

Gabelspiel

81539 München

Kochkunst ist ein Spiel mit Aromen, Gewürzen, Texturen und regionalen Zutaten – und Chefkoch Florian Berger spielt gern. Auf Basis der französischen Küche glänzt etwa die Zwerchrippe an Buttermilch.

Zehentbauernstraße 20
+49 89 12253940
restaurant-gabelspiel.de
regionale Produkte • modern • elegant

Essen:	46	50
Service:	18	20
Weinkarte:	18	20
Ambiente:	8	10
Gesamt:	90	100

Galleria

80331 München

Ciao bella, das Leben ist schön. Nur: Bis nach Napoli ist es so weit. Deshalb geht man einfach zu Chefkoch Andrea Pomiato Colesso – das kommt auf das Gleiche raus. Das Essen! Und erst die Weine! Grande!

Sparkassenstraße 11
+49 89 297995
ristorante-galleria.de
italienisch • modern • Geschäftsessen

Essen:	**43** | 50
Service:	**18** | 20
Weinkarte:	**17** | 20
Ambiente:	**8** | 10
Gesamt:	86 | 100

Gandl

80538 München

Das Gandl ist eine langjährige Institution am St.-Anna-Platz im beschaulichen Lehel. Feinkost, mediterran inspirierte Küche und Bargemütlichkeit ergeben eine Symbiose, die Gäste immer wieder kommen lässt.

St.-Anna-Platz 1
+49 89 29162525
gandl.de
italienisch • französisch • charmant

Essen:	**42** | 50
Service:	**18** | 20
Weinkarte:	**17** | 20
Ambiente:	**8** | 10
Gesamt:	85 | 100

Garden

80333 München

Ob zum Lunch oder zum Dinner, die Speisekarte mit zeitgemäß interpretierten Klassikern und Brasseriegerichten überzeugt. Serviert werden saisonales Gemüse, Münchener Capunti und gefüllte Wachtel.

Promenadeplatz 2
+49 89 2120993
bayerischerhof.de
Hotelrestaurant • Geschäftsessen • unkonventionell

Essen:	**43** | 50
Service:	**17** | 20
Weinkarte:	**18** | 20
Ambiente:	**7** | 10
Gesamt:	85 | 100

Giorgia

81667 München

Bekannt für die bunte Einrichtung, neapolitanische Pizzen und Trüffelpasta. Aber auch alle anderen italienischen Gerichte, die auf blumigen Tellern im Lokal serviert werden, schmecken ausgezeichnet.

Weißenburger Straße 2
bigsquadra.com
italienisch • Pizza • entspannt

Essen:	**42** | 50
Service:	**17** | 20
Weinkarte:	**17** | 20
Ambiente:	**9** | 10
Gesamt:	85 | 100

Greta Oto

80335 München

Ganz oben im Hotel Königshof thront das chic-mondäne Restaurant samt Bar, Dachterrasse und großartigem Blick auf Karlsplatz und Landgericht. Lateinamerikanische Küche vom Feinsten, dazu Pisco Sours.

Karlsplatz 25
+49 89 85840704216
gretaoto-restaurants.com
lateinamerikanisch • modern • Essen mit Aussicht

Essen:	**42** | 50
Service:	**17** | 20
Weinkarte:	**17** | 20
Ambiente:	**9** | 10
Gesamt:	85 | 100

Halali

80539 München

Im Halali ist es besonders gemütlich, dafür sorgen das Interieur und die herzlich-kompetenten Gastgeber. Hier gibt es noch traditionelle Wildgerichte, französische Inspiration und genussvolle Saucenküche!

Schönfeldstraße 22 +49 89 285909 restaurant-halali.de **bayerische Küche • traditionell • klassisch**	Essen: **42** I 50 Service: **18** I 20 Weinkarte: **16** I 20 Ambiente: **8** I 10 Gesamt: 84 I 100

Hippocampus

81677 München

Die weißen Tischdecken, die Leuchten an den Wänden, das alles bereitet darauf vor, was auf den Tellern vollendet wird: fantastische italienische Küche, die gleichermaßen traditionsbewusst und kreativ ist.

Mühlbaurstraße 5 +49 89 475855 hippocampus-restaurant.de **italienisch • elegant • Terrasse**	Essen: **43** I 50 Service: **18** I 20 Weinkarte: **18** I 20 Ambiente: **8** I 10 Gesamt: 87 I 100

Ho Tay

81925 München

Ein Stück Nordvietnam in München: Unter bunten Lampions serviert das Team Gerichte, die sich an der Streetfood-Küche Hanois orientieren. Hausgemachte Phở Bo, Wasserspinat mit Reis oder frische Salate.

Fritz-Meyer-Weg 55 +49 89 90899278 hotay.de **vietnamesisch • entspannt • gemütlich** P	Essen: **42** I 50 Service: **17** I 20 Weinkarte: **15** I 20 Ambiente: **8** I 10 Gesamt: 82 I 100

Hohenwart

81541 München

Holzvertäfelte Gaststube und typische bayerische Schmankerln wie Knödel, Weißwürste oder Schweinsbraten – dazu freundlicher Service. Wer's gemütlich will, wird hier Stammgast. Highlight: die Kegelbahn.

Gietlstraße 15 +49 89 69397575 wirtshaus-hohenwart.de **Gasthaus • traditionell • entspannt**	Essen: **42** I 50 Service: **17** I 20 Weinkarte: **16** I 20 Ambiente: **8** I 10 Gesamt: 83 I 100

Huber

81679 München

Eine klare Tellersprache setzt hervorragende Produkte in Szene, ohne die Handarbeit zu verschleiern. Aber viel wichtiger: Bei Michael Huber schmeckt es. Bester Beweis: der Spitzkohl mit Pilz und Miso.

Newtonstraße 13	Essen: **43** I 50
+49 89 985152	Service: **18** I 20
huber-restaurant.de	Weinkarte: **18** I 20
modern • entspannt • Terrasse	Ambiente: **8** I 10
	Gesamt: 87 I 100

Hunsinger

81241 München

Das Fischlokal am Pasinger Stadtpark bietet das Beste aus Frankreich in Kombination mit asiatischen Einflüssen – von Yellowfin-Thunfisch-Carpaccio bis Seeteufel-Ossobuco mit Pistazien-Kräuter-Kruste.

Planegger Straße 31	Essen: **42** I 50
+49 89 837033	Service: **18** I 20
goldene-gans.com	Weinkarte: **17** I 20
Fisch • elegant • Terrasse	Ambiente: **8** I 10
	Gesamt: 85 I 100

Il Borgo

80797 München

Bis zu 50 Gäste finden hier ein Stück Italien mitten in München: Auf den Teller kommen originelle Kompositionen und ins Glas exklusive Weinsorten – das Degustationsmenü wechselt täglich.

Georgenstraße 144	Essen: **43** I 50
+49 89 1292119	Service: **19** I 20
il-borgo.de	Weinkarte: **18** I 20
italienisch • modern • Geschäftsessen	Ambiente: **8** I 10
	Gesamt: 88 I 100

Jaadin

80804 München

Am Schwabinger Tor serviert das trendy eingerichtete Lokal vietnamesische Vielfalt. Ein eigener Bereich hat speziell konzipierte Tische für vielfältige Grillsets: Fisch und Fleisch ab zwei Personen.

Leopoldstraße 158	Essen: **42** I 50
+49 89 998241950	Service: **17** I 20
jaadin.de	Weinkarte: **17** I 20
vietnamesisch • modern • Cocktails	Ambiente: **8** I 10
	Gesamt: 84 I 100

Jan

80333 München

Aus der offenen Küche – auch bekannt als »Labor der Liebe« – kommen handwerklich perfekte Menüs, die die Vielfalt der deutschen Küche widerspiegeln. Schickes Design, Topweine und angenehmer Service.

Luisenstraße 27	Essen: **50** I 50
+49 89 23708658	Service: **20** I 20
jan-hartwig.com	Weinkarte: **20** I 20
Fine Dining • regionale Produkte • elegant	Ambiente: **10** I 10
	Gesamt: 100 I 100

Japatapa Toshibar

80802 München

Chefkoch Toshio Kobatake gilt als einer der besten japanischen Köche des Landes. Er bereitet aus luxuriösen Produkten authentische Gerichte auf sehr hohem Niveau zu. Shabu-Shabu auf Vorbestellung.

Marschallstraße 2
+49 89 25546942
toshi-muenchen.de
japanisch • Sushi • traditionell

Essen:	**43** I 50
Service:	**17** I 20
Weinkarte:	**16** I 20
Ambiente:	**8** I 10
Gesamt:	84 I 100

Jin

80538 München

Wo Deutschlands Spitzenköche ein- und ausgehen, finden garantiert auch alle Gourmets Gaumenfreuden, die zum Wiederkommen einladen. Hao Jin zaubert irgendwo zwischen chinesischer und Weltküche.

Kanalstraße 14
+49 89 21949970
restaurant-jin.de
Fine Dining • chinesisch • Fisch

Essen:	**43** I 50
Service:	**18** I 20
Weinkarte:	**18** I 20
Ambiente:	**8** I 10
Gesamt:	87 I 100

Johannas

81377 München

Die enorme Weinkarte mit großem Schwerpunkt auf dem Burgund beschert dem Johannas viele Fans. Dazu kocht Chef Andi Neumayr gekonnt klassisch, gern mit Fisch und Seafood, zur Saison auch sehr gut mit Wild.

Heiglhofstraße 18
+49 89 7411440
restaurant-johannas.de
Familienbetrieb • regionale Produkte • klassisch

Essen:	**43** I 50
Service:	**19** I 20
Weinkarte:	**20** I 20
Ambiente:	**8** I 10
Gesamt:	90 I 100

Käfer-Schänke

81675 München

Mit einem der führenden Delikatessenhäuser im Rücken hat die Schänke natürlich erstklassige Zutaten für Seafood-Etageren oder Trüffel-Cordon-bleu. Außerdem locken große Steak-Cuts und ganze Fische!

Prinzregentenstraße 73
+49 89 4168247
feinkost-kaefer.de
Casual Dining • gemütlich • entspannt

Essen:	**44** I 50
Service:	**18** I 20
Weinkarte:	**18** I 20
Ambiente:	**9** I 10
Gesamt:	89 I 100

Kaito

80333 München

»Moriawase« bedeutet, dass der Chef persönlich die Auswahl der Komponenten trifft. Alle Saucen und Dressings sind selbst gemacht, die Palette an Sake, Shōchū und Whisky rundet jedes Menü ab.

Gabelsbergerstraße 85
+49 89 52059455
de.kaito-restaurant.com
japanisch • Sushi • entspannt

Essen:	**43** I 50
Service:	**18** I 20
Weinkarte:	**16** I 20
Ambiente:	**7** I 10
Gesamt:	84 I 100

Katzlmacher

80331 München

Die Produkte kommen frisch aus dem Land des guten Geschmacks: aus bella Italia! Zwischen süßer Feige, saftigem Lamm und würzigem Rosmarin wird die Liebe zum Essen immer wieder aufs Neue zelebriert.

Bräuhausstraße 6
+49 89 333360
der-katzlmacher.com
italienisch • klassisch • elegant

Essen:	**42** I 50
Service:	**19** I 20
Weinkarte:	**17** I 20
Ambiente:	**8** I 10
Gesamt:	86 I 100

Khao San 58

80339 München

Viele Jahre war das Ruen Thai in diesen Räumen eine der Referenzen für Thai-Küche in München. Das Team hat Raum und Vibe modernisiert. Die Küche ist aber nach wie vor authentisch und auf sehr hohem Niveau!

Kazmairstraße 58
+49 89 503239
khaosan58.de
Thai • modern • entspannt

P

Essen:	**42** I 50
Service:	**17** I 20
Weinkarte:	**18** I 20
Ambiente:	**8** I 10
Gesamt:	85 I 100

KOI

80333 München

Ein Tsunami ist hier nicht gefährlich, sondern köstlich. So nennt man die japanischen Tapas, die Küchenchef Atsu Tajima in wunderschönem Ambiente serviert. Natürlich gibt's auch fantastisches Sushi.

Wittelsbacherplatz 1
+49 89 89081926
koi-restaurant.de
japanisch • Terrasse • modern

Essen:	**43** I 50
Service:	**18** I 20
Weinkarte:	**18** I 20
Ambiente:	**8** I 10
Gesamt:	87 I 100

kokumi

80538 München

Das einladende kokumi steht für moderne japanische Küche und Abende in cooler Runde. Mittags variiert die Karte und Ramen mit geschmortem Schweinebauch oder leckere Reisgerichte stillen den Hunger.

Christophstraße 3
+49 176 84825751
heykokumi.com
Sushi • modern • entspannt

Essen:	**42** I 50
Service:	**17** I 20
Weinkarte:	**16** I 20
Ambiente:	**8** I 10
Gesamt:	83 I 100

KOMU

80331 München

Drei Komponenten, mehr braucht es meist nicht für Sternekoch Christoph Kunz, um geschmacksintensive Gerichte auf den Teller zu bringen. Offenes, stylishes Ambiente – sowohl mittags als auch abends toll.

Hackenstraße 4	Essen: **48** | 50
+49 173 1560415	Service: **19** | 20
komu-restaurant.de	Weinkarte: **18** | 20
Fine Dining • entspannt • modern	Ambiente: **9** | 10
	Gesamt: 94 | 100

La Bohème

80804 München

Essen verbindet – und frei nach diesem Motto werden hier internationale Gerichte im Sharing-Stil serviert. Die Steaks kommen auf dem Holzbrett und werden flambiert oder mit frischen Kräutern verfeinert.

Leopoldstraße 180	Essen: **43** | 50
+49 89 23762323	Service: **18** | 20
boheme-schwabing.de	Weinkarte: **17** | 20
amerikanisch • Steak • modern • Sharing Menu	Ambiente: **8** | 10
	Gesamt: 86 | 100

Landersdorfer & Innerhofer

80331 München

Das Gastgeber-Duo hat seit 25 Jahren seinen fixen Platz in der Münchener Gastronomie. Hier kommen nur marktfrische Zutaten und hochklassige Weine auf den Tisch – stets unprätentiös und kompetent.

Hackenstraße 6	Essen: **43** | 50
+49 89 26018637	Service: **18** | 20
landersdorferundinnerhofer.de	Weinkarte: **19** | 20
regionale Produkte • klassisch • entspannt	Ambiente: **8** | 10
	Gesamt: 88 | 100

Le Stollberg

80539 München

Wer französische Küche und entspannte Restaurantatmosphäre mit Klasse schätzt, wird das Le Stollberg lieben. Anette Huber zaubert souverän Gerichte von Seezunge über Kalbskopf bis Bœuf bourguignon.

Stollbergstraße 2	Essen: **44** | 50
+49 89 24243450	Service: **17** | 20
lestollberg.de	Weinkarte: **17** | 20
Geschäftsessen • französisch • Terrasse	Ambiente: **8** | 10
	Gesamt: 86 | 100

Les Deux Brasserie

80333 München

Küchenchefin Nathalie Leblond kocht eine moderne französische Küche: geradlinig, raffiniert und ausschließlich mit allerbesten Produkten. Vor allem beweist das der Zander aus dem IJsselmeer an Erbsen.

Maffeistraße 3A
+49 89 710407373
lesdeux-muc.de
französisch • elegant • Terrasse • Geschäftsessen

Essen:	**44** | 50
Service:	**19** | 20
Weinkarte:	**19** | 20
Ambiente:	**8** | 10
Gesamt:	90 | 100

Les Deux Restaurant

80333 München

Die Speisen von Nathalie Leblond sind an die moderne französische Küche angelehnt und leben von exklusiven Zutaten wie Impérial-Taube und Kreationen wie hausgemachten Steinpilz-Ravioli.

Maffeistraße 3A
+49 89 710407373
lesdeux-muc.de
Fine Dining • französisch • elegant

Essen:	**45** | 50
Service:	**19** | 20
Weinkarte:	**19** | 20
Ambiente:	**8** | 10
Gesamt:	91 | 100

Levante

80801 München

Lebendige Levante-Küche in Schwabing: Mezze-Platten, Fisch vom Grill, saftiges Lamm und vegetarische Spezialitäten. Das schicke und gemütliche Lokal lädt zum Verweilen ein – und jeden Sonntag auch zum Brunch.

Franz-Joseph-Straße 45
+49 89 34077788
levante-munich.com
türkisch • modern • gemütlich • Sharing Menu

Essen:	**42** | 50
Service:	**17** | 20
Weinkarte:	**15** | 20
Ambiente:	**8** | 10
Gesamt:	82 | 100

Little London

80331 München

Wer im Little London abtaucht, findet sich in einer anderen Welt aus gemütlichen Sitzecken, vielfältigen Steak-Cuts vom Grill und einer ziemlich großen Weinkarte wieder. Und auch die Gin-Auswahl ist beeindruckend!

Tal 31
+49 89 122239470
little-london.de
Steak • Cocktails • gemütlich

Essen:	**44** | 50
Service:	**18** | 20
Weinkarte:	**18** | 20
Ambiente:	**8** | 10
Gesamt:	88 | 100

Malva

81667 München

Man spürt die Naturverbundenheit des Malva-Teams auf ganzer Linie. Selbstgesammeltes für die Küche, naturnahe Weine und der hübsche Innenhof als entspanntes Refugium: Hier passt alles zusammen.

Steinstraße 42
+49 89 94428279
malvamuenchen.de
Allrounder • nachhaltig • regionale Produkte

Essen:	**42** | 50
Service:	**17** | 20
Weinkarte:	**17** | 20
Ambiente:	**8** | 10
Gesamt:	84 | 100

Martinelli

81927 München

Seit 2008 laden Gastgeberin Elena und Koch Luca quasi in ihr Wohnzimmer ein. Kredenzt werden italienische Köstlichkeiten wie hausgemachte Kartoffelgnocchi mit Kaninchenragout oder ein Überraschungsmenü.

Wilhelm-Dieß-Weg 2
+49 89 931416
ristorantemartinelli.de
italienisch • Terrasse • modern

Essen:	**43**	50
Service:	**17**	20
Weinkarte:	**17**	20
Ambiente:	**7**	10
Gesamt:	84	100

Masi

80539 München

Die Location des Masi direkt auf der Maximilianstraße machte es zum perfekten Ausgangspunkt für Luxus-Shopping, aber auch zum Essen sollte man bleiben. Tipp: Der »Italian Wine Brunch« lockt jeden Samstag.

Maximilianstraße 40
+49 89 23032565
masi.it
Allrounder • italienisch • entspannt

Essen:	**42**	50
Service:	**18**	20
Weinkarte:	**18**	20
Ambiente:	**8**	10
Gesamt:	86	100

Matsuhisa

80331 München

Adrett unter weißen Kochmützen werken Nobu Matsuhisa und sein Team an der Kochtheke so, dass man sein blaues Wunder erlebt – oder das rosa Wunder mit dem wolkig-zarten Thunfischtatar mit Kaviar.

Neuturmstraße 1
+49 89 29098834
mandarinoriental.com
Hotelrestaurant • peruanisch • japanisch

Essen:	**43**	50
Service:	**17**	20
Weinkarte:	**18**	20
Ambiente:	**8**	10
Gesamt:	86	100

Mokum

80339 München

Ein Kleinod für Liebhaber gehobener Bistrokultur auf entspanntem Niveau und 1:1-Betreuung durch die drei versierten Gastgeber. Fantastische Gerichte wie Pâté en croûte und sehr gute Getränkeauswahl.

Alter Messeplatz 6

mokum-munich.de
Casual Dining • entspannt • charmant

Essen:	**44**	50
Service:	**18**	20
Weinkarte:	**17**	20
Ambiente:	**8**	10
Gesamt:	87	100

Mona

81667 München

Hier wird die Sehnsucht nach Italien kulinarisch gestillt: Tradition trifft auf Innovation, begleitet von erlesenen Weinen – die Gerichte wie Filet vom bayerischen Schwarzfederhuhn oder Cacio e Pepe vervollkommnen.

Rosenheimer Straße 15
+49 89 44249500
mona-restaurant.de
mediterran • Steak • modern • gemütlich

Essen:	**43**	50
Service:	**17**	20
Weinkarte:	**17**	20
Ambiente:	**8**	10
Gesamt:	85	100

Monti Monaco

80538 München

Nach dem Umzug vom Schlachthofviertel an die Isar in Innenstadtnähe ist Sarah vom Monti Monaco immer noch eine perfekte Gastgeberin rund um italienische Erlebnisse – vom schnellen Lunch bis zum Event!

Steinsdorfstraße 22
+49 89 76702868
montimonaco.de
italienisch • modern • entspannt

Essen:	**42** | 50
Service:	**18** | 20
Weinkarte:	**17** | 20
Ambiente:	**8** | 10
Gesamt:	**85** | 100

Mountain Hub Gourmet

85356 München

Der kulinarische Ort zum Verweilen, bevor es hoch hinaus geht. Chefkoch Marcel Tauschek serviert Gourmetlunch für Businesstreffen, Fine-Dining-Dinner in vier und sechs Gängen sowie À-la-carte-Gerichte.

Terminalstraße Mitte 20
+49 8997824510
gourmet.mountainhub.de
Hotelrestaurant • Fine Dining • elegant

Essen:	**46** | 50
Service:	**18** | 20
Weinkarte:	**18** | 20
Ambiente:	**8** | 10
Gesamt:	**90** | 100

Mun

81667 München

Ob für ein paar Maki und Sashimi oder das fantastische Degustationsmenü: Küchenchef Mun Kim nimmt den Gast mit auf eine Reise in seine koreanische Heimat, wo Aromen und Überraschungen warten.

Innere Wiener Straße 18
+49 89 62809520
munrestaurant.de
koreanisch • Sushi • modern

Essen:	**43** | 50
Service:	**18** | 20
Weinkarte:	**17** | 20
Ambiente:	**8** | 10
Gesamt:	**86** | 100

Mural

80331 München

Mural-Küchenchef Bastian Falkenroth kreiert außergewöhnliche Gerichte aus saisonalen, nachhaltigen Zutaten aus der Region. Jede Komposition spiegelt seine weltgewandte, genießerische Handschrift wider.

Hotterstraße 12
+49 89 27373380
mural.restaurant
regionale Produkte • modern • elegant • vegan

Essen:	**46** | 50
Service:	**19** | 20
Weinkarte:	**20** | 20
Ambiente:	**8** | 10
Gesamt:	**93** | 100

Museum

80538 München

Geschichte und Genuss verbinden: Mittags lockt Küchenchef Simon Restle mit Gerichten wie gegrilltes Kalbskotelett mit Ingwerjus. Im Sommer wird der Businesslunch im Innenhof des Museums genossen.

Prinzregentenstraße 3 +49 89 45224430 museum-muenchen.de **deutsche Küche • Gastgarten • modern**	Essen:	**43** I 50
	Service:	**17** I 20
	Weinkarte:	**17** I 20
	Ambiente:	**8** I 10
	Gesamt:	85 I 100

Foto: Raphael Lichius – Fotoweitblick

Neuner

80331 München

Das Weinhaus Neuner ist ein Wirtshaus im besten Sinne – und mit einer bemerkenswerten Weinkarte. Die großzügigen, historischen Räume laden zum Verweilen ein, genauso wie Schnitzel, Hühnerfrikassee und Co.

Herzogspitalstraße 8 +49 89 2603954 weinhaus-neuner.de **regionale Küche • traditionell • Gewölbe**	Essen:	**43** I 50
	Service:	**17** I 20
	Weinkarte:	**17** I 20
	Ambiente:	**9** I 10
	Gesamt:	86 I 100

Nice

81671 München

Für Menschen, die gern unprätentiös und in einem entspannten Ambiente essen, ist das Konzept gedacht, das Fabian Huber mit seiner unkomplizierten und zeitgemäßen Crossover-Küche gekonnt umsetzt.

August-Everding-Straße 24 +49 89 64193480 nicedining.de **Allrounder • modern • entspannt**	Essen:	**42** I 50
	Service:	**18** I 20
	Weinkarte:	**17** I 20
	Ambiente:	**8** I 10
	Gesamt:	85 I 100

Nymphenburger Hof

80335 München

Mediterranes und Alpenländisches: Zwei Küchen, die der Münchener liebt, verbinden sich hier zu handwerklich klassisch zubereiteten Gerichten. Toller Mittagstisch, das Abendmenü wechselt monatlich.

Nymphenburger Straße 24
+49 89 1233830
nymphenburgerhof.de
Gasthaus • Terrasse • traditionell

Essen:	**43**	50
Service:	**18**	20
Weinkarte:	**17**	20
Ambiente:	**8**	10
Gesamt:	86	100

Pageou

80333 München

In den Fünf Höfen glänzt das schicke Pageou mit mediterran-orientalischer Küche. Fernsehkoch Ali Güngörmüş tischt wunderbare Mezze-Vorspeisen auf sowie überraschende Kombinationen mit regionalen Zutaten.

Kardinal-Faulhaber-Straße 10
+49 89 24231310
pageou.de
türkisch • modern • elegant

Essen:	**43**	50
Service:	**18**	20
Weinkarte:	**18**	20
Ambiente:	**9**	10
Gesamt:	88	100

Pardi

80634 München

Das Pardi zelebriert seit Jahren orientalische Küche. Schon zum (türkischen) Frühstück ist das Lokal sehr beliebt. Es lohnt sich aber auch, für Mezze zum Teilen, Salate und gegrillte Spieße zu bleiben.

Volkartstraße 24
+49 89 131850
pardi-restaurant.de
türkisch • mediterran • klassisch

Essen:	**42**	50
Service:	**18**	20
Weinkarte:	**16**	20
Ambiente:	**8**	10
Gesamt:	84	100

Pescheria

80336 München

Die Pescheria holt mediterranes Flair nach München und beschert ihren Gästen einen kulinarischen Kurzurlaub am Meer. Natürlich mit wunderbarem Fisch, Meeresfrüchten – und unglaublichem Charme.

Pettenkoferstraße 1
+49 89 24214027
pescheria.de
mediterran • Fisch • gemütlich

Essen:	**42**	50
Service:	**18**	20
Weinkarte:	**16**	20
Ambiente:	**8**	10
Gesamt:	84	100

Pfistermühle

80331 München

Die Pfistermühle ist ein verlässlicher Anlaufpunkt für richtig gutes Gastgebertum. In den gehoben-gemütlichen Räumlichkeiten in der Innenstadt werden Küchenhandwerk und Sommelerie mit Verstand gelebt.

Pfisterstraße 4
+49 89 23703865
pfistermuehle.de
deutsche Küche • Gewölbe • romantisch

Essen:	**43** I 50
Service:	**17** I 20
Weinkarte:	**17** I 20
Ambiente:	**8** I 10
Gesamt:	85 I 100

Pure

80799 München

Die Speisekarte schreiben in diesem Gourmetrestaurant die Jahreszeiten. Dabei geht es um beste, naturnahe Produkte, die mit viel Respekt und Handwerkskunst zu kulinarischen Überraschungen werden.

Neureutherstraße 15
+49 89 399936
pure-wine-food.de
Vinothek • mediterran • elegant

Essen:	**43** I 50
Service:	**18** I 20
Weinkarte:	**19** I 20
Ambiente:	**8** I 10
Gesamt:	88 I 100

Rocca Riviera

80333 München

Am weitläufigen Wittelsbacherplatz ist das Rocca Riviera ein Anlaufpunkt für mediterrane Küche im chic-modernen Ambiente. Die Gerichte eignen sich gut zum Teilen. Zum Lunch ein Tipp ist das Zwei-Gänge Menü.

Wittelsbacherplatz 2
+49 89 28724421
roccariviera.com
mediterran • modern • elegant

Essen:	**43** I 50
Service:	**17** I 20
Weinkarte:	**17** I 20
Ambiente:	**8** I 10
Gesamt:	85 I 100

Sansaro

80799 München

Sushiya Sansaros California Roll ist eine Bank: cremig, knackig, köstlich. Und in der Nebenrolle überzeugt stets das Sashimi – idealerweise begleitet von Sake oder Whisky. Neuerdings auch mehrgängige Menüs.

Amalienstraße 89
+49 89 28808442
sushiya.de
japanisch • Sushi • klassisch

Essen:	**43** I 50
Service:	**17** I 20
Weinkarte:	**17** I 20
Ambiente:	**7** I 10
Gesamt:	84 I 100

Schumann's Bar am Hofgarten 80539 München

Es ist ja eigentlich ganz einfach: In München geht man zu Charles Schumann, man sieht die Stars im Eck tuscheln und lässt sich mit Bratkartoffeln und Geschichten verwöhnen. Wer es anders macht, macht's falsch.

Odeonsplatz 6–7
+49 89 229060
schumanns.de
regionale Küche • Cocktails • Terrasse

Essen:	**42** | 50
Service:	**18** | 20
Weinkarte:	**18** | 20
Ambiente:	**9** | 10
Gesamt:	87 | 100

Schwarzreiter 80539 München

Es ist immer eine Sensation, auf der Maximilianstraße zu sitzen und das herrliche Schnitzel von Franz-Josef Unterlechner zu knuspern. Und weil man in München ist, trinkt man dazu ein Glas Champagner.

Maximilianstraße 17
+49 89 21252125
schwarzreiter-muenchen.de
Fine Dining • Terrasse • elegant

Essen:	**45** | 50
Service:	**18** | 20
Weinkarte:	**18** | 20
Ambiente:	**8** | 10
Gesamt:	89 | 100

Seehaus im Englischen Garten 80802 München

Das Seehaus kennt man natürlich von warmen Sommertagen, wenn der Biergarten am Wasser voll besetzt mit Sonnenanbetern ist. Aber auch drinnen speist man fein zwischen Bayern und Frankreich. Beliebt für Feiern.

Kleinhesselohe 3
+49 89 3816130
kuffler.de
Fisch • klassisch • am Wasser

Essen:	**42** | 50
Service:	**18** | 20
Weinkarte:	**17** | 20
Ambiente:	**8** | 10
Gesamt:	85 | 100

Showroom 81669 München

Dominik Käppeler kreiert Menüs im Einklang mit den Jahreszeiten und der Region – etwa Entenbrust mit Brioche, Mandarine, Walnuss, Sellerie und Schokolade. Dazu Weine aus dem Libanon und Armenien.

Lilienstraße 6
+49 89 44429082
showroom-restaurant.de
Fine Dining • mediterran • elegant • modern

Essen:	**45** | 50
Service:	**18** | 20
Weinkarte:	**18** | 20
Ambiente:	**9** | 10
Gesamt:	90 | 100

Sollner Hof

81479 München

Warum nicht das Bekannte mit etwas anderem Bekannten mischen und daraus eine Überraschung zaubern? Das gelingt hier mit dem Lachstatar an frischem Limettensauerrahm auf einem Reiberdatschi.

Herterichstraße 63–65
+49 89 74982910
sollnerhof.de
Gasthaus • traditionell • Gastgarten

Essen:	43	50
Service:	17	20
Weinkarte:	16	20
Ambiente:	7	10
Gesamt:	83	100

Sparkling Bistro

80799 München

Kulinarisch zwischen Österreich und Frankreich: Mittags und abends gibt es sowohl feine Menüs als auch Bistroklassiker. Es lohnt sich ein Blick auf die erlesene Champagner- und Weinauswahl.

Amalienstraße 89
+49 89 46138267
bistro-muenchen.de
modern • gemütlich • nachhaltig • unkonventionell

Essen:	46	50
Service:	18	20
Weinkarte:	19	20
Ambiente:	8	10
Gesamt:	91	100

Spatenhaus an der Oper

80333 München

Während es im Erdgeschoss des Spatenhauses mit Wurstküche und knusprigem Schweinsbraten sehr traditionell zugeht, wird im Obergeschoss auch Feineres wie Störfilet oder getrüffeltes Carpaccio aufgetischt.

Residenzstraße 12
+49 89 290706
kuffler.de
Gasthaus • deutsche Küche • Biervielfalt • gemütlich

Essen:	43	50
Service:	17	20
Weinkarte:	18	20
Ambiente:	8	10
Gesamt:	86	100

Tantris

80805 München

Der Geburtsort des deutschen Küchenwunders war immer schon eine Referenz an die französische Haute Cuisine. Heute serviert Ben Chmura eine zeitgemäße Hochküche, wie man sie auch in Paris finden könnte.

Johann-Fichte-Straße 7
+49 89 3619590
tantris.de
Fine Dining • nachhaltig • elegant

Essen:	48	50
Service:	19	20
Weinkarte:	20	20
Ambiente:	10	10
Gesamt:	97	100

Tantris DNA

80805 München

Ein Liebling in München und von Fans hochwertiger, klassisch französischer Küche: Austern, Froschschenkel oder Crêpes Suzette – alles schmeckt herrlich und klar. Auch die Weinkarte ist ein Hit!

Johann-Fichte-Straße 7
+49 89 3619590
tantris.de
Fine Dining • französisch • elegant

Essen:	48	50
Service:	19	20
Weinkarte:	20	20
Ambiente:	9	10
Gesamt:	96	100

The Cloud

80809 München

Aus dem EssZimmer wurde The Cloud. Küchenchef Jens Madsen lädt im ansprechenden Ambiente mit seiner global ausgerichteten Küche zu einer aromatischen kulinarischen Weltreise ein.

Am Olympiapark 1
+49 89 358991815
thecloud.restaurant
Fine Dining • Crossover-Küche • elegant

Essen:	**46** I 50
Service:	**19** I 20
Weinkarte:	**20** I 20
Ambiente:	**9** I 10
Gesamt:	94 I 100

The Louis Grillroom

80331 München

Der schönste Platz der Welt ist der Viktualienmarkt. Besonders, wenn man satt gegessen vom geschmorten Pulpo des Louis Grillroom über ihn spaziert und an den herrlichen Wein denkt, den sie ausschenken.

Viktualienmarkt 6
+49 89 4111908111
thelouisgrillroom.com
Hotelrestaurant • Steak • modern

Essen:	**43** I 50
Service:	**18** I 20
Weinkarte:	**18** I 20
Ambiente:	**8** I 10
Gesamt:	87 I 100

Tohru

80331 München

Im denkmalgeschützten Haus bietet Tohru Nakamura europäische Spitzenküche mit japanischen Einflüssen in zehn Gängen. Junges Team, stylishes Ambiente mit alten Fensterfronten und warmen Lichtakzenten.

Burgstraße 5
+49 89 21529172
schreiberei-muc.de
Fine Dining • japanisch • modern

Essen:	**50** I 50
Service:	**20** I 20
Weinkarte:	**19** I 20
Ambiente:	**10** I 10
Gesamt:	99 I 100

Trichards

80538 München

Das Küchenteam kreiert Klassiker wie Coq au Vin, saisonale Kreationen wie Erbsensuppe mit Parmaschinken-Chips und vor allem außergewöhnliche Menüs, die man als Gruppe selbst zusammenstellen kann.

Reitmorstraße 21
+49 89 54843526
trichards.de
Bistro • französisch • italienisch • elegant

Essen:	**42** I 50
Service:	**17** I 20
Weinkarte:	**18** I 20
Ambiente:	**8** I 10
Gesamt:	85 I 100

Vinaiolo

81667 München

Der Efeu klettert die Wand hoch und einem selbst läuft ein Schauer den Rücken runter, weil man sich vorkommt wie im Traum, während man die Tagliatelle mit Pfifferlingen kostet – und dazu ein schönes Glas Vino!

Steinstraße 42
+49 89 48950356
vinaiolo.de
italienisch • traditionell • Vinothek

Essen:	**43** I 50
Service:	**18** I 20
Weinkarte:	**17** I 20
Ambiente:	**8** I 10
Gesamt:	86 I 100

Vinothek by Geisel

80335 München

Eine gute Möglichkeit, wenn man in der Nähe des Hauptbahnhofs einkehren möchte. Bewährte Klassiker wie San Daniele mit Mozzarella oder hausgebeizter Lachs mit Reiberdatschi, tolle Pasta- oder Fleischgerichte.

Schützenstraße 11
+49 89 551377140
geisel-privathotels.de
Hotelrestaurant • Gewölbe • urig

Essen:	**43** I 50
Service:	**18** I 20
Weinkarte:	**19** I 20
Ambiente:	**8** I 10
Gesamt:	88 I 100

Waltz

80469 München

Ein wunderbares Gasthaus mitten im Glockenbachviertel, das für österreichische Lässigkeit mit modernem Touch steht. Junges Team, naturnahe Weine, hohe Produktqualität – und mittlerweile ein beliebter Hotspot.

Ickstattstraße 13
+49 89 90429847
waltz-gasthaus.de
Gasthaus • österreichische Küche • modern

Essen:	**43** I 50
Service:	**19** I 20
Weinkarte:	**20** I 20
Ambiente:	**8** I 10
Gesamt:	90 I 100

Weisses Bräuhaus

80331 München

Eines der wenigen urigen Wirtshäuser in München, in denen noch traditionelle Innereienküche angeboten wird – es lohnt sich, auf den tagesaktuellen Tafeln über der Schenke danach Ausschau zu halten!

Tal 7
+49 89 2901380
schneider-brauhaus.de
Brauerei • eigene Fleischerei • urig

Essen:	**42** I 50
Service:	**17** I 20
Weinkarte:	**15** I 20
Ambiente:	**7** I 10
Gesamt:	81 I 100

Werneckhof Sigi Schelling

80802 München

Handverlesene Zutaten von regionalen Produzenten prägen die Menüs mit Klassikern wie Entenleberterrine, Lammrücken und Topfensoufflé. Sigi Schelling setzt den natürlichen Geschmack gekonnt in Szene.

Werneckstraße 11
+49 89 244189190
werneckhof-schelling.de
regionale Produkte • elegant • Geschäftsessen

Essen:	46 | 50
Service:	19 | 20
Weinkarte:	18 | 20
Ambiente:	9 | 10
Gesamt:	92 | 100

Xaver's

80469 München

Wer in München außerhalb der Wiesn-Zeit seine Tracht ausführen möchte, tut das hier. Denn hier leben die drei Geschwister, die den Laden schmeißen, die Tradition klassischer Küche – im besten Sinne!

Rumfordstraße 35
+49 89 64193450
xaver-s.de
Gasthaus • deutsche Küche • modern

Essen:	42 | 50
Service:	17 | 20
Weinkarte:	17 | 20
Ambiente:	8 | 10
Gesamt:	84 | 100

Zauberberg

80636 München

Hier muss man nicht wählen, sondern kann einfach nur genießen. Fünf- oder Sechs-Gänge-Menü, dazu passende Weinbegleitung. Dienstag bis Donnerstag sind auch drei Gänge möglich. Moderne Küche, herzlicher Service!

Hedwigstraße 14
+49 89 18999178
restaurant-zauberberg.de
Allrounder • gemütlich • modern

Essen:	43 | 50
Service:	18 | 20
Weinkarte:	17 | 20
Ambiente:	8 | 10
Gesamt:	86 | 100

Zum Alten Markt

80331 München

Die Wirtinnen wollen Lebenslust transportieren – und das gelingt bestens im schönen, hinter dem Viktualienmarkt versteckten Lokal. Auf den Tisch kommen Seelenschmeichler aus besten bayerischen Zutaten.

Dreifaltigkeitsplatz 3
+49 89 299995
zumaltenmarkt.de
deutsche Küche • entspannt • regionale Produkte

Essen:	42 | 50
Service:	18 | 20
Weinkarte:	18 | 20
Ambiente:	8 | 10
Gesamt:	86 | 100

Zwickl

80331 München

Das Zwickl versteckt sich gleich hinter dem Viktualienmarkt und serviert diverse Pflanzerl-Varianten. Mitnichten ist nur Fleisch die Grundlage – auch Rote Bete oder Spinat schmecken zünftig-lecker.

Dreifaltigkeitsplatz 2
+49 89 46228833
zwickl-muenchen.de
regionale Küche • traditionell • Biervielfalt

Essen:	42 | 50
Service:	17 | 20
Weinkarte:	15 | 20
Ambiente:	7 | 10
Gesamt:	81 | 100

Zum Fischmeister

82541 Münsing

Seit Amédeé Till das Traditionswirtshaus in Ambach übernommen hat, weht hier zwar noch immer derselbe Starnberger Fischduft durch den Raum, »bloß a weng frischer«. Ein Besuch lohnt sich immer.

Seeuferstraße 31
+49 8177 533
zumfischmeister.com
Gasthaus • klassisch • Gastgarten

Essen:	43 I 50
Service:	18 I 20
Weinkarte:	17 I 20
Ambiente:	7 I 10
Gesamt:	85 I 100

Foto: Room Numbers – Tiberio Sorvillo – Luca Guadagnini

Alpenhof

82418 Murnau

Mit Blick auf die Alpen kreiert Küchenchef Claus Gromotka Gerichte, die saisonale und überraschende Zutaten vereinen. Zur Abrundung des Menüs empfiehlt Sommelier Domenico Durante den richtigen Wein.

Ramsachstraße 8
+49 8841 4910
alpenhof-murnau.com
Vinothek • Essen mit Aussicht • Gastgarten

Essen:	42 I 50
Service:	18 I 20
Weinkarte:	19 I 20
Ambiente:	8 I 10
Gesamt:	87 I 100

Stephans Stuben

89231 Neu-Ulm

Küchenchef Marco Langer möchte mit seinem alle zwei Monate wechselnden Menü überraschen und durch die familiäre Atmosphäre im Restaurant dafür sorgen, dass sich jeder Gast wie ein Freund fühlt.

Bahnhofstraße 65
+49 173 7082023
stephansstuben.com
Fine Dining • Geschäftsessen • gemütlich

Essen:	45 I 50
Service:	19 I 20
Weinkarte:	18 I 20
Ambiente:	8 I 10
Gesamt:	90 I 100

Auers Schlosswirtschaft

83115 Neubeuern

Unter dem Credo von Frische, Regionalität und Handwerk machen Astrid Hilse und ihr Team jeden Besuch zu einem kulinarischen Erlebnis – im Winter vor dem Kamin, im Sommer unter Kastanienbäumen.

Rosenheimer Straße 8
+49 8035 2669
auers-schlosswirtschaft.de
regionale Produkte • Gastgarten • gemütlich

Essen:	43 I 50
Service:	17 I 20
Weinkarte:	16 I 20
Ambiente:	8 I 10
Gesamt:	84 I 100

Klosterbräu 1719

86633 Neuburg

Authentische bayerische Küche: Mitten im Altmühltal werden in Otto Böhms Küche die unterschiedlichsten Gerichte und Menüs kreiert – mit Fokus auf Fisch, Traditionelles, Vegetarisches oder Saison.

Kirchplatz 1
+49 8431 67750
zum-klosterbraeu.de
Hotelrestaurant • eigener Kräutergarten • traditionell

Essen:	**43** | 50
Service:	**18** | 20
Weinkarte:	**17** | 20
Ambiente:	**8** | 10
Gesamt:	86 | 100

Eisvogel

92431 Neunburg vorm Wald

Die hochgelobten Kreationen von Sebastian Obendorfer überraschen mit geschmacklichen Details wie geeister Olive, Ensembles wie Lachs und Auster und asiatischen Einflüssen sowie Zutaten.

Hofenstetten 55
+49 9439 9500
der-birkenhof.de
Fine Dining • Essen mit Aussicht • nachhaltig

Essen:	**48** | 50
Service:	**20** | 20
Weinkarte:	**19** | 20
Ambiente:	**9** | 10
Gesamt:	96 | 100

Turmstube

92431 Neunburg vorm Wald

In modernem Landhaus-Chic-Ambiente lässt sich die gutbürgerliche Küche bestens genießen. Die Inspiration reicht von Asien bis zum Mittelmeer, die Gerichte von Kalbstatar bis Cannelloni mit Spinatcreme.

Hofenstetten 55
+49 9439 9500
der-birkenhof.de
Gasthaus • regionale Küche • traditionell

Essen:	**43** | 50
Service:	**18** | 20
Weinkarte:	**18** | 20
Ambiente:	**8** | 10
Gesamt:	87 | 100

Kuhlemann

92660 Neustadt an der Waldnaab

Regionale Kulturküche, bodenständig und kreativ. Mit unaufgeregten Kombinationen wie Lachsforelle mit Tomate und Rind mit Sommerbeeren überzeugt man die Gäste immer wieder. Dazu Weine aus der ganzen Welt.

Freyung 39
+49 9602 941872
restaurant-kuhlemann.de
Casual Dining • deutsche Küche • regionale Produkte

Essen:	**44** | 50
Service:	**18** | 20
Weinkarte:	**17** | 20
Ambiente:	**8** | 10
Gesamt:	87 | 100

Buchner Welchenberg 1658

94559 Niederwinkling

Mit seiner Mischung aus Alt und Neu möchte Chef de Cuisine Mathias Achatz einen Ort schaffen, an dem man das Leben und Essen genießt. Es gibt feine Gerichte aus frischen, saisonalen Zutaten.

Freymannstraße 15
+49 9962 730
buchner-welchenberg.de
Hotelrestaurant • Familienbetrieb • modern

Essen:	**45** | 50
Service:	**19** | 20
Weinkarte:	**18** | 20
Ambiente:	**8** | 10
Gesamt:	90 | 100

Haus am See

88149 Nonnenhorn

Direkt am Bodensee verbinden Valentin und Vater Hans-Peter Knörle ihre Leidenschaft mit Können in der Küche – im Drei- oder Vier-Gänge-Menü oder à la carte gibt es das Beste aus der heimischen Natur.

Uferstraße 23
+49 8382 988510
hausamsee-nonnenhorn.de
deutsche Küche • regionale Produkte • gemütlich

Essen:	**43** | 50
Service:	**18** | 20
Weinkarte:	**17** | 20
Ambiente:	**8** | 10
Gesamt:	86 | 100

Torkel

88149 Nonnenhorn

Küchenmeister Alexander Stoppel kocht regional und naturbelassen – damit setzt er die Basis für höchsten Genuss. Ergänzt wird dieser durch den beachtlichen Weinkeller von Sommelier Bernhard Köberle.

Seehalde 14
+49 8382 98620
hotel-torkel.de
Fine Dining • regionale Produkte • modern

Essen:	**43** | 50
Service:	**18** | 20
Weinkarte:	**18** | 20
Ambiente:	**8** | 10
Gesamt:	87 | 100

Meyers Keller

86720 Nördlingen

In der Küche trifft regionale Vielfalt auf Tradition, in der Stube sollen durch das Teilen von Klassikern wie Wiener Schnitzel und Kalbsbries einzigartige Genussmomente komponiert werden.

Marienhöhe 8
+49 9081 4493
jockl-kaiser.de
regionale Produkte • Gastgarten • Delikatessenverkauf

Essen:	**46** | 50
Service:	**19** | 20
Weinkarte:	**18** | 20
Ambiente:	**8** | 10
Gesamt:	91 | 100

1515 Rhinocerus

90419 Nürnberg

»Brazilian Fine Dining« seit mittlerweile fast zehn Jahren! Eines der Gerichte von Vivian Zabold heißt »Farofa. Picanha. Guave.« und bringt die Maniokwurzel ihrer Heimat zum Schweben. Traumreise garantiert.

Rohledererstraße 1
+49 911 30728542
1515rhinocerus.de
Fine Dining • brasilianisch • modern

Essen:	**43** / 50
Service:	**18** / 20
Weinkarte:	**17** / 20
Ambiente:	**8** / 10
Gesamt:	86 / 100

Einzimmer Küche Bar

90403 Nürnberg

»Come as you are« im 35 Quadratmeter kleinen Lokal. Vom Wein kann man sich dabei so viel (oder so wenig) einschenken, wie man möchte. Auch die Kunst der Menüführung beherrscht Gastgeber Tim Kohler vortrefflich.

Schustergasse 10
+49 911 66463875
einzimmerkuechebar.de
deutsche Küche • unkonventionell • elegant

Essen:	**43** / 50
Service:	**18** / 20
Weinkarte:	**18** / 20
Ambiente:	**8** / 10
Gesamt:	87 / 100

Entenstuben

90489 Nürnberg

»No Dresscode« ist das Motto – Fine Dining geht auch ohne Schlips und Kragen. Jede Saison hat hier ihr raffiniertes Menü. Topgeschenk für ganz Liebe: ein Tag als »Sternekoch« mit Blick hinter die Kulissen.

Schranke 9
+49 911 5209128
entenstuben.de
Fine Dining • regionale Produkte • elegant

Essen:	**45** / 50
Service:	**19** / 20
Weinkarte:	**19** / 20
Ambiente:	**8** / 10
Gesamt:	91 / 100

Essigbrätlein

90403 Nürnberg

Die Restaurantlegende von Andree Köthe und Yves Ollech geht ohne jegliche Alterungstöne in die nächste Runde. Gemüse in ureigener Interpretation steht im Vordergrund. Das ruft nach Weißweinen wie Luckerts Creutz!

Weinmarkt 3
+49 911 225131
essigbraetlein.de
Fine Dining • regionale Produkte • unkonventionell

Essen:	**49** / 50
Service:	**19** / 20
Weinkarte:	**20** / 20
Ambiente:	**8** / 10
Gesamt:	96 / 100

etz

90419 Nürnberg

Wer ins etz geht, tut das bewusst. Aufgeteilt in sieben (!) Jahreszeiten, wechselt das Menü mit seinen zahlreichen Gängen wöchentlich. Ob frisch gepflückt, fermentiert oder lange gereift, das Stichwort ist Wertschätzung.

Wiesentalstraße 40
+49 911 47712809
etzrestaurant.de
regionale Produkte • nachhaltig • modern

P

Essen:	**48** / 50
Service:	**19** / 20
Weinkarte:	**19** / 20
Ambiente:	**9** / 10
Gesamt:	95 / 100

globo

90403 Nürnberg

Beim globo ist der Name Programm. Die Gerichte mit ihren Zutaten aus aller Welt sind zum Teilen gedacht. Da treffen Anelli auf Zitronen-Wasabi-Sauce und fränkische Bratwurst auf karamellisierte Pistazien.

Theresienplatz 1	Essen: **42** | 50
+49 911 86042494	Service: **17** | 20
globorestaurant.de	Weinkarte: **17** | 20
Gasthaus • Sharing Menu • nachhaltig	Ambiente: **8** | 10
	Gesamt: 84 | 100

Foto: Nils Hasenau

Imperial

90402 Nürnberg

In der hohen Aula lässt sich Michi Seitz beim Kochen über die Schulter schauen. Was es da zu sehen gibt? Steak und Lobster auf der Plancha zum Beispiel, Kaviar-Pizza, Bubble-Brunches – immer neue Ideen!

Königstraße 70	Essen: **44** | 50
+49 911 24029955	Service: **19** | 20
ah-imperial.de	Weinkarte: **18** | 20
Fine Dining • elegant • unkonventionell	Ambiente: **8** | 10
	Gesamt: 89 | 100

Itaefong

90443 Nürnberg

Itaefong, das sind zwei Drittel Seoul und ein Drittel Hongkong – ein vietnamesischer Kaffee geht immer. Absoluter Klassiker: Japchae, gebratene Glasnudeln aus Süßkartoffeln. Und nie die Cocktails auslassen!

Zeltnerstraße 19	Essen: **42** | 50
+49 911 20299395	Service: **18** | 20
itaefong.de	Weinkarte: **16** | 20
Casual Dining • asiatisch • Fisch	Ambiente: **8** | 10
P	Gesamt: 84 | 100

IU & ON

90419 Nürnberg

Seit über 50 Jahren verfeinerte thailändische Küche in Nürnberg – mehr Pioniertat geht nicht! Iu und On sind allerdings absolut im Hier und Jetzt. Beweis: das rote »Dschungel-Curry« mit Krachai-Wurzeln.

Roritzerstraße 10	Essen: **43** | 50
+49 911 336767	Service: **18** | 20
thai-restaurant-nuernberg.de	Weinkarte: **16** | 20
Familienbetrieb • Thai • modern	Ambiente: **7** | 10
	Gesamt: 84 | 100

Jøwåy

90403 Nürnberg

Johannes Hannweg kreiert seine feinen Menüs – zum Beispiel mit Enten-consomée-Ravioli oder Thunfisch-Sesam-Frisée – rund um Lebensmittel aus der fränkischen Umgebung oder auch mit Einflüssen aus aller Welt.

Hutergasse 1
+49 1523 8415112
joway.de
regionale Produkte • gehoben • gemütlich

Essen:	**44**	50
Service:	**19**	20
Weinkarte:	**17**	20
Ambiente:	**8**	10
Gesamt:	88	100

Kakehashi

90419 Nürnberg

»Die Freude zu vertrauen«, so beschreibt Koichiro Yoshida das Prinzip der Kappo-Küche. Mehrere Gänge, die raffinierte Schlichtheit bester, ultrafrischer Zutaten und alles harmonisch abgestimmt. Man geht beseelt.

Johannisstraße 108
+49 911 37757050
kakehashi.fish
japanisch • Sushi • traditionell

Essen:	**44**	50
Service:	**18**	20
Weinkarte:	**17**	20
Ambiente:	**7**	10
Gesamt:	86	100

Koch und Kellner

90429 Nürnberg

Feines in fröhlicher Bistrot-Atmosphäre – ein schlichtes, aber wirkungsvolles Konzept. Zur rauchigen Bresse-Taubenbrust mit Spitzkohl findet »Kellner« Frank Mackert aus 500 Etiketten stets etwas Passendes!

Obere Seitenstraße 4
+49 911 266166
kochundkellner.de
traditionell • regionale Produkte • Geschäftsessen

P

Essen:	**44**	50
Service:	**19**	20
Weinkarte:	**19**	20
Ambiente:	**7**	10
Gesamt:	89	100

Minneci

90402 Nürnberg

Das Minneci ist nicht einfach ein Italiener. Die gehobenen Kreationen drücken feinste italienische Lebensart aus. Lachs-Schwertfisch-Carpaccio, Ravioli mit Waldpilzen, Seeteufel oder Reh: alles ein Genuss!

Zirkelschmiedsgasse 28
+49 911 209655
minneci-ristorante.de
Gasthaus • italienisch • Gewölbe

Essen:	**44**	50
Service:	**18**	20
Weinkarte:	**17**	20
Ambiente:	**8**	10
Gesamt:	87	100

NITZ

90403 Nürnberg

Auf Nürnbergs schönster Insel gelegen, sorgt das Nitz für französisches Flair. Hier werden Klassiker wie Bouillabaisse oder Coq au Vin raffiniert interpretiert. Dazu Weine von Franken bis Armand Rousseau.

Augustinerhof 1
+49 911 376766270
brasserie-nitz.de
französisch • klassisch • entspannt

Essen:	**41**	50
Service:	**18**	20
Weinkarte:	**19**	20
Ambiente:	**8**	10
Gesamt:	86	100

Opatija

90403 Nürnberg

Die Verbindung von Tradition und Moderne schmeckt am Nürnberger Unschlittplatz nach Bouillabaisse und Tatar, nach Krauser Glucke, Austern – oder klassisch nach Cevapcici mit Balkangemüse und Tomatenreis.

Unschlittplatz 7
+49 911 227196
opatija-restaurant.de
Crossover-Küche • saisonal • entspannt

Essen:	42 | 50
Service:	18 | 20
Weinkarte:	17 | 20
Ambiente:	8 | 10
Gesamt:	85 | 100

Sebald

90403 Nürnberg

Das Sebald ist eine der (vielen) angesagten Gastronomien der Stadt. Ohne Schnörkel kommen zeitgemäß interpretierte Bistroklassiker auf den Tisch. Und auch auf der Weinkarte wird man schnell fündig.

Weinmarkt 14
+49 911 98333030
sebald-speiselokal.com
regionale Produkte • saisonal • klassisch

Essen:	42 | 50
Service:	17 | 20
Weinkarte:	17 | 20
Ambiente:	8 | 10
Gesamt:	84 | 100

Steichele

90402 Nürnberg

Jährlinge und Schmalrehe – für die Wildgerichte auf der Saisonkarte des traditionell eingerichteten Lokals sorgt Chef Bernhard Steichele höchstpersönlich. Die fränkischen Apfelküchle runden dabei alles ab.

Knorrstraße 2–8
+49 911 202280
steichele.de
traditionell • Vinothek • urig

Essen:	42 | 50
Service:	17 | 20
Weinkarte:	18 | 20
Ambiente:	8 | 10
Gesamt:	85 | 100

Tisane

90403 Nürnberg

Das Tisane ist Fine Dining auf kommunikative Art. Wenn René Stein als Lieblings-»Drink« einen Beef Tea aus Dry-Aged-Bones nennt, freut man sich doch schon auf Überraschendes aus der offenen Küche.

Augustinerhof 1
+49 911 376766276
restaurant-tisane.de
Fine Dining • modern • Cocktails • unkonventionell

Essen:	47 | 50
Service:	18 | 20
Weinkarte:	18 | 20
Ambiente:	9 | 10
Gesamt:	92 | 100

UnvergESSlich

90427 Nürnberg

Das UnvergESSlich will geschmackliche Erinnerungen schaffen und fränkische Tradition mit internationalen Aromen verbinden – und das beginnt bei den Lebensmitteln aus den reichen Böden der schönen Region.

Steinacher Straße 6
+49 911 93020
schindlerhof.de
Hotelrestaurant • regionale Produkte • Terrasse

Essen:	43 | 50
Service:	19 | 20
Weinkarte:	17 | 20
Ambiente:	8 | 10
Gesamt:	87 | 100

Veles

90429 Nürnberg

Veles und das Knoblauchsland, das ist ein Gourmetrestaurant und sein großer Garten. Ob Rote Bete, Kürbis, Spargel oder Liebstöckel, Vadim Karasev arbeitet ebenso regional wie kreativ. Immer ein Vergnügen!

Kernstraße 29
+49 911 5985385
veles-restaurant.de
Fine Dining • mediterran • elegant • regionale Produkte

Essen:	**46** | 50
Service:	**18** | 20
Weinkarte:	**18** | 20
Ambiente:	**8** | 10
Gesamt:	**90** | 100

Waidwerk

90431 Nürnberg

Im schicken Waidwerk steht Chef Valentin Rottner selbst am Abzug. Reh und Blaubeeren aus dem Wald treffen so auf Petersilienwurzel und Rote Bete aus dem Garten. Tipp: das dreigängige Überraschungsmenü.

Winterstraße 15
+49 911 612032
waidwerk-restaurant.de
Gasthaus • regionale Küche • traditionell

Essen:	**45** | 50
Service:	**19** | 20
Weinkarte:	**18** | 20
Ambiente:	**9** | 10
Gesamt:	**91** | 100

Weinklang

90419 Nürnberg

Ein omnivores und ein vegetarisches Menü, dazu Gerichte à la carte – Tomas Spanu bietet im chic-gemütlichen Weinklang die ganze Palette. Sardisch Inspiriertes wie Salbei-Malfatti begleitet Rind wie Aubergine.

Johannisstraße 130
+49 911 91947480
weinklang.co
mediterran • modern • entspannt

Essen:	**43** | 50
Service:	**18** | 20
Weinkarte:	**17** | 20
Ambiente:	**8** | 10
Gesamt:	**86** | 100

Wonka

90419 Nürnberg

Claudia und Christian Wonka sind zwar seit über 20 Jahren hier aktiv, sorgen aber immer noch für Überraschungen. Zu Loup de mer, Kimchi und Umeboshi schmeckt ein gereifter Veltliner vom Nikolaihof.

Johannisstraße 38
+49 911 396215
restaurant-wonka.de
vegan • regionale Produkte • Terrasse • modern

Essen:	**45** | 50
Service:	**19** | 20
Weinkarte:	**18** | 20
Ambiente:	**9** | 10
Gesamt:	**91** | 100

Würzhaus

90419 Nürnberg

Nicht genug gelobt werden kann Diana Burkel für den dreigängigen, wöchentlich wechselnden Mittagstisch. Bleibt man da eher bürgerlich, kommen abends Gerichte wie Meeräsche mit grünem Curry auf den Tisch.

Kirchenweg 3a	Essen: **43** I 50
+49 911 9373455	Service: **18** I 20
wuerzhaus.info	Weinkarte: **17** I 20
Fine Dining • deutsche Küche • bio	Ambiente: **8** I 10
	Gesamt: 86 I 100

Zirbelstube

90455 Nürnberg

Gemütlichkeit am alten Kanal, fernab vom Großstadttrubel. Bei Zweierlei vom heimischen Reh kann man vom Waldspaziergang, bei gebratenem Oktopus mit Orangen-Pfeffer-Schaum vom letzten Urlaub träumen.

Friedrich-Overbeck-Straße 1	Essen: **43** I 50
+49 911 99882	Service: **17** I 20
zirbelstube.com	Weinkarte: **17** I 20
Gasthaus • traditionell • Gastgarten	Ambiente: **8** I 10
P	Gesamt: 85 I 100

Zum Gulden Stern

90402 Nürnberg

Wer in der Stube des Gulden Sterns Platz genommen hat, kommt kaum umhin, sich die »Original Nürnberger Röstla« zu bestellen. Bis dahin knistert das Buchenholzfeuer und die frisch gekochten Suppen wärmen.

Zirkelschmiedgasse 26	Essen: **42** I 50
+49 911 2059288	Service: **17** I 20
bratwurstkueche.de	Weinkarte: **16** I 20
Gasthaus • Hausmannskost • regionale Produkte	Ambiente: **7** I 10
	Gesamt: 82 I 100

ZweiSinn

90491 Nürnberg

In modern-hellem Ambiente bieten Stefan Meier und sein Team kreative Gourmetreisen. Beispiel: Gamba Blanca wird mit Shiso und XO-Sauce serviert. Für Freude sorgen auch eigens »gemischte« alkoholfreie Drinks.

Äußere Sulzbacher Straße 118	Essen: **46** I 50
+49 911 92300823	Service: **19** I 20
meierszweisinn.de	Weinkarte: **18** I 20
Fine Dining • französisch • mediterran	Ambiente: **8** I 10
P	Gesamt: 91 I 100

Bernhard's

83080 Oberaudorf

Eine kulinarische Zusammenkunft aus regionalen Klassikern und Spezialitäten der Schweizer Küche. Die Speisekarte bietet eine breit gefächerte Auswahl – von Brezenknödel-Carpaccio bis »Züri Gschnätzlets«.

Marienplatz 2
+49 8033 30570
bernhards.biz
Gasthaus • Familienbetrieb • gemütlich

Essen:	42 | 50
Service:	17 | 20
Weinkarte:	16 | 20
Ambiente:	8 | 10
Gesamt:	83 | 100

Forellenhof

97516 Oberschwarzach

Der Name trügt nicht: Hier im Handthal stehen frische Forellen aus dem Hausbassin natürlich ganz oben auf der Karte. Auch Wildgerichte und Vegetarisches schmecken! Weine vom familieneigenen Weingut.

Handthal 28
+49 9382 5467
forellenhof-handthal.de
Fisch • saisonal • entspannt

Essen:	42 | 50
Service:	18 | 20
Weinkarte:	17 | 20
Ambiente:	8 | 10
Gesamt:	85 | 100

Esslust

87534 Oberstaufen

In gemütlichen Stuben erwartet die Gäste eine Kombination aus Soulfood und Fine Dining: feine Allgäuer Gerichte, eine sorgfältig kuratierte Weinkarte und Highlights wie den Schnitzel-Montag mit Magnumwein.

Kalzhofer Straße 25
+49 8386 93450
hotel-alpenkoenig.de
Gasthaus • nachhaltig • am Berg

Essen:	43 | 50
Service:	17 | 20
Weinkarte:	18 | 20
Ambiente:	8 | 10
Gesamt:	86 | 100

Alpe Dornach

87561 Oberstdorf

Was passt besser zusammen als Bergpanorama und Alpinküche? Moderne und regionale Kreationen wie Weiße Rettichschaumsuppe mit Kohlrabi-Wan-Tan und Zitronen-Kaiserschmarren begeistern die Gäste.

Sesselweg 16
+49 8322 6630
alpe-dornach.de
Gasthaus • deutsche Küche • regionale Produkte • am Berg

Essen:	43 | 50
Service:	19 | 20
Weinkarte:	18 | 20
Ambiente:	8 | 10
Gesamt:	88 | 100

Das Fetzwerk

87561 Oberstdorf

Die Speisekarte beeindruckt mit kreativen (Wort-)Kreationen und die Auswahl mit einer Kombination aus Exotischem und Heimischem. Es geht heiter zu – nicht nur aktuelle Food-Trends machen gute Laune.

Freibergstraße 21
+49 8322 96780
das-fetzwerk.de
Bistro • am Berg • gemütlich

Essen:	42 | 50
Service:	17 | 20
Weinkarte:	16 | 20
Ambiente:	8 | 10
Gesamt:	83 | 100

Das Maxi

87561 Oberstdorf

Französisch, mediterran und regional: Darauf basieren die kreativen Gerichte der täglich wechselnden Karte – vom Eintopf aus Krustentieren und Edelfischen bis zur Kalbsbacke mit Gnocchi à la Parisienne.

Freibergstraße 21
+49 8322 96780
das-maxi.de
Fine Dining • gemütlich • Terrasse

Essen:	45	50
Service:	18	20
Weinkarte:	18	20
Ambiente:	8	10
Gesamt:	89	100

Ess Atelier Strauss

87561 Oberstdorf

Die Passion fürs Kochen und die Einflüsse der Jahreszeiten spiegeln sich in jedem Gericht wider. Beim »Alpinen Fine Dining« gibt es Oberstdorfer Hochgebirgsrehrücken und asiatisches Gewürzsüppchen.

Kirchstraße 1
+49 8322 80080
loewen-strauss.de
Fine Dining • regionale Produkte • elegant

Essen:	46	50
Service:	18	20
Weinkarte:	19	20
Ambiente:	8	10
Gesamt:	91	100

Jagdhaus

87561 Oberstdorf

Brutal lokal trifft auf Slow Food: Im denkmalgeschützten Jagdhaus wartet kulinarische Entschleunigung. Auf der Speisekarte stehen Gerichte wie Fischpflänzle und Wildragout aus heimischen Wäldern.

Ludwigstraße 13
+49 8322 987380
das-jagdhaus.de
Gastgarten • Wild • urig

Essen:	42	50
Service:	18	20
Weinkarte:	15	20
Ambiente:	8	10
Gesamt:	83	100

Löwen-Genusswirtschaft

87561 Oberstdorf

Lifestyle und Heimatverbundenheit gehen im Hotel Löwen & Strauss Hand in Hand. Die Genusswirtschaft serviert in legerem Ambiente alpine Küche und deftige Schmankerln – abgeschmeckt mit dem gewissen Pfiff.

Kirchstraße 1
+49 8322 800088
loewen-strauss.de
Hotelrestaurant • am Berg • Terrasse

Essen:	43	50
Service:	18	20
Weinkarte:	17	20
Ambiente:	8	10
Gesamt:	86	100

Ondersch

87561 Oberstdorf

Eine besondere Fine-Dining-Experience: Für den anspruchsvollen Gaumen werden saisonale Gerichte und besondere Kreationen serviert – immer frisch, immer wie ein kulinarisches Kunstwerk angeordnet.

Ludwigstraße 7
+49 8322 3004885
ondersch.de
nachhaltig • modern • entspannt

Essen:	43	50
Service:	17	20
Weinkarte:	17	20
Ambiente:	8	10
Gesamt:	85	100

Flockenwerk

97199 Ochsenfurt

Imposant wirkt die ehemalige Fabrik für Kartoffelflocken. Die Bundschuhs servieren dort Speisen mit Augenzwinkern: als Vorspeise die fantastische Entenpraline oder als Hauptgericht Burrata – mit Kartoffelflocken!

Floßhafenstraße 1
+49 9331 9840170
flockenwerk.com
Allrounder • Brunch • modern

Essen:	**43** | 50
Service:	**18** | 20
Weinkarte:	**17** | 20
Ambiente:	**8** | 10
Gesamt:	86 | 100

Weinhaus Dehner

97199 Ochsenfurt

In Ochsenfurt ist man mit seiner Verwurzelung der Weinkultur nah. Im Dehner kommt eine zeitgemäße Weinhaus-Küche zwischen Mittelmeer und Franken auf den Tisch, die auch Lust auf ein Glas Wein macht!

Hauptstraße 17
+49 9331 9807570
weinhaus-dehner.de
deutsche Küche • mediterran • klassisch

Essen:	**43** | 50
Service:	**18** | 20
Weinkarte:	**17** | 20
Ambiente:	**7** | 10
Gesamt:	85 | 100

freistil.

87527 Ofterschwang

Constantin Kiehne setzt im Allgäu auf regionale Saisonküche auf 800 Metern Höhe: Von »Vitello à la freistil« mit Rauchfisch und Aubergine bis zu vegetarischen Kompositionen entstehen moderne Menüs.

Schweineberg 20
+49 8321 3509
kiehnes-freistil.de
Hotelrestaurant • vegan • gemütlich

Essen:	**43** | 50
Service:	**17** | 20
Weinkarte:	**17** | 20
Ambiente:	**8** | 10
Gesamt:	85 | 100

Silberdistel

87527 Ofterschwang

Elegant-alpenländisch, natürlich und nachhaltig. Küchenchef Florian Wagenbach kredenzt Tournedos von der Allgäuer Färse und Entenleber – dazu ein Glas der hauseigenen Sonnenalp-Weinlinie.

Sonnenalp 1
+49 8321 272900
sonnenalp.de
Hotelrestaurant • Essen mit Aussicht • gemütlich

Essen:	**45** | 50
Service:	**18** | 20
Weinkarte:	**19** | 20
Ambiente:	**8** | 10
Gesamt:	90 | 100

Zur Sonne

91788 Pappenheim

Angeblich kennt man sie ja, seine Pappenheimer. Um aber zu wissen, wie ein Altmühltaler Lammstrudel zubereitet wird, wie Ananassalbei schmeckt oder der »Rosengarten«, muss man schon zu Familie Glück kommen.

Deisinger Straße 20
+49 9143 837837
sonne-pappenheim.de
Familienbetrieb • regionale Küche • Terrasse

Essen:	42	50
Service:	17	20
Weinkarte:	15	20
Ambiente:	8	10
Gesamt:	82	100

Hirschkönig

92331 Parsberg

Bayerisch-regionale Wurzeln, gepaart mit Wine und Fine Dining: Im Mittelpunkt stehen durchdachte, harmonische Geschmackserlebnisse und das perfekte Zusammenspiel von Essen und dem passenden Wein.

Marktstraße 1a
+49 9492 606333
restaurant-hirschkoenig.com
Hotelrestaurant • regionale Produkte • modern

Essen:	43	50
Service:	17	20
Weinkarte:	16	20
Ambiente:	9	10
Gesamt:	85	100

Il localino

94032 Passau

Ob ein ganzer Steinbutt oder hausgemachte Antipasti und frische Pasta, ans localino verliert jeder Italien-Fan sein Herz. Der kleine Laden versteckt sich in einer Seitengasse und ist stets gut gefüllt.

Rosengasse 4
+49 851 96665353
italienisch • urig • entspannt • Terrasse

Essen:	42	50
Service:	19	20
Weinkarte:	16	20
Ambiente:	7	10
Gesamt:	84	100

Marcel von Winckelmann

94036 Passau

Der Chef's Table in Hufeisenform ist das Zentrum des modern gestalteten Gastraums bei Chef Marcel von Winckelmann und auch die Gerichte sind außergewöhnlich, etwa Aji-Makrele mit Gurke und Andenbeere.

Hans-Hösl-Straße 3
+49 851 37930098
marcel-von-winckelmann.de
Chef's Table • saisonal • modern

Essen:	45	50
Service:	19	20
Weinkarte:	18	20
Ambiente:	8	10
Gesamt:	90	100

Weingut Passau

94032 Passau

Das Weingut versteht sich als Ort des Genusses. Aus der offenen Küche in der Vinothek kommen abwechslungsreiche Kleinigkeiten wie Beef Tatar, Tortelli mit Kürbiscreme oder Ceviche von der Wildfanggarnele.

Theresienstraße 28
+49 851 37930500
weingut-passau.de
Vinothek • mediterran • modern

Essen:	**41**	50
Service:	**18**	20
Weinkarte:	**17**	20
Ambiente:	**7**	10
Gesamt:	83	100

Jakob

94366 Perasdorf

Das Menü beginnt mit hausgebackenem Kartoffelbrot. Die weiteren Gänge bestehen aus Komponenten wie Entenleber-Variationen und Sorbet aus weißem Pfirsich. Gegessen wird in modern-gemütlichem Ambiente.

Haigrub 19
+49 9965 80014
genuss-jakob.de
Fine Dining • elegant • unkonventionell

Essen:	**45**	50
Service:	**19**	20
Weinkarte:	**18**	20
Ambiente:	**8**	10
Gesamt:	90	100

Blaue Burg | Pavo

87459 Pfronten

Im Allgäu schafft Küchenchef Simon Schlachter gemeinsame Genusserlebnisse, indem die Gäste die Speisen teilen. So kommen alle in den Genuss von Kombinationen wie Langustine, Fenchel, Mango und Safran.

Auf dem Falkenstein 1
+49 8363 914540
blaueburg.com
Fine Dining • Essen mit Aussicht • am Berg

Essen:	**46**	50
Service:	**18**	20
Weinkarte:	**18**	20
Ambiente:	**9**	10
Gesamt:	91	100

Blaue Burg | Restaurant 1250

87459 Pfronten

Die Blaue Burg auf 1250 Metern macht mit ihrer Lage den nahen Königsschlössern Konkurrenz. Das kulinarische Aushängeschild serviert den Geschmack des modernen Allgäus in kreativen Interpretationen.

Auf dem Falkenstein 1
+49 8363 914540
blaueburg.com
Hotelrestaurant • regionale Küche • modern

Essen:	**43**	50
Service:	**19**	20
Weinkarte:	**18**	20
Ambiente:	**8**	10
Gesamt:	88	100

Schlossanger Alp

87459 Pfronten

Wunderschön gelegen und liebevoll gepflegt, ist die Schlossanger Alp ein einzigartiges Refugium. In verschiedenen, gemütlichen Stuben gibt es ein Signature-Menü oder man ordert à la carte von klassisch bis international.

Am Schlossanger 1
+49 8363 914550
schlossanger.de
Hotelrestaurant • im Grünen • gemütlich

Essen:	**43**	50
Service:	**19**	20
Weinkarte:	**18**	20
Ambiente:	**8**	10
Gesamt:	88	100

Lohmayr Stub'n

83451 Piding

Das Beste aus aller Welt: Verfeinerte alpenländische Küche wird durch Einflüsse aus Österreich, französischer Klassik und Aromen des Fernen Ostens ergänzt. Eine Spezialität sind die kräftigen Saucen.

Salzburger Straße 13
+49 8651 714478
lohmayr.com
regionale Produkte • nachhaltig • Terrasse

Essen:	**42** I 50
Service:	**18** I 20
Weinkarte:	**17** I 20
Ambiente:	**8** I 10
Gesamt:	85 I 100

Meier

92367 Pilsach

Seit 1868 in Familienhand: In urigen Stuben mit oberpfälzischen Elementen verbindet das Wirtshaus traditionelle Handwerkskunst mit gelassener Atmosphäre und regionalen Zutaten vom eigenen Acker.

Hilzhofen 18
+49 9186 237
landgasthof-meier.de
Gasthaus • nachhaltig • eigener Kräutergarten

Essen:	**43** I 50
Service:	**17** I 20
Weinkarte:	**17** I 20
Ambiente:	**8** I 10
Gesamt:	85 I 100

Genussschmiede

92712 Pirk

Was vor 330 Jahren einst als Schmiede begann, verbindet heute in der Küche Tradition mit Moderne – mit selbst gebackenem Brot und Kreationen wie Ente mit Erdnuss, Romana und Pfirsich.

Rathausplatz 6
+49 961 48026600
genussschmiede-pirk.de
regionale Produkte • modern • Vinothek

Essen:	**43** I 50
Service:	**18** I 20
Weinkarte:	**18** I 20
Ambiente:	**7** I 10
Gesamt:	86 I 100

Zur Linde

91785 Pleinfeld

Zwischen Franken und Allgäu siedeln Gitti und Stefan Maurer ihre Kochwelt im ehemaligen Bauernhaus an. Seit Jahren der Renner: Zwiebelrostbraten mit intensiver Bratensauce und handgemachten Spätzle.

Spalter Straße 2
+49 9144 254
zur-linde-stirn.de
Gasthaus • Terrasse • urig

Essen:	**42** I 50
Service:	**18** I 20
Weinkarte:	**16** I 20
Ambiente:	**8** I 10
Gesamt:	84 I 100

Huberwirt

84568 Pleiskirchen

Trotz einer 400-jährigen Familiengeschichte richtet sich der kulinarische Blick in die Zukunft: Es gibt traditionelle Gerichte wie geschmorte Ente und Modernes wie Nockerl mit Hecht und Zander.

Hofmark 3
+49 8635 201
huber-wirt.de
Familienbetrieb • Fine Dining • gemütlich

Essen:	**45** I 50
Service:	**19** I 20
Weinkarte:	**19** I 20
Ambiente:	**8** I 10
Gesamt:	91 I 100

Ursprung

95355 Presseck

Oberfranken ist gebirgiger als manche denken. Alexander Schütz' berühmtes Gaaßleitenbrot führt direkt in die Bergwelt und begleitet Schaumsuppe vom Muskatkürbis ebenso wie die gebratene Bundmöhre.

Wartenfels 85
+49 9223 229
berghof-wartenfels.de
regionale Produkte • entspannt • klassisch

Essen:	**43** I 50
Service:	**17** I 20
Weinkarte:	**16** I 20
Ambiente:	**7** I 10
Gesamt:	83 I 100

Fischer am See

83209 Prien am Chiemsee

Auf einer der schönsten Terrassen am Chiemsee lassen sich hausgemachter Räucherfischaufstrich und Spezialitäten wie Garnelen-Pfanderl genießen. Bei dieser Ruhe steht der Geschmack im Mittelpunkt.

Harrasser Straße 145
+49 8051 90760
fischeramsee.de
Fisch • klassisch • gemütlich

Essen:	**43** I 50
Service:	**18** I 20
Weinkarte:	**17** I 20
Ambiente:	**7** I 10
Gesamt:	85 I 100

Reinhart

83209 Prien am Chiemsee

Die Nähe zum Chiemsee zeigt sich in der Speisekarte mit Gerichten wie Fischsuppe oder fangfrischer Forelle. So wird gekonnt traditionelle bayerische Küche mit mediterranen Highlights kombiniert.

Erlenweg 16
+49 8051 6940
reinhart-hotel.de
Hotelrestaurant • mediterran • im Grünen

Essen:	**43** I 50
Service:	**18** I 20
Weinkarte:	**17** I 20
Ambiente:	**8** I 10
Gesamt:	86 I 100

Wachter Foodbar

83209 Prien am Chiemsee

Dominik Wachter serviert in seiner Foodbar eine weltoffene Küche, überwiegend mit Erzeugnissen aus dem Chiemgau. Lachsforelle etwa oder Flat Iron vom Kalb gibt es als Teil von vier bis sechs Gängen zu genießen.

Bernauer Straße 31
+49 8051 966888
wachter-foodbar.de
Fine Dining • modern • regionale Produkte

Essen:	**45** I 50
Service:	**19** I 20
Weinkarte:	**18** I 20
Ambiente:	**8** I 10
Gesamt:	90 I 100

Alte Brennerei

82049 Pullach

Der große Anteil an Gemüse, selbst fermentierten Lebensmitteln und die Nähe zu regionalen Produzenten fällt gleich auf in den detailverliebten Gerichten von Sebastian Fasching. Menü in drei bis sieben Gängen.

Habenschadenstraße 4a
+49 89 54549674
altebrennereipullach.de
alpine Küche • gehoben • entspannt

Essen:	**44** I 50
Service:	**18** I 20
Weinkarte:	**17** I 20
Ambiente:	**8** I 10
Gesamt:	87 I 100

Hofmann

96181 Rauhenebrach

Bettina Hofmann leitet mit Umsicht die erste Adresse im Steigerwald. Sorbet von eigenen »Ringlos«, Winterpfifferlinge, Wildschweinsalami – der Wald hat alles zu bieten. Wer einmal hier war, kommt wieder!

Schindelsee 1
+49 9549 98760
schindelsee.de
Gasthaus • Wild • regionale Produkte

Essen:	**43** | 50
Service:	**17** | 20
Weinkarte:	**18** | 20
Ambiente:	**7** | 10
Gesamt:	85 | 100

Aska

93047 Regensburg

Sternekoch Anton Schmaus arbeitet Hand in Hand mit Sushimeister Atsushi Sugimoto und kreiert Menüs, die sich auf das Wesentliche konzentrieren. Auf nur zwölf Plätzen trifft die Oberpfalz auf Osaka.

Watmarkt 5
+49 941 59993000
aska.restaurant
japanisch • Sushi • elegant

Essen:	**46** | 50
Service:	**18** | 20
Weinkarte:	**18** | 20
Ambiente:	**9** | 10
Gesamt:	91 | 100

Foto: HANS-CHRISTIAN WAGNER

Bischofshof am Dom

93047 Regensburg

Direkt am Dom treffen bayerische Klassiker auf internationale Akzente. Auf der Speisekarte stehen Spinatknödel auf Mittelmeergemüse oder knusprige Schweinshaxe. Frische wird hier großgeschrieben.

Krauterermarkt 3
+49 941 5941010
hotel-bischofshof.de
Gasthaus • deutsche Küche • Meeresfrüchte • Gastgarten

Essen:	**42** | 50
Service:	**17** | 20
Weinkarte:	**16** | 20
Ambiente:	**8** | 10
Gesamt:	83 | 100

Kreutzer's

93055 Regensburg

Den Mittelpunkt in der denkmalgeschützten Lagerhalle bildet der große Holzkohlengrill für Steaks und frischen Fisch. Desserts wie pochierter Rhabarber mit Joghurt-Pinienkern-Eis als krönender Abschluss.

Prinz-Ludwig-Straße 15A
+49 941 569565020
kreutzers.kitchen
Steak • Fisch • modern • Showküche

Essen:	**43** | 50
Service:	**18** | 20
Weinkarte:	**17** | 20
Ambiente:	**8** | 10
Gesamt:	86 | 100

ONTRA

93053 Regensburg

Küchenchef Peter Grasmeier stellt seine Gerichte mit viel Gespür zusammen, Gastgeberin Chistina Listl kümmert sich liebevoll um Atmosphäre und Weine. Besonders beliebt ist die Location für Hochzeiten.

Franz-Mayer-Straße 5
+49 941 20492049
ontra-regensburg.de
Allrounder • modern • Terrasse

Essen:	**45**	50
Service:	**18**	20
Weinkarte:	**18**	20
Ambiente:	**9**	10
Gesamt:	**90**	100

Orphée

93047 Regensburg

Das Orphée ist eine Legende – ein Stück Paris in Regensburg. Seit 1896 besteht die Lokalität im Wesentlichen, aber nicht nur das Interieur, auch die mediterran-französische Küche ist immer einen Besuch wert.

Untere Bachgasse 8
+49 941 52977
hotel-orphee.de
Bistro • französisch • mediterran • Frühstück

Essen:	**42**	50
Service:	**18**	20
Weinkarte:	**17**	20
Ambiente:	**8**	10
Gesamt:	**85**	100

Roter Hahn

93047 Regensburg

Raffiniert, individuell und mit dezenter Klasse: Regionale Produkte verbinden sich mit nordischen Techniken und asiatischen Aromen – etwa bei bayerischer Garnele in Thai-Curry und Ingwerbutter.

Rote-Hahnen-Gasse 10
+49 941 595090
roter-hahn.com
Hotelrestaurant • Fine Dining • modern

Essen:	**46**	50
Service:	**19**	20
Weinkarte:	**18**	20
Ambiente:	**8**	10
Gesamt:	**91**	100

Sticky Fingers

93047 Regensburg

Anton Schmaus kocht für alle – im wahrsten Sinne. Denn Gerichte wie Bulgur-Köfte, Miso Fried Chicken oder geräucherte Ricotta-Anolini sind zum Teilen gedacht. Einmal im Monat gibt es mittwochs ein Menü.

Untere Bachgasse 9
+49 941 58658808
stickyfingers.restaurant
Cocktails • unkonventionell • elegant

Essen:	**43**	50
Service:	**17**	20
Weinkarte:	**17**	20
Ambiente:	**8**	10
Gesamt:	**85**	100

Storstad

93047 Regensburg

Als Gastgeber bieten Anton und Anna Schmaus nicht nur umfangreiche Menüs für jeden Geschmack. Mit ihrem TWENÜ wollen sie Sterneküche für Menschen unter 30 zugänglich und erlebbar machen.

Watmarkt 5
+49 941 59993000
storstad.de
Fine Dining • mediterran • Fisch • Essen mit Aussicht

Essen:	**46**	50
Service:	**18**	20
Weinkarte:	**19**	20
Ambiente:	**9**	10
Gesamt:	**92**	100

Zum Maurerwirt

85293 Reichertshausen

Seeforellentatar, gegrillter Spanferkelrücken und Dessertvariationen – Georg Grimm serviert verschiedene Kreationen als Vier- oder Sechs-Gänge-Menü, abgerundet durch die passende Weinbegleitung.

Scheyerer Straße 3
+49 8137 809066
maurerwirt.de
gehoben • mediterran • klassisch

Essen:	**43**	50
Service:	**18**	20
Weinkarte:	**16**	20
Ambiente:	**8**	10
Gesamt:	**85**	100

Gut Steinbach | Heimat

83242 Reit im Winkl

Heimat schmeckt bei Achim Hack alles andere als erwartbar. Stets regional bezogen, verfeinert er gekonnt beste Produkte von lokalen Produzenten und kreiert etwa »Hirschtello« mit Preiselbeermayonnaise.

Steinbachweg 10
+49 8640 807515
gutsteinbach.de
im Grünen • nachhaltig • gemütlich

Essen:	**43**	50
Service:	**17**	20
Weinkarte:	**17**	20
Ambiente:	**8**	10
Gesamt:	**85**	100

Jagawirt

93191 Rettenbach

Natürlich schmeckt das Wild zur Saison hier bestens, aber auch Liebhaber von kreativen Pasta-Gerichten, Kabeljau mit exotischen Aromen und Verfechter von deftigem Schweinsbraten werden im Jagawirt glücklich.

Aumbach 117
+49 9484 8969888
jagawirt-aumbach.de
Gasthaus • traditionell • regionale Produkte

Essen:	**43**	50
Service:	**18**	20
Weinkarte:	**16**	20
Ambiente:	**8**	10
Gesamt:	**85**	100

Zum Bärenwirt

92286 Rieden

Im Bärenwirt steckt viel Liebe zum Detail. Das gilt für Gastraum und Gästezimmer genauso wie für die Küche. Hier schmeckt es nach Heimatliebe, aber auch nach der weiten Welt. Tolle vegetarische Auswahl.

Hauptstraße 9
+49 9624 2888
zum-baerenwirt.de
deutsche Küche • Wild • klassisch

Essen:	**42** | 50
Service:	**17** | 20
Weinkarte:	**17** | 20
Ambiente:	**7** | 10
Gesamt:	83 | 100

Forst's

93339 Riedenburg

Wer hier einkehrt, kann dem idyllisch vorbeiplätschernden Bach lauschen und sich in familiärer Atmosphäre genussvoll verwöhnen lassen. Bodenständig-kreative Küche, etwa mit Rehkeule und Heidelbeersauce.

Mühlstraße 37b
+49 9442 9919399
forsts-landhaus.de
Gasthaus • deutsche Küche • regionale Produkte

Essen:	**42** | 50
Service:	**18** | 20
Weinkarte:	**15** | 20
Ambiente:	**7** | 10
Gesamt:	82 | 100

Forstner

84326 Rimbach

Das Gasthaus im historischen Hof ist beliebt für Events und Specials wie Steak-Schnitzel-Burger oder das Pasta-Buffet. Auch Klassiker wie der Schwabenteller oder Backhendl stehen auf der Speisekarte.

Taufkirchener Straße 6
+49 8727 910111
gasthaus-forstner.de
Steak • Terrasse • im Grünen

Essen:	**42** | 50
Service:	**17** | 20
Weinkarte:	**16** | 20
Ambiente:	**8** | 10
Gesamt:	83 | 100

Kapellenhof

94160 Ringelai

Das Wirtshaus strahlt viel warmes Flair aus und auch die Küche von Fesa Erdurak spiegelt heimatverbundene Herzlichkeit mit hausgemachten Schmankerln wider. Toller Biergarten und Spielplatz in der Natur.

Kapellenhof 1
+49 8555 4079650
kapellenhof.eu
Gasthaus • Gastgarten • bio

Essen:	**42** | 50
Service:	**17** | 20
Weinkarte:	**17** | 20
Ambiente:	**7** | 10
Gesamt:	83 | 100

Alte Mühle

96472 Rödental

Anfang 2025 haben Manuel und Stefanie Knorr das Familienunternehmen in einer einstigen Kornmühle komplett übernommen. Abends kommen feine Speisen wie rosa gebratener Milchkalbsrücken auf den Tisch.

Mühlgarten 5
+49 9563 72380
alte-muehle-hotel.com
deutsche Küche • mediterran • regionale Produkte

Essen:	42	50
Service:	18	20
Weinkarte:	17	20
Ambiente:	8	10
Gesamt:	85	100

Froschgrundsee

96472 Rödental

Heimatbezogene Küche und der eine oder andere Ausflug in die Ferne. Vom Sauerteigbrot der Bäckerei Philipps bis zum gebackenen Karpfen sind alle Speisen ebenso fein wie kreativ. Sonntags: Braten-Specials!

Schönstädt 14
+49 9563 8013
restaurant-froschgrundsee.de
regionale Produkte • im Grünen • entspannt

Essen:	43	50
Service:	18	20
Weinkarte:	17	20
Ambiente:	8	10
Gesamt:	86	100

Goldener Stern

86316 Rohrbach

Diese Wirtschaft erlaubt sich, frei von Konventionen zu sein: Bewährtes wie ofenfrischer Schweinebraten, Veganes wie Frühlingsgemüse fritto oder Fine Dining im Neo-Gasthaus mit Ceviche aus Dry-Aged-Wels.

Dorfstraße 1
+49 8208 407
gasthaus-goldenerstern.de
Fine Dining • nachhaltig • Delikatessenverkauf

Essen:	44	50
Service:	18	20
Weinkarte:	18	20
Ambiente:	8	10
Gesamt:	88	100

Kulinarium

90552 Röthenbach

Die Region Nürnberg ist für ihre kulinarische Vielfalt bekannt. Das Kulinarium widmet sich dem Genuss mit ambitionierten Menüs zwischen fränkischem Wagyu, Zander, Mais und Königskrabbe.

Friedrichsplatz 4
+49 156 79305236
kulinarium.restaurant
gehoben • modern • gemütlich

Essen:	44	50
Service:	18	20
Weinkarte:	17	20
Ambiente:	8	10
Gesamt:	87	100

HerR

91541 Rothenburg ob der Tauber

Sascha Bungeroth kocht leidenschaftlich gern auf französischer Basis, gibt Saucen und der Klassik Raum, ohne dabei die Moderne aus dem Blick zu verlieren. Saisonal wechselnde Menüs und Weinbegleitung.

Herrngasse 20
+49 1523 1601819
restaurantherr.de
Crossover-Küche • modern • gemütlich

Essen:	44	50
Service:	18	20
Weinkarte:	17	20
Ambiente:	8	10
Gesamt:	87	100

Mittermeiers

91541 Rothenburg ob der Tauber

Bei Christian Mittermeier und Thorsten Hauk ist Casual Fine Dining zwischen Lokalem und Weitblick angesagt. So versteht sich die Szechuan-Aubergine bestens mit dem Schrozberger Speisequark aus der Nachbarschaft.

Vorm Würzburger Tor 9
+49 9861 94540
villamittermeier.de
Gasthaus • eigener Weinbau • Terrasse

Essen:	**46**	50
Service:	**19**	20
Weinkarte:	**18**	20
Ambiente:	**8**	10
Gesamt:	91	100

Dichter

83700 Rottach-Egern

Thomas Kellermann begeistert immer wieder aufs Neue mit außergewöhnlichen Kreationen, die er im schicken Restaurant innerhalb der Egerner Höfe serviert – wie etwa Gelbschwanzmakrele mit Weißbier und Holunder.

Aribostraße 19–26
+49 8022 666566
egerner-hoefe.de
Fine Dining • regionale Produkte • elegant

Essen:	**48**	50
Service:	**19**	20
Weinkarte:	**19**	20
Ambiente:	**10**	10
Gesamt:	96	100

Egerner Bucht

83700 Rottach-Egern

Benannt nach seiner Lage und einem der schönsten Fleckchen am Tegernsee, serviert Althoffs Egerner Bucht natürlich Heimisch-Alpines wie den täglich fangfrischen Saibling von der lokalen Fischerei.

Überfahrtstraße 10
+49 8022 6690
seehotel-ueberfahrt.com
deutsche Küche • regionale Produkte • elegant

Essen:	**43**	50
Service:	**18**	20
Weinkarte:	**17**	20
Ambiente:	**8**	10
Gesamt:	86	100

Fährhütte 14

83700 Rottach-Egern

Nah am Wasser in der geschützten Egerner Bucht liegt die Fährhütte sehr idyllisch – zum Abendessen genauso wie für individuelle Feiern. Tatar, Ossobuco, Zander oder Pasta, im Menü oder à la carte.

Weissachdamm 50
+49 8022 188220
seehotel-ueberfahrt.com
gemütlich • Seeterrasse • modern • entspannt

Essen:	**43**	50
Service:	**18**	20
Weinkarte:	**17**	20
Ambiente:	**8**	10
Gesamt:	86	100

Haubentaucher

83700 Rottach-Egern

Am besten Platz in der Egerner Bucht, in der Rottacher Seestraße, verwöhnt das Haubentaucher-Team mit Mittagssnacks, Kuchen und Salaten. Abends serviert die Küche ein viergängiges Überraschungsmenü.

Seestraße 30
+49 8022 6615704
haubentaucher-tegernsee.de
Fine Dining • Seeterrasse • modern

Essen:	**45**	50
Service:	**19**	20
Weinkarte:	**18**	20
Ambiente:	**8**	10
Gesamt:	90	100

Il Barcaiolo

83700 Rottach-Egern

Seit 2012 begeistert Chef Stefano Romano hier Gäste mit köstlicher italophiler Küche direkt am Tegernsee. Trüffel & Pasta oder Scampi: Die Themenabende sind genauso beliebt wie die (Lunch-)Menüs.

Überfahrtstraße 10
+49 8022 6690
seehotel-ueberfahrt.com
italienisch • modern • elegant

Essen:	**43** | 50
Service:	**18** | 20
Weinkarte:	**18** | 20
Ambiente:	**8** | 10
Gesamt:	87 | 100

Kirschner Stuben

83700 Rottach-Egern

Die Kirschner Stuben sind seit vielen Jahren eine Institution in Rottach-Egern. Bei Thunfischtatar oder Hirschkalbsmedaillons und einem Glas Wein schaut man auf den See oder genießt die schöne Stube.

Seestraße 23A
+49 8022 67110
maier-kirschner.de
Hotelrestaurant • Familienbetrieb • Essen mit Aussicht

Essen:	**43** | 50
Service:	**18** | 20
Weinkarte:	**17** | 20
Ambiente:	**8** | 10
Gesamt:	86 | 100

Mesner Gütl

83700 Rottach-Egern

Die Terrasse des Mesner Gütl mit Blick auf den See in der Egerner Bucht ist einmalig. Auf den Tisch kommen behutsam modernisierte bayerische Klassiker zwischen Bratwürstl und Butterschnitzel vom Kalb.

Seestraße 53
+49 8022 6655882
mesnerguetl.de
Gasthaus • deutsche Küche • entspannt

Essen:	**42** | 50
Service:	**18** | 20
Weinkarte:	**16** | 20
Ambiente:	**8** | 10
Gesamt:	84 | 100

Überfahrt

83700 Rottach-Egern

Cornelia Fischer hat sich mit absolutem Fokus auf regionale Produkte, ihrer angenehm unprätentiösen Art und ihrem feinsinnigen Küchenstil jetzt schon ihre eigene Welt im Hotel Überfahrt geschaffen.

Überfahrtstraße 10
+49 8022 6690
seehotel-ueberfahrt.com
Fine Dining • vegetarisch • modern

Essen:	**46** | 50
Service:	**20** | 20
Weinkarte:	**20** | 20
Ambiente:	**9** | 10
Gesamt:	95 | 100

Zum Müller

94161 Ruderting

Ingrid und Markus Buchner bewirten ihre Gäste mit viel Herzblut und den besten kulinarischen Schätzen der Saison, gern auch mit einem Blick Richtung Mittelmeer und in die weite Welt. Sehr schöne Terrasse.

Passauer Straße 16
+49 8509 1224
landgasthofzummueller.de
Gasthaus • klassisch • regionale Produkte

Essen:	**43** | 50
Service:	**17** | 20
Weinkarte:	**17** | 20
Ambiente:	**8** | 10
Gesamt:	85 | 100

Alpenrose

83122 Samerberg

Im liebevoll erhaltenen alten Gasthaus Alpenrose wird schon in fünfter Generation gepflegt gekocht. Florian Lerche bringt das Beste aus Bayern und der Steiermark zusammen. Gut sortierter Weinkeller.

Kirchplatz 2
+49 8032 8263
alpenrose-samerberg.de
Familienbetrieb • urig • Terrasse

Essen:	**42** I 50
Service:	**17** I 20
Weinkarte:	**15** I 20
Ambiente:	**8** I 10
Gesamt:	82 I 100

Sebastianihof

84175 Schalkham

Im Sebastianihof geht es traditionell um ehrliche Küche: Fleisch aus artgerechter Tierhaltung und Gemüse aus biologischem Anbau. Auch Wild kommt zur Saison auf die Karte, stets zeitgemäß zubereitet.

Brunnenstraße 9
+49 8744 919445
sebastianihof.de
Wild • regionale Produkte • nachhaltig

Essen:	**43** I 50
Service:	**18** I 20
Weinkarte:	**17** I 20
Ambiente:	**8** I 10
Gesamt:	86 I 100

Zum Hirschen

88175 Scheidegg

Im Hirschen bleiben kaum Wünsche offen. Auch für Feiern ist man mit verschiedenen Räumen und dem Garten gut gerüstet. Beim »Biermenü« führt Biersommelier Thomas Stöckeler persönlich durch den Abend.

Kirchstraße 1
+49 8381 2119
zumhirschenscheidegg.de
Gasthaus • regionale Küche • gemütlich

Essen:	**42** I 50
Service:	**17** I 20
Weinkarte:	**16** I 20
Ambiente:	**8** I 10
Gesamt:	83 I 100

Rait'ner Wirt

83259 Schleching

Ein wunderschön gelegenes, gastliches Wirtshaus mit bayerischer Küche im besten Sinn. Vom Zwiebelrostbraten bis zu den Spinatknödeln ist alles mit besten Zutaten gemacht. Und danach: Kaiserschmarren!

Achentalstraße 8
+49 8641 5911170
raitenerwirt.de
Gasthaus • deutsche Küche • urig • gemütlich

Essen:	**43** I 50
Service:	**18** I 20
Weinkarte:	**16** I 20
Ambiente:	**8** I 10
Gesamt:	85 I 100

Louis II.

87645 Schwangau

In großer Detailverliebtheit kredenzt das Team im Louis II. zeitgenössisch-kreative Küche. Die holzvertäfelte Stube ist der richtige Ort für ein romantisches Candle-Light-Dinner bei einer Flasche Wein.

Am Ehberg 31
+49 8362 8888
hotelruebezahl.de
Hotelrestaurant • Allrounder • modern

Essen:	43 | 50
Service:	17 | 20
Weinkarte:	18 | 20
Ambiente:	8 | 10
Gesamt:	86 | 100

Esskunst

92521 Schwarzenfeld

Die fein abgestimmten Menüs wählen oder selbst kombinieren: Esskunst hat viele Gesichter zwischen Klassikern und Kreativität, zum Beispiel gegrillten Oktopus mit Buttermilch, Orange, Avocado und Erdnuss.

Hauptstraße 24
+49 9435 6999610
restaurant-esskunst.de
Casual Dining • entspannt • modern

Essen:	44 | 50
Service:	19 | 20
Weinkarte:	18 | 20
Ambiente:	8 | 10
Gesamt:	89 | 100

Kings & Queens

97421 Schweinfurt

King Marc und Queen Sabine haben sich in über 20 Jahren eine veritable Stammkundschaft erkocht. Kein Wunder bei Kombinationen wie Grünes Curry und Taschenkrebs oder Oktopus-Risotto mit Rauchpaprika-Nage.

Bauerngasse 101
+49 9721 533242
kingsqueens.eu
modern • vegetarisch • gemütlich

Essen:	43 | 50
Service:	18 | 20
Weinkarte:	17 | 20
Ambiente:	8 | 10
Gesamt:	86 | 100

Kugelmühle

97421 Schweinfurt

Klassisch und fein geht es zu bei Max Matreux, der in diesem Jahr ein Vierteljahrhundert Kugelmühle feiern kann. Hummer in Rotweinbutter, Bresse-Taube oder weißer Heilbutt betören bereits à la carte.

Georg-Schäfer-Straße 30
+49 9721 914702
restaurant-kugelmuehle.de
Fine Dining • modern • Geschäftsessen

Essen:	43 | 50
Service:	18 | 20
Weinkarte:	17 | 20
Ambiente:	8 | 10
Gesamt:	86 | 100

Rosenthal Casino

95100 Selb

Im klaren Stil der frühen 1960er-Jahre gehalten, hat das Restaurant nicht nur schickes Tafelgeschirr zu bieten: klassisch gekonnt das bayerische Wiesenrind, einfach nett die Idee mit dem Schulanfang-Menü.

Kasinostraße 3
+49 9287 8050
rosenthal-casino.de
Hotelrestaurant • elegant • eigener Kräutergarten

Essen:	42 | 50
Service:	16 | 20
Weinkarte:	17 | 20
Ambiente:	8 | 10
Gesamt:	83 | 100

Stahl
97215 Simmershofen

Klar, dass die Sommerwochenenden stets ausgebucht sind: neun Gänge, serviert vom Patron und Winzer Christian Stahl. Schwäbisch-Hällisches Landschwein mit Gewürzbulgur, Lardo mit Schafgarbe – no limits.

Lange Dorfstraße 21
+49 9848 96896
winzerhof-stahl.de
Gasthaus • eigener Weinbau • Delikatessenverkauf

Essen:	**45**	50
Service:	**19**	20
Weinkarte:	**18**	20
Ambiente:	**8**	10
Gesamt:	90	100

Philipp
97286 Sommerhausen

In Heike und Michael Philipps Renaissance-Fachwerkhaus verbinden sich fränkische und französische Elemente aufs Beste. Nicht nur für Gäste voller Vertrauen ist das »Carte blanche«-Menü eine großartige Wahl.

Hauptstraße 12
+49 9333 1406
restaurant-philipp.de
Gasthaus • französisch • Terrasse

Essen:	**45**	50
Service:	**19**	20
Weinkarte:	**18**	20
Ambiente:	**8**	10
Gesamt:	90	100

Blumenthal
91174 Spalt

Blumenthal, das muss das Tal der Fränkischen Rezat sein, die hinter dem Gasthof entlangfließt! Hier gibt es eine eigene Fischzucht, Kräutergarten, Regionales. Plus: die mit witzigen Namen gespickte Kinderkarte.

Stiegelmühle 42
+49 9873 332
gasthof-blumenthal.de
eigene Fischzucht • eigener Kräutergarten • nachhaltig

Essen:	**43**	50
Service:	**18**	20
Weinkarte:	**17**	20
Ambiente:	**8**	10
Gesamt:	86	100

Aubergine
82319 Starnberg

Chefkoch Maximilian Moser bringt seine kreativen Ideen farbenfroh auf den Teller: Heimatverbundenes wie gefüllter Brezenknödel mit Steinpilz oder Internationales wie vietnamesisches Bánh Xèo mit Hummer.

Münchner Straße 17
+49 8151 4470290
aubergine-starnberg.de
Fine Dining • vegetarisch • elegant

Essen:	**46**	50
Service:	**19**	20
Weinkarte:	**18**	20
Ambiente:	**8**	10
Gesamt:	91	100

Bajazzo
82319 Starnberg

Mit gepflegtem Ambiente ist das Bajazzo ein Ort für alle, die den Genuss lieben. Qualität steht bei Fleisch und Fisch an erster Stelle – und auch viele vegane Alternativen sind sehr kreativ zubereitet.

Oßwaldstraße 16
+49 8151 7396678
bajazzo-sta.de
Allrounder • Cocktails • entspannt

Essen:	**42**	50
Service:	**18**	20
Weinkarte:	**17**	20
Ambiente:	**8**	10
Gesamt:	85	100

Rössle

88167 Stiefenhofen

Axel Kulmus ist der Kräuterwirt. Der familiäre Landgasthof serviert neben seinem Kräutermenü kreative Hausmannskost zwischen Wildkräuterknödel und geschmortem Hirschkalbsbraten mit Rotwein-Rahmsauce.

Hauptstraße 14	Essen: **42** | 50
+49 8383 92090	Service: **18** | 20
roessle.net	Weinkarte: **16** | 20
Gasthaus • eigener Kräutergarten • klassisch	Ambiente: **8** | 10
	Gesamt: 84 | 100

Jedermann

94342 Straßkirchen

Im Jedermann spürt man die heimatverbundene Philosophie und das nachhaltige Wirtschaften bei den Gastgebern und auf dem Teller. Auch Veranstaltungen und Caterings setzt das herzliche Team bestens um.

Irlbacher Straße 1	Essen: **43** | 50
+49 9424 9480437	Service: **18** | 20
jedermann-strasskirchen.de	Weinkarte: **17** | 20
regionale Küche • Delikatessenverkauf • klassisch	Ambiente: **7** | 10
	Gesamt: 85 | 100

Zinners

82024 Taufkirchen

Frische Farben und traditionelle Materialien zeigen die Symbiose aus uriger Wirtshauskultur und moderner Küche – und so präsentieren sich auch die kreativen Speisen wie das Wirtshaus-Carpaccio vom Ochs.

Köglweg 5	Essen: **42** | 50
+49 89 12262500	Service: **17** | 20
wirtshaus-zinners.de	Weinkarte: **16** | 20
modern • Geschäftsessen • entspannt	Ambiente: **7** | 10
	Gesamt: 82 | 100

Forster

84416 Taufkirchen (Vils)

Die Familie achtet auf saisonale Küche und erstklassige Zutaten – seien es Reh und Pilze zur Jagdsaison oder Ceviche vom Seeteufel mit Basilikumpesto und Limette. Toll auch die Desserts wie Eistorte!

Hörgersdorf 23	Essen: **42** | 50
+49 8084 2357	Service: **18** | 20
landgasthof-forster.de	Weinkarte: **17** | 20
Gasthaus • deutsche Küche • Terrasse • gemütlich	Ambiente: **8** | 10
	Gesamt: 85 | 100

Bräustüberl

83684 Tegernsee

Neben Brauerei, Kirche und Schule hat auch das Bräustüberl traditionell seinen Platz im Kloster Tegernsee. Das urige Gewölbe mit Tradition und der große Gastgarten laden zu bayerischen Schmankerln ein.

Schlossplatz 1	Essen: **42** | 50
+49 8022 4141	Service: **16** | 20
braustuberl.de	Weinkarte: **14** | 20
Gewölbe • im Schloss • urig • Brauerei	Ambiente: **8** | 10
	Gesamt: 80 | 100

Leeberghof

83684 Tegernsee

Hoch über der Egerner Bucht mit atemberaubendem Blick auf den Wallberg schmecken bayerische Schmankerln ebenso wie Teriyaki vom Schwertfisch oder das Hirsch-Duett aus eigener Jagd. Danach: Kaiserschmarren.

Ellingerstraße 10
+49 8022 188090
leeberghof.de
Gasthaus • eigener Kräutergarten • Essen mit Aussicht

Essen:	**43**	50
Service:	**18**	20
Weinkarte:	**17**	20
Ambiente:	**8**	10
Gesamt:	86	100

Gut Edermann | MundArt

83317 Teisendorf

Chef Christian Martin fängt mit den Jahreszeiten auch geschmacklich die Essenz des Rupertiwinkels ein. Sei es bei der Lachsforelle oder beim Zicklein From nose to tail, die Produzenten bekommen ihre Bühne.

Holzhausen 2
+49 8666 92730
gut-edermann.de
Hotelrestaurant • deutsche Küche • bio • im Grünen

Essen:	**43**	50
Service:	**18**	20
Weinkarte:	**18**	20
Ambiente:	**8**	10
Gesamt:	87	100

Foto: Annette Sandner

Oswalds Gourmetstube

94244 Teisnach

Hier im Bayerischen Wald versteckt sich im Hotel Oswald ein Gourmetrestaurant, das es in sich hat! Absolut grandiose Küche, erstklassige internationale Produkte, klassische Saucen und eigener Charme.

Am Platzl 2
+49 9923 84100
hotel-oswald.de
Fine Dining • eigene Fleischerei • elegant

Essen:	**46**	50
Service:	**19**	20
Weinkarte:	**19**	20
Ambiente:	**9**	10
Gesamt:	93	100

Parkhotel 1888

83278 Traunstein

Vor allem die bayerischen Schmankerln geben den Ton in der Küche des Parkhotels an, aber auch geschmackliche Ausflüge ans Mittelmeer sind erlaubt. Tolle Nachspeisen wie Apfelstrudel und Windbeutel.

Bahnhofstraße 11
+49 8640 5049001
parkhotel-traunstein.de
Hotelrestaurant • deutsche Küche • Terrasse

Essen:	**43**	50
Service:	**17**	20
Weinkarte:	**17**	20
Ambiente:	**8**	10
Gesamt:	85	100

Ilkahöhe
82327 Tutzing

In exponierter Lage ist das Forsthaus ein beliebtes Ausflugsziel mit Lieblingsgerichten für die ganze Familie: Kotelett vom bayerischen Milchkalb, Rotes Thai-Curry mit Wolfsbarsch und hinterher Affogato.

Oberzeismering 2
+49 8158 8242
restaurant-ilkahoehe.de
klassisch • Essen mit Aussicht • gemütlich

Essen:	42	50
Service:	18	20
Weinkarte:	16	20
Ambiente:	8	10
Gesamt:	84	100

Chiemgauhof
83236 Übersee

Der Chiemgauhof ist nicht nur eine Designsensation direkt am Ufer mit 28 Suiten, auch das Restaurant ist einen Besuch wert. Das Konzept für die moderne Heimatküche stammt von Drei-Sterne-Koch Edip Sigl.

Julius-Exter-Promenade 21
+49 8642 3179800
chiemgauhof.com
Hotelrestaurant • regionale Produkte • gemütlich

Essen:	43	50
Service:	18	20
Weinkarte:	17	20
Ambiente:	8	10
Gesamt:	86	100

Foto: Wolfgang Gasser @chiemseefoto

D'Feldwies
83236 Übersee

Die urigen Stuben und der schöne Wirtsgarten unterstreichen die lange Tradition des D'Feldwies. Am Wochenende ist die Schweinshaxe ein Hit, aber auch der Fisch aus dem Chiemsee und die Kuchen sind super!

Greimelstraße 30
+49 8642 595715
wirtshaus-feldwies.de
Gasthaus • deutsche Küche • Gastgarten

Essen:	42	50
Service:	18	20
Weinkarte:	17	20
Ambiente:	8	10
Gesamt:	85	100

June
83236 Übersee

Rico Birndts Traum vom eigenen Lokal am Chiemsee ist voll aufgegangen. Region und Saison geben die Geschmacksbilder vor – und Fermentation ist ein wichtiges Rückgrat seiner kreativ-progressiven Küche.

Seestraße 10
june.restaurant
regionale Produkte • modern • Terrasse

Essen:	45	50
Service:	18	20
Weinkarte:	17	20
Ambiente:	10	10
Gesamt:	90	100

Weißenbeck

85232 Unterbachern

Seit 400 Jahren ist der Hof in Familienbesitz, seit über 60 Jahren ein Gasthaus, und zwar mitten im Dorf. Von Oma Anni über Mutter Barbara bis zu Tochter Elisabeth – allen geht es um Herzenswärme und gutes Essen.

Ludwig-Thoma-Straße 56
+49 8131 72546
weissenbeck.de
Gasthaus • regionale Produkte • Wild

Essen:	43 | 50
Service:	18 | 20
Weinkarte:	17 | 20
Ambiente:	8 | 10
Gesamt:	86 | 100

Huberwirt

84339 Unterdietfurt

Fabian Lex kreiert in dritter Generation im Huberwirt bayerische Gerichte mit einem gewissen Twist und Blick in die Zukunft. Überraschungsmenüs in drei bis fünf Gängen, nach Gusto passende Weinbegleitung.

Dorfplatz 14
+49 8724 250
huberwirt-lex.de
Familienbetrieb • Gastgarten • urig

Essen:	43 | 50
Service:	17 | 20
Weinkarte:	17 | 20
Ambiente:	8 | 10
Gesamt:	85 | 100

Lenas

86919 Utting

Noch direkter am Ammersee kann man kaum speisen und genießen. Lena Mielke achtet als Gastgeberin nicht nur auf herzliche Stimmung, sondern auch auf eine schöne Mischung aus kreativer Küche und Wein.

Seestraße 10
+49 8806 9570957
lenasamsee.de
modern • entspannt • Essen mit Aussicht

Essen:	43 | 50
Service:	18 | 20
Weinkarte:	17 | 20
Ambiente:	8 | 10
Gesamt:	86 | 100

Winkler Bräu

92355 Velburg

Natürlich passen die Speisen hier gut zum Bier – aber auch die Weinauswahl zum Saibling oder zum Tomahawk-Kotelett vom Schwäbisch-Hällischen Landschwein kann sich sehen lassen! Apfelstrudel zum Dessert.

St.-Martin-Straße 6
+49 9182 170
winkler-braeu.de
Familienbetrieb • Brauerei • deutsche Küche

Essen:	43 | 50
Service:	18 | 20
Weinkarte:	16 | 20
Ambiente:	8 | 10
Gesamt:	85 | 100

Speisemeisterei Burgthalschenke

89269 Vöhringen

In entspannter Atmosphäre servieren die Großhammers ihren Gästen das Beste der Saison: vom Räucherfisch im Kräutergelee mit eingelegten Haustrauben bis zum Filet vom Allgäuer Kalb mit Steinpilzgnocchi.

Untere Hauptstraße 4
+49 7306 5265
burgthalschenke.de
deutsche Küche • regionale Produkte • Terrasse

Essen:	**43** | 50
Service:	**18** | 20
Weinkarte:	**17** | 20
Ambiente:	**8** | 10
Gesamt:	86 | 100

Schwane 1404

97332 Volkach

Die kleine Schwester des Gourmetrestaurants Weinstock hat es absolut in sich! Wer nicht sowieso das mehrgängige »Romantik-Menü« wählt, wird bei Klassikern wie geschmorter Kalbshaxe oder Pfirsich-Tarte glücklich.

Hauptstraße 12
+49 9381 80660
schwane.de
Hotelrestaurant • eigener Weinbau • traditionell

Essen:	**42** | 50
Service:	**18** | 20
Weinkarte:	**18** | 20
Ambiente:	**8** | 10
Gesamt:	86 | 100

Weinstock

97332 Volkach

Die Gourmetausgabe der beiden Schwane-Restaurants präsentiert sich auf vornehmste Weise reduziert: neun Gänge, jeder davon einem »Kraut« gewidmet. Dazu ausschließlich fränkische Weine, und zwar nur die besten.

Hauptstraße 12
+49 9381 80660
schwane.de
Fine Dining • eigener Weinbau • elegant • gemütlich

Essen:	**46** | 50
Service:	**18** | 20
Weinkarte:	**18** | 20
Ambiente:	**8** | 10
Gesamt:	90 | 100

Altwirt

83646 Wackersberg

Ein Traditionsgasthof, wie man ihn sich vorstellt: gemütliche Gaststube, herrlicher Biergarten, Hausgemachtes und deftige Brotzeiten – ein Blick auf die Wochenkarte lohnt sich. Dienstag ist Schnitzeltag.

Dorfstraße 1
+49 8041 4812
altwirt-wackersberg.de
Gasthaus • im Grünen • urig

Essen:	**41** | 50
Service:	**19** | 20
Weinkarte:	**16** | 20
Ambiente:	**7** | 10
Gesamt:	83 | 100

Tölzer Schießstätte

83646 Wackersberg

Wer eine Referenz für bayerische Küche sucht, sollte bei Michaela Hager essen gehen. Handwerklich perfekt, mit Feinsinn, trotzdem auf dem Boden geblieben und nie abgehoben – von Ente bis Topfenknödel.

Kiefersau 138
+49 8041 3545
michaela-hager.de
Gasthaus • regionale Küche • Terrasse

Essen:	**44** | 50
Service:	**18** | 20
Weinkarte:	**16** | 20
Ambiente:	**8** | 10
Gesamt:	86 | 100

Tanner

83329 Waging am See

Schöner regional verwurzelt als hier im Chiemgau kann ein Landgasthaus kaum sein. Entsprechend findet die Naturnähe immer Einzug in die stets saisonal ausgerichteten Speisen von Slow-Food-Verfechter Franz Tanner.

Aglassing 1
+49 8681 69750
landhaus-tanner.de
Hotelrestaurant • regionale Küche • im Grünen

Essen:	**44** | 50
Service:	**18** | 20
Weinkarte:	**17** | 20
Ambiente:	**8** | 10
Gesamt:	87 | 100

Johanns

94065 Waldkirchen

Michael Simon Reis spielt in seiner Küche gern mit bayerischen Referenzen. Das zeitlos-schöne Restaurant im obersten Stockwerk des Modehauses ist einladend, tagsüber genauso wie zum Dinner am Abend.

Marktplatz 24
+49 8581 2082000
restaurant-johanns.de
Fine Dining • Essen mit Aussicht • regionale Produkte

Essen:	**45** | 50
Service:	**18** | 20
Weinkarte:	**19** | 20
Ambiente:	**9** | 10
Gesamt:	91 | 100

Bayerischer Hof

95652 Waldsassen

In dritter Generation widmen sich die Sperbers ihren Gästen mit viel Herzlichkeit. Die Jahreszeiten geben mit besten Produkten aus der Region die Küchenlinie vor. Klassiker wie Rinderrahmbraten oder Schäufele.

Bahnhofstraße 15
+49 9632 92313 0
bayerischerhof-waldsassen.de
Gasthaus • deutsche Küche • klassisch

Essen:	**42** | 50
Service:	**19** | 20
Weinkarte:	**17** | 20
Ambiente:	**8** | 10
Gesamt:	86 | 100

Scheune

97797 Wartmannsroth

Dirk Abel und Michael Hübl setzen ganz auf lokale Produkte. Beispiel gefällig? Der Hirschrücken unter der Fichtennadelkruste mit Preiselbeerjus und Buchenpilzen stammt schlicht aus dem nahen Wald.

Neumühle 54
+49 9732 8030
neumuehle-resort.de
Hotelrestaurant • regionale Produkte • urig

Essen:	**43** | 50
Service:	**17** | 20
Weinkarte:	**17** | 20
Ambiente:	**7** | 10
Gesamt:	84 | 100

Foto: MARCEL A. MAYER Photographer

Caraleon

88142 Wasserburg (Bodensee)

In stilvollem Ambiente präsentiert Chefin Sandy Siancas ihre kreativen Gerichte mit südamerikanischem Einschlag. Bodenseefisch, Burrata oder Ossobuco: Alles verträgt sich mit der guten Weinauswahl.

Halbinselstraße 70
+49 8382 9800
caraleon.de
Hotelrestaurant • Fine Dining • Terrasse

Essen:	**43** I 50
Service:	**17** I 20
Weinkarte:	**18** I 20
Ambiente:	**8** I 10
Gesamt:	86 I 100

Herrenhaus

83512 Wasserburg am Inn

Das Herrenhaus bietet viele Möglichkeiten, sich kulinarisch auf die kreative Küche einzulassen: Businesslunch, eine Wochenkarte mit Besonderheiten oder das feine Abendmenü in bis zu fünf Gängen.

Herrengasse 17
+49 8071 5971170
restaurant-herrenhaus.de
Geschäftsessen • regionale Produkte • Terrasse

Essen:	**42** I 50
Service:	**17** I 20
Weinkarte:	**17** I 20
Ambiente:	**8** I 10
Gesamt:	84 I 100

Weisses Rössl

83512 Wasserburg am Inn

Wer in Wasserburg einkehren möchte, ist im Weissen Rössl zu jeder Tageszeit gut aufgehoben. Mittagsmenüs für einen kurzen Stopp oder Schlemmen am Abend: Die Küche ist bodenständig mit Überraschungen.

Herrengasse 1
+49 8071 5263213
weisses-rössl.de
regionale Küche • traditionell • Terrasse

Essen:	**44** I 50
Service:	**18** I 20
Weinkarte:	**16** I 20
Ambiente:	**8** I 10
Gesamt:	86 I 100

Sternwirt

91249 Weigendorf

Das Gasthaus im Wellnesshotel steht für Gemütlichkeit und heimatverbundene Küche mit dem gewissen Etwas. In den modern gehaltenen Räumen mit Tradition kommen Schmankerln der Region auf den Tisch.

Schloßplatz 2–4
+49 9663 200944500
landhotel-sternwirt.de
Hotelrestaurant • klassisch • deutsche Küche

Essen:	**42** I 50
Service:	**18** I 20
Weinkarte:	**17** I 20
Ambiente:	**8** I 10
Gesamt:	85 I 100

Le Frankenberg

97215 Weigenheim

Wer noch nie im wunderbar wein-waldigen West-Mittelfranken war, voilà: Le Frankenberg ist mehr als einen Umweg wert. Steffen Szabo zaubert kompromisslos Haute Cuisine auf die Teller – auf Wunsch auch vegan.

Schloss Frankenberg 1	Essen: **45** | 50
+49 9339 9714571	Service: **19** | 20
schloss-frankenberg.de	Weinkarte: **18** | 20
französisch • elegant • im Schloss	Ambiente: **9** | 10
	Gesamt: 91 | 100

Alex

96369 Weißenbrunn

Hell und reduziert wirkt der Gastraum, herzlich ist der Empfang, geschmacksintensiv die Küche von Domenik Alex. Unter der Woche gibt es ein kreatives Menü, am Sonntag geschmorten Braten aus dem Holzofen.

Gössersdorf 25	Essen: **46** | 50
+49 9223 1234	Service: **18** | 20
gasthofalex.de	Weinkarte: **18** | 20
Fine Dining • gemütlich • regionale Produkte	Ambiente: **8** | 10
	Gesamt: 90 | 100

Egertal

95163 Weißenstadt

Rustikal und bodenständig klingt der Name des Gasthauses, aber Familie Rupprecht kann auch ganz anders, nämlich frisch und edel. Menügänge wie Salzwiesenlammrücken im Kräutermantel belegen das eindrücklich.

Wunsiedler Straße 49	Essen: **42** | 50
+49 9253 237	Service: **17** | 20
gasthausegertal.de	Weinkarte: **18** | 20
Gasthaus • traditionell • gemütlich	Ambiente: **8** | 10
	Gesamt: 85 | 100

Burkhard

92533 Wernberg-Köblitz

Bei Burkhards geht es familiär zu, immer mit dem Fokus auf die Gäste und den Geschmack. Josef und Thomas kochen französisch basiert und doch heimatlich verbunden. Sonntags frischer Schweinebraten!

Marktplatz 10	Essen: **43** | 50
+49 9604 92180	Service: **18** | 20
hotel-burkhard.de	Weinkarte: **17** | 20
Familienbetrieb • bio • nachhaltig • Gastgarten	Ambiente: **8** | 10
	Gesamt: 86 | 100

Gänsweid

86637 Wertingen

Sabine Simon und Markus Egger umsorgen ihre Gäste mit ausgewählten Weinen und stets wechselnden kulinarischen Highlights vom Winzer-Menü bis zum Steak-Special. Besonders beliebt: der Chef's Table.

Gänsweid 1
+49 8272 642132
gaensweid.de
Vinothek • klassisch • Terrasse

Essen:	**42**	50
Service:	**17**	20
Weinkarte:	**18**	20
Ambiente:	**7**	10
Gesamt:	84	100

Schwarzer Adler

97355 Wiesenbronn

Geschmack ist im Schwarzen Adler seit 1863 Traditionssache. Das familiengeführte Hotel und Restaurant ist fest in Franken verankert, inklusive Weinbau. Gekocht wird klassisch mit französischem Einschlag.

Hauptstraße 21
+49 9325 232
schwarzer-adler-wiesenbronn.de
Familienbetrieb • regionale Produkte • klassisch

Essen:	**42**	50
Service:	**19**	20
Weinkarte:	**18**	20
Ambiente:	**8**	10
Gesamt:	87	100

Lebert

91635 Windelsbach

Buffetschrank und Ofenrohr zeigen es an: Hier ist man bei Manfred Lebert persönlich zu Hause. Wem der Saibling auf Alblinsen gemundet hat, der sollte unbedingt ein paar der selbst kreierten Gewürze mitnehmen!

Schlossstraße 8
+49 9867 9570
landhaus-rothenburg.de
Gasthaus • nachhaltig • regionale Produkte

Essen:	**42**	50
Service:	**18**	20
Weinkarte:	**17**	20
Ambiente:	**8**	10
Gesamt:	85	100

Feilmeiers Landleben

94575 Windorf

Der Inbegriff eines perfekten Landgasthofs. Hier stimmt alles: von der Herkunft der Lebensmittel bis zu den Speisen, die ein feiner Mix aus Traditionellem und Kreativem sind. Sehr herzliche Gastgeber!

Schwarzhöring 14
+49 8541 8293
feilmeiers-landleben.de
Familienbetrieb • im Grünen • Terrasse

Essen:	**43**	50
Service:	**17**	20
Weinkarte:	**17**	20
Ambiente:	**7**	10
Gesamt:	84	100

Foto: Nils Hasenau

AURA

95339 Wirsberg

»Grenzenlose Heimat« – das ist das Motto des hochdekorierten Restaurants. Was das bedeutet? Mit fränkischen Haselnüssen gefüttertes Schwein oder Details wie Kirschblüten, zwei Jahre eingesalzen. Neugierig bleiben!

Marktplatz 11
+49 9227 2080
herrmanns-posthotel.de
Fine Dining • modern • elegant

Essen:	**48** | 50
Service:	**20** | 20
Weinkarte:	**19** | 20
Ambiente:	**9** | 10
Gesamt:	96 | 100

Foto: Nils Hasenau

oma & enkel Bistro

95339 Wirsberg

Das Bistro des Gourmetrestaurants bietet Soulfood satt: Von Brezenknödeln über Lachsforellen-Ceviche bis zu zwölf Stunden gegartem BBQ-Schweinebauch werden alle happy. Tipp: nicht auf die Suppe verzichten!

Marktplatz 11
+49 9227 2080
herrmanns-posthotel.de
Bistro • entspannt • unkonventionell

Essen:	**43** | 50
Service:	**19** | 20
Weinkarte:	**19** | 20
Ambiente:	**8** | 10
Gesamt:	89 | 100

Stark

85128 Wolkertshofen

Im familiär geführten Gasthaus gibt es abwechslungsreiche und saisonale Küche. Die Gäste werden mit Gerichten wie Räucherfischmousse, herzhaftem Ochsenbraten und frischem Bier aus der Region verwöhnt.

Dorfstraße 17
+49 8424 485
gasthaus-stark.de
Familienbetrieb • Gewölbe • urig

Essen:	**42** | 50
Service:	**18** | 20
Weinkarte:	**16** | 20
Ambiente:	**8** | 10
Gesamt:	84 | 100

Wirtshaus im Gut

95632 Wunsiedel

Egal, ob auf eine Brotzeit oder ein ganzes Festmenü: Im Gläsl werden herzliche Atmosphäre und ehrlich gekochte Spezialitäten großgeschrieben. An Sonntagen bäckt die Chefin köstliche Kuchen selbst!

Göpfersgrün 2
+49 9232 917767
wirtshausimgut.de
Gasthaus • traditionell • klassisch

Essen:	42 I 50
Service:	19 I 20
Weinkarte:	16 I 20
Ambiente:	8 I 10
Gesamt:	85 I 100

Aifach Reisers

97070 Würzburg

Beim »Quicklunch« gibt es Gerichte wie gebackenen Blumenkohl mit Röstkartoffeln und Remoulade. Klingt einfach? Ist es auch, und zwar im allerbesten Sinne. Frische Marktküche, fein und authentisch.

Marktgasse 2
+49 931 45265755
der-reiser.de
regionale Produkte • modern • unkonventionell

Essen:	43 I 50
Service:	18 I 20
Weinkarte:	17 I 20
Ambiente:	9 I 10
Gesamt:	87 I 100

Backöfele

97070 Würzburg

Vom Hochzeitsessen bis zu Grünkernküchle – das Backöfele bietet Großzügiges sowie Bodenständiges der fränkischen Küche. Mehrere Saisonkarten und Weine aller namhaften Güter runden das Vergnügen ab.

Ursulinergasse 2
+49 931 59059
backoefele.de
deutsche Küche • Hausmannskost • urig

Essen:	42 I 50
Service:	18 I 20
Weinkarte:	17 I 20
Ambiente:	8 I 10
Gesamt:	85 I 100

Bürgerspital-Weinstuben

97070 Würzburg

Das »Büspi«-Weingut ist qualitativ ganz oben angekommen und in den Weinstuben lässt sich das nachempfinden. Wer noch nie einen Stein-Silvaner zum Wiener Schnitzel aus dem Kalbsrücken probiert hat – voilà!

Theaterstraße 19
+49 931 352880
buergerspital-weinstuben.de
Delikatessenverkauf • regionale Küche • Steak

Essen:	42 I 50
Service:	17 I 20
Weinkarte:	18 I 20
Ambiente:	8 I 10
Gesamt:	85 I 100

Kuno 1408

97070 Würzburg

Aufgeräumt, frisch und farbenfroh präsentieren sich die Teller von Robin Hofmann und Patrick Grieshaber – und locken mit Köstlichem wie Zitronenhuhn mit Artischockencreme oder Zander mit weißem Tomatenschaum.

Neubaustraße 7
+49 931 30931408
restaurant-kuno.de
Fine Dining • modern • gemütlich • entspannt

Essen:	45 I 50
Service:	19 I 20
Weinkarte:	18 I 20
Ambiente:	8 I 10
Gesamt:	90 I 100

Mars

97082 Würzburg

Das stilvoll-coole Bistro würde auch gut in Paris bestehen. Handwerklicher Anspruch steht ganz oben auf der Speisekarte, genauso wie Lebensmittel von heimischen Produzenten. Hausgemachte Landpastete!

Leistenstraße 6
+49 931 66676156
bistromars.de
Bistro • französisch • klassisch

Essen:	**44** | 50
Service:	**18** | 20
Weinkarte:	**17** | 20
Ambiente:	**8** | 10
Gesamt:	87 | 100

MiZAR

97082 Würzburg

Konstantin Kuntzsch hat sich seinen Lebenstraum erfüllt und gemeinsam mit Florian Mack ein ganz persönliches Fine-Dining-Restaurant eröffnet. Sieben kreative Gänge versüßen den Abend und hallen noch lange nach.

Katzengasse 7
+49 931 47087887
restaurant-mizar.de
Fine Dining • regionale Produkte • modern

Essen:	**46** | 50
Service:	**19** | 20
Weinkarte:	**17** | 20
Ambiente:	**8** | 10
Gesamt:	90 | 100

Stachel

97070 Würzburg

Seit Jahrhunderten gibt es Würzburger Wein im Stachel. Und die Küche von Rolf Schulz ist mit Spessart-Hirsch oder Sauerbraten ebenso fränkisch ausgerichtet. Dazu listet die Tageskarte stets ein veganes Gericht!

Gressengasse 1
+49 931 52770
weinhaus-stachel.de
Gasthaus • regionale Produkte • traditionell

Essen:	**42** | 50
Service:	**17** | 20
Weinkarte:	**18** | 20
Ambiente:	**8** | 10
Gesamt:	85 | 100

Steinburgs

97080 Würzburg

Philipp Müller heizt der Steinburg mit ihrem traumhaften Mainblick ordentlich ein. Beim »Your choice«-Menü lockt Feinbürgerliches, aber Gänge wie Steckrübe, Eiskraut und Alge wagen auch Experimente.

Reußenweg 2
+49 931 97020
steinburg.com
Hotelrestaurant • im Schloss • Essen mit Aussicht

Essen:	**42** | 50
Service:	**18** | 20
Weinkarte:	**17** | 20
Ambiente:	**8** | 10
Gesamt:	85 | 100

INDEX NACH NAME

#

A

D

E

G

H

I

J

M

N

O

P

S

T

U

V

W

X

Y

Z